Curso de Direito Tributário Brasileiro

Curso de Direito Tributário Brasileiro

2016 • Volume IV

Coordenadores:
Marcus Lívio Gomes
Leonardo Pietro Antonelli

CURSO DE DIREITO TRIBUTÁRIO BRASILEIRO
Volume IV
© Almedina, 2016

COORDENADORES: Marcus Lívio Gomes, Leonardo Pietro Antonelli
DIAGRAMAÇÃO: Almedina
DESIGN DE CAPA: FBA
ISBN: 978-858-49-3146-0

Dados Internacionais de Catalogação na Publicação (CIP)
(Câmara Brasileira do Livro, SP, Brasil)

Curso de direito tributário brasileiro, volume IV /
coordenadores Marcus Lívio Gomes, Leonardo
Pietro Antonelli. -- São Paulo : Almedina, 2016.
Vários autores.
Bibliografia.
ISBN 978-85-8493-146-0
1. Direito tributário 2. Direito tributário -
Brasil 3. Direito tributário - Legislação - Brasil
I. Gomes, Marcus Lívio. II. Antonelli, Leonardo
Pietro.

16-04444   CDU-34:336.2

Índices para catálogo sistemático:
1. Direito tributário 34:336.2

Este livro segue as regras do novo Acordo Ortográfico da Língua Portuguesa (1990).

Todos os direitos reservados. Nenhuma parte deste livro, protegido por copyright, pode ser reproduzida, armazenada ou transmitida de alguma forma ou por algum meio, seja eletrônico ou mecânico, inclusive fotocópia, gravação ou qualquer sistema de armazenagem de informações, sem a permissão expressa e por escrito da editora.

Agosto, 2016

EDITORA: Almedina Brasil
Rua José Maria Lisboa, 860, Conj.131 e 132, Jardim Paulista | 01423-001 São Paulo | Brasil
editora@almedina.com.br
www.almedina.com.br

NOTA DOS COORDENADORES

A origem da primeira edição desta obra se deu nas salas de aula da Escola da Magistratura do Estado do Rio de Janeiro, no curso preparatório para o ingresso na magistratura de carreira. Os coordenadores, Marcus Lívio Gomes e Leonardo Pietro Antonelli, dedicavam-se ao magistério naquela instituição e sentiam a necessidade de organizar, numa só obra, todo o abrangente programa da EMERJ. Foi com a assunção da coordenação do departamento de direito tributário daquela prestigiosa instituição, que o Projeto veio a ser editado.

Naquela oportunidade, foram convidados juízes, procuradores da república, professores universitários e advogados que vinham se desenvolvendo na academia. Foi um sucesso a primeira edição, o que levou a necessidade de iniciar os estudos para o lançamento da segunda edição.

E assim foi feito. Ela foi revisada, atualizada e ampliada, para incluir novos temas, abarcar novas legislações e novas discussões que estão sendo travadas na doutrina e jurisprudência, em especial dos tribunais superiores. Naquela oportunidade, graças aos apoios das diversas associações de magistrados (AMB, AJUFE, IMB, AMAERJ) fizeram-se duas tiragens distintas: uma ao público em geral e uma segunda visando o desenvolvimento acadêmico dos operadores do direito filiados às mesmas, os quais receberam uma coleção da obra.

Nessa terceira edição, o espírito do Projeto não mudou, pois continua focado em propiciar um material didático que consolidasse jurisprudência e doutrina objetivas e atualizadas aos estudiosos e interessados no Direito Tributário. Contudo, a ampliação, que ora se faz, propiciará um leque de matérias com uma abrangência inigualável, tratando, inclusive, do Direito Internacional Tributário.

Para esta nova edição, não podemos deixar de reiterar a inestimável ajuda recebida pela Renata Macedo Gama Arangurem, no apoio geral à coordenação administrativa de todos os trabalhos, e do acadêmico Alberto Lucas Albuquerque da Costa Trigo, na atualização em notas de rodapé de alguns dos textos.

Por fim, queríamos registrar os nossos agradecimentos à Editora Almedina que acreditou no Projeto, investindo na sua publicação.

PREFÁCIO

Foi com imensa alegria e satisfação que uma vez mais recebi o convite para prefaciar o presente Curso de Direito Tributário Brasileiro, relançando pela tradicional editora Almedina, com a percuciente organização de *Marcus Lívio Gomes* e *Leonardo Pietro Antonelli*, cuja singularidade afirmei ser oferecer ao mundo jurídico tributário obra densa e atual, profunda, que a um só tempo faz as vezes de um manual, em face da clareza de sua linguagem, e de um curso, em face das detalhadas informações de cada um dos institutos, sem descuidar da mais recente jurisprudência.

A obra segue a mesma linha anterior de abordagem dos institutos do Direito Tributário, ao utilizar a moderna técnica da escrita coletiva, amadurecida pela atualização dos textos, a acompanhar a fúria legislativa que caracteriza este ramo do direito, consolidada pela formação acadêmica multifária dos colaboradores.

O projeto brinda a comunidade jurídica com densas monografias de expoentes do Direito Tributário pátrio, dentre os quais juízes, procuradores da república, professores universitários e advogados. São analisados, sob a perspectiva da interpretação constitucional e legal, o Sistema Constitucional Tributário e o Código Tributário Nacional, assim como a legislação tributária de âmbito nacional e federativa, da forma mais abrangente possível.

O trabalho tem a perspectiva de analisar as balizas constitucionais e legais à luz da jurisprudência dos tribunais superiores, considerando a ascensão da jurisprudência como fonte do Direito, tendo em consideração o novo Código de Processo Civil decorrente da Lei nº 13.105/2015, centrado num *novel* conceito de jurisprudência, não mais considerada como mera fonte secundária do Direito, passando-se a conferir-lhe uma nova e nobre posição dentro da teoria das fontes do Direito.

Nestes tempos de crise econômica, o Direito Tributário ganha relevância, na medida em que os entes federativos buscam novas fontes de receitas tributárias, através das mais diversas espécies de tributos. Por esta razão, o Poder Judiciário deve estar atento para que garantias fundamentais dos contribuintes não sejam solapadas sobre a ótica do consequencialismo econômico. Cabe a este poder exercer o papel de fiel da balança, assegurando direitos constitucionais e governabilidade, árdua tarefa que vem sendo desempenhada com muita responsabilidade pela Corte Suprema.

Nesta senda, o Direito Tributário cresceu em relevância, assumindo a jurisprudência um protagonismo nunca antes visto na história da República, alçando o Poder Judiciário a condição de instituição indispensável ao Estado Democrático de Direito. Não por outra razão a obra que ora se prefacia tem o escopo de analisar a doutrina sempre com a proximidade necessária da análise jurisprudêncial, de forma a tornar-se mais realista do ponto de vista de sua aplicação prática.

Com efeito, em abono à importância da jurisprudência, este ano de 2016 marca um importante julgamento da Suprema Corte (RE 601 e ADIs 2390, 2386, 2397 e 2859), em guinada jurisprudencial, amadurecida pelo placar dos votos proferidos (9 x2) quanto à possibilidade de transferência do sigilo bancário dos contribuintes à Receita Federal, no bojo da Lei Complementar nº 105/2001, mediante salvaguardas estabelecidas pela legislação infraconstitucional.

Referido julgamento demonstra que o Direito Tributário não trata tão somente da relação jurídico-tributária, posto que vital ao ordenamento das finanças públicas pela via da receita pública derivada. Relevante, portanto, uma adequada ponderação entre Capacidade Contributiva *versus* Confisco, Justiça *versus* Segurança Jurídica, Intimidade *versus* Poderes de Investigação, eis que todas as sociedades que não alcançaram uma boa equação entre o que se paga de tributos e o que se espera do Estado como retorno dos tributos pagos perderam o caminho do crescimento sustentável.

O primado a nortear qualquer sistema tributário é a potencialização da segurança jurídica sob a égide da justiça tributária, garantindo-se a certeza do Direito, funcionando como instrumento de proteção do cidadão diante do Estado. Não obstante, não se podem mais admitir direitos absolutos, a supedanear práticas lesivas ao Estado. O sigilo bancário, quando utilizado para encobrir operações em paraísos fiscais através do planejamento tributário duvidoso, erode a base tributária dos Estados soberanos.

Sem dúvida o grande desafio dos Estados será a manutenção das suas bases tributárias num mundo em que as nações competem por investimentos e recurso financeiros limitados. A realidade econômica das tecnologias digitais e dos intangíveis levará a um novo ordenamento da ordem econômica mundial, o que demandará um grande esforço das Administrações Tributárias e, em especial, dos operadores do direito no sentido de adaptar e reinterpretar o arcabouço legal aos novos paradigmas.

Tais preocupações são observadas na obra que ora se prefacia, atualização, amplitude e um seleto grupo de articulistas reunidos para brindar a comunidade jurídica com mais uma edição do projeto iniciado em 2005, quando de seu lançamento a colmatar lacuna no mercado editorial.

Com efeito, a densidade cultural da obra aliada à sua dogmática pouco tradicional permite-nos, uma vez mais, entrever vida longa e renovada a essa festejada iniciativa tributária que nos lega a editora, através da genialidade de seus coordenadores, com um denso e incomparável Curso de Direito Tributário Brasileiro. Tenho absoluta certeza que esta edição alcançará mais êxito que as anteriores!

LUIZ FUX
Ministro do STF

SUMÁRIO

Garantias e Privilégios do Crédito Tributário
    GUSTAVO DA ROCHA SCHMIDT   13

Administração Tributária
    GUSTAVO DA ROCHA SCHMIDT   95

Certidão Negativa de Débitos Tributários – Aspectos Relevantes
    RODRIGO JACOBINA BOTELHO   131

Dívida Ativa
    ÉRICO TEIXEIRA VINHOSA PINTO   151

Princípios do Procedimento Administrativo para o Controle da Legalidade do Lançamento Tributário
    AURÉLIO PITANGA SEIXAS FILHO   173

Processo Administrativo Tributário I, II e III
    RONALDO REDENSCHI   195

Ação de Repetição de Indébito
    MAURÍCIO PEREIRA FARO / BERNARDO MOTTA MOREIRA   251

A Ação de Consignação Tributária
    PAULO ANDRÉ ESPIRITO SANTO   277

Mandado de Segurança em Matéria Tributária
    Antonio Henrique Correa da Silva   315

A Ação Anulatória de Lançamento Fiscal
    Carlos Guilherme Francovich Lugones   355

Ação Declaratória de Inexistência de Relação Jurídica Tributária
    Fabrício Fernandes de Castro   381

Execução Fiscal
    Rodolfo Kronemberg Hartmann   393

O Planejamento Tributário
    Marcus Abraham   407

Planejamento Tributário Internacional
    André Carvalho / André Gomes de Oliveira   463

Infrações, Sanções e Penalidades Tributárias
    Elizabete Rosa de Mello   543

Garantias e Privilégios do Crédito Tributário[1]

GUSTAVO DA ROCHA SCHMIDT

1. Introdução

Qualquer crédito, seja a sua natureza qual for, tem por garantia o patrimônio do devedor.[2] Vale dizer: em não havendo, na forma e no tempo devidos, o pagamento da dívida, surge para o credor o direito de buscar no patrimônio pessoal do devedor a satisfação de seu crédito.

Conquanto o patrimônio pessoal do devedor seja, em linha de princípio, a garantia mínima conferida ao credor, nem por isso é uma garantia absoluta. Assim é que, por exemplo, o art. 4º da Lei nº 8.009/90 considera absolutamente impenhorável o bem de família[3]. É o interesse do credor, em ver o seu crédito satisfeito, cedendo frente a outros interesses hierarquicamente mais relevantes, como é o caso, na espécie, do direito constitucional à moradia, corolário do princípio da dignidade da pessoa humana, consagrado no art. 1º, III, da Constituição Federal.

---

[1] Agradeço, aqui, a Carla Calzini, Cesar Albuquerque Neto e Natalia Valgode, futuros e promissores advogados, pela indispensável e valiosa colaboração na atualização deste capítulo da obra, mediante pesquisa realizada em livros de doutrina e na mais recente jurisprudência dos tribunais superiores.

[2] Amaro, Luciano. Direito Tributário Brasileiro. São Paulo: Saraiva, 5ª ed., 2000, p. 447.

[3] Como se verá mais adiante, o art. 649 do Código de Processo Civil enumera uma série de bens, a princípio, insuscetíveis de penhora: os bens inalienáveis e os declarados, por ato voluntário, não sujeitos à execução; as provisões de alimento e de combustível, necessárias à manutenção do devedor e de sua família durante um mês; o anel nupcial e os retratos de família; os vencimentos dos servidores públicos em geral; os salários; os equipamentos dos militares; os livros, as máquinas as e os utensílios necessários ao exercício de qualquer profissão; as pensões, as tenças ou os montepios; etc.

É cediço, de outro lado, que, no mais das vezes, o patrimônio do devedor não é suficiente para responder por todas as suas dívidas. Em hipóteses tais, surge a figura do concurso de credores, a fim de que o produto da execução seja rateado, proporcionalmente, entre todos aqueles que possuem créditos contra o devedor.

Certos créditos, todavia, por razões de interesse público, ou por encarnarem interesses constitucionalmente tutelados, possuem garantias especiais, de modo a aumentar a probabilidade de ver realizado o seu pagamento, na hipótese de inadimplemento. O exemplo mais marcante é, sem sombra de dúvida, o crédito trabalhista, preferindo a qualquer outro, em razão da sua natureza nitidamente alimentar. Melhor dizendo: em concurso de credores, primeiro é realizado o pagamento dos créditos trabalhistas, deixando-se o pagamento dos demais créditos para um momento posterior[4].

Há casos, ainda, em que o crédito, em si, não prefere a qualquer outro[5], mas as partes da própria relação creditícia, por ato de vontade, contratam certas garantias, a fim de melhor proteger os interesses do credor. Têm os credores quirografários, com efeito, a possibilidade de melhorar a qualidade de seu crédito, mediante a exigência de garantias pessoais (ex.: fiança) ou de garantias reais (ex.: hipoteca).

2. Distinção entre garantias, privilégios e preferências

Em sua acepção mais ampla, consistem as garantias em mecanismos, previstos em lei ou nos contratos, para assegurar a satisfação dos direitos subjetivos. Muito embora, como regra, os direitos sejam respeitados espontaneamente, o fato é que em inúmeras oportunidades o devedor se recusa a, voluntariamente, cumprir o seu dever jurídico. É nesse momento que surge para aquele que tem o direito violado a faculdade de se servir da garantia, prevista em lei ou no contrato, para assegurar que se dê cumprimento ao dever jurídico correspondente.

---

[4] A Lei de Recuperação de Empresas (Lei nº 11.101/05), fruto do anteprojeto da Lei de Falências e Concordatas elaborado pela comissão de juristas do Ministério da Justiça, presidida pelo emérito Dr. Alfredo Bumachar, restringiu a preferência atribuída aos créditos trabalhistas ao limite de 150 (cento e cinqüenta) salários mínimos por credor (art. 83, I). O saldo eventualmente existente deverá concorrer em pé de igualdade com os créditos quirografários. Isso porque – entendeu o legislador – créditos superiores a esse valor perdem a natureza alimentar, não havendo, pois, justificativa para que o seu pagamento ocorra em primeiro lugar, preferencialmente a todos os demais.

[5] A esses créditos dá-se o nome de créditos quirografários.

Sob essa perspectiva, as garantias englobam os privilégios e as garantias em sentido estrito.[6] Preferência, por seu turno, é qualidade própria de alguns créditos, oriunda de algum privilégio, ou de alguma garantia propriamente dita (garantia em sentido estrito). Daí que melhor teria andado o Código Tributário Nacional se houvesse intitulado a Seção II, do Capítulo VI, Título III, Livro Segundo, simplesmente, de "disposições especiais", ou algo semelhante. Até porque há ali regras que não versam sobre preferências. Não teve o legislador, em verdade, maior rigor técnico, não tendo manifestado a preocupação de sistematizar a matéria, nem, tampouco, de harmonizar a legislação tributária com os conceitos utilizados pela doutrina de direito privado, notadamente de direito falimentar[7].

Consubstanciam-se os privilégios em direitos outorgados por lei a algum grupo especial, ou a alguém especificamente, em detrimento dos demais. Por importarem, necessariamente, em tratamento desigual, só podem ser tidos como válidos, pela ordem jurídica em vigor, em sendo

---

[6] A verdade é que não há uniformidade na doutrina a respeito do tema. Segundo Misabel Derzi,, "as garantias são expressão amplíssima e genérica. Privilégios e preferências são garantias. Entretanto, nem toda a garantia é um privilégio ou uma preferência. Configura garantia tudo o que conferir maior segurança, estabilidade ou facilidade e comodidade ao crédito, podendo estar ou não referida no Capítulo VI do CTN, razão pela qual o art. 183 estabelece não ser exaustivo o rol das garantias. Elas são, em sentido lato, fiança, responsabilidade, caução" (Baleeiro, Aliomar. Direito Tributário Brasileiro, 11ª ed. atualizada por Misabel Abreu Machado Derzi, Rio de Janeiro: Forense, 2000, p. 960). Segundo Ricardo Lobo Torres, no entanto, na sistemática do CTN, as garantias restringir-se-iam aos privilégios e às preferências (Torres, Ricardo Lobo. Curso de Direito Financeiro e Tributário, 9ª ed. atual., Rio de Janeiro: Renovar, 2002, p. 284). Por sua vez, o prof. Paulo de Barros Carvalho entende que o CTN classificou as garantias e os privilégios do crédito tributário como categorias jurídicas autônomas: "Por garantias devemos entender os meios jurídicos assecuratórios que cercam o direito subjetivo do Estado de receber a prestação do tributo. E por privilégios, a posição de superioridade de que desfruta o crédito tributário, com relação aos demais, excetuando-se os decorrentes da legislação de trabalho" (Carvalho. Paulo de Barros. Curso de Direito Tributário, 13ª ed. rev. e atual., São Paulo: Saraiva, 2000, p. 513).

[7] O professor Rubens Requião, amparado nos ensinamentos de Carvalho de Mendonça, preconiza que as preferências é que seriam uma categoria jurídica autônoma, repartindo-se em duas espécies: as garantias reais e os créditos privilegiados. Na lição do jurista: "É fácil, pois, compreender que os créditos preferenciais são de duas ordens: os resultantes de direitos reais de garantia e os créditos privilegiados. Aqueles decorrem de contratos e estes são estabelecidos pela lei. A lei falimentar, ao contrário da anterior, classifica os créditos concorrentes, deixando clara a distinção entre os créditos fundados em direito real de garantia e os créditos privilegiados" (Requião, Rubens. Curso de Direito Falimentar, vol. 1, 17ª ed., São Paulo: Saraiva, 1998, p. 326).

razoáveis e dotados de alguma justificativa plausível[8]. O princípio constitucional da isonomia condena qualquer espécie de privilégio odioso concedido aos particulares, notadamente na esfera tributária, por força do que dispõe o art. 150, II, da Carta de 1988. É privilégio do crédito tributário, por exemplo, a prerrogativa que tem a Fazenda Pública de alcançar, inclusive, os bens gravados por ônus real, ou com cláusula de inalienabilidade ou de impenhorabilidade, seja qual for a data da constituição do ônus ou da cláusula (CTN, art. 184)[9].

Em sentido estrito, as garantias correspondem a todos os demais mecanismos, cuja instituição há de ser feita por ato de vontade, voltados para assegurar o cumprimento de uma obrigação. É o caso dos direitos reais de garantia, como a hipoteca, e da fiança.

Já as preferências podem derivar tanto de um privilégio, como de uma garantia propriamente dita. Preferência é prerrogativa conferida a certo crédito de ser reembolsado com prioridade aos demais, em concurso de

---

[8] O Código de Processo Civil estabelece uma série de privilégios processuais em favor das pessoas jurídicas de direito público, tais como o prazo em quádruplo para contestar, o prazo em dobro para recorrer, a revelia inoperante e o reexame necessário. Nisso, no entanto, nada há de inconstitucional, uma vez que o erário público merece uma maior proteção, sendo verdade, outrossim, que os entraves burocráticos próprios da administração pública dificultam sobremaneira a defesa da Fazenda Pública em juízo, justificando os privilégios concedidos pela lei. A prática, no exercício da função de Procurador do Município do Rio de Janeiro, leva-nos a concluir que os privilégios concedidos à Fazenda Pública são absolutamente legítimos, em virtude não só do interesse público envolvido em cada conflito, mas, principalmente, pelas dificuldades em se obter, junto às repartições públicas competentes, as informações necessárias à defesa do erário. Enquanto na advocacia privada, um mero telefonema põe fim às dúvidas que atormentam o patrono da causa, na advocacia pública qualquer indagação deve ser formulada mediante ofício, devendo, no mais das vezes, ser aberto um processo administrativo, a fim de que a resposta seja feita por escrito. Isso não significa, em absoluto, que todo e qualquer privilégio concedido à Fazenda Pública seja, necessariamente, legítimo. Fez bem o Supremo Tribunal Federal, com efeito, ao julgar, em sede liminar, a ADIN nº 1.753-2 DF, suspendendo a eficácia do art. 4º, parágrafo único, da Medida Provisória nº 1.577-6/97, que havia majorado para 5 (cinco) anos o prazo para a Fazenda Pública propor ação rescisória. Neste caso, o interesse público não justificava uma maior restrição à coisa julgada, protegida constitucionalmente pelo art. 5º, XXXVI, da Carta de 1988, criando um privilégio processual injustificado em favor da Fazenda Pública.

[9] Cabe observar, no entanto, conforme veremos mais adiante, que, em virtude do que dispõe o inciso I, do parágrafo único, do art. 186 do CTN, com o advento da Lei Complementar nº 118/05, sendo decretada a falência da empresa, os créditos com garantia real se sobrepõem aos créditos tributários, na ordem de preferência legal.

credores[10]. Em havendo o concurso creditório, é o título de preferência que servirá de parâmetro no momento do pagamento, de forma a definir quem primeiro deverá ter o crédito satisfeito. No magistério de Celso Cordeiro Machado, as preferências foram distribuídas no CTN da seguinte forma:

"Preferências:
• Pagamento preferencial ao de qualquer outro crédito, seja qual for a natureza ou o tempo de constituição deste, ressalvados os créditos decorrentes da legislação de trabalho (CTN, art. 186);
• Pagamento preferencial a quaisquer créditos habilitados em inventário ou arrolamento, ou outros encargos do monte, dos créditos tributários vencidos ou vincendos, a cargo do *de cujus* ou de seu espólio, exigíveis no decurso do processo de inventário ou arrolamento (CTN, art. 189);
• Preferência dos créditos da União sobre os dos Estados, Distrito Federal e Territórios, e destes sobre os dos Municípios (CTN, art. 187, I, II e III)."[11]

Normalmente a preferência resulta de um privilégio outorgado a certo crédito por lei. É esse o caso do crédito tributário. Nada impede, no entanto, que um crédito tenha de ser pago com prioridade aos demais, em virtude de ato de vontade (ex.: hipoteca). Haverá aí uma preferência, resultante de uma garantia em sentido estrito; não de um privilégio. É ver, no entanto, que nem todo privilégio ou garantia cria uma preferência. Os comandos normativos dos artigos 191 a 193 constituem exemplos disso.

3. Enumeração exemplificativa do rol de garantias do crédito tributário

As garantias do crédito tributário encontram-se reguladas no Capítulo VI, Título III, Livro Segundo, do Código Tributário Nacional, consistindo no instrumental previsto em lei para assegurar o pagamento dos tributos pelos seus respectivos contribuintes.

É importante observar, em primeiro lugar, que as garantias do crédito tributário enumeradas no referido Capítulo VI são meramente exemplificativas, não excluindo outras garantias expressamente estabelecidas em lei, em função da natureza ou de características próprias de um ou outro

---

[10] Por todos: Rosa Junior, Luiz Emygdio F. da. Manual de Direito Financeiro e Tributário, 11ª ed. rev. e atual., Rio de Janeiro: Renovar, 1997, p. 609.
[11] Machado, Celso Cordeiro *apud* Coêlho, Sacha Calmon Navarro, Curso de Direito Tributário Brasileiro, Rio de Janeiro: Forense, 2004, p. 877.

tributo (art. 183 do CTN). Em razão, precisamente, da autorização contida no art. 183 do CTN, a Lei nº 9.532/97 introduziu a figura do arrolamento de bens no direito brasileiro, de modo que, hoje, na esfera fiscal, a autoridade competente deverá proceder "ao arrolamento de bens e direitos do sujeito passivo sempre que o valor dos créditos tributários de sua responsabilidade for superior a trinta por cento do seu patrimônio conhecido" (art. 64 da Lei nº 9.532/97), providenciando o registro correspondente junto à matrícula de eventuais bens imóveis de propriedade do contribuinte, ou do responsável tributário, assim como, em se tratando de bens móveis, no Cartório de Títulos e Documentos, ou nos órgãos ou entidades em que, por força de lei, os bens móveis ou direitos sejam controlados ou registrados.

Urge ressaltar, por oportuno, que há quem entenda na doutrina que o arrolamento de bens previsto na Lei nº 9.532/97 seria inconstitucional, por onerar o patrimônio do contribuinte, reduzindo o seu valor de mercado e, na prática, impedindo a alienação dos bens do sujeito passivo, sem que lhe seja assegurado o direito à ampla defesa e ao devido processo legal. É a posição de Rogério Pires da Silva:

> "... Dir-se-ia, então, que não há a necessidade de contraditório no arrolamento fiscal, já que não há litigante nem acusado naquele procedimento. O argumento não prevalece, todavia, porque o arrolamento deve ser averbado nos órgãos públicos de registro de bens, circunstância que pode diminuir o seu valor de mercado, dificultando, na prática, a alienação. Ademais, as certidões fiscais expedidas em nome do contribuinte também devem referir a circunstância do arrolamento, em odiosa divulgação pública da situação do contribuinte, relativamente a créditos tributários até mesmo pendentes de constituição formal. Ora, se o arrolamento impõe condição tão onerosa ao contribuinte, é fundamental que ele disponha do direito à ampla defesa já na esfera administrativa, até porque é de seu interesse defender-se contra eventuais arbitrariedades que possam ser cometidas pela autoridade fazendária... Portanto, penso que o arrolamento fiscal, na forma como instituído pelos arts. 64 e 65 da Lei 9.532/97, é inconstitucional por ofensa direta aos princípios do devido processo legal e do contraditório (art. 5º, inciso LIV e LV, da Constituição)."[12]

---

[12] Silva, Rogério Pires da. Arrolamento fiscal: algumas reflexões sobre a Lei nº 9.532/97, Revista Dialética de Direito Tributário, vol. 73, outubro/2001, p. 116/125.

Parece-nos, entretanto, que não há o que se falar, na espécie, em violação ao princípio do devido processo legal, em seu aspecto procedimental, eis que o contraditório não é suprimido do particular, sendo, apenas, diferido no tempo para um momento posterior, a fim de evitar que o sujeito passivo da obrigação tributária se desfaça do patrimônio, quando notificado para oferecer defesa. O interesse público existente na satisfação do crédito tributário justifica a ligeira restrição que se faz à ampla defesa e ao contraditório, sob pena de se tornar ineficaz a medida acautelatória regulada no art. 64 da Lei nº 9.532/97.[13]

[13] Em sentido semelhante: "ARROLAMENTO ADMINISTRATIVO DE BENS. ART. 64 DA LEI Nº 9.532, DE 1997. CRÉDITOS COM EXIGIBILIDADE SUSPENSA. O arrolamento de bens disciplinado no artigo 64 da Lei nº 9.532, de 1997 é um procedimento administrativo por meio do qual a autoridade fiscal realiza um levantamento dos bens dos contribuintes, arrolando-os, sempre que o valor dos créditos tributários de sua responsabilidade for superior a trinta por cento do seu patrimônio conhecido. Apurada a existência de bens imóveis, é providenciado o competente registro, que tem a finalidade de dar publicidade, a terceiros, da existência de dívidas tributárias. O arrolamento em questão visa a assegurar a realização do crédito fiscal, bem como a proteção de terceiros, não violando o direito de propriedade, o princípio da ampla defesa e o devido processo legal, pois é medida meramente acautelatória e de interesse público, a fim de evitar que contribuintes que possuem dívidas fiscais consideráveis em relação a seu patrimônio, desfaçam-se de seus bens sem o conhecimento do Fisco e de terceiros interessados. Diante da natureza da determinação, também não há falar em violação aos princípios da ampla defesa e do devido processo legal. Contudo, havendo impugnações na esfera administrativa, estas suspendem a exigibilidade dos créditos, conforme o artigo 151, III, do CTN, devendo, nesse caso, ser anulado o arrolamento." (TRF 4ª Região, 2ª Turma, Apelação em Mandado de Segurança nº 69.840, Relator Juiz Vilson Darós, 17/05/2001). E ainda: STJ, 1ª Turma, Recurso Especial nº 689.472/SE, Relator Ministro Luiz Fux, 05/10/2006. Confira-se, por relevante, a ementa do acórdão proferido no Recurso Especial nº 714.809/SC: "TRIBUTÁRIO. ARROLAMENTO DE BENS E DIREITOS DO CONTRIBUINTE EFETUADO PELA ADMINISTRAÇÃO TRIBUTÁRIA. ARTIGO 64, DA LEI 9.532/97. INEXISTÊNCIA DE GRAVAME OU RESTRIÇÃO AO USO, ALIENAÇÃO OU ONERAÇÃO DO PATRIMÔNIO DO SUJEITO PASSIVO. CRÉDITO CONSTITUÍDO. AUTO DE INFRAÇÃO. LEGALIDADE DA MEDIDA ACAUTELATÓRIA. RECURSO ESPECIAL PROVIDO. 1. O Tribunal de origem entendeu que "a impugnação na esfera administrativa suspende a exigibilidade do crédito tributário e impede o arrolamento previsto no art. 64 da Lei nº 9.532/97. 2. No caso dos autos, lavrado o auto de infração e regularmente notificado o contribuinte, tem-se por constituído o crédito tributário. Tal formalização faculta, desde logo – presentes os demais requisitos exigidos pela lei – que se proceda ao arrolamento de bens ou direitos do sujeito passivo, independentemente de eventual contestação da existência do débito na via administrativa ou judicial, de acordo com o exposto acima. Ademais, vale destacar que as regras referentes à suspensão da exigibilidade do crédito tributário não se coadunam com a hipótese dos autos, tendo em vista que o arrolamento fiscal não se assemelha

4. Competência para legislar sobre as garantias do crédito tributário

Discute-se se lei municipal, ou estadual, poderia instituir alguma nova espécie de garantia do crédito tributário. Parcela substancial da doutrina, sem se aprofundar sobre o tema, tem admitido essa possibilidade, nos limites da competência tributária do respectivo ente da federação. Nesse sentido é a lição do professor Paulo de Barros Carvalho:

> "A enumeração das garantias previstas na Lei n. 5.172/66 não exclui a possibilidade de diplomas federais, estaduais e municipais, regulando os respectivos tributos, estabelecerem outras medidas assecuratórias, em função da natureza ou das características do gravame a que se reportem (art. 183, *caput*)."[14]

Em sentido contrário, assevera Mizabel Abreu Machado Derzi que seria de competência exclusiva da União legislar sobre as garantias e privilégios do crédito tributário. O que argumenta é que a instituição de toda e qualquer garantia teria, necessariamente, repercussão nas mais diversas searas do direito, especialmente no direito civil, no direito empresarial e no direito trabalhista, ramos esses do direito em relação aos quais possui o ente maior o monopólio da competência legislativa (art. 22, I, da Constituição Federal)[15].

Concordamos em parte.

É fato que, ressalvada a possibilidade de delegação legislativa, prevista no art. 22, parágrafo único, da Carta de 1988, é competência privativa da União legislar a respeito daqueles ramos do direito relacionados no art. 22, I, da Constituição Federal. Ocorre que, em sua expressão mais ampla, nem toda garantia versa sobre matéria que resvale, necessariamente, no direito civil, no direito comercial ou no direito trabalhista. Sob certo ângulo, as obrigações acessórias nada mais são do que garantias inerentes ao crédito tributário[16].

---

ao procedimento de cobrança do débito tributário, sendo apenas uma medida acautelatória que visa impedir a dissipação dos bens do contribuinte-devedor. 3. Recurso especial a que se dá provimento." (STJ, 2ª Turma, Recurso Especial nº 714.809/SC, Relator Ministro Teori Albino Zavascki, 26/06/2007)

[14] Carvalho, Paulo de Barros, op. cit., p. 513. No mesmo sentido: Rosa Junior, Luiz Emygdio F. da., op. cit., p. 609; Coêlho, Sacha Calmon Navarro, op. cit., p. 875.

[15] Baleeiro, Aliomar, op. cit., p. 962.

[16] Souza, Maria Helena Rau de, *in* Freitas, Vladimir Passos de. Código Tributário Nacional Comentado: doutrina e jurisprudência, artigo por artigo / coordenação Vladimir Passos de Freitas, 2ª ed, rev. atual. e amp., São Paulo: Editora Revista dos Tribunais, 2004, p. 727.

E ninguém diz que os Estados, ou mesmo os Municípios, estão impedidos de instituir as obrigações acessórias de seu interesse, para a melhor fiscalização e arrecadação dos tributos de sua competência. O que veda a Constituição – repita-se – é que legislem sobre direito civil, comercial ou trabalhista. E, observados esses limites, a instituição, por cada um dos entes tributantes, de garantias próprias nada tem de inconstitucional.

Cremos, pois, que os Estados, o Distrito Federal e os Municípios não estão impedidos de instituir garantias para melhor assegurar o pagamento dos tributos de suas respectivas competências. O que se dá, a nosso ver, é que essa competência é bastante limitada. Jamais poderão, evidentemente, legislar sobre preferências do crédito tributário, porque isso repercute, necessariamente, no direito do trabalho, bem como nas demais searas do direito privado. Podem, no entanto, constituir garantias em favor de seus créditos tributários, desde que não interfiram na competência outorgada constitucionalmente à União pelo art. 22, I, da Lei Fundamental.

5. Natureza imodificável do crédito tributário

Esclarece o parágrafo único do art. 183 do CTN, em caráter meramente didático[17], que eventuais garantias atribuídas, em lei especial, ao crédito tributário não modificam a sua natureza e nem a da obrigação tributária a que corresponda. A natureza do crédito tributário está intimamente ligada ao seu fato gerador, de modo que, realizado o fato gerador, no mundo físico, surge a obrigação tributária e, efetivado o lançamento, o crédito tributário[18]. E uma vez crédito tributário, sempre crédito tributário, até que haja o pagamento. Não é por outra razão que, mesmo garantido por hipoteca, não haverá o que se falar em crédito hipotecário. Até porque, à exceção dos créditos trabalhistas, o crédito tributário prefere a qualquer outro, seja a sua natureza qual for, de maneira que o interesse público indica que é mais interessante para o erário que o crédito tributário permaneça com essa natureza.

---

[17] Assevera Paulo de Barros Carvalho, inclusive, que a referida disposição legal seria desnecessária, não fazendo sentido que "o crédito tributário, assegurado por garantia real ou fidejussória, tivesse alterada a sua índole, perdendo o caráter inicial" (Carvalho, op. cit. p. 514).
[18] Não temos, aqui, a mais mínima pretensão de adentrar, ou se posicionar, a respeito da complexa controvérsia doutrinária existente sobre a natureza jurídica da obrigação tributária, ou mesmo do crédito tributário, não sendo esse o escopo do presente capítulo da obra.

Muito embora a disposição inserta no parágrafo único do art. 183 seja desnecessária, tem algo de salutar, por antecipadamente dissipar quaisquer dúvidas que, naturalmente, poderiam surgir, em eventuais conflitos judiciais. É o legislador se antecipando às incertezas próprias das demandas judiciais, em verdadeira interpretação autêntica, como forma de dar maior certeza jurídica à natureza perene do crédito tributário.

6. O instituto do pagamento com sub-rogação e seus reflexos sobre as garantias do crédito tributário

É situação das mais comuns, no dia a dia, que o pagamento do crédito tributário seja feito não pelo próprio contribuinte, mas pelo responsável tributário. Também é corriqueiro que o co-devedor do tributo faça o pagamento por inteiro, sub-rogando-se no direito de exigir dos demais a quota parte de cada um. Em hipóteses tais, todavia, controverte a doutrina se essa sub-rogação dar-se-ia, também, sobre as garantias do crédito tributário, na forma do art. 349 do Código Civil em vigor, ou se eventualmente estaria limitada ao direito de crédito.

Há quem entenda que o novo credor, ao efetuar o pagamento em nome do contribuinte, sub-rogar-se-ia em todas as garantias, preferências e privilégios inerentes ao crédito tributário, de modo que, em eventual concurso de credores, teria a prerrogativa, inclusive, de ver o seu crédito pago prioritariamente, em detrimento de todos os demais, à exceção os créditos trabalhistas. O raciocínio, aqui, é de uma lógica quase aristotélica: o Código Civil, ao disciplinar a figura do pagamento com sub-rogação, estabelece que a sub-rogação opera-se, de pleno direito, em favor do terceiro interessado, que paga a dívida pela qual era ou podia ser obrigado, no todo ou em parte (art. 346 do CC/2002). Além disso, preconiza a legislação civil em vigor que "a sub-rogação transfere ao novo credor todos os direitos, ações, privilégios e garantias do primitivo, em relação à dívida, contra o devedor principal e os fiadores" (art. 349 do CC/2002). Partindo-se, pois, da premissa que tanto o responsável tributário como o co-devedor poderiam ser obrigados ao pagamento do crédito tributário, a conseqüência natural disso, a princípio, seria que, em solvendo a dívida, sub-rogar-se-iam, de pleno direito, em todos os direitos, ações, privilégios e garantias existentes em favor da Fazenda Pública. É esse, ao menos, o raciocínio de Roque Antonio Carraza[19].

---

[19] Carraza, Roque Antonio *apud* Baleeiro, Aliomar, op. cit., p. 964.

A mais escorreita doutrina, todavia, tem entendido que a sub-rogação legal, tal como disciplinada no Código Civil, não alcança, na sua inteireza, o pagamento dos débitos fiscais[20]. E isso porque as garantias inerentes ao crédito tributário só se justificam em favor da Fazenda Pública, por encarnarem o interesse público envolvido na arrecadação; jamais poderiam servir a interesses particulares. O crédito só possui natureza tributária enquanto existente em favor do fisco. Quando há o seu pagamento pelo responsável tributário, ou pelo co-devedor, o crédito perde, irremediavelmente, a natureza tributária, pela singela razão de não mais servir aos interesses da Fazenda. O crédito que se transfere, legalmente, àquele que se viu obrigado a solver a dívida é de natureza meramente quirografária, devendo o novo credor, em sendo o caso, concorrer em igualdade de condições com todos os demais. Como bem leciona Mizabel Derzi:

> "... No Direito Tributário, parece-nos difícil conceber a inversão das posições, pois a transferências das garantias e privilégios do credor originário ao responsável, sujeito passivo, que paga a dívida do contribuinte
> • desnaturaria o caráter daquelas garantias e privilégios, inerentes ao credor e ao crédito e não ao devedor e ao débito;
> • converteria em prêmio as hipóteses não raras em que a obrigação do responsável reveste-se do caráter de sanção por ato ilícito culposo (art. 134 do CTN), ou doloso (art. 135);
> • seria, de qualquer modo, inaplicável na chamada substituição tributária (regressiva ou progressiva), já que, nessa hipótese, a "sub-rogação" ocorre apenas no plano pré-jurídico."[21]

A única razão de ser das garantias outorgadas ao crédito tributário está no interesse público envolvido na arrecadação. Com a arrecadação, deixa de existir fundamento para a manutenção das garantias, havendo a sub-rogação do novo credor, apenas, no crédito, e nada mais.[22] Até porque, conforme bem atentou Mizabel Derzi[23], a sub-rogação, em inúmeros casos, converter-se-ia em prêmio para aqueles que a lei arrola como responsáveis tributários, em razão da prática de ilícitos perpetrados contra o fisco (arts. 134 e 135 do CTN).

---

[20] Baleeiro, Aliomar, op. cit., p. 964.
[21] *Ibidem*
[22] Amaro, Luciano, op. cit., p. 450.
[23] Baleeiro, Aliomar, op. cit., p. 964.

7. A cessão do crédito tributário e a Resolução nº 33/2006

Questão não menos interessante, e intimamente ligada à matéria em discussão, versa sobre a licitude da cessão de crédito tributário e os seus efeitos sobre as garantias, privilégios e preferências referidos no Código Tributário Nacional.

A questão ganhou maior relevância com a edição, pelo Senado Federal, da polêmica Resolução nº 33, de 13/07/2006, que autoriza os entes da federação a "ceder a instituições financeiras a sua dívida ativa consolidada, para cobrança por endosso-mandato, mediante a antecipação de receita de até o valor de face dos créditos, desde que respeitados os limites e condições estabelecidos pela Lei Complementar nº 101, de 4 de maio de 2000, e pelas Resoluções nºs 40 e 43, de 2001, do Senado Federal" (art. 1º) [24].

O ato normativo em foco é objeto de duas ações diretas de inconstitucionalidade, ambas distribuídas ao Ministro Carlos Ayres de Brito, sob os nºs. 3.786 e 3845[25]. Nelas se sustenta que a referida resolução seria incompatível com a Constituição, quer sob um prisma formal, quer sob a ótica material. O vício formal derivaria do fato que o conteúdo do ato normativo em questão não se subsume a qualquer das estritas hipóteses que autorizam a edição de resolução pelo Senado Federal, conforme se vê do art. 52, incisos V a IX, da Carta de 1988 ("Art. 52. Compete privativamente ao Senado Federal: ... V – autorizar operações externas de natureza financeira, de interesse da União, dos Estados, do Distrito Federal, dos Territórios e dos Municípios; VI – fixar, por proposta do Presidente da República, limites globais para o montante da dívida consolidada da União, dos Estados, do Distrito Federal e dos Municípios; VII – dispor sobre limites globais e

---

[24] No sentido de que a Resolução nº 33/2006 institui verdadeira cessão de crédito, ver CORREIA, Andrei Lapa de Barros. Cessão de Crédito Público Chamada de Endosso-Mandato. Jus Navigandi, Teresina, ano 10, n. 1153, 28 ago. 2006. Disponível em: <http://jus2.uol.com.br/doutrina/texto.asp?id=8855>. Acesso em: 05 jan. 2009. Nas palavras do autor: "Aquilo que o Senado Federal chamou de antecipação do valor do crédito para cuja cobrança outorgou-se mandato a instituição financeira é o preço do crédito cedido, nada mais." Em sentido contrário, enxergando na resolução mera terceirização da cobrança de dívida ativa, veja-se KIST, Dario José. Cobrança da Dívida Ativa dos Estados e Municípios por Instituições Financeiras. Resolução nº 33/2006 do Senado Federal. Jus Navigandi, Teresina, ano 10, n. 1141, 16 ago. 2006. Disponível em: <http://jus2.uol.com.br/doutrina/texto.asp?id=8793>. Acesso em: 05 jan. 2009.

[25] Até dezembro de 2014, o Supremo Tribunal Federal ainda não havia proferido decisão definitiva a respeito do tema.

condições para as operações de crédito externo e interno da União, dos Estados, do Distrito Federal e dos Municípios, de suas autarquias e demais entidades controladas pelo Poder Público federal; VIII – dispor sobre limites e condições para a concessão de garantia da União em operações de crédito externo e interno; IX – estabelecer limites globais e condições para o montante da dívida mobiliária dos Estados, do Distrito Federal e dos Municípios)".

Ademais, por afetar diretamente competências institucionais das procuradorias estaduais, teria o Senado Federal usurpado competência privativa do Poder Executivo, uma vez que a resolução cuida de matéria cuja iniciativa para o processo legislativo é reservada ao Chefe do Poder Executivo, à luz do art. 61, § 1º, II, "e", da Constituição (§ 1º. São de iniciativa privativa do Presidente da República as leis que: ... II – disponham sobre: ... e) criação e extinção de Ministérios e órgãos da administração pública, observado o disposto no art. 84, VI).

Teria o Senado Federal olvidado, por fim, que cabe a lei complementar, exclusivamente, tratar de normas gerais de direito tributário, conforme se vê do art. 146 da Constituição, sendo indelegável a cobrança do crédito tributário, à luz do art. 7º do CTN.

Já o vício material resultaria da inobservância da regra prevista no art. 132 da Carta Maior, cujo teor é claro no sentido de que compete às procuradorias estaduais a representação judicial e a consultoria jurídica dos Estados da federação, não sendo possível o endosso-mandato em favor de instituições financeiras, na forma como estatuída pela Resolução nº 33/2006.

Cumpre, por isso mesmo, avaliar se é viável a Fazenda Pública proceder à cessão de seus créditos de natureza fiscal. Isso porque, em não sendo isso possível, de nada adiantará discutir, no plano teórico, se os efeitos se projetam, ou não, sobre as garantias do crédito tributário. E, de fato, há certa divergência a respeito do tema, sobretudo porque não há qualquer disposição a respeito no Código Tributário Nacional.

É cediço que, de regra, no âmbito privado, pode o credor livremente transferir seu crédito. À luz do art. 286 do Código Civil de 2002, a cessão de crédito é vedada, unicamente, se a isso se opuser a natureza da obrigação, a lei ou eventual disposição contratual[26]. O que se coloca, pois, é se,

---

[26] Pereira, Caio Mario da Silva. Instituições de Direito Civil, vol. II, Rio de Janeiro: Forense, 1994, p. 256.

eventualmente, a natureza da obrigação tributária é incompossível com a cessão do crédito correspondente[27].

Dá notícia a literatura jurídica de alguns posicionamentos negando, por completo, a possibilidade de cessão do crédito tributário, em razão de sua própria natureza, eis que a formação do crédito tributário pressupõe, indispensavelmente, uma série de atos de competência exclusiva da autoridade administrativa, não sendo possível a sua delegação ao particular[28]. É evidente que o lançamento reveste-se de formalidades que não podem ser transferidas a terceiros. E sem lançamento não há o que se falar em crédito tributário, devidamente constituído, razão pela qual só há que se admitir, em tese, a cessão de créditos tributários após o lançamento.

Poder-se-ia afirmar, ainda, que a falta de norma expressa no CTN importaria em óbice intransponível à cessão do crédito fiscal, por não haver norma geral de direito tributário disciplinando a questão. Nada mais equivocado. A cessão de créditos de titularidade da Fazenda Pública, seja a sua natureza qual for, diz respeito, em verdade, à seara do direito administrativo, não havendo a necessidade de norma geral de direito tributário a regular a matéria. É absolutamente indispensável, contudo, lei ordinária disciplinando não apenas o negócio jurídico em si, mas, principalmente, a forma pela qual se vai assegurar ao contribuinte o seu mais amplo direito de defesa. Além disso, a contratação de instituições financeiras e demais entidades privadas deverá, necessariamente, ser precedida de licitação, nos precisos termos da Lei nº 8.666/93[29].

É de se ver, por oportuno, que a doutrina majoritária não se contenta com o simples lançamento, para que se possa falar em cessão do crédito tributário. Filiando-se à posição dos professores Geraldo Ataliba e Paulo Salvador Frontini, sustenta Mizabel Derzi a "incessibilidade absoluta dos créditos não inscritos em Dívida Ativa"[30]. Com efeito:

> "As cessões de crédito são plenamente admitidas pelo legislador, exceto se a isso se opuser a natureza da obrigação, a lei, ou a convenção com o devedor (art. 1.065 do Código Civil). E exatamente nesse campo encontramos as

---

[27] Lembramos, uma vez mais, que não temos a pretensão, neste trabalho, de tomar posição a respeito da natureza da obrigação ou do crédito tributário.
[28] Baleeiro, Aliomar, op. cit., p. 965.
[29] Lei de Licitações e Contratos Administrativos.
[30] Baleeiro, Aliomar, op. cit., p. 965/967.

prescrições legais proibitivas, não da cessão em si, mas de atos administrativos diretamente envolvidos com a formalização do crédito tributário e com a constituição do título executivo, a saber:

1. o art. 3º do CTN conceitua tributo como prestação pecuniária compulsória, instituída em lei e "cobrada mediante atividade administrativa plenamente vinculada";

2. por sua vez, o art. 142 do CTN define o lançamento como ato ou procedimento constitutivo do crédito e privativo da administração fazendária;

3. a constituição do título executivo pressupõe prévio lançamento e procedimento administrativo regular (art. 201), que culminam com a inscrição na repartição administrativa competente, cujo registro é minuciosamente disciplinado no CTN (art. 202);

4. extraída a certidão da inscrição, título executivo extrajudicial que instrui a execução judicial, o CTN mantém a disposição benéfica à Fazenda Pública (repetida na Lei de Execução Fiscal, art. 2º, § 8º), autorizando que eventual nulidade possa ser sanada até a decisão de primeira instância, mediante substituição da certidão nula (art. 203);

5. após a promulgação da Lei de Execução Fiscal, de 1980, criou-se um procedimento próprio para a cobrança do crédito fazendário, segundo o qual somente se admite execução de título específico, formado e formalizado, mediante inscrição em Dívida Ativa e prévio procedimento administrativo regular (art. 1º e art. 6º, § 1º); a confissão irretratável do devedor que precede os parcelamentos de débitos fiscais, não substitui as formalidades inerentes e especiais de formação do título executivo fiscal. Assim, créditos tributários não inscritos são inexeqüíveis e, mais, incobráveis em juízo.

Não há dúvida de que os atos acima enumerados são intransferíveis e privativos da Administração: o lançamento; o procedimento administrativo regular de discussão do lançamento; a constituição do título executivo, mediante a inscrição em Dívida Ativa. Sustentamos, por tal motivo, a incessibilidade absoluta dos créditos não inscritos em Dívida Ativa, ainda que parcelados, mediante prévia confissão de dívida (Ver comentários aos arts. 201 a 204)."[31]

É inegável que o lançamento é ato privativo da autoridade fiscal. Certo é, outrossim, que na sua falta não há crédito tributário, definitivamente constituído. Uma vez realizado o lançamento, todavia, já há crédito tribu-

---

[31] *Ibidem*

tário, nada impedindo a sua cessão, ainda que inexista o título executivo correspondente. Ceder-se-á o crédito, cabendo ao novo credor proceder à cobrança. Nada obstante, a cessão só poderá ser efetivada quando esgotado o prazo para o oferecimento de impugnação, ou quando definitivamente julgada no âmbito administrativo. E isso porque, a teor do art. 151, III, do CTN, eventual impugnação suspende a exigibilidade do crédito tributário, não podendo o seu julgamento ser transferido para a esfera do cessionário. Enquanto pendentes atos da administração pública, que possam influir na existência do crédito tributário, inviável é a cessão de crédito.

Ainda assim, nas edições anteriores desta obra, chegamos a nos posicionar pela inconstitucionalidade da Resolução nº 33/2006 do Senado Federal, sob o argumento de que não teria ela assegurado ao contribuinte o mais amplo direito de defesa. Dizíamos:

> "... temos que a Resolução nº 33/2006 do Senado Federal é inconstitucional. A razão é uma só: não se assegurou ao contribuinte o mais amplo direito de defesa. O Senado Federal teve a preocupação de estabelecer as condições necessárias para a referida operação de crédito, mas o fez sem garantir ao particular os meios de defesa indispensáveis à correção de eventuais abusos".

Neste ínterim, mudamos a nossa percepção sobre o tema. E não mais nos parece que a Resolução nº 33/2006 do Senado Federal esteja eivada do referido vício. A referida Resolução não se ocupou de regular, no detalhe, o procedimento pelo qual será realizada a cessão de crédito. É apenas uma autorização genérica, com a definição das condições mínimas para a realização de uma operação de crédito público. A regulamentação do procedimento aplicável deverá ser, necessariamente, editada pelo ente público que decidir implementar operação de tal natureza.

É verdade que a constituição do crédito tributário, muito comumente, se faz de forma arbitrária e ilegal, sendo o processo de execução fiscal a garantia mínima conferida ao contribuinte para se defender da cobrança de tributos muitas vezes inconstitucionais. Por isso mesmo, a cessão do crédito tributário, sem que se assegure ao contribuinte a ampla defesa e o devido processo legal correspondente, pode dar ensejo a inúmeras arbitrariedades. Caberá, assim, ao ente da Federação que decidir levar adiante a referida operação regulamentar, de forma adequada, a cessão do crédito tributário, sempre respeitando o mais amplo direito de defesa assegurado constitucionalmente ao contribuinte. Eventual inconstitucionalidade, por violação aos princípios da ampla defesa e do devido processo legal, deverá ser verificada caso a caso, na forma da legislação que vier a regulamentar a matéria em âmbito local ou estadual.

Não vislumbramos, no mais, qualquer incompatibilidade da aludida resolução com o art. 132 da Constituição Federal. Muito ao contrário, não há aqui a transferência para as instituições financeiras "da representação judicial" ou da "consultoria jurídica" do ente da federação. Houve, tão somente, a delimitação das condições para uma operação de crédito interno, em perfeita sintonia com a previsão contida no inciso art. 52, VII, da Constituição Federal.

8. A cessão do crédito tributário e seus reflexos sobre as garantias que o acompanham

Tentamos demonstrar, no tópico anterior, que a cessão de crédito tributário é perfeitamente possível, desde que atendidos determinados requisitos na legislação aplicável. Pergunta-se: em decidindo a Fazenda Pública por ceder seu crédito a terceiro, haverá aí, também, a cessão das garantias inerentes ao crédito tributário?

Ora, segundo os civilistas, a cessão de crédito consiste, basicamente, numa alteração do pólo ativo da relação creditícia, passando o cessionário a ocupar o pólo ativo da relação jurídica de direito material, sem que haja qualquer alteração em seu objeto, ou em seus acessórios e garantias. Confira-se, por todos, a lição de Caio Mario da Silva Pereira:

> "Chama-se cessão de crédito o negócio jurídico em virtude do qual o credor transfere a outrem a sua qualidade creditória contra o devedor, recebendo o cessionário o direito respectivo, com todos os acessórios e todas as garantias. É uma alteração subjetiva da obrigação, indiretamente e realizada, porque se completa por via de uma trasladação da força obrigatória, de um sujeito ativo para outro sujeito ativo, mantendo-se em vigor o *vinculum iuris* originário."[32]

Vale dizer: regra geral, a cessão de crédito importa na cessão das suas garantias e de todos os demais acessórios do referido crédito. Regra essa, no entanto, que admite exceções. Com efeito, não é possível que a cessão do crédito tributário, ou de qualquer outro crédito de titularidade da Fazenda Pública, seja acompanhada da cessão das garantias que lhes são

---

[32] Pereira, Caio Mario da Silva, op. cit., p. 253/254.

próprias. Ora, como já tivemos a oportunidade de dizer, as garantias inerentes ao crédito tributário só se justificam em favor da Fazenda Pública, sendo um consectário do princípio da supremacia do interesse público. Desaparecendo o interesse público, com a cessão do crédito tributário à esfera privada, não há mais razão plausível para a manutenção das referidas garantias, não podendo os particulares, pois, invocá-las em seu favor.

9. O art. 184 do CTN e os bens gravados com ônus reais ou cláusula de impenhorabilidade ou de inalienabilidade

Tal como se dá em toda e qualquer relação de crédito, o patrimônio pessoal do devedor é a garantia conferida, minimamente, ao fisco, para a hipótese de inadimplemento. Uma vez realizado o fato gerador da obrigação tributária, responde o contribuinte pela dívida fiscal contraída com a totalidade de seu patrimônio. É o que se depreende do art. 184 do CTN:

> "Art. 184. Sem prejuízo dos privilégios especiais sobre determinados bens, responde pelo crédito tributário a totalidade dos bens e das rendas de qualquer origem e natureza, do sujeito passivo, seu espólio ou sua massa falida, inclusive os gravados com ônus real ou cláusula de inalienabilidade ou impenhorabilidade, seja qual for a data da constituição do ônus ou da cláusula, excetuados unicamente os bens ou rendas que a lei declare absolutamente impenhoráveis."

Observe-se, no entanto, que a sobredita disposição legal não se limita a, simplesmente, sujeitar o patrimônio pessoal do devedor à satisfação do crédito tributário. Vai mais além: estabelece que respondem pelo crédito tributário, inclusive, os bens gravados com ônus real ou cláusula de inalienabilidade ou impenhorabilidade, ressalvados, apenas, os bens ou rendas que a lei declare absolutamente impenhoráveis.

Cabe lembrar, por relevante, que essa regra sofreu temperamentos, recentemente, com o advento da Lei Complementar nº 118/05, que acrescentou um parágrafo único ao art. 186 do CTN, estabelecendo que, em processo falimentar, o crédito tributário não prefere aos créditos com garantia real. É norma, todavia, específica para os processos de falência, prevalecendo a regra do art. 184 enquanto não instaurado o procedimento concursal, mediante o decreto de falência da empresa.

Em verdade, como bem se apercebeu Sacha Calmon, a pretensão do legislador, neste tópico, não foi, propriamente, a de sujeitar o patrimônio pessoal do contribuinte às dívidas fiscais contraídas. Isso nem precisaria ser dito, por se tratar de princípio geral de direito. O objetivo, no particular, foi o de tornar ineficazes frente à Fazenda Pública aqueles atos de vontade, próprios do direito civil, voltados para a proteção do patrimônio pessoal, ou para melhor garantir o crédito de terceiros[33]. Bens gravados com cláusulas de impenhorabilidade, ou de inalienabilidade, assim como a prévia instituição de garantias reais sobre os bens integrantes do patrimônio do contribuinte, não importam em óbice à satisfação do crédito tributário. É o interesse público prevalecendo sobre o interesse privado.

Não é por outra razão que a impenhorabilidade dos bens dados em hipoteca ou penhor, como a garantia da cédula de crédito industrial ou comercial (art. 57 do Decreto-Lei nº 413/69), não pode ser oposta à Fazenda Pública. Nesse sentido firmou entendimento o Egrégio Superior Tribunal de Justiça:

"TRIBUTÁRIO. EXECUÇÃO FISCAL. IMÓVEL GRAVADO COM HIPOTECA. CÉDULA DE CRÉDITO INDUSTRIAL. PENHORA PARA SATISFAZER CRÉDITO TRIBUTÁRIO – POSSIBILIDADE. CTN, ART. 184.

1. O crédito tributário, como é cediço, goza de preferência sobre os demais, à exceção dos de natureza trabalhista. A Fazenda Pública não participa de concurso, tendo prelação no recebimento do produto da venda judicial do bem penhorado, ainda que esta alienação seja levada a efeito em autos de execução diversa.

2. O que determina o art. 57 do Decreto-lei 413/69 é a preferência do detentor da garantia real sobre os demais credores na arrematação do bem vinculado à hipoteca. Este privilégio, entretanto, é inoponível ao crédito fiscal.

3. "Não havendo o art. 57 do Dec.-lei 413/69 estabelecido a impenhorabilidade absoluta dos bens vinculados a cédula de crédito industrial (até porque em caso contrário, nem o credor por tal cédula poderia penhorar os bens a ela vinculados), não ocorre, no caso, a exceção prevista na parte final do art. 184 do CTN, única exceção que poderia beneficiar o recorrente, uma vez que este dispositivo não foi derrogado por aquele" (RE 84.059, Rel. Min. Moreira Alves)

4. A Lei de Execução Fiscal é posterior ao Decreto-lei 413/69 e, no confronto entre os dois diplomas legais, há de prevalecer a LEF, não por força de

---

[33] Coêlho, Sacha Calmon Navarro, op. cit., p. 879.

uma suposta hierarquia entre essas leis, que não existe, mas sim em virtude do princípio da especialidade (*Lex specialis derrogat generalis*).

5. Recurso especial provido."[34]

10. Irrelevância da data da constituição do ônus ou da garantia real

Urge salientar, por relevante, que pouco importa a data da constituição do gravame sobre os bens do contribuinte, se anterior ou posterior à formalização do crédito tributário, ou mesmo à realização, no mundo físico, do fato gerador[35]. Privilegia-se o crédito tributário, em detrimento de eventual ato de vontade do particular, que tenha instituído cláusula de inalienabilidade ou de impenhorabilidade, ou mesmo garantia real sobre bens objeto de execução fiscal.

Zelmo Denari, entretanto, considera inconstitucional, neste particular, o art. 184 do CTN, entendendo que o referido privilégio fiscal não poderia jamais se sobrepor aos gravames instituídos, por ato de vontade, antes da constituição do crédito tributário, sob pena de violação ao ato jurídico perfeito, protegido pela regra do art. 5º, XXXVI, da Carta de 1988. Nas palavras do jurista:

> "A nosso aviso, o dispositivo é manifestamente inconstitucional quando *in fine* assegura o privilégio fiscal "seja qual for a data da constituição do ônus ou da cláusula". A prevalecer essa redação, o texto afronta uma das nossas mais caras garantias individuais: justamente aquela que assegura a intangibilidade do ato jurídico perfeito (cf. art. 5º, XXXVI).
>
> (...)

---

[34] STJ, 1ª Turma, Recurso Especial nº 563.033, Relator Ministro Luiz Fux, 04/03/2004. No mesmo sentido: "PROCESSUAL CIVIL. BEM MÓVEL ALIENADO FIDUCIARIAMENTE. CÉDULA DE CRÉDITO COMERCIAL. DECRETO-LEI Nº 413/69. IMPENHORABILIDADE RELATIVA. PREFERÊNCIA DO CRÉDITO TRIBUTÁRIO. 1. Os bens entregues em garantia hipotecária, tanto em cédula de crédito rural como em cédula de crédito comercial ou industrial, têm impenhorabilidade relativa, porquanto é inoponível ao Fisco, em face da prevalência dos créditos tributários, que preferem a qualquer outro, seja qual for a natureza ou o tempo de sua constituição, ressalvados os créditos decorrentes da legislação do trabalho, nos termos dos arts. 184 a 187 do CTN. 2. Precedentes: REsp 681.402/RS, DJ 17.09.2007; REsp 633.463/BA, DJ 25.04.2005; REsp 522.469/RS, DJ 18.04.2005; REsp 672.029/RS, DJ 16.05.2005. 3. Recurso especial provido." (STJ, 1ª Turma, Recurso Especial nº 874.983/RS, Relator Ministro Luiz Fux, 12/02/2008).

[35] Rosa Junior, Luiz Emygdio F. da, op. cit., p. 606.

Ora, quando um empresário celebra um contrato de empréstimo, com garantia hipotecária ou pignoratícia, anteriormente à constituição do crédito tributário, cumpre um ato jurídico perfeito cuja intocabilidade está assegurada pelo art. 60, § 4º, IV, da Constituição Federal, entre as cláusulas pétreas, vale dizer, garantia individual que não pode ser abolida nem por emenda constitucional.

No campo privatístico, quando diversos direitos reais de garantia estão em conflito o aplicador da norma deve adotar o critério da prioridade da data. O legislador constitucional outra coisa não fez senão garantir a observância da regra *prior in tempore potior in jure.*

Assim sendo, os ônus reais que gravam bens imóveis (hipoteca) ou maquinas (penhor), bem como as cláusulas que disponham sobre a inalienabilidade ou impenhorabilidade de determinados bens são oponíveis à Fazenda Pública, quando tenham sido pactuados e instituídos antes da efetiva constituição do crédito tributário. Entende-se por efetiva constituição do crédito tributário o ato procedimental de iniciativa do Fisco (v.g. nos lançamentos diretos *ex officio*) ou do contribuinte (v.g. nos lançamentos por homologação)."[36]

Não temos como concordar com a tese esposada. Ora, por definição, ato jurídico perfeito é aquele constituído com observância das normas legais vigentes na data da sua edição[37]. Uma vez constituído, segundo os parâmetros legais em vigor, não mais poderá ser afetado por lei superveniente, por força do que dispõe o art. 5º, XXXVI, da Constituição Federal. Haveria violação ao ato jurídico perfeito, evidentemente, se lei nova fosse a responsável pela criação do referido privilégio fiscal, afastando eventuais cláusulas de impenhorabilidade instituídas anteriormente à sua edição, a fim de permitir a satisfação do crédito tributário. Quando muito, pois, haverá violação ao ato jurídico perfeito se, num caso concreto, ocorrer a penhora de bem em que a impenhorabilidade tenha sido instituída, por ato de vontade, antes da entrada em vigor do CTN. Atualmente, contudo, todo e qualquer gravame instituído, por ato de vontade, sobre bens particulares já se encontra, em seu nascedouro, limitado pela regra contida no art. 184 do CTN. Assim que, quando o particular decide por gravar o bem

---

[36] Martins, Ives Gandra da Silva. Comentários ao Código Tributário Nacional/Ives Gandra Martins, coordenador, São Paulo: Saraiva, 1998, p. 468/469.
[37] Art. 6º, § 1º, da Lei de Introdução ao Código Civil.

com cláusula de impenhorabilidade, já sabe que essa impenhorabilidade só vale no âmbito das relações privadas; jamais contra o fisco.

11. Conflito aparente entre o art. 184 do CTN e o art. 649, I, do CPC

Basta uma superficial leitura do art. 184 para perceber-se que o CTN retirou do alcance do processo executivo fiscal, unicamente, os bens que a lei declare absolutamente impenhoráveis. Conquanto, de um lado, eventual doação, gravada com cláusula de impenhorabilidade, não possa ser oposta à Fazenda Pública, de outro, os bens declarados, em lei, absolutamente impenhoráveis, também não podem ser objeto de execução fiscal. O problema é que consta do art. 649 do CPC[38] que são absolutamente impenhoráveis, dentre outros, "os bens inalienáveis e os declarados, por ato voluntário, não sujeitos à execução". Há, aí, mero conflito aparente de normas, prevalecendo a norma especial do art. 184 do CTN. Nos dizeres de Luciano Amaro:

> "Há, aí, uma antinomia, pois o art. 184 do Código abrange os bens gravados com cláusula de inalienabilidade ou impenhorabilidade, abrindo exceção para os absolutamente impenhoráveis, entre os quais a lei inclui os inalienáveis e todos os que possam estar, por ato voluntário, não sujeitos a execução. Isso esvaziaria em boa parte o comando legal, subtraindo à execução do crédito fiscal os bens gravados com inalienabilidade ou impenhorabilidade, ainda que por ato voluntário (como na doação ou na transmissão testamentária). Para conciliar os dois dispositivos, a doutrina considera excluídos da ressalva e, portanto, passíveis de responder pelas dívidas fiscais os bens cuja inalienabilidade ou impenhorabilidade decorra de disposição de vontade."[39]

---

[38] Reza o art. 649 do CPC: "Art. 649. São absolutamente impenhoráveis: I – os bens inalienáveis e os declarados, por ato voluntário, não sujeitos à execução; II – as provisões de alimentos e de combustível, necessárias a manutenção do devedor e de sua família durante 1 (um) mês; III – o anel nupcial e os retratos de família; IV – os vencimentos dos magistrados, dos professores e dos funcionários públicos, o soldo e os salários, salvo para o pagamento de prestação alimentícia; V – os equipamentos dos militares; VI – os livros, as maquinas, os utensílios e os instrumentos, necessários ou úteis ao exercício de qualquer profissão; VII – as pensões, as tenças ou os montepios, percebidos dos cofres públicos, ou de institutos de previdência, bem como os provenientes de liberalidade de terceiro, quando destinados ao sustento do devedor ou da sua família; VIII – os materiais necessários para obras em andamento, salvo se estas forem penhoradas; IX – o seguro de vida; X – o imóvel rural, até um módulo, desde que este seja o único de que disponha o devedor, ressalvada a hipoteca para fins de financiamento agropecuário."

[39] Amaro, Luciano, op. cit., p. 450.

Sucede que, em realidade, absolutamente impenhoráveis são, apenas, os bens arrolados a partir do inciso II do art. 649 do CPC; não os bens referidos no inciso I.

12. Impenhorabilidade do bem de família

Sem embargo das disposições contidas nos incisos II a X do art. 649 do Código de Processo Civil, é também absolutamente impenhorável o bem de família, na forma do art. 1º, *caput*, da Lei n. 8.009/90, que dispõe: "o imóvel residencial do casal, ou da entidade familiar, é impenhorável e não responderá por qualquer tipo de dívida civil, comercial, fiscal, previdenciária ou de outra natureza, contraída pelos cônjuges ou pelos pais ou filhos que sejam seus proprietários e nele residam, salvo nas hipóteses previstas nesta lei".

Sucede que, em se tratando de dívida de ICMS, não pode o contribuinte, ou o responsável tributário, ter o imóvel residencial da família[40] penho-

---

[40] Em interpretação exageradamente elástica do referido art. 1º da Lei nº 8.009/90, o Egrégio Superior Tribunal de Justiça tem estendido o conceito de unidade residencial familiar, inclusive, ao único bem imóvel de propriedade de pessoa solteira. A esse propósito: "PROCESSUAL – EXECUÇÃO – IMPENHORABILIDADE – IMÓVEL – RESIDÊNCIA – DEVEDOR SOLTEIRO E SOLITÁRIO – LEI 8.009/90. – A interpretação teleológica do Art. 1º, da Lei 8.009/90, revela que a norma não se limita ao resguardo da família. Seu escopo definitivo é a proteção de um direito fundamental da pessoa humana: o direito à moradia. Se assim ocorre, não faz sentido proteger quem vive em grupo e abandonar o indivíduo que sofre o mais doloroso dos sentimentos: a solidão. – É impenhorável, por efeito do preceito contido no Art. 1º da Lei 8.009/90, o imóvel em que reside, sozinho, o devedor celibatário" (STJ, Corte Especial, Embargos de Divergência em Recurso Especial nº 182.223/SP, por maioria, Rel. p/ o acórdão Min. Humberto Gomes de Barros, 06/02/2002). Filiamo-nos, no entanto, à tese contida no voto vencido do Exmo. Sr. Min. Sálvio de Figueiredo. Parece-nos, pois, que a finalidade da norma é a proteção da "entidade familiar", expressão cunhada no art. 226 da Carta de 1988, e não a do devedor solteiro. Com efeito, é o vínculo familiar que pretendeu o legislador preservar. A propósito, asseverou o Ministro Sálvio de Figueiredo: "os irmãos solteiros que juntos convivem há tempos, a mãe ou o pai, solteiro ou viúvo, que mora com os filhos, os filhos que moram com os pais, enfim, os laços afetivos que unem os familiares devem ter livre da penhora o único bem onde residam". E, em seguida, arrematou: "Afora o objetivo de proteção familiar e a exclusão do devedor que mora sozinho, certo é que a variedade de situações não permite excluir, por exemplo, casos de desamparo a pessoas em condições individuais especialíssimas, o que já levou essa Corte, em alguns precedentes, a deixar impenhorável o único bem de pessoa viúva e idosa. Com efeito, entre os devedores solitários, distinguem-se manifestamente o jovem apto à atividade produtiva e o idoso que esteja apenas a colher os frutos da sua juventude, não mais obrigado ao trabalho. Essas peculiaridades, avaliáveis na esfera de cada espécie, não podem, contudo, ensejar a generalização de proteger-se o bem do devedor que reside sozinho". Certamente não foi a intenção do legislador – e certamente

rado, sob pena de violação ao sobredito artigo. A jurisprudência não discrepa desse entendimento:

> "Processual Civil. Execução Fiscal de ICMS. Embargos. Bem de Família. Impenhorabilidade. Se em razão de débito de empresa único bem residencial do sócio é penhorado em processo de execução fiscal por débito decorrente do não pagamento de ICMS, são procedentes os embargos opostos para desconstituir a constrição por ofensa à Lei 8.009/90, eis que não previstas as hipóteses excepcionais do artigo 3º. A condenação no pagamento da verba honorária decorre da resistência oposta pelo embargado à pretensão do embargante, eis que pleiteou a improcedência do pedido. Manutenção da sentença."[41]

A impenhorabilidade abrange, inclusive, o mobiliário que, comumente, guarnece as residências familiares, tais como: sofá, mesa de jantar, geladeira, forno, cama do casal e de seus filhos etc. Não se subsume ao conceito de bem família, evidentemente, tudo aquilo que caracteriza manifestação exterior de riqueza[42].

De outro lado, a impenhorabilidade do imóvel residencial da entidade familiar não alcança os tributos devidos em razão da propriedade imobiliária. À luz do art. 3º, IV, da Lei nº 8.009/90, a impenhorabilidade é inoponível à Fazenda Pública nas execuções de créditos de IPTU, de ITR, bem como de taxas ou contribuições devidas em função do imóvel fami-

---

não é esse o espírito que serve de suporte ao direito constitucional à moradia – premiar o devedor inadimplente. A idéia foi proteger a família e aqueles que se encontram em situações especialíssimas, como os idosos e os enfermos. Nada obstante, sepultando em definitivo qualquer controvérsia que persistia a respeito do tema, o STJ editou a Súmula nº 364, cujo teor é o seguinte: "O conceito de impenhorabilidade de bem de família abrange também o imóvel pertencente a pessoas solteiras, separadas e viúvas."

[41] TJRJ, 15ª Câmara Cível, Apelação Cível nº 2002.001.21184, Relator Des. Antonio Cesar Siqueira, 26/11/2002.

[42] Não é outra a posição do Egrégio Superior Tribunal de Justiça: "PROCESSUAL CIVIL – EXECUÇÃO FISCAL – BEM DE FAMÍLIA – IMPENHORABILIDADE – MÓVEIS NÃO SUNTUOSOS QUE GUARNECEM A RESIDÊNCIA – PRECEDENTES. 1. São impenhoráveis os móveis de uso doméstico, dentre eles incluindo certos equipamentos, não considerados suntuosos ou como demonstração exterior de riqueza, quando úteis para o conforto de quem habita a residência, distinguindo-se aqueles que se destinam a embelezar o ambiente dos que se constituem peça essencial à vida familiar. 2. Dentro deste enfoque, são impenhoráveis mesa de jantar, cadeiras e sofá de couro e penhoráveis a arca-oratório e o buffet de madeira. 3. Recurso especial provido em parte" (STJ, 2ª Turma, Recurso Especial nº 300.411/MG, Relatora Ministra Eliana Calmon, 03/12/2002).

liar. Confira-se, a esse respeito, o seguinte julgado do Tribunal de Justiça do Estado do Rio de Janeiro:

"EXECUTIVO FISCAL. PENHORA DE IMÓVEL CONSIDERADO BEM DE FAMÍLIA. POSSIBILIDADE MERCÊ DA EXCEÇÃO PREVISTA NO INCISO IV DO ART. 3º DA LEI Nº. 8009/90. O imóvel de propriedade do agravante foi penhorado para garantir dívidas oriundas do não pagamento de IPTU e a Lei 8.009/90, expressamente, no seu inciso IV do art. 3º exclui a impenhorabilidade do bem de família quando se tratar, exatamente, de cobrança de imposto predial devida em função do imóvel por lhe reconhecer, ao IPTU, seu caráter de imposto real."[43]

Tampouco pode o particular invocar a proteção da lei para deixar de pagar as contribuições previdenciárias incidentes sobre a remuneração devida àqueles que trabalham na própria residência familiar (art. 3º, I, da Lei nº 8.009/90)[44].

---

[43] TJRJ, 2ª Câmara Cível, Agravo de Instrumento nº 2001.002.06842, Relator Des. Gustavo Kuhl Leite, 09/10/2001. É também a orientação que prevalece no STJ, conforme se vê da seguinte ementa: "PROCESSUAL CIVIL. EXECUÇÃO FISCAL. BEM DE FAMÍLIA. IMPENHORABILIDADE. EXCEÇÃO. DÉBITO PROVENIENTE DO PRÓPRIO IMÓVEL. IPTU. INTELIGÊNCIA DO INCISO IV DO ART. 3º DA LEI 8.009/90. 1. O inciso IV do art. 3º da Lei 8.009/1990 foi redigido nos seguintes termos: "Art. 3º A impenhorabilidade é oponível em qualquer processo de execução civil, fiscal, previdenciária, trabalhista ou de outra natureza, salvo se movido: IV – para cobrança de impostos, predial ou territorial, taxas e contribuições devidas em função do imóvel familiar;" 2. A penhorabilidade por despesas provenientes de imposto, predial ou territorial, taxas e contribuições devidas em função do imóvel familiar tem assento exatamente no referido dispositivo, como se colhe nos seguintes precedentes: no STF, RE 439.003/SP, Rel. Min. EROS GRAU, 06.02.2007; no STJ e REsp. 160.928/SP, Rel. Min. ARI PARGENDLER, DJU 25.06.01. 3. O raciocínio analógico que se impõe é o assentado pela Quarta Turma que alterou o seu posicionamento anterior para passar a admitir a penhora de imóvel residencial na execução promovida pelo condomínio para a cobrança de quotas condominiais sobre ele incidentes, inserindo a hipótese nas exceções contempladas pelo inciso IV do art. 3º, da Lei 8.009/90. Precedentes. (REsp. 203.629/SP, Rel. Min. CESAR ROCHA, DJU 21.06.1999.) 4. Recurso especial a que se nega provimento." (STJ, 1ª Turma, Recurso Especial nº 1.100.087/MG, Relator Ministro Luiz Fux, 12/05/2009)
[44] Machado, Hugo de Brito. Curso de Direito Tributário, 19ª ed., 2ª tiragem, São Paulo: Malheiros, 2001, p. 186.

13. Inaplicabilidade do art. 184 do CTN à alienação fiduciária em garantia

Na precisa lição do prof. Fabio Ulhoa Coelho, a alienação fiduciária em garantia consiste em um "contrato instrumental do mútuo, em que o mutuário-fiduciante (devedor), para a garantia do cumprimento de suas obrigações, aliena ao mutuante-fiduciário (credor) a propriedade de um bem de seu patrimônio. Essa alienação faz-se em fidúcia, de modo que o credor tem apenas o domínio resolúvel e a posse indireta da coisa alienada, ficando o devedor como seu depositário e possuidor direto. Feito o pagamento da dívida, ou seja, com a devolução do dinheiro emprestado, resolve-se o domínio em favor do fiduciante, que volta a titularizar a plena propriedade do bem dado em garantia"[45].

Não obstante a totalidade dos bens e das rendas do sujeito passivo, inclusive aqueles gravados com ônus real ou cláusula de inalienabilidade ou impenhorabilidade, responda pelo crédito tributário, ainda assim, os bens objetos de alienação fiduciária não estão sujeitos à constrição judicial, na hipótese de execução fiscal contra o devedor fiduciante. Isso se dá porque, celebrado o contrato de alienação fiduciária em garantia, a propriedade do bem é transferida ao credor-fiduciário, normalmente instituição financeira, permanecendo o devedor, apenas, com a sua posse direta[46]. O bem, via de conseqüência, deixa de integrar a esfera patrimonial do devedor, passando à titularidade de terceiro, que não é parte da relação jurídica tributária. Não havendo, pois, a constituição de ônus real sobre o bem, mas a própria transferência da propriedade, ainda que resolúvel, não há o que se falar na aplicação do art. 184 do CTN. A jurisprudência do Superior Tribunal de Justiça é farta a respeito:

"EXECUÇÃO FISCAL – PENHORA – BEM SOB ALIENAÇÃO FIDUCIÁRIA EM GARANTIA – DECRETO-LEI 911/69.

1. Os bens alienados fiduciariamente não integram a esfera patrimonial do devedor, eis que transferidos ao credor fiduciário. Assim, não podem sofrer constrição judicial. É que a execução não pode alcançar patrimônio de terceiro, alheio ao título que a fundamenta.

---

[45] Coelho, Fabio Ulhoa. Curso de Direito Comercial, vol. 3, 3ª ed. atual. De acordo com o novo Código Civil (Lei n. 10.406, de 10-1-2002), São Paulo: Saraiva, 2002, p. 140.
[46] Coêlho, Sacha Calmon Navarro, op. cit., p. 879.

2. Não se cogita, portanto, de aplicação de privilégio ao crédito tributário (art. 184 CTN), dado que a alienação fiduciária em garantia não institui ônus real de garantia, mas opera a própria transmissão resolúvel do direito de propriedade.
3. Recurso provido."[47]

Observe-se, no entanto, que só a própria instituição financeira tem legitimidade para exigir, mediante embargos de terceiro, a desconstituição da penhora[48], sendo certo, outrossim, que é inoponível à Fazenda Pública a alienação fiduciária em garantia que não tenha sido registrada em Cartório de Títulos e Documentos, na forma do art. 66 da Lei nº 4.728/65, com a redação dada pelo art. 1º do Decreto-Lei nº 911/69[49].

14. Fraude à execução fiscal. Presunção relativa ou absoluta?

Em termos gerais, a fraude à execução encontra-se regulada no art. 593 do Código de Processo Civil, que dispõe:

"Art. 593. Considera-se em fraude de execução a alienação ou oneração de bens:
I – quando sobre eles pender ação fundada em direito real;

---

[47] STJ, 3ª Turma, Recurso Especial nº 47.047/SP, Relator Ministro Humberto Gomes de Barros, 17/10/1994. No mesmo sentido: STJ, 2ª Turma, Recurso Especial nº 332.369/SC, Relator Ministra Eliana Calmon, 27/06/2006; STJ, 2ª Turma, Recurso Especial nº 626.999/SC, Relator Ministro João Otávio de Noronha, 12/12/2006. É perfeitamente viável, contudo, que "a constrição executiva recaia sobre os direitos que o executado detém no contrato de alienação fiduciária", eis que "o devedor fiduciante possui expectativa do direito à futura reversão do bem alienado, em caso de pagamento da totalidade da dívida, ou à parte do valor já quitado, em caso de mora e excussão por parte do credor, que é passível de penhora, nos termos do art. 11, VIII, da Lei das Execuções Fiscais (Lei nº 6.830/80)" (STJ, 2ª Turma, Recurso Especial nº 795.635/PB, Relator Ministro Castro Meira, 27/06/2006). Ainda: STJ, 2ª Turma, Recurso Especial nº 910.207/MG, Relator Ministro Castro Meira, 09/10/2007.
[48] Evidentemente, não tem o devedor fiduciante legitimidade e nem interesse jurídico em argüir a nulidade da penhora, por força do contrato de alienação fiduciária, eis que a constrição judicial afeta, apenas, a esfera jurídica de terceiro; não a sua.
[49] Nesse sentido: "Exclusão da penhora subordinada a registro notarial. O bem alienado fiduciariamente, por não integrar o acervo patrimonial do devedor, não poderá ser objeto de penhora em processo de execução desde que registrado no competente assento notarial. Recurso não conhecido" (STJ, 3ª Turma, Recurso Especial nº 34.751/MA, Relator Ministro Cláudio Santos, 04/04/1995).

II – quando, ao tempo da alienação ou oneração, corria contra o devedor demanda capaz de reduzi-lo à insolvência;
III – nos demais casos expressos em lei."

Em sede tributária, a fraude à execução tem disciplina específica no art. 185 do CTN:

"Art. 185. Presume-se fraudulenta a alienação ou oneração de bens ou rendas, ou seu começo, por sujeito passivo em débito para com a Fazenda Pública por crédito tributário regularmente inscrito como dívida ativa.

Parágrafo único: O disposto neste artigo não se aplica na hipótese de terem sido reservados, pelo devedor, bens ou rendas suficientes ao total pagamento da dívida inscrita."

A fraude à execução não se confunde com a fraude contra credores[50]. Em ambos os casos – é verdade – não há a necessidade de se provar a má-fé do devedor[51]. Na primeira hipótese, por já existir demanda ajuizada em face do devedor, ou ao menos ter havido a inscrição em dívida ativa, a fraude se presume, cabendo ao juiz reconhecê-la, incidentalmente, no processo de execução[52]; já no último caso, a ineficácia do negócio jurídico deve ser reconhecida por sentença, em sede de ação pauliana[53]. O traço distintivo, pois, é a circunstância, na fraude à execução, do ato fraudulento dar-se quando já ajuizada demanda judicial[54], ou iniciado o procedimento tendente à cobrança judicial do crédito tributário.

---

[50] Conquanto não se confundam, a fraude à execução costuma ser identificada pela doutrina como uma especialização da fraude contra credores (Câmara, Alexandre Freitas. Lições de Direito Processual Civil, vol. II, 3ª ed., Rio de Janeiro: Lumen Júris, 2000, p. 180).

[51] Já há muito – assevera a doutrina civilista – não exige o direito pátrio a presença do *consilium fraudis*, para que se possa falar em fraude contra credores. Basta, também aqui, que "os atos de transmissão gratuita de bens, ou remissão de dívidas, sejam praticados por devedor já insolvente, ou que por êles seja reduzido à insolvência" (Lopes, Miguel Maria de. Curso de Direito Civil, vol. I, 4ª ed., Livraria Freitas Bastos S.A., p. 457/458). Em sentido idêntico: Bevilaqua, Clovis. Código Civil dos Estados Unidos do Brasil, vol. I, duodécima edição, Rio de Janeiro: Livraria Francisco Alves, p. 287.

[52] Theodoro Júnior, Humberto. Comentários ao Novo Código Civil, vol. 3, t. 1: livro III – dos fatos jurídicos: do negócio jurídico, Rio de Janeiro: Forense, 2003, p. 317.

[53] Theodoro Júnior, Humberto, op. cit., p. 311/312.

[54] Theodoro Júnior, Humberto, op. cit., p. 317.

Abalizada doutrina sustenta que, em sede tributária, a presunção de fraude seria absoluta. Uma vez efetivada a alienação de bens por sujeito passivo em débito com a Fazenda Pública, haveria uma presunção *iure et de iure* de fraude, sem que fosse possível produzir prova em contrário[55]. Também nesse sentido já decidiu a Corte Superior de Justiça:

"TRIBUTÁRIO, CIVIL E PROCESSUAL CIVIL. FRAUDE À EXECUÇÃO. BEM IMÓVEL ALIENADO ANTES DA EXECUÇÃO MAS POSTERIOR A SUA TRANSCRIÇÃO NO REGISTRO IMOBILIÁRIO. ARTS. 530, I, 533 DO CÓDIGO CIVIL E 185 DO CTN.

– A propriedade imobiliária só se transmite após a transcrição do título no registro de imóveis.

– A presunção de fraude prevista no art. 185 do CTN é *juris et de jure*.

– Pode sofrer constrição judicial o imóvel alienado por escritura publica firmada em data anterior a execução fiscal mas levado a transcrição no registro imobiliário somente depois de seu ajuizamento.

– Recurso provido."[56]

Sacha Calmon, minoritariamente, entende que a fraude à execução, conforme disciplinada no art. 185 do CTN, é relativa, admitindo prova em contrário. É o que consta de sua obra:

"... A presunção no caso é *juris tantum*, admite prova em contrário. A fraude à execução não está em alienar ou começar a alienar. É preciso que da alienação sobrevenha a insolvabilidade do devedor. Antes da inscrição, é livre a alienação dos bens pelo devedor. Depois dela, estrito senso, será preciso, cautelarmente, provar o dolo, para increpá-la de fraudulenta, pois a lei fala tão-somente em 'crédito tributário regularmente inscrito como dívida ativa, em fase de execução'. Coloca-se em indagação o período que medeia entre a inscrição da dívida e o ajuizamento da execução. O executado de boa-fé, que deseja resistir à execução mediante ação incidental de embargos, enquanto não oferecer bens à penhora ou for penhorado em tantos bens quanto bastem, não poderá alienar bens, salvo se reservar alguns em favor da Fazenda

---

[55] Nesse sentido: Zelmo Denari e Ricardo Abdoul Nour (Martins, Ives Gandra da Silva, op. cit., p. 474/475), Aliomar Baleeiro (Baleeiro, Aliomar, op. cit., p. 970), Luiz Emygdio (Rosa Junior, Luiz Emygdio F. da, op. cit., p. 607) e Ricardo Lobo Torres (Torres, Ricardo Lobo, op. cit., p. 284).

[56] STJ, 1ª Turma, Recurso Especial 2.250/SP, Relator Ministro Cesar Asfor Rocha, 04/10/1993.

exeqüente? Negamos a hipótese. Se da alienação resultar a insolvência do devedor, segundo o STJ, é que se há de presumir a fraude. Fora disso, não! Seria permitir excessiva invasão do Estado na esfera de liberdade do sujeito passivo e no seu direito de propriedade..."[57]

De fato, se a lei admite que se afaste a fraude à execução, mediante a prova da existência de bens suficientes para satisfazer o crédito reclamado[58], significa que a presunção de fraude que recai sobre a alienação de bens, em si, não é absoluta, precisamente por admitir prova de que o negócio jurídico não está sendo praticado em fraude à execução. Sob esse primeiro aspecto, pois, não há dúvida de que a presunção contida no *caput* do art. 185 do CTN é *iuris tantum*, admitindo prova em contrário. E, em verdade, não há quem negue isso. Muito ao contrário, a doutrina é pacífica em admitir que o sujeito passivo da relação tributária demonstre que fez a reserva de bens suficientes para satisfazer a execução[59]. Até porque a própria lei é taxativa a respeito dessa possibilidade.

O curioso, no entanto, é que muito embora a doutrina majoritária admita que se afaste a fraude à execução, mediante a produção de prova em contrário, prossegue dizendo que a presunção de fraude, em sede tributária, é absoluta. Um contra-senso? De forma alguma. E isso porque a mesma questão pode ser vista sob dois ângulos distintos. É fato que pode o contribuinte demonstrar que reservou bens suficientes para satisfazer a execução. Não tendo reservado bens suficientes, no entanto, não se lhe

---

[57] Coêlho, Sacha Calmon Navarro, op. cit., p. 881. Em sentido idêntico: Paulsen, Leandro. Direito Tributário. Constituição e Código Tributário à luz da doutrina e da jurisprudência, 15ª ed., Porto Alegre: Livraria do Advogado, 2003, p. 1.055.
[58] Luciano Amaro é meridianamente claro a respeito: "Registre-se, apesar de óbvio, que a presunção só cabe se a alienação puser o sujeito passivo em situação de insolvabilidade, ou seja, se o devedor possui outros bens que possam garantir a execução, não há motivo para impedir que negocie livremente os bens de seu patrimônio (nem há razão para supor que ele pudesse estar agindo fraudulentamente)" (Amaro, Luciano, op. cit., p. 451).
[59] Por todos: Machado, Hugo de Brito, op. cit., p. 197. Diz o jurista: "Assim, se alguém é devedor de tributo e vende ou por qualquer outra forma aliena algum bem depois de inscrito o seu débito tributário como dívida ativa, essa alienação se considera fraudulenta. Presume-se que o ato de alienação teve por objetivo frustrar a execução do crédito tributário. Cuida-se de presunção legal absoluta, isto é, que não admite prova em contrário". E, em seguida, complementa: "Não haverá, todavia, a presunção de fraude se o devedor reservar bens ou rendas suficientes ao total pagamento da dívida fiscal em fase de execução".

permite demonstrar que estava de boa-fé, no momento em que efetivou a venda. Presume-se a fraude, neste caso, de forma absoluta.

Para que se possa falar em fraude à execução fiscal, devem estar presentes os seguintes requisitos: (i) alienação ou oneração de bens; (ii) "sujeito passivo em débito para com a Fazenda Pública"; (iii) "crédito tributário regularmente inscrito como dívida ativa"; e (iv) finalmente, inexistência de reserva de bens suficientes para satisfazer a execução. Presentes os requisitos contidos no art. 185 do CTN, não se confere ao contribuinte a possibilidade de demonstrar que efetuou a venda de boa-fé. Ajuizada a execução fiscal, pouco importa se o contribuinte dela tinha ciência, presumindo a lei, *iure et de iure*, que a alienação de bens deu-se de forma fraudulenta. A lei não perquire a respeito da intenção do contribuinte.

15. Fraude à execução e oneração de bens

Um detalhe que nem sempre é discutido pela doutrina está na referência feita pelo art. 185 do CTN à oneração de bens.

A teor do art. 185 do CTN, a oneração de bens, por devedor insolvente, posteriormente à inscrição em dívida ativa, importaria em fraude ao executivo fiscal. Ocorre que, conforme já tivemos a oportunidade de analisar, à luz do art. 184 do CTN, a oneração de bens, seja qual for a data da sua constituição, é ineficaz contra o fisco. Há aí uma contradição em termos: ou a oneração de bens, por ato de vontade, é inoponível ao fisco, na forma do art. 184 do CTN; ou é válida e oponível ao fisco, enquanto não iniciada a execução, conforme estabelece o art. 185 do CTN.

Em posição absolutamente isolada, José Eduardo Soares de Melo entende que a diretriz contida no art. 184 do CTN ficou parcialmente prejudicada, diante da regra positivada no art. 185[60], de sorte que a oneração de bens antes de iniciada a execução fiscal teria plena eficácia perante o fisco, sobrepondo-se ao crédito tributário.

Prevalece o entendimento, contudo, que "a referência feita no art. 185 do CTN à oneração de bens é inteiramente supérflua"[61], porquanto a disposição contida do art. 184 já regulou inteiramente a matéria. Conforme leciona Aliomar Baleeiro:

---

[60] Melo, José Eduardo Soares de *apud* Amaro, Luciano, op. cit., p. 450.
[61] Machado, Hugo de Brito, op. cit., p. 197.

"Parece supérflua e até inconveniente a palavra "oneração" no art. 185, fazendo supor que o ônus do bem ou renda seja oponível ao fisco, quando o contrário resulta do art. 184."[62]

E nem poderia ser diferente. É mais razoável entender que uma disposição legal é supérflua, tal como é o caso do art. 185 do CTN, na parte em que se refere à oneração de bens, do que contrariar o teor de literal de outra (art. 184 do CTN).

16. Marco temporal em que se caracteriza a fraude à execução

Antes do advento da Lei Complementar nº 118/05, controvertiam os juristas e, também, a jurisprudência a respeito do marco a partir do qual a alienação de bens, por devedor insolvente, caracterizaria fraude à execução. Referia-se o art. 185 do CTN, até então, a crédito tributário "em fase de execução". A questão é: em que momento se entendia que tinha início a fase de execução?

Hugo de Brito Machado, em posição isolada, defendia que, uma vez efetivada a inscrição do crédito tributário em dívida ativa, eventual alienação de bens, por devedor insolvente, já importaria em fraude à execução. Em favor da sua tese, argumentava que a fase de execução teria início com a inscrição em dívida ativa, não havendo a necessidade sequer de ajuizamento do executivo fiscal. Fase de execução, pois, não se confundiria com ação de execução.[63]

Em sentido diametralmente oposto, sustentava o prof. Luiz Emygdio que a fraude à execução teria por pressuposto inafastável a citação válida do devedor insolvente[64]. Assim, citado o sujeito passivo, regularmente, eventual alienação de bens seria ineficaz perante o fisco. Segundo esse entendimento, enquanto não se aperfeiçoasse a citação válida, o contribuinte, ou o responsável tributário, poderia livremente negociar seus bens, restando para a Fazenda Pública, unicamente, a alternativa de ver reconhecida a ineficácia do negócio jurídico pela dificílima via da ação pauliana.

Havia, ainda, aqueles, como Luciano Amaro, que adotavam uma posição intermediária, mais apegada ao teor literal da lei, no sentido de que

---

[62] Baleeiro, Aliomar, op. cit., p. 971.
[63] Machado, Hugo de Brito, op. cit., p. 197.
[64] Rosa Junior, Luiz Emygdio F. da, op. cit., p. 608.

já haveria fraude à execução a partir do ajuizamento da execução fiscal[65]. Compartilhávamos dessa última posição. O art. 185 do CTN não se contentava com a mera inscrição em dívida ativa. Exigia um algo mais: que o crédito tributário estivesse "em fase de execução". A mera inscrição em dívida ativa, pois, não era suficiente para caracterizar a presunção de fraude; mas, de outro lado, também não nos parecia necessária a citação válida do sujeito passivo da relação tributária. A fase de execução tem início com a distribuição da execução fiscal.

Exigir-se a citação do contribuinte como pressuposto para a fraude à execução fiscal era retirar da regra do art. 185 do CTN, com a redação anterior à promulgação da Lei Complementar nº 118/05, toda e qualquer força normativa, como se nem existisse. O Código de Processo Civil já trazia – e ainda traz – norma geral a respeito do tema. Conjugando o art. 593, II, ao art. 219, ambos do CPC, chegava-se à conclusão de que, ordinariamente, a fraude à execução pressupunha a citação válida do devedor insolvente. Regra essa, todavia, que é e era – parece-nos – inaplicável em matéria tributária, por existir disposição específica tratando da questão: o art. 185 do CTN. Em terreno tributário, com efeito, jamais teve aplicação o art. 219 do CPC, levando-nos a concluir, àquela época, por uma interpretação sistemática da ordem jurídica então em vigor, que a presunção de fraude, no particular, se dava a partir do ajuizamento da execução fiscal. Ao editar norma especial, induvidosamente, pretendeu o legislador dar um tratamento diferenciado ao crédito tributário, até porque, diferentemente dos créditos privados, não tem o contribuinte como alegar a sua boa-fé, eis que a inscrição em dívida ativa pressupõe a notificação do devedor para oferecer a impugnação que entender cabível, na esfera administrativa.

Por envolver uma situação absolutamente corriqueira (alienação de bens, por devedor insolvente), a questão, naturalmente, foi submetida ao Superior Tribunal de Justiça.

Em algumas oportunidades, entendeu a Corte Superior que a fraude à execução, para se caracterizar, exigiria, apenas, o ajuizamento da execução fiscal. É, com efeito, a posição que prevaleceu na 1ª Turma, ao ensejo do julgamento do Recurso Especial nº 59.659/RS:

---

[65] Amaro, Luciano, op. cit., p. 451. No mesmo sentido: Zelmo Denari (Martins, Ives Gandra da Silva, op. cit., p. 474).

"TRIBUTÁRIO. CIVIL E PROCESSUAL CIVIL. FRAUDE À EXECUÇÃO FISCAL. BEM IMÓVEL. ALIENADO QUANDO JÁ INICIADA A EXECUÇÃO, EMBORA NÃO PROCEDIDA A CITAÇÃO. ART. 185 DO CTN.
A presunção de fraude prevista no art. 185 do CTN é "juris et de juris".
Considera-se fraude à execução fiscal a alienação de imóvel quando já tiver sido iniciada a execução, ainda que não procedida a citação do executado.
Recurso provido."[66]

Nada obstante, a posição vencedora fincou-se no sentido de que a citação do contribuinte era absolutamente imprescindível para que a alienação de bens fosse considerada em fraude à execução fiscal. Confira-se, pela ementa, o que decidiu a 1ª Seção do STJ, nos Embargos de Divergência nº 40.224/SP:

"PROCESSUAL CIVIL – FRAUDE À EXECUÇÃO – CARACTERIZAÇÃO – CITAÇÃO DO DEVEDOR – NECESSIDADE.
Presume-se fraudulenta a alienação de bens por sujeito passivo em débito para com a Fazenda Pública por crédito regularmente inscrito, em fase de execução, sendo necessária a citação do devedor.
Embargos rejeitados."[67]

Fez o Superior Tribunal de Justiça, com todas as vênias, letra morta do art. 185 do CTN. Era essa, todavia, a jurisprudência predominante naquela especialíssima corte, até a entrada em vigor da Lei Complementar nº 118/05[68].

---

[66] STJ, 1ª Turma, Recurso Especial nº 59.659/RS, Relator Ministro César Asfor Rocha, 19/04/1995.
[67] STJ, 1ª Seção, Embargos de Divergência em Recurso Especial nº 40.224/SP, Relator Ministro Garcia Vieira, 06/12/1999.
[68] Nesse sentido: "PROCESSUAL CIVIL E TRIBUTÁRIO. FRAUDE À EXECUÇÃO FISCAL. CITAÇÃO.
ALIENAÇÃO DO BEM. NÃO-CONFIGURAÇÃO. 1. A jurisprudência do STJ consolidada anteriormente à vigência da LC n. 118/05 é no sentido de que a alienação do bem em data anterior à citação válida do devedor em execução fiscal não configura, por si só, fraude à execução, relativizando-se dessarte a regra do art. 185 do CTN. 2. *In casu*, o imóvel foi adquirido em 22.04.1999 e a citação da empresa executada em janeiro de 2000, devendo ser afastada, portanto, a eventual conduta ilícita. 3. Recurso especial não-provido." (STJ, 2ª Turma, Recurso Especial nº 709.909/PB, Relator Ministro Mauro Campbell Marques, 12/08/2008).

A Lei Complementar nº 118/05 pôs um fim à polêmica, tendo o legislador prestigiado a posição até então minoritária do prof. Hugo de Brito Machado, de forma que hoje, para que se caracterize a fraude à execução fiscal, basta que o crédito tributário tenha sido inscrito em dívida ativa. Solução – a nosso ver – bastante salutar, porquanto, como acima assinalado, a inscrição em dívida ativa pressupõe a notificação do contribuinte para oferecer a impugnação que entender cabível, na esfera administrativa, não se lhe permitindo alegar, pois, que desconhecia a dívida, ou que estava de boa-fé, quando da alienação ou da oneração de seus bens.

17. Da indisponibilidade de bens e direitos do contribuinte que, citado em execução fiscal, não pagar e não forem localizados bens em seu nome

No claro intuito de tornar mais eficiente o executivo fiscal, a Lei Complementar nº 118/05 instituiu um novo privilégio em favor da Fazenda Pública, a saber: a possibilidade de o juiz determinar a indisponibilidade dos bens e direitos do contribuinte, caso, devidamente citado, não apresente bens à penhora no prazo legal, nem identifique o credor bens suficientes a satisfazer a execução.

Tal como a modificação introduzida no art. 185, cuida-se de inovação das mais salutares, que tende a tornar mais eficaz a cobrança judicial dos créditos tributários, reduzindo a inadimplência, eis que induvidosamente falido o modelo de execução existente na lei processual, sendo, em verdade, um instrumental que só serve aos interesses dos maus pagadores.

Reza o art. 185-A do CTN:

"Art. 185-A. Na hipótese de o devedor tributário, devidamente citado, não pagar nem apresentar bens à penhora no prazo legal e não forem encontrados bens penhoráveis, o juiz determinará a indisponibilidade de seus bens e direitos, comunicando a decisão, preferencialmente por meio eletrônico, aos órgãos e entidades que promovem registros de transferência de bens, especialmente ao registro público de imóveis e às autoridades supervisoras do mercado bancário e do mercado de capitais, a fim de que, no âmbito de suas atribuições, façam cumprir a ordem judicial.

§ 1º A indisponibilidade de que trata o caput deste artigo limitar-se-á ao valor total exigível, devendo o juiz determinar o imediato levantamento da indisponibilidade dos bens ou valores que excederem esse limite.

§ 2º Os órgãos e entidades aos quais se fizer a comunicação de que trata o caput deste artigo enviarão imediatamente ao juízo a relação discriminada dos bens e direitos cuja indisponibilidade houverem promovido."

Com efeito, citado o devedor tributário, cabe a ele o ônus de nomear bens à penhora. Não o fazendo, e não encontrando a Fazenda Pública bens capazes de satisfazer a execução, poderá requerer ao juiz que determine a indisponibilidade de todos os bens e direitos do contribuinte.

Fez bem o legislador em exigir a citação do contribuinte. Evitou, assim, que se argumentasse pela inconstitucionalidade do art. 185-A do CTN, por violação ao devido processo legal e à ampla defesa. Sem a citação, não pode o juiz decretar a indisponibilidade de bens do contribuinte inadimplente[69].

Cuida-se de medida, ainda que drástica, que atende aos reclamos da proporcionalidade, só se admitindo a sua utilização, conforme se vê da própria letra do art. 185-A, em inexistindo outros meios de alcançar a finalidade almejada, qual seja, satisfazer o crédito tributário.

Em tese, caberia à Fazenda Pública provar que não conseguiu encontrar qualquer bem em nome do devedor[70], prova esta que poderia ser feita mediante a juntada da declaração de renda do contribuinte, em se tratando da Fazenda Nacional, ou ao menos a certidão emitida pelo distribuidor local, indicando a inexistência de bens imóveis em nome do devedor.

---

[69] Neste sentido: STJ, 1ª Turma, Recurso Especial nº 1.044.823/PR, Relator Ministro Francisco Falcão, 02/09/2008.

[70] Não era outra a orientação do Colendo Superior Tribunal de Justiça, até a edição da Lei nº 11.382/2006: "PROCESSUAL CIVIL – EXECUÇÃO FISCAL – EXPEDIENTE DE OFÍCIO AO BACEN – NÃO-ESGOTADOS OUTROS MEIOS DE PENHORA – IMPOSSIBILIDADE DE EXAME – SÚMULA 7/STJ – RECURSO ESPECIAL NÃO-PROVIDO. 1. O art. 185-A do Código Tributário Nacional, acrescentado pela Lei Complementar n. 118/05, prevê a necessidade de se exaurir as diligências para a localização de bens passíveis de penhora. No entanto, constatando o Tribunal a quo que não foi demonstrado o esgotamento dos meios cabíveis no sentido de localizar bens do executado, não cabe a este Tribunal aplicar entendimento diverso, sob pena de analisar o conjunto fático-probatório dos autos. Incidência da Súmula 7/STJ. 2. Precedentes: REsp 796.485, Rel Min. Castro Meira, Segunda Turma, DJ 13.3.2006; Resp 780.365, Rel. Min. Teori Albino Zavascki, Primeira Turma, DJ 30.6.2006; AgRg no REsp 983.788, Rel. Min. Humberto Martins, Segunda Turma, DJ 14.12.2007; REsp 796.48, Rel. Min. Castro Meira, Segunda Turma, DJ 13.3.2006. 3. Recurso especial não-conhecido." (STJ, 2ª Turma, Recurso Especial nº 937.913/RS, Relator Ministro Mauro Campbell Marques, 07/08/2008).

Ocorre que, com a edição da Lei nº 11.382/2006, passou o Superior Tribunal de Justiça a entender que "não há mais necessidade do prévio esgotamento das diligências para localização de bens do devedor para que seja efetivada a penhora on line"[71]. Assim hoje, segundo a jurisprudência predominante no âmbito do STJ, desde que citado o devedor, pode o juiz deferir o pleito de indisponibilidade dos bens, dando ciência do teor da decisão aos órgãos e entidades de transferência de bens, em especial ao

---

[71] STJ, 2ª Turma, Agravo Regimental no Recurso Especial nº 1.425.055/RS, Relator Ministro Humberto Martins, 27/02/2014: TRIBUTÁRIO. PROCESSUAL CIVIL. AUSÊNCIA DE VIOLAÇÃO DO ART. 535 DO CPC. EXECUÇÃO FISCAL. PENHORA ON LINE. PEDIDO POSTERIOR À ENTRADA EM VIGOR DA LEI N. 11.382/2006. DESNECESSIDADE DE ESGOTAMENTO DAS DILIGÊNCIAS EM BUSCA DE BENS. 1. Não há violação do art. 535 do CPC quando a prestação jurisdicional é dada na medida da pretensão deduzida, com enfrentamento e resolução das questões abordadas no recurso. 2. A Corte Especial e a Primeira Seção do STJ, respectivamente, ao apreciarem o REsp 1.112.943/MA, Rel. Min. Nancy Andrighi, julgado em 15.9.2010, DJ 23.11.2010, e o REsp 1.184.765-PA, Rel. Min. Luiz Fux, julgado no dia 24.11.2010, segundo a sistemática prevista no art. 543-C do CPC e na Resolução 8/2008 do STJ, confirmaram a orientação no sentido de que, no regime da Lei n. 11.382/2006, não há mais necessidade do prévio esgotamento das diligências para localização de bens do devedor para que seja efetivada a penhora on line. 3. Hipótese em que o pedido foi requerido e deferido no período de vigência da Lei n. 11.382/2006, permitindo-se a localização e a constrição dos ativos financeiros em conta da executada, por meio do sistema Bacen Jud, até o limite do valor exequendo. Agravo regimental improvido." No mesmo sentido: "EXECUÇÃO FISCAL. PENHORA SOBRE DEPÓSITOS BANCÁRIOS E APLICAÇÕES FINANCEIRAS. SISTEMA BACEN-JUD. ARTIGO 655, I, DO CPC (REDAÇÃO DA LEI Nº 11.382/2006). REQUERIMENTO FEITO NO REGIME ANTERIOR. I – Na época em que foi pleiteada a medida constritiva ainda não estava em vigor o artigo 655, I, do CPC, com a redação da Lei nº 11.382/2006, o qual erige como bem preferencial na ordem de penhora os depósitos e as aplicações em Instituições Financeiras. II – Assim, deve ser aplicada a regra da lei anterior, erigida no artigo 185-A, do CTN, pelo qual o juiz somente determinará a indisponibilidade de bens no mercado bancário e de capitais, quando não forem encontrados bens penhoráveis. Precedentes: REsp nº 649.535/SP, Rel. Min. DENISE ARRUDA, DJ de 14.06.2007, AgRg no Ag nº 927.033/MG, Rel. Min. JOSÉ DELGADO, DJ de 29.11.2007 e AgRg no Ag nº 925.962/MG, Rel. Min. TEORI ALBINO ZAVASCKI, DJ de 22.11.2007. III – Deve ser ressaltado, entretanto, que tal entendimento não veda a Fazenda Pública de realizar novo requerimento, desta feita, dentro da vigência do novel artigo 655, I, do CPC. IV – Agravo regimental improvido." (STJ, 1ª Turma, Agravo Regimental em Recurso Especial nº 1.012.401/MG, Relator Ministro Francisco Falcão, 05/08/2008). Nada mais equivocado. Ora, é princípio geral de interpretação e aplicação do direito, consagrado no art. 2º, § 2º, da Lei de Introdução ao Código Civil, que a lei especial prevalece sobre norma geral (*lex especialis derrogat generalis*). Vale dizer: num conflito aparente de normas, a regra geral cede espaço à lei especial, não se podendo admitir que a norma geral do Código de Processo Civil se sobreponha à regra especial prevista no art. 185-A do CTN.

registro de imóveis, à CVM, à Bolsa de Valores e ao Banco Central, a fim de que façam cumpri-la.

É evidente que a indisponibilidade dos bens deverá dar-se, apenas, no limite do valor total do crédito exigível, devendo o juiz levantar, imediatamente, àquilo que exceder o montante devido (§ 1º), sob pena, aí sim, de abuso de direito.

Em que pese o silêncio da lei, seguro o juízo, caberá ao julgador converter a indisponibilidade em penhora, dela intimando o devedor para oferecer, no prazo legal, embargos à execução, em homenagem aos princípios da ampla defesa e do devido processo legal.

18. Concurso de preferências

O pressuposto fundamental para que o direito de preferência seja exercitado é a existência de concurso de credores[72]. Até a entrada em vigor da Lei Complementar nº 118/05, em concurso de credores, à exceção dos créditos trabalhistas, os créditos tributários preferiam a todos os demais, pouco importando a natureza que assumissem, ou a data em que consolidados. É, aliás, o que se extrai, ainda hoje, do *caput* do art. 186 do CTN[73], cuja redação permanece quase idêntica àquela que vigia antes da promulgação da sobredita lei complementar, apenas acrescida da expressão "ou do acidente do trabalho".

Justifica-se a maior proteção conferida aos créditos trabalhistas não só pela sua natureza nitidamente alimentar[74], mas pelo interesse social envolvido nas relações de trabalho. Já a preferência outorgada aos créditos tributários encontra respaldo no princípio da supremacia do interesse público.

Instalado o concurso de preferências, o produto da arrematação de determinado bem deverá ser utilizado, primeiramente, para pagamento dos créditos trabalhistas, servindo o remanescente para a quitação dos débitos fiscais, e daí por diante.

---

[72] Rosa Junior, Luiz Emygdio F. da, op. cit., p. 609.
[73] Lembra Zelmo Denari que, por força do art. 4º, § 4º, da Lei nº 6.830/80, também os demais créditos pertencentes à Fazenda Pública gozam de preferência no confronto com os demais créditos de natureza privada (Martins, Ives Gandra da Silva, op. cit., p. 474).
[74] É o princípio da dignidade da pessoa humana, mandamento nuclear da Constituição da República, que, em última instância, dá suporte a essa maior proteção conferida aos créditos de natureza trabalhista.

Essa é a regra geral.

Regra essa, no entanto, que sofreu temperamentos com a Lei Complementar nº 118/05, em sede de direito falimentar, conforme se depreende da nova redação dada ao art. 186 do CTN:

> "Art. 186. O crédito tributário prefere a qualquer outro, seja qual for sua natureza ou o tempo de sua constituição, ressalvados os créditos decorrentes da legislação do trabalho ou do acidente de trabalho.
>
> Parágrafo único: Na falência:
>
> I – o crédito tributário não prefere aos créditos extraconcursais ou às importâncias passíveis de restituição, nos termos da lei falimentar, nem aos créditos com garantia real, no limite do valor do bem gravado;
>
> II – a lei poderá estabelecer limites e condições para a preferência dos créditos decorrentes da legislação do trabalho; e
>
> III – a multa tributária prefere apenas aos créditos subordinados."

Como justificativa para os juros escorchantes cobrados em empréstimos bancários, as instituições financeiras sempre argumentaram que a legislação falimentar dificultava sobremaneira a recuperação de créditos, elevando o custo envolvido nos contratos de mútuo. Quanto maiores os riscos de não ter as dívidas pagas, maiores os juros cobrados. Reduzir os riscos envolvidos em empréstimos bancários era, pois, um imperativo de ordem pública, de modo a melhorar o funcionamento da economia.

Assim é que a Lei Complementar nº 118/05, em sintonia com a nova Lei de Recuperação de Empresas, acrescentou um parágrafo único ao art. 186 do CTN, estabelecendo que, em caso de falência, o crédito tributário não prefere aos créditos com garantia real.

Compete-nos realçar, no entanto, que a primazia estabelecida em favor dos créditos com garantia real (inciso I) só têm aplicação em sede de procedimento falimentar, não tendo havido a revogação dos arts. 184 e 185 do CTN. Fora da falência, o crédito tributário permanece preferencial aos créditos gravados com garantia real. Como bem anota Aldemário Araújo Castro, "o crédito tributário perdeu prerrogativas, notadamente preferência em relação ao crédito com garantia real, tão-somente no processo de falência. Neste particular, o aludido diploma legal foi adotado com o explícito objetivo, conforme facilmente apurado nos debates parlamentares, de '... assegurar maior probabilidade de recuperação do capital dos credores privados, assim como de dar maior agilidade ao processo falimentar'".[75]

Ainda à luz do parágrafo único, inciso I, do art. 186 do CTN, em processo de falência, o crédito tributário não prefere aos créditos extraconcursais, nem, tampouco, às importâncias passíveis de restituição.

Curiosa, ademais, é a norma contida no inciso II, porquanto, a princípio, se trata de disposição estranha ao direito tributário. Temos que dela se deve extrair, contudo, a possibilidade do legislador ordinário conferir, em certas circunstâncias excepcionais, primazia aos créditos tributários, frente aos trabalhistas, observando, evidentemente, o princípio da razoabilidade.

Com base, precisamente, nesse permissivo é que o art. 83, I, da Lei de Falências e Recuperação de Empresas assegurou preferência absoluta aos créditos derivados das relações de trabalho, na ordem de pagamento, limitando essa preferência ao valor máximo de 150 (cento e cinqüenta) salários-mínimos por credor. Entendeu o legislador, com efeito, que o saldo remanescente, superior a esse valor, não merece a proteção legal, porquanto deixa de ter natureza alimentar, equiparando-se aos créditos quirografários (art. 83, VI, *c*, da Lei nº 11.101/05).

Não se pode deixar de mencionar, por fim, a inovação contida no inciso III do referido dispositivo legal. Isso porque, sob a égide do Decreto-Lei nº 7.661/45, a jurisprudência, amparada no comando estabelecido pelo art. 23, p.u., III, da Lei de Falências, havia se firmado no sentido de que a multa fiscal não poderia ser reclamada em sede de procedimento falimentar[76], orientação essa que se tem agora por superada, com a ressalva de que a multa fiscal, na ordem legal de preferências, tem primazia, apenas, sobre os créditos subordinados, como é o caso, por exemplo, dos "créditos dos sócios e dos administradores sem vínculo empregatício" (art. 83, VIII, *b*, da Lei nº 11.101/05).

---

[75] Castro, Aldemario Araujo. Breves considerações acerca das alterações efetivadas no Código Tributário Nacional pela Lei Complementar no 118, de 2005. Tributario.net, São Paulo, a. 5, 14/2/2005. Disponível em: <http://www.tributario.net/artigos/artigos_ler.asp?id=32509>. Acesso em: 14/3/2005.

[76] Dispunha, a esse propósito, o enunciado nº 192 do STF: "Não se inclui no crédito habilitado em falência a multa fiscal com efeito de pena administrativa". Estabelecia, ademais, o verbete nº 565 da Corte Suprema: "A multa fiscal moratória constitui pena administrativa, não se incluindo no crédito habilitado em falência".

19. O crédito tributário e os juízos universais

Reza o *caput* do art. 187 do Código Tributário Nacional[77]:

> "Art. 187. A cobrança judicial do crédito tributário não é sujeita a concurso de credores ou habilitação em falência, recuperação judicial, concordata, inventário ou arrolamento."

Cometeu o legislador, aqui, uma pequena impropriedade. É evidente que o crédito tributário está sujeito a concurso de credores. Daí, inclusive, os privilégios e garantias outorgados ao crédito tributário, a fim de, precisamente, aumentar as chances de a Fazenda Pública ver o seu crédito satisfeito, em sede concursal. Referiu-se a lei a concurso de credores, quando pretendia falar em insolvência civil. Nada obstante, a intenção da lei não poderia ser mais clara: afastar a Fazenda Pública dos juízos universais.

Em processo de falência, instaurado o procedimento concursal, regra geral, ficam os credores impossibilitados de iniciar ou prosseguir a execução singular, devendo habilitar o seu crédito no juízo universal (art. 6º da Lei nº 11.101/05). Semelhante é a lógica que rege a insolvência civil (art. 762 do CPC), a antiga concordata (art. 161, II, do Decreto-Lei nº 7.661/45) o inventário (art. 1.017 do CPC) e o arrolamento (art. 1.035 e 1.038 do CPC). Em todos esses casos, como regra, os credores ficam impossibilitados de prosseguir a execução singular, exigindo a lei que se habilitem no juízo competente[78].

A cobrança judicial do crédito tributário, no entanto, se dá por via autônoma[79], não se sujeitando a Fazenda Pública à habilitação nos juízos universais[80]. Nas palavras de Sacha Calmon:

> "É dizer: a Fazenda, na execução fiscal, ataca a massa falida, o concordatário, os recursos do concurso de credores e o espólio, arrancando bens e rendas do vórtice concentracionário dos juízos universais (*vis atractiva*) para fazer recair sobre eles o peso de seus privilégios e preferências."[81]

---

[77] O art. 29 da Lei nº 6.830/80 (Lei de Execuções Fiscais) tem redação bastante semelhante à letra do art. 187, afastando da *vis atractiva* dos juízos universais todos os demais créditos públicos.
[78] Baleeiro, Aliomar, op. cit., p. 972/973.
[79] Pela via da execução fiscal.
[80] Baleeiro, Aliomar, op. cit., p. 972/973.
[81] Coêlho, Sacha Calmon Navarro, op. cit., p. 883.

É irrelevante a existência de procedimento concursal. A execução fiscal se inicia e prossegue normalmente, até a arrematação do bem penhorado.

20. Execução fiscal e falência

Que a execução fiscal prossegue, ainda que decretada a quebra do comerciante, isso não se discute, na forma do que dispõe o art. 187 do CTN. Nada obstante, existem certos créditos que se sobrepõem aos créditos tributários, de modo que há a necessidade de se estabelecer um procedimento para que o pagamento dos credores se dê na ordem de preferência estabelecida em lei. E esse procedimento, em linhas gerais, encontra-se disciplinado no enunciado nº 44 do extinto Tribunal Federal de Recursos:

> "Ajuizada a execução fiscal anteriormente à falência, com penhora realizada antes desta, não ficam os bens penhorados sujeitos à arrecadação no juízo falimentar; proposta a execução fiscal contra a massa falida, a penhora far-se-á no rosto dos autos do processo de quebra, citando-se o síndico."

Vale dizer: em já tendo havido a penhora, a execução prossegue normalmente, até a arrematação do bem penhorado. Quando, no entanto, a falência é decretada antes de efetivada a constrição judicial dos bens de propriedade do falido, a penhora deve ser feita no rosto dos autos do processo de quebra, cabendo ao administrador judicial proceder na forma da legislação falimentar, reservando, se existir, saldo suficiente para arcar com as dívidas fiscais, após o pagamento dos créditos preferenciais[82].

Isso não significa, em absoluto, que os créditos tributários, já em execução fiscal, e com a penhora efetivada, estejam desobrigados de observar a ordem de preferência prevista em lei. Entendemos que, em hipóteses tais, o produto da arrematação deve ser entregue ao juízo da falência, a fim de que seja rateado entre os credores, segundo a classificação dos créditos identificados pelo administrador judicial. Pensar diferente implicaria, por via transversa, em sobrepor créditos tributários a créditos trabalhistas, em contrariedade à norma do art. 186 do CTN.

Nada obstante, num primeiro momento, firmou-se o Superior Tribunal de Justiça no sentido de que, garantida a execução fiscal, pela penhora, o bem constrito judicialmente não mais se submeteria à arrecadação no juízo universal, nem seu produto reverteria em favor da massa falida, servindo,

---

[82] Rosa Junior, Luiz Emygdio F. da, op. cit., p. 611.

exclusivamente, para satisfazer o crédito tributário em execução. É o que ficou assentado pela 1ª Seção, no julgamento dos Embargos de Divergência nº 109.705/RS:

> "Processual Civil. Execução Fiscal. Massa Falida. Bens Penhorados. Arrematação. Destinação do Valor Arrecadado. Lei 6.830/80 (Arts. 5º e 29). Súmula 44/TFR.
> 1. A quebra, por si, não paralisa o processo de execução fiscal, não desloca a competência para o Juízo da falência, nem desconstitui a penhora realizada anteriormente à decretação da falência. Aparelhada a execução fiscal, o produto da arrematação não é colocado à disposição da massa falida. (REsp 74.471/RS – Rel. Min. José Delgado – in DJU de 2.9.96-; REsp 84.732/RS – Rel. Min. Ari Pargendler – in DJU de 17.2.97-; REsp 84.884/MS – Rel. Min. Humberto Gomes de Barros – in DJU de 8.4.96-; REsp 94.796/RS – Rel. Min. Milton Luiz Pereira, julgado em 21.8.97).
> 2. Embargos rejeitados."[83]

Mais recentemente, no entanto, a Corte Especial do Egrégio Superior Tribunal de Justiça pacificou definitivamente a questão, reconhecendo que,

---

[83] STJ, 1ª Seção, Embargos de Divergência em Recurso Especial nº 109.705/RS, Relator Ministro Humberto Gomes de Barros, Relator para o acórdão Ministro Milton Luiz Pereira, 23/09/1998. No mesmo sentido: STJ, 2ª Turma, Recurso Especial nº 256.010/RS, Relatora Ministra Eliana Calmon, 07/12/2000. Colhe-se do voto de lavra da Ministra Eliana Calmon o seguinte: "A controvérsia contida nos autos enseja considerações sistematizadas, diante da divergência jurisprudencial existente. Partindo-se do princípio de que os créditos fiscais não estão sujeitos a concurso de credores, seja na falência ou na concordata (art. 29 da LEF, Lei n. 6.830/80 e art. 187 do CTN), o andamento das execuções em curso, quando da decretação da quebra, deve prosseguir com a intimação da massa, tendo-se como garantia a penhora no rosto dos autos. Tal penhora também se faz quando a execução já é proposta contra a massa (Súmula 44/TFR). A penhora no rosto dos autos equivale a uma penhora preferencial, sem rateio, mas a FAZENDA, na hipótese, é preterida pelos créditos trabalhistas, nos termos do art. 186 do CTN. Se, diferentemente, quando da decretação da quebra, já existe execução fiscal em curso com bem penhorado, este bem não mais sofre a influência da falência, continuando a garantir a execução. Em outras palavras, fica fora dos bens arrecadados pela massa como bem indica o teor da Súmula 44/TFR: Ajuizada a execução fiscal anteriormente à falência, com penhora realizada antes desta, não ficam os bens penhorados sujeitos à arrecadação no juízo falimentar; proposta a execução fiscal contra a massa falida, a penhora far-se-á no rosto dos autos do processo da quebra, citando-se o síndico. Na hipótese dos autos, a penhora é de data anterior à quebra e, como tal, não pode este bem atender a créditos trabalhistas, os quais só preteririam a Fazenda se inexistisse penhora quando da decretação da falência."

numa interpretação sistemática dos arts. 186 e 187 do CTN, não haveria como se excluir do juízo falimentar o produto da arrematação, ainda que a penhora, em execução fiscal, tenha precedido à quebra, sob pena do crédito tributário prevalecer sobre os créditos trabalhistas, em desconformidade com o que preconiza o art. 186 do CTN:

> "PROCESSUAL – EXECUÇÃO FISCAL – MASSA FALIDA – BENS PENHORADOS – DINHEIRO OBTIDO COM A ARREMATAÇÃO – ENTREGA AO JUÍZO UNIVERSAL - CREDORES PRIVILEGIADOS.
>
> I – A decretação da falência não paralisa o processo de execução fiscal, nem desconstitui a penhora. A execução continuará a se desenvolver, até à alienação dos bens penhorados.
>
> II – Os créditos fiscais não estão sujeitos a habilitação no juízo falimentar, mas não se livram de classificação, para disputa de preferência com créditos trabalhistas (Dl. 7.661/45, Art. 126).
>
> III – Na execução fiscal contra falido, o dinheiro resultante da alienação de bens penhorados deve ser entregue ao juízo da falência, para que se incorpore ao monte e seja distribuído, observadas as preferências e as forças da massa."[84]

---

[84] STJ, Corte Especial, Recurso Especial nº 188.148/RS, Relator Ministro Humberto Gomes de Barros, 19/12/2001. Em sentido idêntico: "EMBARGOS DE DIVERGÊNCIA. RECURSO ESPECIAL. EXECUÇÃO FISCAL. FALÊNCIA POSTERIOR À PENHORA. MASSA. DIREITO AO PRODUTO DA ALIENAÇÃO DOS BENS. RESPEITO AOS CRÉDITOS PREFERENCIAIS (CRÉDITOS POR ACIDENTE DE TRABALHO E TRABALHISTAS). ARTS. 24, § 1º, e 102, § 1º, DA LEI DE FALÊNCIAS. ARTS. 186 E 187 DO CTN. PRECEDENTES. Na hipótese em exame, a falência da executada foi decretada posteriormente à penhora de bens da falida em autos de execução fiscal. Dessa forma, deve-se prosseguir a execução até a alienação dos bens penhorados, quando entrará o produto da alienação para a massa, em respeito aos créditos preferenciais, quais sejam, os créditos decorrentes de acidente do trabalho e os trabalhistas (artigos 102, § 1º, da Lei de Falências, 186 e 187 do CTN). Satisfeitos tais créditos preferenciais, a exeqüente, por ter aparelhado execução fiscal, passará então a ter preferência perante os demais créditos, no que tange ao produto da execução fiscal. "A Corte Especial consolidou entendimento no sentido de que a falência superveniente do devedor, por si só, não tem o condão de paralisar o processo de execução fiscal, nem de desconstituir a penhora realizada anteriormente à quebra. No entanto, o produto da alienação judicial dos bens penhorados deve ser repassado ao juízo universal da falência para apuração das preferências. (RESP 188.148/RS, Min. Humberto Gomes de Barros, DJ de 27/05/2002)" (Primeira Turma – ADREsp n. 421.994/RS, Rel. Min. Teori Albino Zavascki, DJ de 06.10.2003). "Quando diz o Código Tributário Nacional, no art. 187, que a cobrança do crédito tributário não está sujeita a nenhum concurso, há de se

Temos, a nosso ver, que a melhor solução passa, necessariamente, por uma interpretação sistemática dos artigos 186 e 187 do CTN. Quando a lei (art. 187 do CTN e art. 29 da LEF) diz que o crédito tributário não está sujeito a concurso de credores, ou habilitação em falência, a idéia central é que a Fazenda Pública não precisa – nem pode – habilitar seu crédito nos juízos universais. Isso, contudo, não tem o condão de esvaziar a norma do art. 186, por força da qual os créditos trabalhistas preferem aos tributários. A única forma, pois, de se obedecer ao comando do art. 186 do CTN é a de entregar-se o produto da arrematação ao juízo falimentar, de maneira que primeiro sejam liquidados os débitos trabalhistas com valor até 150 (cento e cinqüenta) salários-mínimos por credor (art. 83, I, da Lei de Falências e Recuperação de Empresas), para só então se passar ao pagamento dos créditos tributários.

21. Pode a Fazenda Pública requerer a falência de contribuinte?

Cabe a iniciativa do processo falimentar, como sabido, ao próprio comerciante devedor, ou a seus credores. Muito raramente a iniciativa é conjunta. Raro é, também, que o impulso inicial seja do devedor. Na maior parte dos casos, o requerimento de falência é formulado pelos credores, em razão, principalmente, da impontualidade do devedor em quitar título executivo judicial ou extrajudicial, ou quando percebe a prática de atos fraudulentos, na tentativa de evadir-se o devedor de suas obrigações de crédito.[85]

Na sistemática da antiga Lei de Falências (DL 7661/45), nem todos os credores tinham interesse jurídico em perseguir a falência do devedor. Com efeito, não possuía o credor com garantia real legitimidade e nem interesse para requerer a falência do devedor, salvo se provasse que o bem oferecido em garantia era insuficiente para satisfazer seu crédito, ou se a ele

---

entender 'concurso universal de credores', porque, se interpretada a regra na sua literalidade, jamais o crédito trabalhista iria se sobrepor ao crédito fiscal e aí estar-se-ia negando vigência ao próprio CTN que, no art. 186, ao dispor que o crédito tributário prefere qualquer outro, ressalva a preferência do crédito trabalhista, situando-o em patamar superior ao crédito fiscal" (voto-vista proferido pelo Min. João Otávio de Noronha no julgamento do REsp n. 399.724/RS, da relatoria da Min. Eliana Calmon). Embargos de divergência rejeitados" (STJ, 1ª Seção, Embargos de Divergência nº 446.035/RS, Relator Ministro Franciulli Netto, 22/10/2003).

[85] Ferreira, Waldemar Martins. Instituições de Direito Comercial, 4º vol., A Falência, Rio de Janeiro: Livraria Editora Freitas Bastos, 1946, p. 63.

renunciasse, transformando-se em mero credor quirografário (art. 9º, III, b, da Lei de Falências)[86]. Nesse sentido o magistério de Waldemar Ferreira:

> "Debate intenso se há travado acerca do direito do credor privilegiado pedir a falência. Tendo ele bens, móveis ou imóveis, do devedor, vinculados ao pagamento de seu crédito por direito real de garantia, incompreende-se como lhe caiba o direito de pedi-la. Pode dar-se, todavia, sejam êles insuficientes para o pagamento integral e, nesse caso, assiste-lhe direito eventual a atender-se no concurso creditório falimentar.
>
> Esse direito eventual justifica o seu interesse econômico em agir em tal sentido. Cumpre-lhe, pois, e a lei é expressa, querendo manter o seu privilégio, provar a insuficiência dos bens, que lhe constituem a garantia, para o pagamento de seu crédito. Tem-se tal prova, avaliando-se estes, por perito nomeado pelo juiz, em processo preparatório, anterior ao pedido de quebra, a menos tenha ela por fundamento atos ou fatos outros que não o da impontualidade. Realiza-se essa prova, neste caso, assim que o juiz a determine.
>
> Lícito é, todavia, ao credor renunciar ao seu privilégio, para agir como quirografário, que se torna."[87]

Sem renunciar a sua garantia real, não tinha o credor hipotecário como requerer a falência do devedor, por lhe faltar legítimo interesse econômico e jurídico para tanto. Pelo mesmo raciocínio, mas não só nele baseado, entendia Mizabel Derzi que a Fazenda Pública, sendo o mais privilegiado de todos os credores, não teria como requerer a falência do devedor. E isso porque as garantias inerentes ao crédito tributário são absolutamente indisponíveis, não havendo nem mesmo a possibilidade de a elas renunciar. Nas palavras da jurista:

> "Ora, como registrado por Carvalho de Mendonça, se sem a renúncia da garantia real, não pode o credor privilegiado requerer a falência do devedor, a Fazenda Pública, como o credor mais privilegiado dentre todos, também não poderá fazê-lo, a não ser que renuncie aos seus privilégios e garantias, equiparando-se aos quirografários. Entretanto, o crédito tributário e sua garantias e privilégios são indisponíveis."[88]

---

[86] Pacheco, José da Silva. Processo de Falência e Concordata, Comentários à Lei de Falências, vol. I, arts. 1º a 22, Ed. Borsoi, 1970, 269.
[87] Ferreira, Waldemar Martins, op. cit., p. 63.
[88] Baleeiro, Aliomar, op. cit., p. 975.

Acrescentava Mizabel Derzi, em estudo conjunto com Sacha Calmon, que o art. 9º do Decreto-Lei nº 7.661/45 não arrolava a Fazenda Pública dentre os legitimados para requerer a falência, falecendo aos entes políticos competência para propor a quebra, por falta de previsão legal:

"O processo falimentar, é consabido, visa arrecadar os bens de devedor comerciante e a sua alienação para pagar os credores no juízo concursal, seguindo a ordem de preferências legais. O Decreto-lei nº 7.661/45, arrola as pessoas legitimadas para requerer a declaração de falência. Na lista que é numerus *clausus* – taxativa – não está arrolada a Fazenda Pública. Conseqüentemente, não tem ela legitimidade processual ativa para formular pedido falimentar."[89]

E argumentava, por fim, que há procedimento especial, definido em lei, e dotado de inúmeras garantias, a ser observado para cobrar o crédito tributário: o processo de execução fiscal. Faltaria, assim, interesse jurídico e econômico para a Fazenda Pública se servir do requerimento de quebra. Nas suas próprias palavras:

"Não fora isto, o crédito tributário está expressamente excluído dos tramites do processo concentracionário falimentar. O juízo falimentar que tem densidade jurídica para atrair, por gravidade, todas as pretensões creditórias em curso noutros juízos ou mesmo não ajuizadas, não atrai os créditos tributários. É que lei complementar da Constituição, o CTN, expressamente exclui a cobrança de crédito tributário no juízo de falência. É ver os artigos 5, 29 e 31 da Lei de Execuções Fiscais ou LEF (Lei nº 6.830/80) e 187 do CTN. Equipole afirmar que além da ilegitimidade para requerer a falência, possui a Fazenda juízo e processo próprios para cobrar os seus créditos. Processo, de resto, extremamente privilegiado.

De conseguinte, nenhum é o interesse da Fazenda Pública para requerer falências. Se intentar fazê-lo, haverá de ser julgada carecedora da ação, a teor do art. 3º do Código de Processo Civil, *verbis*:

'Art. 3º. Para propor ou contestar ação é necessário interesse e legitimidade.'"[90]

---

[89] Baleeiro, Aliomar, op. cit., p. 976.
[90] Baleeiro, Aliomar, op. cit., p. 976/977.

Com todas as vênias, os dois primeiros argumentos jamais nos convenceram, nem antes e muito menos depois da promulgação da Lei de Recuperação de Empresas.

Observe-se, em primeiro lugar, que os créditos tributários não possuem garantia real. Ora, o que o Decreto-Lei nº 7.661/45 vedava era o requerimento de falência formulado por credor com garantia real, sem que a ela renunciasse, ou provasse a sua insuficiência. Não havia qualquer obstáculo, no entanto, a que o requerimento de falência fosse formulado por credor privilegiado[91], porquanto privilégio não se confunde com garantia real. Privilégio é instituído por lei; garantia real é instituída por ato de vontade[92]. Em acurado estudo a respeito do tema, Fábio Konder Comparato escreveu:

> "Bem diversa é a situação do credor privilegiado. Não tendo um direito imediato e absoluto sobre os bens do devedor, ele fica submetido, enquanto não aberta a execução coletiva, ao princípio do *prior in tempore potior in jure*, não podendo impedir que os credores munidos de títulos não preferenciais satisfaçam seus créditos em detrimento dele, credor privilegiado, se promoverem suas execuções com antecedência. A conclusão lógica a tirar-se do que foi exposto é que o credor privilegiado não apenas tem interesse de pedir falência, no sentido processual do tempo, como só pode realizar o seu privilégio na falência (ou no concurso de credores)."[93]

Partindo, precisamente, dessa premissa, é que sustentava Nelson Abrão que os créditos tributários poderiam dar causa a requerimento de falência. Colhe-se de sua obra:

> "Nesse ponto é bom não confundir credor com garantia real, com credor privilegiado. A garantia real nasce do contrato (penhor, hipoteca, anticrese); o privilégio, da lei (v. Lei de Falências, art. 102, §§ 2º e 3º).
>
> O crédito com garantia real geralmente preexiste à declaração de insolvência; o privilegiado só atua com sua superveniência, isto é, na falência ou no concurso de credores. Portanto, é plena a faculdade do credor privilegiado, sem quaisquer formalidades, a não ser a liquidez, a executividade e a

---

[91] Pacheco, José da Silva, op. cit., 270.
[92] Requião, Rubens, op. cit., p. 326.
[93] Comparato, Fábio Konder *apud* Requião, Rubens, op. cit., p. 108.

exigibilidade, pedir a falência de seu devedor. Assim poderão fazê-lo os trabalhistas e os fiscais."[94]

Fosse esse o único argumento em desfavor da possibilidade da Fazenda Pública requerer a falência do contribuinte, a tendência seria, com a entrada em vigor da Lei de Recuperação de Empresas, prevalecer, a partir de agora, a orientação de que têm os entes públicos legitimidade para o requerimento de falência.

Isso porque, na forma do art. 97, IV, da Lei nº 11.101/05, hoje, qualquer credor tem legitimidade para requerer a quebra do devedor inadimplente, inclusive os credores com garantia real.

Sempre tivemos a opinião, ademais, que a inexistência de menção à Fazenda Pública dentre os legitimados para a ação falimentar é de todo irrelevante para a solução da questão. Constituído o crédito tributário, a Fazenda nada mais é do que credora do contribuinte, de sorte que, a princípio, poderia propugnar pela quebra do devedor, tanto com base no inciso III do art. 9º do Decreto-Lei nº 7.661/45, como com fulcro no art. 97, IV, da Lei nº 11.101/05.

Em razão disso, antes mesmo do advento da Lei de Recuperação de Empresas, chegou a nossa Superior Corte de Justiça, por ocasião do julgamento do Recurso Especial nº 10.660/MG, em voto de lavra do Ministro Costa Leite, a orientar-se pela possibilidade da Fazenda Pública requerer a falência de contribuinte em débito com o fisco. Veja-se a ementa:

"FALÊNCIA. FAZENDA PÚBLICA. INTERESSE.
Não ha empeço legal a que Fazenda Pública requeira a falência de seu devedor. A lei de quebras somente exclui o credor com garantia real, nos termos do art. 9., III, "b". Direito real de garantia e privilégio creditório não se confundem. Recurso conhecido e provido."[95]

Filiamo-nos, todavia, ainda hoje, à corrente daqueles que entendem que não possui a Fazenda Pública interesse jurídico em pedir a falência do contribuinte.

---

[94] Abraão, Nelson. Curso de Direito Falimentar, 5ª ed., ver. e at., São Paulo: Livraria e Editora Universitária de Direito Ltda., p. 104.
[95] STJ, 3ª Turma, Recurso Especial nº 10.660/MG, Relator Ministro Costa Leite, 12/12/1995.

Enquanto não é instaurado o concurso falimentar, as garantias, privilégios e preferências do crédito tributário colocam-no em situação de superioridade a todos os demais. Oferece-se ao fisco o que há de mais eficaz para satisfazer seu crédito, podendo direcionar a execução fiscal contra o responsável tributário, ou penhorar bens hipotecados, ou gravados com cláusula de impenhorabilidade ou de inalienabilidade. Falece à Fazenda Pública, pois, legítimo interesse para requerer a falência, eis que, em realidade, estaria dando "um tiro no pé", chamando os credores trabalhistas para que recebam antes dela, como se renunciando aos privilégios outorgados pela lei. Em sentido semelhante é o magistério de Rubens Requião:

> "De nossa parte, estranhamos o interesse que possa ter a Fazenda Pública no requerimento de falência do devedor por tributos. Segundo o Código Tributário Nacional os créditos fiscais não estão sujeitos ao processo concursal, e a declaração da falência não obsta o ajuizamento do executivo fiscal, hoje de processamento comum. À Fazenda Pública falece, ao nosso entender, legítimo interesse econômico e moral para postular a declaração de falência de seu devedor."[96]

É cediço, de outro lado, que a Fazenda Pública tem um meio próprio para a cobrança de seus créditos, qual seja, o executivo fiscal. Enquanto, para o fisco, o referido procedimento representa um meio mais eficaz para satisfazer seu crédito, de caráter nitidamente privilegiado, a execução fiscal é para o contribuinte expressão dos princípios da ampla defesa e do devido processo legal.[97] Admitir o requerimento de falência, pela Fazenda Pública, significaria reduzir sobremaneira o direito de defesa do contribuinte, em especial a possibilidade de oferecer bens a penhora, bem como o prazo de trinta dias para opor embargos à execução. Haveria, como bem assinala Sacha Calmon, "um abuso de direito, destinado a causar escândalo e coagir moral e psicologicamente o contribuinte, que tem o direito de ampla e mais tranqüila defesa no processo de execução"[98].

Não é a toa que a lei estabelece o executivo fiscal também em favor do contribuinte. Como todo e qualquer ato da administração pública, a cons-

---

[96] Requião, Rubens, op. cit., p. 109.
[97] Marins, James. Direito Processual Tributário Brasileiro, 3ª ed., São Paulo: Dialética, 2003, p. 602/603.
[98] Coêlho, Sacha Calmon Navarro, op. cit., p. 885.

tituição do crédito tributário, no mais das vezes, se faz de forma arbitrária e ilegal, sendo o processo de execução fiscal a garantia mínima conferida ao contribuinte de se defender. Autorizar a Fazenda Pública a, livremente, requerer a falência do contribuinte, embasada em mera certidão de dívida ativa, seria fonte de inúmeras arbitrariedades, sem que se lhe assegure o devido processo legal. Seria o instrumental perfeito para o fisco constranger os contribuintes ao pagamento de tributos sabidamente inconstitucionais. Não é por outra razão que a própria Lei nº 6.830/80, em seu art. 1º, diz que a cobrança da dívida ativa será regida pela referida lei. É uma imposição legal, sem que haja qualquer margem de discricionariedade em favor do Poder Público.

Em decisão recente, a 2ª Seção do Superior Tribunal de Justiça rendeu-se aos argumentos deduzidos pela doutrina majoritária, reconhecendo que falece interesse e legitimidade à Fazenda Pública para reclamar a falência do contribuinte. É o que restou assentado no Recurso Especial nº 164.389/MG:

"PROCESSO CIVIL. PEDIDO DE FALÊNCIA FORMULADO PELA FAZENDA PÚBLICA COM BASE EM CRÉDITO FISCAL. ILEGITIMIDADE. FALTA DE INTERESSE. DOUTRINA. RECURSO DESACOLHIDO.

I – Sem embargo dos respeitáveis fundamentos em sentido contrário, a Segunda Seção decidiu adotar o entendimento de que a Fazenda Pública não tem legitimidade, e nem interesse de agir, para requerer a falência do devedor fiscal.

II – Na linha da legislação tributária e da doutrina especializada, a cobrança do tributo é atividade vinculada, devendo o fisco utilizar-se do instrumento afetado pela lei à satisfação do crédito tributário, a execução fiscal, que goza de especificidades e privilégios, não lhe sendo facultado pleitear a falência do devedor com base em tais créditos."[99]

Cremos que as inovações introduzidas pela Lei nº 11.101/05 não terão por condão alterar esse panorama[100].

---

[99] STJ, 2ª Seção, Recurso Especial 164.389/MG, Relator Ministro Castro Filho, Relator para o acórdão Ministro Sálvio de Figueiredo Teixeira, 12/08/2003.

[100] Em decisão de 2010, orientou-se o STJ no sentido de que, mesmo após a edição da Lei nº 11.101/2005, permanece a Fazenda Pública impedida de propugnar pela quebra do contribuinte. Assim: "TRIBUTÁRIO E COMERCIAL – CRÉDITO TRIBUTÁRIO – FAZENDA PÚBLICA

22. Pode a Fazenda Pública habilitar seu crédito no juízo universal?

Esclarece o prof. Luiz Emygdio que parcela substancial da doutrina admite que seria possível à Fazenda Pública "renunciar à execução fiscal, habilitando o seu crédito no juízo universal, que poderá ser objeto de impugnação pelos interessados. Assim entendem por considerar que as regras que estabelecem que a Fazenda Pública não está sujeita ao juízo concursal, conferem mera faculdade, que pode ser objeto de renúncia"[101].

– AUSÊNCIA DE LEGITIMIDADE PARA REQUERER A FALÊNCIA DE EMPRESA. 1. A controvérsia versa sobre a legitimidade de a Fazenda Pública requerer falência de empresa. 2. O art. 187 do CTN dispõe que os créditos fiscais não estão sujeitos a concurso de credores. Já os arts. 5º, 29 e 31 da LEF, a fortiori, determinam que o crédito tributário não está abrangido no processo falimentar, razão pela qual carece interesse por parte da Fazenda em pleitear a falência de empresa. 3. Tanto o Decreto-lei n. 7.661/45 quanto a Lei n. 11.101/2005 foram inspirados no princípio da conservação da empresa, pois preveem respectivamente, dentro da perspectiva de sua função social, a chamada concordata e o instituto da recuperação judicial, cujo objetivo maior é conceder benefícios às empresas que, embora não estejam formalmente falidas, atravessam graves dificuldades econômico-financeiras, colocando em risco o empreendimento empresarial. 4. O princípio da conservação da empresa pressupõe que a quebra não é um fenômeno econômico que interessa apenas aos credores, mas sim, uma manifestação jurídico-econômica na qual o Estado tem interesse preponderante. 5. Nesse caso, o interesse público não se confunde com o interesse da Fazenda, pois o Estado passa a valorizar a importância da iniciativa empresarial para a saúde econômica de um país. Nada mais certo, na medida em que quanto maior a iniciativa privada em determinada localidade, maior o progresso econômico, diante do aquecimento da economia causado a partir da geração de empregos. 6. Raciocínio diverso, isto é, legitimar a Fazenda Pública a requerer falência das empresas inviabilizaria a superação da situação de crise econômico-financeira do devedor, não permitindo a manutenção da fonte produtora, do emprego dos trabalhadores, tampouco dos interesses dos credores, desestimulando a atividade econômico-capitalista. Dessarte, a Fazenda poder requerer a quebra da empresa implica incompatibilidade com a *ratio essendi* da Lei de Falências, mormente o princípio da conservação da empresa, embasador da norma falimentar. Recurso especial improvido. (STJ, 2ª Turma, Recurso Especial nº 363.206/MG, Relator Ministro Humberto Martins, 04/05/2010).

[101] Rosa Junior, Luiz Emygdio F. da, op. cit., p. 611. A 2ª Turma do Colendo Superior Tribunal de Justiça, em decisão recente, relatada pelo Ministro Castro Meira, aderiu a essa orientação, admitindo num caso concreto a habilitação do INSS no juízo falimentar, para a cobrança de contribuição previdenciária. Lê-se da ementa o seguinte: "RECURSO ESPECIAL. PROCESSO CIVIL. TRIBUTÁRIO. INSS. JUSTIÇA ESTADUAL. PAGAMENTO ANTECIPADO DE CUSTAS. DISPENSA. CONTRIBUIÇÃO PREVIDENCIÁRIA. FALÊNCIA. HABILITAÇÃO. CASO CONCRETO. POSSIBILIDADE. 1. O INSS não está isento das custas devidas perante a Justiça estadual, mas só deverá pagá-las ao final da demanda, se vencido. Precedentes: REsp 897.042/PI, Rel. Min. Felix Fischer, DJ 14.05.2007 e REsp 249.991/RS, Rel. Min. José Arnaldo da Fonseca, DJ 02.12.2002. 2. Os arts. 187 e 29 da Lei 6.830/80 não representam um óbice

E, em seguida, posiciona-se em sentido contrário, pautado nas lições do prof. Milton Flaks:

"Todavia, parece-nos que o melhor entendimento é no sentido de não se admitir possa renunciar às preferências que a lei lhe assegura. Milton Flaks assim explica as razões deste entendimento, que pedimos licença para resumir: a) o art. 1º da LEF contém um comando imperativo ao prescrever que a cobrança judicial para a cobrança da dívida ativa será regida pela lei específica; b) a habilitação do crédito no juízo universal da insolvência implica em participar a Fazenda Pública de uma execução coletiva regida, conforme o caso, ou pela lei falimentar ou pelo CPC; c) essa opção conflita com o comando imperativo do art. 1º da LEF; d) assim, deve-se entender que a LEF não concede à Fazenda uma faculdade, mas sim um poder-dever, expressão de uso correntio entre os administrativistas para significar que a certos privilégios dos entes públicos corresponde a imposição de utilizá-los."[102]

Também é essa a nossa opinião.

É ler, em primeiro lugar, o *caput* do art. 187, para se perceber que a norma é taxativa: não se submete a Fazenda Pública à habilitação em processo de falência.[103]

Com absoluta propriedade, realça Rubens Requião, outrossim, que, por força do art. 109, I, da Constituição Federal, nem à falta do art. 187 poderia a União, ou suas autarquias, atuar no juízo falimentar, habilitando seus

---

à habilitação de créditos tributários no concurso de credores da falência. Asseguram, na verdade, uma prerrogativa do ente público, que pode optar pelo rito da execução fiscal ou pela habilitação do crédito no concurso de credores da falência. 3. Escolhendo um rito, ocorre a renúncia da utilização do outro, não se admitindo uma garantia dúplice. Precedente: REsp 185.838/SP, Rel. Min. Franciulli Netto, DJ 12.11.2001. 4. O fato de permitir-se a habilitação do crédito tributário em processo de falência não significa admitir o requerimento de quebra por parte da Fazenda Pública. 5. No caso, trata-se de contribuição previdenciária cujo pagamento foi determinado em sentença trabalhista. Diante dessa circunstância, seria desarrazoado exigir-se que a autarquia previdenciária realizasse a inscrição do título executivo judicial na dívida ativa, extraísse a competente CDA e promovesse a execução fiscal para cobrar um valor que já teria a chancela do Poder Judiciário a respeito de sua liquidez e certeza. 6. Precedente: REsp 967.626/RS, desta relatoria. 7. Recurso especial provido." (STJ, 2ª Turma, Recurso Especial nº 988.468/RS, Relator Ministro Castro Meira, 13/11/2007).

[102] Rosa Junior, Luiz Emygdio F. da, op. cit., p. 611/612.
[103] Requião, Rubens, op. cit., p. 309.

créditos, em razão da competência outorgada, constitucionalmente, à Justiça Federal, para processar as causas que são de seu interesse.[104]

Cabe-nos lembrar, finalmente, que o processo de execução fiscal é irrenunciável, não havendo qualquer margem de discricionariedade em favor do Poder Público, eis que não se lhe permite, ainda que com suporte no interesse público, optar por outras vias processuais, a fim de satisfazer seu crédito. Isso se dá porque – repita-se – o executivo fiscal não só confere uma série de privilégios à Fazenda Pública, naturalmente indisponíveis, como, principalmente, é a garantia mínima do contribuinte contra os abusos perpetrados pela administração tributária, sobretudo a útil cobrança de tributos reconhecidamente inconstitucionais.[105]

23. Inconstitucionalidade do concurso de preferências entre entes públicos, instituído pelo parágrafo único do art. 187 do CTN

É possível que, instaurado o procedimento concursal, concorram pelo pagamento créditos tributários de titularidade de entes públicos distintos. A esse propósito, estatui o parágrafo único do art. 187 do CTN que os créditos da União preferem aos créditos dos Estados, do Distrito Federal e dos Territórios e os créditos destes preferem aos créditos dos Municípios.[106] Cuidou de estabelecer, pois, uma ordem de preferência entre os entes públicos, atribuindo aos entes maiores preferência sobre os entes menores, sucessivamente.

Estabelece o aludido artigo, ainda, que, em havendo concurso entre Estados, ou entre estes e o Distrito Federal, ou entre Municípios, o montante arrecadado deverá ser repartido, na proporção dos respectivos créditos.[107]

Abalizada doutrina sustenta que o parágrafo único do art. 187 do CTN seria incompatível com o Carta de 1988, por violar o princípio federativo, criando uma inadmissível discriminação entre os entes que compõem a República Federativa do Brasil. Das mais vibrantes é a defesa de Paulo de Barros Carvalho pela isonomia dos entes políticos:

---

[104] *Ibidem.*
[105] Remetemos o leitor, a propósito, ao tópico anterior, no qual a matéria foi analisada com maior profundidade.
[106] Torres, Ricardo Lobo, op. cit., p. 285.
[107] Amaro, Luciano, op. cit., p. 453.

"Sua inconstitucionalidade ressalta ao primeiro súbito de vista. É flagrante, insofismável e vitanda, sob qualquer ângulo pelo qual pretendamos encará-la. Fere, de maneira frontal e grosseira, o magno princípio da isonomia das pessoas políticas de direito constitucional interno, rompendo o equilíbrio que o Texto Superior consagra e prestigia. Discrimina a União, em detrimento dos Estados, e estes, juntamente com o Distrito Federal, em detrimento dos Municípios, quando sabemos que estão juridicamente parificados, coexistindo num clima de isonomia. E, como se não bastasse, dá preferência aos Territórios, que não têm personalidade política, com relação aos Municípios. Lamentavelmente, a ordem de preferência que o art. 187, parágrafo único, cristaliza na redação de seu texto vem sendo passivelmente acolhida e cordatamente aplicada, sem que o meio jurídico nacional se dê conta da manifesta inconstitucionalidade que encerra no seu significado em face do sistema do direito positivo brasileiro. Exclamam algumas vozes, como as de Geraldo Ataliba, Michel Temer, Roque Carraza e poucos mais, sem que delas façam eco os pronunciamentos do Poder Judiciário."[108]

A Suprema Corte, no entanto, pôs fim à polêmica, antes mesmo do advento da vigente Constituição da República, proclamando a compatibilidade da norma contida no parágrafo único do art. 187 com o princípio federativo, conforme se vê do verbete nº 563 do STF:

"O concurso de preferências a que se refere o parágrafo único, do art. 187, do Código Tributário Nacional, é compatível com o disposto no art. 9º, inciso I, da Constituição Federal."

Entendimento esse compartilhado, também, por Zelmo Denari:

"Ao tempo da Constituição de 1969, questionou-se sobre a constitucionalidade do concurso de preferência previsto no parágrafo único do art. 187 do CTN, tendo em vista que seu art. 9º, I, vedava criar preferências em favor de uma das pessoas jurídicas de direito público interno contra as demais. O tema chegou à Suprema Corte, que pôs fim à polêmica, dispondo a Súmula 563 que 'o concurso de preferências a que se refere o parágrafo único, do art.

---

[108] Carvalho, Paulo de Barros, op. cit., p. 518/519. No mesmo sentido: Sacha Calmon (Coêlho, Sacha Calmon Navarro, op. cit., p. 883); Aliomar Baleeiro e Misabel Derzi (Baleeiro, Aliomar, op. cit., p. 973); e Ricardo Abdoul Nour (Martins, Ives Gandra da Silva, op. cit., p. 482).

187, do Código Tributário Nacional, é compatível com o disposto no art. 9º, inciso I, da Constituição Federal'

Após o advento da atual Constituição da República, sem embargo da proclamada autonomia dos entes políticos, o entendimento sumulado deve prevalecer, pois ao proclamar a preferência dos créditos federais sobre os estaduais e destes sobre os municipais, o legislador infraconstitucional outra coisa não fez senão dispor sobre os conflitos de competência entre União, Estados e Municípios, matéria reservada à lei complementar, nos expressos termos do art. 146, I, da Constituição Federal."[109]

Em prol dessa tese, poder-se-ia argumentar, ainda, que não seria justo prevalecer o interesse específico de uma parcela ínfima da população nacional, representada pela coletividade de uma determinada urbe, ou pela coletividade de um determinado Estado, em detrimento do interesse geral da União, que se irradia em favor de toda a coletividade nacional.

O argumento é forte e isso nós não negamos. Cremos, nada obstante, que o art. 19, III, da Constituição de 1988 não deixa margem para divagações, vedando, textualmente, que sejam instituídas preferências entre os entes da federação:

"Art. 19. É vedado à União, aos Estados, ao Distrito Federal, ao Distrito Federal e aos Municípios:

(...)

III – criar distinções entre brasileiros ou preferências entre si."

Não houvesse norma expressa, a nossa posição seria pela constitucionalidade da preferência instituída pelo art. 187 do CTN em favor da União. Não se trata, no entanto, de se discutir se a referida disposição legal é, ou não, compatível com o princípio federativo. A questão é bem mais simples: a preferência instituída em favor da União contraria o texto expresso do art. 19, III, da Carta de 1988, que veda à União, aos Estados, ao Distrito Federal e aos Municípios que instituam "preferências entre si", de modo que o parágrafo único do art. 187 do CTN há de ser tido como não recepcionado pela ordem jurídica em vigor.

---

[109] Martins, Ives Gandra da Silva, op. cit., p. 480. Também pela constitucionalidade do art. 187, parágrafo único, do CTN: Rosa Junior, Luiz Emygdio F. da, op. cit., p. 613.

24. Requisito fundamental para que se possa exercer a preferência instituída pelo parágrafo único do art. 187: concurso de credores

Muito embora perfilhemos do entendimento de que o parágrafo único do art. 187 do CTN é incompatível com a Carta Magna, por violação ao art. 19, III, da Lei Fundamental, o fato é que a jurisprudência não vê qualquer vício na referida disposição legal.

Prática corriqueira, assim, é a da União, ou uma de suas autarquias, atravessar petição em execuções fiscais promovidas pelos mais diversos entes da Federação, pugnando pelo reconhecimento de sua preferência sobre o produto da arrecadação.

Comum, também, é, em execução fiscal promovida pela União, efetivar-se a penhora de bem que já serve de garantia em outra execução fiscal.

Sustenta Zelmo Denari que, para reclamar a preferência estabelecida pelo parágrafo único do art. 187 do CTN, "a argüição deve ser precedida da penhora sobre o mesmo bem objeto da execução".[110] Enquanto não efetivada a penhora, pois, não poderia o ente "maior" argüir a preferência sobre o produto da arrematação. Garantidas, pelo mesmo bem, duas ou mais execuções fiscais, promovidas por entes públicos distintos, irrelevante seria a ordem cronológica em que se aperfeiçoaram as penhoras.[111]

A 2ª Turma do Superior Tribunal de Justiça firmou-se pela mesma diretriz:

> "TRIBUTÁRIO. Preferência deduzida pelo IAPAS, no curso de execução fiscal da Fazenda Estadual. Decisão que suspendeu o levantamento, por esta, do produto da arrematação. Inaplicação, ao caso, das normas dos arts. 612 e 711, do CPC, já que não se discute direito de prelação, em face de penhoras, mas de preferência entre pessoas de direito público, como previsto nos arts. 187, parágrafo único, do CTN, e 29, parágrafo único, da lei n. 6.830/80. Questões relativas à ausência de liquidez e certeza do titulo da autarquia, de instauração de prévio concurso creditório e de prova da inexistência de outros bens, que não foram prequestionados. Precedentes jurisprudenciais

---

[110] Martins, Ives Gandra da Silva, op. cit., p. 481. Também nesse sentido: Rosa Junior, Luiz Emygdio F. da, op. cit., p. 614. Humberto Theodoro Júnior, em posição menos rigorosa, contenta-se com a multiplicidade de execuções, para que se possa exercer a preferência prevista na lei. Bastaria, neste caso, que o ente "maior" interferisse na execução do outro, exercendo a sua preferência (Theodoro Júnior, Humberto. Lei de Execução Fiscal, 8ª ed., São Paulo: Saraiva, 2002, p. 120).

[111] Rosa Junior, Luiz Emygdio F. da, op. cit., p. 614.

que, por versarem as questões acima enumeradas, não se prestam para a prova da divergência.

Recurso não conhecido."[112]

A 1ª Turma, no entanto, deu solução divergente à matéria, exigindo, para o exercício da preferência prevista no parágrafo único do art. 187, a prévia instauração de concurso de credores, quer de natureza cível, quer de natureza falimentar. Nessa linha é a ementa do acórdão proferido no Recurso Especial nº 33.902/SP:

> "PROCESSUAL CIVIL. Execução fiscal proposta pela Fazenda Estadual. Concurso de preferência requerido pelo IAPAS. O concurso de preferência de que cuidam os arts. 187 do Código Tributário Nacional e 29, parágrafo único da lei n. 6.830/80, só se dá quando instaurado o concurso creditório (devedor civil) ou a execução coletiva falimentar (devedor comerciante), hipóteses em que as fazendas públicas a eles não se submetem, podendo mover as suas execuções independentemente do juízo concursal. Fora dessas hipóteses, aplicam-se as disposições contidas nos arts. 612 e 711 do Código de Processo Civil, pelas quais se exige a pluralidade de penhoras, sendo o apurado das arrematações distribuído e entregue consoante a ordem das respectivas prelações. Assim, impõe-se a existência de prévias execução e penhora sobre o mesmo bem leiloado, falecendo a quem não demonstre tais pressupostos aptidão para pretender a satisfação do crédito, que alegar possuir, contra o executado. Precedentes. Recurso provido."[113]

Parece-nos que a razão estava com a 1ª Turma, uma vez que a regra do art. 187 do CTN disciplina o concurso de preferências entre entes públicos, quando instaurado concurso de credores, em razão da insolvência do devedor. É lembrar que a preferência é título que se manifesta, exclusivamente, em concurso creditório, servindo de parâmetro no momento do pagamento, a fim de que os créditos preferenciais sejam liquidados antes dos demais.

Ademais, não se pode interpretar o parágrafo único do art. 187 isoladamente, sem se atentar para o *caput* do referido artigo. *In casu*, o que pre-

---

[112] STJ, 2ª Turma, Recurso Especial nº 9.834/SP, Relator Ministro Ilmar Galvão, 12/06/1991.
[113] STJ, 1ª Turma, Recurso Especial nº 33.902/SP, Relator Ministro César Asfor Rocha, 07/03/1994.

tendeu o legislador, exclusivamente, foi disciplinar a situação dos entes públicos, em concurso de credores. E nada além.

É de se ver, por fim, que a disposição legal em debate merece a interpretação mais restritiva possível, porquanto contrária ao pacto federativo, sobretudo o texto literal do art. 19, III, da Constituição Federal.

Em que pese tudo isso, a 1ª Seção do STJ acolheu a orientação firmada pela 2ª Turma, entendendo que a preferência definida no parágrafo único do art. 187 pressupõe, apenas, concurso de penhoras, e não concurso de credores. Leia-se a ementa do acórdão proferido nos Embargos de Divergência nº 167.381/SP:

"PROCESSUAL CIVIL. EMBARGOS DE DIVERGÊNCIA. EXECUÇÃO FISCAL MOVIDA PELA FAZENDA PÚBLICA ESTADUAL. AUTARQUIA FEDERAL. CONCURSO DE PREFERÊNCIA. CTN, ART. 187, PARÁGRAFO ÚNICO. LEI N° 6.830/80, ART. 29, PARÁGRAFO ÚNICO.

I – O crédito fiscal da autarquia federal tem preferência em relação àquele de que seja titular a Fazenda Estadual, *ex vi* do art. 187, parágrafo único, do CTN e art. 29, parágrafo único da Lei n° 6.830/80, ressalvados os créditos decorrentes de legislação trabalhista.

II – Na hipótese *sub judice* verifica-se que a autarquia provou a existência de ação de execução e penhora sobre o bem excutido na ação movida pelo fisco estadual, portanto, correta a decisão que concedeu preferência ao crédito do INSS, determinando seu pagamento em primeiro lugar.

III – Embargos de divergência acolhidos."[114]

---

[114] STJ, 1ª Seção, Embargos de Divergência em Recurso Especial nº 167.381/SP, Relator Ministro Francisco Falcão, 09/05/2002. Mais recentemente, o Colendo STJ reafirmou a sua posição, em sede de recurso repetitivo da controvérsia, nos moldes do art. 543-C do CPC. Veja-se a ementa do julgado: "PROCESSUAL CIVIL. TRIBUTÁRIO. RECURSO ESPECIAL REPRESENTATIVO DE CONTROVÉRSIA. ART. 543-C, DO CPC. EXECUÇÃO FISCAL. EXISTÊNCIA DE PENHORAS SOBRE O MESMO BEM. DIREITO DE PREFERÊNCIA. CRÉDITO TRIBUTÁRIO ESTADUAL E CRÉDITO DE AUTARQUIA FEDERAL. ARTS. 187 DO CTN E 29, I, DA LEI 6.830/80. PREFERÊNCIA DO CRÉDITO TRIBUTÁRIO FEDERAL. 1. O crédito tributário de autarquia federal goza do direito de preferência em relação àquele de que seja titular a Fazenda Estadual, desde que coexistentes execuções e penhoras. (Precedentes: REsp 131.564/SP, Rel. Ministro CASTRO MEIRA, SEGUNDA TURMA, julgado em 14/09/2004, DJ 25/10/2004; EREsp 167.381/SP, Rel. Ministro FRANCISCO FALCÃO, PRIMEIRA SEÇÃO, julgado em 09/05/2002, DJ 16/09/2002; EDcl no REsp 167.381/SP, Rel. Ministro GARCIA VIEIRA, PRIMEIRA TURMA, julgado em 22/09/1998, DJ 26/10/1998; REsp 8.338/SP, Rel. MIN. PEÇANHA MARTINS, SEGUNDA

Ficamos com a orientação vencida no STJ.

TURMA, julgado em 08/09/1993, DJ 08/11/1993) 2. A instauração do concurso de credores pressupõe pluralidade de penhoras sobre o mesmo bem, por isso que apenas se discute a preferência quando há execução fiscal e recaia a penhora sobre o bem excutido em outra demanda executiva. (Precedentes: REsp 1175518/SP, Relator Ministro HUMBERTO MARTINS, SEGUNDA TURMA, julgado em 18/02/2010, DJe 02/03/2010; REsp 1122484/PR, Rel. Ministra ELIANA CALMON, SEGUNDA TURMA, julgado em 15/12/2009, DJe 18/12/2009; REsp 1079275/SP, Rel. Ministro LUIZ FUX, PRIMEIRA TURMA, julgado em 17/09/2009, DJe 08/10/2009; REsp 922.497/SC, Rel. Ministro JOSÉ DELGADO, PRIMEIRA TURMA, julgado em 11/09/2007, DJ 24/09/2007) 3. In casu, resta observada a referida condição à análise do concurso de preferência, porquanto incontroversa a existência de penhora sobre o mesmo bem tanto pela Fazenda Estadual como pela autarquia previdenciária. 4. O art. 187 do CTN dispõe que, verbis: "Art. 187. A cobrança judicial do crédito tributário não é sujeita a concurso de credores ou habilitação em falência, recuperação judicial, concordata, inventário ou arrolamento. (Redação dada pela Lcp nº 118, de 2005) Parágrafo único. O concurso de preferência somente se verifica entre pessoas jurídicas de direito público, na seguinte ordem: I – União; II – Estados, Distrito Federal e Territórios, conjuntamente e pró rata; III – Municípios, conjuntamente e pró rata." 5. O art. 29, da Lei 6.830/80, a seu turno, estabelece que: "Art. 29 – A cobrança judicial da Dívida Ativa da Fazenda Pública não é sujeita a concurso de credores ou habilitação em falência, concordata, liquidação, inventário ou arrolamento Parágrafo Único – O concurso de preferência somente se verifica entre pessoas jurídicas de direito público, na seguinte ordem: I – União e suas autarquias; II – Estados, Distrito Federal e Territórios e suas autarquias, conjuntamente e pro rata; III – Municípios e suas autarquias, conjuntamente e pro rata." 6. Deveras, verificada a pluralidade de penhoras sobre o mesmo bem em executivos fiscais ajuizados por diferentes entidades garantidas com o privilégio do concurso de preferência, consagra-se a prelação ao pagamento dos créditos tributários da União e suas autarquias em detrimento dos créditos fiscais dos Estados, e destes em relação aos dos Municípios, consoante a dicção do art. 187, § único c/c art. 29, da Lei 6.830/80. 7. O Pretório Excelso, não obstante a título de obiter dictum, proclamou, em face do advento da Constituição Federal de 1988, a subsistência da Súmula 563 do STF: "O concurso de preferência a que se refere o parágrafo único do art. 187 do Código Tributário Nacional é compatível com o disposto no art. 9º, I, da Constituição Federal", em aresto assim ementado: AGRAVO REGIMENTAL NO AGRAVO DE INSTRUMENTO. AUSÊNCIA DE PREQUESTIONAMENTO. MATÉRIA INFRACONSTITUCIONAL. OFENSA INDIRETA. CONCURSO DE PREFERÊNCIA. ARTIGO 187 CTN. 1. O Tribunal a quo não se manifestou explicitamente sobre o tema constitucional tido por violado. Incidência das Súmulas ns. 282 e 356 do Supremo Tribunal Federal. 2. Controvérsia decidida à luz de legislação infraconstitucional. Ofensa indireta à Constituição do Brasil. 3. A vedação estabelecida pelo artigo 19, III, da Constituição (correspondente àquele do artigo 9º, I, da EC n. 1/69) não atinge as preferências estabelecidas por lei em favor da União. Agravo regimental a que se nega provimento. (AI 608769 AgR, Relator(a): Min. EROS GRAU, Segunda Turma, julgado em 18/12/2006, DJ 23-02-2007) 8. Recurso especial desprovido. Acórdão submetido ao regime do art. 543-C do CPC e da Resolução STJ 08/2008. (STJ, 1ª Seção, Recurso Especial nº 957.836/SP, Relator Ministro Luiz Fux, 13/10/2010, DJe 26/10/2010).

25. Créditos extraconcursais

O Decreto-Lei nº 7.661/45 já conferia ao falido a possibilidade de requerer, no interesse da massa, a continuação de seu negócio[115], reconhecendo que, em inúmeros casos, a completa paralisação de suas atividades poderia importar em prejuízos ainda maiores para os credores[116], ou mesmo para a própria coletividade.

Já àquela época, ademais, reconhecia-se que, para arrecadar e administrar os bens da sociedade falida, ainda que encerradas as suas atividades, tinha o síndico uma infinidade de despesas.

Assim é que a antiga Lei de Falência distinguia aqueles débitos surgidos após a decretação de falência, daqueles que preexistiam à quebra da empresa. Àqueles dava-se o nome de despesas da massa (encargos ou dívidas); aos últimos, por seu turno, chamava-se de dívidas do falido. Por sua própria natureza, determinava a lei de falências que o pagamento das despesas da massa fosse feito com prioridade sobre os demais créditos, à exceção dos trabalhistas (art. 124).

E nem poderia ser diferente, porquanto já há muito se exige que a administração, no interesse dos próprios credores, dê-se da forma mais profissional possível, com o máximo de diligência e eficiência. A profissionalização do serviço impôs, paulatinamente, que os interessados – síndico, leiloeiros, advogados e outros que contratem com a massa – fossem remunerados conforme a praxe do mercado, sem que tivessem que entrar em concurso de credores. Do contrário, quem se colocaria à disposição da massa, oferecendo os seus serviços? Ninguém.[117]

Toda e qualquer despesa tida após a decretação de falência era considerada encargo ou dívida da massa. Daí que o art. 188 do CTN, na sua redação original, enquadrava os créditos tributários, vencidos e vincendos, exigíveis no decurso do processo de falência, no conceito de encargos da massa, estabelecendo que o seu pagamento dava-se preferencialmente a quaisquer outros.

Até o advento da Lei Complementar nº 118/2005, o teor literal do art. 188, derrogando a lei falimentar, conferia prioridade absoluta aos créditos

---

[115] Lacerda. J. C. Sampaio de. Manual de Direito Falimentar, 2ª ed., Rio de Janeiro: Livraria Freitas Bastos, 1961, p. 102.
[116] Requião, Rubens, op. cit., p. 269.
[117] Coelho, Fabio Ulhoa, op. cit., p. 341.

tributários em tais condições, determinando que fossem pagos com preferência a todos os demais, sem fazer qualquer ressalva ("São encargos da massa falida, pagáveis preferencialmente a quaisquer outros e às dívidas da massa, os créditos tributários vencidos e vincendos, exigíveis no decurso do processo de falência"). Vale dizer: enquanto a Lei de Falências, em seu art. 124, esclarecia que os encargos da massa se sobrepunham a todos os demais, à exceção dos trabalhistas, o CTN afirmava que os créditos tributários exigíveis no decurso do processo de falência encontravam-se na escala hierárquica máxima na ordem de preferência, sem fazer qualquer ressalva aos créditos trabalhistas. Havia, no particular, uma aparente contradição, cabendo ao intérprete dar-lhe a adequada solução.

Na doutrina falimentar, Rubens Requião anotava que, não tendo o CTN ressalvado os créditos trabalhistas, prevaleciam os créditos tributários que viessem a ser exigidos no decurso do processo de falência, na forma do art. 188 da lei complementar tributária:

> "... Não tendo, no art. 188, o Código Tributário Nacional ressalvado os créditos trabalhistas na forma de seu art. 186 e do art. 102 da Lei de Falências, esses encargos da massa são pagos, efetivamente, com preferência sobre 'quaisquer outros' existentes."[118]

Paulo de Barros de Carvalho, em sede tributária, não discrepava dessa orientação:

> "No decurso do processo de falência, são prioritários a quaisquer outros encargos da massa falida os créditos tributários, vencidos ou vincendos, exigíveis assim que decretada a quebra. A prioridade é de tal ordem que mesmo as dívidas de cunho trabalhista cedem diante das prestações tributárias que a massa falida deve efetuar. O art. 188 contempla a hipótese de deveres tributários vencidos ou vincendos, mas depois de decretada a falência. Estes é que hão de ter preeminência sobre os trabalhistas, não os devidos pela empresa antes da sentença declaratória."[119]

---

[118] Requião, Rubens, op. cit., p. 336.
[119] Carvalho, Paulo de Barros, op. cit., p. 519. Também nesse sentido: Hugo de Brito Machado (Machado, Hugo de Brito, op. cit., p. 199); Luiz Emygdio (Rosa Junior, Luiz Emygdio F. da, op. cit., p. 615).

Em sentido contrário se manifestava Luciano Amaro, reportando-se ao teor do art. 186 do CTN:

"Não obstante esses artigos não ressalvem os créditos trabalhistas, vale, a nosso ver, a disposição geral do art. 186, que privilegia tais créditos."[120]

Convencemo-nos, à época, que a norma do art. 186 tinha o seu âmbito de aplicação restrito aos créditos tributários originados de fatos geradores anteriores ao decreto falimentar. A regra contida no art. 188 do CTN, por ser especial, conferia àqueles créditos tributários exigíveis no decurso do processo de falência a primazia sobre todos os demais créditos e encargos da massa, sem qualquer ressalva. Sobrepunha-se o crédito tributário, constituído em tais circunstâncias, inclusive, aos créditos trabalhistas, por dizer respeito ao regular funcionamento da massa falida.

A nova Lei de Recuperação de Empresas não mais fala em encargos ou dívidas da massa. Nomeou-lhes créditos extraconcursais (art. 84 da Lei nº 11.101/05), de sorte a deixar patente que nem mesmo se submetem ao concurso de credores instaurado entre os créditos enumerados no art. 83 do sobredito diploma legal.

Reza o art. 84 da nova lei:

"Art. 84. Serão considerados créditos extraconcursais e serão pagos com precedência sobre os mencionados no art. 83 desta Lei, na ordem a seguir, os relativos a:

I – remunerações devidas ao administrador judicial e seus auxiliares, e créditos derivados da legislação do trabalho ou decorrentes de acidentes de trabalho relativos a serviços prestados após a decretação da falência;

II – quantias fornecidas à massa pelos credores;

III – despesas com arrecadação, administração, realização do ativo e distribuição do seu produto, bem como custas do processo de falência;

IV – custas judiciais relativas às ações e execuções em que a massa falida tenha sido vencida;

V – obrigações resultantes de atos jurídicos válidos praticados durante a recuperação judicial, nos termos do art. 67 desta Lei, ou após a decretação da falência, e tributos relativos a fatos geradores ocorridos após a decretação da falência, respeitada a ordem estabelecida no art. 83 desta Lei."

---

[120] Amaro, Luciano, op. cit., p. 453. Aliomar Baleeiro assevera, inclusive, que o art. 188 seria mera reafirmação do art. 186 (Baleeiro, Aliomar, op. cit., p. 978).

Fez por bem o legislador, outrossim, em adaptar o teor do art. 188 do CTN à Lei nº 11.101/05, com a clara preocupação de evitar a existência de antinomias na ordem jurídica em vigor. Assim, estabelece o art. 188 do CTN, com a redação dada pela Lei Complementar nº 118/05:

> "Art. 188. São extraconcursais os créditos decorrentes de fatos geradores ocorridos no curso do processo de falência.
>
> § 1º. Contestado o crédito tributário, o juiz remeterá as partes ao processo competente, mandando reservar bens suficientes à extinção total do crédito e seus acrescidos, se a massa não puder efetuar a garantia de instância por outra forma, ouvido, quanto à natureza e valor dos bens reservados, o representante da Fazenda interessada.
>
> § 2º. O disposto neste artigo aplica-se aos processos de concordata."

Como se vê, diferentemente da regra anterior, o art. 188 do CTN não mais confere primazia aos créditos tributários exigíveis no decurso do processo de falência sobre os demais créditos extraconcursais.

O CTN restringiu-se a informar que os créditos tributários, constituídos em tais circunstâncias, integram a categoria dos créditos extraconcursais, deixando a definição da ordem de preferência a critério do legislador ordinário.

Hoje, pois, em razão do que dispõe o art. 188 do CTN, conquanto os créditos tributários exigíveis no decurso do processo de falência tenham a natureza de créditos extraconcursais, não mais possuem primazia absoluta na ordem de pagamento, devendo o administrador judicial, quando de seu pagamento, observar a ordem de preferência estabelecida no art. 84 da Lei nº 11.101/05.

26. Concurso entre crédito tributário e a remuneração do administrador judicial

A nova Lei de Recuperação de Empresas pôs um fim à figura do síndico na falência, substituído que foi pela figura do administrador judicial.

Em razão da eficiência que se exigia do síndico da falência, do profissionalismo, da natureza do serviço e mesmo da responsabilidade que lhe era atribuída, sob a égide do Decreto-Lei nº 7.661/45, firmou-se a jurisprudência no sentido de que a sua remuneração equiparava-se, na ordem de preferência, aos créditos trabalhistas. Tanto assim que o Superior Tribunal de Justiça editou, a respeito, o verbete nº 219:

"Os créditos decorrentes de serviços prestados à massa falida, inclusive a remuneração do síndico, gozam dos privilégios próprios dos trabalhistas."

Não por outra razão, solidificou-se no STJ o entendimento de que os honorários do síndico preferiam, inclusive, aos créditos tributários, sendo inúmeros os julgados nesse sentido[121].

Todavia, essa preferência se manifestava, apenas, sobre os créditos tributários preexistentes à quebra, por força do que preconizava o art. 186 do CTN. Inaplicável, no entanto, era a referida orientação para os créditos tributários que se enquadrassem na fórmula do art. 188, tendo em vista que, em tais circunstâncias, a sua primazia era absoluta, mesmo frente aos créditos trabalhistas e, por idêntica razão, aos honorários do síndico. É o que ficou assentado, ainda que implicitamente, no julgamento do Recurso Especial nº 138.573/MG, conforme se vê da ementa:

"FALÊNCIA. Preferências. Crédito fiscal. Remuneração do síndico. Honorários do perito.

A remuneração do síndico, os honorários do perito e as despesas com a Imprensa Oficial efetuadas no curso do processo de falência devem ser pagos com preferência ao crédito tributário proveniente de fato gerador anterior à quebra. Recurso conhecido e provido."[122]

O entendimento externado, no entanto, não mais tem como prevalecer. Ora, conforme já tivemos a oportunidade de abordar, o art. 188 do CTN, com a redação dada pela Lei Complementar nº 118/05, não mais confere primazia absoluta aos créditos tributários constituídos no curso do processo de falência, deixando a definição da ordem de preferência para o legislador ordinário, nos limites traçados pela lei complementar tributária.

---

[121] Nesse sentido: "Falência. Ordem de Preferência. Encargos da massa e crédito tributário. Artigos 186 e 188 CTN. As despesas com a arrecadação, administração e realização do ativo beneficiam a todos os credores e constituem encargos da massa. As obrigações da massa, que se constituem em encargos, devem ser satisfeitas antes dos créditos tributários, de acordo com interpretação sistemática dos artigos 186 e 188 do CTN" (STJ, 3ª Turma, Recurso Especial nº 128.291/MG, Relator Ministro Eduardo Ribeiro, 01/10/1998).

[122] STJ, 4ª Turma, Recurso Especial nº 138.573/MG, Relator Ministro Ruy Rosado de Aguiar, 17/06/1999.

Com efeito, não poderia o legislador da Lei nº 11.101/05 submeter referidos créditos tributários ao concurso de credores previsto no art. 83, porquanto, aí sim, estaria se afastando das diretrizes estabelecidas pelo CTN.

Nada impede, no entanto, que se estabeleça uma ordem de preferência para pagamento dos créditos extraconcursais, como fez a Lei de Recuperação de Empresas, por força da qual, hoje, os honorários do administrador judicial têm preferência sobre todos os demais créditos, inclusive sobre os créditos tributários exigíveis no decurso do processo de falência, à luz do art. 84 do referido diploma legal.

27. A impugnação do crédito tributário pelas vias administrativa e judicial na hipótese referida no art. 188 do CTN

Na forma do art. 134, V, do CTN, o síndico (administrador judicial) é pessoalmente responsável pelo recolhimento dos tributos devidos pela massa falida.[123] Nem por isso, no entanto, está o administrador judicial obrigado a proceder ao recolhimento de tributos inconstitucionais, ou atender a cobranças ilegais formuladas pela dívida ativa. Cabe a ele, pois, na qualidade de gestor dos interesses da massa, contestar a cobrança de tributos indevidos, contratando, se for o caso, advogados para patrocinar os interesses da massa falida.

É direito da massa falida recusar o pagamento de tributos indevidamente reclamados pela Fazenda, devendo o administrador judicial tomar as medidas adequadas para tanto, oferecendo a impugnação administrativa que se mostrar cabível, ou mesmo se servindo das medidas judiciais que a lei assegura, tais como a ação declaratória e o mandado de segurança.[124]

Contestado o crédito tributário, diz o § 1º do art. 188 que "o juiz remeterá as partes ao processo competente, mandando reservar bens suficientes à extinção total do crédito e seus acrescidos, se a massa não puder efetuar a garantia da instância por outra forma, ouvido, quanto à natureza e valor dos bens reservados, o representante da Fazenda interessada". Esclarecendo: em decidindo por discordar do pagamento do tributo, deverá o adminis-

---

[123] Machado, Hugo de Brito, op. cit., p. 199.
[124] A propósito, esclarece Zelmo Denari: "Obviamente, a massa falida, investida da condição de contribuinte, poderá exercitar plenamente seu direito de defesa, impugnando o crédito tributário e interpondo os recursos administrativos cabíveis. Se for o caso de ofensa a direito líquido e certo, poderá até impetrar segurança contra a pretensão fiscal" (Martins, Ives Gandra da Silva, op. cit., p. 484). Na mesma linha: Baleeiro, Aliomar, op. cit., p. 978/979.

trador judicial, em sendo possível, reservar bens suficientes à extinção total do crédito tributário, abrindo o juiz, neste caso, a oportunidade à Fazenda interessada para se manifestar sobre os bens reservados para esse fim.

Evidentemente, não está o julgador obrigado a proceder à reserva de bens, se houver execução fiscal em curso, com penhora suficiente devidamente levada a efeito. A reserva de bens, em tais circunstâncias, é desnecessária, não possuindo a Fazenda Pública interesse jurídico em requerê-la, uma vez que o seu crédito já está devidamente garantido. Confira-se, a esse propósito, a ementa do seguinte julgado proferido pela 2ª Turma do Colendo Superior Tribunal de Justiça:

"RECURSO ESPECIAL – EXECUÇÃO FISCAL – PENHORA – CONCORDATA – RESERVA DE NUMERÁRIO – GARANTIA DÚPLICE – IMPOSSIBILIDADE.

Efetuada a penhora na execução fiscal, não há cogitar de reserva de numerário, no Juízo da concordata, o que se constituiria, sem dúvida, em garantia dúplice, que se não compraz com o disposto no artigo 188, § 1º, do Código Tributário Nacional.

O processo de concordata não paralisa a execução fiscal nem desconstitui a penhora, uma vez que a execução fiscal prossegue até a alienação do bem penhorado.

Se, a teor dos artigos 1º e 29 da Lei de Execução Fiscal (6.830/80), a via adequada para a cobrança do crédito tributário é a execução fiscal, posto que não se sujeita ao concurso de credores ou à habilitação em falência, concordata, inventário ou arrolamento, não se justifica a pretensão da recorrente de reserva de seu crédito na concordata da recorrida, já que, no caso dos autos, está sendo executado.

Recurso especial não conhecido.

Decisão por unanimidade de votos."[125]

É lembrar, por fim, que, à exceção das concordatas concedidas anteriormente à vigência da nova Lei de Recuperação de Empresas, o § 2º do art. 188 do CTN perdeu a sua razão de ser, por não mais haver a previsão da figura da concordata no direito brasileiro.

---

[125] STJ, 2ª Turma, Recurso Especial nº 185.838/SP, Relator Ministro Franciulli Netto, 11/09/2001.

28. Créditos tributários vencidos em sede de inventário ou arrolamento

Trilhando lógica idêntica àquela contida no art. 188, o art. 189 do CTN estipula que os créditos tributários constituídos em decorrência de fatos geradores ocorridos no curso de inventário ou arrolamento preferem a todos os demais, sem exceção.

Não é por outra razão que o inventariante, igualmente, responde pessoalmente pelos créditos tributários consolidados em tais circunstâncias (art. 134, IV, do CTN), devendo declarar, no curso do inventário, todas as dívidas passivas do *de cujus*[126].

Nada impede – e tudo indica que assim seja feito – que o inventariante insurja-se contra a cobrança de tributos ilegais e inconstitucionais. Aplica-se aqui tudo o que ficou consignado no tópico anterior.

29. Créditos tributários vencidos em sede de liquidação judicial ou voluntária

De um modo geral, as pessoas jurídicas são constituídas para viger por prazo indeterminado. Essa é a regra. Nenhum óbice legal há, todavia, para que sejam constituídas por prazo determinado. Quando isso ocorre, vencido o prazo, e liquidada a sociedade, tem-se o fim da sua personalidade jurídica (art. 1.033, I, do CC/2002).

Outras hipóteses podem dar ensejo à dissolução extrajudicial da sociedade: vontade dos sócios, redução do quadro social a um único sócio ou extinção de sua autorização para funcionar, quando ela se fizer necessária (art. 1.033 do CC/2002).

Também a dissolução pode dar-se pela via judicial, em razão da anulação de seus atos constitutivos, ou quando exaurido o seu fim social ou verificada a sua inexeqüibilidade (art. 1.034 do CC/2002). É possível, ainda, que a dissolução judicial se dê com base em disposição contida nos próprios atos constitutivos, na forma do art. 1.035 do CC/2002.

Vale dizer: a dissolução e, via de conseqüência, a liquidação tanto podem dar-se de forma amigável como pela via judicial.

A respeito do tema, elucida o prof. José Edwaldo Tavares Borba:

> "Toda sociedade se destina a exercer seu objeto social; a dissolução marca o fim dessa destinação.

---

[126] Baleeiro, Aliomar, op. cit., p. 983.

Com a dissolução, encerra-se a fase ativa da sociedade, que, a partir daí, entra em liquidação, que é uma espécie de preparação para a morte.

Durante a liquidação, mantém a sociedade personalidade, mas não pode realizar negócios.

A dissolução tanto poderá ser amigável como judicial.

Quando amigável, opera-se através de um distrato, que não é senão um instrumento firmado pelos sócios, disciplinando o encerramento da sociedade.

Quando judicial, dependerá de sentença, a ser proferida em função de requerimento do interessado e após comprovação do motivo alegado."[127]

Compete às referidas sociedades, em dissolução, fazer um levantamento de seu ativo e de seu passivo, efetuando os pagamentos correspondentes[128].

A regra do art. 190 do CTN determina que o pagamento dos créditos tributários constituídos em tais hipóteses, por fatos geradores ocorridos no curso da liquidação, judicial ou voluntária, seja feito com preferência a quaisquer outros[129]. Não procedendo à quitação desses encargos tributários, os sócios respondem, pessoal e solidariamente, pelo atendimento da pretensão fiscal (art. 134, VII, do CTN).

30. Necessidade de quitação de todos os tributos para ter o falido a extinção de suas obrigações

Em sua redação originária, estabelecia o art. 191 do CTN que não seria concedida concordata nem declarada a extinção das obrigações do falido, sem que o requerente fizesse prova da quitação de todos os tributos "relativos à sua atividade mercantil". Como se vê, referida exigência recaía, apenas, sobre os tributos incidentes na atividade mercantil do falido[130], de modo que não podia o julgador alargar o alcance da norma, para exigir a quitação de todos os tributos em débito.

---

[127] Borba, José Edwaldo Tavares. Direito Societário, 8ª ed., rev. aum. e at., Rio de Janeiro: Renovar, 2003, p. 83.
[128] Martins, Ives Gandra da Silva, op. cit., p. 487.
[129] Conquanto o art. 190 do CTN não faça referência expressa às sociedades que se sujeitam à liquidação extrajudicial, notadamente às instituições financeiras, entende Aliomar Baleeiro que a elas se aplica, também, a referida disposição legal, a despeito do texto restrito da lei (Baleeiro, Aliomar, op. cit., p. 983). Teria havido, na espécie, mera lacuna; não silêncio eloqüente da lei.
[130] Machado, Hugo de Brito, op. cit., p. 199.

A Lei Complementar nº 118/05, todavia, dando nova redação ao art. 191 do CTN, explicitou que "a extinção das obrigações do falido requer prova de quitação de todos os tributos". Assim é que hoje, enquanto não quitados todos os tributos devidos pelo falido, seja a sua natureza qual for, o juiz não poderá declarar a extinção das obrigações. Evidentemente, para os fins do art. 191 do CTN, equipara-se à quitação fiscal a certidão positiva com efeitos de negativa, conforme previsão contida no art. 206 do CTN. Vale dizer: não pode o julgador deixar de reconhecer a extinção das obrigações do falido, sob o argumento de que existe dívida fiscal pendente de pagamento, se o débito estiver com exigibilidade suspensa, em função do depósito, de penhora ou mesmo de liminar.

Ademais, se em razão do decurso dos anos o crédito tributário se extingue, fulminado pela decadência, ou pela prescrição, não mais se lhe poderá negar a extinção das obrigações[131]. Como bem coloca Sacha Calmon: "crédito caduco ou crédito de ação prescrita são créditos inexigíveis, já que o CTN extingue-os. Logo, inexistem!"[132]

31. Necessidade de prova da quitação de todos os tributos para a concessão do benefício da recuperação judicial

A Lei nº 11.101/05 – já não era sem tempo – introduziu no direito brasileiro a figura da recuperação judicial, em atendimento aos ditames do moderno direito empresarial, pretendendo, assim, "viabilizar a superação da situação de crise econômico-financeira do devedor, a fim de permitir a manutenção da fonte produtora, do emprego dos trabalhadores e dos interesses dos credores, promovendo, assim, a preservação da empresa, sua função social e o estímulo à atividade econômica" (art. 47).

Não por outra razão, a Lei Complementar nº 118/05 suprimiu a referência que existia à concordata no art. 191 do CTN, acrescentando ao Código Tributário Nacional o art. 191-A, especificamente para tratar desse novel instituto. Reza o aludido artigo:

> "Art. 191-A. A concessão de recuperação judicial depende da apresentação da prova de quitação de todos os tributos, observado o disposto nos arts. 151, 205 e 206 desta Lei."[133]

---

[131] Martins, Ives Gandra da Silva, op. cit., p. 488.
[132] Coêlho, Sacha Calmon Navarro, op. cit., p. 887.
[133] Perceba-se, como não poderia ser diferente, que o art. 191-A equipara à quitação a certidão positiva com efeitos de negativa, assim entendida "a certidão de que conste a existência de

Curioso é que muito embora o legislador, de um lado, tenha manifestado a intenção de preservar a empresa, a fim de salvaguardar os interesses dos trabalhadores, dos credores e mesmo da atividade econômica, reconhecendo, textualmente, a sua função social, de outro, restringiu sobremaneira quem poderá postular o benefício legal, exigindo a regularidade fiscal da empresa para a concessão da recuperação judicial.

Uma interpretação literal do art. 191-A poderia levar à precipitada conclusão de que, sem que a empresa esteja em situação de regularidade perante o fisco, não será possível a concessão do benefício legal. É essa, aliás, a orientação adotada por Fábio Ulhoa Coelho:

> "O prazo do devedor para cumprir o art. 57 da LF é de cinco dias (CPC, art. 185; LF, art. 189). Decorrido esse prazo, os autos devem ser promovidos à conclusão, para que o juiz tome uma das seguintes decisões: caso tenham sido juntadas as certidões negativas de débitos tributários, ele deve conceder a recuperação judicial; caso contrário, como diz o Código Tributário Nacional que a "concessão de recuperação judicial depende da apresentação de prova da quitação de todos os tributos" (art. 191-A), o juiz deve simplesmente indeferir o pedido. Com o indeferimento da recuperação judicial, deixa de produzir seus efeitos o despacho de processamento anteriormente exarado – quer dizer, as ações, execuções e pedidos de falência que se encontravam suspensos voltam a correr normalmente." [134]

Essa é, também, a conclusão que se extrai, a princípio, de uma leitura superficial do art. 57 da Lei de Recuperação de Empresas, que exige a apresentação das certidões negativas em momento anterior à concessão da recuperação judicial.

Equivaleria isso, no entanto, a fazer letra morta do próprio espírito da Lei nº 11.101/05, porquanto, como sabido, é exatamente a desproporcional e asfixiante carga tributária, hoje, o maior obstáculo para a saúde financeira das empresas.

Já os juristas romanos, longe de se aterem à letra da lei, procuravam sempre extrair dela um sentido que atendesse às necessidades da época

---

créditos não vencidos, em curso de cobrança executiva em que tenha sido efetivada a penhora, ou cuja exigibilidade esteja suspensa", tudo na forma do art. 206 do CTN.

[134] Coelho, Fábio Ulhoa. Lei de Falências e de Recuperação de Empresas (Lei nº. 11.101, de 9-2-2005), 5ª ed., São Paulo: Saraiva, 2008, p. 165.

e ao bem comum. Calha, aqui, recordar a clássica lição do professor Carlos Maximiliano:

> "Desapareceu nas trevas do passado o método lógico, rígido, imobilizador do Direito: tratava todas as questões como se foram problemas de Geometria. O julgador hodierno preocupa-se com o bem e mal resultantes do seu *veredictum*. Se é certo que o juiz deve buscar o verdadeiro sentido e alcance do texto; todavia este alcance e aquele sentido não podem estar em desacordo com o fim colimado pela legislação – o bem social."[135]

A única forma de se interpretar o Art. 191-A do CTN, compatibilizando-o com o bem comum e a finalidade perseguida pela Lei nº 11.101/05, que é preservar a empresa, permitindo que supere a situação de crise, é exigir-se o pagamento de todos os tributos, tão-somente, para o levantamento da recuperação judicial; jamais para a sua concessão.[136]

---

[135] Maximiliano, Carlos. Hermenêutica e Aplicação do Direito, 18ª ed., Rio de Janeiro: Forense, 2000, p. 157.

[136] Numa linha mais moderada, a jurisprudência firmou-se no sentido de que é inexigível seria prova de quitação de todos os tributos, enquanto não fosse editada a lei específica prevista nos artigos 68 da nova Lei de Falências e 151-A, § 3º, do CTN. Confira-se, nesse sentido, a ementa de acórdão proferido pela Egrégia Câmara Especial de Falências e Recuperação Judicial do Tribunal de Justiça do Estado de São Paulo, nos autos da recuperação judicial da Parmalat Brasil S.A. Indústria de Alimentos, *in verbis*: "Recuperação Judicial. Aprovação do plano de recuperação judicial. Decisão que concede a recuperação judicial, com dispensa da apresentação das certidões negativas de débitos tributários exigidas pelo artigo 57, da Lei nº 11.101/2005 e artigo 191-A, do CTN. Recurso interposto pela União Federal. Reconhecimento da legitimidade e interesse em recorrer, como "terceiro prejudicado", mesmo não estando os créditos tributários sujeitos à habilitação na recuperação judicial. Exigência do artigo 57 da LRF que configura antinomia jurídica com outras normas que integram a Lei nº 11.101/2005, em especial, o artigo 47. Abusividade da exigência, enquanto não for cumprido o artigo 68 da nova Lei, que prevê a edição de lei específica sobre o parcelamento do crédito tributário para devedores em recuperação judicial. Dispensa da juntada das certidões negativas ou das positivas com efeito de negativas mantida. Agravo desprovido." (TJSP, Agravo de Instrumento n°. 439.602-4/9-00, Câmara Especial de Falências e Recuperações Judiciais, Relator Desembargador Manoel de Queiroz Pereira Calças, 17/01/2007). No mesmo sentido: TJSP, Agravo de Instrumento n°. 470.132.4/0-00, Câmara Especial de Falências e Recuperações Judiciais, Relator Desembargador Manoel de Queiroz Pereira Calças, 30/05/2007. É essa, igualmente, a orientação que prevaleceu nos autos da recuperação judicial da Varig S/A Viação Aérea Riograndense, conforme se vê da seguinte passagem da decisão de lavra do Exmo. Sr. Dr. Juiz de Direito Luiz Roberto Ayoub, da 8ª Vara Empresarial da Comarca da Capital do Estado do Rio de Janeiro: "A ausência de lei especial disciplinadora do parcelamento de

Se assim não for e prevalecer o teor literal da lei, ter-se-á o pior resultado possível; aquele que mais se afasta do bem comum; o evidentemente injusto; orientando-se por uma incrível falta de razoabilidade e distanciando-se, assim, de tudo aquilo do que deveria se aproximar, quando deve o exegeta se guiar pela solução "que melhor corresponda às necessidades da prática"[137], "que conduza à melhor conseqüência para a coletividade"[138], interpretando o direito "inteligentemente: não de modo que a ordem legal envolva um absurdo, prescreva inconveniências, vá ter a conclusões inconsistentes ou impossíveis."[139]

Ademais, inócua será a regra do art. 155-A, § 3º, do CTN. Ora, a teor do art. 155-A, § 3º, do CTN, combinado com o art. 68 da nova lei falimentar, é pressuposto para o parcelamento dos créditos tributários que o devedor esteja "em recuperação judicial". Vale dizer: estar "em recuperação judicial" é requisito para que a empresa possa postular o parcelamento. Ocorre que, em manifesta contradição, a concessão da recuperação judicial depende da apresentação de prova de quitação de todos os tributos. Eis a antinomia: em se prestigiando o teor literal do art. 191-A do CTN, nenhum sentido terá a regra do art. 155-A, § 3º, do CTN, porque quem está inadimplente com o fisco – isto é: os eventuais interessados no par-

créditos tributários de que estejam em processo de recuperação, exige tratamento que for mais benéfico ao contribuinte, sendo inaplicável a norma do art. 191-A do CTN, enquanto não se dê cumprimento ao disposto no §3º do art. 155-A, daquele diploma legal" (TJRJ, 8ª Vara Empresarial, Processo nº 2005.001.072887-7, Juiz de Direito Luiz Roberto Ayoub, 28/12/2005). Em sentido idêntico, ainda: STJ, Corte Especial, Recurso Especial nº 1.187.404/MT, Relator Ministro Luis Felipe Salomão, 19/06/2013; STJ, 4ª Turma, Recurso Especial nº 1.173.735/RN, Relator Ministro Luis Felipe Salomão, 22/04/2014 ("o STJ, para o momento de deferimento da recuperação, dispensou a comprovação de regularidade tributária em virtude da ausência de legislação específica a reger o parcelamento da dívida fiscal e previdenciária de empresas em recuperação judicial"). Cabe observar, no entanto, que a Lei nº 13.043/2014, por seu art. 43 (que acrescentou o art. 10-A à Lei nº 10.522/2002), institui parcelamento especial, em até 84 (oitenta e quatro) parcelas mensais e consecutivas, para as empresas que tenham pleiteado em juízo a recuperação judicial, ficando prejudicada orientação que prevaleceu nos tribunais pátrios. O problema é que dificilmente uma empresa em severa dificuldade financeira terá condições de quitar o seu passivo fiscal em apenas 84 (oitenta e quatro) parcelas, donde resulta que, mais do que ajudar, a regra introduzida pela Lei nº 13.043/2014 tende a representar mais um obstáculo para a recuperação da empresa em dificuldade. Daí a certeza de que a melhor solução para a questão é aquela que propomos nesta obra.

[137] Maximiliano, Carlos, op. cit., p. 165.
[138] *Ibidem*
[139] Maximiliano, Carlos, op. cit., p. 166.

celamento – jamais terá como postular o referido benefício legal, pelo simples fato de que não terá antes como atender à exigência imposta pelo art. 191-A do CTN.

Temos, assim, que a quitação de todos os tributos devidos pela empresa é requisito não para a concessão da recuperação judicial, mas para que se a dê por cumprida.[140] Só assim será possível conferir maior coerência ao regime da recuperação judicial de empresas, emprestando-se algum sentido aos artigos 155-A, § 3º, e 191-A do CTN, em conformidade com os princípios que norteiam a nova Lei de Falências e Recuperação de Empresas.

32. Quitação fiscal como requisito para a expedição de formal de partilha
Assim como exige a lei a quitação de todos os tributos para a extinção das obrigações do falido, enumera o art. 192 do CTN como requisito para que seja proferida sentença de partilha, ou adjudicação, nos processos de inventário e arrolamento, o pagamento dos tributos relativos aos bens do espólio, ou às suas rendas.

Não é por outra razão que existe, em sede de inventário, a necessidade de oitiva das Fazendas interessadas (CPC, art. 999). Também por isso estabelece o art. 1.026 do Código de Processo Civil que "pago o imposto de transmissão a título de morte, e junta aos autos certidão ou informação negativa de dívida para com a Fazenda Pública, o juiz julgará por sentença a partilha". É o CPC regulando a forma pela qual será observado o art. 192 do CTN.

---

[140] A redação original do art. 191 do CTN exigia, também, para a concessão da concordata, a quitação de todos os tributos incidentes sobre a atividade mercantil daquele que postulava o referido benefício legal. Nada obstante, o Colendo Superior Tribunal de Justiça entendeu que a inexistência de débito com a Fazenda Pública não era requisito, propriamente, para a concessão de concordata, sendo imprescindível, contudo, para que fosse dada por cumprida, em razão do que dispunha o art. 174, I, da Lei de Falências: "DIREITO COMERCIAL. CONCORDATA PREVENTIVA. QUITAÇÃO COM A FAZENDA PÚBLICA. – A inexistência de débito para com a Fazenda Pública não se faz necessária a concessão da concordata, mas é condição *sine qua non* ao seu cumprimento (Dec.-Lei n. 7.661/45, art. 174, inciso I). – Recurso conhecido pela letra c, mas não provido" (STJ, 4ª Turma, Recurso Especial nº 23.044/RS, Relator Ministro Antonio Torreão Braz, 29/11/1993). Mesmo se tratando de lei anterior e ordinária, fez o STJ prevalecer a Lei de Falências sobre o teor literal do art. 191 do CTN, certamente conduzido pelo bem comum e pelo superior interesse da coletividade, ainda que nada haja no voto condutor a esse específico respeito.

A exigência, entretanto, restringe-se aos tributos relativos aos bens e as rendas do espólio; e nenhum outro. Nesse sentido firmou-se a nossa Corte Superior de Justiça, no julgamento do Recurso Especial nº 50.529/SP:

> "PROCESSUAL – TRIBUTÁRIO – ARROLAMENTO – INTERVENÇÃO DA FAZENDA PÚBLICA – PAGAMENTO DO IMPOSTO DE TRANSMISSÃO – HOMOLOGAÇÃO DA PARTILHA – AGRAVO DE INSTRUMENTO – JUÍZO DE RETRATAÇÃO.
>
> I – O acórdão que, embora declare prejudicado o agravo, reforma a decisão recorrida. Tal aresto, em verdade, conheceu o recurso e lhe deu provimento.
>
> II – No procedimento de arrolamento, disciplinado pelos arts. 1.031 e seguintes do CPC, a homologação da partilha depende apenas da prova de quitação dos tributos relativos aos bens e as rendas do espólio;
>
> III – No arrolamento não se admitem questões relativas ao lançamento de tributos relativos a transmissão;
>
> IV – O simples pagamento do valor obtido mediante aplicação das leis faz presumir a extinção resolúvel do credito tributário. Reserva-se ao estado o direito de reclamar em sede apropriada, eventual diferença;
>
> V – Esta presunção é compatível com o art. 192 do CTN. Ele se amolda ao sistema de lançamento por homologação, consagrado no art. 150 daquela lei complementar."[141]

33. Regularidade fiscal como requisito para participar de licitações e contratar com o Poder Público

Dispunha o art. 193 do CTN:

> "Art. 193. Salvo quando expressamente autorizado por lei, nenhum departamento da administração pública da União, dos Estados, do Distrito Federal ou dos Municípios, ou sua autarquia, celebrará contrato ou aceitará proposta em concorrência pública sem que contratante ou proponente faça prova da quitação de todos os tributos devidos à Fazenda Pública interessada, relativos à atividade em cujo exercício contrata ou concorre."

Como bem salienta Aliomar Baleeiro, o art. 193 era norma das mais liberais, uma vez que exigia a prova da quitação, tão-somente, em relação

---

[141] STJ, 1ª Turma, Recurso Especial nº 50.529/SP, Relator Ministro Humberto Gomes de Barros, 07/12/1994.

aos tributos incidentes sobre a atividade empresarial que é objeto da concorrência pública, sendo certo que nada impedia que lei local, ou Estadual, liberasse os licitantes, inclusive, dessa exigência.[142]

Ocorre que, à luz do art. 27, IV, da Lei nº 8.666/93, é requisito para a habilitação em licitação não apenas a quitação de todos os tributos devidos à Fazenda interessada, relativos à atividade empresarial que é objeto da concorrência pública, mas a plena regularidade fiscal do licitante perante as Fazendas Federal, Estadual e Municipal de seu domicílio ou sede. Ou seja: a Lei de Licitações – bem mais abrangente e que é posterior – não se contenta com a quitação dos tributos devidos ao Poder Público contratante. Quer mais: quer a regularidade fiscal perante a União, Estado e Município em que tem domicílio ou sede.

Na doutrina de direito administrativo, Maria Sylvia Zanella Di Pietro[143], acompanhada, neste particular, por Celso Antonio Bandeira de Mello[144], sustenta que a exigência de regularidade fiscal seria inconstitucional, por não se compatibilizar com o art. 37, XXI, da Carta de 1988. Argumenta a prof. Maria Sylvia que a Constituição atual limitou-se a exigir prova da capacidade técnica e econômica, e nada a mais:

> "Pelo art. 37, XXI, da Constituição, somente poderão ser exigidos documentos referentes à 'qualificação técnica e econômica indispensáveis à garantia do cumprimento das obrigações'. Isto não impede que sejam exigidos documentos referentes à capacidade jurídica, pois a Administração não pode celebrar contratos com pessoa, física ou jurídica, que não comprove ser titular de direitos e obrigações na ordem civil; ainda que não houvesse essa previsão na Lei nº 8.666, a exigência poderia ser feita.
>
> O que não parece mais exigível, a partir da Constituição de 1988, é a documentação relativa à regularidade jurídico-fiscal, ou seja, prova de inscrição no cadastro de Pessoas Físicas (CPF) ou no Cadastro Geral de Contribuintes (CGC), prova no cadastro de contribuintes estadual ou municipal e prova de regularidade fiscal para com a Fazenda Federal, Estadual e Municipal, pois isto exorbita do que está previsto na Constituição; além disso, não se pode dar

---

[142] Baleeiro, Aliomar, op. cit., p. 985.
[143] Di Pietro. Maria Sylvia Zanella. Direito Administrativo, 12ª ed., São Paulo: Atlas, 2000, p. 324.
[144] Mello, Celso Antonio Bandeira de. Curso de Direito Administrativo, 10ª ed., rev. at. e amp., São Paulo: Malheiros, 1998, p. 377.

à licitação – procedimento já bastante complexo – o papel de instrumento de controle de regularidade fiscal, quando a lei prevê outras formas de controle voltadas para essa finalidade."[145]

Segundo Celso Antonio Bandeira de Mello, corrobora esse raciocínio a norma inserta no art. 195, § 3º, da Carta de 1988[146], demonstrando que a Constituição, quando pretendeu estabelecer restrições na contratação com o Poder Público, o fez de forma expressa:

> "... Não se argumente que o Texto Constitucional, hoje, autoriza limitação desta ordem, ao estabelecer que a pessoa jurídica em débito com o sistema de seguridade social, como estabelecido em lei, não poderá contratar com o Poder Público nem dele receber benefícios ou incentivos fiscais ou creditícios", a teor do art. 195, § 3º. Dito argumento prova justamente o contrário. Prova que, quando a Constituição desejou, estabeleceu expressamente, isto é, constituiu uma exceção, de sorte que a exigência de regularidade perante o sistema de seguridade social, esta sim, pode ser exigida, o que, evidentemente, não libera a exigência de outros tributos como requisito de idoneidade fiscal, dado, quando menos, o impediente advindo do art. 37, XXI."[147]

Cumpre registrar, no entanto, que a posição do prof. Celso Antonio Bandeira de Mello é um pouco mais branda que o entendimento externado pela prof. Di Pietro, uma vez que admite as exigências de regularidade fiscal, desde que voltadas para impedir que participem da licitação pessoas cujos débitos fiscais comprometam a sua capacidade de honrar com os compromissos assumidos:

> "Entendemos, ademais, que a existência de débitos fiscais só poderá ser inabilitante se o montante deles puder comprometer a 'garantia do cumprimento das obrigações' quem possam resultar do eventual contrato. Isto por-

---

[145] Di Pietro. Maria Sylvia Zanella, op. cit., p. 324.
[146] Reza o art,. 195, § 3º, da Constituição: "A pessoa jurídica em débito com o sistema de seguridade social, como estabelecido em lei, não poderá contratar com o Poder Público nem dele receber benefícios ou incentivos fiscais". É ver, aliás, que o referido artigo introduziu, em âmbito constitucional, uma nova espécie de garantia do crédito tributário, voltada para assegurar a satisfação dos créditos previdenciários.
[147] Mello, Celso Antonio Bandeira de, op. cit., p. 377.

que o art. 37, XXI, da Constituição só admite exigências que previnam este risco."[148]

Em posição oposta, e mais aproximada do que dispõe o art. 193 do CTN, prega Marçal Justen Filho pela possibilidade da Fazenda Pública interessada recusar-se a contratar com aquele que figura em débito para com ela, nisso nada havendo de inconstitucional, porquanto compatível com a razoabilidade:

> "A exigência de regularidade fiscal representa forma indireta de reprovar a infração às leis fiscais. Rigorosamente, poderia tratar-se de meio indireto de cobrança de dívidas, o que poria em questão a constitucionalidade das exigências. Observe-se que o STF tem jurisprudência firme, no sentido de que a irregularidade fiscal não pode acarretar a inviabilização do exercício de atividades empresariais. Deve admitir-se, porém, a possibilidade de o ente público recusar contratação com sujeito que se encontre em situação de dívida perante ele. A própria Constituição alude a uma modalidade de regularidade fiscal para fins de contratação com a Administração Pública (art. 195, § 3º). E o próprio STF reconheceu a inconstitucionalidade apenas quando houvesse impedimento absoluto ao exercício da atividade empresarial. A simples limitação, tal como a proibição de contratar com instituições financeiras governamentais, foi reconhecida como válida. Sob essa óptica, a proibição de contratar com a Administração Pública não configura impedimento absoluto ao exercício de atividade empresarial."[149]

Dentre os tributaristas, Hugo de Brito Machado segue orientação semelhante, asseverando que, muito embora a referência possa ser tida, por

---

[148] *Ibidem*. É, também, a lição de José dos Santos Carvalho Filho (Carvalho Filho. José dos Santos, Manual de Direito Administrativo, 8ª ed., rev. amp. e at., Rio de Janeiro: Editora Lumen Júris, p. 216).

[149] Justen Filho, Marçal. Comentários à Lei de Licitações e Contratos Administrativos, 9ª ed., São Paulo: Dialética, 2002, p. 305/306. Nesse sentido decidiu a 12ª Câmara Cível do Tribunal de Justiça do Estado do Rio de Janeiro: "APELAÇÃO CÍVEL. MANDADO DE SEGURANÇA. LICITAÇÃO. Exigência de regularidade fiscal relativa ao IPTU da sede da empresa licitante. Requisito que atende ao interesse público municipal. Inconveniência de a Administração contratar com eventual devedor. Ausência de violação do art. 37 da Constituição Federal na prescrição do edital. Sentença mantida. Recurso desprovido" (TJRJ, 12ª Câmara Cível, Apelação Cível nº 2003.001.33048, Relator Des. Binato de Castro, 11/05/2004).

alguns, como de constitucionalidade duvidosa, "é razoável admitir-se que o órgão público se recuse a contratar com quem lhe deve"[150].

Num caso peculiar, o Superior Tribunal de Justiça permitiu que pessoa em débito com a Fazenda Pública pudesse participar de licitação, flexibilizando o teor do art. 29, III, da Lei de Licitações, em razão do que dispõe o art. 37, XXI, da Carta de 1988. Naquele caso, com efeito, conquanto tivesse a licitante indicado bens suficientes à satisfação da execução, a exigibilidade do crédito tributário não se encontrava suspensa, porque a penhora ainda não havia sido efetivada. Daí que, naquela situação singular, o STJ posicionou-se por uma interpretação do art. 29, III, da Lei nº 8.666/93 em conformidade com o art. 37, XXI, da Carta de 1988, de modo a permitir a participação da licitante no procedimento licitatório.[151]

---

[150] Machado, Hugo de Brito, op. cit., p. 201.

[151] STJ, 2ª Turma, Recurso Especial nº 425.400/MG, Relatora Ministra Eliana Calmon, 07/08/2003. Colhe-se do voto condutor o seguinte: "A recorrente afirma que a mera indicação de bens à penhora, sem a sua efetiva concretização nas execuções fiscais movidas pela Fazenda Pública, não é suficiente para demonstrar a regularidade fiscal preconizada na lei de licitações, a teor do que dispõe os arts. 151 e 206, do CTN, mesmo que, em razão disso, tenha sido expedida certidão positiva com efeito de negativa. Doutrinariamente, tem-se o art. 29, III, da Lei de Licitação, como um dos mais complexos e problemáticos. O primeiro aspecto a considerar diz respeito ao princípio constitucional inserido no artigo 37, inciso XXI, proibindo restrições que ultrapassem o mínimo necessário à garantia do interesse público. Dessa forma interpreta-se de forma restritiva o disposto no art. 195, § 3º, da Carta Magna, que proíbe a pessoa jurídica que esteja em débito com o sistema de seguridade social de contratar com o poder público. O professor Marçal Justen Filho, na mais completa obra comentada à Lei de Licitações, adverte para a seguinte tendência: A partir do art. 29, III, da Lei nº 8.666 produziu-se interpretação que generaliza a regra do art. 195, §3º, da CF/88 para todas as figuras tributárias. Os aplicadores da Lei de Licitações subverteram a ordem constitucional: a regra geral passou a ser a do art. 195, §3º, ignorando-se o disposto no art. 37, inciso XXI. Segundo esse entendimento, qualquer dívida com autoridade pública inviabiliza a contratação com a Administração Pública. Olvidou-se a natureza excepcional do disposto no art. 195, § 3º, da CF/88. Esqueceu-se, ainda, que o aplicador da lei infraconstitucional não pode adotar princípio hermenêutico incompatível com a Constituição. A exceção autorizada naquele dispositivo não pode dar sustentação a outras restrições, que pretendam ir além do permitido constitucionalmente (obra citada, 9ª ed., pág. 309). Na hipótese dos autos, a recorrente impugnou a habilitação da empresa SINART – Sociedade Nacional de Apoio Rodoviário e Turismo Ltda, sua concorrente, afirmando não estar ela em dia com os seus compromissos pela existência de execução fiscal. A decisão impugnada, entretanto, entendeu que, em havendo indicação de bens a penhora nas execuções fiscais, mesmo não estando formalizada a garantia, estaria seguro o juízo, considerando, ainda, que a empresa conseguiu com o Fisco certidão negativa. O entendimento da administração, acolhido no acórdão impugnado e que, por seu

Depois de muito debruçarmo-nos sobre a questão, chegamos à conclusão de que, em verdade, não há, propriamente, o que se falar em inconstitucionalidade dos arts. 193 do CTN e 29, III, da Lei nº 8.666/93.

É verdade que a parte final do art. 37, XXI, da Constituição da República estabelece que a lei "somente permitirá as exigências de qualificação técnica e econômica indispensáveis à garantia do cumprimento das obrigações". Ocorre que consta do sobredito artigo, também, que a contratação com o Poder Público será feita mediante procedimento licitatório que assegure "igualdade de condições a todos os concorrentes". Compete à administração pública, pois, por força de expressa disposição constitucional, assegurar a isonomia entre os participantes da licitação. E, a nosso ver, esse é o ponto nodal para a solução da controvérsia.

Na 1ª edição desta obra chegamos a sustentar o seguinte:

"Ora, em se permitindo que participem do procedimento licitatório aqueles que estão em débito com a Fazenda interessada, por tributos relativos à atividade em cujo exercício contrata ou concorre, haverá violação manifesta à regra matriz da igualdade, uma vez que os licitantes em dívida ativa, em tais circunstâncias, terão a oportunidade de oferecer preços melhores do que as propostas ofertadas por aqueles que estão adimplentes com o Poder Público contratante. Entendemos, em razão disso, que o art. 193 do CTN, em seu teor literal, é plenamente compatível com a Carta de 1988, atendendo aos reclamos da razoabilidade e da proporcionalidade, de modo que deve ser observado pelos órgãos da administração pública em geral.

Parece-nos, de outro lado, que o art. 29, III, da Lei nº 8.666/93 merece uma interpretação conforme a Constituição, a fim de que se permita ao ente público que contrata exigir a regularidade fiscal para com si próprio. O que não é razoável, com toda a certeza, é que essa exigência se faça em favor de todos os entes da República Federativa do Brasil, indiscriminadamente, tendo em vista o que dispõe o art. 37, XXI, da Carta de 1988. É o mínimo, todavia, que o licitante esteja plenamente quite com a Fazenda interessada. Certa-

turno, confirmou a tese constante da sentença de primeiro grau que denegou a segurança, é a que mais se alinha à posição doutrinária, que recomenda se faça a leitura do art. 29, III, da Lei 8.666/93, à luz do princípio constitucional do artigo 37, XXI. O artigo 206 do CTN fala em efetivação da penhora, não ocorrida nos autos porque ainda não fora formalizada a garantia – o que levaria a uma das hipóteses de suspensão da exigibilidade do crédito tributário. Porém, a inexistência de formalização, segundo entendo, é uma questão de tempo, ficando a cargo da Justiça a providência de concretização da penhora."

mente não pretendeu o constituinte originário, pela norma do art. 37, XXI, da Constituição Federal, compelir a Fazenda interessada a contratar com quem é seu devedor. Isto nem seria razoável, nem muito menos proporcional.

Nada impede, por fim, que o edital exija um índice máximo de endividamento fiscal, a fim de avaliar a capacidade do particular de honrar seus compromissos. Neste caso, também, o edital estará atendendo aos ditames do art. 37, XXI, da Lei Fundamental."

De lá para cá, mudamos a nossa orientação.

De fato, em se permitindo que participem do procedimento licitatório aqueles que estão em débito com o fisco, haverá violação manifesta à regra matriz da igualdade, uma vez que os licitantes inscritos em dívida ativa, em tais circunstâncias, terão a oportunidade de oferecer preços melhores do que as propostas ofertadas por aqueles que estão adimplentes com o Poder Público. Quem sai ganhando, ao final, é o devedor contumaz, o sonegador fiscal, aquele que não honra com as suas obrigações, o qual pode oferecer preços muitíssimo inferiores, em virtude de práticas ilícitas e desleais.

Enquanto isso, não tendo condições de concorrer com tais práticas, o bom pagador fica impedido de contratar com o Poder Público. Com isso, desestimula-se a adimplência e estimula-se a sonegação fiscal, em descompasso com o princípio da moralidade administrativa.

Nada há, por isso mesmo, de inconstitucional nos arts. 193 do CTN e 29, III, da Lei nº 8.666/93. Muito ao contrário, a exigência de regularidade fiscal para participar de procedimento licitatório é norma que está em perfeita com os princípios da igualdade e da moralidade, atendendo, ainda, aos reclamos da razoabilidade, de modo que deve ser observada pelos órgãos da administração pública em geral.

Poder-se-ia dizer, aqui, que persiste um conflito aparente de normas entre o art. 193 do CTN e a Lei de Licitações. O art. 193 do CTN, contudo, há de ser tido como revogado pelo art. 29, III, da Lei nº 8.666/93, não mais se encontrando em vigor. É lembrar que o art. 193 do CTN não consistia em norma geral de direito tributário, não tendo o status de lei complementar. Daí a sua revogação por lei ordinária (Lei nº 8.666/93), sem que haja qualquer vício nisso.

Por conseguinte, hoje, no direito brasileiro, está em vigor a regra do art. 29, III, da Lei nº 8.666/93, não havendo absolutamente nada de ilegal ou de inconstitucional em se exigir a regularidade fiscal do particular para a participação em procedimento licitatório.

34. Doutrina de leitura obrigatória

Baleeiro, Aliomar. Direito Tributário Brasileiro, 11ª ed. atualizada por Misabel Abreu Machado Derzi, Rio de Janeiro: Forense, 2000, p. 959/987.

Coêlho, Sacha Calmon Navarro. Curso de Direito Tributário Brasileiro, Rio de Janeiro: Forense, 2004, p. 875/889.

Amaro, Luciano. Direito Tributário Brasileiro. São Paulo: Saraiva, 5ª ed., 2000, p. 447/454.

Administração Tributária

Gustavo da Rocha Schmidt

1. Conceito

Cuidou o Título IV do Livro II do Código Tributário Nacional de regular a atuação administrativa na esfera fiscal. É matéria que, em verdade, escapa do direito tributário, dizendo respeito ao âmbito do direito administrativo[1]. Fala-se, assim, em "Direito Administrativo Fiscal".

Na clássica lição de Hely Lopes Meirelles, numa acepção global, Administração Pública é "todo o aparelhamento do Estado preordenado à realização de seus serviços, visando à satisfação das necessidades coletivas".[2] E complementa o jurista: "A Administração é o instrumental de que dispõe o Estado para pôr em prática as opções políticas do Governo".[3]

Ora, Administração Tributária nada mais é do que a Administração Pública no exercício das atribuições de constituição do crédito tributário, de fiscalização e de arrecadação de tributos. É, pois, todo o aparelhamento do Poder Público voltado para o exercício da atividade financeira do Estado, mais especificamente para a obtenção de receita tributária[4].

---

[1] Baleeiro, Aliomar. Direito Tributário Brasileiro, 11ª ed. atualizada por Misabel Abreu Machado Derzi, Rio de Janeiro: Forense, 2000, p. 989.
[2] Meirelles, Hely Lopes. Direito Administrativo Brasileiro, 21ª ed., São Paulo: Malheiros, 1996, p. 60/61.
[3] *Ibidem*.
[4] Rosa Junior, Luiz Emygdio F. da. Manual de Direito Financeiro e Tributário, 11ª ed. rev. e atual., Rio de Janeiro: Renovar, 1997, p. 621.

Conquanto se exteriorize, mais comumente, na fiscalização e na arrecadação de tributos, alcança, em verdade, toda a atividade administrativa exercida na esfera fiscal. Subsume-se, assim, na noção de Administração Tributária tudo o que disser respeito à organização e ao funcionamento das repartições públicas fazendárias, inclusive os órgãos incumbidos de atender e orientar o contribuinte[5].

2. Respeito ao princípio da legalidade

Como Administração Pública que é, a Administração Tributária tem a sua atuação condicionada ao princípio da legalidade. Só faz o que a lei determina (vinculação), ou autoriza (discricionariedade), e dela não se pode afastar. Não podem os fiscais, evidentemente, inovar na ordem jurídica, utilizando-se de expedientes não previstos em lei, para facilitar a arrecadação. Paulo de Barros Carvalho é enfático:

> "O princípio da legalidade rege, severamente, toda a atividade administrativa do Estado. Os atos administrativos exarados pelos agentes públicos mantêm-se dentro dos estritos termos da lei, assim os de competência vinculada, como os discricionários, em qualquer setor do vasto campo de sua atuação. Em matéria tributária, terreno sobremodo delicado, por tocar direitos fundamentais dos administrados, quais sejam o direito de propriedade e o de liberdade, as normas que disciplinam a atividade administrativa são especialmente rígidas, com seus momentos capitais regulados por expedientes que devem guardar cabal aderência aos mandamentos que o direito positivo institui. Nenhum ato pode ser praticado sem autorização expressa da lei e o funcionário não dispõe de liberdade de ação para inovar o quadro das providências legalmente possíveis."[6]

Em alguns casos, como no lançamento, a Administração Tributária não tem a mais mínima margem de discricionariedade, de modo que, presentes os pressupostos legais, o ato deve ser praticado, sob pena, inclusive, de

---

[5] Esclarece, a propósito, o prof. Luciano Amaro: "Inúmeras outras tarefas permeiam a atuação das autoridades fiscais na sua função burocrática, de controle, de orientação, de relacionamento com o sujeito passivo, com a rede arrecadadora, com outros órgão públicos etc. (Amaro, Luciano. Direito Tributário Brasileiro. São Paulo: Saraiva, 5ª ed., 2000, p. 447).

[6] Carvalho. Paulo de Barros. Curso de Direito Tributário, 13ª ed. rev. e atual., São Paulo: Saraiva, 2000, p. 522.

responsabilidade funcional. Noutros, em especial no exercício do poder de polícia, confere a lei à autoridade administrativa certa margem de discricionariedade, a fim de avaliar se a prática do ato, no caso concreto, atende ao interesse público. Em qualquer hipótese, no entanto, a atuação administrativa encontra limites e respaldo, apenas, na lei.

3. Fiscalização tributária. Noção geral

A fiscalização tributária, como típica atividade administrativa, está sujeita ao princípio da legalidade.

Compete à legislação tributária, todavia, detalhar a competência e os poderes outorgados às autoridades administrativas, observando os ditames estabelecidos pelo próprio CTN, bem como pelos diplomas normativos próprios de cada tributo (art. 194 do CTN).

É lembrar que, quando fala em legislação tributária, está o CTN fazendo referência àquela gama de instrumentos normativos previstos em seu art. 96, quais sejam: leis, decretos, regulamentos, instruções normativas, portarias e todas as espécies normativas que versem, no todo ou em parte, sobre tributos e relações jurídicas a ele pertinentes. É a lei que define as regras gerais de competência e, também em linhas gerais, outorga poderes à autoridade administrativa. Cabe, todavia, aos decretos, às portarias, às instruções normativas e às demais espécies normativas viabilizar a sua execução.

Ilegal é, com efeito, a lavratura de auto de infração por autoridade sem competência para a prática do ato. A competência é elemento essencial para a validade do ato administrativo.

Observe-se que esse "feixe de normas jurídicas"[7] é de observância obrigatória para todos, contribuintes ou não, mesmo que gozem de imunidade tributária, ou de isenção pessoal (art. 194, p.u.). Cabe à fiscalização verificar se estão presentes os requisitos para que se faça jus a uma determinada isenção, ou à imunidade tributária, na forma do art. 14 do CTN[8]. Até porque nem a imunidade nem, tampouco, a isenção exoneram o particular de cumprir as obrigações acessórias. Ainda que imune, a entidade está obrigada a emitir nota fiscal e a escriturar seus livros.

---

[7] Carvalho, Paulo de Barros, op. cit., p. 523.
[8] Martins, Ives Gandra da Silva. Comentários ao Código Tributário Nacional/Ives Gandra Martins, coordenador, São Paulo: Saraiva, 1998, p. 494.

É evidente que, para proceder à fiscalização, o requisito mínimo é que haja, ao menos em teoria, a possibilidade daquela pessoa figurar como sujeito passivo de uma obrigação tributária. Não se admite, por óbvio, que um ente da federação fiscalize o cumprimento de obrigações tributárias, em favor de outro. Haveria aí verdadeira arbitrariedade[9].

4. Sigilo comercial

O Código Comercial de 1850 prestigiava, em termos absolutos, o sigilo comercial:

> "Art. 17. Nenhuma autoridade, juízo ou tribunal, debaixo de pretexto algum, por mais especioso que seja, pode praticar ou ordenar alguma diligência para examinar se o comerciante arruma ou não devidamente seus livros de escrituração mercantil, ou neles tem cometido algum vício."

Nem mesmo as autoridades fiscais tinham autorização para violar os livros comerciais[10]. A exibição compulsória dos livros só era admitida, excepcionalmente, e mediante decreto judicial, nas hipóteses previstas nos artigos 18 e 19 do Código Comercial[11], a saber: (i) em favor dos interessados em questões de sucessão, comunhão, ou sociedade, administração ou gestão mercantil por conta de outrem e em caso de quebra; (ii) e, na presença do próprio comerciante, para fazer prova de um fato específico.

Na esteira do pensamento liberal, que propugnava pela intervenção mínima do Estado nos negócios privados, preferiu o legislador, à época, proteger o comerciante contra potenciais prejuízos que poderiam resultar da divulgação de informações estratégicas a seus negócios, ainda que, em muitos casos, isso pudesse acobertar a prática de ilícitos, especialmente de natureza fiscal.[12] O princípio do segredo da escrituração mercantil está, assim, ligado à proteção dos negócios dos particulares; mas não só. Está, também, ligado a certos direitos fundamentais, em especial os direitos à intimidade e à privacidade, assegurados em todas as modernas Constitui-

---

[9] Amaro, Luciano, op. cit., p. 456.
[10] Martins, Fran. Curso de Direito Comercial, 21ª ed., rev. e at., Rio de Janeiro: Forense, 1995, p. 117.
[11] Carvalhosa, Modesto. Comentários ao Código Civil, vol. 13, coord. Antonio Junqueira de Azevedo, São Paulo: Saraiva, 2003, p. 813/815.
[12] *Ibidem.*

ções escritas. É direito dos comerciantes individuais e dos sócios, cotistas ou acionistas, guardar em segredo o montante de seus lucros ou prejuízos.[13]

Modernamente, o sigilo dos livros comerciais vem sendo paulatinamente mitigado[14].

Já há muito o segredo na escrituração dos livros é inoponível ao fisco. Tanto assim que, nos idos de 1947, já esclarecia Waldemar Ferreira que o art. 17 do Código Comercial encontrava-se derrogado:

> "... Para os efeitos fiscais, o decreto-lei n. 385, de 22 de abril de 1938, e o decreto-lei n. 1.168, de 22 de março de 1939, declararam-no revogado."[15]

Assim é que, antes mesmo do advento do CTN[16], o Supremo Tribunal Federal editou o enunciado nº 439, reconhecendo a prerrogativa das autoridades fazendárias examinarem os livros comerciais, em sede de fiscalização tributária e previdenciária, *verbis*:

> "Enunciado nº 439. Estão sujeitos à fiscalização tributária ou previdenciária quaisquer livros comerciais, limitado o exame aos pontos objeto da investigação."

É o interesse público preponderando sobre o interesse privado[17].

É ver, ainda assim, que essa prerrogativa não é absoluta. Estabeleceu a Corte Suprema uma importante limitação ao atuar da autoridade fazendá-

---

[13] Coelho, Fabio Ulhoa. Curso de Direito Comercial, vol. 1, 7ª ed., rev. e at., São Paulo: Saraiva, p. 87.

[14] É tendência moderna ver os livros fiscais e balanços das empresas como assuntos de interesse público. A lei das sociedades anônimas determina a ampla publicidade de seus atos constitutivos, dos relatórios da diretoria e do parecer do conselho fiscal. A idéia aqui, segundo Rubens Requião, é que "o destino de uma grande empresa não interessa somente ao setor privado de seus proprietários, mas atinge também um considerável número de terceiros, cuja existência muitas vezes a ela se subordina. Da situação de uma empresa dessa ordem dependem as decisões sobre investimentos de muitos fornecedores e compradores, bem como de muitos empregados. O desenvolvimento de uma grande empresa tem influência sobre a estrutura financeira das comunidades da região, não raras vezes criando condições que não podem ser ignoradas pela política econômica nacional" (Requião, Rubens. Curso de Direito Comercial, 22ª ed., São Paulo: Saraiva, 1995, p. 140).

[15] Ferreira, Waldemar Martins. Instituições de Direito Comercial, 1º vol., O Estatuto do Comerciante e da Sociedade Mercantil, Rio de Janeiro: Livraria Editora Freitas Bastos, 1947, p. 257.

[16] Rosa Junior, Luiz Emygdio F. da, op. cit., p. 623.

[17] Carvalho, Paulo de Barros, op. cit., p. 524.

ria, restringindo o exame dos livros àquilo que for pertinente ao objeto da investigação. Sendo a quebra do sigilo comercial uma situação excepcional, não se permite à fiscalização uma ampla devassa nos livros do sujeito passivo.

A questão encontra-se, hoje, regulada pelo art. 195 do CTN, que preconiza:

> "Art. 195. Para os efeitos da legislação tributária, não têm aplicação quaisquer disposições legais excludentes ou limitativas do direito de examinar mercadorias, livros, arquivos, documentos, papéis e efeitos comerciais ou fiscais dos comerciantes, industriais ou produtores, ou da obrigação destes de exibi-los".

E, também, pelo art. 1.193 do Código Civil de 2002, que dispõe:

> "Art. 1.193. As restrições estabelecidas neste Capítulo ao exame da escrituração, em parte ou por inteiro, não se aplicam às autoridades fazendárias, no exercício da fiscalização do pagamento de impostos, nos termos estritos das respectivas leis especiais."

Cuida-se de poderoso instrumento outorgado ao Poder Público para dar atendimento ao art. 145, § 1º, da Constituição Federal. Faculta a Lei Maior à Administração Tributária, para dar efetividade ao princípio da capacidade contributiva, "identificar, respeitados os direitos individuais e nos termos da lei, o patrimônio, os rendimentos e as atividades econômicas do contribuinte".

Confere a lei à autoridade competente a prerrogativa de examinar não só os livros, mas também os documentos que serviram de suporte para a escrituração, bem como mercadorias, arquivos, papeis e efeitos comerciais ou fiscais, a fim de melhor exercer a fiscalização. Cabe a autoridade administrativa, evidentemente, guardar segredo funcional do resultado da sua atuação, não se permitindo a utilização das informações obtidas para outro qualquer fim, senão para fins fiscais.

Note-se que essa prerrogativa existe em favor de todos os entes da Federação; e não apenas da União. É evidente que não poderá a edilidade exigir a apresentação de livros ou documentos que se encontrem na sede da empresa, ou em sua filial, localizada fora dos limites territoriais da comuna[18].

---

[18] Nesse sentido: "TRIBUTÁRIO. FISCALIZAÇÃO MUNICIPAL. APRESENTAÇÃO DE LIVROS E DOCUMENTOS FISCAIS. ESTABELECIMENTOS SITUADOS EM OUTROS

Sustenta o prof. Hugo de Brito Machado que o contribuinte só estaria obrigado a apresentar para exame os livros obrigatórios, argumentando que, se não está o particular obrigado a ter certos livros, também não poderá ser compelido a apresentá-los à autoridade fazendária:

"Note-se que o art. 195 reporta-se ao direito de examinar livros e documentos dos comerciantes, industriais ou produtores e à obrigação destes de exibi-los. O direito de examinar abrange todos os livros e papéis que os comerciantes, industriais ou produtores possuam, sejam ou não obrigatórios. A obrigação de exibir evidentemente só é efetiva em se tratando de livros ou papéis cuja existência seja obrigatória. Note-se a diferença. Se um agente fiscal encontra um livro caixa, por exemplo, no escritório da empresa, tem o direito de examiná-lo, mesmo em se tratando, como se trata, de livro não obrigatório. Entretanto, se o contribuinte afirma não possuir livro caixa, ou razão, ou qualquer outro, não obrigatório, evidentemente não estará sujeito a sanção alguma. Não sendo legalmente obrigado a possuir determinado livro ou documento, obviamente não pode ser obrigado a exibi-lo. Entretanto, se de fato o possui, tanto que o fiscal o viu, não pode impedir o seu exame.

Ao constatar a existência de livro ou documento não obrigatório, deve o fiscal fazer imediatamente a respectiva apreensão. Se não o faz, depois não terá como obrigar o contribuinte a exibi-lo, a menos que este confesse a existência do livro ou documento questionado."[19]

Temos, todavia, que a razão está com o prof. Luiz Emydgio da Rosa Junior[20]. O art. 195 do CTN refere-se, genericamente, e em caráter exemplificativo, a livros, arquivos, documentos, papéis etc., não fazendo qualquer distinção entre os livros obrigatórios e os facultativos. Pretendeu o legislador, com isso, alargar ao máximo os poderes de fiscalização das auto-

---

MUNICÍPIOS. 1. A fiscalização municipal deve restringir-se à sua área de competência e jurisdição. 2. Ao permitir que o Município de São Paulo exija a apresentação de livros fiscais e documentos de estabelecimentos situados em outros municípios, estar-se-ía concedendo poderes à municipalidade de fiscalizar fatos ocorridos no território de outros entes federados, inviabilizando, inclusive, que estes exerçam o seu direito de examinar referida documentação de seus próprios contribuintes. 3. Recurso parcialmente conhecido e não provido" (STJ, 2ª Turma, Recurso Especial nº 73.086, Relator Ministro João Otávio de Noronha, 17/06/2003).
[19] Machado, Hugo de Brito. Curso de Direito Tributário, 19ª ed., 2ª tiragem, São Paulo: Malheiros, 2001, p. 204.
[20] Rosa Junior, Luiz Emygdio F. da, op. cit., p. 624.

ridades fiscais, a fim de lhes permitir o exame de todo e qualquer documento, papel ou livro, em prol da arrecadação. Tendo o fiscal, pois, ciência da existência de livro não obrigatório, cujo conteúdo seja de relevância para a fiscalização, não só pode proceder ao seu exame, como permite a lei que exija do contribuinte a sua apresentação, sob pena das sanções cabíveis.

Observados os parâmetros legais, jamais poderá o contribuinte furtar-se à fiscalização[21]. A negativa do contribuinte em exibir seus livros, ou documentos, sem embargo da aplicação de multa prevista na legislação específica, poderá caracterizar a prática do crime de desobediência (art. 330 do Código Penal)[22]. Caberá à autoridade, neste caso, à falta de informações precisas a respeito da atividade desempenhada pelo contribuinte, proceder ao lançamento por arbitramento.

5. Apreensão de livros e documentos

Enquanto a fiscalização se limita a examinar os livros e demais documentos do comerciante, nada há de ilegal, tendo esse procedimento amparo no texto expresso do art. 195 do CTN.

Controverte a jurisprudência, todavia, a respeito dos poderes conferidos à Administração Tributária pelo art. 195 do CTN, e de seus limites. Discute-se, com efeito, se haveria ali autorização legal para a fiscalização proceder à apreensão de livros e demais documentos de titularidade do comerciante, quando presentes indícios da prática de ilícitos de natureza fiscal.

A esse propósito, por ocasião do julgamento do Habeas Corpus nº 18.612/RJ, entendeu a 5ª Turma do Egrégio Superior Tribunal de Justiça que a apreensão de livros e documentos fiscais, pela autoridade fazendária, encontraria suporte no art. 195 do CTN. Diz-nos a ementa:

> "CRIMINAL. HC. SONEGAÇÃO FISCAL. NULIDADE DE PROCESSOS, FUNDADOS EM LIVROS CONTÁBEIS E NOTAS FISCAIS APREENDIDOS PELOS AGENTES DE FISCALIZAÇÃO FAZENDÁRIA, SEM MANDADO JUDICIAL. DOCUMENTOS NÃO ACOBERTADOS POR SIGILO E DE APRESENTAÇÃO OBRIGATÓRIA. PODER DE FISCALIZAÇÃO DOS AGENTES FAZENDÁRIOS. ILEGALIDADE NÃO EVIDENCIADA. PRECEDENTE. ORDEM DENEGADA.

---

[21] Paulsen, Leandro. Direito Tributário. Constituição e Código Tributário à luz da doutrina e da jurisprudência, 15ª ed., Porto Alegre: Livraria do Advogado, 2003, p. 1066.
[22] Martins, Ives Gandra da Silva, op. cit., p. 494.

I. Os documentos e livros que se relacionam com a contabilidade da empresa não estão protegidos por nenhum tipo de sigilo e são, inclusive, de apresentação obrigatória por ocasião das atividades fiscais.

II. Tendo em vista o poder de fiscalização assegurado aos agentes fazendários e o caráter público dos livros contábeis e notas fiscais, sua apreensão, durante a fiscalização, não representa nenhuma ilegalidade. Precedente.

III. Ordem denegada."[23]

Em sentido diametralmente oposto, contudo, firmou-se a 1ª Turma do STJ, no julgamento do Recurso Especial nº 300.065:

"TRIBUTÁRIO. INTERPRETAÇÃO DO ART. 195, DO CTN. APREENSÃO DE DOCUMENTOS.

1. O ordenamento jurídico-tributário brasileiro está rigorosamente vinculado ao princípio da legalidade.

2. O art. 195, do CTN, não autoriza a apreensão de livros e documentos pela fiscalização, sem autorização judicial.

3. Recurso improvido."[24]

---

[23] STJ, 5ª Turma, Habeas Corpus nº 18.612/RJ, Relator Ministro Gilson Dipp, 17/02/2002.
[24] STJ, 1ª Turma, Recurso Especial nº 300.065, Relator Ministro José Delgado, 05/04/2001. Em sentido idêntico: "PROCESSO CIVIL. EMBARGOS DE DECLARAÇÃO. VERIFICAÇÃO DE OMISSÃO, OBSCURIDADE OU CONTRADIÇÃO. OCORRÊNCIA DE ERRO MATERIAL. EMBARGOS DE DECLARAÇÃO ACOLHIDOS COM EFEITOS INFRINGENTES. APREENSÃO DE DOCUMENTOS POR AGENTES FISCAIS. AUTORIZAÇÃO JUDICIAL. IMPRESCINDIBILIDADE. 1. O acórdão embargado embasou-se em premissa equivocada, eis que não há neste recurso a necessidade de analisar-se requisitos do mandado de segurança. 2. A fiscalização tributária promoveu a busca e apreensão de todos os arquivos eletrônicos e documentos pertencentes ao embargante sem autorização judicial, em razão da alegada existência de prerrogativa da auto-executoriedade. 3. A sentença de mérito, em mandado de segurança, proferiu entendimento no sentido de que não existe sigilo comercial para com a Fazenda Pública (fl. 269). E o acórdão a quo confirmando os fundamentos da instância de origem decidiu que a apreensão se verificou em função da necessidade de colheita de provas para a constatação de eventual ocorrência de ilícito tributário, não se vislumbrando qualquer arbitrariedade, estando em plena consonância com o interesse público, uma vez que não contraria qualquer preceito da legislação tributária. 4. No entanto, esta Corte possui entendimento no sentido de que, para que haja a realização de busca e apreensão de documentos pelas autoridades fiscais, é imprescindível prévia autorização judicial. 5. Dessa forma, não tendo havido a prévia autorização judicial para a realização da busca e apreensão, presente o direito líquido e certo afirmado pelo embargante em mandado de segurança. 6. Embargos de declaração acolhidos com efeitos infringentes, para dar provimento ao recurso

É fato que, em seu teor literal, o art. 195 do CTN autoriza, apenas, o exame de livros; e não a sua apreensão.

Como sabido, cabe ao intérprete, no processo de interpretação da lei, valer-se, num primeiro momento, do elemento gramatical, para definir o seu conteúdo[25]. É cediço, nada obstante, que o apego à literalidade da lei é fonte constante de equívocos. Lembre-se, a esse respeito, a clássica lição do prof. Carlos Maximiliano, no sentido de que "quem só atende à letra da lei, não merece o nome de jurisconsulto; é simples pragmático".[26] Compete ao jurista, pois, mediante os mais diversos recursos fornecidos pela hermenêutica jurídica, buscar o sentido da lei, não só na sua letra, mas atentando, principalmente, para o seu espírito.

Na espécie, no entanto, a utilização dos mais diversos métodos de interpretação conduz-nos ao entendimento de que o sentido literal da lei deve prevalecer.

Observe-se, em primeiro lugar, que o comando do art. 195 do CTN é norma restritiva de direitos fundamentais, em especial os direitos à intimidade e à privacidade. Sendo norma restritiva de direito, não pode ter o seu alcance estendido a situações não previstas na sua literalidade.

Não por outra razão que o Supremo Tribunal Federal restringiu o exame dos livros àqueles pontos objeto de investigação; e nada a mais do que isso. Admitir a apreensão dos livros seria, por via transversa, autorizar uma ampla devassa na documentação contábil da empresa, contrariando a orientação sedimentada no enunciado nº 439 do STF.

Não pode a autoridade competente, portanto, apreender os livros do contribuinte. A lei autoriza, apenas, o exame dos livros; jamais a sua apreensão[27]. Ter-se-á a apreensão como válida, unicamente, se acompanhada de prévia autorização judicial.

---

especial." (STJ, 2ª Turma, Embargos de Declaração em Recurso Especial nº 1.208.875/SP, Relator Ministro Mauro Campbell Marques, 17/12/2013).

[25] Pereira, Caio Mario da Silva. Instituições de Direito Civil, vol. I, Rio de Janeiro: Forense, 1991, p. 127.

[26] Maximiliano, Carlos. Hermenêutica e Aplicação do Direito, Rio de Janeiro: Forense, 2000, p. 112.

[27] Tampouco pode a autoridade fazendária apreender mercadoria para o fim de compelir o particular ao pagamento do tributo incidente na espécie. Para satisfazer o crédito tributário, tem a Fazenda Pública o executivo fiscal, de modo que a apreensão de mercadoria importa em violação à garantia constitucional do devido processo legal. Reza, a propósito, o verbete nº 323 do STF: "É inadmissível a apreensão de mercadorias como meio coercitivo para pagamento

6. Dever do contribuinte de conservar os livros obrigatórios até que ocorra a prescrição

É dever legal imposto aos contribuintes a conservação dos "livros obrigatórios de escrituração comercial e fiscal e os comprovantes de lançamento neles efetuados", "até que ocorra a prescrição dos créditos tributários decorrentes das operações a que se refiram" (art. 195, p.u.). Cuida-se de obrigação acessória, de natureza nitidamente instrumental, voltada para assegurar a efetividade da fiscalização, enquanto não prescrita a pretensão tributária.

Presente alguma das causas suspensivas ou interruptivas da prescrição, dilata-se no tempo o dever de proceder à conservação dos referidos livros e documentos. Daí – diz Paulo de Barros Carvalho – o equívoco em se afirmar que o prazo de guarda é de cinco anos[28]. A regra, nada obstante, é que essa obrigação acessória se perpetue por cinco anos, contados da constituição definitiva do crédito tributário.

Vale notar que o parágrafo único do art. 195 não fala em decadência, mas em prescrição. Fez isso no interesse exclusivo do fisco, uma vez que o prazo decadencial precede, necessariamente, ao prazo prescricional. Enquanto não há o lançamento, nem mesmo há o que se falar em prescrição. É o lançamento que consolida definitivamente o crédito tributário, impedindo a decadência. Uma vez efetivado o lançamento, aí sim, tem início o prazo prescricional. E só esgotado o decurso do prazo prescricional, fica o contribuinte liberado da referida obrigação acessória.[29] É evidente que fulminado o crédito tributário pela decadência, desaparece qualquer razão plausível para a guarda dos livros obrigatórios e dos documentos correspondentes[30].

---

de tributos". É, também, a posição que prevalece, ainda hoje, no STJ: "TRIBUTARIO. ICM. APREENSÃO DE MERCADORIAS. Não pode o fisco apreender mercadoria para coagir a transportadora ao pagamento do tributo, sob o pretexto de evitar circulação irregular. Recurso provido" (STJ, 2ª Turma, Recurso Especial nº 5.934/SP, Relator Ministro Américo Luz, 20/05/1991).

[28] Carvalho, Paulo de Barros, op. cit., p. 525/526.
[29] Rosa Junior, Luiz Emygdio F. da, op. cit., p. 625.
[30] Amaro, Luciano, op. cit., p. 457. A propósito do tema teve o STJ a chance de se manifestar: "TRIBUTÁRIO. MANDADO DE SEGURANÇA. ART. 195 DO CTN. OBRIGATORIEDADE DE CONSERVAÇÃO E EXIBIÇÃO DO LIVRO DE APURAÇÃO DO LUCRO REAL REFERENTE AOS ANOS DE 1988 A 1995. AFERIÇÃO DE PREJUÍZOS OCORRIDOS NO ANO-BASE DE 1995. IRPJ E CSLL. TRIBUTOS SUJEITOS A LANÇAMENTO POR

Não exonera do cumprimento da obrigação acessória o pagamento, ainda que, a princípio, extintivo do crédito tributário, na medida que é a conservação dos livros que permite ao fisco apurar se o pagamento efetuado corresponde à real situação do contribuinte. A guarda dos documentos, por conseguinte, é de interesse não só da Administração Tributária, mas também do sujeito passivo, porquanto serve de prova da sua regularidade fiscal.

7. Procedimento de fiscalização

O art. 196 do CTN define, em linhas gerais, o procedimento a ser adotado pela autoridade, quando submete o sujeito passivo à fiscalização. O formalismo informa a atividade administrativa, cabendo ao fiscal lavrar termo que documente o início do procedimento, indicando o ponto objeto de investigação. Não se permite – repita-se – uma devassa nos livros do sujeito passivo, cabendo à fiscalização limitar o exame dos livros àquilo que disser respeito à investigação (verbete nº 439 do STF).

Todas as diligências devem ser reduzidas a escrito, a fim de se viabilizar o controle dos atos praticados. É nula a fiscalização levada a efeito sem a lavratura dos termos correspondentes.

A indicação do marco inicial do procedimento tem relevância, também, para a aplicação, ou não, da regra do art. 138 do CTN, porquanto, para fins de exclusão da responsabilidade, só se caracteriza a denúncia espontânea quando o pagamento do tributo é efetuado antes de iniciada a fiscalização.

HOMOLOGAÇÃO. PRESCRIÇÃO INOCORRENTE. MANUTENÇÃO DO ACÓRDÃO RECORRIDO. IMPROVIMENTO. 1. É questão assente neste tribunal que nos tributos sujeitos a lançamento por homologação, categoria na qual se inserem o IRPJ e a CSLL, ocorrendo pagamento antecipado, conta-se o prazo decadencial para a constituição do crédito tributário a partir da ocorrência do fato gerador (RESP nº 183603/SP, 2ª Turma, Rel. Min. Eliana Calmon, DJ de 13/08/2001). 2. Conforme narra o aresto recorrido, os fatos geradores dos tributos relativos ao IRPJ e à CSLL ocorreram no ano-base de 1995, tendo a recorrente recebido o Termo de Solicitação para a exibição do Livro de Apuração do Lucro Real no ano de 1999, portanto, antes de consumado o prazo decadencial. Desse modo, persiste o dever do contribuinte de preservar e exibir o referido livro, consoante prevê o art. 195 do CTN, eis que os créditos tributários decorrentes das operações a que se refere ainda não foram alcançados pela decadência. 3. Inexiste qualquer afronta aos dispositivos do Código Tributário Nacional, razão pela qual merece o acórdão hostilizado permanecer intacto em seus fundamentos. 4. Recurso especial a que se nega provimento." (STJ, 1ª Turma, Recurso Especial nº 643.329/PR, Relator Ministro José Delgado, 21/09/2004)

O sujeito passivo só se libera da responsabilidade quando faz o pagamento do tributo, acompanhado de correção monetária e de juros moratórios, antes de iniciado qualquer procedimento administrativo ou medida de fiscalização (art. 138, p.u.).[31]

Cabe à legislação específica do tributo definir o prazo máximo para a conclusão do procedimento de fiscalização, não sendo possível que seja iniciado com prazo indeterminado[32]. Eventual prorrogação do prazo pressupõe a existência de prévia autorização legal, devendo ser devidamente fundamentada, sob pena de se fazer letra morta do prazo máximo estabelecido na legislação aplicável[33]. Auto de infração lavrado quando já esgotado o prazo é nulo de pleno direito.

Tem o sujeito passivo o direito de ser cientificado do procedimento de fiscalização, estabelecendo a lei, assim, que os referidos termos "serão lavrados, sempre que possível, em um dos livros fiscais exibidos; quando lavrados em separado deles se entregará, à pessoa sujeita à fiscalização, cópia autenticada pela autoridade" (art. 196, p.u.). Neste último caso, deverá o sujeito passivo apor o "ciente" na via que couber à autoridade. Caso se recuse, caberá a autoridade reduzir essa informação por escrito, a fim de evitar eventual alegação de vício do procedimento.

A inobservância da forma prescrita na legislação aplicável, ou no CTN, importa na nulidade do procedimento de fiscalização, assim como de eventual certidão de dívida ativa que dela resultou, salvo se não houver prejuízo[34]. Nada impede que o ato seja renovado, com observância dos ditames da lei.

8. Dever de prestar informações ao fisco

O dever de prestar informações ao fisco não se restringe ao próprio sujeito passivo da obrigação tributária. Ocupou-se o art. 197 do CTN de impor a certas pessoas, mediante prévia intimação por escrito, o dever de colaborar com o fisco, prestando informações à autoridade fazendária, no interesse da fiscalização e da arrecadação. Prescreve o aludido artigo:

---

[31] Martins, Ives Gandra da Silva, op. cit., p. 498.
[32] Amaro, Luciano, op. cit., p. 458.
[33] Machado, Hugo de Brito, op. cit., p. 206.
[34] Baleeiro, Aliomar, op. cit., p. 991.

"Art. 197. Mediante intimação escrita, são obrigados a prestar à autoridade administrativa todas as informações de que disponham com relação aos bens, negócios ou atividades de terceiros:

I – os tabeliães, escrivães e demais serventuários de ofício;

II – os bancos, casas bancárias, caixas econômicas e demais instituições financeiras;

III – as empresas de administração de bens;

IV – os corretores, leiloeiros e despachantes oficiais;

V – os inventariantes;

VI – os síndicos, comissários e liquidatários;

VII – quaisquer outras entidades ou pessoas que a lei designe, em razão de seu cargo, ofício, função, ministério, atividade ou profissão;

Parágrafo único: A obrigação prevista neste artigo não abrange a prestação de informações quanto a fatos sobre os quais o informante esteja legalmente obrigado a observar segredo em razão do cargo, ofício, função, ministério, atividade ou profissão."

Cuida-se de dever instrumental, instituído no interesse do fisco[35].

A sobredita disposição legal enumera, assim, todos aqueles que estão obrigados a prestar informações ao fisco. Depreende-se que deve haver pertinência entre a informação requisitada pela autoridade fazendária e a atividade exercida pela pessoa indicada em lei. Só é possível exigir-se informações, em razão da atividade exercida pela pessoa indicada pela lei.[36]

Os incisos I, IV, V e VI referem-se a certas atividades que são exercidas no interesse do público. Exercem os tabeliães, escrivães, oficiais, corretores, leiloeiros, despachantes oficiais, inventariantes, síndicos, comissários e liquidatários verdadeiro múnus público, não no interesse do particular, mas no interesse da coletividade. E é, precisamente, com base nesse interesse que devem também colaborar com a fiscalização, fornecendo as informações requisitadas pela autoridade fazendária[37].

Já os demais incisos (II, III e VII) referem-se a certas pessoas que, em razão dos serviços que prestam, têm acesso a informações relevantes a

---

[35] Carvalho, Paulo de Barros, op. cit., p. 527.
[36] Amaro, Luciano, op. cit., p. 459.
[37] Coêlho, Sacha Calmon Navarro, Curso de Direito Tributário Brasileiro, Rio de Janeiro: Forense, 2004, p. 899.

respeito do patrimônio pessoal dos contribuintes, em especial seus bens e suas rendas[38].

Cuidado mais especial exige a análise dos incisos II e VII, eis que a imposição contida na lei – dever de prestar informações – se contrapõe a certas garantias de índole constitucional, mais precisamente às garantias do sigilo bancário e do sigilo profissional.

9. Sigilo bancário

O exame da regra contida no art. 197, II, do CTN remete a questão das mais complexas, hoje, no direito brasileiro: o alcance do sigilo bancário, frente ao que dispõe o art. 5º, XII, da Constituição da República.

A questão, em realidade, não é nova. Apenas que, antes do advento da Constituição de 1988, o debate girava, com maior ênfase, no âmbito da legislação infraconstitucional[39].

Sob a égide do Decreto nº 47.373/59, entendeu o Supremo Tribunal Federal que o sigilo bancário não seria oponível ao fisco, porquanto não haveria risco de ampla divulgação das informações colhidas junto às instituições financeiras, eis que os agentes fazendários também estavam, em seu atuar, obrigados a manter sigilo, sob pena de responsabilidade funcional[40].

O art. 38 da Lei nº 4.595/64 aderiu a esse entendimento:

"Art. 38. As instituições financeiras conservarão sigilo em suas operações ativas e passivas e serviços prestados.

§ 1º As informações e esclarecimentos ordenados pelo Poder Judiciário, prestados pelo Banco Central da República do Brasil ou pelas instituições financeiras, e a exibição de livros e documentos em Juízo, se revestirão sempre do mesmo caráter sigiloso, só podendo a eles ter acesso as partes legítimas na causa, que deles não poderão servir-se para fins estranhos à mesma.

§ 2º O Banco Central da República do Brasil e as instituições financeiras públicas prestarão informações ao Poder Legislativo, podendo, havendo relevantes motivos, solicitar sejam mantidas em reserva ou sigilo.

---

[38] Souza, Maria Helena Rau de, *in* Freitas, Vladimir Passos de. Código Tributário Nacional Comentado: doutrina e jurisprudência, artigo por artigo / coordenação Vladimir Passos de Freitas, 2ª ed, rev. atual. e amp., São Paulo: Editora Revista dos Tribunais, 2004, p. 791.
[39] *Ibidem*, p. 792.
[40] STF, Recurso em Mandado de Segurança nº 15.925/GB, Relator Ministro Gonçalves de Oliveira, 20/05/1966.

§ 3º As Comissões Parlamentares de Inquérito, no exercício da competência constitucional e legal de ampla investigação (art. 53 da Constituição Federal e Lei nº 1579, de 18 de março de 1952), obterão as informações que necessitarem das instituições financeiras, inclusive através do Banco Central da República do Brasil.

§ 4º Os pedidos de informações a que se referem os §§ 2º e 3º, deste artigo, deverão ser aprovados pelo Plenário da Câmara dos Deputados ou do Senado Federal e, quando se tratar de Comissão Parlamentar de Inquérito, pela maioria absoluta de seus membros.

§ 5º Os agentes fiscais tributários do Ministério da Fazenda e dos Estados somente poderão proceder a exames de documentos, livros e registros de contas de depósitos, quando houver processo instaurado e os mesmos forem considerados indispensáveis pela autoridade competente.

§ 6º O disposto no parágrafo anterior se aplica igualmente à prestação de esclarecimentos e informes pelas instituições financeiras às autoridades fiscais, devendo sempre estas e os exames serem conservados em sigilo, não podendo ser utilizados senão reservadamente.

§ 7º A quebra do sigilo de que trata este artigo constitui crime e sujeita os responsáveis à pena de reclusão, de um a quatro anos, aplicando-se, no que couber, o Código Penal e o Código de Processo Penal, sem prejuízo de outras sanções cabíveis."

É dizer: a regra era – e, em realidade, continua sendo – o sigilo bancário, sendo certo que a sua violação importava, já naquela época, na prática de infração penal, sujeitando os responsáveis à pena de reclusão, de um a quatro anos. Abria a lei, no entanto, observadas as cautelas legais, algumas exceções: requisição do Poder Judiciário; requisição do Poder Legislativo, requisição das Comissões Parlamentares de Inquérito e, finalmente, requisição da autoridade fiscal.

Nada impedia – repita-se – a quebra do sigilo bancário pelas autoridades fazendárias, desde que, obviamente, fossem observadas as cautelas legais (processo instaurado, autoridade competente e despacho esclarecendo que as informações eram imprescindíveis para o fisco).

Com o advento do CTN, algumas vozes passaram a sustentar que o art. 197 do CTN teria derrogado os §§ 5º e 6º do art. 38 da Lei nº 4.595/64[41].

---

[41] Baleeiro, Aliomar, op. cit., p. 997.

Dizia-se, em síntese, que o art. 197, parágrafo único, do CTN retirava toda a força normativa do inciso II, uma vez que as instituições financeiras, por lei, estão obrigadas a conservar segredo a respeito das informações que possuem[42]. Uma superficial leitura das referidas disposições normativas, todavia, é suficiente para que se perceba que não existia qualquer incongruência entre o art. 197 do CTN e o art. 38 da Lei nº 4.595/64. Muito ao contrário, o inciso II do art. 197 textualmente impunha o dever dos bancos, das casas bancárias, caixas econômicas e demais instituições financeiras de prestar às autoridades fazendárias todas as informações de que dispusessem a propósito dos bens, negócios e atividades dos particulares, não sendo razoável qualquer interpretação que fizesse "letra morta" do referido inciso. Daí que não havia qualquer incompatibilidade entre o CTN e a Lei nº 4.595/64. Em verdade, o art. 38 da Lei nº 4.595/64 nada mais fazia do que explicitar a forma pela qual o sigilo bancário poderia ser quebrado pela autoridade fazendária[43], nisso não tendo vislumbrado o Pretório Excelso qualquer vício de inconstitucionalidade[44].

É o sigilo bancário expressão dos direitos à privacidade e à intimidade, tendo sido alçado a garantia constitucional, expressamente, pelo art. 5º, XII, a Carta de 1988, ao erigir o sigilo de dados como um dos pilares da Constituição de República:

> "XII – é inviolável o sigilo da correspondência e das comunicações telegráficas, de dados e das comunicações, salvo no último caso, por ordem judicial, nas hipóteses e forma que a lei estabelecer para fins de investigação criminal ou instrução processual."

Consiste no direito que têm os cidadãos de negar a divulgação de informações, dados e registros a respeito de suas contas-correntes, aplicações financeiras e movimentações bancárias[45].

Como todo e qualquer direito, o sigilo bancário não é absoluto, admitindo relativização quando em confronto com outros direitos de igual hierarquia e importância, mediante a ponderação dos interesses em conflito.

---

[42] Veja-se, a este propósito: Scaff, Fernando Facury. Garantias Fundamentais dos Contribuintes à Efetividade da Constituição, *in* Revista Dialética de Direito Tributário nº 94, julho/2003, p. 47.
[43] Baleeiro, Aliomar, op. cit., p. 997.
[44] STF, 1ª Turma, Recurso Extraordinário nº 71.640/BA, Ministro Djaci Falcão, 17.09.1971.
[45] Coêlho, Sacha Calmon Navarro, op. cit., p. 891.

É evidente, portanto, que não pode o sigilo bancário se converter em instrumento de abrigo à prática de infrações penais, servindo de manto protetor para organizações criminosas, ou para a prática dos crimes de lavagem de dinheiro e de sonegação fiscal[46]. Daí que jamais se discutiu na doutrina a possibilidade do Poder Judiciário proceder à quebra do sigilo bancário, para fins de investigação criminal[47].

Mais polêmica, contudo, é a discussão travada a respeito da quebra do sigilo bancário por autoridade fazendária. Com efeito, sob a égide da nova ordem constitucional, o Colendo Superior Tribunal de Justiça, num primeiro momento, firmou-se no sentido de que o fisco não poderia proceder à quebra do segredo imposto às instituições financeiras, sem prévia autorização judicial. Confira-se, nesse sentido, a ementa do acórdão proferido pela 1ª Turma, no julgamento do Recurso Especial nº 114.741/DF:

"MANDADO DE SEGURANÇA. SIGILO BANCÁRIO. PRETENSÃO ADMINISTRATIVA FISCAL. RÍGIDAS EXIGÊNCIAS E PRECEDENTE AUTORIZAÇÃO JUDICIAL. LEI 8.021/90 (ART. 5º, PARÁGRAFO ÚNICO).

1. O sigilo bancário não constitui direito absoluto, podendo ser desvendado diante de fundadas razões, ou da excepcionalidade do motivo, em medidas e procedimentos administrativos, com submissão a precedente autorização judicial. Constitui ilegalidade a sua quebra em processamento fiscal, deliberado ao alvitre de simples autorização administrativa.

2. Reservas existentes à auto-aplicação do art. 8º, parágrafo único, da Lei 8.021/90 (REsp. 22.824-8-CE – Rel. Min. Antônio de Pádua Ribeiro).

3. Precedentes jurisprudenciais.

4. Recurso sem provimento."[48]

---

[46] Baleeiro, Aliomar, op. cit., p. 997.

[47] Cumpre registrar, ainda assim, que nem o Poder Judiciário está autorizado a, livremente, acessar os dados bancários do particular. Até em sede de investigação criminal a quebra do sigilo bancário está circunscrita a presença de determinados pressupostos, em especial a existência de indícios mínimos da prática delituosa. É a posição que prevaleceu em questão de ordem suscitada pelo Ministro Carlos Velloso, no julgamento da Petição nº 577: "CONSTITUCIONAL. PENAL. PROCESSUAL PENAL. SIGILO BANCÁRIO: QUEBRA. LEI N. 4.595, DE 1964, ART. 38. I. – Inexistentes os elementos de prova mínimos de autoria de delito, em inquérito regularmente instaurado, indefere-se o pedido de requisição de informações que implica quebra do sigilo bancário. Lei 4.595, de 1967, art. 38. II. – Pedido indeferido, sem prejuízo de sua reiteração." (STF, Tribunal Plano, Questão de Ordem na Petição nº 577/DF, Relator Ministro Carlos Velloso, 25/03/1992).

[48] STJ, 1ª Turma, Recurso Especial nº 114.741/DF, Relator Ministro Milton Luiz Pereira, 13/10/1998.

Ocorre que, em descompasso com a orientação firmada pelo STJ, recentemente, foi editada a Lei Complementar nº 105/2001, lei essa que, revogando o que dispunha o art. 38 da Lei nº 4.595/64, passou a disciplinar o sigilo bancário, nela constando, especificamente em relação às autoridades fazendárias, o seguinte:

"Art. 5º O Poder Executivo disciplinará, inclusive quanto à periodicidade e aos limites de valor, os critérios segundo os quais as instituições financeiras informarão à administração tributária da União, as operações financeiras efetuadas pelos usuários de seus serviços.

...

§ 2º As informações transferidas na forma do *caput* deste artigo restringir-se-ão a informes relacionados com a identificação dos titulares das operações e os montantes globais mensalmente movimentados, vedada a inserção de qualquer elemento que permita identificar a sua origem ou a natureza dos gastos a partir deles efetuados.

§ 3º Não se incluem entre as informações de que trata este artigo as operações financeiras efetuadas pelas administrações direta e indireta da União, dos Estados, do Distrito Federal e dos Municípios.

§ 4º Recebidas as informações de que trata este artigo, se detectados indícios de falhas, incorreções ou omissões, ou de cometimento de ilícito fiscal, a autoridade interessada poderá requisitar as informações e os documentos de que necessitar, bem como realizar fiscalização ou auditoria para a adequada apuração dos fatos.

§ 5º As informações a que refere este artigo serão conservadas sob sigilo fiscal, na forma da legislação em vigor.

Art. 6º As autoridades e os agentes fiscais tributários da União, dos Estados, do Distrito Federal e dos Municípios somente poderão examinar documentos, livros e registros de instituições financeiras, inclusive os referentes a contas de depósitos e aplicações financeiras, quando houver processo administrativo instaurado ou procedimento fiscal em curso e tais exames sejam considerados indispensáveis pela autoridade administrativa competente.

Parágrafo único. O resultado dos exames, as informações e os documentos a que se refere este artigo serão conservados em sigilo, observada a legislação tributária."

Ou seja, na contramão da jurisprudência do STJ, o legislador alargou ainda mais os poderes da autoridade fazendária, conferindo à fiscalização amplas possibilidades de quebra do sigilo bancário[49]. Daí que Roque Antonio Carraza, tratando especificamente da Lei Complementar nº 105/2001, não vacilou em taxá-la de inconstitucional:

[49] Quase que no mesmo dia da promulgação da Lei Complementar nº 105/2001, ou melhor, um dia antes (09/01/2001), foi sancionada a Lei nº 10.174/2001, que, introduzindo um § 3º no art. 11 da Lei nº 9.311/96 (Lei da CPMF), dispôs: "§ 3º A Secretaria da Receita Federal resguardará, na forma da legislação aplicável à matéria, o sigilo das informações prestadas, facultada sua utilização para instaurar procedimento administrativo tendente a verificar a existência de crédito tributário relativo a impostos e contribuições e para lançamento, no âmbito do procedimento fiscal, do crédito tributário porventura existente, observado o disposto no art. 42 da Lei nº 9.430, de 27 de dezembro de 1996, e alterações posteriores". Ocorre que, com o fim da CPMF, a Lei nº 10.174/2001 deixou de produzir efeitos, dando ensejo ao surgimento de uma nova controvérsia: se haveria a necessidade de lei ordinária para regulamentar a quebra do sigilo bancário prevista na Lei Complementar nº 105/2001. A polêmica ganhou maior envergadura porque, em 27/12/2007, a Receita Federal do Brasil editou a Instrução Normativa RFB nº 802, disciplinando a forma pela qual as instituições financeiras deveriam prestar informações ao fisco. Juristas de peso, quase que de imediato, passaram a sustentar que não haveria mais amparo legal para a quebra do sigilo bancário pela autoridade fazendária. É nesse sentido, a título de ilustração, a lição de Kiyoshi Harada: "Essa Instrução Normativa da RFB é absolutamente nula e írrita por pretender dar execução a um decreto, o Decreto nº 4.489/2002, editado pelo Executivo com usurpação de competência do Legislativo, a quem cabe regular o procedimento para a quebra do sigilo bancário, nos exatos termos da Lei Complementar nº 105/2001. Mesmo que houvesse expressa delegação na LC nº 105/2001, e não há, o Decreto e a IN só poderiam dispor sobre procedimento da quebra do sigilo bancário naquelas duas hipóteses previstas no seu art. 6º. Como é possível um instrumento normativo de menor hierarquia alargar as hipóteses de rompimento do sigilo? Decreto e IN sob análise permitem, ou melhor, obrigam as instituições financeiras a quebrarem o sigilo bancário de todos os seus clientes, indistintamente, independentemente, de existir sobre eles o competente processo administrativo tributário instaurado, ou pender algum procedimento fiscal. Isso, nem a lei ordinária poderia fazer, em obediência à matéria sob reserva de lei complementar. Se é verdade que não há reserva de jurisdição nessa matéria, é verdade também que, por ora, não existe qualquer preceito legal regulando a quebra do sigilo bancário, nos termos autorizados pela LC nº 105/2001" (Harada, Kiyoshi. Fim da CPMF e a quebra do sigilo bancário. Jus Navigandi, Teresina, ano 12, n. 1647, 4 jan. 2008. Disponível em: <http://jus2.uol.com.br/doutrina/texto.asp?id=10822>. Acesso em: 25 dez. 2008). Em sentido semelhante: Martins, Ives Gandra da Silva. Receita x Constituição Federal. Instrução normativa da Receita viola o sigilo bancário. Jus Navigandi, Teresina, ano 12, n. 1669, 26 jan. 2008. Disponível em: <http://jus2.uol.com.br/doutrina/texto.asp?id=10892>. Acesso em: 25 dez. 2008. Até o Ministro Marco Aurélio, informalmente, já se manifestou pela inconstitucionalidade da Instrução Normativa RFB nº 802 (vide o jornal Correio Brasiliense, de 02/01/2008). Parece-nos, ainda assim, que nada há de ilegal ou de inconstitucional na sobredita Instrução Normativa, cujo teor veio, apenas, a melhor esclarecer o alcance do Decreto nº 4.489/2002, o qual, por sua vez, está em perfeita sintonia com a Lei Complementar nº 105/2001. É lembrar que o art. 5º da aludida lei complementar

"A Lei Complementar nº 105, de 10.1.2001, a pretexto de – como consta de sua própria ementa – dispor sobre o sigilo das operações financeiras, atentou, de modo irremissível, contra esta garantia fundamental, constitucionalmente assegurada.

Com efeito, os incs. X e XII do art. 5º da CF asseguram, respectivamente, a inviolabilidade da privacidade e a inviolabilidade do sigilo de dados. Para efetivá-las, entendem os mais conspícuos constitucionalistas que estes incisos garantem o sigilo das informações bancárias, seja das constantes nas próprias instituições financeiras, seja das existentes na Receita. De fato, por meio da análise e divulgação de dados bancários, deixa-se ao desabrigo a intimidade da pessoa; fica fácil saber quais suas preferência políticas (*v.g.*, na hipótese de ter feito uma doação a um partido), qual a sua religião (pelo eventual donativo que fez a uma igreja), com quem se relaciona, quais suas diversões habituais, que lugares freqüenta, se está passando por dificuldades financeiras (comprováveis por constantes saldos bancários negativos) etc. Tudo isto pode levar a situações altamente embaraçosas.

...

Muito bem, à conta de evitar a fraude e a evasão fiscal, foi editada, a partir de projeto apresentado pelo Executivo Federal, a Lei Complementar n. 105/2001, que, grosso modo, permite que, em qualquer situação, o agente fiscal quebre o sigilo bancário do contribuinte que lhe suscitar suspeita. Basta que intua –critério eminentemente subjetivo – a existência de alguma irregularidade (omissão de receita, aquisição de imóvel por valor inferior a seu valor de mercado, gastos incompatíveis com os rendimentos declarados etc.).

...

Mais e mais corporifica-se, pois, a idéia de que não poderia um ato normativo de nível legal anular a garantia constitucional ao sigilo bancário. Muito menos de sorrate, como fez a Lei n. 105/2001 – circunstância que nos permite falar, até, em desvio de poder."[50]

é absolutamente claro no sentido de que compete ao Poder Executivo disciplinar, "inclusive quanto à periodicidade e aos limites de valor, os critérios segundo os quais as instituições financeiras informarão à administração tributária da União, as operações financeiras efetuadas pelos usuários de seus serviços". Nada há de ilegal, portanto, quer no Decreto nº 4.489/2002, quer na Instrução Normativa RFB nº 802, ambos editados em perfeita sintonia com o teor literal do art. 5º da Lei Complementar nº 105/2001. Resta examinar, apenas, se a referida lei está em sintonia com a Carta de 1988 e parece-nos que sim, como se verá adiante.

[50] Carraza, Roque Antonio, Curso de Direito Constitucional Tributário, 19ª ed., rev. amp. e at., Malheiros, 2003, p. 424/426.

A questão, como não poderia ser diferente, foi submetida à fiscalização abstrata de constitucionalidade, perante o Supremo Tribunal Federal, mediante o ajuizamento, no ano de 2001, de cinco ações diretas de inconstitucionalidade (ADIN 2.386, 2.389, 2.390, 2.397 e 2.406), todas julgadas apenas em 24 de fevereiro de 2016.

Neste ínterim, o Superior Tribunal de Justiça mudou radicalmente a sua orientação e passou não apenas a admitir a quebra do sigilo bancário, por autoridade fazendária, como entendeu, ainda, que o referido instrumento normativo tem aplicação imediata, em razão do seu caráter instrumental. Confira-se, a título exemplificativo, a ementa do acórdão proferido no Recurso Especial nº 506.232/PR:

"TRIBUTÁRIO. NORMAS DE CARÁTER PROCEDIMENTAL. APLICAÇÃO INTERTEMPORAL. UTILIZAÇÃO DE INFORMAÇÕES OBTIDAS A PARTIR DA ARRECADAÇÃO DA CPMF PARA A CONSTITUIÇÃO DE CRÉDITO REFERENTE A OUTROS TRIBUTOS. RETROATIVIDADE PERMITIDA PELO ART. 144, § 1º DO CTN.

1. O resguardo de informações bancárias era regido, ao tempo dos fatos que permeiam a presente demanda (ano de 1998), pela Lei 4.595/64, reguladora do Sistema Financeiro Nacional, e que foi recepcionada pelo art. 192 da Constituição Federal com força de lei complementar, ante a ausência de norma regulamentadora desse dispositivo, até o advento da Lei Complementar 105/2001.

2. O art. 38 da Lei 4.595/64, revogado pela Lei Complementar 105/2001, previa a possibilidade de quebra do sigilo bancário apenas por decisão judicial.

3. Com o advento da Lei 9.311/96, que instituiu a CPMF, as instituições financeiras responsáveis pela retenção da referida contribuição, ficaram obrigadas a prestar à Secretaria da Receita Federal informações a respeito da identificação dos contribuintes e os valores globais das respectivas operações bancárias, sendo vedado, a teor do que preceituava o § 3º da art. 11 da mencionada lei, a utilização dessas informações para a constituição de crédito referente a outros tributos.

4. A possibilidade de quebra do sigilo bancário também foi objeto de alteração legislativa, levada a efeito pela Lei Complementar 105/2001, cujo art, 6º dispõe: "Art. 6º As autoridades e os agentes fiscais tributários da União, dos Estados, do Distrito Federal e dos Municípios somente poderão examinar documentos, livros e registros de instituições financeiras, inclusive os referentes a contas de depósitos e aplicações financeiras, quando houver processo administrativo

instaurado ou procedimento fiscal em curso e tais exames sejam considerados indispensáveis pela autoridade administrativa competente."

5. A teor do que dispõe o art. 144, § 1º do Código Tributário Nacional, as leis tributárias procedimentais ou formais têm aplicação imediata, ao passo que as leis de natureza material só alcançam fatos geradores ocorridos durante a sua vigência.

6. Norma que permite a utilização de informações bancárias para fins de apuração e constituição de crédito tributário, por envergar natureza procedimental, tem aplicação imediata, alcançando mesmo fatos pretéritos.

7. A exegese do art. 144, § 1º do Código Tributário Nacional, considerada a natureza formal da norma que permite o cruzamento de dados referentes à arrecadação da CPMF para fins de constituição de crédito relativo a outros tributos, conduz à conclusão da possibilidade da aplicação dos artigos 6º da Lei Complementar 105/2001 e 1º da Lei 10.174/2001 ao ato de lançamento de tributos cujo fato gerador se verificou em exercício anterior à vigência dos citados diplomas legais, desde que a constituição do crédito em si não esteja alcançada pela decadência.

8. Inexiste direito adquirido de obstar a fiscalização de negócios tributários, máxime porque, enquanto não extinto o crédito tributário a Autoridade Fiscal tem o dever vinculativo do lançamento em correspondência ao direito de tributar da entidade estatal.

9. Recurso Especial provido." [51]

---

[51] STJ, 1ª Turma, Recurso Especial nº 506.232/PR, Relator Ministro Luiz Fux, 02/12/2003. No mesmo sentido: STJ, 2ª Turma, Recurso Especial nº 1.039.364/ES, Relator Ministro Humberto Martins, 26/08/2008. A questão foi examinada em sede de recurso representativo da controvérsia, nos termos do art. 543-C do CPC, e nele o Superior Tribunal de Justiça pacificou a questão, entendendo que é perfeitamente possível a quebra do sigilo bancário, pela autoridade fazendária, tendo a Lei Complementar nº 105/2001 aplicação imediata. Confira-se a ementa do julgado: "PROCESSO CIVIL. RECURSO ESPECIAL REPRESENTATIVO DE CONTROVÉRSIA. ARTIGO 543-C, DO CPC. TRIBUTÁRIO. QUEBRA DO SIGILO BANCÁRIO SEM AUTORIZAÇÃO JUDICIAL. CONSTITUIÇÃO DE CRÉDITOS TRIBUTÁRIOS REFERENTES A FATOS IMPONÍVEIS ANTERIORES À VIGÊNCIA DA LEI COMPLEMENTAR 105/2001. APLICAÇÃO IMEDIATA. ARTIGO 144, § 1º, DO CTN. EXCEÇÃO AO PRINCÍPIO DA IRRETROATIVIDADE. 1. A quebra do sigilo bancário sem prévia autorização judicial, para fins de constituição de crédito tributário não extinto, é autorizada pela Lei 8.021/90 e pela Lei Complementar 105/2001, normas procedimentais, cuja aplicação é imediata, à luz do disposto no artigo 144, § 1º, do CTN. 2. O § 1º, do artigo 38, da Lei 4.595/64 (revogado pela Lei Complementar 105/2001), autorizava a quebra de sigilo bancário, desde que em virtude de determinação judicial, sendo certo que o acesso às informações e

De fato, não há mais na doutrina quem atribua ao sigilo bancário caráter absoluto. É um direito suscetível de relativização como qualquer outro,

esclarecimentos, prestados pelo Banco Central ou pelas instituições financeiras, restringir-se-iam às partes legítimas na causa e para os fins nela delineados. 3. A Lei 8.021/90 (que dispôs sobre a identificação dos contribuintes para fins fiscais), em seu artigo 8º, estabeleceu que, iniciado o procedimento fiscal para o lançamento tributário de ofício (nos casos em que constatado sinal exterior de riqueza, vale dizer, gastos incompatíveis com a renda disponível do contribuinte), a autoridade fiscal poderia solicitar informações sobre operações realizadas pelo contribuinte em instituições financeiras, inclusive extratos de contas bancárias, não se aplicando, nesta hipótese, o disposto no artigo 38, da Lei 4.595/64. 4. O § 3º, do artigo 11, da Lei 9.311/96, com a redação dada pela Lei 10.174, de 9 de janeiro de 2001, determinou que a Secretaria da Receita Federal era obrigada a resguardar o sigilo das informações financeiras relativas à CPMF, facultando sua utilização para instaurar procedimento administrativo tendente a verificar a existência de crédito tributário relativo a impostos e contribuições e para lançamento, no âmbito do procedimento fiscal, do crédito tributário porventura existente. 5. A Lei Complementar 105, de 10 de janeiro de 2001, revogou o artigo 38, da Lei 4.595/64, e passou a regular o sigilo das operações de instituições financeiras, preceituando que não constitui violação do dever de sigilo a prestação de informações, à Secretaria da Receita Federal, sobre as operações financeiras efetuadas pelos usuários dos serviços (artigo 1º, § 3º, inciso VI, c/c o artigo 5º, caput, da aludida lei complementar, e 1º, do Decreto 4.489/2002). 6. As informações prestadas pelas instituições financeiras (ou equiparadas) restringem-se a informes relacionados com a identificação dos titulares das operações e os montantes globais mensalmente movimentados, vedada a inserção de qualquer elemento que permita identificar a sua origem ou a natureza dos gastos a partir deles efetuados (artigo 5º, § 2º, da Lei Complementar 105/2001). 7. O artigo 6º, da lei complementar em tela, determina que: "Art. 6º As autoridades e os agentes fiscais tributários da União, dos Estados, do Distrito Federal e dos Municípios somente poderão examinar documentos, livros e registros de instituições financeiras, inclusive os referentes a contas de depósitos e aplicações financeiras, quando houver processo administrativo instaurado ou procedimento fiscal em curso e tais exames sejam considerados indispensáveis pela autoridade administrativa competente. Parágrafo único. O resultado dos exames, as informações e os documentos a que se refere este artigo serão conservados em sigilo, observada a legislação tributária." 8. O lançamento tributário, em regra, reporta-se à data da ocorrência do fato ensejador da tributação, regendo-se pela lei então vigente, ainda que posteriormente modificada ou revogada (artigo 144, caput, do CTN). 9. O artigo 144, § 1º, do Codex Tributário, dispõe que se aplica imediatamente ao lançamento tributário a legislação que, após a ocorrência do fato imponível, tenha instituído novos critérios de apuração ou processos de fiscalização, ampliado os poderes de investigação das autoridades administrativas, ou outorgado ao crédito maiores garantias ou privilégios, exceto, neste último caso, para o efeito de atribuir responsabilidade tributária a terceiros. 10. Conseqüentemente, as leis tributárias procedimentais ou formais, conducentes à constituição do crédito tributário não alcançado pela decadência, são aplicáveis a fatos pretéritos, razão pela qual a Lei 8.021/90 e a Lei Complementar 105/2001, por envergarem essa natureza, legitimam a atuação fiscalizatória/investigativa da Administração Tributária, ainda que os fatos imponíveis a serem apurados

quando em contraste com outros interesses de igual relevância. A possibilidade de quebra, pela autoridade fazendária, é um importante instrumento

lhes sejam anteriores (Precedentes da Primeira Seção: EREsp 806.753/RS, Rel. Ministro Herman Benjamin, julgado em 22.08.2007, DJe 01.09.2008; EREsp 726.778/PR, Rel. Ministro Castro Meira, julgado em 14.02.2007, DJ 05.03.2007; e EREsp 608.053/RS, Rel. Ministro Teori Albino Zavascki, julgado em 09.08.2006, DJ 04.09.2006). 11. A razoabilidade restaria violada com a adoção de tese inversa conducente à conclusão de que Administração Tributária, ciente de possível sonegação fiscal, encontrar-se-ia impedida de apurá-la. 12. A Constituição da República Federativa do Brasil de 1988 facultou à Administração Tributária, nos termos da lei, a criação de instrumentos/mecanismos que lhe possibilitassem identificar o patrimônio, os rendimentos e as atividades econômicas do contribuinte, respeitados os direitos individuais, especialmente com o escopo de conferir efetividade aos princípios da pessoalidade e da capacidade contributiva (artigo 145, § 1º). 13. Destarte, o sigilo bancário, como cediço, não tem caráter absoluto, devendo ceder ao princípio da moralidade aplicável de forma absoluta às relações de direito público e privado, devendo ser mitigado nas hipóteses em que as transações bancárias são denotadoras de ilicitude, porquanto não pode o cidadão, sob o alegado manto de garantias fundamentais, cometer ilícitos. Isto porque, conquanto o sigilo bancário seja garantido pela Constituição Federal como direito fundamental, não o é para preservar a intimidade das pessoas no afã de encobrir ilícitos. 14. O suposto direito adquirido de obstar a fiscalização tributária não subsiste frente ao dever vinculativo de a autoridade fiscal proceder ao lançamento de crédito tributário não extinto. 15. *In casu*, a autoridade fiscal pretende utilizar-se de dados da CPMF para apuração do imposto de renda relativo ao ano de 1998, tendo sido instaurado procedimento administrativo, razão pela qual merece reforma o acórdão regional. 16. O Supremo Tribunal Federal, em 22.10.2009, reconheceu a repercussão geral do Recurso Extraordinário 601.314/SP, cujo *thema iudicandum* restou assim identificado: "Fornecimento de informações sobre movimentação bancária de contribuintes, pelas instituições financeiras, diretamente ao Fisco por meio de procedimento administrativo, sem a prévia autorização judicial. Art. 6º da Lei Complementar 105/2001." 17. O reconhecimento da repercussão geral pelo STF, com fulcro no artigo 543-B, do CPC, não tem o condão, em regra, de sobrestar o julgamento dos recursos especiais pertinentes. 18. Os artigos 543-A e 543-B, do CPC, asseguram o sobrestamento de eventual recurso extraordinário, interposto contra acórdão proferido pelo STJ ou por outros tribunais, que verse sobre a controvérsia de índole constitucional cuja repercussão geral tenha sido reconhecida pela Excelsa Corte (Precedentes do STJ: AgRg nos EREsp 863.702/RN, Rel. Ministra Laurita Vaz, Terceira Seção, julgado em 13.05.2009, DJe 27.05.2009; AgRg no Ag 1.087.650/SP, Rel. Ministro Benedito Gonçalves, Primeira Turma, julgado em 18.08.2009, DJe 31.08.2009; AgRg no REsp 1.078.878/SP, Rel. Ministro Luiz Fux, Primeira Turma, julgado em 18.06.2009, DJe 06.08.2009; AgRg no REsp 1.084.194/SP, Rel. Ministro Humberto Martins, Segunda Turma, julgado em 05.02.2009, DJe 26.02.2009; EDcl no AgRg nos EDcl no AgRg no REsp 805.223/RS, Rel. Ministro Arnaldo Esteves Lima, Quinta Turma, julgado em 04.11.2008, DJe 24.11.2008; EDcl no AgRg no REsp 950.637/MG, Rel. Ministro Castro Meira, Segunda Turma, julgado em 13.05.2008, DJe 21.05.2008; e AgRg nos EDcl no REsp 970.580/RN, Rel. Ministro Paulo Gallotti, Sexta Turma, julgado em 05.06.2008, DJe 29.09.2008). 19. Destarte, o sobrestamento do feito, ante o

para o combate à sonegação fiscal, instrumento esse que não acarreta maiores constrangimentos à privacidade e à intimidade do contribuinte, pois, como bem realçou o Ministro Gonçalves de Oliveira, nos idos de 1966, "não há perigo de devassa ou quebra de sigilo bancário", porquanto a autoridade fazendária tem também o dever de sigilo[52]. Há, no particular, o que alguns têm nomeado de "transferência de sigilo".[53]

Ademais, ao passo que protege o sigilo de dados (art. 5º, XII, CF/88), a Constituição determina que a lei ofereça à autoridade fazendária o instrumental necessário para identificar patrimônio, os rendimentos e as atividades econômicas do contribuinte, de sorte a realizar concretamente o princípio da capacidade contributiva (art. 145, § 1º)[54]. Impedir a utilização dessa prerrogativa pelo fisco é retirar das mãos do Poder Público um dos mecanismos mais importantes de combate à sonegação fiscal, reproduzido nas mais modernas legislações, sem uma justificativa plausível para isso.

É óbvio, entretanto, que esse instrumental deve ser utilizado nos limites da lei, sem abuso de poder, cabendo à fiscalização, presentes indícios da prática de ilícito tributário, por parte do contribuinte, assegurar-lhe a ampla defesa, com os meios e recursos a ela inerentes, instaurando regular processo administrativo.

Por acórdão ainda pendente de publicação (em 09 de maio de 2016), o Supremo Tribunal Federal, ao julgar as ações diretas de inconstitucionalidade 2.386, 2.389, 2.390, 2.397 e 2.406, em sintonia com a orientação defendida nesta obra, desde a sua 1ª edição, firmou entendimento, por maioria de nove votos a dois, pela constitucionalidade da transferência de dados bancários de que trata o art. 5º da Lei Complementar nº 105/2001.[55]

---

reconhecimento da repercussão geral do *thema iudicandum*, configura questão a ser apreciada tão somente no momento do exame de admissibilidade do apelo dirigido ao Pretório Excelso. 20. Recurso especial da Fazenda Nacional provido. Acórdão submetido ao regime do artigo 543-C, do CPC, e da Resolução STJ 08/2008." (STJ, 1ª Seção, Recurso Especial nº 1.134.665/SP, Relator Ministro Luiz Fux, 25/11/2009).

[52] STF, Recurso em Mandado de Segurança nº 15.925/GB, Relator Ministro Gonçalves de Oliveira, 20/05/1966.

[53] TRF da 4ª Região, 2ª Turma, Agravo de Instrumento nº 2001.04.01.056045-6/PR, Relator Juiz Vilson Darós, 18/09/2001.

[54] Paulsen, Leandro. op. cit., p. 1.067/1.069.

[55] Confira-se, a propósito, a notícia publicada no site do Supremo Tribunal Federal, em 24 de fevereiro de 2016: "O Plenário do Supremo Tribunal Federal (STF) concluiu na sessão desta quarta-feira (24) o julgamento conjunto de cinco processos que questionavam dispositivos da

10. Sigilo profissional

Ao definir as pessoas que têm o dever de colaborar com o fisco, refere-se o inciso VII do art. 197 a "quaisquer outras entidades ou pessoas que lei designe, em razão de seu cargo, ofício, função, ministério, atividade ou profissão".

Note-se que essas pessoas devem ser indicadas por lei, e não decreto, regulamento ou instrução normativa[56]. Exige-se lei em sentido formal, uma vez que, para o particular, só a lei pode impor obrigações (art. 5º, II, CF/88).

O dever de informar, ainda assim, encontra limites no sigilo profissional, não sendo possível obrigar o particular a prestar informações sobre fatos em relação aos quais esteja legalmente obrigado a conservar segredo, em razão do cargo, ofício, função, atividade ou profissão (art. 197, p.u.)[57]. É esse o caso do advogado. É direito – e mesmo dever – do advogado recusar-se a depor sobre fatos em relação aos quais tenha tomado conhecimento em razão da profissão[58]. O sigilo profissional imposto ao advogado é, em verdade, um pilar do Estado Democrático de Direito, de modo que possui natureza quase absoluta[59].

Lei Complementar (LC) 105/2001, que permitem à Receita Federal receber dados bancários de contribuintes fornecidos diretamente pelos bancos, sem prévia autorização judicial. Por maioria de votos – 9 a 2 – , prevaleceu o entendimento de que a norma não resulta em quebra de sigilo bancário, mas sim em transferência de sigilo da órbita bancária para a fiscal, ambas protegidas contra o acesso de terceiros. A transferência de informações é feita dos bancos ao Fisco, que tem o dever de preservar o sigilo dos dados, portanto não há ofensa à Constituição Federal." *Vide*: http://www.stf.jus.br/portal/cms/verNoticiaDetalhe.asp?idConteudo=310670&caixaBusca=N. Acesso em 09/05/2016.

[56] Machado, Hugo de Brito, op. cit., p. 207.

[57] A esse respeito: "PROCESSUAL CIVIL. SIGILO PROFISSIONAL RESGUARDADO. O sigilo profissional é exigência fundamental da vida social que se deve ser respeitado como princípio de ordem pública, por isso mesmo que o Poder Judiciário não dispõe de força cogente para impor a sua revelação, salvo na hipótese de existir específica norma de lei formal autorizando a possibilidade de sua quebra, o que não se verifica na espécie. O interesse público do sigilo profissional decorre do fato de se constituir em um elemento essencial à existência e à dignidade de certas categorias, e à necessidade de se tutelar a confiança nelas depositada, sem o que seria inviável o desempenho de suas funções, bem como por se revelar em uma exigência da vida e da paz social. Hipótese em que se exigiu da recorrente ela que tem notória especialização em serviços contábeis e de auditoria e não é parte na causa – a revelação de segredos profissionais obtidos quando anteriormente prestou serviços à ré da ação. Recurso provido, com a concessão da segurança" (STJ, 4ª Turma, Recurso Ordinário em Mandado de Segurança nº 9.612/SP, Relator Ministro César Asfor Rocha, 03/09/1998).

[58] Machado, Hugo de Brito, op. cit., p. 207.

[59] Coêlho, Sacha Calmon Navarro, op. cit., p. 900.

Em qualquer caso, e não só na advocacia, o sigilo profissional é consectário de uma série de princípios constitucionais, em especial dos direitos à intimidade e à privacidade. Daí o sigilo imposto aos médicos e aos psicólogos. Daí, também, o porquê do seu desrespeito caracterizar ilícito penal, na forma do art. 154 do Código Penal.

Ressalte-se, todavia, que esse dever imposto a certos profissionais alcança, somente, os fatos a respeito dos quais têm aquelas pessoas notícia em razão do cargo, ofício, profissão ou ministério que exercem; não, evidentemente, fatos que tenham conhecimento no exercício das funções de síndico, ou inventariante, quando for o caso[60].

11. Sigilo fiscal

Inúmeras são as prerrogativas de que possui o fisco para, no interesse da arrecadação, apurar a regularidade fiscal do contribuinte, em atendimento ao comando contido no art. 145, § 1º, da Carta de 1988. Justificam-se essas prerrogativas, em função do interesse público que norteia a atividade administrativa.

Ocorre que, em razão disso, tem o fisco acesso a informações atinentes à privacidade e à intimidade do contribuinte, informações essas que podem acarretar prejuízos de enorme grandeza ao particular.

Não por outra razão, proíbe o art. 198 "a divulgação, por parte da Fazenda Pública ou de seus servidores, de informação obtida em razão do ofício sobre a situação econômica ou financeira do sujeito passivo ou de terceiros e sobre a natureza e o estado de seus negócios ou atividades". O desrespeito a essa regra pode dar ensejo, inclusive, à responsabilização civil e criminal. Responde a Fazenda Pública pelos danos causados, na forma do art. 37, § 6º, da Constituição, sem prejuízo da responsabilidade criminal do servidor responsável pela divulgação (art. 325 do Código Penal), pelas penas do crime de violação de sigilo funcional[61].

O sigilo funcional, todavia, não é absoluto. Entendeu por bem o legislador, por razões de interesse público, em estabelecer algumas exceções à regra geral. Cabe à autoridade fazendária, assim, atender às requisições do Poder Judiciário, no interesse da justiça[62], bem como às solicitações

---

[60] Machado, Hugo de Brito, op. cit., p. 207.
[61] Machado, Hugo de Brito, op. cit., p. 208.
[62] Em sede de execução, tem entendido o Superior Tribunal de Justiça que, por se tratar de medida excepcional, a quebra do sigilo fiscal só se admite quando o credor esgota todos os meios existentes para encontrar bens do devedor. Confira-se, a esse propósito, a ementa

formuladas por autoridade administrativa, pertencente aos quadros do mesmo ente público, ou de qualquer outro ente da Federação (arts. 198 e 199, ambos do CTN).

Podem, também, requisitar informações ao fisco as Comissões Parlamentares de Inquérito, à luz do art. 58, § 3º, da Constituição Federal, eis que possuem poderes próprios das autoridades judiciais[63].

do seguinte julgado: "RECURSO ESPECIAL – ALÍNEA "A" – EXECUÇÃO FISCAL – PRETENDIDA QUEBRA DO SIGILO FISCAL DO EXECUTADO POR MEIO DA EXPEDIÇÃO DE OFÍCIO À RECEITA FEDERAL PARA LOCALIZAÇÃO DE BENS – IMPOSSIBILIDADE – ITERATIVOS PRECEDENTES. É firme a orientação deste Sodalício no sentido de que a quebra de sigilo fiscal do executado, para que a Fazenda Pública obtenha informações acerca da existência de bens do devedor inadimplente, somente será autorizada em hipóteses excepcionais, quando esgotadas todas as tentativas de obtenção dos dados pela via extrajudicial. Sabem-no todos que a constrição de bens do executado é medida que interessa ao próprio credor, que deverá valer-se dos meios cabíveis para satisfação de seu crédito. In casu, verifica-se que o Tribunal a quo negou provimento ao agravo sob o fundamento de que "a quebra do sigilo, pois, somente é possível em casos especialíssimos, com os quais nem de longe se identifica uma lide isolada, individual, dizendo de mera relação de crédito e débito, versada em singelo processo de execução, que pode beneficiar apenas o credor". A requisição judicial, em matéria deste jaez, apenas se justifica quando houver intransponível barreira para a obtenção dos dados solicitados por meio da via extrajudicial, o que se não deu na espécie, ou, pelo menos, não foi demonstrado. Precedentes: AGRRMC 786/RJ, Rel. Min. Eliana Calmon, DJU 01.07.2002, e REsp 204.329/MG, da relatoria deste magistrado, DJU 19.06.2000, dentre outros. Recurso especial improvido" (STJ, 2ª Turma, Recurso Especial nº 529.752/PR, Relator Ministro Franciulli Netto, 17/06/2004).

[63] Predomina no Supremo Tribunal Federal, no entanto, a orientação de que, por se tratar de uma exceção ao direito à privacidade, é imprescindível a fundamentação do ato de quebra do sigilo fiscal pelas Comissões Parlamentares de Inquérito, sendo certo que a medida excepcional deve apoiar-se em indícios concretos da prática de ilícito. Nesse sentido: "EMENTA: MANDADO DE SEGURANÇA. COMISSÃO PARLAMENTAR DE INQUÉRITO. QUEBRA DE SIGILO BANCÁRIO E FISCAL. FALTA DE FUNDAMENTAÇÃO. LEGITIMIDADE ATIVA AD CAUSAM DA ABAF. DESNECESSIDADE DE PROCURAÇÃO DOS ASSOCIADOS SE HÁ AUTORIZAÇÃO EXPRESSA PARA REPRESENTÁ-LOS. PRECEDENTES. 1. As entidades associativas, quando expressamente autorizadas, têm legitimidade para representar judicial ou extrajudicialmente seus associados, sem necessidade de instrumento de mandato (CF, artigo 5º, XXI). 2. Os poderes de investigação próprios das autoridades judiciárias de que as CPIs são constitucionalmente investidas (CF, artigo 58, § 3º) não são absolutos. Imprescindível a fundamentação dos atos que ordenam a quebra dos sigilos bancários, fiscais e telefônicos, visto que, assim como os atos judiciais são nulos se não fundamentados, assim também os das comissões parlamentares de inquérito. Precedentes. 3. A legitimidade da medida excepcional deve apoiar-se em fato concreto e causa provável, e não em meras conjecturas e generalidades insuficientes para ensejar a ruptura da intimidade das pessoas (CF, artigo 5º, X). Segurança

Em se tratando de solicitação formulada por autoridade administrativa, a informação só será prestada "desde que seja comprovada a instauração regular de processo administrativo, no órgão ou na entidade respectiva, com o objetivo de investigar o sujeito passivo a que se refere a informação, por prática de infração administrativa" (art. 198, § 1º, II, do CTN). Cuida-se de disposição legal inovadora, introduzida pela Lei Complementar nº 104/2001. Inovadora porque ampliou o espectro daqueles que podem romper com o sigilo fiscal. Até então, as informações obtidas pela receita federal não podiam ser transmitidas aos demais órgãos da Administração Pública, sendo o seu acesso restrito às autoridades fazendárias.

Exige a lei – repita-se – a regular instauração de processo administrativo, voltado para investigar o sujeito passivo, pela prática de infração administrativa. Fez por bem o legislador, assim, por excluir essa prerrogativa do âmbito das sindicâncias administrativas. Exige-se processo; e processo regular. Parece-nos, em razão disso, que só é possível à autoridade pedir informações quando presentes, no caso concreto, indícios mínimos da materialidade e de autoria do ilícito. Até porque, faltantes esses requisitos, nem mesmo poderá a Administração Pública instaurar processo administrativo, tendo por objetivo apurar a prática de infração administrativa.

Ressalte-se, no entanto, que esse intercâmbio de informações, no âmbito da Administração Pública, deverá ser feito de forma absolutamente sigilosa, sendo certo que a entrega das informações deverá ser feita pessoalmente à autoridade solicitante, mediante recibo (art. 198, § 2º).

12. Informações fornecidas aos particulares em geral

O sigilo fiscal – e quanto a isso não se discute – não é absoluto. É, no entanto, um corolário dos princípios da intimidade e da privacidade, possuindo assento na própria Constituição da República.

Isso não significa que a Administração Tributária esteja impedida de prestar qualquer espécie de informação aos particulares, colocando em risco os negócios privados.

Assim é que, na tutela dos interesses individuais, sob um prisma meta-individual, fez por bem o legislador em esclarecer que não se enquadram no âmbito do sigilo fiscal a divulgação de informações relativas a: (i) repre-

concedida" (STF, Tribunal Pleno, Mandado de Segurança nº 23.879/DF, Relator Ministro Maurício Correa, 03/10/2001).

sentações fiscais para fins penais; (ii) inscrições na Dívida Ativa da Fazenda Pública; e (iii) parcelamento ou moratória (art. 198, § 3º).

É perceber que, em verdade, o que pretendeu o legislador não foi proteger os interesses individuais propriamente ditos, mas o interesse coletivo no saudável funcionamento da atividade econômica. Com efeito, considerando as múltiplas relações sociais mantidas pelos particulares, não seria razoável que a saúde fiscal dos contribuintes ficasse completamente no mundo das sombras. A divulgação, nestes casos, não significa ampla publicidade ou a ampla disponibilidade dos dados ou informações fiscais[64]. O que cabe ao fisco oferecer é o mínimo necessário para salvaguardar direitos de terceiros, que contratam com aquele que está em débito para com a Fazenda Pública.

Veda-se – é evidente – que preste a Administração Tributária informações a respeito da relação de bens e rendas dos contribuintes. Isso seria desproporcional. Todavia, a divulgação, mediante certidão, da existência de parcelamentos, ou de moratória, bem como de créditos tributários inscritos em dívida ativa, contra o contribuinte, está em perfeita consonância com a Carta de 1988.

13. Cooperação entre a União, os Estados, o Distrito Federal e os Municípios

O art. 199 do CTN contém regra que tem por objetivo permitir a troca de informações entre os entes públicos, a fim de facilitar a fiscalização, no interesse da arrecadação. Reza o aludido artigo:

> "Art. 199. A Fazenda da União e a dos Estados, do Distrito e dos Municípios prestar-se-ão mutuamente assistência para a fiscalização dos tributos respectivos e permuta de informações, na forma estabelecida, em caráter geral ou específico, por lei ou convênio.
>
> Parágrafo único: A Fazenda Pública da União, na forma estabelecida em tratados, acordos ou convênios, poderá permutar informações com Estados estrangeiros no interesse da arrecadação e da fiscalização dos tributos."

---

[64] Castro, Aldemario Araujo. Sigilo Fiscal: Delimitação. Tributario.net, São Paulo, a. 5, 23/8/2004. Disponível em: <http://www.tributario.net/artigo_ler.asp?id=32243>. Acesso em: 17/11/2004.

É regra que encontra suporte no princípio constitucional da eficiência, tendo por objetivo permitir o aproveitamento de informações obtidas por um dos entes públicos, em favor de outro.

Ocorre que, por se tratar de norma geral a respeito do tema, essa imposição pressupõe a edição de instrumento normativo genérico ou específico (lei ou convênio), de modo a viabilizar a cooperação mútua entre os entes da Federação[65]. Sem lei ou convênio, não há como se permitir a permuta de informações, sendo ilegal e nulo eventual auto de infração lavrado com base, exclusivamente, nesses dados (prova emprestada). Essa é a orientação que prevaleceu na 2ª Turma do Superior Tribunal de Justiça, por ocasião do julgamento do Recurso Especial nº 310.210/MG:

> "TRIBUTÁRIO – PROVA EMPRESTADA – FISCO ESTADUAL X FISCO FEDERAL (ARTS. 7º E 199 DO CTN).
> 1. A capacidade tributária ativa permite delegação quanto às atividades administrativas, com a troca de informações e aproveitamento de atos de fiscalização entre as entidades estatais (União, Estados, Distrito Federal e Municípios).
> 2. Atribuição cooperativa que só se perfaz por lei ou convênio.
> 3. Prova emprestada do Fisco Estadual pela Receita Federal que se mostra inservível para comprovar omissão de receita.
> 4. Recurso especial improvido."[66]

Como bem ressalvou a Min. Eliana Calmon, em seu voto condutor, "é bem verdade que, a partir das informações do Fisco Estadual, poderia haver investigações dirigidas para, com as suas próprias provas, chegar-se à conclusão de que houve omissão de receita"; jamais, no entanto, poderia a Fazenda Nacional, sem lei ou convênio, embasar o auto de infração, exclusivamente, em prova obtida irregularmente[67].

---

[65] Machado, Hugo de Brito, op. cit., p. 209. Sustenta Aliomar Baleeiro, no entanto, em que pese o teor literal do art. 199, que seria possível esse intercâmbio de informações, mesmo sem lei ou convênio, por espírito de cortesia (Baleeiro, Aliomar, op. cit., p. 1003).
[66] STJ, 2ª Turma, Recurso Especial nº 310.210/MG, Relatora Ministra Eliana Calmon, 20/08/2002.
[67] Cumpre ressaltar, no entanto, que a questão não é pacífica nem no Superior Tribunal de Justiça, nem muito menos na própria 2ª Turma dessa especialíssima corte: "PROCESSO CIVIL E TRIBUTÁRIO. IMPOSTO DE RENDA. LANÇAMENTO. PROVA EMPRESTADA. FISCO ESTADUAL. ARTIGO 199 DO CTN. ART. 658 DO REGULAMENTO DO IMPOSTO DE

14. Troca de informações entre Estados estrangeiros

Na forma do parágrafo único do art. 199 do CTN, é possível, também, que a República Federativa do Brasil, pautada em tratados, convenções ou acordos internacionais, permute informações com Estados estrangeiros, no interesse da arrecadação. Trata-se de importante instrumento de combate à evasão e à fraude fiscal[68].

Muito embora a referida disposição legal tenha sido inserida no CTN, tão-somente, com o advento da Lei Complementar nº 104/2001, a verdade é que a convenções internacionais já autorizavam esse intercâmbio de informações muito antes da referida lei. Esclarece Alberto Xavier, a propósito, que essa modalidade de cooperação entre Estados estrangeiros já se encontrava contemplada no art. 26 do Modelo OCDE, modelo esse que foi reproduzido em todas as convenções assinadas pelo Brasil[69].

Esse dever de informar, calcado em tratados ou convenções internacionais, restringe-se aos tributos que são objeto de tratado ou convenção, sendo certo que está limitado pelas regras que disciplinam, no âmbito interno, o sigilo fiscal, o sigilo bancário e o sigilo profissional. Vale dizer: tratado não pode criar regra mais benéfica para Estado estrangeiro do que as regras existentes em favor da Administração Tributária Nacional[70].

RENDA (ART. 936 DO RIR VIGENTE). 1. O artigo 199 do Código Tributário Nacional prevê a mútua assistência entre as entidades da Federação em matéria de fiscalização de tributos, autorizando a permuta de informações, desde que observada a forma estabelecida, em caráter geral ou específico, por lei ou convênio. 2. O art. 658 do Regulamento do Imposto de Renda então vigente (Decreto nº 85.450/80, atualmente art. 936 do Decreto nº 3.000/99) estabelecia que "são obrigados a auxiliar a fiscalização, prestando informações e esclarecimentos que lhe forem solicitados, cumprindo ou fazendo cumprir as disposições deste Regulamento e permitindo aos fiscais de tributos federais colher quaisquer elementos necessários à repartição, todos os órgãos da Administração Federal, Estadual e Municipal, bem como as entidades autárquicas, paraestatais e de economia mista". 3. Consoante entendimento do Supremo Tribunal Federal, não se pode negar valor probante à prova emprestada, coligida mediante a garantia do contraditório (RTJ 559/265). 4. Recurso especial improvido" (STJ, 2ª Turma, Recurso Especial nº 81.094/MG, Relator Ministro Castro Meira, 05/08/2004). O detalhe que talvez tenha passado desapercebido é que o Regulamento do Imposto de Renda é a exteriorização de um decreto, e não de uma lei ou de um convênio. Daí, *data venia*, o equívoco em que incidiu o STJ nesse caso específico.

[68] Xavier, Alberto. Direito Tributário Internacional do Brasil, 5ª ed., Rio de Janeiro: Forense, 2002, p. 687/690.
[69] *Ibidem*.
[70] *Ibidem*.

15. Auxílio de força pública

Tendo em conta que a fiscalização, por sua própria natureza, muito comumente enfrenta severas resistências daqueles que figuram no pólo passivo da relação tributária, conferiu o legislador às autoridades a prerrogativa de requisitar auxílio de força policial, "quando vítimas de embaraço ou desacato no exercício de suas funções, ou quando necessário à efetivação de medida prevista na legislação tributária, ainda que não configure fato definido em lei como crime ou contravenção" (art. 200).

A requisição é feita não pela via judicial, sob pena de tornar inócua a regra do art. 200; basta que a autoridade fazendária peça, diretamente, o auxílio policial, quando isso se fizer necessário[71].

Dispensa a lei – é verdade – que o "embaraço" tipifique crime ou contravenção penal. É óbvio, contudo, que esse "embaraço" deve ser ilegítimo, porquanto a autoridade administrativa deve sempre trilhar o caminho da legalidade, sob pena, inclusive, de incorrer na prática dos crimes de violência arbitrária (art. 322 do CP) ou excesso de exação (art. 316, § 1º, do CP)[72].

O uso da força policial, em qualquer hipótese, encontra limites no princípio da proporcionalidade. Havendo outros meios de se alcançar a mesma finalidade, deve a autoridade prestigiá-los, em detrimento da medida drástica de uso da força policial. Daí que, se o contribuinte recusa a entrega de livros obrigatórios, deve a autoridade evitar o uso de força policial para obter as informações necessárias para a constituição do crédito tributário, eis que a lei autoriza, para o mesmo fim, o lançamento por arbitramento (art. 148 do CTN)[73].

---

[71] Machado, Hugo de Brito, op. cit., p. 210.
[72] Baleeiro, Aliomar, op. cit., p. 1004. Segundo a jurisprudência do STJ, "tipifica-se o excesso de exação pela exigência de tributo ou contribuição social que o funcionário sabe ou deveria saber indevido, ou, quando devido, emprega na cobrança meio vexatório ou gravoso, que a lei não autoriza" (STJ, 6ª Turma, RHC 8842/SC, Relator Ministro Fernando Gonçalves, 16/11/1999).
[73] Martins, Ives Gandra da Silva, op. cit., p. 505. O STJ, contudo, já se manifestou no sentido de que, em havendo resistência do contribuinte em apresentar os livros fiscais, pode a autoridade fazendária fazer uso de força policial ou mesmo propor ação de exibição de documentos. Nesse sentido: "TRIBUTÁRIO E PROCESSUAL CIVIL. AÇÃO DE EXIBIÇÃO DE DOCUMENTOS. RESISTÊNCIA DO CONTRIBUINTE. INTERESSE DE AGIR DO MUNICÍPIO. RECURSO ESPECIAL PELA LETRA 'C' CONHECIDO E PROVIDO. 1. Cuida-se de recurso especial pela alínea "c" da permissão constitucional contra acórdão que extinguiu ação de exibição de documentos proposta pela municipalidade sob o fundamento

16. Doutrina de leitura obrigatória

Baleeiro, Aliomar. Direito Tributário Brasileiro, 11ª ed. atualizada por Misabel Abreu Machado Derzi, Rio de Janeiro: Forense, 2000, p. 989/1.005.

Freitas, Vladimir Passos de. Código Tributário Nacional Comentado: doutrina e jurisprudência, artigo por artigo / coordenação Vladimir Passos de Freitas, 2ª ed, rev. atual. e amp., São Paulo: Editora Revista dos Tribunais, 2004, p. 780/813.

Machado, Hugo de Brito. Curso de Direito Tributário, 19ª ed., 2ª tiragem, São Paulo: Malheiros, 2001, p. 202/210.

de ausência de interesse para agir em face do que dispõe o artigo 195 combinado com o artigo 200, ambos do CTN, os quais garantem ao Fisco o direito de ampla investigação sobre livros e demais documentos comerciais e fiscais do contribuinte. Sem contra-razões. 2. A faculdade conferida à Fazenda Pública para determinar a exibição da documentação que julgar necessária no exercício de sua função de fiscalização tributária, não lhe retira o interesse de propor ação judicial caso encontre resistência do contribuinte em a fornecer. Inexiste no ordenamento jurídico disposição que impeça, ao contrário, contempla a legislação pátria a possibilidade do manejo da ação exibitória de documentos, uma vez que, como assinalado anteriormente, a faculdade conferida pelos dispositivos legais insertos nos artigos 195 e 200 do Código Tributário Nacional não pode ser utilizada como fator de obstáculo ao exercício do múnus público do Estado; pois, quem pode o mais, pode o menos. 3. O interesse de agir evidencia-se na necessidade de o município ter acesso à documentação da empresa para obter os esclarecimentos necessários à elucidação de vários procedimentos adotados pela recorrida na escrituração de suas contas. 4. Recurso especial provido para reconhecer o interesse de agir do município devendo os autos retornarem ao Tribunal a quo para que seja julgado o mérito da apelação." (STJ, 1ª Turma, Recurso Especial nº 1.010.920/RS, Relator Ministro José Delgado, 20/05/2008)

Certidão Negativa de Débitos Tributários
Aspectos Relevantes

RODRIGO JACOBINA BOTELHO

1. Notas Iniciais

Muitas são as relações desenvolvidas pelas pessoas físicas e jurídicas ao longo de sua existência. Algumas são furtivas e sem maior importância, outras são caras e de extremo impacto no seu desenvolvimento. Nestas – as mais caras – é razoável supor que o interessado sempre se dedicará com ardor para cumprir todos os requisitos que venham a ser impostos para que possa figurar como um de seus atores.

Vemos aí o cenário propício para que o Estado formule exigências visando compelir aquela pessoa física ou jurídica ao cumprimento de suas normas e ao atendimento de seus interesses; trata-se de verdadeira imposição de obstáculos que, uma vez atendidos, permitem que o sujeito desfrute livremente daquelas relações jurídicas que têm como caras e, de outro lado, o Estado veja satisfeitas suas pretensões. Aqui reside, precisamente, a oportunidade da exigência de demonstração de regularidade fiscal.

É nesse sentido que o Código Tributário Nacional (CTN), em seus artigos 205 a 208, constrói o alicerce legal permitindo que, em determinadas situações, seja exigido do sujeito passivo de relações tributárias que apresente Certidão Negativa de Débito[1], ou seja, um atestado de adimplência fiscal. A possibilidade de exigência de certidão de regularidade fiscal para

---

[1] Em verdade, o nome mais adequado do documento é certidão de regularidade fiscal, vez que o mesmo pode, como será debatido mais a frente, atestar tanto a inexistência de débitos, as situações temporárias ou a existência de débitos.

a prática de determinado ato jurídico é verdadeira garantia que é outorgada ao crédito tributário[2].

Esta garantia (revestida como privilégio) do crédito tributário, enquanto certidão (numa visão material), pode ser conceituada como o documento administrativo que atesta a adimplência do interessado perante a administração pública que a expede.

Este trabalho tem o escopo de investigar e dissertar sobre as espécies de certidões de regularidade fiscal expedidas pelo poder público, as situações onde as mesmas são exigidas e abordar algumas questões controvertidas sobre o tema.

2. Espécies de Certidão

Já temos em conta que a certidão de regularidade é um atestado administrativo de adimplência. Ocorre que, a leitura dos dispositivos pertinentes do CTN nos informa que não há apenas uma hipótese de certidão de regularidade expedida pela administração tributária; em verdade, possuímos, no direito pátrio, três espécies: (a) positiva; (b) negativa; (c) positiva com efeitos de negativa.

Passemos à análise de cada uma das espécies.

2.a. Certidão Positiva

A expedição de certidões positivas é, na grande maioria dos casos, exatamente o inverso das expectativas dos indivíduos; em seu corpo, a administração tributária afirma que o interessado encontra-se inadimplente com o fisco.

Na prática, muitas administrações tributárias não emitem uma certidão positiva. Elas apresentam um relatório de restrições, ou seja, um relatório onde se encontram listadas todas as ocorrências que impedem a emissão da certidão negativa ou positiva com efeitos de negativa.

2.b. Certidão Negativa

A certidão negativa atesta plena regularidade fiscal. Em suma, este documento afirma que o interessado – indivíduo nominado na certidão – não se encontra inadimplente e não há tributo cuja exigibilidade esteja suspensa[3].

---

[2] MACHADO, Hugo de Brito. Curso de direito tributário. 19a ed. São Paulo: Malheiros, 2001. p. 214.

[3] As hipóteses de suspensão da exigibilidade do crédito tributário são aquelas contidas no artigo 151 do CTN, a saber: moratória, o depósito do montante integral do crédito tributário,

2.c. Certidão Positiva com Efeitos de Negativa

A certidão positiva com efeitos de negativa é uma construção que visa privilegiar a própria dinâmica do fenômeno tributário. Ocorrido o fato imponível e verificada a sua exata subsunção à hipótese de incidência (ATALIBA), nasce o direito de crédito do ente tributante; efetivado o lançamento, a obrigação tributária revela o crédito tributário, passando-se a uma fase de maior concreção da obrigação[4].

O crédito tributário, por sua vez, pode, desde o seu nascimento, sofrer várias interferências que afetam a sua exigibilidade. Constatando a ocorrência de algum fato que atinge a exigibilidade do crédito tributário, é imperioso que o sujeito passivo não seja desprestigiado, sendo tratado como aquele que está inadimplente de obrigação cuja prestação encontra-se plenamente exigível, sob pena do CTN ter construído uma estrutura legal que acaba não favorecendo aquele que dela se beneficia.

O próprio código explicita as possibilidades de expedição de certidão positiva com efeitos de negativa, *in verbis*:

> "Art. 206. Tem os mesmos efeitos previstos no artigo anterior a certidão de que conste a existência de créditos não vencidos, em curso de cobrança executiva em que tenha sido efetivada a penhora, ou cuja exigibilidade esteja suspensa."

Temos, portanto, três situações distintas. A primeira trata de tributos cujo fato imponível fora praticado, o lançamento efetivado – surgindo o crédito tributário –, mas ainda não se deu o termo final para a entrega da prestação, ou seja, o pagamento. A segunda relaciona-se com o processo executivo tributário – a execução fiscal – protegendo o sujeito passivo que

---

as reclamações e os recursos, nos termos das leis reguladoras do processo tributário administrativo, a concessão de medida liminar em mandado de segurança ou em outras espécies de ações judiciais, bem como a concessão de tutela antecipada nestas ações e o parcelamento.

[4] Vemos como importante deixar claro que filiamo-nos ao posicionamento segundo o qual, com a ocorrência do fato gerador nasce a obrigação tributária, mas esta não apresenta feições concretas. Apenas com a ocorrência do lançamento é que teremos a tal feição, ou seja, o crédito tributário. Obrigação e crédito são, ao nosso ver, institutos diversos que guardam entre si uma relação de causa (obrigação) e efeito (crédito), mas, sobretudo, independência e autonomia, notadamente, diante da constatação que poderá haver obrigação sem crédito, mas nunca crédito sem a obrigação correspondente. Revela-se, segundo este entendimento, um dualismo na relação obrigação-crédito tributário.

já se encontra em vias de execução forçada de seu patrimônio, tendo, no entanto, nomeado, na forma da lei adjetiva civil e da lei de execuções fiscais, bens suficientes para garantia do juízo[5]. Por fim, cuida, também, o CTN de proteger o sujeito passivo que se valeu do permissivo constante do artigo 151 do mesmo código, suspendendo a exigibilidade do crédito tributário.

A principal nota que se deve registrar sobre as certidões positivas com efeitos de negativa é o fato de que estas possuem o mesmo valor legal como se negativas fossem; nenhuma restrição ou obstáculo pode ser apresentado ao portador de tal documento[6], exceto, por óbvio, o encerramento das atividades do contribuinte, acaso trate-se de pessoa jurídica. Se, porventura, houver resistência de qualquer autoridade em aceitar a certidão como se negativa fosse, o interessado poderá se valer do remédio processual cabível que, ao nosso ver, é o mandado de segurança.

3. Expedição e Exigência da Certidão

Uma vez solicitada, a certidão deve ser expedida (positiva, negativa ou positivas com efeitos de negativa) no prazo máximo de 10 (dez) dias, sob pena de se configurar omissão passível de correção pela via do mandado de segurança, notadamente, com fulcro no mandamento contido no artigo 5º, inciso XXXIV da Constituição Federal (direito de certidão[7]) e o próprio artigo 205, parágrafo único do CTN[8]. Entretanto, alguns casos têm reclamado especial atenção. Prendamo-nos, aqui, a dois casos: (a) quando há demora no ajuizamento da execução fiscal; (b) quando de tributos cujo lançamento se dá por homologação e esta ainda não ocorreu.

Na primeira hipótese, temos o seguinte quadro: o crédito tributário fora lançado; impugnado ou não, o mesmo restou inscrito em dívida ativa; assim sendo, não havendo nenhuma circunstância que denote a suspensão de sua exigibilidade, a execução fiscal pode ser ajuizada com base na certidão que será extraída daquele assentamento na dívida ativa. Pode ocor-

---

[5] Como o crédito tributário já está integralmente garantido pela penhora, não é razoável que se sobreponha outra garantia.

[6] ROSA JUNIOR, Luiz Emygdio F. Manual de direito financeiro e tributário. 15a ed. Rio de Janeiro: Renovar, 2001. p. 672. MACHADO, Hugo de Brito. op. cit., p. 212.

[7] Não se pode confundir direito de certidão com direito a essa ou aquela certidão. O direito constitucionalmente garantido é o de obter o documento, não o de obtê-lo na forma que se entende correta ou regular.

[8] ROSA JUNIOR, Luiz Emygdio da. op. cit., p. 671- 672.

rer, no entanto, que a Fazenda Pública não promova de imediato o feito executório – promoção que pode ser efetivada até o curso final do prazo prescricional para a cobrança de referido montante. Várias são as razões que podem levar à demora na propositura e, mais grave, não há impedimento a ponto de se caracterizar tal demora como ilegal.

Ocorre que, uma vez que o crédito está vencido, não pago e não vige nenhuma das hipóteses de suspensão da exigibilidade do crédito tributário, o não ajuizamento da execução impede que o devedor nomeie bens à penhora, o que, por sua vez, uma vez efetivada, possibilitaria a obtenção da certidão positiva com efeitos de negativa, nos termos do artigo 206 do CTN.

Não vem parecendo razoável à doutrina e à jurisprudência que o sujeito passivo, interessado em discutir judicialmente o débito tributário e em obter certidão na sua feição positiva com efeitos de negativa, tenha que ficar à mercê da Fazenda Pública, na espera da oportunidade legal de oferecimento de bens, sua efetivação por ordem do juízo e, conseqüentemente, a obtenção do documento pretendido[9].

Não se trata de legitimar o sujeito passivo à propositura de ação apenas fundada na demora do ajuizamento do executivo fiscal; trata-se, na verdade, de agilizar o processo de discussão judicial que, na esteira da melhor interpretação, há de vir precedido de garantia do juízo sob a forma de nomeação de bens a penhora (seguindo-se a ordem legal do artigo 11 da LEF) ou pedido liminar – ou antecipação da tutela pretendida – como forma de suspensão da exigibilidade do crédito tributário. A segunda hipótese – uma vez que desacompanhada de garantia – nos parece, pragmaticamente, mais frágil[10].

---

[9] Como bem ressalta Léo do Amaral Filho "entendemos que o contribuinte poderá pleitear judicialmente o direito de obter a certidão do artigo 206 do Código Tributário Nacional, bem como ter seu nome retirado/suspenso de Cadastros de Inadimplentes geridos pelos órgãos estatais, mediante a propositura de medida cautelar inominada com pedido liminar, antecipando os efeitos da penhora a ser realizada em execução fiscal, com ou sem oferecer garantia lícita caracterizada por caução real ou fidejussória caução (sic) independentemente da morosidade do réu em propor execução fiscal, de acordo com o arbítrio do juiz, no uso do 'poder geral de cautela' e da própria atividade jurisdicional.". AMARAL FILHO, Léo do. Dívida ativa não executada. Certidão de débitos com efeito de negativa. Revista Dialética de Direito Tributário, São Paulo, n. 65, fev. 2001. p. 73.

[10] Não é o tema do presente trabalho, mas nunca é demais lembrar que o artigo 151 do CTN, como já citado, exige, como causa de suspensão da exigibilidade do crédito tributário o

No âmbito da competência do Tribunal Regional Federal da Quarta Região, encontramos vários pronunciamentos no sentido do que fora aqui colocado, valendo citar o entendimento do desembargador Luiz Carlos de Castro Lugon para quem "*o preceito normativo encaixado no art. 206 do CTN, no âmbito jurisprudencial, vem recebendo interpretação extensiva. Reconhece-se direito ao contribuinte-devedor, incapaz de atender qualquer das hipóteses legais que provoque a suspensão da exigibilidade do crédito tributário (art. 151 do CTN), de caucionar bem em garantia do débito tributário, em feito cautelar ou ordinário, obtendo o mesmo efeito da penhora em execução fiscal, preconizada no art. 206 do CTN (...) o devedor (...) não pode ficar indefinidamente à mercê da burocracia fiscal ou da conveniência da propositura da execução fiscal. Está ele legitimado, ante a mora do Fisco, a antecipar-se, impugnando judicialmente o débito, e obtendo as mesmas conseqüências da discussão armada em sede de embargos à execução.*"[11]

Não se pode, sob pena de violência ao princípio da proporcionalidade, deixar o contribuinte desamparado à vista da burocracia legal, mesmo que esta seja absolutamente legal.

Por fim, sobre o tema, nossa jurisprudência tem, ainda, professado que "*o devedor que antecipa a prestação da garantia em juízo, de forma cautelar, tem

---

depósito do montante integral ou o deferimento de medida liminar (em sede mandamental ou de outras ações), bem como a concessão de tutela antecipada. Assim, a exigência do depósito para o deferimento da liminar que objetiva a suspensão nos termos do inciso V daquele artigo configura contra-cautela inadmissível em nosso sistema atual, exceto em casos absolutamente extremos – como de um postulante que, por absurda hipótese, pudesse deixar o país sem ter o judiciário como lhe imputar qualquer decisão no futuro. Qualquer outra hipótese que não se amolde num conceito de rara exceção, acaba por tornar a contra-cautela ilegal nos termos do artigo 151 do CTN, uma vez que seus incisos não são, claramente, cumulativos. Entretanto, quando se trata de crédito já inscrito – como no caso que estamos tratando – entendemos que a presunção de liquidez, certeza e exigibilidade condicionará o raciocínio do magistrado no sentido de se comportar, na ação proposta pelo sujeito passivo, como se juiz da execução fosse, exigindo, por conseguinte, a prestação de garantia nos termos da LEF. Sobre esse tema, recomendamos a leitura dos seguintes julgados: STJ. Recurso Especial no. 222.838. Relatora Ministra Eliana Calmon (2ª Turma), publicado em 18/02/2002; STJ. Recurso em Mandado de Segurança no. 269. Relator Ministro Humberto Gomes de Barros (1ª Turma), publicado em 22/11/1993; STJ. Recurso Especial no. 83.893. Relator Ministro José Delgado (1ª Turma), publicado em 15/04/1996; contra: STJ. Embargos de Declaração no Recurso em Mandado de Segurança no. 5.026. Relator Ministro Ari Pargendler (2ª Turma), publicado em 06/05/1996.
[11] TRF Quarta Região. Agravo de Instrumento no. 2001.04.01.060118-5. Relator Juiz Luiz Carlos de Castro Lugon (1ª Turma), publicado em 16/01/2002.

direito à certidão positiva com efeitos de negativa"[12] e que "não ajuizada a execução fiscal, por inércia da Fazenda Nacional, o devedor que antecipa a prestação da garantia em juízo, de forma cautelar, tem direito à certidão positiva com efeitos de negativa, por isso que a expedição desta não pode ficar sujeita à vontade da Fazenda"[13].

A Primeira Seção do Superior Tribunal de Justiça, após alguma discussão e divergência no âmbito de suas duas Turmas, acabou pacificando a questão no sentido da possibilidade do ajuizamento da cautelar aqui tratada.[14]

Hoje, nosso judiciário vem aceitando com relativa tranquilidade ações cautelares onde o contribuinte, necessitado do documento de regularidade fiscal, apresenta uma garantia ao juízo – no mais das vezes, uma fiança bancária de uma instituição de primeira linha – requerendo que seja autorizada a expedição da certidão positiva com efeitos de negativa. Deferida a liminar, ao requerente cabe, na forma da lei de ritos, ajuizar a ação principal, qual seja, a ação anulatória em que discutirá o crédito tributário, daí já suportado pela garantia apresentada e aceita em sede cautelar.

Importante ressaltar que muitos magistrados entendem que, nesse caso, não há propriamente uma suspensão da exigibilidade do crédito tributário senão apenas para fins de obtenção da certidão positiva com efeitos de negativa. Para essa linha de raciocínio, a propositura da execução fiscal não estaria obstada, vez que em sua essência o crédito ainda estaria em pleno gozo de sua exequibilidade. Proposta a execução, cabe ao executado garantir a execução. Nesse caso, a prudência recomenda que ofereça em garantia a mesma garantia que ofertou em sede cautelar; entendemos que a Fazenda Pública não está obrigada à aceitação, mas concordamos que, se a garantia foi sólida num primeiro momento, presume-se que essa solidez ainda esteja vigendo. Caso tenha havido alguma deterioração ou prejuízo à garantia antes ofertada, há justa razão para sua recursa.

Outro ponto digno de nota são as hipóteses onde o lançamento se dá por homologação. Nestes casos, o sujeito passivo antecipa uma série de atos (sendo os mais significativos o de apuração do tributo devido e seu pagamento) e aguarda pela visita da fiscalização que homologará ou não tudo

---

[12] STJ. Recurso Especial no. 494.881. Relator Ministro Luiz Fux (1ª Turma), publicado em 15/03/2004.
[13] STJ. Embargos de Declaração no Recurso Especial no. 205.815. Relator Ministro Francisco Peçanha Martins (1ª Seção), publicado em 04/03/2002.
[14] STJ. Embargos de Divergência no. 815.629. Relator Ministro José Delgado, Relator para o Acórdão Ministra Eliana Calmon (1ª Seção), publicado em 6/11/2006.

aquilo que fora antecipado. A dúvida que surge é: tendo ocorrido determinado fato imponível e o sujeito passivo cumprido suas obrigações acessórias e antecipado o pagamento, pode a administração tributária se negar a expedir certidão negativa alegando que, uma vez que o crédito tributário ainda não fora homologado, ele não está extinto? Parece-nos desarrazoado que esta negativa encontre algum amparo, sob pena de se supor que, com relação aos tributos cujo lançamento se dá por homologação, a certidão negativa só poderá ser expedida após esta, seja expressa, seja tácita (o que imporia uma espera de até cinco anos para a obtenção do documento) ou venham os atos praticados pelo sujeito passivo ser objeto de glosa e ocorra o lançamento de ofício – fato que permitiria a impugnação e, por conseguinte, nos termos do artigo 151, inciso III e o próprio artigo 206, ambos do CTN, a expedição da certidão positiva com efeitos de negativa[15].

Entretanto, ainda na seara dos tributos cujo lançamento se dá sujeito à homologação posterior, há que se ressaltar que, se o sujeito passivo confessa o débito impago – através de declaração formal ao fisco[16] – não se pode pretender a expedição da certidão, uma vez que tal confissão é, segundo o entendimento atual da jurisprudência, elemento suficiente para a constituição definitiva do crédito, permitindo, inclusive, que o mesmo seja inscrito em dívida ativa[17]. Este posicionamento – que impõe a tônica de verdadeira confissão às declarações citadas – acaba por gerar algum desequi-

---

[15] STJ. Agravo Regimental no Recurso Especial no. 408.692. Relator Ministro Franciulli Netto (2ª Turma), publicado em 26/05/2003; STJ. Agravo Regimental em Agravo de Instrumento no. 438.929. Relator Ministro Franciulli Netto (2ª Turma), publicado em 19/05/2003; STJ. Agravo Regimental nos Embargos de Divergência no Recurso Especial no. 241.500. Relator Ministro Franciulli Netto (1ª Seção), publicado em 24/03/2003; STJ. Embargos de Divergência no Recurso Especial no. 202.830. Relator Ministro Peçanha Martins (1a Seção), publicado em 2/04/2001 ("A jurisprudência do STJ já está consolidada no sentido de que 'em se tratando de tributo sujeito a lançamento por homologação, inexistindo este, não há que se falar em crédito constituído e vencido, o que torna ilegítima a recusa da autoridade coatora em expedir CND").

[16] As declarações firmadas pelos contribuintes se tornaram comuns em todas as esferas da competência tributária. No âmbito federal, as mais comuns são a DCTF (Declaração de Contribuições e Tributos Federais) e a GFIP (Guia de Recolhimento do FGTS e Informações à Previdência Social); no âmbito estadual temos a GIA (Guia de Informação e Apuração do ICMS). Todas as declarações, em regra, consolidam as informações acerca da base imponível, indicam o tributo devido e o que fora efetivamente pago pelo contribuinte.

[17] STJ. Recurso Especial no. 620.564. Relator Ministro Teori Albino Zavascki (1ª Turma), publicado em 6/09/2004; STJ. Recurso Especial no. 281.867. Relator Ministro Francisco Peçanha Martins (2a Turma), publicado em 26/05/2003.

líbrio, eis que se o sujeito passivo cumpre a obrigação acessória e entrega a declaração, vê obstado o seu direito à certidão, ainda que positiva com efeitos de negativa; entretanto, se não promove a entrega – descumprindo obrigação acessória – pode obter dito documento, uma vez que entende o STJ que o descumprimento da obrigação reclama lançamento de ofício supletivo e, enquanto este não for efetivado, impossível a negativa de expedição da certidão[18]

Mais à frente, outra grande celeuma pode surgir com a verificação de quando as certidões negativas – ou positivas com efeitos de negativas – podem ser exigidas para a prática de determinados atos. O CTN dita quais são as hipóteses legais de exigência:

"Art. 191. A extinção das obrigações do falido requer prova de quitação de todos os tributos.[19]

Art. 191-A. A concessão de recuperação judicial depende da apresentação da prova de quitação de todos os tributos, observado o disposto nos arts. 151, 205 e 206 desta Lei.[20]

Art. 192. Nenhuma sentença de julgamento de partilha ou adjudicação será proferida sem prova da quitação de todos os tributos relativos aos bens do espólio, ou às suas rendas.

Art. 193. Salvo quando expressamente autorizado por lei, nenhum departamento da administração pública da União, dos Estados, do Distrito Federal, ou dos Municípios, ou sua autarquia, celebrará contrato ou aceitará proposta em concorrência pública sem que o contratante ou proponente faça prova da quitação de todos os tributos devidos à Fazenda Pública interessada, relativos à atividade em cujo exercício contrata ou concorre."

Os artigos precitados tratam, a todo instante que fazem alusão à prova de quitação de tributos, das hipóteses de exigência da certidão de regularidade fiscal (negativa ou positivas com efeitos de negativas). A pergunta que se coloca é: podem existir outras hipóteses que não estas previstas expressamente pelo Código Tributário Nacional? A questão se revela inquietante.

---

[18] STJ. Recurso Especial no. 944.744. Relator Ministro Luiz Fux (1ª Turma), publicado em 7/08/2008.
[19] Redação dada pela lei complementar número 118, de 9 de fevereiro de 2005. Redação anterior do artigo 191: *"Não será concedida concordata nem declarada a extinção das obrigações do falido, sem que o requerente faça prova da quitação de todos os tributos relativos à sua atividade mercantil"*.
[20] Artigo incluído pela lei complementar número 118, de 9 de fevereiro de 2005.

Temos três situações distintas:

a) quando se trata das hipóteses do CTN, a exigência é um privilégio do crédito tributário e perfeitamente cabível como norma geral de direito tributário que encontra assento na lei complementar – assim recepcionada – na forma como preconiza a Constituição. Importante ressaltar a parte final do artigo 193 acima transcrito. O que se exige é a apresentação de quitação com a Fazenda contratante, não em relação àquelas outras totalmente à margem daquele processo de contratação[21];

b) quando se está diante de certidão de regularidade perante o sistema da seguridade social, há que se reconhecer como perfeita a exigência, uma vez que desejou o constituinte conceder privilégio de assento constitucional à matéria. O artigo 195, parágrafo terceiro da Constituição Federal é claro em asseverar que *"a pessoa jurídica em débito com o sistema da seguridade social, como estabelecido em lei, não poderá contratar com o poder público nem dele receber benefícios ou incentivos fiscais ou creditícios."*. Assim, quando se trata dos tributos vinculados a tal sistema, a exigência de apresentação de certidão negativa ou positiva com efeitos de negativa é de assento constitucional. Tal exigência é ampla, posto que não abrange apenas a prestação de serviços ou fornecimento de bens ao poder público, mas também a obtenção de benefícios dos mais caros, notadamente aqueles atrelados a questões financeiras (tributos e crédito público)[22];

---

[21] Sobre a questão da exigência da apresentação de certidões nos processos licitatório, nos posicionaremos mais à frente.

[22] É digno de nota que a legislação elenca, em diversos dispositivos, situações onde é inexigível a certidão aqui tratada, dentre as quais: (a) lavratura ou assinatura de instrumento que redunda em retificação, ratificação ou efetivação (como, por exemplo, nas escrituras definitivas de compra e venda que são efetivações de promessas anteriormente firmadas) de ato anterior onde já tiver sido apresentado o documento (artigo 47, parágrafo 6o da lei federal 8.212/91; (b) concessão de garantia para crédito rural (artigo 47, parágrafo 6o da lei federal 8.212/91); (c) averbação de imóvel construído antes de 1966 (artigo 47, parágrafo 6o da lei federal 8.212/91); (d) alienação de imóveis integrantes de Fundo de Investimento Imobiliário (art. 7o, parágrafo 3o da lei federal 8.668/93); (e) alienação de imóvel que integre o ativo circulante de empresa que se dedique a atividade de incorporação imobiliária (artigo 257, parágrafo 8o, inciso IV do decreto 3.048/99). O mesmo artigo 47 da lei federal 8.212/91, antes citado, em seu parágrafo oitavo, exige que, em casos de parcelamento de débitos, a certidão positiva com efeitos de negativa só será concedida se for prestada garantia; a jurisprudência

c) excluindo-se os casos de tributos relacionados ao sistema da seguridade social, quando se está diante de lei que não reveste a forma de lei complementar, a situação torna-se problemática. Nestes casos, qualquer instrumento normativo que não revista tal forma seria inconstitucional por afronta ao artigo 146, inciso III, letra "c" (uma vez que se exige a lei complementar para tratar de questões envolvendo o crédito tributário, aí insertas as suas garantias e privilégios), bem como ao artigo 170, parágrafo único, ambos da Constituição Federal[23];

Há que se frisar aqui uma importante advertência. A exigência da apresentação de certidões pode, salvo melhor juízo, em determinados casos, não se revelar exatamente como uma garantia do crédito tributário em si, mas como garantia de interesses outros do Poder Público. Vejamos um exemplo prático. A lei de licitações – lei federal 8.666/93 – estabelece em seu artigo 27 que o licitante deverá comprovar, dentre outros requisitos, capacidade financeira e regularidade fiscal. Em suma, exige a lei que aquele que se propõe a contratar com o poder público exiba qualidades que permitam ao administrador presumir, com razoável certeza, que nada abalará sua *"saúde"* financeira a ponto de impedir ou interromper a execução do contrato (o que, sem sombra de dúvidas, traria sensíveis prejuízos ao interesse público). Neste sentido a lei exige a apresentação de uma série de elementos documentais para a demonstração desta capacidade, dentre os quais, as certidões de regularidade fiscal. Percebam que, aqui, tais documentos não funcionam como um impeditivo em si à contratação – exceto se estivermos tratando do fisco previdenciário, conforme antes advertido – mas sim como mais um elemento integrante do conjunto probatório firmado no interesse da administração pública. Ora, se temos dois licitantes que apresentam todos os elementos explicitando situações financeiras idênticas (balanços contábeis, dentre outros), mas um apresenta uma cer-

---

vem, reiteradamente, rechaçado tal hipótese. Confira-se STJ. Recurso Especial no. 611.738. Relator Ministro Francisco Peçanha Martins (2a Turma), publicado em 27/09/2004. Este tema será detalhado mais a frente.

[23] Hugo de Brito Machado chega a afirmar que, mesmo revestindo a forma de lei complementar, a exigência de certidões que violente os princípios da liberdade profissional (liberdade de comércio) e livre iniciativa, será inconstitucional. MACHADO, Hugo de Brito. A exigência de certidões negativas. Revista Dialética de Direito Tributário, São Paulo, n.40, p.53-58, jan. 1999.

tidão positiva e outro apresenta uma negativa ou positiva com efeitos de negativa, com qual que o poder público poderá contratar prevendo que as obrigações serão executadas com um risco próximo de zero[24 e 25]? A apresentação dos documentos de regularidade fiscal é imprescindível para que o coordenador do processo licitatório avalie a sólida estruturação do fluxo econômico-financeiro do participante do certame; eis o fundamento da exigência, ou seja, como garantia do interesse na execução do contrato sem riscos de prejuízos para a administração e não como garantia do crédito tributário[26 e 27].

[24] Poderia-se argumentar que uma dívida de ordem tributária não seria suficiente para interferir na execução de um contrato com o poder público. Esse argumento acaba por se esquecer que a dívida tributária possui rito privilegiado de cobrança (dispensando-se o processo judicial de conhecimento) onde o devedor pode ter seu patrimônio constrangido e, até mesmo, alienado forçadamente num período mais curto que, por exemplo, de uma dívida civil. Ademais, as licitações exigem igualmente a apresentação de certidões dos distribuidores judiciais, demonstrando a inexistência de questões que possam levar à mesma constrição patrimonial. A preocupação se justifica pelo fato que esta constrição pode, por exemplo, recair sobre determinado bem afeto à execução do contrato, o que pode trazer inúmeros transtornos ao poder público levando até, nos casos de alienação judicial, a uma possível interrupção da execução do contrato.

[25] Recomendamos a leitura do excelente artigo da lavra da professora Fabiana de Menezes Soares. Entretanto, com máximo respeito à citada professora, não concordamos com a assertiva, lançada em seu trabalho no sentido que "a lei de licitação, ao exigir a situação regular com a seguridade social, não tem só como escopo o contrato com aquele que apresenta melhor situação financeira. Seu fim é também o de premiar aquele que cumpre com os encargos sociais instituídos por lei....". SOARES, Fabiana de Menezes. Contribuições sociais: a certidão positiva de débito com efeito de negativa em face do § 3o do art. 195 da Constituição Federal. Revista de Informação Legislativa, Brasília, a. 32, n. 127, p. 191-201, jul./set. 1995. Sinceramente, ao nosso ver, "prêmio" denotaria discriminação inaceitável do ponto de vista do novo texto constitucional (aqui claramente nos posicionando no sentido contrário da tese defendia pela eminente professora). Na verdade, a redação do dispositivo criou privilégio constitucional ao crédito da seguridade social visando uma estrutura (semelhante àquela do CTN) que visa a legal coação para o adimplemento daquelas exações.

[26] JUSTEN FILHO, Marçal. Comentários à lei de licitações e contratos administrativos. 9ª ed., São Paulo: Dialética, 2002. p. 305 et. seq. Outra obra digna de nota é a do Des. Jessé Torres onde vemos reforçado o entendimento que as certidões de regularidade fiscal funcionam, em verdade, como elementos de convicção para o administrador público. Argumenta o citado mestre que "A solução alvitrada pela nova lei, além de suscitar controvérsia, obrigará que o ato convocatório de cada licitação forneça à Comissão de Julgamento parâmetro objetivo para verificar se o valor ou a natureza do débito fiscal atribuído a algum licitante é de molde a comprometer a 'garantia do cumprimento das obrigações', consoante mandamento constitucional (CF/88, art. 37, XXI) (...) Parâmetro aceitável talvez possa ser o resultante de

Uma hipótese prática que clamou a atenção de nossos tribunais é a exigência de certidões para a prática de atos perante o registro de comércio. Não era de todo incomum a exigência de certidões negativas para o registro de atos em Juntas Comerciais ou Registros Civis de Pessoas Jurídicas. Como defendemos em edições anteriores, de tudo o que fora exposto acima, não víamos como enxergar tal exigência como um elemento de análise estrutural e financeira do interessado no registro – seria despropositado o interesse do agente de registro nestas informações –, desta forma, tal exigência se afigurava como verdadeiro privilégio e, como antes dito, necessário seria a sua previsão em lei complementar, sob pena de grave afronta à imposição formal da constituição, bem como violência ao princípio da livre iniciativa, esculpido no artigo 1º, inciso IV c/c art. 5º, inciso XIII, ambos refletidos na dicção do artigo 170, todos da Constituição Federal.

João Luiz Coelho da Rocha advertia, sobre o tema em questão, que muitas já foram as manifestações de nossos tribunais acerca da impossibilidade da Fazenda se valer de meios coercitivos outros que não as garantias do crédito tributário (preferências, privilégios e o próprio rito executivo fiscal) para obter o pagamento de quantias eventualmente inadimplidas[28]. Nesta seara, o próprio STF editou a súmula 70 que trata da interdição de estabelecimento; ora, se é inadmissível interditar fisicamente o comércio ou a indústria, quanto mais a interdição jurídica que pode se resultar de uma negativa de registro de qualquer ato social.

---

comprovação entre o montante do débito e os documentos relativos à comprovação de sua qualificação econômico-financeira (art. 31). Demonstrando que aquele valor é absorvível pela empresa, sem risco para a execução do objeto da licitação, caso lhe seja adjudicado, a Comissão não terá fundamento para inabilitá-la". PEREIRA JUNIOR, Jessé Torres. Comentários à lei de licitações e contratações da administração pública. 6ª ed., Rio de Janeiro: Renovar, 2003. p. 337.

[27] Vide nota 31 com a referência ao recente julgamento da ADI 394. Quando deste julgamento, o STF deixou de declarar a inconstitucionalidade do dispositivo da Lei 7.711/88 que trata da exigência da apresentação de certidões em procedimentos licitatórios por considerar que referido dispositivo fora revogado pela Lei de Licitações. Alguns analistas entendem que o STF acenou com um possível entendimento que, também nas licitações, a exigência representaria uma sanção política inaceitável. Entendemos que este posicionamento pode ser, no futuro, prestigiado pelo STF, caso a exigência seja elemento de condição essencial ao certame e não como critério de avaliação, como sustentamos acima.

[28] ROCHA, João Luiz Coelho da. As exigências de certidões negativas no registro do comércio. Revista Dialética de Direito Tributário, São Paulo, n. 46, jul. 1999. p. 47.

O posicionamento do STF é de uma coerência lógica impressionante e, durante anos, vem sendo esposado da mesma forma – há que se conferir a redação das súmulas 323 e 547[29]. Todas estas manifestações, como ressalta Eduardo Domingues Bottallo, demonstram a tradição do tribunal máximo em ter por inconstitucional qualquer ato que vise compelir o sujeito passivo ao pagamento de tributos que não seja a cobrança pelo rito próprio – devido processo – executivo[30].

Nessa linha, o STF chegou a julgar a inconstitucionais os incisos I, III e IV, e §§ 1º, 2º e 3º, todos do artigo 1º da Lei nº 7.711/88 que, respectivamente, exigiam a apresentação da certidão para (a) transferência de domicilio para o exterior; (b) registro ou arquivamento de contrato social, alteração contratual e distrato social perante o registro público competente[31]; (c) quanto a operações de registro junto ao Cartório de Registro de Títulos e Documentos; (d) registro em Cartório de Registro de Imóveis e (e) operações de financiamento junto a instituição financeira[32].

Ainda neste mesmo sentido vinha navegando nossos tribunais, afastando tal exigência amparada no argumento que a mesma configuraria *"meio coercitivo indireto de cobrança de tributos."*[33]

Esse cenário, no entanto, sofreu recente e benéfica mudança.

Ao tempo da atualização desse capítulo e sua entrega aos organizadores, o ordenamento jurídico passou a vivenciar uma série de mudanças em

---

[29] As súmulas aqui citadas têm a seguinte redação: súmula 70: "É inadmissível a interdição de estabelecimento como meio coercitivo para cobrança de tributo."; súmula 323: "É inadmissível a apreensão de mercadorias como meio coercitivo para pagamento de tributos."; súmula 547: "Não é lícito à autoridade proibir que o contribuinte em débito adquira estampilhas, despache mercadorias nas alfândegas e exerça suas atividades profissionais.".

[30] BOTTALLO, Eduardo Domingos. Limites constitucionais às exigências de certidões negativas fiscais. Revista de Direito Administrativo, Porto Alegre, v. 1, n. 5, jan./fev. 1999. p. 134.

[31] O Departamento Nacional de Registro do Comércio baseia-se em normativo anterior a lei 7.711/88 para exigir a certidão no arquivamento de determinados atos, qual seja, o Decreto-lei 1.715/79. Entretanto, entendemos que referido normativo foi suplantado pela Lei 7.711/88, agora declarada inconstitucional.

[32] STF. Ação Direta de Inconstitucionalidade no. 394. Relator Ministro Joaquim Barbosa, julgada em 25/09/2008.

[33] TRF Quarta Região. Remessa ex officio no. 20017000030457-3 (14093). Relator Juiz Edgard Lippmann Junior (4ª Turma), publicado em 02/04/2003. Confira-se, também, a decisão monocrática proferida pelo Ministro Luiz Fux (STJ. Recurso Especial no. 507.491, publicada em 16/06/2003).

relação ao tema da exigência das certidões, fundamentalmente quanto à prática de atos do registro do comércio.

Podemos citar que a primeira grande mudança veio no dia 8 de agosto de 2014 com a publicação no Diário Oficial da Lei Complementar número 147 de 7 de agosto de 2014. Essa lei, entre outras questões, traz importantes inovações a Lei Complementar 123/2006, a lei que institui o Estatuto Nacional da Microempresa e da Empresa de Pequeno Porte. No que tange a questão das certidões, a Lei Complementar 147/2014 inova ao dispensar que as empresas daquela natureza necessitem apresentar certidões de regularidade fiscal para "o registro dos atos constitutivos, de suas alterações e extinções (baixas), referentes a empresários e pessoas jurídicas em qualquer órgão dos 3 (três) âmbitos de governo", na forma da nova redação que impõe ao artigo 9o da Lei Complementar 123/2006. Dito artigo esclarece que a não apresentação dessas certidões não elide as "responsabilidades do empresário, dos titulares, dos sócios ou dos administradores por tais obrigações, apuradas antes ou após o ato de extinção."

Fica claro portanto, que microempresas e empresas de pequeno porte, sem prejuízo da responsabilidade de seus sócios e administradores – que, ao nosso ver, não poderão deixar de ser verificadas à luz do artigo 135 do Código Tributário Nacional –, podem praticar todos os atos de registro do comércio sem a apresentação de certidões de regularidade fiscal.

Há aqui uma clara ponderação de interesses. De um lado, como já dito, o interesse do fisco em promover a maior eficácia da arrecadação impondo que determinados atos jurídicos – importantes para o contribuinte – tenham sua prática condicionada à apresentação das certidões de regularidade fiscal. De outro lado a desburocratização que favorece a livre iniciativa, princípio constitucional de relevada importância no nosso sistema (artigo 170 caput da Constituição Federal). Entendeu o Estado que, nesse caso, a desburocratização deveria prevalecer, vez que a eficácia dos sistemas de cobrança e arrecadação são garantidas por outras providências e procedimentos de controle do fisco – tais como a enxurrada de obrigações acessórias impostas aos contribuintes, os sistemas eletrônicos de processamento de declarações e cruzamento de informações, o protesto de certidões da dívida ativa, dentre outros.

Assim, parece ao Estado que a burocracia envolta na prática de atos do registro do comércio deve ceder, sem que isso represente um prejuízo ao sistema de controle e coerção para a arrecadação.

Mas a pergunta que fica é se essa desburocratização alcança apenas as microempresas e empresas de pequeno porte. Afinal, se assim fosse, não nos parece haver uma quebra de isonomia, vez que a própria Constituição Federal estabelece que essas empresas merecem um tratamento diferenciado, na forma do que estabelece o artigo 170, inciso IX do Texto Magno.

Ocorre que a Lei Complementar 147/2014 foi além. Em seu artigo 7º, estabeleceu:

> Art. 7º A Lei no 11.598, de 3 de dezembro de 2007, passa a vigorar acrescida do seguinte art. 7o-A:
>
> "Art. 7º-A. O registro dos atos constitutivos, de suas alterações e extinções (baixas), referentes a empresários e pessoas jurídicas em qualquer órgão dos 3 (três) âmbitos de governo, ocorrerá independentemente da regularidade de obrigações tributárias, previdenciárias ou trabalhistas, principais ou acessórias, do empresário, da sociedade, dos sócios, dos administradores ou de empresas de que participem, sem prejuízo das responsabilidades do empresário, dos titulares, dos sócios ou dos administradores por tais obrigações, apuradas antes ou após o ato de extinção.
>
> § 1º A baixa referida no caput deste artigo não impede que, posteriormente, sejam lançados ou cobrados impostos, contribuições e respectivas penalidades, decorrentes da simples falta de recolhimento ou da prática comprovada e apurada em processo administrativo ou judicial de outras irregularidades praticadas pelos empresários ou por seus titulares, sócios ou administradores.
>
> § 2º A solicitação de baixa na hipótese prevista no caput deste artigo importa responsabilidade solidária dos titulares, dos sócios e dos administradores do período de ocorrência dos respectivos fatos geradores."

Cumpre aqui esclarecer que a alterada lei 11.598/2007 é a lei que estabelece diretrizes e procedimentos para a simplificação e integração do processo de registro e legalização de empresários e pessoas jurídicas. Em suma, uma lei que busca a desburocratização da prática dos atos de registro do comércio.

Nos parece que a Lei Complementar 147/2014, ao promover a alteração na lei 11.598/2007, inegavelmente foi clara em dizer que o tratamento dispensado às microempresas e empresas de pequeno porte estava estendido à todas as empresas. Não teria sentido algum alterar a lei 11.598/2007, pela inclusão de um novo artigo 7º-A se o tratamento da desburocratização, que, como já dito, enaltece o princípio constitucional da livre iniciativa, fosse ficar restrito às pequenas empresas.

Assim, fica claro, a essa leitura, que a apresentação de certidões de regularidade fiscal para a prática de atos do registro do comércio é um ponto ultrapassado no ordenamento jurídico brasileiro. Cabe ressaltar, no entanto, que o artigo 47 da lei 8.212/91 não foi expressamente revogado. Tal artigo era a norma que fundamentava a exigência dos documentos de regularidade fiscal previdenciários para a prática de diversos atos, inclusive os atos de registro do comércio (inciso I, letra d). Dada a jovialidade das mudanças aqui tratadas, não nos parecia impossível surgir alguma tese que defendesse que, quanto as certidões de natureza previdenciária, até por conta da importância da regularidade com as exações dessa natureza (ex vi o artigo 195, parágrafo 3o da Constituição Federal), a exigência da apresentação para a prática de atos do registro do comércio continuava mantida.

Em primeiro lugar, reforçamos que admitimos essa suposta tese por simples gosto ao debate, até porque a importância constitucional dada às contribuições previdenciárias é clara no âmbito da contratação com o Poder Público e concessão de benefícios pelo Estado.

Nos parece incabível vez que a lei nova simplesmente não traz qualquer exceção a regra quanto a tal ou qual certidão deva ser ou não apresentada.

Segundo, por uma questão de ordem prática. Vejamos. Em 5 de setembro de 2014, foi publicado o decreto 8.302 de 4 de setembro de 2014, onde restaram revogados o decreto 6.106/2007 e os artigos 227, 257, 258, 259, 262 e 263 do decreto 3.408/99 (Regulamento Geral da Previdência Social). O primeiro decreto trata da certidão de regularidade fiscal previdenciária; em suma, com sua revogação, tal documento deixa de existir. Os artigos do Regulamento Geral da Previdência Social tratam, mormente o artigo 257, da exigência da apresentação de certidões para a prática de atos do registro do comércio.

São coerentes os movimentos de inovação normativa. Se de um lado estingue-se a certidão de regularidade fiscal previdenciária, de outro extingue-se a exigência de sua apresentação para a prática de inúmeros atos, dentre os quais os relativos ao registro do comércio. Mas essa extinção não redunda na conclusão que a regularidade fiscal previdenciária não será mais objeto de um documento emitido pelas autoridades fiscais. Em 5 de setembro de 2014 o Ministro da Fazenda editou a Portaria 358, onde, pragmaticamente, unificou as certidões de regularidade fiscal federal. Em 20 de outubro de 2014 passam a ser emitidas certidões de regularidade quanto a todos os tributos e contribuições, previdenciárias ou não, que são arrecadados e administrados pela Receita Federal do Brasil.

Jaz aqui o impeditivo de ordem prática para a sustentação da tese que, quanto a regularidade fiscal previdenciária, amparada pelo não revogado artigo 47, inciso I, letra d da lei 8.212/91, a exigência de apresentação do documento de regularidade permanece. Esse documento não existe mais; a regularidade previdenciária será atestada em documento conjunto da Receita Federal. Ora, como exigir a apresentação da regularidade previdenciária, ao abrigo da lei 8.212/91, se a lei 11.598/2007 dispensa a apresentação de qualquer comprovação de regularidade fiscal? Mais ainda, hoje, regularidade essa que é atestada em conjunto?

Nos parece que prevalece o comando da lei 11.598/2007, na inclusão que lhe promoveu a Lei Complementar 147/2014, dispensando a apresentação de qualquer documento que ateste a regularidade fiscal para prática de atos do registro do comércio, salvaguardando, por óbvio, a responsabilidade de sócios e administradores, desde que observadas uma das circunstâncias do artigo 135 do Código Tributário Nacional.

Desta forma e em apertada síntese, podemos ter que, se a certidão for um instrumento de coação administrativa ao pagamento de tributos e manutenção da regularidade fiscal, ela é um privilégio do crédito tributário e, como tal, há de ser regulada por lei complementar; caso a certidão seja exigida como elemento integrante de um conjunto probatório que visa fornecer a terceiro circunstâncias que denotem a saúde financeira do interessado, ela não é um privilégio do crédito tributário e, como tal, pode encontrar assento em qualquer normativo ou, até mesmo, numa disposição contratual[34]. Caminhou bem a legislação no abandono da exigência da certidão para prática dos atos de registro de comércio, eis que esses não se enquadravam, ao nosso ver, em nenhuma das duas hipóteses.

4. Notas Finais

Lançados os aspectos relevantes sobre o tema, temos que considerar importantes notas adicionais.

A primeira diz respeito ao perecimento de direito e a apresentação de certidão negativa, na forma como dispõe o artigo 207 do CTN, *in verbis*:

---

[34] Não vemos óbice para que um banco privado, por exemplo, passe a exigir a certidão como elemento para análise de crédito. A certidão pode ser mais um dentre tantos critérios para a concessão de crédito.

"Independentemente de disposição legal permissiva, será dispensada a prova de quitação de tributos, ou o seu suprimento, quando se tratar de prática de ato indispensável para evitar a caducidade de direito, respondendo, porém, todos os participantes no ato pelo tributo porventura devido, juros de mora e penalidade cabíveis, exceto as relativas a infrações cuja responsabilidade seja pessoal ao infrator."

Assim, com assevera Hugo de Brito Machado, se tal mandamento for bem aplicado, ninguém verá perecido seu direito por conta do fato de que não reunia condições jurídicas para obter o referido documento[35]. Mas é de todo importante ressaltar que, neste caso, os interessados na não apresentação da certidão tornam-se pessoalmente responsáveis pelo crédito tributário que deixou de ser atestado em certidão.

Outro aspecto importante a esta nota final é a relação entre direito penal e direito tributário no campo das certidões. A recusa de expedir certidão se o débito ainda não se encontra vencido pode caracterizar meio coercitivo de cobrança que não aqueles reconhecidos por lei; estaríamos diante de situação que, dependendo das circunstâncias do caso concreto, caracterizaria crime de excesso de exação, na forma como tipifica o artigo 316, parágrafo primeiro do Código Penal, na redação dada pela lei 8.137/90[36].

Outra hipótese é o caso de expedição de certidão inverídica em prejuízo à Fazenda Pública. Aqui há de ficar claro que o funcionário deve ter ciência do erro na expedição da certidão – consciência da impropriedade do documento – para que seja considerado pessoalmente responsável na forma do artigo 208 do CTN. Esta responsabilidade tributária solidária não exclui a sua responsabilidade administrativa e criminal a ser apurada em processo e inquérito próprios (parágrafo único do mesmo artigo).

5. Doutrina de Leitura Obrigatória

MACHADO, Hugo de Brito. A exigência de certidões negativas. *Revista Dialética de Direito Tributário*, São Paulo, n.40, p.53-8, jan. 1999.

ROSA JUNIOR, Luiz Emygdio F. *Manual de direito financeiro e tributário*. 15ª ed. Rio de Janeiro: Renovar, 2001.

TORRES, Ricardo Lobo. *Curso de direito financeiro e tributário*. 7ª ed. Rio de Janeiro: Renovar, 2000.

---

[35] MACHADO, Hugo de Brito. Curso de direito tributário. p. 213.
[36] Ibid., p. 216.

Dívida Ativa

Érico Teixeira Vinhosa Pinto

1. Noção introdutória
1.1. A importância da delimitação do conceito de "Dívida Ativa da Fazenda Pública"

A necessidade de se estabelecer uma delimitação de determinados créditos públicos e de separá-los dos demais créditos públicos e privados é o primeiro passo para a criação de um regime jurídico próprio, composto de regras mais vantajosas, aplicáveis à sua cobrança. Dito de outro modo, a existência de regras específicas para a execução fiscal não prescinde, ao contrário pressupõe, a definição dos créditos que estarão sujeitos a essas regras, não aplicáveis aos demais títulos executivos e nem acessíveis aos credores em geral.

Nesse contexto, a delimitação do conteúdo da expressão *"dívida ativa da Fazenda Pública" e* a demarcação de suas fronteiras em relação a outros institutos jurídicos que lhe são próximos são de fundamental importância para a correta compreensão do processo de execução fiscal, na medida em que tais institutos estão ligados de forma visceral pelo direito em vigor, não subsistindo atualmente um (a execução fiscal) sem o outro (a *"dívida ativa da Fazenda Pública"*).

A análise dos créditos públicos que integram o conceito e que podem ser inscritos em dívida ativa da Fazenda Pública representa, assim, o ponto inicial do estudo da execução fiscal, sem o qual não é possível a correta compreensão do tema.

1.2. Dívida Ativa da Fazenda Pública. Dívida Ativa Tributária e Dívida Ativa Não Tributária

Atualmente, a Lei nº 4.320 de 1964, que estabelece normas gerais de direito financeiro para a elaboração e controle dos orçamentos, dispõe, em seu artigo 39, *caput*, que *"os créditos da Fazenda Pública, de natureza tributária ou não tributária, serão escriturados como receita do exercício em que forem arrecadados, nas respectivas rubricas orçamentárias"* e, nos termos do § 1º, do referido artigo, caso se tornem exigíveis pelo transcurso do prazo para pagamento, *"serão inscritos como Dívida Ativa, em registro próprio, após apurada a sua certeza e liquidez (...)"*.

A Dívida Ativa representa, assim, os créditos da Fazenda Pública, não satisfeitos dentro do prazo para pagamento, que, após a apuração da certeza e liquidez, são inscritos em registro próprio. É o caso, por exemplo, de uma multa administrativa, que, não quitada dentro do prazo para pagamento e após a inscrição *"em registro próprio"*, passa a integrar a Dívida Ativa com todas as consequências daí decorrentes.

O artigo 39, § 2º, por sua vez, separa a Dívida Ativa, em *Dívida Ativa Tributária* da *Dívida Ativa não Tributária*, dispondo que:

> *"§ 2º – Dívida Ativa Tributária é o crédito da Fazenda Pública dessa natureza, proveniente de obrigação legal relativa a tributos e respectivos adicionais e multas, e Dívida Ativa não Tributária são os demais créditos da Fazenda Pública, tais como os provenientes de empréstimos compulsórios, contribuições estabelecidas em lei, multa de qualquer origem ou natureza, exceto as tributárias, foros, laudêmios, alugueis ou taxas de ocupação, custas processuais, preços de serviços prestados por estabelecimentos públicos, indenizações, reposições, restituições, alcances dos responsáveis definitivamente julgados, bem assim os créditos decorrentes de obrigações em moeda estrangeira, de subrogação de hipoteca, fiança, aval ou outra garantia, de contratos em geral ou de outras obrigações legais. (Incluído pelo Decreto Lei nº 1.735, de 20.12.1979)*

O Código Tributário Nacional, no art. 201, seguindo a mesma linha da Lei nº 4.320/64, define a Dívida Ativa Tributária, como sendo:

> *"a proveniente de crédito dessa natureza, regularmente inscrita na repartição administrativa competente, depois de esgotado o prazo fixado, para pagamento, pela lei ou por decisão final proferida em processo regular".*

A *Dívida Ativa Tributária* é, portanto, aquela que provém de créditos de natureza tributária, *respectivos adicionais e multas*, o que, além dos créditos tributários em sentido estrito, ou seja, aqueles decorrentes de tributos propriamente ditos (impostos, taxas, contribuições de melhoria, empréstimos compulsórios e contribuições especiais), engloba também a correção monetária e os juros de mora, computados na área federal pela taxa SELIC, e as multas tributárias. Vale dizer, a correção monetária, os juros e as multas tributárias, embora não se enquadrem na definição de tributo (artigo 3º do CTN), estão compreendidas no conceito de Dívida Ativa *Tributária* e são equiparadas aos tributos no que diz respeito ao regime jurídico e as regras próprias de constituição e cobrança. A *Dívida Ativa Não Tributária*, por sua vez, pode ser definida por exclusão, representando os demais créditos da Fazenda Pública, passíveis de inscrição, mencionados exemplificativamente na lei.

Aliás, aqui, faz-se necessária a correta leitura e a atualização do referido artigo 39, § 2º, da Lei nº 4.320/64, que menciona entre os créditos de natureza não tributária *"os provenientes de empréstimos compulsórios", "contribuições estabelecidas em lei"* e as *"custas processuais"*. A menção a esses créditos como créditos de natureza não tributária justificava-se, à época, pelo fato de que em 1964, data da edição da lei, prevalecia o entendimento na jurisprudência, inclusive do Supremo Tribunal Federal, de que os empréstimos compulsórios e as contribuições estabelecidas em lei, assim como as custas processuais, não tinham natureza tributária. Atualmente, porém, é pacífico o entendimento quanto à natureza tributária de tais exações, de forma que os créditos delas decorrentes são inequivocamente créditos de natureza tributária, conforme, aliás, dispõe o artigo 201 do Código Tributário Nacional.

2. Créditos passíveis de inscrição em Dívida Ativa

O artigo 2º, § 1º, da Lei de Execuções Fiscais (Lei nº 6.830/1980) dispõe de forma extremamente ampla que: *"qualquer valor, cuja cobrança seja atribuída por lei às entidades de que trata o art. 1º será considerado Dívida Ativa da Fazenda Pública"*. A rigor, portanto, qualquer crédito da União, Estados, Distrito Federal, Municípios e respectivas autarquias (art. 1º da LEF) é passível de inscrição em dívida ativa e cobrança pela via da execução fiscal. Não obstante, algumas observações se fazem necessárias, tanto em relação à legitimidade ativa quanto em relação aos créditos passíveis de execução.

2.1. Legitimidade Ativa

Os entes legitimados para promover a inscrição em Dívida Ativa e, consequentemente, a cobrança pela via da execução fiscal são os próprios entes políticos, ou seja, a União, os Estados, o Distrito Federal e os Municípios, bem como as respectivas autarquias por eles instituídas e mantidas. Pela redação legal, não estariam incluídas nem as fundações públicas e nem as sociedades estatais que integram a Administração Pública.

2.1.1. Fundações Públicas

Em relação às *fundações públicas*, não faz sentido a exclusão de seus créditos daqueles passíveis de inscrição em dívida ativa, pois tais instituições, ao lado das autarquias, são pessoas jurídicas de direito público que integram a Administração Pública e, sendo assim, também estão legitimadas a promover a execução fiscal.

Nesse sentido, embora omissa a LEF, a legislação federal superveniente foi expressa em referendar a possibilidade de propositura da execução fiscal pelas *fundações públicas*, conforme se verifica no artigo 53 da Lei nº 8.212/91, que menciona tais instituições ao tratar da possibilidade de indicação de bens à penhora na inicial, bem como na Medida Provisória nº 449/2008, convertida Lei nº 11.941/2009, que, ao incluir o art. 37-A e § 1º, na Lei nº 10.522/2002, mencionou a inclusão do encargo legal aplicável à Dívida Ativa da União nos créditos das fundações públicas federais. De forma mais ampla, a Lei nº 12.767/2012, que promoveu a inclusão do parágrafo único no art. 1º da Lei 9.492/1997, consignou que: *"entre os títulos sujeitos a protesto as certidões de dívida ativa da União, dos Estados, do Distrito Federal, dos Municípios e das respectivas autarquias e **fundações públicas**".*

Sendo assim, quer pela aproximação do regime aplicável às autarquias, quer pela expressa dicção da legislação superveniente, primeiro em relação à União de maneira específica e depois em relação aos entes públicos de maneira geral, os créditos das fundações públicas são passíveis de inscrição em dívida ativa e de cobrança pela via da execução fiscal.

2.1.2. Os Conselhos de Fiscalização Profissional. A OAB

Os créditos dos Conselhos de Fiscalização Profissional, como as anuidades e multas, também são passíveis de inscrição em dívida ativa e de cobrança por meio de execução fiscal. A jurisprudência do Supremo Tribunal Federal e do Superior Tribunal de Justiça é no sentido de que as anuidades devidas a tais entes têm natureza tributária e, portanto, estão sujeitas às limitações constitucionais ao poder de tributar, como, por exemplo, o princípio da legalidade (em grande parte não observado por tais instituições), e às regras próprias de constituição e cobrança dos créditos tributários, como, por exemplo, as referentes a prescrição e decadência.

Existe, porém, uma situação peculiar atinente à OAB, que, além das atribuições de promover *"a representação, a defesa, a seleção e a disciplina dos advogados em toda a República Federativa do Brasil"*, prevista no artigo 44, inciso II, da Lei 8.906/94, possui também funções institucionais consistentes em *"defender a Constituição, a ordem jurídica do Estado democrático de direito, os direitos humanos, a justiça social"*, além de *"pugnar pela boa aplicação das leis, pela rápida administração da justiça e pelo aperfeiçoamento da cultura e das instituições jurídicas"*, conforme previsto no artigo 44, inciso I, da citada Lei.

Por tal razão, a 1ª Seção do Superior Tribunal de Justiça, após divergência entre a 1ª e a 2ª Turmas, adotou o entendimento de que a OAB é uma *autarquia sui generis* e, como tal, diferencia-se dos demais Conselhos de Fiscalização Profissional (EREsp. nº 503252/SC). Prevaleceu, assim, o entendimento da 2ª Turma da referida Corte, segundo a qual a Ordem dos Advogados do Brasil – OAB é uma *"autarquia especial não sujeita a controle estatal (Lei n. 4.320/1964)"*, e *"a contribuição cobrada por ela não tem natureza tributária e não se destina a compor a receita da Administração Pública"*, mas, sim, dela própria, OAB (REsp 462.823-SC).

Em termos práticos, isso significa que, ao contrário do que ocorre com as demais entidades de fiscalização profissional, *os créditos da OAB* não estão sujeitos às limitações constitucionais ao poder de tributar, às regras próprias de constituição e cobrança dos créditos tributários previstas no Código Tributário Nacional e nem ao procedimento de inscrição em dívida ativa e ajuizamento da execução fiscal da Lei nº 6.830/1980. Pelo contrário, as regras de cobrança das *contribuições, preços de serviços e multas* mencionados no art. 46 da Lei nº 8.906/94, inclusive no que diz respeito à prescrição, são as previstas na referida Lei e no Código Civil, devendo ser emitida a certidão do crédito pela diretoria do Conselho competente e promovida a execução de tal documento como título executivo extrajudicial (art. 46, I, da Lei nº 8.906/94), de acordo com as regras do Código de Processo Civil (art. 566, I e 585, VIII do CPC).

2.1.3. Pessoas jurídicas de direito público. Pessoas jurídicas de direito privado. Atuações públicas e exercício de atividades econômicas

As pessoas jurídicas de direito público são beneficiárias de um regime jurídico próprio, inclusive de cobrança de seus créditos, que se legitima na medida em que tais instituições desempenhem atribuições que são públicas ou de interesse público.

Embora haja a previsão de uma série de benefícios aos entes públicos, como, por exemplo, a imunidade tributária recíproca em relação a impostos (art. 150, VI) e o pagamento de dívidas por meio de precatório (art. 100 da CRFB/1988), a própria Constituição de 1988 afasta esse regime mais vantajoso quando o patrimônio, renda ou serviços da instituição pública estiver relacionado ao exercício de atividades econômicas regidas pelas normas aplicáveis a empreendimentos privados (art. 150, § 2º, da CRFB/1988) e impõe, nessa hipótese, que as sociedades estatais que explorem atividade econômica de produção ou comercialização de bens ou de prestação de serviços sujeitem-se ao regime próprio das empresas privadas, inclusive quanto aos direitos e obrigações civis, comerciais, trabalhistas e tributários (art. 173, § 1º, II, da CRFB/1988), sendo vedado o gozo de privilégios fiscais não extensíveis ao setor privado (art. 173, §2º, da CRFB/1988).

A Constituição de 1988, portanto, é expressa no sentido de que a exploração de atividades econômicas pelo Estado deve se dar de maneira pontual e, quando admissível, sem violação aos princípios que regem a Ordem Econômica, em especial à livre concorrência. Sendo assim, eventuais créditos dos entes públicos ou de sociedades estatais que exerçam atividades econômicas, submetidas à livre concorrência, não podem gozar de privilégios não extensíveis ao setor privado e, portanto, não podem ser executados mediante execução fiscal.

Há um precedente do Supremo Tribunal Federal (RE – 115062/RS) nesse sentido, em relação ao BRDE – Banco Regional de Desenvolvimento do Extremo Sul, no qual o Pretório Excelso entendeu incabível a utilização da execução fiscal, caso haja o exercício de atividade econômica, conforme se infere da ementa do julgado:

> "Embargos à execução fiscal movida pelo BRDE pelo procedimento da lei das execuções fiscais – ofensa ao art. 170 e parágrafos da Constituição (EC n. 1/69). O Banco Regional de Desenvolvimento do Extremo Sul – BRDE -empresa estatal que explora atividade econômica, não pode valer-se de mecanismo de execução de dívidas de que as empresas privadas se veem excluídas, independentemente do fato de o banco se afirmar

autarquia. A norma do parágrafo 2. do art. 170 da Constituição de 1967 (EC n. 1/69) contém garantia civil, por ela concedida a todas as pessoas físicas e jurídicas nacionais ou estrangeiras, que aos estados não e licito sequer modificar, muito menos, negar e desconhecer. RE conhecido e provido".

Da mesma forma, as *sociedades estatais*, ou seja, as empresas públicas e as sociedades de economia mista, por não terem a prerrogativa de constituírem unilateralmente seus créditos não podem se valer da inscrição em dívida ativa e do ajuizamento da execução fiscal. Essa afirmação, porém, merece temperos, à luz da jurisprudência atual do Supremo Tribunal Federal a respeito das imunidades tributárias, que, cada vez mais, equipara o regime jurídico aplicável às sociedades estatais que prestem serviços públicos, desde que não distribuam lucros ou tenham por objetivo principal gerar acréscimo patrimonial ao poder público e não desempenhem atividade econômica submetida à livre iniciativa e à livre concorrência ao regime próprio aplicável às autarquias e fundações públicas (RE – 399307 AgR/MG).

Com base nessas premissas, o Supremo Tribunal Federal estendeu a imunidade tributária recíproca à EBCT – Empresa Brasileira de Correios e Telégrafos, em relação a todos os serviços por ela prestados (RE – 601392), à Casa da Moeda (RE – 610517), à Infraero (RE -363412 AgR/BA), à Docas e Codesp (RE 253472/SP) e até mesmo a sociedades de economia mistas, como a CAERD – companhia prestadora de serviço público obrigatório de saneamento básico (AC – 1550) e a um hospital desapropriado pelo Poder Público federal, salientando, nesse último caso, que o pronunciamento da questão posta em sede de repercussão geral somente poderia ser aplicado a hipóteses idênticas, em que o ente público seja controlador majoritário do capital da sociedade de economia mista e que a atividade desta corresponda à própria atuação do Estado na prestação de serviços à população (RE-580264).

Em relação à Empresa Brasileira de Correios e Telégrafos – EBCT, o Supremo Tribunal Federal, ao julgar o – RE – 220906, manifestou-se de forma expressa no sentido da recepção, pela Constituição de 1988, do artigo 12, do Decreto-Lei 509/1969, que estendeu à ECT os privilégios concedidos à Fazenda Pública, afirmando que referida empresa pública *"trata-se de pessoa jurídica equiparada à Fazenda Pública, que explora serviço de competência da União (CF, artigo 21, X)".*

Por tal razão, nesse e em todos os demais casos em que se as sociedades estatais se equiparam às autarquias para fins de imunidade ou pagamento de débitos por meio de precatório também seria possível a discussão a respeito do enquadramento de seus créditos dentro do conceito de dívida ativa da Fazenda Pública. Não obstante, à míngua de previsão legal expressa, tais entidades não têm se valido do procedimento da execução fiscal, o que faz com que não haja jurisprudência firmada a respeito da matéria.

2.1.4. CEF E FGTS

O Fundo de Garantia pelo Tempo de Serviço (FGTS) é um fundo, administrado pelo Poder Público, composto por créditos que pertencem aos trabalhadores brasileiros. As verbas devidas ao empregado devem ser depositadas pelo empregador nas contas vinculadas ao fundo e, além da legitimidade do empregado para reclamá-las, compete à União, através do Ministério do Trabalho, a fiscalização e a apuração das contribuições, a aplicação das multas e a cobrança dos demais encargos devidos, nos termos do art. 1º da Lei nº 8.844/1994.

O artigo 2º da Lei 8.844/1994, por sua vez, estabelece que compete à Procuradoria-Geral da Fazenda Nacional a inscrição em Dívida Ativa dos débitos para com o Fundo de Garantia do Tempo de serviço – FGTS, bem como, diretamente ou por intermédio da Caixa Econômica Federal, mediante convênio, a representação judicial e extrajudicial do FGTS, para a correspondente cobrança, relativamente à contribuição e às multas e demais encargos previstos na legislação respectiva. (Redação dada pela Lei nº 9.467, de 1997).

A jurisprudência do Superior Tribunal de Justiça admite, nessa hipótese excepcional, a legitimidade da Caixa Econômica Federal para propor a execução fiscal, haja vista a existência de convênio autorizado por lei, na medida em que o objeto da cobrança é crédito administrado pelo Poder Público e não crédito decorrente do exercício de atividades econômicas exercidas pela empresa pública. Nessa hipótese, a competência para processar a execução fiscal movida contra o empregador devedor de FGTS é da Justiça Federal, pois *"a relação jurídica que se estabelece entre o FGTS e o empregador tem natureza estatutária, decorrente da lei, e forma negócio jurídico sem os atributos existentes na relação de trabalho"* (REsp 1330108 / RO).

2.1.5. ITR e delegação da capacidade ativa tributária

A competência tributária é indelegável, sendo admitida, porém, a delegação conferida por uma pessoa jurídica de direito público a outra das funções de arrecadar ou fiscalizar tributos, ou de executar leis, serviços, atos ou decisões administrativas em matéria tributária (art. 7º do CTN). A delegação da chamada capacidade ativa tributária, ou seja, da atribuição para figurar no polo ativo da relação jurídica tributária geralmente compreende também a delegação das atribuições de inscrever em dívida ativa e de promover a execução.

É o que ocorre, por exemplo, em relação à taxa de controle e fiscalização ambiental (TCFA) devida ao IBAMA, nos termos da Lei nº 6.938/81 e à taxa de fiscalização devida à CVM, nos termos da Lei nº 7.940/89. Em ambos os casos, a atribuição de fiscalizar, lançar, inscrever em dívida ativa e executar é de responsabilidade das referidas autarquias, as quais foram delegadas a capacidade ativa tributária e consequentemente a aptidão para figurar no polo ativo da relação jurídica tributária pertinente a tais exações.

Essa regra encontra atualmente uma exceção absolutamente *sui generis* no que diz respeito ao ITR – imposto sobre a propriedade rural, em relação ao qual a competência tributária para instituição é da União (art. 153, VI, da CRFB/1988), mas cujo produto da arrecadação deve ser dividido com os Municípios onde situados os imóveis sobre os quais recai a tributação. De acordo com o artigo 158, inciso II, da CRFB/1988, pertencem aos Municípios cinquenta por cento do produto da arrecadação do imposto sobre a propriedade territorial rural, relativamente aos imóveis neles situados ou a totalidade do montante arrecadado, caso o Município opte por fiscalizar e arrecadar o tributo, conforme autoriza o art. 153, § 4º, III da CRFB/1988.

A possibilidade de delegação da capacidade ativa tributária prevista na Constituição como contrapartida à maior participação no produto da arrecadação, porém, foi completamente esvaziada pela Lei nº 11.250/2005 de duvidosa constitucionalidade, e pelo Decreto nº 6433/2008, de duvidosa legalidade, que a regulamentou. O art. 1º da Lei, embora tenha mencionado a delegação das atribuições de fiscalização, inclusive a de lançamento e de cobrança dos créditos, manteve a competência supletiva da Secretaria da Receita Federal, permanecendo com a União, de acordo com o Decreto, independentemente da celebração de convênio, as atribuições de decidir as impugnações, recursos administrativos e consultas (art. 15), além da competência para apurar e inscrever os créditos em Dívida Ativa e ajuizar as execuções fiscais. Não bastasse, determinou ainda o Decreto que os processos relativos ao ITR deverão ser ajuizados em face da União, limitando, assim, a atuação dos Municípios ao exercício de meras atividades burocráticas (art. 16).

Nessa hipótese, portanto, em que pese a discutível constitucionalidade e legalidade dessas determinações, à luz da legislação em vigor, a inscrição dos créditos referentes ao ITR, mesmo quando houver a celebração de convênios entre Municípios e a União continuará sendo efetuada pela Procuradoria-Geral da Fazenda Nacional e as execuções fiscais e demais ações judiciais referentes ao crédito tributário serão ajuizadas pela e contra a União, respectivamente, na Justiça Federal.

2.1.6. Condenações impostas pelo TCU

O artigo 71, § 3º, da CRFB/1988 atribui eficácia executiva às decisões dos tribunais de contas de que resulte imputação de débito ou imposição de multa. Esses valores geralmente são cobrados pela União, valendo-se do rito da execução por título extrajudicial do CPC. Consoante o entendimento atual do STJ, não se aplica a Lei n. 6.830/80 à execução de decisão condenatória do Tribunal de Contas da União quando não houver inscrição em dívida ativa. Isso porque tais decisões já são títulos executivos extrajudiciais, e, portanto, prescindem da emissão de Certidão de Dívida Ativa – CDA, o que determina a adoção do rito do CPC, quando o administrador discricionariamente opte pela não inscrição (REsp 1.390.993-RJ).

2.1.7. Simples Nacional

Os créditos referentes ao regime Especial Unificado de Arrecadação de Tributos e Contribuições devidos pelas Microempresas e Empresas de Pequeno Porte – SIMPLES NACIONAL serão objeto de inscrição em dívida ativa da União e de cobrança a cargo da Procuradoria-Geral da Fazenda Nacional, podendo, mediante convênio, haver delegação de tais atribuições a Estados e Municípios.

3. Créditos passíveis de inscrição

Uma vez efetuada a análise das instituições legitimadas a promover a execução fiscal, torna-se imprescindível, agora, a abordagem dos créditos que são passíveis de inscrição em dívida ativa por tais instituições.

Esses créditos são, de acordo com o artigo 1º da Lei de Execuções Fiscais, os créditos referentes a <u>quaisquer</u> valores, de natureza tributária ou não tributária, cuja cobrança seja atribuída por lei à Fazenda Pública. A delimitação do tema é feita, portanto, de forma extremamente ampla, sendo que o artigo 39, § 2º da Lei nº 4.320/64, ao tratar dos créditos de natureza não tributária menciona de forma exemplificativa créditos de diversas espécies.

Ocorre que, não obstante a amplitude do permissivo legal, a jurisprudência do Superior Tribunal de Justiça é no sentido de que os créditos de natureza não tributária, que devem gozar dos privilégios da execução fiscal, são apenas aqueles que decorrem de expressa previsão legal ou de um ato ou contrato administrativo típico.

Desta forma, valores referentes à aplicação de uma multa administrativa ou que decorrem de um contrato administrativo e que sejam devidos pelo infrator ou pelo devedor principal ou fiador (REsp 1444692/CE), respectivamente, são passíveis de inscrição em dívida ativa e do ajuizamento da execução fiscal. Também é possível, após a apuração regular em processo administrativo, a execução de valores provenientes de ilícitos administrativos cometidos por servidores públicos como o *alcance, a reposição e a indenização*, pois a sua inscrição em dívida ativa está submetida a uma disciplina legal específica, com processo administrativo prévio, e nesses casos, há uma *"relação jurídica entre o causador do dano e a administração pública (condição de servidor ou funcionário público) que preexiste ao dano causado"* (AgRg no REsp 800405/SC).

De outra via, não podem ser inscritos em dívida ativa e cobrados mediante execução fiscal as indenizações eventualmente cabíveis nos casos de *ilícitos civis extracontratuais* não apurados previamente na via judicial. Isto porque, de acordo com a referida Corte Superior, em tais casos, não há certeza da existência de uma relação jurídica que vai ensejar o crédito, não havendo ainda débito decorrente de obrigação vencida e prevista em lei, regulamento ou contrato. (REsp. Nº 441.099 – RS). Por tal razão, não seria possível, por exemplo, promover a execução fiscal de um débito referente a um acidente de trânsito envolvendo um veículo da União ou para obter o ressarcimento de dano causado ao patrimônio do DNER em virtude de acidente automobilístico (REsp 330703/RS).

Os casos referentes a enriquecimento ilícito decorrente do recebimento indevido de benefícios previdenciários geraram discussão e divergência no âmbito do Superior Tribunal de Justiça, que, através da 1ª Seção, sob a sistemática dos recursos repetitivos, pacificou o entendimento no sentido de que tais créditos não se enquadram no conceito de crédito não tributário do art. 39, § 2º, da Lei 4.320/64 e, portanto, *não podem ser inscritos em dívida ativa*. Logo, deverão ser precedidos de processo judicial para o reconhecimento do direito do INSS à repetição (REsp 1.350.804/PR).

4. A inscrição em Dívida Ativa

A inscrição em Dívida Ativa é um ato de fundamental importância para execução fiscal e representa mais uma oportunidade de controle administrativo da legalidade do crédito público, antes que lhe seja conferida exequibilidade, e será feita pelo órgão competente para apurar a liquidez e certeza do crédito.

Infelizmente, na prática, raramente tal finalidade é observada, ocorrendo, no mais das vezes, a inscrição de forma automática, sem o devido controle da legalidade de todo o procedimento que antecedeu o ato de inscrição.

4.1. Requisitos da inscrição

O artigo 202 do Código Tributário Nacional, em seus incisos e parágrafo único, elenca os requisitos que o termo de inscrição deve conter, sendo eles: o nome do devedor (contribuinte ou responsável tributário), a indicação de seu domicílio ou residência (inciso I); a quantia devida e a maneira de calcular os juros de mora (inciso II); a origem e natureza do crédito, com especificação do dispositivo legal em que seja fundado (inciso III); a data da inscrição (inciso IV); o número do processo administrativo, se for o caso (inciso V); e a indicação do livro e da folha de inscrição (parágrafo único).

O artigo 2º, § 5º da Lei de Execuções Fiscais (Lei nº 6.830/80), além dos requisitos acima, menciona que também deve constar do termo de inscrição a indicação dos demais encargos previstos em lei ou contrato (inciso II), a indicação, se for o caso, da atualização monetária, bem como do respectivo fundamento legal e do termo inicial para o cálculo (inciso III); o número do processo administrativo ou do auto de infração, se neles estiver apurado o valor da dívida (inciso IV).

Esses requisitos, para além de mera formalidade, representam as exigências legais para que a inscrição em dívida ativa gere a presunção de liquidez e certeza, necessária para conferir exequibilidade ao crédito que se pretende cobrar (EDcl no REsp 1454112/MG).

4.1.1. O nome do devedor

O termo de inscrição em dívida ativa e a correspondente certidão de dívida (CDA) devem conter o nome do devedor, ou seja, do contribuinte e (ou) dos eventuais responsáveis pelo pagamento do débito tributário, o que representa providência fundamental para a correta cobrança da dívida, pois *"a presunção de legitimidade da CDA alcança as pessoas nela referidas"* (REsp 1124685/RJ).

No direito tributário, o *contribuinte*, à luz do artigo 121 do CTN, é a pessoa que possui relação pessoal e direta com a situação que constitua o fato gerador do tributo, ou seja, é a pessoa que pratica a conduta ou se enquadra na situação descrita em lei como suficiente e necessária ao nascimento da obrigação tributária, ao passo que o *responsável tributário* é a pessoa que, mesmo não tendo praticado o fato gerador, está por lei expressamente obrigada ao cumprimento da obrigação.

4.1.1.1. Contribuinte

A correta indicação do contribuinte é providência fundamental para a higidez do processo de cobrança, pois, além da presunção de legitimidade alcançar apenas as pessoas indicadas no termo de inscrição e na correspondente certidão de dívida ativa, conforme acima exposto, é vedada ainda a substituição da certidão para fins de modificação do sujeito passivo da execução (enunciado da súmula 392 do STJ).

Isto porque, embora seja possível, nos termos do art. 2º, § 8º, da Lei 6.830/80, até a decisão de primeira instância, a emenda ou substituição da Certidão de Dívida Ativa *"tal preceito ampara apenas as hipóteses de mera correção de erro material ou formal, sendo inviável a substituição da CDA nos casos em que haja necessidade de se alterar o próprio lançamento* (AgRg no Ag 815732/BA). Sendo assim, quando houver equívocos no próprio lançamento, como ocorre, por exemplo, nas hipóteses em que necessária a alteração do sujeito passivo, será necessária a revisão de tal ato administrativo elaborado de forma equivocada, se ainda cabível, assegurados o contraditório e a ampla defesa ao contribuinte.

A exigência não se trata de mero formalismo, pois a simples substituição da CDA permitiria o prosseguimento do processo de cobrança contra devedor que não teve a oportunidade de conhecer e impugnar a exigência na esfera administrativa.

Por tal razão ao julgar o Recurso Especial nº 1.045.72-BA, sob a sistemática do art. 543-C do CPC, o Superior Tribunal de Justiça não admitiu a substituição da CDA para alteração do polo passivo de execução do IPTU, do antigo contribuinte para o seu sucessor, na medida em que, para tanto, seria necessária a revisão do próprio lançamento tributário.

Da mesma forma, em diversos precedentes a jurisprudência da referida Corte Superior firmou-se no sentido de que o redirecionamento da execução contra o espólio não é admitido quando o falecimento do contribuinte ocorreu antes do fato gerador do tributo (RMS 41844 / MG) ou da constituição do crédito tributário (AgRg no REsp 1.218.068/RS). Nessas hipóteses de falecimento, só é possível o redirecionamento da execução, caso o devedor originário devidamente citado venha a falecer no curso da execução, sendo desnecessária inclusive a substituição da CDA (AgRg no AREsp 81696/RJ), ou seja, basta que a sucessão do devedor pelo espólio seja requerida por mera petição, nos próprios autos da execução fiscal.

Em relação à falência, após muita divergência a respeito do tema, o Superior Tribunal de Justiça, adotou, sob a sistemática do artigo 543-C do CPC, o entendimento de que a decretação da quebra não implica extinção da personalidade jurídica do estabelecimento empresarial, pois a massa falida tem apenas personalidade judiciária, sucedendo a pessoa jurídica em todos os seus direitos e obrigações. Logo, *"o ajuizamento contra a pessoa jurídica, nessas condições, constitui mera irregularidade, sanável nos termos do art. 284 do CPC e do art. 2º, § 8º, da Lei 6.830/1980"* (REsp 1372243 / SE). Desse modo, a substituição da CDA com a retirada da pessoa jurídica e a inclusão da massa falida não representa modificação ou substituição do polo passivo da obrigação fiscal, vedada pelo enunciado da súmula 392 da referida Corte.

4.1.1.2. Responsabilidade tributária

No que diz respeito à responsabilidade tributária, o tema levanta maiores polêmicas, tanto no que diz respeito às hipóteses em que cabível o redirecionamento, quanto em relação ao procedimento a ser adotado para tanto.

O ideal seria a inclusão do nome de todos os codevedores na CDA, em todos os casos, assegurados sempre o contraditório e a ampla defesa na esfera administrativa. Isso, porém, nem sempre é possível, pois há diversas hipóteses em que a responsabilidade tributária decorre de fatos ocorridos durante o curso da própria execução fiscal. Nessas situações, como o fato que gera a responsabilidade é posterior ao ajuizamento da ação, a solução é a inclusão do devedor no polo passivo do processo em curso, sem necessidade de extinção da execução originária e o ajuizamento de uma nova ação.

É o que ocorre, por exemplo, nas hipóteses de sucessão, inclusive *causa mortis*, nas quais o Superior Tribunal de Justiça admite o redirecionamento da própria execução em curso, caso a morte ocorra após o ajuizamento da execução e a citação do devedor originário. Isso porque, na sucessão ocorrida durante a execução *"a transmissão do débito é automática e objetiva, sem reclamar qualquer acertamento judicial ou administrativo"* (REsp 1124685/RJ). Por outro lado, caso a morte tenha ocorrido antes do ajuizamento da ação, não se trata de redirecionamento da execução, mas sim de revisão do lançamento e alteração do sujeito passivo, que não pode se dar através de simples substituição da CDA ou por mera petição.

Da mesma forma, na responsabilidade pessoal dos diretores, gerentes ou representantes de pessoas jurídicas de direito privado pelos créditos correspondentes a obrigações tributárias resultantes de atos praticados com excesso de poderes ou infração de lei, contrato social ou estatutos (artigo 135, III, do CTN) é necessário verificar o fato que gera a responsabilidade, principalmente se anterior ou posterior à execução.

Se a pretensão da Fazenda Pública é responsabilizar o sócio por eventual fraude ou ato ilegal ocorrido antes da execução fiscal, embora haja bastante divergência a respeito do tema, o correto seria a lavratura do auto de infração também em face do sócio infrator, de sorte a lhe assegurar o contraditório e o direito de defesa na esfera administrativa. Por outro lado, se a responsabilidade decorre de fato constatado durante a execução, como, por exemplo, a dissolução irregular da sociedade, é possível o redirecionamento da execução fiscal, ainda que não haja menção na CDA ao nome do sócio administrador (infrator). Aliás, nesse ponto, cabe destacar que, tanto nas hipóteses de sucessão, quanto nas hipóteses de responsabilidade dos diretores, gerentes e representantes de pessoas jurídicas de direito privado, quando a responsabilidade decorre de fato apurado durante a execução fiscal, o Superior Tribunal de Justiça entende desnecessária a substituição da CDA, bastando que o pedido de redirecionamento seja requerido por meio de mera petição.

Sendo assim, duas situações podem ocorrer na prática, conforme decidido pelo Superior Tribunal de Justiça, em dois recursos representativos da controvérsia (REsp 1.104.900-ES e REsp 1.110.925-SP) e em Embargos de Divergência em Recurso Especial nº 702.232/RS: a) se a execução fiscal foi ajuizada somente contra a pessoa jurídica e, após o ajuizamento, foi requerido o seu redirecionamento contra o sócio-gerente, incumbe ao

Fisco a prova da ocorrência de alguns dos requisitos do art. 135, do CTN ou a dissolução irregular da empresa. Nessa hipótese, é cabível o redirecionamento por meio de simples requerimento efetuado por petição, sem necessidade de substituição da CDA: Por outro lado, b) constando o nome do sócio administrador como corresponsável tributário na Certidão de Dívida Ativa – CDA cabe a ele o ônus de provar a ausência dos requisitos do art. 135 do CTN, independentemente se a ação executiva foi proposta contra a pessoa jurídica e contra o sócio ou somente contra a empresa, tendo em vista que a CDA goza de presunção relativa de liquidez e certeza, nos termos do art. 204 do CTN c/c o art. 3º da Lei nº 6.830/80.

4.1.1.3. A Portaria PGFN nº 180, de 25 de fevereiro de 2010

A Portaria PGFN nº 180, de 25 de fevereiro de 2010, alterada pela Portaria PGFN nº 904, de 3 de agosto de 2010 e pela Portaria PGFN nº 1.242, de 2 de dezembro de 2010 buscou orientar a atuação administrativa das autoridades responsáveis pela constituição e cobrança dos créditos da União, estabelecendo, em seus artigos 2º e 4º, que:

> *Art. 2º A inclusão do responsável solidário na Certidão de Dívida Ativa da União somente ocorrerá após a declaração fundamentada da autoridade competente da Secretaria da Receita Federal do Brasil (RFB), do Ministério do Trabalho e Emprego (MTE) ou da Procuradoria-Geral da Fazenda Nacional (PGFN) acerca da ocorrência de ao menos uma das quatro situações a seguir: (Redação dada pela Portaria PGFN nº 904, de 3 de agosto de 2010)*
> *I – excesso de poderes;*
> *II – infração à lei;*
> *III – infração ao contrato social ou estatuto;*
> *IV – dissolução irregular da pessoa jurídica.*
> *Parágrafo único. Na hipótese de dissolução irregular da pessoa jurídica, os sócios-gerentes e os terceiros não sócios com poderes de gerência à época da dissolução, bem como do fato gerador, deverão ser considerados responsáveis solidários.*
> *(...)*
> *Art. 4º Após a inscrição em dívida ativa e antes do ajuizamento da execução fiscal, caso o Procurador da Fazenda Nacional responsável constate a ocorrência de alguma das situações previstas no art. 2º, deverá juntar aos autos documentos comprobatórios e, após, de forma fundamentada, declará-las e inscrever o nome do responsável solidário no anexo II da Certidão de Dívida Ativa da União.*

Art. 5º Ajuizada a execução fiscal e não constando da Certidão de Dívida Ativa da União o responsável solidário, o Procurador da Fazenda Nacional responsável, munido da documentação comprobatória, deverá proceder à sua inclusão na referida certidão.
Parágrafo único. No caso de indeferimento judicial da inclusão prevista no caput, o Procurador da Fazenda Nacional interporá recurso, desde que comprovada, nos autos judiciais, a ocorrência de uma das hipóteses previstas no art. 2º desta Portaria.

A solução preconizada é apenas em parte compatível com os anseios da doutrina e com o entendimento esposado pela própria jurisprudência, pois, constatada na esfera administrativa alguma das hipóteses de responsabilidade tributária, o entendimento majoritário da doutrina é no sentido de que deve ser efetuado o lançamento em face do próprio corresponsável, sob pena de decadência, não sendo possível a sua simples inclusão na CDA, sem que lhe sejam assegurados o contraditório e a ampla defesa na esfera administrativa, tal qual prescrevem os artigos 2º e 4º acima transcritos. Aliás, não faz sentido a formação de um título executivo contra devedor responsabilizado por fato que não foi discutido e do qual não pode se defender.

De outra via, na hipótese do artigo 5º, a jurisprudência é favorável à inclusão do codevedor no polo passivo, sendo desnecessária a aludida substituição da CDA quando o fato da responsabilidade é constatado após o ajuizamento da ação. Caso, porém, a responsabilidade decorra de fato ocorrido antes do ajuizamento da execução, a solução proposta não é a que melhor se coaduna com o devido processo legal que, frise-se, deve ser assegurado também na esfera administrativa.

4.1.2. Demais requisitos do termo de inscrição relacionados ao débito

Os demais requisitos do termo de inscrição em dívida ativa possuem uma índole mais formal e permitem assegurar ao contribuinte e ao eventual responsável o efetivo conhecimento do débito.

A indicação da natureza do crédito tributário e seu assento legal, bem como dos juros, encargos e fatores de correção monetária são importantes para fins de delimitação da exação devida, de sorte a permitir que o devedor tenha perfeito conhecimento a respeito do crédito que se pretende cobrar.

A correção monetária tem por finalidade assegurar que o valor devido à Fazenda Pública não seja corroído pela inflação, ao passo que os juros de mora têm natureza compensatória, ou seja, visam a compensar o pagamento a destempo. Em relação aos tributos federais, desde 01.01.1996, a correção e os juros de mora são computados pela taxa SELIC, que não pode ser cumulada com qualquer outro índice (REsp 1111175 SP).

Os encargos legais, por sua vez, são outros valores previstos em lei, que devem ser acrescidos para fins de cobrança aos créditos públicos. No âmbito federal, o encargo legal aplicável à Dívida Ativa da União encontra assento no Decreto-Lei 1.025/69, que determina que, após a inscrição em dívida ativa, incide sobre o débito o encargo de 20% (vinte por cento) sobre o valor principal. Caso o pagamento seja efetuado pelo contribuinte antes do encaminhamento para ajuizamento da execução fiscal, o percentual passa a ser de 10% (dez por cento) sobre o valor da dívida. A partir da Lei nº 11.941/2009, que incluiu o art. 37-A e § 1º, na Lei nº 10.522/2002, esse valor passou a ser devido também em relação aos créditos das autarquias e fundações públicas federais. Ressalte-se que segundo a jurisprudência do Superior Tribunal de Justiça, o encargo legal em questão é substitutivo da condenação do devedor em honorários advocatícios, tanto na execução fiscal, quanto nos embargos de devedor.

A inscrição em dívida ativa deve indicar ainda o processo administrativo do qual se originou o débito, tanto nas hipóteses em que houve, de fato, uma lide, um contencioso na esfera administrativa, quanto naquelas hipóteses em que o crédito decorrer de mero procedimento administrativo, como nas hipóteses de lançamento não impugnado ou de formalização do crédito tributário pelo próprio contribuinte.

4.2. Vícios sanáveis e insanáveis do termo de inscrição

O artigo 203 do CTN preceitua que a omissão de quaisquer dos requisitos do artigo 202 ou eventual erro a eles relativos são causas de nulidade da inscrição e do processo de cobrança dela decorrente. Não obstante, autoriza que a nulidade seja sanada até a decisão de primeira instância, mediante substituição da certidão nula, devolvido ao sujeito passivo o prazo para defesa, que somente poderá versar sobre a parte modificada. Da mesma forma, o artigo 2º, § 8º, da LEF, estabelece que até a decisão de primeira instância, a Certidão de Dívida Ativa poderá ser emendada ou substituída, assegurada ao executado a devolução do prazo para embargos.

A jurisprudência posiciona-se no sentido de que a pena de nulidade da inscrição e da respectiva CDA, prevista no artigo 203, do CTN, informado que é o sistema processual brasileiro pela instrumentalidade das formas, deve ser interpretada *cum granu salis*, pois o escopo precípuo da imposição legal é assegurar ao devedor o conhecimento da origem do débito, de forma a ser exercido o controle da legalidade do ato e o direito de defesa. (REsp 812282/MA).

Logo, não deve ser declarada a nulidade quando, por exemplo, sanado o vício com a juntada aos autos de cópia de todo o processo administrativo, atingindo-se, dessa forma, o objetivo maior da norma jurídica em tela (REsp 812282/MA); quando haja erros formais que não prejudiquem o devedor, como *"a simples falta de indicação do livro e da folha de inscrição da dívida"*, que constitui *"defeito formal de pequena monta, que não prejudica a defesa do executado nem compromete a validade do título executivo"*; (AgRg no Ag 1153617/SC) ou quando ocorrer *"a equivocada substituição da CDA pelo Termo de Inscrição em Dívida Ativa (...) pois a coincidência das informações garante o respeito aos princípios da ampla defesa e do due process"*. (AgRg no REsp 709664/RS).

Além disso, é possível ainda a substituição da própria CDA pela Fazenda Pública até a decisão de primeira instância, ou seja, até o julgamento dos embargos à execução fiscal, dos embargos de terceiro ou até a extinção da execução fiscal não embargada. É o que ocorre quando há um erro material ou formal ou a falta de algum requisito legal essencial ao título, que possa prejudicar a defesa do interessado, como, por exemplo, a possibilidade de substituição da Certidão de Dívida Ativa, *"para especificar a origem da dívida, anotar os exercícios compreendidos e indicar o número do veículo tributado pelo IPVA, até a prolação da sentença dos embargos à execução, conforme a inteligência do § 8º do art. 2º da Lei 6.830/80"* (EREsp n. 823.011/RS).

Nessa hipótese de substituição da CDA, é imprescindível que seja devolvido ao executado o prazo para embargos. Aqui, CTN e LEF tratam da matéria de forma diversa, havendo restrição no Código, inexistente na LEF, no sentido de que a nova defesa limite-se à parte modificada. Em se tratando de norma processual (e não de norma geral em matéria tributária), o referido artigo 203 do CTN não foi recepcionado pela Constituição de 1967 (EC 01/69) com status de lei complementar, e, portanto, poderia ser (como de fato o foi) alterado por lei ordinária posterior.

Do que foi até aqui exposto, conclui-se que: a) em relação aos eventuais erros formais e materiais que não prejudiquem a defesa, sequer é necessária a substituição da CDA, quando tais erros puderem ser supridos ou corrigidos de outra forma. Por outro lado: b) em relação àqueles que possam prejudicar a defesa do devedor, mas que sejam passíveis de correção, é possível que a substituição da CDA seja efetuada de ofício ou mediante provocação do juízo, sendo necessária, nessa última hipótese, a prévia intimação da Fazenda Pública para a sua correção. Isso porque, de acordo com a jurisprudência é *"incabível extinguir a Execução Fiscal com base na nulidade da CDA sem a anterior intimação da Fazenda Pública para emenda ou substituição do título executivo, quando se tratar de erro material ou formal"* (AgRg no REsp 1268359/PE). Em suma: apenas na hipótese em que o vício que possa prejudicar a defesa não seja corrigido de ofício ou por provocação do juízo mediante intimação da Fazenda Pública é que deve ocorrer a extinção da execução (REsp 1339331 / SE).

Em que pesem as amplas possibilidades de correção do termo de inscrição ou da própria CDA, nem todos os vícios podem ser sanados. A jurisprudência do Superior Tribunal de Justiça, cristalizada no enunciado da súmula 392, estabelece que: *"A Fazenda Pública pode substituir a certidão de dívida ativa (CDA) até a prolação da sentença de embargos, quando se tratar de correção de erro material ou formal, vedada a modificação do sujeito passivo da execução"*. Os vícios passíveis de correção, portanto, são os erros formais ou materiais que não demandem a revisão do próprio lançamento, pois nesta hipótese deverá ser assegurado o devido processo legal, com a observância do contraditório e da ampla defesa.

4.3. Efeitos da inscrição em dívida ativa

A inscrição em dívida ativa gera importantes efeitos práticos em relação ao crédito regularmente inscrito, sendo eles: a) a presunção de fraude na alienação de bens ou rendas que resultem em insolvência do devedor; b) a presunção de certeza e liquidez; c) a exequibilidade e a possibilidade de emissão do título (da CDA) que vai aparelhar a execução fiscal; e) a suspensão do prazo prescricional.

4.3.1. A presunção de fraude

A Lei Complementar 118/05 alterou o artigo 185 do CTN e estabeleceu a *presunção de fraude* em relação à *"alienação ou oneração de bens ou rendas, ou seu começo, por sujeito passivo em débito para com a Fazenda Pública, por crédito tributário regularmente inscrito como dívida ativa"*. Ressalte-se que, diante da alteração legal, não mais se exige, em relação aos débitos <u>tributários</u> inscritos em dívida ativa, que o crédito esteja *"em fase de execução"*, ou seja, não é necessário que haja o ajuizamento da execução fiscal, a citação do devedor, a penhora ou o registro da penhora para se presumir a fraude ou afastar a boa-fé do terceiro adquirente do bem.

4.3.2. A presunção de certeza e liquidez

A inscrição em dívida ativa gera também a presunção *relativa* de certeza e liquidez do crédito regularmente inscrito *"e tem o efeito de prova pré-constituída"*, que somente poderá ser afastada *"por prova inequívoca, a cargo do sujeito passivo ou do terceiro a que aproveite"* (art. 204 e parágrafo único do CTN). Logo, uma vez inscrito o crédito em dívida ativa, caberá ao devedor afastar a presunção favorável ao título, valendo-se das ações, exceções e dos meios de prova admitidos pelo direito.

4.3.3. A exequibilidade e a possibilidade de emissão do título (da CDA) que vai aparelhar a execução fiscal

A inscrição em dívida ativa permite ainda a emissão da CDA, que é o título executivo extrajudicial, elaborado pelo próprio credor (Fazenda Pública), que vai aparelhar a execução fiscal. Sendo assim, é correta a afirmação de que a inscrição em dívida ativa, para além da exigibilidade, confere também a exequibilidade ao crédito, na medida em que permite a emissão do título que vai embasar a execução fiscal.

4.3.4. Suspensão do prazo prescricional

A inscrição em dívida ativa produz ainda, de acordo com o disposto no artigo 2º, § 3º, da Lei nº 6.830/80 (LEF) a suspensão da *"prescrição, para todos os efeitos de direito, por 180 dias, ou até a distribuição da execução fiscal, se esta ocorrer antes de findo aquele prazo"*.

Em relação aos débitos de natureza tributária, o art. 18, §1º, da EC nº 01/69 passou a exigir lei complementar para tratar das normas gerais em matéria tributária, dentre as quais se incluem, à luz da Constituição anterior e atual, as regras referentes à extinção do crédito tributário. Logo, de acordo com o entendimento do Supremo Tribunal Federal, que redundou inclusive na edição do enunciado da súmula vinculante nº 08, tanto os prazos de decadência e prescrição quanto as hipóteses de suspensão e interrupção desses prazos previstos no Código Tributário Nacional (Lei nº 5.172/1966) foram recepcionados pela EC nº 01/69 com status de lei complementar e não poderiam ser alterados por lei ordinária (Lei nº 6.830/80) posterior.

A suspensão da prescrição, portanto, não se aplica aos débitos de natureza tributária, ao contrário do que ocorre com os créditos de natureza não tributária em relação aos quais o dispositivo legal em questão permanece plenamente aplicável.

5. Bibliografia Recomendada

PAULSEN, Leandro. ÁVILA, René Bergmann e SLIWA, Ingrid Schroder. Direito Processual Tributário: Processo Administrativo Fiscal e Execução Fiscal. 8ª ed. Porto Alegre: Livraria do Advogado, 2014.

LOPES, Mauro Luís Rocha. Processo Judicial Tributário. 9ª ed. Rio de Janeiro: Editora Impetus, 2014.

Princípios do Procedimento Administrativo para o Controle da Legalidade do Lançamento Tributário

AURÉLIO PITANGA SEIXAS FILHO

1. Introdução

A harmonia na convivência humana, já que os homens são animais que vivem em sociedade, exige regras, originariamente, consuetudinárias, isto é, surgidas no decorrer da vida em comum, ou impostas pela autoridade encarregada da manutenção da ordem social.

Algumas regras de convivência são estabelecidas para serem voluntariamente (deveres "ex-voluntate") utilizadas quando forem da conveniência e oportunidade das pessoas, como as obrigações de direito civil, comercial, etc.

Outras regras são impostas pelos representantes da coletividade (deveres "ex-lege") para a manutenção da natureza, da higiene, da segurança pública e individual, enfim, do interesse geral de todos.

A manutenção da ordem coletiva exige a cooperação de todos os habitantes, seja para uma atividade pública específica, que atinja uma só pessoa, ("ut-singuli"), seja para uma atividade pública que atenda o interesse coletivo ("ut-universi").

A cooperação para a manutenção da ordem pública pode ser pessoal, como o jurado no Tribunal do Júri, do mesário nas eleições, do serviço militar, etc., ou através da contribuição em moeda para fazer face à despesa governamental.

Quando a despesa governamental é o custo de um serviço público específico e divisível provocado por uma pessoa deverá ser cobrado um preço público quando governo fornecer uma utilidade ou cobrada um tributo, a taxa, quando a atividade estatal consistir numa licença ou autorização isto é um exercício de poder de polícia.

Entretanto, existem atividades estatais que não são específicas às pessoas, pois favorecem à população em geral, sendo a despesa pública, neste caso, rateada conforme a renda ou riqueza das pessoas como é o caso do tributo denominado de imposto.

É um dever de cidadania sustentar a despesa do Governo através do pagamento dos tributos, assim como os demais deveres impostos por lei citados anteriormente, os deveres "ex-lege".

Os deveres "ex-lege", como são umas ordens legais, distinguem-se substancialmente dos deveres jurídicos "ex-voluntate" que são criados e conformados pela vontade das pessoas em uma relação jurídica obrigacional.

No direito das obrigações as regras legais estão à disposição das pessoas, que no seu interesse e quando tiverem vontade poderão delas se utilizar.

Já nos deveres impostos por lei, as condutas das pessoas são rigidamente determinadas não havendo opção para comportamento diferente que são severamente punidos. Desta forma, as condutas devem ser espontaneamente obedecidas existindo sanções para a desobediência das ordens legais.

Para fiscalizar o correto cumprimento das ordens legais são criados no aparelho governamental órgãos especializados em cada matéria essencial à ordem pública, entre as já mencionadas está o ordenamento tributário.

O tributo, uma contribuição em moeda imposta por lei para manutenção da despesa governamental, deve ser pago espontaneamente pelo cidadão, conforme especificado nas leis próprias, cabendo às autoridades fazendárias, por delegação legal, investigar se o tributo foi pago corretamente ou exigir o pagamento conforme o mandamento legal.

A autoridade fazendária, como todas as autoridades administrativas, não exerce uma vontade própria, como é a regra no direito das obrigações, porém recebe uma delegação de poderes (potestade administrativa ou exercício de poder de polícia) para exigir que a lei seja correta e tempestivamente obedecida.

A causa legal para o pagamento do tributo imposto pelo contribuinte é o fato de em um determinado momento possuir uma quantidade de renda ou riqueza.

Entre os deveres que a lei impõe às autoridades fazendárias está o de informar a todos os contribuintes quais são as regras legais que estão em vigor e que determinam como os impostos devem ser pagos e o seu momento próprio.

Estando o contribuinte devidamente esclarecido de seus deveres legais a sua dívida tributária surgirá no momento em que houver praticado o fato gerador do imposto, isto é, realizado o fato econômico previsto na lei tributária, não nascendo, nesse momento, alguma relação jurídica entre ele e a Fazenda Público (Fisco), pois somente ocorrerá a mencionada relação jurídico tributária quando a autoridade fazendária der início à sua função legal.

2. A Função da Autoridade Fiscal

Arrecadar, fiscalizar e exigir o pagamento de tributos é a competência legal (potestade ou exercício do poder de polícia) de um órgão da administração fazendária denominada Fisco.[1]

A autoridade fiscal no exercício de sua competência legal poderá exigir o pagamento do tributo conforme tenha sido liquidado pelo contribuinte no documento do auto-acertamento tributário, sem prejuízo, no entanto, da potestade discricionária de escolher, a seu juízo de conveniência e oportunidade, aqueles contribuintes que devem ser investigados para conferir se estão pagando corretamente os seus tributos.

Se, no exercício de sua função legal de investigar os atos jurídicos praticados pelo contribuinte a autoridade administrativa descobrir que a conduta tributável do contribuinte não foi corretamente escriturada ou representada nos seus registros documentais, ou que não foi qualificada apropriadamente conforme a lei tributária, ou que sua liquidação foi insuficiente, é do seu dever descrever pormenorizadamente a conduta real praticada, (motivação ou justificativa do ato administrativo) [2] em um documento (auto de infração), fazer a sua valoração jurídica e liquidar o valor do tributo a ser exigido.

---

[1] "Dessa forma, a Constituição, ao determinar a competência de uma determinada pessoa política, o faz de forma abrangente, ou seja, atribui a competência para a pessoa política realizar ou tornar possível a realização de determinado interesse público, através de atuações de prestação ou de exercício de poder de polícia." *Onofre Alves Batista Júnior, O Poder de Polícia Fiscal, Belo Horizonte, Mandamentos, 2001, p. 133.*

[2] Aurélio Pitanga Seixas Filho, A Motivação do Ato Administrativo Tributário, na Revista Dialética de Direito Tributário nº 125 de fevereiro de 2006, São Paulo, os.7 a 10.

3. Acertamento Tributário Administrativo

Este documento, seja denominado pelas autoridades administrativas de auto de infração, notificação de infração ou qualquer outro nome, visa dar certeza a um dever jurídico, razão pela qual é um ato administrativo de **acertamento tributário** por habilitar a autoridade fiscal a exigir o pagamento do tributo, e das multas pecuniárias devidas por eventuais infrações cometidas, sendo, também, denominado pelo Código Tributário Nacional, de Lançamento Tributário.

4. Lançamento Tributário
4.1. Acertamento Jurídico Formal

O lançamento tributário nada mais é que um documento (título jurídico) produzido pela autoridade fiscal que, após investigar fatos e negócios praticados pelo contribuinte, e documentá-los, faz a sua qualificação para enquadrá-los dentro do fato gerador e/ou de uma infração, adota uma interpretação da lei fixada pela administração tributária e liquida o valor da dívida tributária, sendo, consequentemente, um título jurídico líquido e certo.

Este documento produzido pela autoridade administrativa é um ato jurídico que declara a existência de uma dívida tributária, concedendo, assim, certeza jurídica a um dever tributário, configurando-se como um acertamento jurídico formal.

O ato administrativo de lançamento é um acertamento meramente formal, já que **declara uma verdade** sobre o que ocorreu, não sendo um ato jurídico de **declaração de vontade**, um acertamento jurídico material, em que os deveres são constituídos exclusivamente em decorrência da manifestação livre de uma vontade.

Acertamento jurídico formal foi bem explicitado por Oswaldo Aranha Bandeira de Mello:

> "Porém, como na realidade, (o **acertamento**) constitui exteriorização de vontade para produção de certo efeito jurídico, determinado ou determinável pela própria vontade do agente, pela qual se torna eficaz, não pode participar da mesma categoria dos puros atos jurídicos ou pronúncias jurídicas.
>
> Poder-se-ia dar-lhe uma categoria em apartado, por não constituir situação jurídica nova, mas apenas tornar a existente formalmente eficaz. Entretanto, como tem a mesma nota dos atos que constituem nova situação jurídica, qual seja a de fazer o efeito do direito resultar direta e imediatamente da manifestação da vontade do agente,

afigura-se melhor ficaria enquadrado como subespécie dos negócios jurídicos. "Na realidade, essa manifestação de vontade tem caráter constitutivo formal, ao assegurar ou reconhecer direito de alguém com força de eficácia, embora sem a constituição de nova situação jurídica, quanto ao conteúdo de direito".[3]

Sendo um ato jurídico praticado por uma autoridade administrativa no estrito cumprimento de sua competência outorgada ou delegada por uma lei, o regime jurídico que regula o seu comportamento é o de direito administrativo, assim como é a lei processual que rege a função do Juiz, a quem compete dirimir, terminativamente, os conflitos de interesses.

Compelir, emitir uma ordem ao contribuinte para pagar o tributo conforme especificado na lei tributaria é a função ou competência distribuída por lei à autoridade fiscal.

4.2. Ato Declaratório

Como um ato jurídico, o lançamento tributário é constituído ou criado pela vontade da autoridade fiscal. Só que esta vontade da autoridade fiscal não tem o poder de criar a dívida tributaria, porém, tem o dever-poder de reconhecer ou declarar a existência da dívida tributaria, sendo como o é, um ato jurídico declaratório de uma verdade.

Os atos jurídicos negociais, regidos pelo direito das obrigações é que se caracterizam como atos jurídicos declaratórios de uma vontade, em que os deveres jurídicos surgem em decorrência direta da manifestação da vontade da pessoa.

Ao formalizar em um documento o valor líquido e certo da dívida tributária, a autoridade fiscal está reconhecendo ou declarando a existência do dever jurídico tributário, concedendo certeza jurídica a uma dívida anteriormente incerta e informal, o que não é o mesmo fenômeno que criar ou constituir uma dívida jurídica nova, independente de uma causa anterior.

No sentido exposto, não há como caracterizar o lançamento tributário como um ato jurídico constitutivo de deveres jurídicos, já que estes são declarados através do exercício de uma função administrativa, expressamente vinculada à lei.

---

[3] Princípios Gerais de Direito Administrativo, Rio de Janeiro, Forense, 1969, p. 375.

4.3. Documento Representativo

Como já tive a oportunidade de esclarecer: *"o lançamento tributário como um documento representativo de uma realidade é um ato de declaração de verdade, um ato jurídico causal, porquanto está vinculado a declarar a verdade do fato gerador ocorrido. Além de declarar uma verdade, o lançamento tributário produz inovação no mundo jurídico, como é a liquidação do valor do tributo com a utilização de critérios jurídicos próprios, ...Enfim, o lançamento visa a dar certeza jurídica e liquidez ao valor dos tributos demarcando a data do seu vencimento e/ou da sua exigibilidade".* [4]

Todo documento (título jurídico) declaratório **representa** um fenômeno real já acontecido, isto é, produz um testemunho do que deve ter acontecido na realidade, ou seja, é um mero **indício** de como tal fato ocorreu. A autoridade fiscal ao lavrar o auto de infração (acertamento-lançamento) certifica (testemunha) que o fato gerador do imposto ocorreu da maneira ali exposta para o efeito de sua valoração jurídica e liquidação da dívida e eventual sanção, sendo, assim um **documento representativo.**

A **representação**, segundo lição de Francesco Carnelutti: *é um sucedâneo da percepção; serve para despertar, mediante um equivalente sensível, a idéia que seria primariamente determinada pela percepção de um fato. O objeto da representação é, pois, o objeto mesmo da percepção: um fato, é dizer, uma atitude concreta (determinada no espaço e no tempo) do mundo exterior. O que não é um fato, é dizer, o que não tem existência concreta, não se representa.... O mecanismo da representação se estriba na substituição de um fato por outro como objeto da percepção para a determinação da mesma idéia. A representação supõe, pois, dois fatos: o fato representativo, que é o fato subrogante, e o fato representado, que é o fato subrogado. Em outros termos, no conceito de representação existe o pressuposto da diversidade ou separação entre o fato percebido e o fato ideado."* [5]

Em suma, a capacidade representativa de um documento (lançamento) significa que tem existência autônoma ou independente do fato gerador representado, razão pela qual Alberto Xavier defende a tese de que o lançamento tributário seria um **documento abstrato**, no sentido material pelo fato de ser ato que vive independentemente da sua causa:

"*Ora, o lançamento não é certamente abstrato no primeiro dos aludidos sentidos, (o formal), enquanto ele tem uma causa típica bem definida e que é precisamente a de*

---

[4] Princípios Fundamentais do Direito Administrativo Tributário – A Função Fiscal, Rio, Forense, 2004, 2ª Edição, 4ª tiragem, p. 131.
[5] La Prueba Civil, Buenos Aires, Depalma,1979, ps.102/3/4.

representar a função inerente a um título jurídico da obrigação tributária. Mas já o é, por certo, em sentido material, pois o título em que se traduz vive e vale independentemente da situação jurídica a que se refere e que lhe está subjacente." [6]

5. Princípios que Regem a Função da Autoridade Fazendária
5.1. Legalidade Objetiva.
5.1.1. Oficialidade

O Fisco, no exercício de sua função administrativa de investigar não só a ocorrência do fato gerador, como o descumprimento da legislação tributária, tem a sua ação impulsionada pelos deveres legais a cumprir, pois, afinal, administrar é aplicar a lei de ofício.[7]

Assim, por dever de ofício deverá investigar periodicamente os contribuintes, revisar as suas declarações, exigir o pagamento dos tributos e multas que forem determinados, enfim, verificar e exigir o cumprimento pelas pessoas, contribuintes ou não, de todos os seus deveres legais tributários.

A função das autoridades administrativas sempre é determinada por uma lei, que fixará em um mandato as suas atribuições e os respectivos e necessários poderes que lhes serão delegados.

Assim, a autoridade fazendária no exercício de sua função não age por vontade própria, não tem qualquer direito subjetivo ou interesse individual no seu resultado. Consequentemente, não tem algum cabimento equiparar a autoridade fiscal, delegada ou mandatária da lei, a uma pessoa comum, que por sua livre e espontânea vontade, por seu livre arbítrio, exerce o seu direito subjetivo no sentido de criar uma relação jurídica regida pelo direito obrigacional.

Com muita propriedade ensinou Hely Lopes Meirelles:

> "O poder-dever de agir da autoridade pública é hoje reconhecido pacificamente pela jurisprudência e pela doutrina. O poder tem para o agente público o significado de dever para com a comunidade e para com os indivíduos no sentido de que quem o detém está sempre na obrigação de exercitá-lo...
>
> Se para o particular o poder de agir é uma faculdade, para o administrador público é uma obrigação de atuar, desde que se apresente o ensejo de exer-

---

[6] Do Lançamento no Direito tributário Brasileiro, Rio, Forense, 2005, 3ª Edição, p.403.
[7] Seabra Fagundes, O Controle dos Atos Administrativos pelo Poder Judiciário, 3' ed., Rio de Janeiro, Forense, 1957, p. 17.

citá-lo em benefício da comunidade. E que o Direito Público ajunta ao poder do administrador o dever de administrar." [8]

Se administrar é aplicar a lei de ofício, como expõe Seabra Fagundes, e se uma lei institui um imposto, é dever da autoridade fiscal arrecadá-lo, verdade tão evidente que só é falada em livros científicos, monografias e sentenças, como lecionou o Professor Walter Schick [9]

Por dever de ofício, a fiscalização tributária poderá sujeitar ao seu poder investigatório [10] não só os contribuintes, porém todas as pessoas com deveres impostos pela lei tributária, função administrativa que não poderá ser impedida ou interrompida por ação judicial, salvo alguma arbitrariedade ou desvio de poder. [11]

O direito que tem o "contribuinte" de propor uma ação judicial declaratória não pode impedir que a autoridade fiscal cumpra o seu poder-dever de determinar o valor do tributo devido e a data de seu pagamento, salvo como já foi dito, a prática incidental de algum desvio de poder, que, naturalmente, poderá ser remediada na sua devida proporção.

Também o depósito judicial não pode produzir o efeito de impedir que a autoridade administrativa exerça a sua função fiscal, como não pode a autoridade judicial, de outro lado, fixar o momento em que essa função deva ser cumprida, já que depende da disponibilidade de pessoal e de

---

[8] Direito Administrativo Brasileiro, 13' ed., São Paulo, Revista dos Tribunais, 1987, p. 68.

[9] "La Obligación de Las Autoridades Fiscales de Recaudar los Impuestos",in Seis Estudios sobre Derecho Constitucional e Internacional Tributario, Madrid Editorial de Derecho Financiero, 1980, pp. 184-185.

[10] "Também o material probatório se encontra subtraído à disponibilidade das partes, visto que a administração fiscal não só não está limitada aos meios de prova facultados pelo contribuinte, como não pode prescindir das diligências probatórias previstas na lei como necessárias ao pleno conhecimento do objeto do processo, salvo quando a lei excepcionalmente o autorize" (Alberto Xavier, Do Lançamento no Direito Tributário Brasileiro, São Paulo, Resenha Tributária, 1977, p. 108).

[11] "No lançamento por homologação, o contribuinte verifica a ocorrência do fato gerador, apura o tributo devido e recolhe o montante correspondente, sem qualquer interferência da Fazenda Pública, cujo prazo para conferir a exatidão desse procedimento inicia na data da antecipação do pagamento. A medida liminar que impede o Fisco, ainda no prazo assinado para a constituição do crédito tributário, de revisar essa modalidade de lançamento, desvirtua todo sistema embutido no Título III do CTN que legitima o procedimento fiscal, oportunizando ao contribuinte a mais ampla defesa. Ordem denegada" (Acórdão unânime da 1ª Turma do TRF da 4' Região, DJ de 18.11.1992, no MS n° 91.04.15680-3-PR. Ementa COAD- n°60.902).

outros entraves administrativos, motivo pelo qual a autoridade fiscal tem que decidir qual o momento oportuno e conveniente para a ação fiscal, sendo, conseqüentemente, uma decisão discricionária.

5.1.2. Imparcialidade

O cumprimento da função atribuída por lei ao órgão fiscal de agir por dever do ofício é um imperativo que não tem semelhança, ou guarda alguma compatibilidade, com a faculdade ou o interesse de agir que os particulares possuem, em decorrência do livre-arbítrio ou disponibilidade de que são titulares sobre os seus próprios direitos subjetivos.

A autoridade fiscal não tem qualquer faculdade ou direito subjetivo de agir [12] nem tem qualquer interesse próprio ou particular com o exercício de sua função legal, valendo reproduzir uma outra lição de Garcia de Enterria e Tomás Ramón Fernandez:

"A legalidade define, pois, e atribui, com normalidade, poderes à administração. A ação administrativa é o exercício de tais poderes, exercício que criará, modificará, extinguirá, protegerá, exercerá relações jurídicas concretas. A dinamicidade inacabável da vida administrativa tem sua causa neste mecanismo técnico."

"É, enfim, importante notar que as potestades administrativas pertencem em sua imensa maioria (talvez todas, salvo as puramente organizatórias) à chamada potestade-função, isto é, aquelas potestades que devem ser exercidas em interesse alheio ao próprio e egoísta do titular. Concretamente, as potestades administrativas devem exercer-se em função do interesse público, que não é o interesse próprio do aparelho administrativo, senão o interesse da comunidade da qual a administração é, como repetimos, uma mera organização serviçal... a administração pública serve com objetividade os interesses gerais..., o que comporta duas conseqüências, que vêm a frisar um novo afastamento da figura técnica da potestade com respeito àquela do direito subjetivo:..."[13]

---

[12] "Por outro lado tenho insistido também em que a autoridade pública – e não só a autoridade administrativa, mas também o Poder Judiciário e o Poder Legislativo – não é titular de *direitos*, mas sim do dever de prover a realização dos interesses alheios. Para tanto, confere-lhe o ordenamento jurídico determinados *poderes*. A função pública , assim, é antes expressão de um dever-poder do que de um poder-dever (Eros Roberto Grau, Direito, Conceitos e Normas, Conceitos e Normas Jurídicas, São Paulo, Editora Revista dos Tribunais, 1988, p. 179).

[13] Garcia de Enterria e Tomás Ramón Fernandez, *Curso de Direito Administrativo*, São Paulo, Revista dos Tribunais, 1991, p. 381.

Também Celso Antonio Bandeira de Mello é enfático ao dizer que:

"Por isso os interesses secundários não são atendíveis senão quando coincidirem com interesses primários, únicos que podem ser perseguidos por quem axiomaticamente os encarna e representa. Percebe-se, pois, que a administração não pode proceder com a mesma desenvoltura e liberdade com que agem os particulares ocupados na defesa das próprias conveniências, sob pena de trair sua missão própria e sua própria razão de existir."

"19 – Em face do exposto, fácil é ver-se que as prerrogativas inerentes à supremacia do interesse público sobre o interesse privado só podem ser manejadas legitimamente para o alcance de interesses públicos; não para satisfazer apenas interesses ou conveniências tãosó do aparelho estatal e muito menos dos agentes governamentais." [14]

Anteriormente tive a oportunidade de frisar:

"A Fazenda Pública arrecada tributos em obediência a um imperativo legal, não porque possua interesse subjetivo a defender. Ao aplicar a lei impositiva, a administração fazendária somente tem o *interesse objetivo* de exercer a sua função constitucional, não possuindo motivo ou conveniência além do que está objetivamente prescrito nas regras jurídicas pertinentes..." [15]

Maffezzoni, em ensaio publicado no ano de 1952, já havia enfatizado que o poder de imposição atribuído pelo ordenamento à autoridade fiscal de resguardar o interesse público em geral e de, em particular, determinar o valor do tributo ou reconhecer a não incidência do imposto em casos específicos, bem como autuar e multar o contribuinte omisso e/ou sonegador, dentro do esquema de *potere o potestà é in*compatível com o esquema de direito subjetivo. [16]

A atuação do órgão fiscal na cobrança dos tributos a seu encargo, portanto, não envolve qualquer interesse próprio das autoridades fiscais, nem

---

[14] Celso Antonio Bandeira de Mello, *Elementos de Direito Administrativo,* São Paulo, Malheiros Editores, 1992, pp. 22-23.
[15] Regime Jurídico dos Recursos Administrativos Fiscais e seus Efeitos,*Revista de Processo,*jan--março de 1982, São Paulo, Revista dos Tribunais, p. 54.
[16] Federico Maffezzoni, "Osservazioni a un Progetto di Riforma del Contenzioso Tributario in Materia di Imposte Dirette", in Rivista di Diritto Finanziario e Scienza delle Finanze, 1952, vol. XI, parte I, p. 150).

é o exercício de um direito subjetivo do órgão fiscal, que, também, não é a parte credora de uma relação jurídica.

A função administrativa tributária que deve ser exercida pela autoridade fiscal exige a obediência ao princípio da legalidade objetiva, em que o tributo será tornado líquido e certo e exigido dentro da mais estrita legalidade, agindo o Fisco com integral imparcialidade. [17]

Imparcialidade é um componente da função administrativa cujo exercício leva a que o interesse coletivo sempre tenha supremacia sobre o interesse particular do cidadão contribuinte, discriminação esta, entretanto, entre interesse público e privado, que constará sempre de norma legal, razão pela qual, ao aplicar a lei desinteressadamente a autoridade administrativa, estará agindo imparcialmente, sem conflitar com interesses subjetivos dos destinatários da norma legal. [18]

Leonardo Perrone colocou a atuação imparcial da autoridade administrativa como decorrência do princípio da legalidade, sendo, também, a imparcialidade administrativa, um princípio constitucional, não só no ordenamento italiano, como em outros, em razão da evolução do Estado liberal para o Estado social. [19]

Fantozzi, ressalvando ao contribuinte o direito de pagar o tributo em seu valor mínimo permitido pela lei e a contrapartida do Fisco de obter o máximo rendimento na cobrança do tributo com uma atuação permitida pelo sistema fixado pela norma tributária, declara ter evoluído o direito administrativo no reconhecimento do caráter imparcial do exercício da função administrativa, contrariamente à postura tradicional que qualificava a administração fiscal como parte credora do tributo.[20]

A imparcialidade da administração pública no Estado Moderno é uma decorrência, para Alvaro Rodrigues Bereijo, de haver sido adotado um

---

[17] "A atuação do Fisco no procedimento administrativo tributário é imparcial. Porque nele o Fisco persegue, como se disse, a descoberta da verdade material, é então indiferente ao objeto do processo sejam os fatos apurados 'favoráveis', e.g. a constatação do débito tributário, ou 'desfavoráveis' ao Fisco, tal como sucede com a verificação administrativa da inexistência de débito ou da ocorrência dos pressupostos legais para o desfrute de uma isenção tributária" (José Souto Maior Borges, Lançamento Tributário, Rio de Janeiro, Forense, 1981, p. 108).

[18] Aurélio Pitanga Seixas Filho, Dos Recursos Fiscais, Rio de Janeiro, Freitas Bastos, 1983, p. 22.

[19] (Discrezionalitá e Norma Interna Nell'Imposizione Tributaria, Milano, Giuffrè, Ed., 1969, pp. 12-14).

[20] Augusto Fantozzi, La Solidarietà nel Diritto Tributario, Torino, Utet, 1968, pp. 230 e 231.

esquema procedimental como forma típica de exercício da função pública, conjugado com a ampliação da tutela jurisdicional sobre os atos administrativos. [21]

Alberto Xavier entende que no procedimento administrativo o Fisco exerce o papel de parte imparcial. Parte em razão desta noção não ser específica de um processo contencioso, em que a pessoa tem um interesse processual, porém é um conceito de teoria geral do direito aplicável, também, quando a pessoa tenha um interesse de caráter substantivo, como o do Fisco, enquanto órgão de aplicação de direito, em que inexiste "qualquer contraposição de interesses, mas uma atividade puramente objetiva na descoberta da verdade material como pressuposto de uma correta aplicação da lei. "Por isso *parte imparcial.*" [22]

Portanto, a autoridade fiscal, ao verificar a ocorrência do fato gerador, identificar o contribuinte e determinar o montante do tributo devido não estará agindo em seu interesse próprio, nem abrindo uma posição de antagonismo, inexistindo, consequentemente, um conflito de interesses, porém, cumprindo a sua função legal própria, como, também, ao decidir um recurso administrativo fiscal não estará atuando, a autoridade fiscal, como parte e juiz simultaneamente, mas controlando a legalidade da atuação da autoridade inferior, como é dever hierárquico das autoridades administrativas superiores. [23]

5.2. Verdade Material

A autoridade fiscal, para exercer a sua competência legal de exigir o pagamento do tributo, que lhe foi destinado pela norma constitucional, tem de agir, por impulso próprio, (de ofício), para conferir se a declaração fornecida pelo contribuinte é verdadeira, ou para obter, caso as informações não estejam conformes à realidade dos fatos, por omissão própria ou imprópria, como falsidade material ou ideológica, ou até mesmo, por simples erro ou equívoco, a verdadeira conduta sujeita à tributação com o uso dos deveres--poderes colocados à sua disposição (do Fisco) pelo legislador tributário.

---

[21] Alvaro Rodrigues Bereijo, Introducion al Estudio del Derecho Financiero, Madrid, Instituto de Estudios Fiscales, 1976, p. 290.

[22] Alberto Xavier, Do Lançamento no Direito Tributário Brasileiro, São Paulo, Ed. Resenha Tributária, 1977, pp. 121 e segs.

[23] Aurélio P. Seixas Filho, Dos Recursos Fiscais, Rio, Freitas Bastos, 1983, p. 22.

5.2.1. Potestade de Investigação

A ação da autoridade fiscal, impulsionada pelo dever de ofício, tem de apurar o valor do tributo de acordo com os verdadeiros fatos praticados pelo contribuinte, investigando-os sem qualquer interesse no resultado final, já que o princípio da legalidade objetiva exige do Fisco uma atuação oficial e imparcial para obtenção da verdade dos fatos.

Para Alberto Xavier, a lei concede ao órgão fiscal meios instrutórios vastíssimos, isto é, poderes, para que, através de um processo inquisitivo, venha a formar sua livre convicção sobre os verdadeiros fatos praticados pelo contribuinte. [24]

Também Rui Barbosa Nogueira, com apoio na lição de Spitaler, afirma que o dever de investigar as situações de fato e os fatos geradores impostos pela lei às autoridades fiscais exige que não capitulem, nunca, diante da obscuridade da relação de fato, devendo ser capazes até de verificá-los por avaliação. [25]

5.2.2. Procedimento Informal

A dinâmica da administração pública não está sujeita a formalidades rígidas ou a obediência a formas sacramentais, pois a natureza da ação administrativa exige que a aplicação da lei se faça da forma mais expedita possível. [26]
Como bem lembra Vitor Faveiro:

> "Características normalmente apontadas dos actos administrativos são, entre outras, as de celeridade, simplicidade e não subordinação a formalismos desnecessários ou impeditivos da realização do interesse público em causa .....
>
> O Direito Fiscal é normalmente considerado como um direito não formalista, quer em si mesmo, quer em relação às situações consideradas como objeto de incidência de impostos: como o que interessa à incidência tributária são as realidades e o valor ou sentido econômico destas, prescinde-se, normalmente, de requisitos formais quanto à validade das situações tributárias para efeitos fiscais; e, como o que interessa na aplicação da lei aos factos ou às realidades tributárias é a certeza das mesmas realidades e não a sua aparência formal, não se subordina a ação administrativa tributária a formalismos complexos" [27]

---

[24] Do Lançamento no Direito Tributário Brasileiro, São Paulo, Resenha Tributária, 1977, p. 109.
[25] Teoria do Lançamento Tributário, São Paulo, Resenha Tributária, 1973, p. 62.
[26] Antonio Braz Teixeira, Princípios de Direito Fiscal, Coimbra, Almedina, 1985, p. 264.
[27] Noções Fundamentais de Direito Fiscal Português, Coimbra Ed., 1984, p. 524/526.

Contrariamente à dinâmica de aplicação das leis pelas autoridades jurisdicionais, onde vigora o princípio da verdade formal, em que as formas dos atos, prazos e a sistematização dos procedimentos são rigorosamente previstos e obedecidos, nos procedimentos administrativos em geral, as formas dos atos e os prazos previstos anteriormente, pois, afinal, não se pode prescindir de alguma sistematização para se ordenar o comportamento da administração pública, podem ser, eventualmente, desobedecidos, para dar cumprimento ao princípio maior da verdade material.

O dever investigatório dirigido pela discricionariedade da autoridade fiscal não pode ficar amarrado por formalismos, sob pena de não se descobrir corretamente a verdade dos fatos, ou de ficar cerceado o direito de defesa do contribuinte.

5.2.3. Procedimento Inquisitório

Como estamos demonstrando neste trabalho, o regime jurídico da função administrativa (fiscal) não guarda compatibilidade com o regime jurídico da função jurisdicional, especialmente com a maneira de se demonstrar a verdade dos fatos praticados pelo contribuinte.

Assim como a sentença é um ato de aplicação da lei segundo a manifestação de vontade do juiz, formada de acordo com os ritos processuais, o ato administrativo também é um ato de aplicação da lei, porém a manifestação de vontade da autoridade administrativa é formada unilateral e informalmente no cumprimento do seu dever de ofício.

O dever imposto pela lei à autoridade fiscal de controlar o correto pagamento do tributo e de exigir o seu pagamento, quando for o caso, exige que a autoridade administrativa tenha um comportamento ativo, no sentido de tomar as iniciativas apropriadas para determinar o valor do tributo, sem para isto ficar dependendo da disposição de colaborar do contribuinte, não sendo pertinente durante a ação fiscal ser invocado o princípio do contraditório, já que o contribuinte não tem ônus ou interesse de provar algo, porém o dever legal de declarar ou informar as condições em que ocorreu o fato gerador.

Enrico Allorio lembra o caráter inquisitório do "processo tributário" à semelhança do processo administrativo e do processo penal com respeito à pesquisa da prova, o que marca a "disparidade de inspiração e natureza em relação ao processo civil" que é dirigido pelo princípio da disposição da parte, enquanto a autoridade fiscal tem a faculdade de indagar, inspecionar, controlar, de requisitar informações ou dados, usando os poderes de polícia tributária investigativa. [28]

Também Alberto Xavier entende que a natureza do procedimento fiscal para efetivar o lançamento tributário é marcadamente inquisitória, em razão de caber à autoridade fiscal dirigir a investigação dos fatos tributários, com obediência ao princípio da verdade material, porém, não estando limitada à existência de regras legais norteadoras dos meios de prova, nem sendo pertinente, também, o problema da repartição do ônus da prova para a formação de sua livre convicção. [29]

A autoridade fiscal, ao desenvolver o dever de investigar a verdade dos fatos praticados pelo contribuinte, não está cumprindo um dever de provar no sentido jurisdicional de formar o convencimento do juiz, nem está se desincumbindo de qualquer "ônus de prova", pois não tem 'interesse próprio a defender, está, isto sim, agindo por dever de ofício para formar seu próprio convencimento quanto aos fatos que devem ser considerados para determinação do valor do tributo.

No mesmo sentido é a lição de Rui Barbosa Nogueira, originada do direito germânico, quando afirma que a autoridade fiscal, ao contrário do juiz, não está vinculada aos elementos indicados ou fornecidos pelas partes, devendo operar sobre a base de suas próprias constatações e das conseqüências decorrentes destas, tendo em vista a distinta natureza jurídica do procedimento de lançamento, da natureza jurídica do procedimento de instrução probatória, pois se visa a entregar o quanto possível à autoridade lançadora, não só a escolha dos meios de determinação, como também o emprego desses meios, já que a participação do particular na atividade do lançamento não é elemento caracterizador da sua natureza jurídica, nem faz parte de sua essência." [30]

5.2.4. Dever de Comprovação não é Dever de Provar

A liberdade investigatória que possui a autoridade fiscal para descobrir a verdade dos fatos mais próxima da realidade (verdade material), sem que rígidas formalidades condicionem o seu convencimento, não significa que no procedimento administrativo fiscal não se tenha de documentar os indícios que sedimentaram a livre convicção do titular do órgão fiscal.

---

[28] Enrico Allorio, Diritto Processuale Tributario, Torino, Utet, 1962, p. 320.
[29] Obra citada, p. 107/115.
[30] Obra citada, p. 161/169.

A apreensão ou percepção dos fatos relevantes para a tributação pela autoridade é feita através de documentos, declarações, registros contábeis e indícios outros que devem servir para certificar que o ato administrativo foi produzido dentro do que exigem as normas legais.

Carlos Palao Taboada teve a oportunidade de esclarecer:

> "Em definitivo, pois, a administração pode utilizar na ocasião da comprobação dos pressupostos da legitimidade de seus atos, os meios de prova semelhantes aos processuais, pois tais meios são comuns a qualquer atividade do conhecimento humano, porém os princípios jurídicos pelos quais se regem esta utilização são distintos dos que presidem a prova processual; portanto no procedimento administrativo só pode falar-se de prova em sentido impróprio." [31]

Se o ato administrativo é resultante de um livre convencimento da autoridade, firmado unilateralmente, o cidadão ou contribuinte sujeito às conseqüências jurídicas desse ato tem o direito de questionar a sua conformidade com a lei de regência, motivo pelo qual não se pode prescindir da apropriada comprovação dos dados apurados pela autoridade competente, pois não só a autoridade superior que deva examinar o ato recorrido, como, também, o juiz, devem formar seu próprio convencimento, cada qual com as regras jurídicas próprias, com apoio nos documentos juntados no procedimento administrativo.

6. A Discricionariedade Administrativa

Toda e qualquer dívida tributária, denominada de crédito tributário pelo sistema do Código Tributário Nacional, deveria ser constituída (formalizada), obrigatoriamente por um ato administrativo denominado de lançamento tributário, pelo artigo 142 do mencionado CTN, prevendo o seu parágrafo único, severa punição por responsabilidade do funcionário em não concretizá-lo.

A impossibilidade prática desta regra não era desconhecida dos autores do projeto do CTN, tanto que criaram a esdrúxula figura do lançamento por homologação, que se tornaria um ato administrativo após cinco anos

---

[31] A Natureza e Estrutura do Procedimento de Gestão Tributária no Direito Espanhol, como um ensaio preliminar no livro de Antonio Berliri, Princípios de Derecho Tributario, Madri, Editorial de Derecho Financiero, 1973, Volume III, p.23/24.

de ausência de um ato administrativo, como tem sido visto, sem qualquer responsabilidade funcional.

Salvo os impostos que incidem sobre o patrimônio dos contribuintes (IPTU, ITR, IPVA, ITP), sujeitos a registros oficiais, as demais operações tributadas, ordinariamente, somente chegarão ao conhecimento da autoridade fiscal após confissão dos seus praticantes.

Consequentemente, impossibilitada de constituir um crédito tributário para cada fato gerador, a autoridade fazendária tem a liberdade de escolher (discricionariedade) quais operações deverão ser investigadas.

Segundo Alberto Xavier, é inegável a existência de atos discricionários no Direito Tributário, especialmente de atos discricionários no domínio das providências probatórias, em que ao Fisco é confiada a livre escolha ou da providência a adotar, ou da sua oportunidade, ou até mesmo de sua adoção. [32]

Mesmo antes do CTN, a liberdade de ação das autoridades fiscais já era uma prática normal, conforme Moacir Araújo Pereira:

> "O Fisco, na execução dos seus fins e nas medidas que toma, subordina-se à lei e às normas jurídicas. Essa obediência não é, porém, irrestrita, por ser-lhe inerente certa margem de liberdade de ação, pelos princípios de oportunidade e necessidades públicas, de que goza, fundamentos do poder discricionário." [33]

A potestade da autoridade administrativa de não agir ou de não praticar um ato administrativo é uma lição ordinária dos professores de direito administrativo:

> "Embora estudado, de regra, sob o ângulo da edição de atos administrativos como resultado concreto do seu exercício, o poder discricionário tem âmbito mais extenso, podendo, mesmo, seu exercício levar à não-edição de ato administrativo ou a um não-agir. Por conseqüente, também se exerce independentemente de edição de ato administrativo, manifestando- se, como já se disse, por uma decisão de não fazer," [34]

---

[32] Obra mencionada, p.165.
[33] Os Poderes do Estado, o Poder Executivo, Sua Competência: O Fisco, a Discrição no Direito Fiscal", in Questões Fiscais, Rio de Janeiro, Ed. Delta SA, 1955, p. 425).
[34] Odete Medauar, "Poder Discricionário da Administração", in Revista dos Tribunais, n° 610, ago., 1986, p. 41-42.

"Nestes casos, diz-se que há discricionariedade, porque cabe interferência de um juízo subjetivo do administrador no que atina, isolada ou cumulativamente:

a) à determinação ou reconhecimento – dentro de certos limites mais além referidos, da situação fática; ou

b) no que concerne a não agir; ou

c) no que atina à escolha da ocasião asada para fazê-lo; ou

d) no que diz com a forma jurídica através da qual veiculará o ato; ou

e) no que respeita à eleição da medida considerada idônea perante aquela situação fálica, para satisfazer a finalidade legal" [35]

Assim, a decisão de escolher quais os fatos declarados pelo contribuinte serão fiscalizados, bem como os caminhos investigatórios para identificar os fatos ocorridos, permite um juízo de conveniência e oportunidade às autoridades administrativas.

A atividade fiscalizatória permite à autoridade competente adotar uma série de procedimentos para descobrir e identificar os fatos praticados pelo contribuinte ou de aceitar as declarações apresentadas sem questioná-las.

Concluindo com Alberto Xavier, "é inegável a existência de atos discricionários no Direito Tributário, especialmente de atos discricionários no domínio das providências probatórias, em que ao Fisco é confiada a livre escolha ou da providência a adotar, ou da sua oportunidade, ou até mesmo de sua adoção." [36]

7. A Preclusão da Ação Fiscalizadora

A confirmação da certeza do cumprimento dos deveres tributários dos contribuintes por parte das autoridades fazendárias não pode ficar num prazo indeterminado, razão pela qual a legislação deve determinar um prazo para o exercício da função fiscal.

O termo inicial do prazo preclusivo depende do momento em que a autoridade venha a tomar conhecimento do nascimento da dívida, após a declaração (confissão) do devedor.

A potestade investigatória do Fisco conseqüente ao dever que tem de conferir a exatidão do pagamento dos impostos devidos pelo contribuinte

---

[35] Celso Antonio Bandeira de Mello, Discricionariedade e Controle Jurisdicional, São Paulo, Malheiros Ed., 1992, p. 17.
[36] Obra mencionada, p. 165.

depende da quantidade de fatos geradores ocorridos e dos meios ao seu alcance para exercer a sua função, razão pela qual não tem condições de examinar tudo.

O esgotamento do prazo para a ação administrativa não significa que tenha ocorrido algum ato administrativo comissivo por omissão, isto é, um lançamento por homologação tácita, como previsto no artigo 150 do CTN.

A preclusão do prazo significa isto sim, que os fatos praticados não poderão mais ser investigados pelo Fisco, salvo algum dolo, fraude ou simulação o que possibilita o aumento do prazo.

A preclusão do prazo para a autoridade fazendária emitir o lançamento da dívida tributária, conforme especificado no CTN, é de cinco anos, não sendo correto denominar de decadência o seu esgotamento, nem de prescrição a perda do prazo de cinco anos para a cobrança do tributo, já que a autoridade administrativa não exerce algum direito subjetivo, prerrogativa dos particulares, porém, lhe é delegada uma potestade (dever-poder) por lei. [37]

A distinção entre o direito subjetivo e a potestade da autoridade tributária foi explicitada por Carnelutti há bastante tempo:

> "Daqui resulta uma outra diferença entre *potestas* e direito subjetivo: em face da função de cada um destes, enquanto o direito subjetivo é sempre liberdade de comandar, a *potestas* pode não ser liberdade, embora seja um poder de comandar. [38] Deve-se reconhecer como uma obrigação (*obbligo*) tributária a cargo do cidadão; e, correlativamente um poder (*potere*) tributário a favor do Estado." [39]

8. Controle da Legalidade do Lançamento Tributário
8.1. Pedido de Reconsideração

Notificado da exigência administrativa no lançamento tributário, tendo em vista o princípio da informalidade ou da formalidade moderada a reconsideração da decisão é sempre uma possibilidade, dentro de um prazo reduzido e sem efeito suspensivo, especialmente considerando-se que as decisões administrativas não fazem coisa julgada.

---

[37] Aurélio Pitanga Seixas Filho, Natureza Jurídica da Obrigação Tributária, na Revista Dialética de Direito Tributário nº 152 de maio de 2008, p. 65.
[38] Teoria Geral do Direito, Rio, Lejus, 1999, p. 274.
[39] Rivista di Diritto Processuale Civile nº 2, 1932, p. 110.

8.2. Recurso Administrativo Próprio

Como em toda organização, uma decisão de autoridade administrativa pode ser revista e cancelada por uma autoridade hierarquicamente superior. Assim, é o recurso hierárquico para uma autoridade superior a forma ordinária de rever a correção do procedimento de seus subordinados e, se for necessário, corrigir e ratificar o ato administrativo.

8.3. Recurso Impróprio

A grande quantidade de recursos para corrigir o lançamento tributário não só entrava as atividades do administrador fazendário como prejudica um exame mais atento do procedimento administrativo, razão pela qual veio a ser transferida a competência decisória para uma autoridade fora da hierarquia.

A alteração da competência veio a criar um novo sistema de recursos, muito mais formalizado e com competências bem especificadas, enquadrando com certo rigor o poder decisório da autoridade revisora. [40]

8.4. Conselho Paritário

A legislação aduaneira brasileira, pelo menos desde 1860, (Decreto nº 2647 de 19 de setembro – Regulamento das Alfândegas) abriga um sistema denominado de arbitramento, pelo qual dois funcionários fiscais e dois negociantes de conceituado mérito poderiam ser designados para compor uma comissão sob a presidência do Inspetor da Alfândega para dirimir as controvérsias surgidas no desembaraço da mercadoria estrangeira. [41]

O Inspetor da Alfândega só votava em caso de empate. Das decisões arbitrais cabia um recurso ordinário para o Ministro da Fazenda e não criavam precedente para futuras controvérsias.

Este sistema paritário de decidir controvérsias fazendárias vingou no Brasil, tanto que o Executivo foi autorizado pelo Legislativo a criar um outro Conselho paritário, **"sobretudo"**, para os recursos em matéria dos impostos de consumo. [42]

---

[40] Aurélio Pitanga Seixas Filho, Dos Recursos Fiscais, Regime Jurídico e Efeitos, Rio, Freitas Bastos, 1983, p. 37.
[41] Nova Consolidação das Leis das Alfândegas e Mesas de Renda – Portaria do Ministro da Fazenda de 13 de abril de 1894.
[42] Decreto nº 5157 de 12 de janeiro de 1927.

Com base nesta autorização, dois projetos de Código Aduaneiro, o primeiro publicado pela Imprensa Nacional em 1928 e a sua revisão publicada em 1929, transferiram a decisão paritária para um Conselho Superior das Alfândegas, em segunda instância, com dez membros.

Somente em 1931, (Decreto nº 20350 de 31/08) o Chefe do Governo Provisório criou um Conselho de Contribuintes, de doze membros, para decidir os recursos anteriormente dirigidos ao Ministro da Fazenda, inclusive os de matéria aduaneira, com exclusão daqueles sobre o imposto de renda.

Pelo Decreto nº 24036 de 26 de março de 1934 foi ampliado o sistema com a criação de mais dois Conselhos, cabendo ao 1º examinar os recursos do imposto de renda, imposto do selo e imposto sobre vendas mercantis.

O 2º Conselho decidiria questões do imposto de consumo, taxa de viação e os demais impostos, taxas e contribuições, salvo a matéria aduaneira de competência do Conselho Superior de Tarifa, sendo abolido o juízo arbitral nas Alfândegas.

Este sistema paritário vigora até o presente, tendo sido adotado por Estados e Municípios, com variado grau de aceitação. Naturalmente o colegiado é um órgão administrativo que obedece a um regime jurídico de recursos que poderia ser considerado extravagante ou extraordinário, pois os conselheiros representantes dos contribuintes não estão submetidos à hierarquia administrativa.

Além disso, progressivamente a sua legislação fixou regras excessivamente formalizantes, não compatíveis com o direito administrativo e parcialmente com efeito de coisa julgada, como se fosse um contencioso administrativo, pois nosso regime constitucional abriga uma jurisdição única, no Poder Judiciário.

8.5. Arbitragem Tributária

Tendo em vista que se tornou possível no Brasil a solução de divergências entre as pessoas no sistema de arbitramento, parece-me plausível, "de lege ferenda" transformar o sistema paritário numa Corte Arbitral como uma alternativa a um regime recursal baseado no direito administrativo. [43]

Desta forma, quem vier a considerar a arbitragem um método mais adequado para decidir a divergência tributária, renunciaria aos sistemas administrativos e judiciais.

---

[43] Seixas Filho, Aurélio P.- Arbitragem e Direito Tributário em Grandes Questões de Direito Tributário nº 11, São Paulo, Dialética, 2007, p. 9/22.

Livros recomendados

Alberto Xavier – Do Lançamento no Direito Tributário Brasileiro, Rio, Forense, 2005.

Sérgio André Rocha – Processo Administrativo Fiscal, Rio, Lúmen Júris, 2007.

Sérgio André Rocha, coordenador, Processo Administrativo Tributário, São Paulo, Quartier Latin, 2007.

Processo Administrativo Tributário I, II e III

Ronaldo Redenschi

1. Introdução

O tema que nos foi proposto engloba a análise de como se encontra constituído, ordenado e regulamentado o chamado "processo administrativo tributário" perante as três esferas de Poder Estatal Tributante, quais sejam, o Federal, o Estadual e o Municipal.

Tais Entes Federados, em razão da atribuição de competências que lhes foram outorgadas pela Constituição Federal de 1988 para instituir e cobrar os tributos nela previstos, possuem cada qual a sua própria forma de regulação da atividade administrativa de determinação e exigibilidade daqueles. Daí a necessidade de se tratar, separadamente, de cada uma daquelas formas, dada as particularidades e especificidades de cada uma, o que será feito ao longo deste estudo.

Todavia, por outro lado, estas mesmas formas de regulação, tendo em vista se tratarem de uma atividade administrativa, possuem um núcleo comum que as vinculam, tanto de natureza teórico-doutrinária quanto de natureza legal-constitucional, especialmente por estarem subordinadas aos mesmos princípios e valores do ordenamento jurídico pátrio, os quais, através dos vetores por eles emanados, irão informá-las, orientá-las e estabelecer os limites a que estão jungidas.

Tal vinculação, portanto, impõe que, mesmo que tratemos separadamente de cada uma daquelas formas, igualmente dediquemos uma parte deste trabalho à análise conjunta dos temas que permeiam, de modo comum, as mencionadas formas de regulação do "processo administrativo tributário", no âmbito federal, estadual e municipal.

Assim é que, na primeira parte deste estudo, trataremos brevemente dos elementos comuns ao "processo administrativo tributário", bem como dos princípios e valores a que estão subordinadas as formas de regulação daqueles, de cada Ente Tributante, para, na segunda parte, analisá-las, em separado, comentando as particularidades de cada uma.

2. Processo e Procedimento

Segundo a clássica lição da Teoria Geral do Processo, a distinção entre processo e procedimento é a natureza, material ou formal, de cada um desses conceitos. Enquanto o processo é a reunião de atos materiais e das relações deles decorrentes, o procedimento é tratado apenas como o meio extrínseco pelo qual se instaura, desenvolve e termina o próprio processo[1]. Ou seja, o procedimento é puramente instrumental, a forma através da qual se viabilizará o processo, representando, este, por sua vez, o legítimo exercício da função jurisdicional.

No âmbito do Direito Administrativo, dada a problemática sempre levantada quanto à exclusividade do Poder Judiciário da função jurisdicional, a distinção conceitual acima mencionada trazia dificuldades para se reconhecer a figura do processo administrativo, bem como para estabelecer a dicotomia da atividade administrativa, entre processo administrativo e procedimento administrativo. Tal aspecto se reflete na própria utilização por muitos dos termos "processo" ou "procedimento", indistintamente para caracterizar as atividades administrativas.

A moderna doutrina administrativista, contudo, ante a inequívoca constatação das inúmeras facetas que vieram sendo desenvolvidas pela Administração Pública, passou a buscar o que James Marins chama de "núcleo de processualidade administrativa.[2] Portanto, mesmo sendo a função administrativa extremada da função jurisdicional, conteria, em determinadas atividades, contornos de processo como elemento do direito material, e em outras atividades, as feições típicas procedimentais meramente preparatórias para a consecução dos atos administrativos.

A chamada "processualidade" da atividade administrativa se manifesta independentemente do monopólio privativo da função jurisdicional e se encontra presente nas relações entre a Administração e o Administrado,

---

[1] DINAMARCO, Cândido Rangel. *Teoria Geral do Processo*. 15ª ed., SP: Ed. Malheiros, 1999, p. 275.
[2] *Direito Processual Tributário Brasileiro (Administrativo e Judicial)*. SP: Ed. Dialética, 2001, p.155.

sendo expressão do próprio exercício do poder estatal e dos direitos e deveres que são ínsitos a cada uma daquelas partes nas relações que as unem. Neste sentido, ressalta Odete Medauar que o processo administrativo se caracteriza pela atuação dos interessados em contraditório, seja ante a própria Administração, seja ante outro sujeito, todos neste caso, confrontando seus direitos perante a Administração[3].

A atividade administrativa, portanto, não é apenas procedimental. Mesmo em sede administrativa, é pertinente se falar em processo administrativo e em procedimento administrativo, possuindo, ambos, conceitos distintos, porém interrelacionados.

Assim é que, processo administrativo é o vínculo entre atos e relações jurídicas entre a Administração Pública, no exercício de suas funções e prerrogativas, e o Administrado, no gozo dos seus direitos e deveres, ambos participantes de uma relação processual, ainda que administrativa somente, e que respaldará a atuação daqueles sob os princípios e valores do ordenamento jurídico. Já o procedimento administrativo assume a sua natureza característica da Teoria Geral do Processo, qual seja a da ordenação, da formalização, do encadeamento dos atos a serem praticados no âmbito da atividade administrativa e, igualmente, no próprio âmbito do processo administrativo.[4]

No que concerne ao Direito Tributário, intenso debate quanto à conceituação da atividade administrativa nesta seara também se verificou e produziu posições controversas. Novamente, a questão entre o conceito de procedimento administrativo e o de processo administrativo, para designar a atuação da Administração no exercício da fiscalização e cobrança dos tributos de sua competência, aflora-se de forma não menos pacífica, o que faz por merecer a crítica de Alberto Xavier quanto ao predomínio de uma visão unitária e meramente procedimental da atividade administrativa:

"É certo que desde sempre se reconheceu a existência de um procedimento tributário. (...) A verdade, porém, é que a doutrina tradicional, dominada pelo conceito amplo e unitário de accertamento, não sublinhou suficientemente a natureza dinâmica e pluralista do procedimento. Do mesmo modo, não destacou em geral a autonomia dos vários

---

[3] *Direito Administrativo Moderno.* 6ª ed. SP:Ed. Revista dos Tribunais, 2002, p.201.
[4] Segundo Maria Sylvia Zanella Di Pietro, procedimento equivale a rito, a forma de proceder; o procedimento se desenvolve dentro de um processo administrativo. *Direito Administrativo.* 15ª ed. SP:Ed. Atlas, 2003, p.206.

atos do processo e, adotando deste um conceito empírico que o reduz a uma sucessão de trâmites ou formalidades disciplinada por lei, nele abrange atividades e operações que já não visam à manifestação de uma vontade funcional de aplicação do direito, como as operações de cobrança."[5]

Com efeito, em que pese o nosso Código Tributário Nacional, ao enunciar a definição de tributo[6], se referir à cobrança do mesmo mediante atividade administrativa vinculada, tal aspecto não é suficiente para conferir a natureza de simples procedimento de acertamento a toda dinâmica de atos e relações que advém da realização do lançamento tributário e da recusa do contribuinte em adimplir para com aquele lançamento.

Afinal, a recusa do contribuinte em pagar o tributo lançado e a necessidade de reapreciação por parte da própria Administração Pública do ato realizado, exercendo sobre aquela questão um juízo material quanto ao ato praticado, em decorrência da irresignação apresentada e obedecendo aos ditames e limites estabelecidos pelo ordenamento jurídico ao qual aquela está subordinada, revela inegavelmente que a Administração desempenha mais do que um simples procedimento, mas também atua como solucionadora de conflitos, ainda que envolvendo ela própria.

A constatação de tal papel da Administração no âmbito do Direito Tributário é suficiente para aferir-se a existência da "processualidade" em sua atuação, não sendo, por sua vez, igualmente excludente da presença do caráter também procedimental em seus atos. Ou seja, em outras palavras, ambos conceitos, processo e procedimento, coexistem na atividade administrativa de natureza tributária. Como bem ressaltou James Marins, a presença de ambos, o dualismo dos conceitos da atividade administrativa, pode assim ser resumida no âmbito do Direito Tributário:

"No Direito Tributário, deve-se enfrentar o dualismo procedimento/processo em três diferentes regimes jurídicos:
1º procedimento enquanto caminho para consecução do ato de lançamento (inclusive fiscalização tributária e imposição de penalidades);

---

[5] *Do Lançamento: teoria geral do ato, do procedimento e do processo tributário*. 2ª ed. RJ:Ed. Forense, 1998, p. 119.
[6] Art. 3º – Tributo é toda prestação pecuniária compulsória, em moeda ou cujo valor nela se possa exprimir, que não constitua sanção de ato ilícito, instituída em lei e cobrada mediante atividade administrativa plenamente vinculada.

*2º processo como meio de solução administrativa dos conflitos fiscais; e,
3º processo como meio de solução judicial dos conflitos fiscais."[7]*

Tal forma de classificação assume importância, como bem observam Marcus Vinicius Neder e Maria Teresa Martinez Lopez[8], na medida em que ao se considerar existente um verdadeiro processo, impõe-se a aplicação dos princípios da ampla defesa e do contraditório para distinguir as situações submetidas à tutela processual, dos atos meramente procedimentais e destinados tão-somente à formalização da pretensão estatal, notadamente observados os limites e garantias legais.

Assim, a fase procedimental se constitui na adoção dos atos pela Administração Tributária, tendentes a verificar o surgimento do fato gerador, e uma vez constatado a ocorrência do mesmo, proceder ao lançamento do tributo e a constituição do crédito tributário. Em regra, portanto, a etapa procedimental precede a etapa processual.

Já a etapa processual se caracteriza pela manifestação do contribuinte contrária ao lançamento realizado, ou a aplicação de qualquer penalidade por descumprimento de obrigação acessória. A apresentação de impugnação ao lançamento realizado impõe à Administração Tributária, indiscutivelmente, o papel de solucionadora de conflitos, visto que a insurgência do contribuinte, através da impugnação, é manifesta oposição à pretensão arrecadatória da Administração e, dessa forma, necessita ser examinada e decidida sob as vestes de uma relação processual, sujeita ao devido processo legal e ao contraditório, e cujo término é a obtenção de uma decisão que ponha fim, ao menos na seara administrativa, àquele conflito.

Neste sentido, Ricardo Lobo Torres[9] é taxativo ao asseverar que *o processo administrativo tributário é um dos instrumentos para a efetivação da justiça tributária e para a garantia dos direitos fundamentais do contribuinte*. E, claro que, a efetivação da proteção aos direitos fundamentais é obtida por meio, repita-se, de uma relação processual cujo elemento intrínseco é a garantia do contraditório. Por tal razão, prossegue o ilustre Mestre ao afirmar, sem rodeios, que *o processo administrativo fiscal situa-se entre os diversos processos que*

---

[7] *Op. cit.*, p. 158.
[8] *Processo Administrativo Fiscal Federal Comentado*. 2ª ed. SP:Ed. Dialética, p.29.
[9] *Processo Administrativo Fiscal: Caminhos para o Seu Desenvolvimento. In* Revista Dialética de Direito Tributário, vol. 46. SP:Ed. Dialética, p. 78.

se desenvolvem perante a Administração, e que aquele não é mero procedimento, mas autêntico processo com o perfeito encadeamento e conexão entre as suas fases.[10]

Tem-se, assim, portanto, que a atividade administrativa tributária comporta atos de natureza meramente procedimental, bem como atos de natureza processual, descabendo, então, a contrariedade de parte da doutrina quanto à expressão "processo administrativo tributário". Releva notar, por fim, que até mesmo diplomas legais, entre os quais, o próprio Texto Constitucional[11], assim como outros editados recentemente[12], se utilizam e se reportam ao termo processo administrativo para designar a natureza da atividade administrativa em geral.

3. Contencioso Tributário e as Relações entre o Processo Administrativo Tributário e o Processo Judicial

No ordenamento jurídico brasileiro vigora o princípio da universalidade da jurisdição, cabendo aos órgãos do Poder Judiciário o monopólio da função jurisdicional, desde a edição da primeira Constituição Republicana de 1891. Em decorrência, exsurge o princípio, consagrado atualmente no inciso XXXV do artigo 5º da CF/88[13], da inafastabilidade de apreciação de qualquer lesão ou ameaça de lesão do Poder Judiciário.

Difere, assim, o Brasil de outros países que admitem o exercício da função jurisdicional por órgãos do Poder Executivo, especialmente para decidir, em definitivo, questões relacionadas com os atos por aquele praticados. Um dos exemplos mais citados é o da França, cuja concepção de estrita separação entre os poderes resultou na criação de Tribunais Administrativos, e do chamado "contencioso administrativo".

Com efeito, naquele país, ao tempo das revoluções iluministas, considerava-se que o julgamento por parte do Poder Judiciário das questões internas da Administração Pública era uma intromissão indevida daquele nas atividades independentes do Poder Executivo e, portanto, uma violação ao equilíbrio preconizado pelo princípio da separação de poderes.

---

[10] *Op. cit.* p.78.
[11] Art. 5º – (...)
LV – aos litigantes, em processo judicial ou administrativo, e aos acusados em geral são assegurados o contraditório e a ampla defesa, com os meios e recurso a ele inerentes;
[12] Lei nº 9.784/99 – Lei Geral do Processo Administrativo Federal
[13] Art. 5º – (...)
XXXV – a lei não excluirá da apreciação do Poder Judiciário lesão ou ameaça a direito.

Segundo Alberto Xavier, o conceito à época era o de que "julgar a Administração é ainda administrar", conduzindo assim a uma imunidade judicial da Administração[14].

Esse sistema de atribuição privativa à Administração para dirimir as suas "questões internas" foi evoluindo para adquirir um status cada vez mais jurisdicional, porém sem abdicar da independência frente ao Poder Judiciário. O resultado dessa evolução é a consagração dos chamados "tribunais administrativos", os quais, apesar de se encontrarem situados fora da alçada do Poder Judiciário e dentro, portanto, da Administração Pública, são órgãos dotados de função jurisdicional, imparciais no exame das questões a eles submetidas e destinados basicamente à solução de controvérsias entre o particular e a Administração. São decorrentes, portanto, da progressiva jurisdicionalização do autocontrole administrativo[15].

No Brasil, desde o início do período republicano, em razão do mencionado princípio da universalidade de jurisdição, tal sistemática jamais foi admitida, tendo sido, no entanto, cogitada a criação de tribunais administrativos para a decisão de questões fiscais e previdenciárias, porém sem poder jurisdicional efetivo, encontrando-se as decisões sujeitas à revisão pelo Poder Judiciário.[16]

Com o advento da Constituição de 1988, e a consagração como direito fundamental do cidadão do princípio da inafastabilidade de jurisdição, a conceituação de contencioso administrativo para o processo administrativo tributário carece de um rigor técnico-científico, visto que ausente naquele o principal elemento para caracterizá-lo como tal, qual seja a definitividade das decisões administrativas. Neste sentido, bem observa Aurélio Pitanga Seixas Filho:

> *"Como visto, a pedra de toque do contencioso administrativo ou de um procedimento administrativo litigioso ou contraditório é a eficácia, ou não, de coisa julgada para sua última e final decisão. Só existe um contencioso administrativo quando sua decisão última ou final possuir o efeito jurídico de terminar ou encerrar definitivamente um litígio ou um conflito de interesses entre as partes, isto é, possuir no seu sentido próprio e verdadeiro a função jurisdicional consistente em dirimir terminativamente um conflito de interesses."*[17]

---

[14] *Op. cit.*, p. 278.
[15] Idem., p.278
[16] Emenda Constitucional nº 7/77.
[17] *Estudos de Procedimento Administrativo Fiscal*. RJ:Ed. Freitas Bastos, 2000, p. 104.

Dessa forma, em que pese o termo "contencioso administrativo" ser bastante utilizado para designar a fase pré-judicial da discussão quanto à legalidade do crédito tributário exigido, o fato é que, na acepção técnica da palavra, não é cabível a sua conceituação como sendo de um efetivo Tribunal Administrativo.

E, justamente por carecer de definitividade absoluta as decisões proferidas no âmbito do processo administrativo, é que o mesmo se relaciona com o processo judicial tributário de forma suplementar e não simultânea.

Com efeito, tendo em vista o poder de revisão das decisões proferidas em âmbito administrativo pelo processo judicial, uma vez proposta medida judicial pelo contribuinte versando sobre a mesma matéria em discussão no processo administrativo, o prosseguimento deste não se justifica, a menos que o mesmo verse sobre objeto distinto, ou mais amplo, do que o que se encontra posto perante o Poder Judiciário.

Não sem razão, portanto, que o artigo 38 da Lei nº 6.830/80 – Lei de Execução Fiscal – previu que a propositura, pelo contribuinte, da ação prevista neste artigo importa em renúncia ao poder de recorrer na esfera administrativa e desistência do recurso acaso interposto.[18] Tem-se, assim, que se a opção pelo processo judicial se der antes da impugnação administrativa – ou mesmo antes da lavratura de qualquer auto de infração ou lançamento – estará configurada a renúncia à via administrativa, enquanto que, se ocorrer com o processo administrativo já em curso, importará na desistência daquele.[19]

---

[18] Art. 38 – A discussão judicial da Dívida Ativa da Fazenda Pública só é admissível em execução, na forma desta Lei, salvo as hipóteses de mandado de segurança, ação de repetição de indébito ou ação anulatória do ato declarativo da dívida, esta precedida de depósito preparatório do valor do débito, monetariamente corrigido e acrescido dos juros e multa de mora e demais encargos.
Parágrafo único – A propositura, pelo contribuinte, da ação prevista neste artigo importa em renúncia ao poder de recorrer na esfera administrativa e desistência do recurso acaso interposto.
[19] "Contribuição Social sobre o Lucro Líquido – CSLL – Renúncia à Via Administrativa – Propositura de Medida Judicial com o Mesmo Objeto da Autuação Fiscal – A escolha, pelo contribuinte, de ingressar com ação judicial por qualquer modalidade processual, para discutir o mesmo objeto constante de Auto de Infração ou Notificação de Lançamento, importa em renúncia às instâncias administrativas ou aos recursos apresentados." (Acórdão nº 105-13974 da Quinta Câmara do Primeiro Conselho de Contribuintes, julgado em 07/11/2002)
" Tributário. Ação Declaratória que antecede a autuação. Renúncia do poder de recorrer na via administrativa e desistência do recurso interposto. I – O ajuizamento da ação declaratória

Ressalte-se que, como já mencionado, as hipóteses de renúncia e desistência da via administrativa se operam somente quando há identidade entre os objetos em discussão no processo administrativo e no processo judicial. Quando não se evidenciar essa identidade, deve o processo administrativo prosseguir em relação ao que não se encontra contido no processo judicial.

Vê-se, assim, que a opção pelo oferecimento da impugnação administrativa, em decorrência lógica ao próprio princípio constitucional da inafastabilidade de acesso à jurisdição, não é excludente ou tampouco condição para o exercício do processo judicial tributário, sendo vedado, no entanto, o exercício cumulativo de ambos, quando a matéria versar sobre o mesmo objeto.

4. Dos Princípios Aplicáveis ao Processo Administrativo Tributário

Como bem ensina Ricardo Lobo Torres[20], os princípios são enunciados genéricos que quase sempre se expressam em linguagem constitucional ou legal, e que se encontram no meio termo na escala de concretização do direito, entre os valores e as normas.

Não tão abstratos quanto os valores jurídicos, nem dotados de grau elevado de concreção como as normas, os princípios irradiam as suas disposições sobre as normas que compõem o ordenamento jurídico positivo, conferindo-lhes respaldo, porém estabelecendo-lhes limites.

No âmbito do processo administrativo tributário não é diferente, sendo que os princípios aplicáveis balizam as normas jurídicas e norteiam, sobretudo, a atuação da Administração no âmbito daquele. Trataremos, então, a seguir, dos princípios que se encontram diretamente relacionados ao processo administrativo tributário.

Ressalte-se, todavia, que não se pretende aqui discorrer sobre todos os princípios e considerações minuciosas a estes pertinentes, uma vez que tal propósito seguramente demandaria um capítulo próprio e, até mesmo, um livro único. Buscar-se-á, portanto, em breves linhas, apenas apresentar os princípios que, a nosso juízo, mais influenciam o processo administrativo

---

anteriormente a autuação impede o contribuinte de impugnar administrativamente a mesma autuação interpondo os recursos cabíveis naquela esfera. Ao entender de forma diversa, o acórdão recorrido negou vigência ao art. 38, parágrafo único, da Lei nº 6.830/80. II – Recurso Especial conhecido e provido." (STJ. 2ª Turma. Relator Ministro Antonio de Pádua Ribeiro, publicado no DJ em 16.10.95.)

[20] *Curso de Direito Financeiro e Tributário*. 8ª ed., RJ:Ed. Renovar, 2001, p. 79.

tributário, e de que forma os mesmos se manifestam e se relacionam com o processo administrativo tributário.

4.1. Princípio do Devido Processo Legal e da Ampla Defesa

A clássica garantia dos cidadãos em um Estado de Direito é a que estabelece a proteção ao direito de defesa e, principalmente, ao exercício amplo e sem restrições daquele. Em nosso ordenamento jurídico-constitucional encontra sede expressamente no artigo 5º, inciso LIV[21] e relaciona-se diretamente com outras tantas garantias elencadas no rol dos direitos fundamentais.

Assegurar o exercício do direito de defesa e o devido processo legal é assegurar que o Administrado possa ser parte de um processo que seja desenvolvido com a observância das garantias e princípios constitucionais, com o respeito às etapas previamente previstas, ainda que acarrete em uma tramitação um pouco menos célere, e que o resultado final seja a expressão da legalidade na aplicação da norma, fruto da soma de atos regulares praticados pela Administração e pelo particular.

O princípio da ampla defesa e do devido processo legal abrange, portanto, as outras garantias constitucionais e serve de suporte para que as mesmas venham a ser implementadas e respeitadas.

Assim, o desrespeito ao devido processo legal e a ampla defesa fatalmente importará no aviltamento das demais garantias fundamentais, visto que as mesmas não encontrarão oportunidade para se expressarem e se concretizarem no âmbito do processo administrativo.

O processo administrativo tributário somente poderá ser considerado válido e suficiente para a implementação de seu resultado final quando ao longo daquele o contribuinte pôde apresentar seus argumentos, produzir as provas pertinentes, refutar sempre os atos administrativos ao longo daquele, deduzir as pretensões que julgar convenientes, obter manifestações motivadas da Administração sobre os fatos alegados e pedidos realizados, enfim, exercer de forma ampla[22] e sem surpresas, o seu direito de defesa à pretensão impositiva do Estado.

---

[21] Art. 5º – (...)
LIV – ninguém será privado da liberdade ou de seus bens sem o devido processo legal.
[22] A abrangência do conceito de ampla defesa havia sido reduzida nos últimos anos com a decisão do Supremo Tribunal Federal em validar a exigência de prévio depósito para a interposição de recursos administrativos fiscais, o que inegavelmente representava uma limitação ao pleno

4.2. O princípio da legalidade e da oficialidade

A atividade administrativa é sempre vinculada e não discricionária, ainda mais tratando-se de obrigação tributária.[23] As autoridades administrativas estão adstritas à prática dos atos que a lei determina, não podendo se esquivarem ou se omitirem da prática dos atos determinados em lei, e tampouco, por outro lado, praticarem atos cuja execução não tenha pressuposto legal.

O princípio da legalidade está consagrado em diversas passagens do texto constitucional, de modo geral e amplo no artigo 5º, inciso II[24] e, especialmente para os atos e relações envolvendo a Administração Pública e o particular e as relações tributárias, nos artigos 37[25], caput e 150, I[26]. Tal principio deve guiar, portanto, sob pena de nulidade, toda a atividade administrativa, em especial aquela desenvolvida no âmbito do procedimento e processo fiscal.

A submissão dos atos da Administração à lei assegura que a atividade daquela seja generalizada e impessoal[27], desprovida de interesses próprios

---

exercício do direito de defesa do contribuinte consubstanciado na impossibilidade de ver examinado e julgado por outro órgão administrativo o recurso apresentado. Contudo, com a revogação da exigência de garantia recursal em razão da inconstitucionalidade da mesma recentemente declarada pelo STF (como adiante demonstrar-se-á), resgatou-se a amplitude do princípio em questão. Trataremos, no entanto, um pouco mais deste tema quando analisarmos o processo administrativo no âmbito federal.

[23] Art. 142 – Compete privativamente à autoridade administrativa constituir o crédito tributário pelo lançamento, assim entendido, o procedimento administrativo tendente a verificar a ocorrência do fato gerador da obrigação correspondente, determinar a matéria tributável, calcular o montante do tributo devido, identificar o sujeito passivo e, sendo caso, propor a aplicação da penalidade cabível.

[24] Art. 5º – Todos são iguais perante a lei, sem distinção de qualquer natureza, garantindo-se aos brasileiros e aos estrangeiros residentes no País a inviolabilidade do direito à vida, à liberdade, à igualdade, à segurança e à propriedade, nos termos seguintes:
(...)
II – ninguém será obrigado a fazer ou deixar de fazer alguma coisa senão em virtude de lei.

[25] Art. 37 – A administração pública direta e indireta de qualquer dos Poderes da União, dos Estados, do Distrito Federal e dos Municípios obedecerá aos princípios de legalidade, impessoalidade, moralidade, publicidade e eficiência e, também, ao seguinte:

[26] Art. 150 – Sem prejuízo de outras garantias asseguradas ao contribuinte, é vedado à União, aos Estados, ao Distrito Federal e aos Municípios:
I – exigir ou aumentar tributo sem lei que o estabeleça;

[27] "O princípio da legalidade é denominado de legalidade objetiva com a finalidade de realçar o caráter objetivo e portanto impessoal do atuar do agente administrativo." MARINS, James. op. cit. p,. 173.

e específicos, cujo objetivo é a aplicação da lei, de forma desinteressada, como salienta Aurélio Pitanga Seixas Filho[28]:

> *"Obedecendo o princípio da legalidade objetiva, a autoridade fiscal, por dever de ofício, aplica a lei tributária desinteressadamente por não possuir qualquer direito subjetivo a defender, nem interesse próprio a resguardar, agindo, portanto, imparcialmente ou impessoalmente."*

Tal vinculação ao princípio da legalidade leva, necessariamente, ao princípio da oficialidade, que pressupõe que a Administração, quando do exame do processo administrativo tributário, não necessita de provocação para que examine qualquer questão que possa levar à modificação do ato administrativo realizado. Ou seja, a fim de velar pela aplicação estrita da legalidade, a Administração, ao se deparar com situação que evidencie a incorreção do lançamento realizado deve, de ofício, mesmo diante do silêncio do contribuinte, rever o ato praticado e adequá-lo aos ditames legais existentes.

Não se admite, mesmo no âmbito de um processo administrativo permeado pelo contraditório e pela ampla defesa, que a Administração possa legitimar ato por ela praticado e que esteja em desacordo com a legislação, ainda que tal fato não seja aventado pelo contribuinte no curso do processo administrativo.

Com efeito, sendo a obrigação tributária uma obrigação *ex lege* e, portanto, que se origina unicamente quando da ocorrência da situação prevista em lei como necessária ao surgimento do dever jurídico de recolher o tributo, a Administração somente está legitimada a constituir, em definitivo, o crédito tributário, quando efetivamente constata a ocorrência da hipótese prevista em lei. Por outro lado, a constatação, *a posteriori* do lançamento, de que aquela hipótese não se verificou, impõe à Administração o dever de ofício de cancelar o lançamento realizado e dar fim ao processo administrativo fiscal, uma vez que a causa que motivou o lançamento e o início do processo administrativo se revelou inexistente.

Uma das conseqüências práticas da conjugação entre o princípio da oficialidade e o princípio da legalidade é a possibilidade de reexame, pela própria Administração, mesmo em caso de impugnação apresentada intempestivamente pelo contribuinte, do lançamento realizado e da legalidade do mesmo. Tem-se, então, que mesmo na ausência de impugnação

[28] *Op. cit.* p.79.

válida, a Administração, no âmbito do processo administrativo fiscal, deve se constatar o equívoco no lançamento realizado e rever o ato praticado.

De fato, admita-se que a impugnação apresentada pelo contribuinte seja intempestiva, porém contenha a prova do pagamento do tributo exigido através do auto de infração lavrado contra si. Por força do princípio da oficialidade, a Administração Fiscal deve examinar a prova apresentada e determinar o cancelamento do auto de infração com base justamente na existência de pagamento, alegada através da impugnação, mesmo que apresentada a destempo.

A submissão da atividade administrativa, e conseqüentemente do processo administrativo tributário, aos princípios da legalidade e da oficialidade, comumente deságua na tipificação utilizada por alguns[29] de não ser a Administração parte no processo administrativo tributário, visto a necessidade de pautar-se pela imparcialidade no exame das questões a ela submetida. Tal conceituação, apesar de partir de premissa lógica e certa, encontra dificuldades frente a inequívoca presença da Administração Fazendária na relação jurídico-tributária, sendo aquela titular inafastável da pretensão impositiva. Alberto Xavier bem coloca a aparente incongruência:

> *"É certo que o Fisco, enquanto credor de tributos, é parte na relação jurídica subjacente ao procedimento, em que figura como titular da pretensão tributária; certo ainda que no referido procedimento exerce uma vasta gama de poderes, direitos e faculdades que lhe atribuem, indiscutivelmente, a posição de sujeito processual. Mas não é menos exato que, estando ele rigorosamente subordinado a um princípio de legalidade, não pode legitimamente pretender uma prestação tributária diversa da prevista na lei."*[30]

Em verdade, não se pode querer negar o fato de que a Administração, quando instaurado o processo administrativo fiscal, assume efetivamente uma postura de contraditório com o particular e, como tal, desempenha atos típicos de parte processual, tais como a apresentação de contra-razões à impugnação apresentada e a interposição de recurso por seus representantes das decisões contrárias a ela.

Entretanto, tal condição de parte inequívoca não desnatura a idéia de oficialidade e imparcialidade que devem nortear o exame, e reexame, por

---

[29] SEIXAS, Aurélio. *Op. cit.*
[30] *Op. cit.*, p. 154.

parte da Administração, dos atos por ela própria praticados, pois como bem observado pelo próprio Alberto Xavier, deve-se saber diferenciar o interesse substancial de parte com o interesse formal de posição em um processo, e que o conceito de parte é independente da existência de um verdadeiro conflito de interesses.[31]

O fato é, portanto, que mesmo a Administração Fazendária sendo parte no processo administrativo tributário, não está, por força dos princípios da legalidade e da oficialidade, em contraposição ao interesse de um particular, ao menos como objetivo imediato, mas sim no exercício de uma atividade vinculada sujeita às garantias inerentes a uma relação processual.

4.3. Princípio da verdade material

Como corolário dos princípios da ampla defesa, da legalidade e da oficialidade, pode-se apontar o princípio da verdade material, que preceitua a necessidade do processo administrativo fiscal buscar e, principalmente, permitir buscar, por meio de todas as provas e diligências necessárias, a ocorrência, ou não, daquele fato gerador exigido através do lançamento tributário e contestado através da peça impugnatória.

Isso significa que, não somente deve ser concedido ao contribuinte a faculdade e a possibilidade de produção de todas as provas necessárias à comprovação das alegações aduzidas na peça impugnatória, assim como deve a própria Administração Fiscal promover as diligências investigativas pertinentes, de modo a comprovar e a certificar a efetiva ocorrência do fato gerador e da legalidade do crédito tributário.

Difere, assim, o processo administrativo tributário do processo judicial, na medida em que neste impera a realidade trazida pelos elementos acostados aos autos, a denominada verdade formal. Já no processo administrativo fiscal, a busca pela verdade material permite extrapolar o rito normal do processo, e a Administração, diante de um indício que possa indicar o desacerto da autuação lavrada, deve, de ofício, determinar as diligências próprias para averiguar aquele fato. Ou seja, atua a Administração, igualmente, de ofício na procura e na produção das provas que possam evidenciar, ou não, a legalidade da decisão a ser proferida.

A busca da verdade material, no entanto, nem sempre é o norte da conduta adotada pela Administração Fazendária, em que pese alguns julga-

---

[31] Idem, p.160.

dos da própria instância administrativa[32]. Com efeito, o que se observa é a adoção, em muitas vezes, de expedientes que visam somente a acelerar o deslinde do processo administrativo fiscal, dentre os quais, o mais utilizado, a rejeição à produção de provas periciais solicitadas pelo contribuinte.

Da mesma forma, a adoção de presunções por parte da Fiscalização, ao invés da comprovação efetiva, é igualmente recurso utilizado em muitas vezes para se desconsiderar a escrita fiscal e promover ao lançamento por arbitramento. Tais expedientes, no entanto, são ilegais e contaminam com o vício da nulidade os atos subseqüentes praticados no âmbito do processo administrativo.

Por outro lado, igualmente importante ressaltar que o princípio da verdade material não pode ser utilizado para extrapolar competências estritamente outorgadas pelos diplomas legais aplicáveis, cabendo aos órgãos de julgamento aterem-se ao âmbito de atuação que determinada legislação assim o conferiu, sob a justificativa de "busca da verdade material".

Cada órgão julgador administrativo somente extrai a sua competência do diploma legal, não lhe sendo lícito ignorar a existência dos limites e disposições outorgados pela Lei, e, dessa forma, sobrepor-se aos ditames processuais estabelecidos nas leis que organizam e estabelecem os atos e procedimentos para cada processo administrativo tributário, de acordo com as suas respectivas legislações instituidoras.

4.4. O princípio da motivação dos atos administrativos

A prática de atos administrativos deve vir acompanhada, necessariamente, da justificativa para a consecução daquele ato. Afinal, encontrando-se a Administração, e conseqüentemente o servidor público encarregado, jungidos à legalidade objetiva, deve-se sempre explicitar as razões para a produção daqueles atos.

---

[32] "Processo Administrativa Fiscal – Princípio da Verdade Material – Nulidade. A não apreciação de documentos juntados aos autos depois da impugnação tempestiva e antes da decisão fere o princípio da verdade material com ofensa ao princípio constitucional da ampla defesa. No processo administrativo predomina o princípio da verdade material, no sentido de que aí se busca descobrir se realmente ocorreu ou não o fato gerador, pois o que está em jogo é a legalidade da tributação. O importante é saber se o fato gerador ocorreu e se a obrigação teve seu nascimento. Preliminar acolhida. Recurso provido."
(Acórdão nº 103-19.789, do 1º Conselho de Contribuintes, publicado no DOU em 29.01.99)

Isso porque, em primeiro lugar, somente é possível o efetivo exercício do direito de defesa por parte do contribuinte quando este tem conhecimento das razões que ensejaram a exigência a que está sendo submetido. *In casu*, no processo administrativo tributário, a exigência fiscal que lhe está sendo cobrada. Em segundo lugar, a motivação dos atos praticados impede a discricionariedade de determinado servidor ou órgão, facilitando a revisão daqueles pelas autoridades administrativas superiores.

A motivação deve ser abrangente e clara. Não basta que seja apenas indicado o dispositivo legal supostamente infringido. É necessário, no caso de processo administrativo originário de auto de infração, que este venha acompanhado não apenas da menção aos normativos desrespeitados, mas também de relato por parte do fiscal autuante que demonstre a conduta ilegal adotada pelo contribuinte e a forma através da qual aquele lançamento foi efetuado.

Assim, como exemplo, se a Administração Fazendária recorrer ao lançamento por arbitramento, desconsiderando a escrita fiscal do contribuinte, deve indicar as razões que a levaram a invalidar tais documentos contábeis. Ao determinar o indeferimento de um pedido de prova, deve indicar claramente os motivos pelos quais considerou que aquela prova não era necessária, mas sim meramente procrastinatória. E, por fim, ao decidir em aplicar uma penalidade majorada, em razão de constatação de fraude, deve apontar os atos praticados pelo contribuinte que respaldaram tal conclusão.

Caso não proceda dessa forma, o ato praticado sem a devida fundamentação é considerado inválido e, em se tratando de processo administrativo tributário, o lançamento poderá ser declarado nulo e o crédito tributário extinto. Exemplificativamente, confira-se o aresto do Superior Tribunal de Justiça:

> *"Tributário – Lançamento Fiscal – Requisitos do Auto de Infração e Ônus da Prova.*
>
> *O lançamento fiscal, espécie de ato administrativo, goza de presunção de legitimidade; essa circunstância, todavia, não dispensa a Fazenda Pública de demonstrar, no correspondente auto de infração, a metodologia seguida para o arbitramento do imposto – exigência que nada tem a ver com a inversão do ônus da prova, resultando da natureza do lançamento fiscal, que deve ser motivado.*
>
> *Recurso Especial não conhecido."*[33]

---

[33] STJ. Resp. nº 48.516/SP. Relator Ministro Ari Pargendler, DJU 13.10.97.

4.5. Outros Princípios

Como mencionado, em razão do presente estudo não se destinar somente aos princípios aplicáveis ao processo administrativo, estaríamos tratando apenas daqueles que, a nosso juízo, possuem mais relevância prática no âmbito do processo administrativo tributário e que se manifestam e se relacionam mais comumente com as atividades envolvendo a Administração Fiscal e o contribuinte.

Tal restrição, contudo, não significa que os inúmeros demais princípios existentes em nosso ordenamento jurídico carecem de importância ou possam ser desconsiderados quando do transcorrer do processo administrativo fiscal. Apenas, repita-se, dado o conteúdo do tema que nos cabe, tratou-se de uma opção metodológica.

Cabe, no entanto, destacar, ainda que de forma mais breve e concisa, alguns outros princípios que, igualmente, de forma mais direta ou não, se relacionam com o processo administrativo tributário.

Dentre estes, não se pode deixar de mencionar aqueles que se encontram, inclusive, positivados no texto constitucional, no artigo 37, ao lado dos princípios da legalidade e impessoalidade – aqui já tratados – e que são os da moralidade, da publicidade e da eficiência.

O princípio da moralidade está intimamente ligado à idéia de justiça em um Estado de Direito. Se, por um lado, o princípio da legalidade garante a liberdade dos cidadãos, por outro, o princípio da moralidade deve garantir a atuação justa e ética do Administrador. Com propriedade, salientaram Marcos Vinicius Neder e Maria Teresa Martinez Lopez que não basta que o administrador se atenha ao estrito cumprimento da legalidade, devendo sua atividade ser balizada e informada pelo princípio da moralidade, pois qualquer cidadão brasileiro está legitimado a postular a declaração de nulidade de ato administrativo violador do princípio ético.[34]

O princípio da publicidade é calcado no dever de transparência que deve pautar a atividade administrativa, de modo que o administrado possa ter ciência dos atos praticados que o envolvam e, dessa forma, exercer em sua plenitude o direito de defesa que lhe cabe. Não se admite, assim, que o administrado não possa ter ciência dos atos praticados no processo administrativo do qual é parte, ou então que sequer seja intimado da existência de um. O desrespeito à esse principio conduz necessariamente à nulidade dos atos praticados.

---

[34] Op. cit., p.67.

E, por fim, o princípio da eficiência, introduzido na Carta Constitucional pela Emenda nº 19/98, e refletido na Lei n. 9.784/99, que preceitua a necessidade da Administração em agir da forma mais adequada para se atingir, de modo mais célere e preciso, o fim colimado no processo administrativo. Isto significa a adoção de expedientes objetivos e racionais, evitando-se a prática de atos desnecessários, bem como a formulação de exigências carentes de razoabilidade.

5. Análise do processo administrativo tributário no âmbito federal, estadual e municipal

Uma vez ultrapassados os pontos comuns ao processo administrativo tributário, devendo aqueles compor o arcabouço principiológico para qualquer forma de regulação por parte dos entes tributantes, passamos agora a analisar, separadamente, as características e particularidades de como se encontram estruturados o processo administrativo tributário em cada uma das esferas do poder político, ou seja, federal, estadual e municipal.

Dada a abrangência de cada um dos veículos normativos que regulam o processo administrativo tributário nas esferas federal, estadual e municipal, não se poderá aqui realizar uma análise analítica de cada um dos dispositivos que os compõem, razão pela qual, priorizaremos a apresentação da estrutura de forma geral daqueles, com ênfase nos aspectos mais importantes e nas questões polêmicas que afetam mais diretamente o contribuinte e a Administração Fazendária.

E, obviamente, por se tratar o presente estudo destinado à Escola de Magistratura do Estado do Rio de Janeiro, além do processo administrativo federal, estaremos analisando somente o processo administrativo tributário pertinente ao Estado do Rio de Janeiro e ao Município do Rio de Janeiro.

5.1. O processo administrativo federal
5.1.1. Considerações Gerais

O processo administrativo tributário, no âmbito federal, é regulado pelo Decreto nº 70.235/72 e diversas legislações posteriores naquele consolidadas[35], e engloba não apenas as normas de regulação do trâmite dos processos envolvendo a constituição, ou não, em definitivo, do crédito tributário, mas também o processo de consulta, envolvendo a interpretação da legis-

---

[35] Lei n. 11.119/2005, Decreto n. 6.103/2007, Decreto n. 7.574/2011, Lei n. 12.715/2012.

lação tributária, além de sua aplicação aos procedimentos de restituição, ressarcimento e compensação de tributos.[36]

Sua instituição se deu em razão da delegação legislativa atribuída ao Poder Executivo, pelo Decreto-lei nº 822, de 5 de setembro de 1969, durante o período de vigência dos Atos Institucionais nº 5 e 12. Referido ato normativo delegou, em seu artigo 2º, a competência ao Poder Executivo para regular a forma de determinação e exigência de créditos tributários federais, o que se deu com a edição do Decreto nº 70.235/72.

A validade do Decreto nº 70.235/72 já foi questionada, em virtude de se tratar de ato normativo expedido pelo Poder Executivo durante a vigência de Ato Institucional, porém sua legalidade e recepção pelas ordens constitucionais subseqüentes foi reconhecida pelo Poder Judiciário[37], sempre que instado a se pronunciar, tendo lhe sido reconhecido, ainda, o status de lei em sentido formal e material. Isto significa que, reconhecido o status de lei ao Decreto nº 70.235/72, o mesmo só pode ser objeto de alteração também por lei em sentido formal, o que, inclusive, vem ocorrendo nas recentes alterações introduzidas naquele diploma legal[38].

Em sua estrutura, como passaremos a expor, o Decreto nº 70.235/72 regula a forma de realização dos atos processuais e estabelece os prazos para a consecução dos mesmos, bem como dispõe sobre a intimação das decisões proferidas e sobre a forma e modo de requerimento de provas e outras diligências. Disciplina, ainda, as atribuições de julgamento para cada instância administrativa e remete para as disposições editadas em Regimento Interno, o rito de julgamento perante a segunda instância administrativa julgadora, o Conselho Administrativo de Recursos Fiscais – "CARF.

É de se ressaltar, ademais, que a aplicação do Decreto nº 70.235/72 ao processo administrativo de cobrança dos créditos tributários referentes à seguridade social, subsidiariamente às normas previdenciárias esparsas – diluídas nas Leis nº 8.212/91 e 8.213/91 e no Decreto nº 3.048/99 (do qual trataremos mais adiante) –, sempre foi entendimento inconteste na jurisprudência e doutrina. E, através da publicação da Lei 11.457, de 16 de março de 2007, restou expressamente prevista a aplicação do Decreto

---

[36] Art. 74, §11º da Lei nº 9.430/96.
[37] TFR. AMS nº 106.747-DF. Relator Ministro Ilmar Galvão.
[38] Lei nº 8.748/93, Lei nº 9.430/96 e Lei nº 10.522/02.

nº 70.235/72 aos processos administrativos relativos às contribuições sociais outrora administradas pelo INSS, conquanto estas passaram a ser de competência da "Secretaria da Receita Federal do Brasil", órgão que representa a unificação da Secretaria da Receita Federal com a Secretaria da Receita Previdenciária[39].

[39] Lei nº 11.457, de 16 de março de 2007.
CAPÍTULO I
DA SECRETARIA DA RECEITA FEDERAL DO BRASIL
Art. 1º A Secretaria da Receita Federal passa a denominar-se Secretaria da Receita Federal do Brasil, órgão da administração direta subordinado ao Ministro de Estado da Fazenda.
Art. 2º Além das competências atribuídas pela legislação vigente à Secretaria da Receita Federal, cabe à Secretaria da Receita Federal do Brasil planejar, executar, acompanhar e avaliar as atividades relativas a tributação, fiscalização, arrecadação, cobrança e recolhimento das contribuições sociais previstas nas alíneas *a*, *b* e *c* do parágrafo único do art. 11 da Lei nº 8.212, de 24 de julho de 1991, e das contribuições instituídas a título de substituição. (Vide Decreto nº 6.103, de 2007).
§ 1º O produto da arrecadação das contribuições especificadas no caput deste artigo e acréscimos legais incidentes serão destinados, em caráter exclusivo, ao pagamento de benefícios do Regime Geral de Previdência Social e creditados diretamente ao Fundo do Regime Geral de Previdência Social, de que trata o art. 68 da Lei Complementar nº 101, de 4 de maio de 2000.
§ 2º Nos termos do art. 58 da Lei Complementar nº 101, de 4 de maio de 2000, a Secretaria da Receita Federal do Brasil prestará contas anualmente ao Conselho Nacional de Previdência Social dos resultados da arrecadação das contribuições sociais destinadas ao financiamento do Regime Geral de Previdência Social e das compensações a elas referentes.
§ 3º As obrigações previstas na Lei nº 8.212, de 24 de julho de 1991, relativas às contribuições sociais de que trata o caput deste artigo serão cumpridas perante a Secretaria da Receita Federal do Brasil.
§ 4º Fica extinta a Secretaria da Receita Previdenciária do Ministério da Previdência Social.
Art. 3º As atribuições de que trata o art. 2º desta Lei se estendem às contribuições devidas a terceiros, assim entendidas outras entidades e fundos, na forma da legislação em vigor, aplicando-se em relação a essas contribuições, no que couber, as disposições desta Lei. (Vide Decreto nº 6.103, de 2007).
§ 1º A retribuição pelos serviços referidos no **caput** deste artigo será de 3,5% (três inteiros e cinco décimos por cento) do montante arrecadado, salvo percentual diverso estabelecido em lei específica.
§ 2º O disposto no **caput** deste artigo abrangerá exclusivamente contribuições cuja base de cálculo seja a mesma das que incidem sobre a remuneração paga, devida ou creditada a segurados do Regime Geral de Previdência Social ou instituídas sobre outras bases a título de substituição.
§ 3º As contribuições de que trata o **caput** deste artigo sujeitam-se aos mesmos prazos, condições, sanções e privilégios daquelas referidas no art. 2º desta Lei, inclusive no que diz respeito à cobrança judicial.

Assim, diante das alterações promovidas pela Lei nº 11.457/07, também passaram a ser regidos pelo Decreto nº 70.235/72, os procedimentos fiscais e os processos administrativo fiscais concernentes aos créditos tributários referentes às contribuições sociais, assim como os processos administrativos de consulta relativos a tais tributos.

5.1.2. Dos Atos e Termos Processuais

Segundo o artigo 2º do Decreto nº 70.235/72[40], os atos processuais, quando a lei não dispor de modo específico, devem ser promovidos visando à objetividade e a segurança jurídica, valendo-se da expressão "indispensável à sua finalidade". Busca, assim, expressamente, a realização de um dos princípios previstos no artigo 37 da CF/88, qual seja a eficiência.

Com efeito, ao se referir à expressão "somente o indispensável à sua finalidade", determina o referido normativo que a prática do ato deve atender à garantia de que aquele ato possui uma motivação e, portanto, uma causa prevista em lei, garantindo, assim, a segurança jurídica do contribuinte, ínsita ao princípio da legalidade. E, ao mesmo tempo, visa assegurar a máxima eficiência na prestação administrativa demandada pelo contribuinte, visto que determina a dispensa de atos e procedimentos que não direcionem aquele ato ao objetivo necessário. É o que James Marins chama de princípio do formalismo moderado.[41]

---

§ 4º A remuneração de que trata o § 1º deste artigo será creditada ao Fundo Especial de Desenvolvimento e Aperfeiçoamento das Atividades de Fiscalização – FUNDAF, instituído pelo Decreto-Lei nº 1.437, de 17 de dezembro de 1975.

§ 5º Durante a vigência da isenção pelo atendimento cumulativo aos requisitos constantes dos incisos I a V do **caput** do art. 55 da Lei nº 8.212, de 24 de julho de 1991, deferida pelo Instituto Nacional do Seguro Social – INSS, pela Secretaria da Receita Previdenciária ou pela Secretaria da Receita Federal do Brasil, não são devidas pela entidade beneficente de assistência social as contribuições sociais previstas em lei a outras entidades ou fundos.

§ 6º Equiparam-se a contribuições de terceiros, para fins desta Lei, as destinadas ao Fundo Aeroviário – FA, à Diretoria de Portos e Costas do Comando da Marinha – DPC e ao Instituto Nacional de Colonização e Reforma Agrária – INCRA e a do salário-educação.

[40] Art. 2º – Os atos e termos processuais, quando a lei não prescrever forma determinada, conterão somente o indispensável à sua finalidade, sem espaço em branco, e sem entrelinhas, rasuras ou emendas não ressalvadas.

[41] *Op. cit.* p. 257.

5.1.3. Dos Prazos

A regra geral de contagem dos prazos no processo administrativo tributário é a mesma existente no processo judicial[42] e àquela prevista no artigo 210 do Código Tributário Nacional[43]. Logo, deve-se excluir o dia do início e incluir-se o dia do vencimento.

Os prazos transcorrem de modo contínuo e sem interrupções, com a ressalva de que o início e o vencimento dos mesmos deve ser dia útil, de modo a permitir ao contribuinte o acesso aos autos do processo administrativo, efetivamente, durante todo o período reservado para a prática de determinado ato.

O prazo para o oferecimento de impugnação administrativa e para interposição de recurso ao "CARF" é de 30 (trinta) dias.[44] Para a interposição de recurso especial à Câmara Superior de Recursos Fiscais o prazo, tanto para o Representante da Fazenda quanto para o contribuinte, é de 15 (quinze)[45]. Já o prazo para oposição de Embargos de Declaração às decisões proferidas pelos órgãos colegiados do CARF é de apenas 5 (cinco) dias[46]. Os demais prazos para a prática de outros atos no decorrer do processo administrativo encontram-se elencados ao longo do Decreto nº 70.235/72.

A redação anterior do Decreto nº 70.235/72 previa a possibilidade de que a autoridade administrativa responsável pudesse conceder prorrogação no prazo para apresentação da impugnação ou para a realização de determinada diligência. Tal possibilidade, no entanto, foi subtraída pela Lei nº 8.748/99.

A supressão da possibilidade de prorrogação no prazo, apesar de conferir um aspecto mais jurisdicional ao processo administrativo, acaba, por outro lado, suprimindo-lhe importante elemento para a correta identificação da exigência tributária que está sendo contestada.

Como mencionamos anteriormente, segundo o princípio da oficialidade e da verdade material, deve a Administração não se ater a meros expedientes formais e perseguir a correta identificação da ocorrência, ou

---

[42] Art. 184 do Código de Processo Civil – Salvo disposição em contrário, computar-se-ão os prazos, excluindo o dia do começo e incluindo-se o do vencimento.
[43] Art. 210 – Os prazos fixados nesta Lei ou na legislação tributária serão contínuos, excluindo-se na sua contagem o dia do início e incluindo-se o de vencimento.
[44] Art. 15 e 33 do Decreto nº 70.235/72.
[45] Art. 37, § 2 do Decreto n. 70.235/72.
[46] Art. 64, § 1º do Regimento Interno do CARF.

não, da obrigação tributária que está sendo exigida através daquele processo administrativo.

A flexibilização do prazo para a realização de diligências, bem como para a apresentação da competente impugnação, desde que devidamente fundamentada e motivada, representa uma forma de realização dos mencionados princípios no caso concreto, não sendo conveniente a restrição introduzida na redação original pelo legislador.

Saliente-se, ainda, que a não realização pelos contribuintes dos atos processuais nos prazos previstos importa na preclusão temporal para a efetivação dos mesmos. Ou seja, o decurso do prazo para impugnar ou para recorrer representa a preclusão para a prática daquele ato e a consolidação do crédito tributário exigido através do lançamento impugnado.

Ressalve-se, no entanto, a possibilidade de que mesmo diante da preclusão ocorrida, a autoridade administrativa competente, por força do princípio da legalidade, da oficialidade e da verdade material, possa vir a determinar a realização de outras diligências ou a apreciação de determinadas alegações por parte do contribuinte, ainda que intempestivas, que apontem de forma flagrante a improcedência da exação fiscal em discussão, caso típico, por exemplo, de alegação de pagamento com juntada do respectivo comprovante de recolhimento do tributo devido.

5.1.4. Das Intimações

A intimação, segundo definição dada pelo artigo 234 do Código de Processo Civil, é o ato pelo qual se dá ciência à parte do processo dos atos e termos praticados naquele, e se determine o cumprimento de providência ou determinação. Na Lei Geral do Processo Administrativo, consta a obrigatoriedade de intimação de todos os atos ou decisões que resultarem para o Administrado a imposição de deveres ou ônus, bem como para ciência de decisões de seu interesse.[47]

Trata-se, assim, a intimação, no processo administrativo tributário, do meio utilizado pela Administração para cientificar o contribuinte do lançamento realizado, da penalidade aplicada, das decisões proferidas que envolvam interesses do contribuinte, tais como decisões sobre pedidos

---

[47] Art. 28 da Lei nº 9.784/99 – Devem ser objeto de intimação os atos do processo que resultem para o interessado em imposição de deveres, ônus, sanções ou restrição ao exercício de direitos e atividades e os atos de outra natureza, de seu interesse.

de prova, de julgamento das matérias em discussão, do recebimento de recursos e etc... É, portanto, o mecanismo que permite ao contribuinte exercer o direito constitucional ao contraditório e a ampla defesa, bem como à Administração de cumprir o princípio da publicidade de seus atos.

O Decreto nº 70.235/72 prevê a possibilidade das intimações se realizarem de quatro formas.

A primeira prevista é a intimação pessoal do contribuinte, seja para dar ciência do lançamento realizado e determinar o pagamento do crédito tributário exigido, ou para cientificá-lo dos atos e decisões proferidas ao longo do processo administrativo tributário. A comprovação da sua realização se dá mediante a assinatura do sujeito passivo, ou de seu preposto ou mandatário, em uma das vias do documento de intimação, ou em caso de recusa, da informação prestada, por escrito, pelo servidor encarregado da intimação.

A intimação pessoal é a que mais assegura a legalidade de todo o processo administrativo e a que melhor previne quanto à ocorrência de futuras alegações de nulidade do processo por falta de intimação. Cabe lembrar que a falta de intimação do contribuinte, de qualquer ato ou decisão relevante ocorrida no processo administrativo, acarreta a nulidade do mesmo, independentemente da fase em que aquele se encontre.

A intimação feita à pessoa jurídica, através de seus prepostos ou representantes, pode acarretar em algumas controvérsias quanto à regularidade da mesma, nos casos em que o recebimento não se deu por pessoa especialmente designada para tal. A discussão, nestes casos, cinge-se à capacidade de representação que a pessoa que recebeu a intimação teria para fins de validar aquela comunicação. A jurisprudência, tanto administrativa quanto judicial, vem entendendo que não é necessário que a pessoa que receba a intimação tenha poderes específicos para tanto, bastando que exerça atividade regular na empresa e minimamente compatível com a rotina operacional da empresa. Nestes casos, o relevante é se precisar que a empresa pôde tomar ciência daquela intimação e exercer os atos que lhe compete.[48]

---

[48] "Intimação via postal. Aviso de recebimento. Intempestividade. De acordo com o art. 23, II do Decreto nº 70.235/72, é válida a citação via postal, podendo o Aviso de Recebimento ser assinado por funcionário que se encontra no correto endereço, mesmo que não pertença ao quadro societário ou seja representante legal."(Acórdão nº 301-30954 da Primeira Câmara do Conselho de Contribuintes, julgado em 03/12/2003.)

Atualmente, o modo mais comum de intimação no âmbito do processo administrativo tributário federal é a realizada por meio eletrônico, na data do acesso pelo contribuinte do seu Domicilio Tributário Eletrônico – DTE – ou 15 (quinze) dias contados da data registrada da entrega daquele no referido domicilio eletrônico.[49]. Outras formas de intimação previstas para o processo administrativo tributário federal são a pessoal, por via postal ou por edital.[50]

5.1.5. Dos Atos Procedimentais e do Processo Litigioso em 1ª Instância

Como mencionado no item 2 deste trabalho, é possível subdividir em duas etapas a atividade administrativa de constituição do crédito tributário: a primeira, de natureza procedimental, através dos atos investigatórios e de fiscalização que podem resultar na execução do lançamento tributário, e a segunda etapa, de natureza processual, que se inicia com a irresignação do contribuinte frente ao lançamento efetuado, através do oferecimento de impugnação ao mesmo.

O início da fase puramente procedimental se dá quando a autoridade administrativa responsável inicia os procedimentos fiscalizatórios notificando o contribuinte do início do procedimento fiscal[51] e, se for o caso,

---

" Processual Civil. Agravo Regimental. Embargos de Declaração. Agravo de instrumento. Execução Fiscal. Citação postal recebida por empregado do estabelecimento. Validade.
1. É válida a citação por via postal recebida, no estabelecimento da empresa, por auxiliar de filial. Precedentes jurisprudenciais." (STJ. Relator Ministro Luiz Fux, publicado no DO em 19/12/2003.)
[49] Art. 23 – Far-se-á a intimação:
III – por meio eletrônico, com prova de recebimento:
a) envio ao domicilio tributário do sujeito passivo;
§2: Considera-se feita a intimação:
III – se por meio eletrônico:
a) 15 (quinze) dias contados da data registrada no comprovante de entrega no domicilio tributário do sujeito passivo;
b) na data em que o sujeito passivo efetuar consulta no endereço eletrônico a ele atribuído pela administração tributária, se ocorrida antes do prazo previsto na alínea a;
[50] Art. 23, I, II, III do Decreto n. 70.235/72
[51] Na forma do disposto no artigo 138 do CTN, o contribuinte pode eximir-se do pagamento de multa caso realize o pagamento do imposto devido em atraso antes de iniciado qualquer procedimento tendente a apuração do não recolhimento. Neste caso, portanto, um dos efeitos do início do procedimento fiscal é a supressão do benefício da chamada "denúncia espontânea" da infração.

posteriormente, efetua o lançamento do tributo devido, seja este de natureza de ofício ou em razão de declaração apresentada pelo contribuinte.

O Decreto nº 70.235/72 prevê o início da fase procedimental nos casos em que a autoridade fazendária diligencia junto ao contribuinte e constata a ocorrência de obrigação tributária não satisfeita, dispondo sobre os atos que devem ser observados quando da realização da fiscalização e posterior lavratura de auto de infração. Este, por sua vez, deve conter a identificação funcional do agente encarregado, assim como a conduta tida como indevida, os dispositivos legais eventualmente violados e as penalidades aplicáveis, dentre outros requisitos previstos no artigo 10 do Decreto nº 70.235/72.

Através da Portaria SRF nº 1.265/99, a então denominada Receita Federal[52] instituiu o Mandado de Procedimento Fiscal, que deve acompanhar o trabalho dos agentes fazendários quando do início da fiscalização. Tal documento, além de conter as diretrizes dos trabalhos a serem efetuados, de modo a facilitar o controle por parte da chefia encarregada objetiva, ainda, permitir ao contribuinte certificar-se da legalidade e da legitimidade dos atos praticados e dos documentos requeridos pelos agentes fazendários.

Uma vez realizado o lançamento e/ou lavrado o auto de infração, possui o contribuinte prazo de 30 (trinta) dias para efetuar o pagamento exigido, ou então apresentar a sua competente impugnação. Com o oferecimento da peça impugnatória, considera-se instaurada a fase litigiosa do procedimento[53], e a partir dela, como já tratado anteriormente, iniciada a fase processual envolvendo a atividade administrativa de constituição do crédito tributário.[54]

A impugnação do contribuinte deve conter, dentre outros requisitos, a indicação da autoridade a que é dirigida, a sua qualificação, os motivos de fato e de direito em que se fundamenta a irresignação, e as diligências e provas que pretende que sejam produzidas, indicando na própria impugnação, os quesitos a serem respondidos e o perito que funcionará como seu assistente técnico.[55]

---

[52] Antiga denominação da atual Secretaria da Receita Federal do Brasil, a qual representa a unificação entre a Secretaria da Receita Federal e a Secretaria da Receita Previdenciária, promovida com a edição da Lei nº 11.457, de 16 de março de 2007.

[53] Art. 14 do Decreto nº 70.235/72.

[54] A impugnação, além de instaurar a fase litigiosa do procedimento, suspende a exigibilidade do crédito tributário, na forma do artigo 151, III do CTN.

[55] Art. 16 do Decreto nº 70.235/72.

Note-se, que, diferentemente do processo judicial comum, o rito previsto no Decreto nº 70.235/72 prevê, desde logo, a cumulação entre a fase postulatória e a fase probatória, determinando de imediato que sejam indicadas as provas que se pretende produzir. Esta previsão visa conferir maior celeridade ao processo administrativo tributário, porém, por outro lado, acaba por limitar a possibilidade de produção de outras provas ao longo do processo. Isto porque, a falta de requerimento para a realização de provas, ou o seu requerimento em dissonância da forma estabelecida no artigo 16, importa em preclusão para o contribuinte, à exceção de comprovação de motivo de força maior, fato superveniente ou para contrapor fatos ou razões trazidas durante o processo.[56]

Ressaltamos, no entanto, novamente, que por força dos princípios da legalidade, da oficialidade e da verdade material, deverá o órgão administrativo, a qualquer tempo que entender necessário, acatar eventuais pedidos extemporâneos de realização de diligências por parte do contribuinte. Ou então, determiná-las, de ofício, sempre que for possível identificar algum elemento que possa influir no exame da autuação lavrada. Este verdadeiro dever de ofício, e não mera faculdade, encontra-se, inclusive, previsto no artigo 18 do próprio Decreto nº 70.235/72.[57]

Cabe ressaltar, ainda, que a autoridade administrativa poderá indeferir as provas solicitadas, caso entenda que as mesmas são desnecessárias ou meramente protelatórias[58]. Tal fato, no entanto, em nosso entender, não é aconselhável, visto que, em muitos casos, acaba sendo reconhecida pelo órgão julgador administrativo de segunda instância a nulidade do processo, tendo em vista o cerceamento do direito de defesa em decorrência da não realização das provas requeridas[59].

---

[56] § 1º e 4º do artigo 16 do Decreto nº 70.235/72.
[57] Art. 18 – A autoridade julgadora de primeira instância determinará, de ofício ou a requerimento do impugnante a realização de diligências ou perícias, quando entendê-las necessárias, indeferindo as que considerar prescindíveis ou impraticáveis, observando o disposto no art. 28, *in fine*.
[58] Art. 18 do Decreto nº 70.235/72.
[59] " Pedido de reconsideração – Cerceamento do Direito de Defesa – Voto vencedor. Tendo sido rejeitada a realização da prova pericial requerida pelo contribuinte e não constando do respectivo acórdão os motivos do indeferimento, padece o julgamento de nulidade absoluta por falta de motivação."(Acórdão nº 303-30421 da Terceira Câmara do Terceiro Conselho de Contribuintes, julgado em 17/09/2002.)

Encerrada a produção de provas, as diligências e o preparo do processo através da reunião e ordenação de todos os documentos pertinentes, o processo é remetido para análise da autoridade responsável pelo julgamento, *in casu* a Delegacia da Receita Federal de Julgamento[60], cabendo àquela a competência para proferir a decisão terminativa.[61] Importante destacar que apesar de serem autoridades administrativas pertencentes ao mesmo Órgão Administrativo, que a autoridade responsável pelo julgamento é dissociada da autoridade lançadora do tributo, de modo a tentar garantir uma autonomia e distanciamento maior por parte daquele responsável pelo exame dos atos praticados por servidores vinculados a outra autoridade administrativa.

A decisão deverá conter relatório circunstanciado do processo, reportando-se às alegações do contribuinte e do órgão autuante, e a fundamentação das razões de fato e de direito – tanto com respeito às preliminares aventadas quanto à matéria de mérito -, que levaram àquele resultado.[62]

Na decisão, ainda, deverá a autoridade administrativa, em caso de manutenção da autuação realizada, ou a sua manutenção em parte, identificar o montante a ser exigido, cabendo ao órgão responsável pelo andamento do processo a intimação do contribuinte para ciência da decisão e cumprimento da mesma, ou para a interposição do competente recurso voluntário. Em caso de inexatidão material, a mesma poderá ser corrigida de ofício ou a requerimento do sujeito passivo.

5.1.6. Da Fase Recursal

Com a prolatação da decisão de 1ª instância, o contribuinte, uma vez intimado, pode interpor recurso no prazo de 30 (trinta) dias contados do recebimento da intimação. No caso da decisão ser favorável ao sujeito passivo, deverá a autoridade administrativa interpor recurso de ofício, observadas as hipóteses fixadas pelo Ministro da Fazenda[63], para que seja exercida a

---

[60] Cuja denominação, mesma diante das alterações promovidas pela Lei nº 11. 457/07, permaneceu a mesma, alterando-se tão somente a atribuição quanto à competência para julgamento dos processos que dizem respeito também às contribuições sociais.

[61] Art. 25, I do Decreto nº 70.235/72, com a redação dada pela MP 2.158-35, de 24 de agosto de 2001.

[62] Art. 31 do Decreto nº 70.235/72.

[63] Segundo a Portaria MF nº 03, de 03 de janeiro de 2008, somente deve interposto recurso de ofício das decisões de 1ª instância que exonerarem o sujeito passivo de crédito tributário,

revisão do ato que exonerou o contribuinte do pagamento do lançamento anteriormente efetuado[64].

A competência para exame de ambos os recursos é do Conselho Administrativo de Recursos Fiscais – "CARF"-, órgão paritário colegiado, composto por representantes indicados pelo Ministério da Fazenda e por entidades de classe da sociedade civil. Tal competência se verifica inclusive quanto à apreciação de intempestividade do recurso voluntário[65]. O rito e a forma de composição das câmaras julgadoras do "CARF" encontram-se dispostos em seu Regimento Interno.[66]

5.1.6.1. Da Garantia Recursal

Questão controversa que suscitava polêmicas quanto à sua validade e legalidade é a que envolvia a necessidade de oferecimento de garantia, por parte do contribuinte, para o manejo do recurso voluntário. Dada a relevância da discussão, que durante um considerável período de tempo esteve em destaque, discorreremos sobre o tema adiante, ressaltando, entretanto, que a exigência de referida garantia foi suprimida em decorrência da inconstitucionalidade declarada pelo Supremo Tribunal Federal.

O Decreto nº 70.235/72, em sua redação original, previa o acesso ao segundo grau de jurisdição administrativa sem qualquer condição, com exceção da observância do prazo estipulado para a interposição do recurso.

Todavia, através da Medida Provisória nº 1.621-30, de 12 de dezembro de 1997[67], que alterou o artigo 33 do referido Decreto, passou a ser exigida do contribuinte, como condição de seguimento do recurso voluntá-

---

incluída multas e juros, no montante superior a R$ 1.000.000,00 (um milhão de reais).

[64] O recurso de ofício, também chamado de remessa obrigatória, tem seu fundamento na necessidade da Administração rever os seus próprios atos, especialmente aqueles que possam trazer prejuízos ao Erário Público. Exerce, assim, através do recurso de ofício um juízo de legalidade dos atos praticados.

[65] Art. 35 – O recurso, mesmo perempto, será encaminhado ao órgão de segunda instância, que julgará a perempção.

[66] Portaria MF nº 586/2010

[67] Medida Provisória 1.621-30/97: Art. 32 – Os arts. 33 e 43 do Decreto nº 70.235/72, de 6 de março de 1972, que, por delegação do Decreto-lei nº 822, de 5 de setembro de 1969, regula o processo administrativo de determinação e exigência de créditos tributários da União, passam a vigorar com as seguintes alterações: '§2º – Em qualquer caso, o recurso voluntário somente terá seguimento se o recorrente o instruir com prova do depósito de valor correspondente a, no mínimo, trinta por cento da exigência fiscal definida na decisão."

rio interposto, o oferecimento de depósito correspondente a, no mínimo, trinta por cento da exigência fiscal definida na decisão. A justificativa para a instituição desta condição de admissibilidade do recurso voluntário foi a necessidade de agilizar a satisfação do Fisco Federal em relação aos valores em disputa, bem como de inibir os recursos meramente protelatórios.[68]

Estipulou, ainda, a referida medida provisória, que ao término do processo administrativo, em caso de resultado favorável ao sujeito passivo, o valor lhe seria restituído, ou então, em caso de decisão desfavorável, convertida em renda da União Federal.

A suposta inconstitucionalidade de tal medida foi imediatamente arguída por setores da sociedade civil, que vislumbravam na mesma indevida restrição ao exercício da ampla defesa e do contraditório.

Com efeito, boa parte da doutrina nacional salientou a violação aos referidos princípios, aduzindo que a CF/88, em seu artigo 5º, LV, assegurou o princípio da ampla defesa e do contraditório, tanto para os processos judiciais quanto para os processos administrativos. A restrição ao oferecimento de recurso de ato praticado pela Administração consistiria, assim, em impedimento ao exercício da ampla defesa por parte dos contribuintes. Ademais, ressaltava-se que a restrição violaria o princípio da isonomia e da razoabilidade, visto que impossibilitava o acesso à 2ª instância administrativa dos que detinham menos recursos financeiros.

Instado a se manifestar acerca da exigência instituída, o Supremo Tribunal Federal, ao analisar o pedido de tutela liminar na ADIN nº 1.922-9 proposta pelo Conselho Federal da Ordem dos Advogados – que objetivava justamente a suspensão da nova redação do parágrafo 2º do artigo 33 do Decreto nº 70.235/72 -, entendeu por bem, por maioria, em indeferir o pedido, confirmando a constitucionalidade da chamada "garantia recursal"[69].

---

[68] Parecer PGFN/CAT nº 2.078/97, de 11.2.97, aprovado pelo Ministro da Fazenda Pedro Malan.

[69] EMENTA: Ação direta de inconstitucionalidade. Impugnação à nova redação dada ao § 2º do artigo 33 do Decreto Federal 70.235, de 06.03.72, pelo artigo 32 da Medida Provisória 1699-41, de 27.10.98, e o "caput" do artigo 33 da referida Medida Provisória. Aditamentos com relação às Medidas Provisórias posteriores. – Em exame compatível com a liminar requerida, não têm relevância suficiente para a concessão dela as alegadas violações aos artigos 62 e 5º, XXXIV, XXXV, LIV e LV, e 62 da Constituição Federal quanto à redação dada ao artigo 33 do Decreto Federal 70.235/72 – recebido como lei pela atual Carta Magna – pelo artigo 32 da Medida Provisória 1699-41, de 27 de outubro de 1998, atualmente reeditada pela Medida

Naquele julgamento, em apertada síntese, restou vitorioso o entendimento de que não há exigência constitucional para o duplo grau de jurisdição, ainda mais em sede administrativa. Igualmente, que não há previsão constitucional que impõe o direito a recurso administrativo, bastando que seja assegurado o direito de apresentação de defesa, estando, esta sim, livre da exigência de qualquer condição. E, por fim, que somente se poderia cogitar de restrição ao direito de defesa se o esgotamento da via administrativa fosse condição para o acesso ao Poder Judiciário.

Esta decisão, em que pese os transtornos e limitações causadas aos contribuintes, restou consagrada em outras decisões do Supremo Tribunal Federal e, em decorrência, em decisões de outros Tribunais inferiores, validando, até a pouco tempo, a exigência de garantia para acesso à 2ª instância administrativa[70].

Posteriormente, tendo em vista as inúmeras dificuldades criadas pela exigência do depósito em dinheiro do referido montante, o próprio Governo Federal procurou flexibilizar a garantia recursal permitindo-se que ao invés de depósito em dinheiro, fosse realizado um arrolamento de bens do sujeito passivo, no valor correspondente também a 30% do montante estipulado na decisão administrativa.[71] Após, através da Lei nº 10.522/02, em virtude da nova redação dada ao parágrafo 2º do artigo 33 do Decreto nº 70.235/72, admitiu-se que o arrolamento fosse realizado e o recurso tivesse seguimento, ainda que não correspondesse a 30% do valor da exigência, desde que, no entanto, correspondesse a totalidade dos bens do ativo permanente do recorrente.[72]

Provisória 1863-53, de 24 de setembro de 1999. – (....) Em julgamento conjunto de ambas as ADINs, delas, preliminarmente, se conhece em toda a sua extensão, e se defere, em parte, o pedido de liminar, para suspender a eficácia, "ex nunc" e até julgamento final do artigo 33 e seus parágrafos da Medida Provisória nº 1863-53, de 24 de setembro de 1999. (STF. ADIN nº 1922-9. Relator Ministro Moreira Alves, julgado em 06.10.1999.)

[70] Cumpre frisar que o STF acabou julgando prejudicada a referida ADIN, de cujo julgamento restou editada a seguinte ementa: "EMENTA: AÇÃO DIRETA DE INCONSTITUCIONALIDADE. MEDIDA PROVISÓRIA 1.699-41/1998 CONVERTIDA NA LEI 10.522/2002. FALTA DE ADITAMENTO. PREJUDICIALIDADE. Impõe-se a prejudicialidade da ação direta em conseqüência da omissão do Conselho Federal da Ordem dos Advogados do Brasil em aditá-la por ocasião da conversão da medida provisória em lei. Ação direta julgada prejudicada." (STF. ADIN nº 1922-9. Relator Ministro Moreira Alves, DJ 18.05.2007).

[71] Medida Provisória nº 1.973-63/2000.

[72] Lei nº 10.522/2002.

Introduziu-se, portanto, uma alternativa ao depósito, significativamente menos gravosa aos contribuintes, facilitando o acesso ao segundo grau da instância administrativa, restando, à época, assim a redação do parágrafo 2º do artigo 33 do Decreto nº 70.235/72:

> *"Art. 33. Da decisão caberá recurso voluntário, total ou parcial, com efeito suspensivo, dentro dos trinta dias seguintes à ciência da decisão.*
> *(...)*
> *§2º. Em qualquer caso, o recurso voluntário somente terá seguimento se o recorrente arrolar bens e direitos de valor equivalentes à 30% (trinta por cento) da exigência fiscal definida na decisão, limitado o arrolamento, sem prejuízo do seguimento do recurso, ao total do ativo permanente se a pessoa jurídica ou ao patrimônio se pessoa física."*

A flexibilização trazida pelas referidas alterações permitia que os contribuintes, ainda que necessitassem apresentar garantias para recorrer, podiam valer-se do recurso voluntário, com um ônus significativamente inferior ao existente à época da exigência do depósito em dinheiro.

Saliente-se que o arrolamento de bens não representava nenhum custo para o contribuinte, na medida em que o ativo arrolado podia continuar a ser utilizado regularmente. E, por outro lado, necessitando o contribuinte até mesmo em alienar o bem arrolado, poderia fazê-lo, desde que viesse a efetuar a substituição da garantia, mediante comunicação prévia a ser feita à então denominada Receita Federal, conforme se depreende daquilo que consta do art. 5º da Instrução Normativa nº 264/02.[73]

---

[73] Art. 5º – O sujeito passivo fica obrigado a comunicar, no prazo de cinco dias, à unidade da Secretaria da Receita Federal (SRF) a que se refere o caput do art. 4º, a alienação ou a transferência de qualquer dos bens ou direitos arrolados.
§ 1º – O titular do órgão de registro deverá comunicar, no prazo de quarenta e oito horas, à unidade da SRF de que trata o caput do art. 4º, a ocorrência de qualquer das hipóteses previstas neste artigo.
§ 2º – O descumprimento do disposto no § 1º implicará a imposição da penalidade prevista no art. 9º do Decreto-Lei nº 2.303, de 21 de novembro de 1986, observada a conversão a que se refere o art. 3º, inciso I, da Lei nº 8.383/91, e o art. 30 da Lei nº 9.249/95, independentemente de outras cominações legais, inclusive em decorrência de dano ao Erário que vier a ser causado pela omissão ou inexatidão da comunicação.
§ 3º A ocorrência de qualquer das hipóteses previstas no caput obriga o sujeito passivo a arrolar outros bens e direitos em substituição aos alienados ou transferidos, sem prejuízo do disposto no caput e § 1º do art. 2º.

Nada obstante, imperioso que se destaque que a exigência da garantia em recursos administrativos foi recentemente suprimida em decorrência da inconstitucionalidade dos parágrafos 1º e 2º, do artigo 126 da Lei 8.213/91 (com a redação dada pela Lei 9.639/98), declarada pelo Supremo Tribunal Federal quando do julgamento dos Recursos Extraordinários paradigmáticos nºs 388359, 389383, 390513. Veja-se o resultado do julgamento:

"RECURSO ADMINISTRATIVO – DEPÓSITO – § 2º DO ARTIGO 33 DO DECRETO Nº 70.235/72 – INCONSTITUCIONALIDADE. A garantia constitucional da ampla defesa afasta a exigência do depósito como pressuposto de admissibilidade de recurso administrativo.

Decisão: O Tribunal, por unanimidade, conheceu do recurso e, por maioria, deu-lhe provimento para declarar a inconstitucionalidade do § 2º do artigo 33 do Decreto nº 70.235/1972, com a redação dada pelo artigo 32 da Lei nº 10.522, de 19 de julho de 2002, originária da Medida Provisória nº 1.863-51/1999 e reedições, vencido o Senhor Ministro Sepúlveda Pertence. Licenciada a Senhora Ministra Ellen Gracie (Presidente). Presidência do Senhor Ministro Gilmar Mendes (Vice-Presidente). Plenário, 02.04.2007."[74]

Assim, por maioria, o Plenário do Supremo Tribunal Federal acompanhou o voto do relator, ministro Marco Aurélio, que, na linha da argumentação que vinha sendo exposta em diversas ações nas quais se questionava tal exigência (como visto acima), deixou expressamente registrado que o "depósito inviabiliza o direito de defesa".

Ademais, na mesma linha, o STF, no julgamento da Ação Direta de Inconstitucionalidade nº 1976, também declarou inconstitucional lei que determina o arrolamento de bens no caso de interposição de recurso administrativo voluntário, cassando o artigo 32 da Medida Provisória nº 1.699-41/98, convertida na Lei 10.522/2002 (artigo 32, parágrafo 2º), que deu nova redação ao artigo 33, parágrafo 2º, do Decreto 70.235/72.

Portanto, conforme previsto no artigo 42, inciso I, da Lei nº 11.727/08, resultado da conversão da Medida Provisória nº 413/08, deixou-se de exigir a realização do depósito correspondente a 30% (trinta

---

[74] STF. RE nº 388359/PE. Relator Ministro Marco Aurélio, julgado em 28.03.2007, DJ 22.06.2007.

por cento) do crédito tributário, eis que tal exigência foi revogada, não figurando mais como requisito de admissibilidade do recurso voluntário.

5.1.6.2. Da Decisão de 2ª Instância e a Competência do Conselho de Contribuintes para a Declaração de Inconstitucionalidade de Ato Normativo

Apresentado o recurso voluntário, ou interposto o recurso de ofício nos casos previstos, o processo é submetido a julgamento a uma das câmaras que compõem o "CARF".

Em julgamento colegiado, o "CARF" poderá acolher ou rejeitar o recurso voluntário ou de ofício. Poderá, ainda, acolher o pedido ou mesmo requerer a realização de diligências que se façam necessárias ao esclarecimento da questão submetida, ainda que em fase recursal. Trata-se, uma vez mais, da afirmação da subsunção do processo administrativo tributário, e dos órgãos responsáveis pelo mesmo, aos princípios da oficialidade e da verdade material, já tratados anteriormente.

Outra questão controversa, que ainda ocupa o debate daqueles que vivenciam o processo administrativo tributário, é a que se refere à possibilidade de afastamento pelo "CARF", quando do julgamento de processo a ele submetido, de lei ou ato normativo que esteja em vigor por considerá-lo ilegal ou inconstitucional.

Em que pese o próprio Decreto-lei n. 70.235/72 estabelecer vedação expressa a tal procedimento[75], excepcionando-se as hipóteses em que já ocorreu a declaração de inconstitucionalidade da norma pelo STF, ainda subsistem discussões acerca do alcance dessa restrição e da possibilidade, ou necessidade, que o órgão julgador administrativo aplique ou deixe de aplicar em detrimento de outro considerado ilegal quando do julgamento do caso concreto.

Diversas justificativas são utilizadas para tanto, dentre as quais podemos destacar a da vinculação ao princípio da economia processual, assim como o de proteção ao Erário Público, principalmente frente às questões já pacificadas em sede do Poder Judiciário, sendo contraproducente homologar crédito tributário passível de execução, cujo destino seria a improcedência.

---

[75] Art. 26-A. No âmbito do processo administrativo fiscal, fica vedado aos órgãos de julgamento afastar a aplicação ou deixar de observar tratado, acordo internacional, lei ou decreto, sob fundamento de inconstitucionalidade.

Igualmente, pode-se ressaltar que se a função do "CARF" é a interpretação e aplicação da legislação tributária, esta deve ser entendida em conjunto, mediante a análise de todo o ordenamento jurídico, e não somente frente a uma ou outra lei. Neste sentido, se manifestou Helenílson Cunha Pontes[76]:

"Em função destas premissas, parece-nos inadequada a expressão controle de legalidade dos atos administrativos porquanto parte da falsa premissa que o direito pode ser interpretado e aplicado aos pedaços, em partes estanques, e não pautado sempre pelo conjunto de mandamentos albergados pelo ordenamento jurídico. A Administração Pública pátria, hoje por expressa disposição legal, deve agir em conformidade com todo o direito (aí incluído o conjunto de regras e princípios constitucionais) e não somente com as leis (como pressupõe a expressão controle de legalidade). Logo, o controle é exercido sobre a validade e a juridicidade da atuação administrativa realizada e não somente sobre um mero juízo de subsunção de um fato à hipótese legalmente prevista em um texto normativo isolado."

Por outro lado, em sentido contrário, alega-se que o "CARF" não possui competência para declarar ou reconhecer determinada lei como inconstitucional, visto que tal atribuição é exclusiva do Poder Judiciário.

E, ademais, por ser o "CARF" órgão administrativo vinculado à Administração Pública, não pode simplesmente deixar de aplicar a lei vigente, vez que a mesma goza de presunção de validade, até que seja expurgada do ordenamento jurídico pelas vias competentes. Nesta linha, ressalte-se a posição de Marco Aurélio Greco[77]:

"Toda lei está revestida de presunção de constitucionalidade. Cabe ao Poder Executivo cumprir não só as leis como a Constituição. Porém, não cabe aos agentes administrativos subordinados deixar de aplicar a lei porque, a seu juízo, há uma inconstitucionalidade.

Se a autoridade administrativa entende que determinada lei é inconstitucional, cabe-lhe sobrestar o julgamento e representar o Chefe do Poder Executivo suscitando a questão que julga pertinente."

---

[76] *Processo Administrativo Tributário* vol. 5 (coordenador Ives Gandra da Silva Martins). SP:Ed. Revista dos Tribunais, 1999, p. 608.
[77] idem, p. 706.

Esta, inclusive, é a linha que vem sendo seguida pelo próprio "CARF", tendo sido editada, inclusive, súmula nesse sentido.[78]

5.1.7. Da Instância Especial

Após o julgamento do recurso voluntário ou de ofício, a decisão proferida pode ser reformada pela Câmara Superior de Recursos Fiscais somente nos casos em que for proferida decisão tida como divergente de outra proferida por outra Câmara ou Turma de julgamento ou até mesmo pela própria Câmara Superior.

O recurso para a Câmara Superior é comumente chamado de Recurso Especial, uma vez que a própria redação original do Decreto nº 70.235/72 atribuía a denominação de Instância Especial à fase de julgamento pós-decisão da segunda instância do Conselho de Contribuintes.

Na redação original, a Instância Especial era de competência única e exclusiva do próprio Ministro da Fazenda, a quem competia exercer o juízo de revisão das decisões proferidas pelo Conselho de Contribuintes, e das quais eram oferecidos os recursos especiais pelos Representantes da Fazenda.

Na ocasião, somente a Fazenda Pública possuía competência para interpor recurso especial dirigido ao Ministro da Fazenda, o qual possuía o poder para reformar, ou não, a decisão proferida pelo Conselho de Contribuintes.

Tal sistemática sempre foi muito criticada, em razão de concentrar unicamente em uma só pessoa o poder de revisão de qualquer julgamento proferido em sede do processo administrativo. Ou seja, todas as garantias e tentativas de assegurar uma equivalência entre o contribuinte e a Administração Pública no bojo de uma relação processual, ainda que administrativa, eram superadas e ignoradas ao se permitir que apenas uma autoridade pudesse decidir de modo diverso do que o fez um órgão julgador colegiado.

Ademais, ressaltava-se a flagrante quebra de isonomia, visto que o recurso especial era privativo do Representante da Fazenda, não sendo outorgado o direito ao contribuinte para dele se valer nas mesmas condições.

Com vistas a incrementar a processualização do processo administrativo tributário, foi editado o Decreto nº 83.304/79, o qual veio a instituir

---

[78] Súmula nº 2: O CARF não é competente para se pronunciar sobre a inconstitucionalidade de lei tributária.

a Câmara Superior de Recursos Fiscais. À este órgão de julgamento competia exercer justamente o papel de Instância Especial, em substituição ao Ministro da Fazenda, tendo inclusive restado expressa a revogação do contido no § 1º do artigo 37 do Decreto nº 70.235/72.[79]

A interposição do recurso especial passou a caber tanto ao Representante da Fazenda, quanto ao contribuinte, somente se comprovado repita-se, a existência de decisão conflitante proferida por outra câmara do "CARF".

Assumiu, portanto, a Câmara Superior de Recursos Fiscais, o papel de órgão uniformizador da jurisprudência administrativa e não uma ampla instância revisora, capaz de reformar toda e qualquer decisão proferida. Nesse aspecto, importante ressaltar o que já foi mencionado anteriormente, onde, mesmo a Câmara Superior possui limitação em sua competência para julgamento, não lhe cabendo extrapolá-la ainda que seja em situações pretensamente em busca "da verdade material".

Importante mencionar, ainda, que a eleição da Câmara Superior, como última instância dotada de competência limitada para apreciação dos recursos, também contribuiu para reforçar a autonomia dos órgãos julgadores administrativos, eis que aqueles não ficam mais sujeitos a realizar e obedecer a todo um rito processual para, ao final, ver decisões proferidas neste âmbito de contraditório e devido processo legal, serem simplesmente modificadas por uma única autoridade dotada de poder revisório irrestrito.

E, nessa linha, conforme dispõe o artigo 42, III do Decreto-lei n. 70.235/72, a decisão proferida pela Câmara Superior de Recursos Fiscais será definitiva.

5.1.7.1. Do Poder de Revisão Ministerial das Decisões Proferidas no Âmbito do Processo Administrativo Tributário

Em que pese a clareza do dispositivo acima mencionado, bem como a revogação expressa da competência ministerial para atuar como instância especial no processo administrativo tributário, controvérsias surgiram quanto

---

[79] Art. 1º do Decreto nº 83.304/79 – Fica instituída, no Ministério da Fazenda, a Câmara Superior de Recursos Fiscais, cujo funcionamento será disciplinado em Regimento Interno, aprovado mediante Portaria do Ministério de Estado da Fazenda, nos termos da legislação em vigor.
Parágrafo único – Compete à Câmara Superior de Recursos Fiscais julgar recursos especiais, na forma prescrita neste Regulamento.

à possibilidade do Ministro da Fazenda, na qualidade de autoridade administrativa máxima, dispor de poder de revisão das decisões proferidas em sede do processo administrativo tributário.

Com efeito, no passado, a Procuradoria da Fazenda Nacional sustentou que o Ministro da Fazenda possuiria competência para rever as decisões proferidas em sede do processo administrativo, sob o fundamento de que, em razão de ser a autoridade administrativa máxima, lhe é cabível, por força do recurso hierárquico, decidir em última análise acerca da legalidade dos atos praticados pelos órgãos administrativos que a ele estão subordinados.

Alegou a Procuradoria da Fazenda que em razão da competência inerente ao controle dos atos administrativos praticados por órgãos inferiores, o Ministro da Fazenda deve exercer o controle e a supervisão dos julgados proferidos em sede administrativa, vez que estes não deixam de ser atos administrativos.

Sustentou, ainda, que tal procedimento já foi, inclusive, legitimado pelo Supremo Tribunal Federal, que fez editar súmula reconhecendo o dever de autotutela da administração pública, e a possibilidade de que a autoridade administrativa revogue ato administrativo praticado por autoridade inferior e eivado de ilegalidade.[80]

Tal entendimento foi muito combatido pela doutrina pátria, com razão a nosso ver, sob o fundamento de que, primeiro, inexiste no diploma legal que trata do processo administrativo e do julgamento em instância especial, qualquer previsão do cabimento de um derradeiro recurso de revisão ao Ministro do Estado. Pelo contrário, a previsão anteriormente existente foi, inclusive, expressamente revogada, como já vimos, tendo tal atribuição de instância especial sido outorgada justamente à Câmara de Recursos Fiscais.

Ademais, permitir que apenas uma única autoridade administrativa, após todo o transcorrer do processo administrativo, possa revogar decisões legítimas e prolatadas em sede de um rito processual previamente estabelecido, é simplesmente ignorar o princípio da ampla defesa, do contraditório e, principalmente, da própria segurança jurídica do contribuinte, vez que as decisões tidas definitivas estarão sempre sujeitas à modificação ao bel-prazer de autoridade administrativa singular.

---

[80] Súmula 473 do STF – A Administração pode anular seus próprios atos, quando eivados de vícios que os tornam ilegais, porque deles não se originam direitos; ou revogá-los, por motivo de conveniência ou oportunidade, respeitados os direitos adquiridos, e ressalvada, em todos os casos, a apreciação judicial.

Neste sentido, é precisa manifestação de Ricardo Lobo Torres:

> *"O conceito de recurso hierárquico é profundamente contraditório. Se, por um lado, justifica-se como instrumento de proteção aos interesses gerais da Fazenda, por outro lado compromete a segurança das relações entre o Fisco e o contribuinte.(...)*
>
> *De outra parte é forçoso reconhecer a inconveniência do recurso hierárquico. Introduz a insegurança nas relações processuais e abala o princípio da confiança do contribuinte. Após o contraditório administrativo e o julgamento pelo órgão paritário, projeta a solução definitiva para a competência da autoridade singular, que quase sempre se vale do parecer de funcionário fazendário, proferido à margem do debate processual e sem defesa oral."*[81]

O cabimento deste chamado recurso hierárquico vem sendo examinado pelo Superior Tribunal de Justiça, o qual procurou restringir e limitar o uso de tal instrumento.

Com efeito, ao julgar o MS 6.737-DF que versava sobre a legalidade do recurso hierárquico, assim se pronunciou aquela Corte Superior:

> *"Mandado de Segurança – Recurso Administrativo – Exigência de Depósito – Poder de Supervisão do Ministro da Fazenda aos Órgãos a Ele subordinados – Revogação de Ato Administrativo Anulável – Aplicação da Súmula nº 473 do STF – Inobservância dos Princípios Ampla Defesa e do Contraditório – Ilegalidade – Concessão de Segurança – Precedentes do STJ*
>
> *I – (...)*
>
> *II – Todo e qualquer órgão da Administração Federal, direta ou indireta, está sujeita a supervisão do Ministro de Estado competente, cabendo-lhe também conhecer de recursos providos de órgãos subordinados ou de entidades vinculadas ao seu ministério, com base na hierarquia ou na supervisão ministerial.*
>
> *III – A administração pode anular seus próprios atos, quando eivados de vícios que os tornam ilegais, porque deles não se originam direitos. (Súmula 473 do STF). Todavia esse poder não é absoluto, porquanto deve respeitar as garantias constitucionais da ampla defesa e do contraditório.*
>
> *IV – Precedentes do STJ."*[82]

---

[81] *Processo Administrativo Tributário* vol. 5 (coordenador Ives Gandra da Silva Martins). SP:Ed. Revista dos Tribunais, 1999, p.169-170.

[82] STJ. Mandado de Segurança nº 6737/DF, publicado no Diário Oficial em 13.05.2002.

Note-se que era reconhecida, pelo Superior Tribunal de Justiça, a competência ministerial para revisão dos atos praticados, porém nos casos em que aqueles contivessem vícios que os tornassem ilegais.

E, de modo mais contundente, a Primeira Seção do STJ foi mais explícita quanto à necessidade de que a revisão se dê somente em casos extremos, onde a ilegalidade da decisão reste plenamente configurada, não se prestando para decidir sobre questões de interpretação da norma legal, como se vê do aresto abaixo:

> *"Administrativo – Mandado de Segurança – Conselho de Contribuintes – Decisão Irrecorrida – Recurso Hierárquico – Controle Ministerial – Erro de Hermenêutica.*
>
> *I – A competência ministerial para controlar os atos da administração pressupõe a existência de algo descontrolado, não incide nas hipóteses em que o órgão controlado se conteve no âmbito de sua competência e do devido processo legal.*
>
> *II – O controle do Ministro da Fazenda (arts. 19 e 20 do DL 200/67) sobre os acórdãos dos conselhos de contribuintes tem como escopo e limite o reparo de nulidades. Não é lícito ao Ministro cassar tais decisões, sob o argumento de que o colegiado errou na interpretação da lei.*
>
> *III – As decisões do Conselho de Contribuintes, quando não recorridas, tornam-se definitivas, cumprindo à Administração, de ofício, exonerar o sujeito passivo dos gravames do litígio (Decreto nº 70.235/72, art. 45).*
>
> *IV – Ao dar curso a apelo contra decisão definitiva de conselho de contribuintes, o Ministro da Fazenda põe em risco direito líquido e certo do beneficiário da decisão recorrida."*[83]

A referida decisão veio trazer maior segurança jurídica aos contribuintes que litigam no âmbito do processo administrativo tributário federal, visto que o Superior Tribunal de Justiça ressaltou bem claramente que a revisão por parte do Ministro da Fazenda é ato de natureza excepcional e insuscetível de ser aplicado em casos envolvendo a simples interpretação de lei, efetuada pelos órgãos administrativos julgadores regulares.

Ou seja, não é cabível que o Ministro de Estado venha reformar decisão proferida pelo "CARF" somente porque esta se encontra em dissonância

---

[83] STJ. Mandado de Segurança nº 8810/DF. Relator Ministro Humberto Gomes de Barros, julgado em 13.08.2003.

aos interesses da Representação da Fazenda. É preciso, pois, segundo a posição do STJ, que tenha ocorrido extrapolação de competência por parte do órgão administrativo julgador ou nulidade flagrante da decisão para ensejar a reforma da mesma através do recurso hierárquico.

Em virtude de tal posicionamento, que nos parece correto e prudente, a Procuradoria da Fazenda Nacional e o Ministério da Fazenda, insatisfeitos com os termos da mesma e com a limitação ao poder de revisão por parte do Ministro, optaram em suscitar antiga controvérsia concernente à possibilidade da Fazenda Pública ir a Juízo pedir a anulação de decisão administrativa.

Com efeito, a discussão acerca de tal possibilidade, que já se encontrava um pouco superada, foi reavivada recentemente em virtude da aprovação pelo Ministro da Fazenda do Parecer PGFN/CRJ nº 1.087/2004[84], o qual visa a legitimar e firmar orientação administrativa-funcional no sentido do cabimento da propositura de medida judicial para desconstituição de decisão administrativa proferida em sede do processo administrativo tributário.

No despacho sancionador do referido Parecer, restou consignado que:

"(...) 1) existe, sim, a possibilidade jurídica de as decisões do Conselho de Contribuintes do Ministério da Fazenda, que lesarem o patrimônio público, serem submetidas ao crivo do Poder Judiciário, pela Administração Pública, quanto à sua legalidade, juridicidade, ou diante de erro de fato; 2) podem ser intentadas: ação de conhecimento, mandado de segurança, ação civil pública ou ação popular; 3) a ação de rito ordinário e mandado de segurança podem ser propostos pela Procuradoria-Geral da Fazenda Nacional, por meio de sua Unidade do foro da ação; ação civil pública pode ser proposta pelo órgão competente; já a ação popular somente pode ser proposta por cidadão, nos termos da Constituição Federal."

Naquele Parecer, sustenta a Procuradoria da Fazenda Nacional que todo ato administrativo está sujeito ao controle jurisdicional de legalidade do Poder Judiciário, seja aquele contrário ou não à própria Administração. Ressalta, ainda, que a impossibilidade da Fazenda Pública recorrer ao Poder Judiciário implicaria no desrespeito ao princípio da inafastabilidade de jurisdição, contido no inciso XXXV do artigo 5º da Constituição Federal

---

[84] Publicado no Diário Oficial em 23/08/2004.

de 1988. E, por fim, que é imperioso que decisões ilegais e lesivas ao Erário Público possam ser objeto de controle por parte do Poder Judiciário.

Tais argumentos, no entanto, não são passíveis de validar, a nosso juízo, o ingresso da Fazenda Pública em Juízo para revogar decisão proferida por ela própria, através de seus órgãos administrativos.

Com efeito, em primeiro lugar, admitir-se tal possibilidade é retirar do processo administrativo tributário, e consequentemente dos órgãos administrativos julgadores, toda e qualquer processualidade a eles pertinente, bem como a própria razão de existir dos mesmos e do próprio processo administrativo. Afinal, se as decisões emanadas naqueles órgãos podem ser objeto de questionamento judicial pelo próprio ente responsável pelo mesmo (ou seja, a Administração Pública), desfaz-se qualquer caráter solucionador de controvérsias ínsito ao processo administrativo entre Administração e contribuinte e, dessa forma, o próprio conceito de processo como meio para dirimir litígios e viabilização das garantias individuais do administrado.

Em segundo lugar, parece-nos que resta claro a falta de interesse processual de agir por parte da Administração – uma das condições para o exercício do direito de ação –, na medida em que, repita-se, aquela estaria buscando a desconstituição de ato praticado por ela própria, através de seus próprios órgãos administrativos.

Neste sentido é ampla a doutrina a respeito, da qual podemos destacar:

"(...) ninguém pode ir a juízo contra ato próprio, por falta de interesse de agir. De outra parte, a decisão administrativa definitiva, contra a Fazenda Pública, certa ou errada, constitucional ou não, extingue a obrigação tributária. Inexiste no Direito brasileiro ação anulatória de ato administrativo formalmente válido praticado pela Administração, sendo ela própria a autora."[85]

"(...) Todavia, conquanto não tenham força de caso julgado material, tais decisões têm uma força similar à de "coisa julgada formal", uma vez que são vinculantes e imutáveis para a própria Administração ativa, privada de meios jurídicos para reabrir o debate face ao Poder Judiciário, em caso de decisão desfavorável proferida pelos órgãos de Administração judicante, no exercício de funções de autocontrole."[86]

---

[85] COELHO, Sacha Calmon Navarro. in Processo Administrativo Fiscal, op. cit., p.190-191.
[86] Op.cit., p.321.

Deve-se lembrar, ainda, que tanto não há possibilidade de reforma da decisão administrativa através de recurso ao Poder Judiciário que o próprio Código Tributário Nacional elencou em seu artigo 156, dentre as hipóteses de extinção do crédito tributário, o inciso IX, que reputa como causa de tal extinção, a decisão administrativa irreformável, assim entendida a definitiva, na órbita administrativa, que não mais possa ser objeto de ação anulatória.

Não assiste razão, portanto, a nosso juízo, ao Parecer PGFN nº 1.087/04 devendo-se, contudo, aguardar o posicionamento do Poder Judiciário frente a tal questão, quando, e se, do ajuizamento por parte da Fazenda Nacional de medida judicial contra decisão administrativa proferida em caso concreto.

5.1.8. Do Processo Administrativo Tributário no Âmbito do INSS

Conforme exposto anteriormente no presente trabalho, a aplicação do Decreto nº 70.235/72 ao processo administrativo de cobrança dos créditos tributários referentes à seguridade social, subsidiariamente às normas previdenciárias esparsas – diluídas nas Leis nº 8.212/91 e 8.213/91 e no Decreto nº 3.048/99, sempre fora entendimento inconteste na jurisprudência e doutrina.

Recentemente, através da publicação da Lei 11.457, de 16 de março de 2007, restou expressamente prevista a aplicação do Decreto nº 70.235/72 aos processos administrativos relativos às contribuições sociais outrora administradas pelo INSS, conquanto estas passaram a ser de competência da "Secretaria da Receita Federal do Brasil", órgão que representa a unificação da Secretaria da Receita Federal com a Secretaria da Receita Previdenciária.

Assim, diante das alterações promovidas pela Lei nº 11.457/07, também passaram a ser regidos pelo Decreto nº 70.235/72, os procedimentos fiscais e os processos administrativos fiscais concernentes aos créditos tributários referentes às contribuições sociais, assim como os processos administrativos de consulta relativos a tais tributos.

5.1.9. Das Considerações Finais acerca do Processo Administrativo Tributário Federal

Não obstante a discussão sobre a possibilidade do ingresso em Juízo por parte da Fazenda Pública, o fato é que as decisões definitivas proferidas em âmbito administrativo possuem o condão de extinguir o crédito tributário – artigo 156, IX do CTN – acaso favoráveis ao contribuinte, ou então, em sendo desfavoráveis àquele, da constituição em definitivo do crédito tributário e posterior remessa ao órgão competente para inscrição em dívida ativa e ajuizamento da execução fiscal competente.

Em caso de decisão desfavorável ao contribuinte, este ainda poderá discutir toda a matéria tratada no âmbito do processo administrativo tributário perante o Poder Judiciário, através das ações próprias previstas no artigo 38 da Lei nº 6.830/80 – Lei da Execução Fiscal – além da via mandamental.

Por outro lado, a constituição em definitivo do crédito tributário, por meio do processo administrativo, outorga à Fazenda Pública título líquido, certo e exigível, que goza de presunção de veracidade e legitimidade, para fins do manejo da via executiva.

5.2. Processo Administrativo Tributário Estadual

Após o exame dos aspectos principais atinentes ao processo administrativo federal, passamos agora à análise das questões envolvendo o processo administrativo tributário, no âmbito do Estado do Rio de Janeiro.

Como mencionado no intróito deste estudo, trataríamos das questões comuns ao processo administrativo tributário, de forma separada, a fim de que não fosse necessário repeti-las para cada uma das formas de regulação do processo fiscal no âmbito de cada ente tributante.

Não obstante a parte geral comum, também é possível se verificar uma grande similaridade entre diversos dispositivos e aspectos normativos do próprio rito em si, entre o processo administrativo tributário federal, estadual e municipal. Com efeito, disposições referentes a forma da prática de atos, contagem de prazos, intimações e outros aspectos inerentes ao rito processual não divergem de um para outro processo administrativo.

Assim sendo, ao analisarmos, adiante, o processo administrativo estadual e municipal – e como já tratamos, pormenorizadamente, sobre tais questões genéricas do rito quando do capítulo pertinente ao processo administrativo tributário federal – abordaremos tais aspectos comuns de modo mais conciso e em conjunto, buscando identificar e dar mais destaque aos pontos específicos de cada um, que não se reproduzem nas outras formas de regulação.

5.2.1. Características Gerais

O processo administrativo tributário estadual é regulado no corpo do Código Tributário Estadual, instituído pelo Decreto-Lei nº 05/75[87], e complementado, naquilo que não for conflitante, pelo Decreto nº 2.473/79 e pelo disposto no Regimento Interno do Conselho de Contribuintes, aprovado pela Resolução SEFCON nº 5.927/2001.

Tal como o processo administrativo tributário federal, o PAT estadual visa regular a forma de constituição em definitivo do crédito tributário, bem como a interpretação e aplicação da legislação tributária estadual.

Os atos e termos processuais devem obedecer aos princípios da finalidade, da legalidade e da motivação. Os prazos processuais são contínuos e sua contagem é realizada excluindo-se o dia de início e incluindo-se o dia do vencimento.[88]

Os legitimados a postular no processo administrativo tributário são, além do sujeito passivo da obrigação tributária, aqueles que tiverem interesse na questão submetida a julgamento, assim como órgãos de classe na defesa dos interesses de suas respectivas categorias profissionais.[89]

As intimações dos atos e decisões proferidas no processo administrativo são pessoais ou mediante via postal com comprovante de recebimento ou por meio eletrônico, quando o sujeito passivo aderir à essa modalidade.[90]

E, da mesma forma que o disposto no processo administrativo federal, a interposição de medida judicial versando exatamente sobre a matéria posta em discussão na via administrativa, importará na renúncia ou desistência da via administrativa, com a constituição em definitiva do crédito tributário e o sobrestamento de sua exigência, caso se verifiquem as hipóteses do artigo 151 do Código Tributário Nacional.[91]

5.2.2. Do processo litigioso em 1ª instância

Com a apresentação de impugnação pelo contribuinte, no prazo de trinta dias a contar da intimação, considerar-se-á instaurado o litígio tributário, nos casos envolvendo a lavratura de auto de infração ou nota de

---

[87] Art. 205 – Este livro rege o processo administrativo que verse, originariamente ou não, sobre a aplicação ou a interpretação da legislação tributária.
[88] Art. 207 e 208 do Decreto-Lei nº 05/75.
[89] Art. 210 e 211 do Decreto-Lei nº 05/75.
[90] Arts. 215 e 216 do Decreto-Lei nº 05/75.
[91] Art. 227 do Decreto-Lei nº 05/75.

lançamento.[92] Na forma do artigo 151, III do Código Tributário Nacional e do próprio artigo 238 do Decreto-Lei nº 05/75, a impugnação tem o condão de suspender a exigibilidade do crédito tributário até a prolatação de decisão definitiva na via administrativa.

A impugnação deve conter, além das razões de fato e de direito que respaldam a irresignação quanto ao lançamento tributário realizado, o pedido para a produção de provas e realização das diligências consideradas necessárias, bem como, desde já, a indicação dos quesitos a serem respondidos e do assistente técnico que auxiliará a perícia.

Assim como no processo administrativo tributário federal, em nome do princípio da verdade material, da legalidade e da oficialidade, o julgador administrativo deve permitir e determinar, ainda que não requisitado, a produção de outras provas ao longo do processo administrativo, de modo a buscar comprovar a legalidade do crédito tributário em discussão. Não se deve ater, portanto, à limitação concernente ao momento para o requerimento de provas.

A competência para julgamento em primeira instância administrativa é da Junta de Revisão Fiscal, composta por três julgadores, todos servidores públicos da Secretaria de Estado da Receita e da Secretaria de Estado da Fazenda.

Ao proferir a decisão de procedência, ou não, da autuação realizada, a Junta de Revisão Fiscal, em obediência ao princípio da motivação dos atos administrativos, deverá mencionar as razões de fato e de direito que respaldam aquela decisão.

5.2.3. Da Fase Recursal – Conselho de Contribuintes e Instância Especial

Em caso de decisão favorável ao contribuinte deverá ser interposto, na própria decisão exonerativa, o recurso de ofício para o Conselho de Contribuintes, órgão de segunda instância administrativa que terá a incumbência de zelar pela legalidade daquela decisão. Tal como no processo administrativo federal, o recurso de ofício é instrumento de proteção ao Erário Público, e ato revisional destinado a assegurar o estrito cumprimento da legislação tributária.

O recurso de ofício, no âmbito do processo administrativo estadual, interrompe a fluência para oferecimento de recurso por parte do contri-

---

[92] Art. 237 do Decreto-Lei nº 05/75.

buinte, eis que somente após a confirmação ou modificação da decisão recorrida é que o contribuinte poderá interpor recurso quanto a parte em que restou vencido, no prazo de trinta dias a contar do recebimento da intimação daquela decisão.

Por tal característica é que alguns pretendem caracterizar o recurso de ofício como sendo uma condição de eficácia para a própria decisão em si proferida pela instância administrativa, quando ocorre a redução parcial ou total da exigência fiscal. Naturalmente, que, quando a decisão recorrida não comportar o reexame obrigatório, que o prazo para interposição do recurso voluntário inicia-se tão logo com a intimação do contribuinte.

No caso da interposição do recurso voluntário, tal como para os casos sujeitos ao duplo grau de jurisdição administrativa federal, a outrora exigência do depósito recursal foi suprimida, através do reconhecimento de sua inconstitucionalidade pelo Egrégio Supremo Tribunal Federal.

Interposto o recurso, o mesmo será apreciado por uma das câmaras que compõem o Conselho de Contribuintes, na forma prevista em seu Regimento Interno, aprovado pela Resolução SEFCON nº 5.927/2001.

Das decisões proferidas pelas câmaras do Conselho de Contribuinte, poderá ser interposto recurso, no prazo de quinze dias a contar da intimação da decisão proferida pela câmara, para o Conselho Pleno do Conselho de Contribuintes – órgão que reúne os conselheiros de todas as câmaras julgadoras –, isto quando o julgamento na câmara não for unânime, ou então quando divergir de decisão proferida por outra câmara, ou pelo próprio Conselho Pleno.[93] Vê, assim, igualmente, a natureza do Conselho Pleno de órgão revisor e, ao mesmo tempo, de uniformizador da jurisprudência administrativa.

Nesse aspecto, tal como já mencionado anteriormente, o Conselho Pleno não possui competência legal para ser uma terceira e ampla instância revisora, devendo atuar nos estritos limites de sua competência.

Portanto, não lhe é facultado apreciar questões ou recursos que não se encontrem nas estritas situações previstas na legislação, mesmo sob a justificativa de obedecer a questões supostamente prevalentes de verdade material ou nulidades. A única nulidade que lhe cabe apreciação, quando não verificadas as hipóteses de cabimento do recurso, é aquela que verse diretamente sobre a decisão da câmara, uma vez que para examinar os pres-

---

[93] Art. 266 do Decreto-Lei nº 05/75.

supostos de cabimento do recurso, deve-se partir de uma decisão recorrida válida e livre de vícios de nulidade. Além desses estritos limites, qualquer decisão proferida pelo Conselho Pleno será nula de pleno direito, em face de extrapolação de sua competência.

Outra hipótese de recurso de decisão de câmara é a que prevê a possibilidade, somente para a Fazenda Estadual, de recorrer diretamente ao Secretário de Estado de Fazenda, em caso da decisão, mesmo unânime, ser contrária à legislação tributária ou à evidência de prova constante do processo.[94]

Ou seja, o Secretário de Estado exerce a chamada instância especial, sendo um (lamentável) terceiro juízo de revisão sobre a matéria em julgamento, privativo da Fazenda Estadual.

Assim, tem-se, novamente, a problemática da legitimidade e legalidade de se atribuir a uma autoridade administrativa singular o poder de revisão de decisões prolatadas pelos órgãos administrativos de julgamento. Como mencionado anteriormente, esta previsão acaba por conferir instabilidade às relações jurídicas decorrentes do processo administrativo estadual, desprestigiando-o e, inclusive, retirando-lhe a razão de existir.

Com efeito, tal qual no processo administrativo tributário federal, a possibilidade de que o Secretário de Estado detenha amplo e irrestrito poder, para alterar as decisões emanadas dos órgãos julgadores, é revestida de abuso de poder e manifestamente contraproducente a toda estruturação do processo administrativo tributário como meio solucionador de controvérsias entre a Administração e o contribuinte.

Ressalte-se, no entanto, que diferentemente do processo administrativo federal, no qual o recurso para o Ministro da Fazenda é o recurso hierárquico, no processo administrativo estadual, a possibilidade de interposição é dada na própria lei que disciplina aquele processo. Ou seja, trata-se formalmente de uma instância processual revisora, "dentro" do próprio processo administrativo tributário, e não um poder de "intervenção" do Secretário de Estado nos julgados administrativos, ainda que tal natureza, na prática, seja indiscutível.

Atente-se, portanto, que a jurisprudência do Superior Tribunal de Justiça, que limitou e restringiu a possibilidade de modificação pelo Ministro

---

[94] Art.266, II do Decreto-Lei nº 05/75.

da Fazenda das decisões administrativas[95], não se amolda automaticamente para os casos envolvendo o processo administrativo estadual.

Ressalte-se, ademais, que em julgados anteriores ao último posicionamento adotado a que nos referimos, o próprio Superior Tribunal de Justiça apreciou a mesma questão, oriunda justamente do Estado do Rio de Janeiro, e reconheceu como legítima, expressamente, os dispositivos do Decreto-Lei nº 05/75 que conferiam competência ao Secretário de Estado para a reforma das decisões administrativas.[96]

No voto condutor do referido julgado, o Ministro Relator José Delgado salientou, inclusive, que a possibilidade de revisão estava prevista no próprio corpo legislativo do processo administrativo estadual e que tal previsão não afrontava a Constituição Federal, como se vê:

> *"(...) Está correto o acórdão recorrido, ao meu pensar, haja vista que não há que se falar no fenômeno da não recepção da legislação estadual citada, quando da promulgação da CF, 1988. Há conforme está nos autos, regramento específico regulando o procedimento fiscal no âmbito do Estado do Rio de Janeiro, que permite o recurso especial para o Secretário de Estado de Fazenda (...) Essa instância especial, no procedimento administrativo tributário, não me parece ser inconstitucional..."*

Por outro lado, há também decisões do STJ que, apreciando o recurso hierárquico previsto no processo administrativo estadual, considerou como inaplicável a previsão de possibilidade de revisão pelo Secretário de Fazenda por simples divergência de interpretação, como se vê:

> *"TRIBUTÁRIO – PROCESSO ADMINISTRATIVO – TRIBUTÁRIO -RECURSO DE OFÍCIO: FINALIDADE – REVISÃO ADMINISTRATIVA DA DECISÃO DO CONSELHO DE CONTRIBUINTES.*
>
> *1. O Código Tributário do Estado do Rio de janeiro permitia o chamado recurso hierárquico (art. 266, § 2º da Lei 3.188//99), plenamente aceito pelo STJ (precedente da 1a. Seção, relator Min. Humberto Gomes de Barros)*
>
> *2. O recurso hierárquico permite ao Secretário da Fazenda rever a decisão do Conselho de Contribuintes e impugná-la se eivada de vícios ou nulidades patentes e devidamente identificadas.*

---

[95] MS nº 8810/DF.
[96] ROMS nº 11.976-RJ, 1ª turma, unânime, Rel. Min. José Delgado, publicado no Diário Oficial em 08/10/2001.

3. O recurso hierárquico não rende ensejo a que a autoridade administrativa, por deleite ou por mero capricho, venha a desfazer a decisão do colegiado.
4. Recurso ordinário provido.
(Recurso Ordinário em MS nº 16.902 – RJ, Rel. Min. Eliana Calmon, publicado no DJU em 04/10/2004)

Cabe, assim, avaliar nos casos em que for ofertado o recurso ao Secretário de Fazenda, se houve simples discordância de interpretação da legislação estadual – incapaz de ensejar a sua revisão – ou vício efetivo que comprometa a decisão recorrida e possibilite o acesso a essa instância monocrática superior.

Em nossa opinião, a atuação revisional por parte do Secretário de Estado, especialmente quando a mesma somente é garantida à Fazenda Pública Estadual, caracteriza inegável desequilíbrio entre as partes envolvidas no processo administrativo, sendo manifestamente incompatível com o princípio do contraditório e da ampla defesa, quando exercida contra qualquer decisão proferida contra a Fazenda Pública.

Infelizmente, tal procedimento odioso ainda é praticado pela Fazenda Estadual através dos seus representantes, cabendo ao Poder Judiciário, em nossa avaliação, reprimir os abusos que conduzem a violação dos princípios da proporcionalidade e da razoabilidade.

Por fim, cabe apenas mencionar que o recurso ao Secretário de Estado pode ser intentado não apenas de decisão de câmara, mas também de decisão prolatada por menos de ¾ (três quartos) dos membros do Conselho Pleno.[97]

Em ambos os casos, interposto o recurso, será o contribuinte intimado para que se manifeste a respeito do mesmo, e apresente as razões que devem levar a manutenção da decisão colegiada proferida.

5.2.4. Considerações Finais sobre o Processo Administrativo Tributário Estadual

Encerrado o litígio, com a prolatação de decisão pelos órgãos administrativos julgadores, ou pelo Secretário de Estado da Fazenda nas hipóteses previstas, em caso de decisão desfavorável ao contribuinte, o crédito tributário reputar-se-á definitivamente constituído e remetido para inscri-

---

[97] Art. 266, II do Decreto nº 05/75.

ção em dívida ativa e posterior ajuizamento da execução fiscal competente. Caso a decisão seja pelo cancelamento da autuação realizada, reputar-se-á extinto o crédito tributário na forma prevista no artigo 156, IX do Código Tributário Nacional.

Cabe ressaltar, ainda, que consta no Decreto-Lei nº 05/75 dispositivo prevendo a possibilidade de ingresso em Juízo, por parte da Fazenda Estadual, caso a decisão administrativa venha a ser favorável ao contribuinte.[98] Sobre o tema, reportamo-nos aos comentários já aduzidos no processo administrativo federal, reafirmando a nossa opinião quanto a impossibilidade de tal permissivo.

5.3. Do Processo Administrativo Tributário Municipal
5.3.1. Aspectos Gerais

O processo administrativo tributário municipal encontra-se regulado pelo Decreto nº 14.602/96, em razão da delegação legislativa prevista no artigo 242 do Código Tributário Municipal[99].

Da mesma forma que os outros ritos processuais administrativos já analisados, o processo administrativo tributário municipal destina-se a constituição em definitivo do crédito tributário, bem como a regular a interpretação e aplicação da legislação tributária municipal.[100]

O legitimado a postular junto ao processo administrativo é o sujeito passivo da obrigação tributária, ou as entidades de classe e representantes de categorias profissionais nos casos envolvendo o processo de consulta.[101]

As intimações poderão ser pessoais, por via postal com comprovante de recebimento ou por meio eletrônico. Da mesma forma, se restarem infrutíferas tais tentativas, a intimação se dará por edital[102]. Importante ressaltar

---

[98] Art. 269 – As decisões irrecorríveis ou irrecorridas, referidas nos artigos anteriores, poderão ser impugnadas judicialmente tanto pelo Estado como pelo interessado, quer em processo de iniciativa do vencido, quer em defesa, em processo de iniciativa do vencedor."

[99] Art. 242 – O Poder Executivo regulará o processo administrativo de determinação e exigência dos créditos tributários, penalidade, restituição de indébitos, parcelamento, remissão e o de consulta (...).

[100] Decreto nº 14.602/96. Art. 1º – (...)
§1º – Considera-se procedimento ou processo administrativo-tributário aquele que versar sobre aplicação ou interpretação da legislação tributária.

[101] Arts. 2 e 4 do Decreto nº 14.602/96.

[102] Arts. 22 e 25 do Decreto nº 14.602/96 (nova redação dada pelo Decreto nº 28.192 de 12.07.2007).

que as intimações das decisões proferidas pelo Conselho de Contribuintes considerar-se-ão realizadas mediante a publicação das mesmas no Diário Oficial, devendo o contribuinte, portanto, se atentar para tal exceção, tendo em vista que a contagem dos prazos para interposição dos recursos competentes das mesmas se iniciará a partir da publicação daquela.[103]

Os prazos contam-se a partir da intimação, excluindo-se o dia do início e incluindo-se o dia do vencimento. No processo administrativo tributário municipal, os prazos podem ser prorrogados, desde que a extensão seja requerida antes do vencimento dos mesmos e através de decisões fundamentadas, nas quais reste clara a necessidade da prorrogação concedida.[104]

5.3.2. Do Processo Litigioso

Oferecida a impugnação pelo contribuinte, no prazo de trinta dias a contar da intimação do auto de infração ou da nota de lançamento, considera-se instaurado o litígio tributário.[105]

No âmbito do processo administrativo tributário municipal, compete à autoridade lançadora do tributo, isto é, a responsável pela arrecadação do mesmo, receber a impugnação. Porém, compete à outra autoridade administrativa específica o julgamento da impugnação, no caso a denominada Coordenadoria de Revisão e Julgamento Tributários[106].

Todavia, compete à autoridade lançadora, ao receber a impugnação, antes de remeter para a autoridade julgadora, verificar a sua tempestividade.[107] Caso constate a preclusão por lapso temporal, a própria autoridade lançadora deve declarar a perempção da impugnação apresentada. Note-se, assim, que mesmo não sendo a autoridade lançadora a competente pelo julgamento, neste caso específico, acaba exercendo atividade julgadora.

---

[103] Arts. 104 e 106 do Decreto nº 14.602/96.

[104] Art. 31 – Os prazos poderão ser prorrogados, por uma única vez, por igual período ao anteriormente fixado, mediante despacho fundamentado, a requerimento do interessado, protocolado antes do vencimento do prazo original.

[105] Art. 79 – Considera-se instaurado o litígio tributário para os efeitos legais, com a apresentação, pelo interessado, de impugnação a:
I – Auto de infração e Nota ou Notificação de Lançamento;
II – Indeferimento de pedido de restituição de tributo, acréscimos ou penalidades;
III – recusa de recebimento de tributo, acréscimos ou penalidades que o contribuinte procure espontaneamente pagar.

[106] Art. 91 do Decreto nº 14.602/96.

[107] Art. 83 do Decreto nº 14.602/96.

Desta decisão que considerou intempestiva a impugnação, o contribuinte pode recorrer à própria autoridade competente julgadora, acima mencionada[108]. Não cabe recurso, entretanto, da decisão da autoridade julgadora de primeira instância que não conhecer da impugnação por perempta[109].

Outro ponto merece destaque. Além de ser competente para declarar a intempestividade da impugnação, a autoridade lançadora do tributo poderá, ainda, nas hipóteses do artigo 84 do Decreto nº 14.602/96[110], desconsiderar a perempção e dar seguimento ao processo administrativo. Ou seja, em nome do princípio da oficialidade, a autoridade lançadora permite que o processo administrativo se desenvolva, de modo a se obter a comprovação, ou não, da efetiva existência de obrigação tributária a ser satisfeita.

Apesar de tal possibilidade se encontrar em perfeita consonância com os princípios que regem o processo administrativo – entre os quais, repita-se, o da oficialidade, legalidade e verdade material -, parece-nos, todavia, que tal atribuição deveria ser exclusiva da autoridade julgadora, e não da autoridade lançadora. Com efeito, dado a responsabilidade de tal ato, melhor seria que a sua atribuição estivesse em mãos de autoridade desvinculada à rotina operacional diária de fiscalização, possuindo a autoridade julgadora, a princípio, uma isenção maior para decidir questões envolvendo matérias relacionadas ao processo administrativo.

Ultrapassado tal ponto, a competência para o julgamento, portanto, em primeira instância, é da Coordenadoria de Revisão e Julgamento, a qual deverá proferir decisão fundamentada acerca da procedência, ou não, da impugnação apresentada.

Caso a decisão seja pela exoneração total ou parcial do crédito tributário impugnado, deve ser interposto recurso de ofício para o Conselho de Contribuintes. O recurso de ofício, tal qual no processo administrativo tributário estadual, também tem efeito suspensivo da decisão proferida.[111] Em caso de decisão contrária ao contribuinte, possui aquele o prazo de trinta dias para interpor recurso ao Conselho de Contribuintes.

---

[108] Art. 85 do Decreto nº 14.602/96.
[109] Art.85-A do Decreto nº 14.602/96, incluído pelo Decreto nº 25.194/05.
[110] Art. 84 – A autoridade lançadora levantará a perempção, em caráter excepcional, na ocorrência das seguintes situações:
I – caso fortuito ou força maior.
II – alegação de pagamento anterior ao lançamento, acompanhada do respectivo comprovante.
III – erro de fato no lançamento, conforme definido no art. 78, § 1º.
[111] Art. 99, § 2º do Decreto nº 14.602/96.

5.3.3. Da Fase Recursal

O Conselho de Contribuintes do Município é, portanto, o órgão colegiado administrativo encarregado de apreciar o recurso voluntário interposto pelo contribuinte, bem como de apreciar o recurso de ofício. Seu funcionamento é previsto e regulamentado em seu Regimento Interno.[112]

O contribuinte somente será intimado para se manifestar acerca do recurso de ofício, nos casos em que a Representação da Fazenda, junto ao Conselho de Contribuintes, se manifestar pelo provimento do recurso de ofício[113].

O recurso voluntário será apreciado pelo Conselho de Contribuintes e seu julgamento poderá, inclusive, ser sobrestado em virtude da necessidade de realização de diligências que venham esclarecer a matéria em julgamento.

Com a decisão proferida, sendo esta proferida pelo voto de desempate, cabe a qualquer parte vencida, seja a Fazenda Municipal ou o contribuinte, interpor Pedido de Reconsideração, no prazo de trinta dias a contar da publicação da decisão no Diário Oficial, sendo que aquele será apreciado pelo próprio Conselho de Contribuintes.[114]

Ou seja, o mesmo órgão julgador irá reapreciar, em sua totalidade, novamente a matéria que foi objeto de julgamento, não sendo sequer necessário, para a interposição do referido Pedido de Reconsideração, que tenha ocorrido fato novo ou não examinado anteriormente.

Trata-se, a nosso juízo, de instância recursal desnecessária e anômala, visto que a mesma matéria será apreciada pelo mesmo órgão julgador que poderá proferir decisão diversa da que foi proferida pouco antes. É o próprio órgão julgador reconhecendo que as suas decisões, quando não unânimes, carecem de certeza e definitividade, em sede administrativa. E, em razão disso, não há como não se reconhecer que tal prática, ainda que facultado a ambas as partes – Fazenda e contribuinte – retira a segurança jurídica das decisões proferidas pelo próprio Conselho de Contribuintes.

De qualquer forma, interposto o Pedido de Reconsideração, o mesmo será julgado pelo Conselho de Contribuintes, o qual, repita-se, poderá emitir novo juízo acerca da matéria novamente posta em julgamento.

---

[112] Resolução SMF nº 2.296/2005.
[113] Art. 100 do Decreto nº 14.602/96.
[114] Art. 104 do Decreto nº 14.602/96.

Das decisões proferidas pelo Conselho de Contribuintes, em sede de Pedido de Reconsideração ou em sede de recurso, caberá novo recurso à denominada instância especial, cuja competência para apreciação do mesmo é do Secretário Municipal de Fazenda[115].

Assim, tal como no processo administrativo estadual, poderá caber ao Secretário Municipal de Fazenda a decisão final sobre os litígios versados no processo administrativo tributário municipal.

Ressalte-se, que, diferentemente do processo administrativo estadual, o acesso à instância especial representada pelo Secretário Municipal de Fazenda é disponibilizada para ambas as partes, em uma louvável observância do princípio da isonomia processual.

Já externamos aqui a nossa posição quanto a essa possibilidade de revisão por autoridade administrativa singular de decisões proferidas pelos órgãos administrativos julgadores, sendo desnecessário voltar ao tema.

Em que pese a faculdade oferecida também ao contribuinte para interpor recurso ao Secretário de Fazenda, entendemos, ainda, que tal disposição retira do processo administrativo a natureza de meio solucionador de controvérsias, concentrando em uma única autoridade a decisão final sobre as questões debatidas ao longo de todo um processo.

Cabe ressaltar, por fim, que consta, no processo administrativo tributário municipal, a possibilidade do Secretário Municipal de Fazenda, mesmo não presente a hipótese prevista no artigo 106 do Decreto nº 14.602/96, avocar e decidir qualquer questão constante do processo administrativo em trâmite[116]. É a chamada "avocatória", que consiste no ato em que a autoridade administrativa superior atrai para si a decisão sobre qualquer matéria, suprimindo as instâncias administrativas inferiores.

Tal expediente, se utilizado, ultrapassa em arbitrariedade o chamado recurso hierárquico, visto que representa verdadeira interferência no trâmite normal do processo administrativo, assim como afronta, diretamente, aos princípios ínsitos àquele. Neste caso, entendemos que, por se tratar de figura estranha ao rito processual, poderá ser impugnado pelo Poder Judiciário, com base nas mesmas justificativas utilizadas pelo STJ para afastar o recurso hierárquico.[117]

---

[115] Art. 106 do Decreto nº 14.602/96.
[116] Art. 186 – O Secretário Municipal de Fazenda poderá avocar e decidir qualquer questão objeto de procedimento ou processo administrativo-tributário.
[117] STJ. Mandado de Segurança nº 8810/DF. Relator Ministro Humberto Gomes de Barros, julgado em 13.08.2003.

5.3.4. Considerações Finais sobre o Processo Administrativo Tributário Municipal

Com o encerramento do processo, e sendo constituído o crédito tributário em definitivo, o processo é encaminhado para a autoridade lançadora do tributo, que se encarregará de intimar o sujeito passivo para pagamento do crédito. Caso o mesmo não seja satisfeito, o crédito tributário é inscrito em dívida ativa para posterior ajuizamento da execução fiscal competente.

O processo administrativo tributário municipal, em comparação aos demais, portanto, revela-se mais preocupado em respeitar o princípio da isonomia processual e facilitar o exercício pelo contribuinte do seu direito à ampla defesa, não exigindo garantias recursais ou impondo outros obstáculos à utilização de todos os meios necessários à obtenção de um provimento administrativo acerca da legalidade, ou não, da autuação realizada.

6. Doutrina de Leitura Obrigatória

XAVIER, Alberto. Do lançamento: teoria geral do ato, do procedimento e do processo tributário. 2ª ed.RJ:Ed. Forense, 1999.

MARINS, James. Direito processual tributário brasileiro (administrativo e judicial). SP:Ed. Dialética, 2001.

NEDER, Marcos Vinicius Neder e LÓPEZ, Maria Teresa Martinez. Processo Administrativo Fiscal Federal Comentado. 2ª ed.SP: Ed. Dialética, 2004.

Ação de Repetição de Indébito

Maurício Pereira Faro
Bernardo Motta Moreira

1. Introdução

A obrigação de pagar o tributo surge a partir da ocorrência no mundo real do fato concreto que se subsume à hipótese de incidência prevista na norma jurídica.

A relação tributária é uma relação de imposição onde o sujeito ativo, nos limites da lei, exige prestação pecuniária do sujeito passivo, cabendo a este se submeter a tal imposição, arcando com uma exigência que nasce independente de sua vontade.

Todavia, nas hipóteses em que o tributo pago não corresponder à descrição prevista na lei, ou em que o pagamento feito, por erro material, seja indevido ou superior àquele devido, há indébito a repetir. Ou seja, tem o contribuinte o direito a ser restituído do montante indevidamente recolhido. Nas palavras de Ives Gandra Martins "não podendo o contribuinte manejar a espada da imposição, pode opor-lhe o escudo da legalidade. A imposição somente pode existir se feita nos estritos limites da Lei"[1]. Tal afirmação pauta-se, portanto, no princípio da legalidade tributária[2],

---

[1] Martins, Ives Gandra da Silva. Repetição do Indébito. In: Machado, Hugo de Brito (Coord.). *Repetição do Indébito e Compensação no Direito Tributário*. São Paulo: Dialética, 1999. p. 167.
[2] Para uma visão atual do princípio da legalidade tributária, ver: Ribeiro, Ricardo Lodi; Rocha, Sergio André (Coords.). *Legalidade e Tipicidade no Direito Tributário*. São Paulo: Quartier Latin, 2007.

expresso no artigo 150, inciso I da Constituição da República[3] e no artigo 97 do Código Tributário Nacional – CTN[4].

A restituição abrange todo e qualquer pagamento em desconformidade com a lei, abarcando todos os elementos do fato gerador, e independe da comprovação de erro pelo contribuinte. Nessa linha de argumentos, assevera Luciano Amaro que "no direito tributário, porém, basta evidenciar-se a inexistência de obrigação tributária para que caiba a devolução do que se tenha pago, a título de débito tributário". E prossegue:

> O Código Tributário Nacional é expresso ao reconhecer o direito a restituição, independentemente de prévio protesto (vale dizer, sem necessidade de nenhuma ressalva prévia quanto ao caráter indevido do pagamento), e ainda que o pagamento tenha sido espontâneo (artigo 165). O pagamento de certa quantia, a título de tributo, embora sem nenhuma ressalva, não implica, portanto "confissão tributária"[5].

Com efeito, mesmo a confissão de dívida para fins de parcelamento dos débitos tributários, muito comum nos tempos de hoje, não impede sua posterior discussão judicial quanto aos aspectos jurídicos a ensejar a repetição do recolhimento tido por indevido[6].

---

[3] "Art. 150. Sem prejuízo de outras garantias asseguradas ao contribuinte, é vedado à União, aos Estados, ao Distrito Federal e aos Municípios: I – exigir ou aumentar tributo sem lei que o estabeleça;" [...].

[4] "Art. 97. Somente a lei pode estabelecer:
I – a instituição de tributos, ou a sua extinção;
II – a majoração de tributos, ou sua redução, ressalvado o disposto nos artigos 21, 26, 39, 57 e 65;
III – a definição do fato gerador da obrigação tributária principal, ressalvado o disposto no inciso I do § 3º do artigo 52, e do seu sujeito passivo;
IV – a fixação de alíquota do tributo e da sua base de cálculo, ressalvado o disposto nos artigos 21, 26, 39, 57 e 65; [...]".

[5] AMARO, Luciano. *Direito Tributário Brasileiro*. 7. ed. São Paulo: Saraiva, 2001. p. 405-406.

[6] TRIBUTÁRIO. REPETIÇÃO DO INDÉBITO. PARCELAMENTO. CONFISSÃO DE DÍVIDA. DISCUSSÃO JUDICIAL. POSSIBILIDADE. 1. A confissão de dívida para fins de parcelamento dos débitos tributários não impede sua posterior discussão judicial quanto aos aspectos jurídicos. Os fatos, todavia, somente poderão ser reapreciados se ficar comprovado vício que acarrete a nulidade do ato jurídico. 2. Posição consolidada no julgamento do REsp 1.133.027-SP, Rel. Min. Luiz Fux, Rel. para o acórdão Min. Mauro Campbell Marques, Primeira Seção, julgado em 13.10.2010, pendente de publicação, submetido ao regime do art. 543-C do CPC e da Resolução STJ n. 8/2008.

Podemos afirmar que tanto o tributo recolhido a maior em razão de erro material ou subsunção equivocada do fato à norma, como o tributo indevidamente cobrado pela Fazenda (p. ex., aquele instituído por lei inconstitucional) vão ensejar a repetição do indébito para o contribuinte que efetuou o recolhimento.

Objetivando regular tal matéria o CTN tratou da repetição do indébito tributário em seus artigos 165 a 169. Segundo dispõe o artigo 165 do Código Tributário Nacional:

> Art. 165. O sujeito passivo tem direito, independentemente de prévio protesto, à restituição total ou parcial do tributo, seja qual for a modalidade do seu pagamento, ressalvado o disposto no § 4º do artigo 162, nos seguintes casos:
> I – cobrança ou pagamento espontâneo de tributo indevido ou maior que o devido em face da legislação tributária aplicável, ou da natureza ou circunstâncias materiais do fato gerador efetivamente ocorrido;
> II – erro na edificação do sujeito passivo, na determinação da alíquota aplicável, no cálculo do montante do débito ou na elaboração ou conferência de qualquer documento relativo ao pagamento;
> III – reforma, anulação, revogação ou rescisão de decisão condenatória.

A primeira parte do inciso I do artigo 165 acima transcrito cuida de hipóteses de erro de direito na interpretação/aplicação da legislação tributária, enquanto que a sua segunda parte, bem como o inciso II deste mesmo artigo tratam do cometimento de erro material por parte do contribuinte. O inciso III, a sua vez, estabelece o direito do contribuinte de repetição nos casos em que decisão anterior tinha determinado o pagamento de dado tributo, sendo posteriormente reformada, anulada, revogada ou rescindida. Comentando este artigo, Hugo de Brito Machado nos apresenta a seguinte lição:

> As duas primeiras hipóteses referem-se a tributos pagos sem que tenha havido litígio a respeito. A primeira, a rigor, abrange a segunda, pois, na verdade, se o indébito resultou de erro na identificação do sujeito passivo, na determinação da alíquota, no cálculo ou na elaboração de qualquer documento relativo ao pagamento do tributo, inegavelmente houve pagamento

---

3. Agravo regimental não provido. (AgRg no REsp 1202871/RJ, Rel. Ministro CASTRO MEIRA, SEGUNDA TURMA, julgado em 01/03/2011, DJe 17/03/2011).

indevido ou maior que o devido em face da legislação tributária aplicável, ou da natureza ou circunstâncias materiais do fato gerador efetivamente ocorrido. Já a terceira hipótese diz respeito aos casos em que o sujeito passivo pagou em face de decisão condenatória. Questionou e perdeu. Diante da decisão que o condenou ao pagamento, pagou. Mas continuou questionando e finalmente conseguiu o desfazimento da decisão condenatória. [...][7].

A partir de uma interpretação conjunta dos artigos 165, inciso I (acima transcrito) e do art. 156, inciso V, também do CTN (que considera a prescrição como uma das formas de extinção do crédito tributário), a jurisprudência do Superior Tribunal de Justiça – STJ – é pacífica quanto ao direito do contribuinte à repetição do indébito, nas situações em que o montante pago pelo contribuinte se deu em razão de um crédito tributário prescrito[8].

Devemos esclarecer, todavia, que ainda que a repetição do indébito tributário não estivesse prevista no Código Tributário Nacional, a restituição do tributo indevido ao contribuinte seria um imperativo de ordem constitucional, tendo em vista que se fundamenta no princípio da legalidade, insculpido no artigo 150, inciso I, bem como no *caput* do artigo 37 ambos da Constituição Federal[9], que cuidam da submissão da Administração Pública à lei. Por outro lado, a locupletação pelo ente público e seu enriquecimento sem causa[10] em razão do tributo indevido violaria flagran-

---

[7] MACHADO, Hugo de Brito. *Curso de Direito Tributário*. 28 ed. São Paulo: Malheiros, 2007. p. 226. Sobre essas hipóteses, ver também: BALEEIRO, Aliomar. *Direito Tributário Brasileiro*. 11. ed. Rio de Janeiro: Forense, 2001. p. 881.

[8] PROCESSUAL CIVIL E TRIBUTÁRIO. REPETIÇÃO DE INDÉBITO. IPTU. ARTIGOS 156, INCISO V, E 165, INCISO I, DO CTN. INTERPRETAÇÃO CONJUNTA. PAGAMENTO DE DÉBITO PRESCRITO. RESTITUIÇÃO DEVIDA. 1. A partir de uma interpretação conjunta dos artigos 156, inciso V, (que considera a prescrição como uma das formas de extinção do crédito tributário) e 165, inciso I, (que trata a respeito da restituição de tributo) do CTN, há o direito do contribuinte à repetição do indébito, uma vez que o montante pago foi em razão de um crédito tributário prescrito, ou seja, inexistente. Precedentes: (REsp 1004747/RJ, Rel. Min. Luiz Fux, DJe 18/06/2008; REsp 636.495/RS, Rel. Min. Denise Arruda, DJ 02/08/2007) 2. Recurso especial provido. (REsp 646.328/RS, Rel. Ministro MAURO CAMPBELL MARQUES, SEGUNDA TURMA, julgado em 04/06/2009, DJe 23/06/2009).

[9] "Art. 37. A administração pública direta e indireta de qualquer dos Poderes da União, dos Estados, do Distrito Federal e dos Municípios obedecerá aos princípios de legalidade, impessoalidade, moralidade, publicidade e eficiência e, também, ao seguinte: [...]".

[10] Cf. MORAES, Bernardo Ribeiro de. *Compêndio de Direito Tributário*. 3. ed. Rio de Janeiro: Forense, 1999. v. II. p. 483.

temente o principio da moralidade[11], de modo que tais princípios servem de fundamento constitucional ao direito de repetição do indébito fiscal.

Nessa linha é a lição de José Mörschbächer ao sustentar que "o Código Tributário Nacional, quando inseriu em seu texto disposições específicas sobre a restituição de tributos pagos indevidamente, não o fez obviamente para conferir direitos novos ao contribuinte, pois estes já decorrem do sistema da Constituição, senão para cumprir funções próprias da Lei Complementar, que hoje lhe são atribuídas pelo artigo 146, inciso III, da CF"[12].

Assim, podemos afirmar que a restituição de tributo indevidamente pago tem fundamento na Constituição Federal, cabendo aos artigos 165 e seguintes do CTN apenas reconhecer e dar um passo a mais no processo de concretização de um direito que lhe é independente e suas diretrizes apenas explicitam as garantias constitucionais que são asseguradas aos contribuintes.

2. Fundamentos da repetição de indébito: pagamento indevido ou a maior por erro ou em decorrência de exigência ilegítima da exação fiscal

Como visto, tendo em conta o artigo 165 do CTN o direito do sujeito passivo à repetição do indébito tributário é, regra geral, decorrência de um erro pelo mesmo cometido na apuração do respectivo tributo ou na subsunção do fato concreto à norma fiscal. Há, todavia, outra situação relevante que pode gerar o indébito fiscal: a ilegitimidade da exigência da exação fiscal, em razão da inconstitucionalidade ou ilegitimidade da norma que o tenha estabelecido.

No primeiro caso, a recuperação dos valores indevidamente recolhidos pode ser buscada administrativamente, seja mediante um pedido de restituição ou a apresentação de uma declaração de compensação[13]. Nessas

---

[11] Também sustentando a raiz constitucional do direito de repetição de indébito, ver: TROIANELLI, Gabriel Lacerda. *Compensação do Indébito Tributário*. São Paulo: Dialética, 1998. p. 19-37; MACHADO SEGUNDO, Hugo de Brito. *Processo Tributário*. São Paulo: Atlas, 2005. p. 372.

[12] MÖRSCHBÄCHER, José. Repetição do Indébito Tributário e Compensação. In: MACHADO, Hugo de Brito (Coord.). *Repetição do Indébito e Compensação no Direito Tributário*. São Paulo: Dialética, 1999. p. 254.

[13] A repetição administrativa de indébito fiscal encontra-se atualmente regulamentada pela Instrução Normativa da Receita Federal do Brasil nº 1.300/2012. Para fins didáticos teremos a legislação federal como referência para as considerações tecidas no presente texto.

hipóteses, embora a repetição possa ser buscada diretamente mediante o ajuizamento da ação de repetição de indébito, normalmente somente é apresentada caso a Fazenda se negue a restituir os valores ao contribuinte administrativamente ou não homologue a declaração de compensação pelo mesmo apresentada[14].

Por outro lado, caso o pagamento feito pelo sujeito passivo seja indevido em razão da inconstitucionalidade ou ilegitimidade da norma tributária em que se fundamentou o pagamento, a via judicial torna-se a única alternativa para a recuperação de tais valores, já que, como regra geral, a administração não se exime da aplicação de regra inconstitucional, na visão do contribuinte, antes de determinação judicial nesse sentido.,

3. Da ação de repetição de indébito

Segundo James Marins, "a ação de repetição de indébito em matéria tributária é ação antiexacional imprópria de rito ordinário e de natureza condenatória, que pode ser proposta pelo contribuinte em face do ente tributante que tenha recebido tributos tidos como indevidos, com o escopo da obtenção de sentença de conteúdo condenatório que determine ao órgão exator a devolução dos ingressos recebidos"[15].

O caráter condenatório da ação de repetição de indébito é também ressaltado por Alberto Xavier, para quem tal ação "constitui típica *ação de condenação*, ou seja, de ação pela qual se solicita ao tribunal que, tomando como pressuposto lógico um juízo declarativo sobre a existência de um direito e da respectiva violação, emita um comando consistente na condenação do réu à prestação de quantia pecuniária".[16]

---

[14] Embora, como veremos, não deixe de ser cabível o ajuizamento de ação de repetição de indébito, nos casos de compensação não-homologada pelas autoridades fazendárias é mais comum que o contribuinte leve sua pretensão ao Poder Judiciário mediante a impetração de mandado de segurança, sempre que os requisitos deste se façam presentes.

[15] MARINS, James. *Direito Processual Tributário Brasileiro (Administrativo e Judicial)*. São Paulo: Dialética, 2001. p. 384.

[16] XAVIER, Alberto. *Princípios do Processo Administrativo e Judicial Tributário*. Rio de Janeiro: Forense, 2005. p. 240. No mesmo sentido: CASTRO, Alexandre Barros. *Teoria e Prática do Direito Processual Tributário*. 2. ed. São Paulo: Saraiva, 2002. p. 296; LOPES, Mauro Luís da Rocha. *Processo Judicial Tributário*: Execução Fiscal e Ações Tributárias. 4. ed. Rio de Janeiro: Lumen Juris, 2007. p. 335.

3.1. Interesse de agir

O objetivo da ação de repetição de indébito é restituir o contribuinte ao estado de riqueza e capacidade econômica anterior ao recolhimento fiscal indevido, como imperativo de justiça. Dessa forma, em tese, todo contribuinte que efetua o recolhimento de tributo indevido, possui interesse de agir para pleitear a repetição de indébito.

3.1.1. Necessidade do ajuizamento da ação quando seu fundamento for a inconstitucionalidade de lei tributária

Como dito acima, nas hipóteses em que o tributo foi indevidamente recolhido porque lastreado em lei inconstitucional ou ilegítima, faz-se necessário o ajuizamento de medida judicial para a recuperação de tais valores.

Isso porque a administração fazendária, que é o sujeito ativo da relação tributária, deve pautar-se pela observância da presunção de constitucionalidade das leis. Afirma-se que, em tese, a lei produzida a partir do exercício da função legislativa, que é regulada pela Constituição Federal, observou todas as exigências de caráter formal e material pertinentes. Dessa forma, a partir da edição das leis, presume-se que as mesmas são constitucionais, razão pela qual devem ser obedecidas e produzir todos os efeitos que lhe são próprios, dentre os quais o de ser observadas pelos agentes públicos[17].

Assim, considerando os argumentos anteriores, exceto nos casos em que haja decisão *erga omnes* do Supremo Tribunal Federal nesse sentido, não há como se pretender a repetição de indébito decorrente de tributo inconstitucional pela via administrativa, ensejando o ajuizamento pelo contribuinte de ação judicial de repetição de indébito.

3.1.2. Desnecessidade de pedido administrativo prévio

Alguns autores, como Vittorio Cassone, sustentam que seria necessário o pedido administrativo de restituição do indébito prévio ao ajuizamento da ação de repetição de indébito, sob pena de falta de interesse de agir por parte do contribuinte. Em suas palavras, "o contribuinte não pode dirigir-se ao Judiciário se não há direito a proteger, ou seja, se não tem motivos suficientes para tal"[18].

---

[17] Cf. ROCHA, Sergio André. *Processo Administrativo Fiscal*: Controle Administrativo do Lançamento Tributário. 3. ed. Rio de Janeiro: Lumen Juris, 2009. p. 195.

[18] CASSONE, Vitorio, Repetição do Indébito Tributário, Compensação e Ação Declaratória. In: MACHADO, Hugo de Brito (Coord.). *Repetição do Indébito e Compensação no Direito Tributário*. São Paulo: Dialética, 1999. p. 456

A jurisprudência do antigo Tribunal Federal de Recursos acolhia tal posicionamento, entendendo ser necessário o pedido de restituição na via administrativa anteriormente ao ajuizamento da ação, sem o qual inexistiria o interesse agir em juízo[19].

Tal posição, entretanto, parece-nos superada, tendo em vista a desnecessidade de esgotamento da via administrativa como requisito para a propositura de ação de repetição de indébito, sob o fundamento de que o acesso ao judiciário está aberto como direito e garantia individual do contribuinte, nos termos do artigo 5º, inciso XXXV, da Constituição Federal[20].

Exigir que o contribuinte requeira administrativamente a restituição e, somente em face da denegação de tal pleito, ajuíze a medida judicial cabível, seria, como nos ensina Ricardo Mariz de Oliveira, "sujeitar a efetividade do direito do contribuinte ao alvedrio da parte adversa, diretamente interessada no pleito, a qual pode postergar indefinidamente uma resposta, considerando-se que ao menos a primeira instancia administrativa na generalidade dos casos é a própria repartição fiscal"[21].

Afirma, ainda, o precitado autor que "quando o inciso LV do artigo 5º[22] assegura o contencioso administrativo ao contribuinte, não o coloca como via necessariamente a ser seguida, nem como preliminar indispensável ao pleito judicial, mas apenas como opção. Na verdade, é uma garantia e um direito individual, que não pode ser transmudado em obstáculo ao exercício de outra garantia e outro direito, de acesso ao poder judiciário"[23].

3.2. Da Legitimidade para pleitear a repetição do indébito

Conforme vimos anteriormente, o contribuinte que possui legitimidade para pleitear o indébito é aquele que suportou o ônus da cobrança e que, sem respaldo legal, sofreu redução em sua capacidade econômica.

---

[19] Nesse sentido, ver a decisão proferida na AC nº 0126173 (publicação no Diário da Justiça em 17.04.89).

[20] Ver: ROCHA, Sergio André, *Processo Administrativo Fiscal*: Controle Administrativo do Lançamento Tributário, 2009, p. 249.

[21] OLIVEIRA, Ricardo Mariz. Repetição do Indébito, Compensação e Ação Declaratória. In: MACHADO, Hugo de Brito (Coord.). *Repetição do Indébito e Compensação no Direito Tributário*. São Paulo: Dialética, 1999. p. 362. No mesmo sentido: CAMPOS, Dejalma de. *Direito Processual Tributário*. 7. ed. São Paulo: Atlas, 2001. p. 93.

[22] "LV – aos litigantes, em processo judicial ou administrativo, e aos acusados em geral são assegurados o contraditório e ampla defesa, com os meios e recursos a ela inerentes [...]";

[23] OLIVEIRA, Ricardo Mariz, Repetição do Indébito, Compensação e Ação Declaratória, 1999, p. 364.

3.2.1. Legitimidade nos tributos diretos e indiretos

Nos denominados tributos diretos, onde o encargo financeiro recai sobre aquele que praticou o fato gerador, ou seja, sobre o chamado contribuinte de direito, não existe dificuldade em identificar a parte legítima para pleitear a repetição do tributo indevidamente recolhido.

Ao revés, tal facilidade não é vislumbrada nos denominados tributos indiretos[24], que estão sujeitos, em princípio, ao fenômeno da repercussão ou transferência financeira para o contribuinte de fato[25].

Segundo Ricardo Lobo Torres "nos impostos indiretos, em que repercute o ônus da imposição, distinguindo-se as figuras do contribuinte *de jure* (aquele que providencia o recolhimento) e o do contribuinte de fato (o que suporta a carga fiscal), legitimado ativamente é o contribuinte de fato"[26].

Todavia, para Ives Gandra Martins, a parte legítima para pleitear a repetição do indébito é o sujeito passivo da obrigação tributária, independente da transferência de encargo ou repercussão econômica para terceiro[27].

Para tanto, sustenta o citado autor que "a obrigação tributária é uma obrigação *ex lege*. Nasce entre dois sujeitos e se extingue com o seu cumprimento ou por uma das hipóteses do artigo 156 do CTN. Quem paga o tributo, o faz em virtude de uma relação desvinculada de qualquer compromisso com terceiros [...] Quem paga na condição de contribuinte, não o faz em lugar de outra pessoa. Paga tributo de sua responsabilidade pessoal. [...] Desta forma, o sujeito passivo não é detentor de nenhum encargo financeiro passível de ser transferido para terceiros quando aliena produtos, com um preço determinado"[28].

Antes mesmo da edição do Código Tributário Nacional, o Supremo Tribunal Federal – STF – editou a Súmula nº 71 (13.12.1963), segundo a qual "embora pago indevidamente, não cabe restituição de tributo indireto". A tese encampada pela Corte Suprema era aquela pela qual, entre o locu-

---

[24] Vale a pena ressaltar que a classificação dos tributos em diretos e indiretos não é pacificamente aceita na doutrina, mencionado-se, por exemplo, as objeções apresentadas por Alfredo Augusto Becker (Cf. BECKER, Alfredo Augusto. *Teoria Geral do Direito Tributário*. 3. ed. São Paulo: Lejus, 1998. p. 536-539).

[25] Sobre a repetição de indébito nos tributos indiretos, ver: MÖRSCHBÄCHER, José. *Repetição do Indébito Tributário Indireto*. São Paulo: Dialética, 1998.

[26] TORRES, Ricardo Lobo. *Restituição de Tributos*. Rio de Janeiro: Forense, 1983. p. 16.

[27] MARTINS, Ives Gandra da Silva, Repetição do Indébito e Compensação no Direito Tributário, 1999, p. 173-174.

[28] MARTINS, Ives Gandra da Silva, Repetição do Indébito, 1999, p. 173-174.

pletamento sem causa do contribuinte de direito, e o do Fisco, seria preferível este último, vez que a Fazenda Pública, em última instância, representa os interesses de toda a coletividade.

Tal entendimento do STF foi abrandado por uma série de julgados que resultaram na edição da Súmula nº 546, na qual restou consignado que "cabe a restituição do tributo pago indevidamente, quando reconhecido por decisão, que o contribuinte 'de jure' não recuperou do contribuinte 'de facto' o 'quantum' respectivo".

Essa nova súmula já refletia a posição adotada pelo Código Tributário Nacional na redação de seu artigo 166, para o qual "a restituição de tributos que comportem, por sua natureza, transferência do respectivo encargo financeiro somente será feita a quem prove haver assumido o referido encargo, ou, no caso de tê-lo transferido a terceiro, estar por este expressamente autorizado a recebê-la".

Desde a edição do CTN, este artigo vem sofrendo sistemáticas críticas da doutrina brasileira. O direito estrangeiro, conforme nos ensina Ricardo Lobo Torres, "em sua quase totalidade, trilha caminho diferente do que se adotou no Brasil. A devolução do indébito efetiva-se a quem pagou e possua o recibo de recolhimento"[29]. Diversos autores, dentre os quais Gabriel Troianelli[30], Vittorio Cassone[31] e Ives Gandra Martins consideram o artigo 166 do CTN inconstitucional. Nesse sentido, afirma Ives Gandra que "o artigo 166 é, portanto, um primor de inconstitucionalidade, de contradição, de má formulação legislativa, intrínseca e extrinsecamente, sendo dos poucos dispositivos que não honram o diploma de excepcionais qualidades em que estão inseridos, o Código Tributário Nacional"[32].

Não obstante as reiteradas críticas formuladas pela doutrina, o artigo 166 do CTN vem sendo reiteradamente aplicado, sobretudo nos casos referentes à repetição do indébito de ICMS e IPI, sendo considerado aplicá-

---

[29] TORRES, Ricardo Lobo, *Restituição de Tributos*, 1983, p. 25.

[30] TROIANELLI, Gabriel Lacerda. Repetição do Indébito, Compensação e Ação Declaratória. In: MACHADO, Hugo de Brito (Coord.). *Repetição do Indébito e Compensação no Direito Tributário*. São Paulo: Dialética, 1999. p. 121.

[31] CASSONE, Vittorio. Repetição do Indébito Tributário, Compensação e Ação Declaratória. In: MACHADO, Hugo de Brito (Coord.). *Repetição do Indébito e Compensação no Direito Tributário*. São Paulo: Dialética, 1999. p. 453-454.

[32] MARTINS, Ives Gandra da Silva. Repetição do Indébito e Compensação no Direito Tributário. In: MACHADO, Hugo de Brito (Coord.). *Repetição do Indébito e Compensação no Direito Tributário*. São Paulo: Dialética, 1999. p. 176.

vel ainda em casos de repetição de indébitos de ISS[33], salvo nas hipóteses de sua incidência em função não da receita do contribuinte, mas sim do número de sócios da empresa.

Segundo o art. 166 do CTN, a restituição do valor pago a título de tributo, em se tratando de tributos indiretos, somente poderá ser feita àquele que esteja munido da prova de ter assumido o encargo econômico-financeiro da exação, ou, em o tendo transferido para terceiro, estranho à relação jurídico-tributária, esteja por ele expressamente autorizado à recebê-la.

A jurisprudência atual do STJ considera que o artigo 166 do CTN contém referência bem clara ao fato de que deve haver pelo intérprete sempre, em casos de repetição de indébito, a identificação de se o tributo, por sua natureza, comporta a transferência do respectivo encargo financeiro para terceiro ou não, quando a lei, expressamente, não determina que o pagamento da exação seja feito por terceiro.

---

[33] Nesse sentido, vide a seguinte ementa de julgado do STJ, submetido ao regime dos recursos repetitivos: TRIBUTÁRIO. RECURSO ESPECIAL REPRESENTATIVO DE CONTROVÉRSIA. ART. 543-C, DO CPC. ISS. LOCAÇÃO DE BENS MÓVEIS. REPETIÇÃO DE INDÉBITO. PROVA DA NÃO REPERCUSSÃO. EXIGIBILIDADE, IN CASU. ART. 166 DO CTN. 1. O ISS é espécie tributária que admite a sua dicotomização como tributo direto ou indireto, consoante o caso concreto. 2. A pretensão repetitória de valores indevidamente recolhidos a título de ISS incidente sobre a locação de bens móveis (cilindros, máquinas e equipamentos utilizados para acondicionamento dos gases vendidos), hipótese em que o tributo assume natureza indireta, reclama da parte autora a prova da não repercussão, ou, na hipótese de ter a mesma transferido o encargo a terceiro, de estar autorizada por este a recebê-los, o que não ocorreu in casu, consoante dessume-se do seguinte excerto da sentença, in verbis: "Com efeito, embora pudesse o autor ter efetuado a prova necessária, que lhe foi facultada, deixou de demonstrar que absorveu o impacto financeiro decorrente do pagamento indevido do ISS sobre a operação de locação de móveis, ou que está autorizado a demandar em nome de quem o fez. Omitiu prova de que tenha deixado de repassar o encargo aos seus clientes ou que tenha autorização destes para buscar a repetição, conforme exigência expressa inscrita no art. 166 do CTN." 3. Precedentes: REsp 1009518/RS, Rel. Ministra ELIANA CALMON, SEGUNDA TURMA, julgado em 06/08/2009, DJe 21/08/2009; AgRg no AgRg no REsp 947.702/RJ, Rel. Ministro MAURO CAMPBELL MARQUES, SEGUNDA TURMA, julgado em 04/08/2009, DJe 17/08/2009; AgRg no REsp 1006862/SC, Rel. Ministro HUMBERTO MARTINS, SEGUNDA TURMA, julgado em 26/08/2008, DJe 18/09/2008; REsp 989.634/PR, Rel. Ministro LUIZ FUX, PRIMEIRA TURMA, julgado em 19/06/2008, DJe 10/11/2008; AgRg no REsp nº 968.582/SC, Rel. Min. FRANCISCO FALCÃO, DJU de 18/10/2007; AgRg no Ag nº 692.583/RJ, Rel. Min. DENISE ARRUDA, DJU de 14/11/2005; REsp nº 657.707/RJ, Rel. Min. JOSÉ DELGADO, DJU de 16/11/2004). 4. Recurso especial desprovido. Acórdão submetido ao regime do art. 543-C do CPC e da Resolução STJ 08/2008. (REsp 1131476/RS, Rel. Ministro LUIZ FUX, PRIMEIRA SEÇÃO, julgado em 09/12/2009, DJe 01/02/2010).

Em razão deste argumento, vem aplicando o artigo 166 somente aos tributos indiretos, que se incorporam explicitamente aos preços, como é o caso do ICMS, ISS e do IPI, que se apresentam com essa característica porque o contribuinte real é o consumidor da mercadoria objeto da operação (contribuinte de fato), e a empresa (contribuinte de direito) repassa, no preço da mercadoria ou serviço, o imposto devido, recolhendo, após, aos cofres públicos o imposto já pago pelo consumidor de seus produtos, não assumindo o ônus da carga tributária resultante dessa incidência. Nessas hipóteses, a legitimidade para pleitear a repetição do indébito é do contribuinte de fato, que efetivamente arcou com o ônus tributário.

Tal entendimento foi firmado inicialmente no julgamento dos Embargos de Divergência no Recurso Especial nº 168.469/SP (publicado no Diário de Justiça em 17.12.1999), tendo sido reiteradamente ratificado.

A jurisprudência do STJ tem limitado a aplicação do artigo 166 do CTN a hipóteses de repetição ou compensação do indébito tributário, excluindo do seu alcance as situações onde o contribuinte limita-se a buscar o aproveitamento dos créditos escriturais decorrentes do sistema da não-cumulatividade, bem como as hipóteses em que o contribuinte pleiteia a redução do valor que lhe é exigido em sede de execução fiscal, mediante o abatimento da Certidão de Dívida Ativa do montante correspondente ao aumento da alíquota, que sustenta ser inconstitucional[34].

Além disso, a partir do julgamento do REsp 903.394/AL[35], realizado sob o rito do art. 543-C do Código de Processo Civil (recurso repetitivo),

---

[34] Nesse sentido, ver: RESP nº 478.865/PR – Publicado no Diário de Justiça em 17.05.2004; AGRG NOS ERESP nº 752.883/SPPublicado no Diário de Justiça em 22.05.2006.

[35] PROCESSO CIVIL. RECURSO ESPECIAL REPRESENTATIVO DE CONTROVÉRSIA. ARTIGO 543-C, DO CPC. TRIBUTÁRIO. IPI. RESTITUIÇÃO DE INDÉBITO. DISTRIBUIDORAS DE BEBIDAS. CONTRIBUINTES DE FATO. ILEGITIMIDADE ATIVA AD CAUSAM. SUJEIÇÃO PASSIVA APENAS DOS FABRICANTES (CONTRIBUINTES DE DIREITO). RELEVÂNCIA DA REPERCUSSÃO ECONÔMICA DO TRIBUTO APENAS PARA FINS DE CONDICIONAMENTO DO EXERCÍCIO DO DIREITO SUBJETIVO DO CONTRIBUINTE DE JURE À RESTITUIÇÃO (ARTIGO 166, DO CTN). LITISPENDÊNCIA. PREQUESTIONAMENTO. AUSÊNCIA. SÚMULAS 282 E 356/STF. REEXAME DE MATÉRIA FÁTICO-PROBATÓRIA. SÚMULA 7/STJ. APLICAÇÃO.

1. O "contribuinte de fato" (in casu, distribuidora de bebida) não detém legitimidade ativa ad causam para pleitear a restituição do indébito relativo ao IPI incidente sobre os descontos incondicionais, recolhido pelo "contribuinte de direito" (fabricante de bebida), por não integrar a relação jurídica tributária pertinente.

ficou decidido que apenas o contribuinte de direito tem legitimidade ativa *ad causam* para demandar judicialmente a restituição de indébito referente

2. O Código Tributário Nacional, na seção atinente ao pagamento indevido, preceitua que: "Art. 165. O sujeito passivo tem direito, independentemente de prévio protesto, à restituição total ou parcial do tributo, seja qual for a modalidade do seu pagamento, ressalvado o disposto no § 4º do artigo 162, nos seguintes casos: I – cobrança ou pagamento espontâneo de tributo indevido ou maior que o devido em face da legislação tributária aplicável, ou da natureza ou circunstâncias materiais do fato gerador efetivamente ocorrido; II – erro na edificação do sujeito passivo, na determinação da alíquota aplicável, no cálculo do montante do débito ou na elaboração ou conferência de qualquer documento relativo ao pagamento; III – reforma, anulação, revogação ou rescisão de decisão condenatória. Art. 166. A restituição de tributos que comportem, por sua natureza, transferência do respectivo encargo financeiro somente será feita a quem prove haver assumido o referido encargo, ou, no caso de tê-lo transferido a terceiro, estar por este expressamente autorizado a recebê-la."
3. Consequentemente, é certo que o recolhimento indevido de tributo implica na obrigação do Fisco de devolução do indébito ao contribuinte detentor do direito subjetivo de exigi-lo.
4. Em se tratando dos denominados "tributos indiretos" (aqueles que comportam, por sua natureza, transferência do respectivo encargo financeiro), a norma tributária (artigo 166, do CTN) impõe que a restituição do indébito somente se faça ao contribuinte que comprovar haver arcado com o referido encargo ou, caso contrário, que tenha sido autorizado expressamente pelo terceiro a quem o ônus foi transferido.
5. A exegese do referido dispositivo indica que: "...o art. 166, do CTN, embora contido no corpo de um típico veículo introdutório de norma tributária, veicula, nesta parte, norma específica de direito privado, que atribui ao terceiro o direito de retomar do contribuinte tributário, apenas nas hipóteses em que a transferência for autorizada normativamente, as parcelas correspondentes ao tributo indevidamente recolhido: Trata-se de norma privada autônoma, que não se confunde com a norma construída da interpretação literal do art. 166, do CTN. É desnecessária qualquer autorização do contribuinte de fato ao de direito, ou deste àquele. Por sua própria conta, poderá o contribuinte de fato postular o indébito, desde que já recuperado pelo contribuinte de direito junto ao Fisco. No entanto, note-se que o contribuinte de fato não poderá acionar diretamente o Estado, por não ter com este nenhuma relação jurídica. Em suma: o direito subjetivo à repetição do indébito pertence exclusivamente ao denominado contribuinte de direito. Porém, uma vez recuperado o indébito por este junto ao Fisco, pode o contribuinte de fato, com base em norma de direito privado, pleitear junto ao contribuinte tributário a restituição daqueles valores. A norma veiculada pelo art. 166 não pode ser aplicada de maneira isolada, há de ser confrontada com todas as regras do sistema, sobretudo com as veiculadas pelos arts. 165, 121 e 123, do CTN. Em nenhuma delas está consignado que o terceiro que arque com o encargo financeiro do tributo possa ser contribuinte. Portanto, só o contribuinte tributário tem direito à repetição do indébito. Ademais, restou consignado alhures que o fundamento último da norma que estabelece o direito à repetição do indébito está na própria Constituição, mormente no primado da estrita legalidade. Com efeito a norma veiculada pelo art. 166 choca-se com a própria Constituição Federal, colidindo frontalmente com o princípio da estrita legalidade, razão pela qual há de ser considerada como regra não

a tributos indiretos. É dizer: para a jurisprudência atual do STJ, o contribuinte de fato não é parte legítima para pleitear a restituição do tributo indireto (mesmo tendo arcado com o ônus da referida tributação).

recepcionada pela ordem tributária atual. E, mesmo perante a ordem jurídica anterior, era manifestamente incompatível frente ao Sistema Constitucional Tributário então vigente." (Marcelo Fortes de Cerqueira, in "Curso de Especialização em Direito Tributário – Estudos Analíticos em Homenagem a Paulo de Barros Carvalho", Coordenação de Eurico Marcos Diniz de Santi, Ed. Forense, Rio de Janeiro, 2007, págs. 390/393).
6. Deveras, o condicionamento do exercício do direito subjetivo do contribuinte que pagou tributo indevido (contribuinte de direito) à comprovação de que não procedera à repercussão econômica do tributo ou à apresentação de autorização do "contribuinte de fato" (pessoa que sofreu a incidência econômica do tributo), à luz do disposto no artigo 166, do CTN, não possui o condão de transformar sujeito alheio à relação jurídica tributária em parte legítima na ação de restituição de indébito.
7. À luz da própria interpretação histórica do artigo 166, do CTN, dessume-se que somente o contribuinte de direito tem legitimidade para integrar o pólo ativo da ação judicial que objetiva a restituição do "tributo indireto" indevidamente recolhido (Gilberto Ulhôa Canto, "Repetição de Indébito", in Caderno de Pesquisas Tributárias, n° 8, p. 2-5, São Paulo, Resenha Tributária, 1983; e Marcelo Fortes de Cerqueira, in "Curso de Especialização em Direito Tributário – Estudos Analíticos em Homenagem a Paulo de Barros Carvalho", Coordenação de Eurico Marcos Diniz de Santi, Ed. Forense, Rio de Janeiro, 2007, págs. 390/393).
8. É que, na hipótese em que a repercussão econômica decorre da natureza da exação, "o terceiro que suporta com o ônus econômico do tributo não participa da relação jurídica tributária, razão suficiente para que se verifique a impossibilidade desse terceiro vir a integrar a relação consubstanciada na prerrogativa da repetição do indébito, não tendo, portanto, legitimidade processual" (Paulo de Barros Carvalho, in "Direito Tributário – Linguagem e Método", 2ª ed., São Paulo, 2008, Ed. Noeses, pág. 583).
9. In casu, cuida-se de mandado de segurança coletivo impetrado por substituto processual das empresas distribuidoras de bebidas, no qual se pretende o reconhecimento do alegado direito líquido e certo de não se submeterem à cobrança de IPI incidente sobre os descontos incondicionais (artigo 14, da Lei 4.502/65, com a redação dada pela Lei 7.798/89), bem como de compensarem os valores indevidamente recolhidos àquele título.
10. Como cediço, em se tratando de industrialização de produtos, a base de cálculo do IPI é o valor da operação de que decorrer a saída da mercadoria do estabelecimento industrial (artigo 47, II, "a", do CTN), ou, na falta daquele valor, o preço corrente da mercadoria ou sua similar no mercado atacadista da praça do remetente (artigo 47, II, "b", do CTN).
11. A Lei 7.798/89, entretanto, alterou o artigo 14, da Lei 4.502/65, que passou a vigorar com a seguinte redação: "Art. 14. Salvo disposição em contrário, constitui valor tributável: (...) II – quanto aos produtos nacionais, o valor total da operação de que decorrer a saída do estabelecimento industrial ou equiparado a industrial. § 1º. O valor da operação compreende o preço do produto, acrescido do valor do frete e das demais despesas acessórias, cobradas ou debitadas pelo contribuinte ao comprador ou destinatário. § 2º. Não podem ser deduzidos do valor da operação os descontos, diferenças ou abatimentos, concedidos a qualquer título, ainda que incondicionalmente. (...)"

Assim, em face do atual entendimento do STJ, apenas o contribuinte de direito estaria legitimado para pleitear a devolução dos valores pagos indevidamente a título de tributo, de modo que o terceiro, estranho à relação tributária, só poderá, eventualmente, invocar seu direito contra o contribuinte *de jure* numa relação de direito privado.

3.3. Prazo para a repetição do indébito

Com relação ao prazo para que o contribuinte pleiteie a repetição do indébito tributário, dispõe o artigo 168, do CTN que:

12. Malgrado as Turmas de Direito Público venham assentando a incompatibilidade entre o disposto no artigo 14, § 2º, da Lei 4.502/65, e o artigo 47, II, "a", do CTN (indevida ampliação do conceito de valor da operação, base de cálculo do IPI, o que gera o direito à restituição do indébito), o estabelecimento industrial (in casu, o fabricante de bebidas) continua sendo o único sujeito passivo da relação jurídica tributária instaurada com a ocorrência do fato imponível consistente na operação de industrialização de produtos (artigos 46, II, e 51, II, do CTN), sendo certo que a presunção da repercussão econômica do IPI pode ser ilidida por prova em contrário ou, caso constatado o repasse, por autorização expressa do contribuinte de fato (distribuidora de bebidas), à luz do artigo 166, do CTN, o que, todavia, não importa na legitimação processual deste terceiro.
13. Mutatis mutandis, é certo que: "1. Os consumidores de energia elétrica, de serviços de telecomunicação não possuem legitimidade ativa para pleitear a repetição de eventual indébito tributário do ICMS incidente sobre essas operações. 2. A caracterização do chamado contribuinte de fato presta-se unicamente para impor uma condição à repetição de indébito pleiteada pelo contribuinte de direito, que repassa o ônus financeiro do tributo cujo fato gerador tenha realizado (art. 166 do CTN), mas não concede legitimidade ad causam para os consumidores ingressarem em juízo com vistas a discutir determinada relação jurídica da qual não façam parte. 3. Os contribuintes da exação são aqueles que colocam o produto em circulação ou prestam o serviço, concretizando, assim, a hipótese de incidência legalmente prevista. 4. Nos termos da Constituição e da LC 86/97, o consumo não é fato gerador do ICMS. 5. Declarada a ilegitimidade ativa dos consumidores para pleitear a repetição do ICMS." (RMS 24.532/AM, Rel. Ministro Castro Meira, Segunda Turma, julgado em 26.08.2008, DJe 25.09.2008)
14. Consequentemente, revela-se escorreito o entendimento exarado pelo acórdão regional no sentido de que "as empresas distribuidoras de bebidas, que se apresentam como contribuintes de fato do IPI, não detêm legitimidade ativa para postular em juízo o creditamento relativo ao IPI pago pelos fabricantes, haja vista que somente os produtores industriais, como contribuintes de direito do imposto, possuem legitimidade ativa".
15. Recurso especial desprovido. Acórdão submetido ao regime do artigo 543-C, do CPC, e da Resolução STJ 08/2008.
(REsp 903.394/AL, Rel. Ministro Luiz Fux, PRIMEIRA SEÇÃO, julgado em 24/03/2010, DJe 26/04/2010)

Art. 168. O direito de pleitear a restituição extingue-se com o decurso do prazo de 5 (cinco) anos, contados:

I – nas hipóteses dos incisos I e II do artigo 165, da data da extinção do crédito tributário;

II – na hipótese do inciso III do artigo 165, da data em que se tornar definitiva a decisão administrativa ou passar em julgado a decisão judicial que tenha reformado, anulado, revogado ou rescindido a decisão condenatória.

Por sua vez, o artigo 169 do CTN[36] estabeleceu que, quando o contribuinte iniciasse o pleito de repetição através de requerimento administrativo, teria dois anos para ajuizar ação anulatória em face de decisão que negasse a restituição. Nas palavras de Sacha Calmon Navarro Coêlho, "o sujeito passivo tem o direito, antes de ingressar em juízo, de pedir administrativamente a restituição do que pagou sem dever. Em caso de denegação, o prazo para pleitear a anulação da decisão é de dois anos"[37].

Com relação à aplicação do artigo 168 do CTN, o STJ, acatando tese arduamente defendida por parte da doutrina, considerava que, nos tributos sujeitos ao chamado lançamento por homologação, o prazo prescricional qüinqüenal se iniciaria a partir da homologação do crédito tributário, prevista no artigo 150, § 4º do CTN[38], já que seria aqui que ocorreria a extinção do crédito tributário.

Dessa forma, considerando o entendimento anteriormente mencionado, o STJ acatava o ajuizamento de ação de repetição de indébito num prazo

---

[36] "Art. 169. Prescreve em dois anos a ação anulatória da decisão administrativa que denegar a restituição.
Parágrafo único. O prazo de prescrição é interrompido pelo início da ação judicial, recomeçando o seu curso, por metade, a partir da data da intimação validamente feita ao representante judicial da Fazenda Pública interessada".

[37] COÊLHO, Sacha Calmon Navarro. *Curso de Direito Tributário*. 6. ed. Rio de Janeiro: Forense, 2002. p. 712.

[38] "Art. 150. O lançamento por homologação, que ocorre quanto aos tributos cuja legislação atribua ao sujeito passivo o dever de antecipar o pagamento sem prévio exame da autoridade administrativa, opera-se pelo ato em que a referida autoridade, tomando conhecimento da atividade assim exercida pelo obrigado, expressamente a homologa.
[...]
§ 4º Se a lei não fixar prazo a homologação, será ele de cinco anos, a contar da ocorrência do fato gerador; expirado esse prazo sem que a Fazenda Pública se tenha pronunciado, considera-se homologado o lançamento e definitivamente extinto o crédito, salvo se comprovada a ocorrência de dolo, fraude ou simulação".

de até dez anos depois do pagamento indevido. O primeiros cinco anos eram referentes ao prazo decadencial para a homologação da apuração feita pelo contribuinte. Ocorrida a homologação tácita, estaria extinto o crédito tributário, iniciando-se, então, o prazo prescricional para o ajuizamento da ação de repetição de indébito.

Nesse sentido, a Primeira Seção do STJ, no julgamento dos Embargos de Divergência no Recurso Especial nº 435.835/SC[39], pacificou o entendimento de que deve ser aplicada a tese dos "cinco mais cinco", sendo que o prazo prescricional para a repetição ou compensação dos tributos sujeitos a lançamento por homologação começa a fluir decorridos 5 (cinco) anos, contados a partir da ocorrência do fato gerador, acrescidos de mais um qüinqüênio computado desde o termo final do prazo atribuído ao Fisco para verificar o *quantum* devido a título de tributo.

Por meio do julgado acima mencionado, o STJ firmou entendimento de que, para demarcar o início do prazo prescricional para o ajuizamento da ação de repetição de indébito tributário, era indiferente a existência de declaração de inconstitucionalidade do tributo, fosse ela proferida no controle difuso, através do julgamento de Recurso Extraordinário, ou no

---

[39] "CONSTITUCIONAL. TRIBUTÁRIO. EMBARGOS DE DIVERGÊNCIA. CONTRIBUIÇÃO PREVIDENCIÁRIA. LEI Nº 7.787/89. COMPENSAÇÃO. PRESCRIÇÃO. DECADÊNCIA. TERMO INICIAL DO PRAZO. PRECEDENTES.
1. Está uniforme na 1ª Seção do STJ que, no caso de lançamento tributário por homologação e havendo silêncio do Fisco, o prazo decadencial só se inicia após decorridos 5 (cinco) anos da ocorrência do fato gerador, acrescidos de mais um qüinqüênio, a partir da homologação tácita do lançamento. Estando o tributo em tela sujeito a lançamento por homologação, aplicam-se a decadência e a prescrição nos moldes acima delineados.
2. Não há que se falar em prazo prescricional a contar da declaração de inconstitucionalidade pelo STF ou da Resolução do Senado. A pretensão foi formulada no prazo concebido pela jurisprudência desta Casa Julgadora como admissível, visto que a ação não está alcançada pela prescrição, nem o direito pela decadência. Aplica-se, assim, o prazo prescricional nos moldes em que pacificado pelo STJ, id est, a corrente dos cinco mais cinco.
3. A ação foi ajuizada em 16/12/1999. Valores recolhidos, a título da exação discutida, em 09/1989. Transcorreu, entre o prazo do recolhimento (contado a partir de 12/1989) e o do ingresso da ação em juízo, o prazo de 10 (dez) anos. Inexiste prescrição sem que tenha havido homologação expressa da Fazenda, atinente ao prazo de 10 (dez) anos (5 + 5), a partir de cada fato gerador da exação tributária, contados para trás, a partir do ajuizamento da ação.
4. Precedentes desta Corte Superior.
5. Embargos de divergência rejeitados, nos termos do voto." (ERESP nº 435.835 – Publicado no Diário de Justiça em 04.06.2007).

controle concentrado, através do julgamento de Ação Direta de Inconstitucionalidade ou Ação Declaratória de Constitucionalidade.

Tal entendimento trouxe substancial mudança para a sistemática da contagem do prazo prescricional para o ajuizamento de ação de repetição de indébito, tendo em vista que ultrapassou julgados anteriores que afirmavam que o prazo prescricional, nos casos de declaração de inconstitucionalidade pelo STF, se iniciaria a partir da edição de Resolução editada pelo Senado Federal[40], nos casos de controle difuso[41], ou a partir da publicação do acórdão, nos casos de controle concentrado[42].

---

[40] "Art. 52. Compete privativamente ao Senado Federal:
X – suspender a execução, no todo ou em parte, de lei declarada inconstitucional por decisão definitiva do Supremo Tribunal Federal; [...]".

[41] TRIBUTÁRIO – PIS – INCONSTITUCIONALIDADE – DECRETOS-LEIS Nºs. 2.445 E 2.449, AMBOS DE 1988 – DECLARAÇÃO INCIDENTAL – (RE 148.754/RJ) - PRESCRIÇÃO – TERMO INICIAL – PUBLICAÇÃO DA RESOLUÇÃO DO SENADO Nº 49/95 (DOU 10.10.95) – PRECEDENTES. – O prazo prescricional qüinquenal das ações de repetição/compensação do PIS flui a partir da data de publicação da Resolução do Senado nº 45/95, que suspendeu a execução dos Decretos-leis nºs. 2.445/88 e 2.449/88, declarados inconstitucionais pelo STF em controle difuso.
- No caso dos autos, tendo em vista a data do ajuizamento da ação (12.01.00), considero não consumado o prazo prescricional.
- Embargos de divergência conhecidos e providos para afastar a prescrição. (EREsp nº 423994/MG – Publicado no Diário de Justiça em 05.04.2004)

[42] "RECURSO ESPECIAL. RESTITUIÇÃO DE TRIBUTOS DECLARADOS INCONSTITUCIONAIS PELO STF. PRESCRIÇÃO. CONTRIBUIÇÃO PREVIDENCIÁRIA. ADMINISTRADORES, AUTÔNOMOS E AVULSOS. TERMO A QUO. RESOLUÇÃO N. 14/95 DO SENADO FEDERAL. OCORRÊNCIA DE PRESCRIÇÃO. A declaração de inconstitucionalidade da lei instituidora de um tributo altera a natureza jurídica dessa prestação pecuniária, que, retirada do âmbito tributário, passa a ser de indébito sem causa do Poder Público, e não de indébito tributário. Com efeito, aquela lei declarada inconstitucional desaparece do mundo jurídico, como se nunca tivesse existido.
No sempre acatado magistério de Pontes de Miranda, "não se declara inconstitucionalidade decreta-se, porque a eficácia preponderante da decisão é constitutiva negativa, pois quem fez a lei, o decreto-lei, o decreto, o regulamento, ou qualquer outra fonte de direito, com infração da Constituição, nulamente legislou" (in "Comentários ao Código Processo Civil", Forense, Rio de Janeiro, 1975, VI, p. 43).
Afastada a contagem do prazo prescricional/decadencial para repetição do indébito tributário previsto no Código Tributário Nacional, tendo em vista que a prestação pecuniária exigida por lei inconstitucional não é tributo, mas um indébito genérico contra a Fazenda Pública, aplica-se a regra geral de prescrição de indébito contra a Fazenda Pública, prevista no artigo 1º do Decretonº 20.910/32.

Todavia, na data de 09.02.2005, foi publicada a Lei Complementar nº 118, que alterou e acrescentou dispositivos ao Código Tributário Nacional, e dispôs sobre a interpretação do inciso I do artigo 168 do referido Código.

O artigo 3º da Lei Complementar nº 118 determinou que a extinção do crédito tributário ocorre, no caso de tributo sujeito a lançamento por homologação, no momento do pagamento antecipado de que trata o § 1º do artigo 150 do CTN.

Por seu turno, o artigo 4º da precitada Lei Complementar estabelecia que a mesma entraria em vigor 120 (cento e vinte) dias após sua publicação, observado, quanto ao artigo 3º, o disposto no artigo 106, inciso I, do CTN[43].

Da leitura conjugada de ambos os dispositivos anteriormente mencionados pode-se concluir que não mais subsistiria a tese dos "cinco mais cinco", bem como que, a partir da entrada em vigência da referida Lei, a mesma poderia, por ser expressamente interpretativa[44], aplicada a fatos pretéritos, modificando ações judiciais já iniciadas, numa flagrante violação do princípio da segurança jurídica.

Em face desta nova situação, as Procuradorias Fazendárias iniciaram à época uma força tarefa junto ao Superior Tribunal de Justiça para buscar

---

Nas hipóteses em que o Supremo Tribunal Federal declare em controle concentrado a inconstitucionalidade da lei cuja execução já havia sido suspensa por Resolução do Senado Federal, o prazo para requerer a restituição/compensação do tributo declarado inconstitucional deve ter início com a data da publicação da aludida Resolução, e não do trânsito em julgado da decisão proferida em controle concentrado de constitucionalidade.
Dessa forma, o termo a quo para restituição/compensação da contribuição previdenciária sobre avulsos, autônomos e administradores deve ser contado a partir da Resolução do Senado Federal n. 14/95, que, anteriormente ao julgamento, pelo Egrégio Supremo Tribunal Federal, da ADIN 1.102/DF (julgada em 05.10.95, DJ de 17.11.95, com trânsito em julgado em 13.12.95), suspendeu a execução da expressão "avulsos, autônomos e administradores" (art. 3º, I, da Lei n. 7.787/89), declarada inconstitucional pela Excelsa Corte em controle difuso de constitucionalidade (RE nº 177.296/RS- Publicado no Diário de Justiça em 09.12.1994).
Ocorrência de prescrição na espécie, pois a ação foi ajuizada em 19.06.2002 e a Resolução n. 14 do Senado Federal foi publicada no DOFC de 28.04.1995.
Recurso especial provido". (RESP nº 572074/SC- Publicado no Diário de Justiça de 08.03.2004).
[43] "Art. 106. A lei aplica-se a ato ou fato pretérito:
I – em qualquer caso, quando seja expressamente interpretativa, excluída a aplicação de penalidade à infração dos dispositivos interpretados; [...]".
[44] Sobre as leis interpretativas, ver: ROCHA, Sergio André. *Interpretação dos Tratados contra a Bitributação da Renda*. Rio de Janeiro: Lumen Juris, 2008. p. 108-109.

a reforma de acórdãos proferidos que, com base no acolhimento da tese do cinco mais cinco, afastaram a alegação de prescrição.

No julgamento dos Embargos de Divergência no Recurso Especial nº 327.043, a Primeira Seção do STJ analisou a questão acerca do novo prazo prescricional para o ajuizamento de ação de repetição de indébito, e definiu, através de voto do Ministro João Otavio de Noronha, que o prazo quinquenal se iniciaria, nos termos do artigo 3º da Lei Complementar nº 118/2005, a partir do pagamento antecipado dos tributos por homologação.

No precitado julgamento a Primeira Seção, não obstante afastar a argüição de inconstitucionalidade do artigo 4º da Lei Complementar nº 118/2005, definiu que a nova sistemática valeria para as ações judiciais ajuizadas a partir de 09.06.2005.

Registre-se que tal acórdão passou a ser utilizado como precedente por todas as Turmas do Superior Tribunal de Justiça.

Irresignada em face de tal entendimento, entendeu a Procuradoria da Fazenda Nacional por interpor recurso extraordinário, nos autos do Embargos de Divergência no Recurso Especial nº 644.736 (publicado em 17.12.2007), sob o argumento de que a Primeira Seção não poderia analisar a inconstitucionalidade de tais dispositivos, na medida em que a competência para essa função seria do Órgão Especial do Superior Tribunal de Justiça, nos termos do artigo 97 da Constituição Federal.[45]

O referido recurso extraordinário foi autuado perante o Supremo Tribunal Federal sob o número 486.888 e distribuído ao Ministro Sepúlveda Pertence que, reconhecendo o argumento da Procuradoria da Fazenda Nacional, entendeu por prover o referido recurso[46], anulando o acórdão proferido pelo Superior Tribunal de Justiça.

---

[45] "Art. 97. Somente pelo voto da maioria absoluta de seus membros ou dos membros do respectivo órgão especial poderão os tribunais declarar a inconstitucionalidade de lei ou ato normativo do Poder Público".

[46] "Este Tribunal reputa declaratório de inconstitucionalidade o acórdão que – embora sem o explicar – afasta a incidência de norma ordinária pertinente à lide para decidi-la sobre critérios diversos alegadamente extraídos da Constituição (v.g. RE 240.096, Pertence, RTJ 169/756), sendo esta a hipótese dos autos.

Portanto, está caracterizada a violação do princípio constitucional de reserva de plenário, haja vista que o acórdão recorrido que declarou a inconstitucionalidade da lei, resultou de julgamento de órgão fracionário, e não consta nos autos notícia de declaração de inconstitucionalidade proferida por órgão especial ou plenário.

Em cumprimento à referida decisão, os Embargos de Divergência no Recurso Especial nº 644.736 foram encaminhados para o Órgão Especial do Superior Tribunal de Justiça que reconheceu, por unanimidade, a inconstitucionalidade do artigo 4º, segunda parte, da Lei Complementar nº 118/2005, que determina a aplicação retroativa do seu artigo 3º, para alcançar inclusive fatos passados, sob o fundamento de que o mesmo ofende o princípio constitucional da autonomia e independência dos poderes (Constituição Federal, artigo 2º) e o da garantia do direito adquirido, do ato jurídico perfeito e da coisa julgada (Constituição Federal, artigo 5º, XXXVI).

Dessa forma, restou sedimentado pelo Superior Tribunal de Justiça que as alterações trazidas pela Lei Complementar nº 118/2005 somente produziriam efeitos para os pagamentos efetuados na vigência da precitada norma, aplicando-se aos pagamentos anteriores o entendimento anteriormente consignado por aquela Corte (cinco mais cinco).

Posteriormente, tal orientação foi reiterada pelo STJ no âmbito do julgamento de recurso especial representativo de controvérsia, sob o rito dos recursos repetitivos, quando decidiu que: "[...] 1. O princípio da irretroatividade impõe a aplicação da LC 118, de 9 de fevereiro de 2005, aos pagamentos indevidos realizados após a sua vigência e não às ações propostas posteriormente ao referido diploma legal, posto norma referente à extinção da obrigação e não ao aspecto processual da ação correspectiva. [...]. 3. Isto porque a Corte Especial declarou a inconstitucionalidade da expressão 'observado, quanto ao art. 3º, o disposto no art. 106, I, da Lei nº 5.172, de 25 de outubro de 1966 – Código Tributário Nacional, constante do artigo 4º, segunda parte, da Lei Complementar 118/05 (AI nos ERESP 644.736/PE, Relator Ministro Teori Albino Zavascki, julgado em 06.06.2007). [...]" (1ª Seção, REsp 1.002.932/SP, Rel. Min. Luiz Fux, DJ de 18.12.2009).

No entanto, de forma diversa da jurisprudência iterativa do STJ, posteriormente, o Supremo Tribunal Federal concluiu julgamento no qual deci-

---

Procede o presente RE, a, baseado no permissivo constitucional da alínea a, por violação ao art. 97 da Constituição (v.g. RE 273.672 – AgR, 03.09.2002, 1ª T, Ellen).

Dou provimento ao recurso extraordinário (art. 557, § 1º-A, C. Pr. Civil) para reformar o acórdão recorrido e determinar a remessa dos autos ao Superior Tribunal de Justiça, a fim de que se proceda novo julgamento da questão, pelo respectivo Órgão Especial, nos termos do artigo 97 da Constituição Federal".

diu que: "Reconhecida a inconstitucionalidade do art. 4º, segunda parte, da LC 118/05, considerando-se válida a aplicação do novo prazo de 5 anos tão somente às <u>ações ajuizadas</u> após o decurso da vacatio legis de 120 dias, ou seja, a partir de 9 de junho de 2005" (STF – Pleno – RE 566.621/RS, Rel. Min. Ellen Gracie, DJ 11.10.2011).

Vale dizer, a decisão da Corte Suprema alterou o entendimento tido até então pelo STJ sobre prescrição de ação para devolução de tributos, eis que entendeu que o critério de discriminação para verificar o prazo aplicável para a repetição de indébito dos tributos sujeitos a lançamento por homologação é a data do ajuizamento da ação e não a data do pagamento indevido.

Em outras palavras, anteriormente, pela tese desenvolvida pelo STJ, para os pagamentos efetuados antes de 09.06.2005, o prazo para a repetição do indébito seria de cinco anos, conforme o art. 168, inciso I, do Código Tributário Nacional, contados a partir do fim do outro prazo de cinco anos a que se refere o artigo 150, parágrafo 4º, do CTN, totalizando dez anos a contar da data da ocorrência do fato gerador, de acordo com a tese dos "cinco mais cinco".

Já para os pagamentos efetuados a partir de 09.06.2005, o prazo para a repetição do indébito seria de cinco anos a contar da data do pagamento, de acordo com o artigo 168, inciso I, do CTN.

Entretanto, no julgamento do mencionado Recurso Extraordinário, o STF julgou que deve ser levado em consideração, para o novo regime, a data do ajuizamento da ação. Dessa forma, apenas nas ações ajuizadas antes da vigência da LC 118 é que se aplica o prazo prescricional de dez anos a contar da data da ocorrência do fato gerador (tese dos "cinco mais cinco"). Já nas ações ajuizadas a partir de 09.06.2005, aplica-se o prazo prescricional de cinco anos contados da data do pagamento indevido.

Diante do novo posicionamento adotado pelo STF, o STJ reviu seu entendimento, superando a orientação expressada sob o rito dos recursos repetitivos no REsp 1.002.932.

No julgamento ocorrido em 23 de maio de 2012 e cujo acórdão foi publicado em 4 de junho de 2012, o STJ debruçou-se novamente sobre a questão, seguindo o entendimento do STF, em sede de julgamento no âmbito do art. 543-C do CPC, para considerar que, para as ações ajuizadas a partir de 09.06.2005, aplica-se o art. 3º da LC 118/2005, contando-se o prazo prescricional dos tributos sujeitos a lançamento por homologação em cinco anos a partir do pagamento antecipado de que trata o art. 150, §1º, do CTN (1ª Seção, REsp 1.269.570/MG, Rel. Min. Mauro Campbell Marques, DJ de 04.06.2012⁴⁷).

3.4. Eficácia e execução da sentença

Conforme destacado acima, trata-se a ação de repetição de indébito de ação que externa pretensão condenatória, por intermédio do qual se busca provimento jurisdicional condenando a Fazenda a restituir ao contribuinte valores indevidamente recolhidos aos cofres públicos.

---

[47] "CONSTITUCIONAL. TRIBUTÁRIO. RECURSO ESPECIAL REPRESENTATIVO DA CONTROVÉRSIA (ART. 543-C, DO CPC). LEI INTERPRETATIVA. PRAZO DE PRESCRIÇÃO PARA A REPETIÇÃO DE INDÉBITO NOS TRIBUTOS SUJEITOS A LANÇAMENTO POR HOMOLOGAÇÃO. ART. 3º, DA LC 118/2005. POSICIONAMENTO DO STF. ALTERAÇÃO DA JURISPRUDÊNCIA DO STJ. SUPERADO ENTENDIMENTO FIRMADO ANTERIORMENTE TAMBÉM EM SEDE DE RECURSO REPRESENTATIVO DA CONTROVÉRSIA.

1. O acórdão proveniente da Corte Especial na AI nos Eresp nº 644.736/PE, Relator o Ministro Teori Albino Zavascki, DJ de 27.08.2007, e o recurso representativo da controvérsia REsp. n. 1.002.932/SP, Primeira Seção, Rel. Min. Luiz Fux, julgado em 25.11.2009, firmaram o entendimento no sentido de que o art. 3º da LC 118/2005 somente pode ter eficácia prospectiva, incidindo apenas sobre situações que venham a ocorrer a partir da sua vigência. Sendo assim, a jurisprudência deste STJ passou a considerar que, relativamente aos pagamentos efetuados a partir de 09.06.05, o prazo para a repetição do indébito é de cinco anos a contar da data do pagamento; e relativamente aos pagamentos anteriores, a prescrição obedece ao regime previsto no sistema anterior.

2. No entanto, o mesmo tema recebeu julgamento pelo STF no RE n. 566.621/RS, Plenário, Rel. Min. Ellen Gracie, julgado em 04.08.2011, onde foi fixado marco para a aplicação do regime novo de prazo prescricional levando-se em consideração a data do ajuizamento da ação (e não mais a data do pagamento) em confronto com a data da vigência da lei nova (9.6.2005).

3. Tendo a jurisprudência deste STJ sido construída em interpretação de princípios constitucionais, urge inclinar-se esta Casa ao decidido pela Corte Suprema competente para dar a palavra final em temas de tal jaez, notadamente em havendo julgamento de mérito em repercussão geral (arts. 543-A e 543-B, do CPC). Desse modo, para as ações ajuizadas a partir de 9.6.2005, aplica-se o art. 3º, da Lei Complementar n. 118/2005, contando-se o prazo prescricional dos tributos sujeitos a lançamento por homologação em cinco anos a partir do pagamento antecipado de que trata o art. 150, §1º, do CTN.

4. Superado o recurso representativo da controvérsia REsp. n. 1.002.932/SP, Primeira Seção, Rel. Min. Luiz Fux, julgado em 25.11.2009.

5. Recurso especial não provido. Acórdão submetido ao regime do art. 543-C do CPC e da Resolução STJ 08/2008". (REsp 1269570/MG, Rel. Ministro MAURO CAMPBELL MARQUES, PRIMEIRA SEÇÃO, julgado em 23/05/2012, DJe 04/06/2012)

Transitada em julgado a decisão favorável ao contribuinte, cabe ao mesmo implementar a execução da sentença, nos termos do que dispõe o artigo 730 do Código de Processo Civil[48].

Nesse sentido, após processada a execução contra a Fazenda Pública, cabe ao contribuinte o ressarcimento financeiro dos valores indevidamente recolhidos, que serão adimplidos por meio da expedição de precatório, nos termos do artigo 100 da Constituição Federal[49].

Como é cediço, considerando-se o cenário atual e as últimas emendas constitucionais alterando a sistemática de pagamentos, o recebimento por precatório tornou-se extremamente desvantajoso e moroso para os contribuintes.

Em face dessa dificuldade, muitos credores têm optado por abdicar do recebimento do indébito federal por meio da expedição de precatório, optando por utilizar tal numerário para efetuar o pagamento, via compensação, de tributos vincendos.

Ressalte-se que, nos termos da jurisprudência do STJ, a extinção do crédito tributário mediante compensação somente é possível se houver lei autorizativa. Na falta de previsão expressa, é inviável compensar débitos tributários com precatório de entidade pública diversa[50]. Por outro lado, em havendo identidade entre o devedor do precatório e o credor do

---

[48] "Art. 730. Na execução por quantia certa contra a Fazenda Pública, citar-se-á a devedora para opor embargos em 10 (dez) dias; se esta não os opuser, no prazo legal, observar-se-ão as seguintes regras:
I – o juiz requisitará o pagamento por intermédio do presidente do tribunal competente;
II – far-se-á o pagamento na ordem de apresentação do precatório e à conta do respectivo crédito".

[49] "Art. 100. Os pagamentos devidos pelas Fazendas Públicas Federal, Estaduais, Distrital e Municipais, em virtude de sentença judiciária, far-se-ão exclusivamente na ordem cronológica de apresentação dos precatórios e à conta dos créditos respectivos, proibida a designação de casos ou de pessoas nas dotações orçamentárias e nos créditos adicionais abertos para este fim". (Redação dada pela Emenda Constitucional nº 62, de 2009).

[50] AGRAVO REGIMENTAL NO AGRAVO EM RECURSO ESPECIAL. TRIBUTÁRIO. PRETENSÃO DE COMPENSAÇÃO EM AÇÃO DE DAÇÃO EM PAGAMENTO DE DÉBITOS FEDERAIS COM PRECATÓRIOS ESTADUAIS. INADMISSIBILIDADE. DIFERENÇA DE TITULARIDADE DAS OBRIGAÇÕES. PRECEDENTES. SÚMULA 83/STJ. AGRAVO REGIMENTAL DESPROVIDO. 1. Esta Corte possui entendimento de não ser possível a compensação entre dívidas oriundas de tributos federais com precatórios estaduais, ante a inexistência de identidade entre devedor e credor, pessoas jurídicas manifestamente distintas. [...] (AgRg no AREsp 380.869/RS, Rel. Ministro NAPOLEÃO NUNES MAIA FILHO, PRIMEIRA TURMA, julgado em 05/11/2013, DJe 27/11/2013).

tributo aplica-se a sistemática do art. 78, § 2°, do ADCT, o qual confere poder liberatório do pagamento de tributos da entidade devedora (AgRg no AREsp 125.196/RS, Rel. Ministro Herman Benjamin, Segunda Turma, DJe de 15/02/2013), desde que não sejam créditos de natureza alimentar ou de pequeno valor.

Registre-se que em face da sentença favorável transitada em julgado, compete ao contribuinte optar pela expedição de precatório ou utilização dos créditos para compensar tributos.

Nesse sentido, pode o contribuinte manifestar a opção de receber o crédito tributário, certificado por sentença declaratória transitada em julgado, por meio de precatório ou por compensação, já que ambos constituem formas de execução de decisão judicial. Esse entendimento cristalizou-se na Súmula Súmula nº 461 do STJ (DJe 08/09/2010), segundo a qual "o contribuinte pode optar por receber, por meio de precatório ou por compensação, o indébito tributário certificado por sentença declaratória transitada em julgado".

Todavia, a opção pela compensação ao invés da expedição de precatório deve ser implementada pelo contribuinte com a respectiva desistência expressa da execução e antes da expedição do precatório, conforme já pacificado pelo Superior Tribunal de Justiça[51].

Doutrina de Leitura Obrigatória

AMARO, Luciano. *Direito Tributário Brasileiro*. 12. ed. São Paulo: Saraiva, 2008.

CAIS, Cleide Previtalli. *O Processo Tributário*. 5. ed. São Paulo: Revista dos Tribunais, 2007.

LOPES, Mauro Luís Rocha. *Processo Judicial Tributário*: Execução Fiscal e Ações Tributárias. 4. ed. Rio de Janeiro: Lumen Juris, 2007.

MACHADO, Hugo de Brito. *Curso de Direito Tributário*. 29. ed. São Paulo: Malheiros, 2008.

---

[51] TRIBUTÁRIO. AGRAVO REGIMENTAL NO RECURSO ESPECIAL. REPETIÇÃO DO INDÉBITO. RESTITUIÇÃO OU COMPENSAÇÃO. OPÇÃO DO CONTRIBUINTE. VEDADA A OPÇÃO PELA COMPENSAÇÃO QUANDO JÁ EXPEDIDO PRECATÓRIO. NECESSIDADE DE DESISTÊNCIA DA EXECUÇÃO. AGRAVO NÃO PROVIDO. 1. A opção pela compensação requer expressa desistência da ação executória e não pode ser realizada quando já ultimada a restituição mediante expedição de precatório. Precedentes do STJ. [...] (AgRg no REsp 1090228/RS, Rel. Ministro ARNALDO ESTEVES LIMA, PRIMEIRA TURMA, julgado em 16/09/2010, DJe 29/09/2010).

A Ação de Consignação Tributária

PAULO ANDRÉ ESPIRITO SANTO

1. Introdução

Na definição do dicionário Aurélio, "consignar" significa *"afirmar, declarar, estabelecer (...), confiar ou enviar mercadorias a alguém" (...), sendo a consignação em pagamento o "depósito judicial de coisa devida nos casos e formas legais, do qual resulta a extinção da obrigação"*. Por essa definição, é possível perceber, desde logo, que a ação de consignação em pagamento do Direito Tributário dispõe de pelo menos três características essenciais: o direito subjetivo de pagar e extinguir uma obrigação tributária, a existência de dúvida do devedor ou recusa do credor da obrigação e a realização de depósito judicial.

A ação de consignação tributária vem tipificada nos artigos 156, inciso VIII, e 164 do CTN e tem por fundamento a idéia de que o pagamento do tributo, além de ser um dever do contribuinte, constitui um direito subjetivo seu. O sujeito passivo da obrigação tributária possui direito subjetivo público de se livrar do débito tributário, extinguindo a obrigação, de maneira a tornar definitiva uma situação jurídica, qual seja, a de que os créditos tributários são constituídos pela Administração Tributária para serem cumpridos e extintos, a fim de que a relação Fisco-Contribuinte se perfaça de maneira efetiva.

O sujeito passivo da obrigação tributária não pode estar eternamente ameaçado pela cobrança de um crédito tributário constituído. O crédito do Estado, por mais legítimo que seja e voltado para a consecução dos objetivos sociais, não pode funcionar como uma potencial ameaça ao patrimônio material do contribuinte, fazendo as vezes de uma verdadeira "espada de Dâmocles" sobre a sua cabeça, na já manjada expressão utilizada no Direito Romano. Pagar um tributo, acima de um dever legal, constitui um direito subjetivo do contribuinte, a fim de que se livre definitivamente da ameaça de constrição a seu patrimônio.

O eminente processualista Humberto Theodoro Jr manifesta-se sobre esse aspecto há anos na sua obra:

> "Por ser, dessa forma, um constrangimento jurídico necessariamente temporário, o libertar-se do vínculo obrigacional assume feição não de simples *dever* do sujeito passivo da obrigação, mas de verdadeiro *direito* dele.
>
> "É claro que o sujeito ativo tem grande interesse no cumprimento da obrigação, interesse que, obviamente, pode ser havido como principal, desde o momento da criação do vínculo entre devedor e credor. Para compelir o sujeito passivo e satisfazer dito interesse, a ordem jurídica põe à disposição do credor as sanções do inadimplemento, dentre as quais se avulta a execução forçada de responsabilidade patrimonial.
>
> "Mas é fora de dúvida que o credor não pode ser deixado, indefinidamente, à mercê do credor malicioso ou displicente, nem pode permanecer para sempre sujeito ao capricho ou ao arbítrio deste. Vale dizer: a permanência do devedor sob a sujeição do vínculo obrigacional não pode eternizar-se, nem seus efeitos podem depender exclusivamente da vontade do credor.
>
> "Daí por que a lei não só obriga o devedor ao pagamento, como também lhe assegura o direito de pagar.
>
> Sendo, porém, a causa do não pagamento imputável ao credor, toca ao devedor a *faculdade* e não a *obrigação* de depositar, já que a *mora creditoris* exclui a *mora debitoris*."

Tanto constitui um direito subjetivo do contribuinte que a consignação em pagamento vem estampada como uma das formas de se extinguir o crédito tributário, conforme enunciado no art. 156, inciso VIII, do Código Tributário Nacional (CTN):

> "Art. 156. Extinguem-se o crédito tributário:
> (...)
> VIII – a consignação em pagamento, nos termos do disposto no §2º do art. 164;"

Da mesma forma, o instituto da consignação é veiculado no art. 164, dispositivo este que vem inserido dentro da seção do "PAGAMENTO" no CTN (Seção II do Capítulo IV):

> "Art. 164. A importância do crédito tributário pode ser consignada judicialmente pelo sujeito passivo, nos casos:
>
> I – de recusa de recebimento, ou subordinação deste ao pagamento de outro tributo ou de penalidade, ou ao cumprimento de obrigação acessória;
>
> II – de subordinação do recebimento ao cumprimento de exigências administrativas sem fundamento legal;
>
> III – de exigência, por mais de uma pessoa jurídica de direito público, de tributo idêntico sobre u mesmo fato gerador.
>
> §1º. A consignação só pode versar sobre o crédito que o consignante se propõe a pagar.
>
> §2º. Julgada procedente a consignação, o pagamento se reputa efetuado e a importância consignada é convertida em renda; julgada improcedente a consignação no todo ou em parte, cobra-se o crédito acrescido de juros de mora, sem prejuízo das penalidades cabíveis."

2. O Objeto da Ação Consignatória Tributária no Art. 164 do CTN

O art. 164 do CTN enuncia três hipóteses de cabimento da ação de consignação tributária. Passo à análise desses casos que autorizam o manejo da consignatória.

1. Os Incisos I e II

O primeiro caso (art. 164, I) é o da recusa de recebimento, por parte da Fazenda, da importância tributária que está sendo cobrada, seja por não haver um motivo que o justifique, seja por condicioná-lo ao pagamento de uma outra dívida fiscal, seja por condicioná-lo ou ao cumprimento de uma outra obrigação acessória.

Nessa hipótese podemos citar vários exemplos:

1º) Cobrança simultânea (no mesmo documento) de IPTU e taxa de coleta de lixo ou de incêndio.

O Banco oficial de pagamento não aceita o pagamento só do IPTU sem o pagamento da taxa "anexa". O contribuinte quer discutir, em outras ações tributárias, a legalidade de tal taxa por entendê-la descabida ou com valor demasiado. No entanto, o Banco exige

o pagamento integral de todos os tributos lançados no documento ou não permite o pagamento de nenhum;
2º) A Fazenda Estadual só aceita o pagamento do IPVA/2004 com a prova do pagamento do IPVA/2003.
3º) Criação de embaraços administrativos para efetuar o pagamento do tributo somente após a quitação de todas as multas de trânsito pendentes (lançadas e ainda não pagas).

Nesses casos, em tese, caberia a ação de consignação em pagamento, posto que haveria uma recusa indevida do pagamento do tributo (que é um direito do contribuinte, como acima já analisado). Nessas hipóteses, está-se impedindo o contribuinte de se livrar da obrigação tributária de forma definitiva, sob o ilegítimo argumento de que existe inadimplemento de outro tributo ou obrigação, quando se sabe que o devido processo legal tributário para se cobrar crédito tributário se materializa através do lançamento e, posteriormente, da ação de execução fiscal, depois de inscrita a dívida. Salvo algumas situações admitidas pela jurisprudência em nome do princípio da razoabilidade, não pode o pagamento de um tributo ficar condicionado ao pagamento de outro, uma vez que forçar o seu pagamento através de outro constituiria cobrança coercitiva indireta, sendo uma violação ao devido processo legal tributário. A jurisprudência pátria possui reiterados precedentes condenando a chamada cobrança indireta ou coercitiva, onde o Fisco força o pagamento do tributo ou multa não através de execução fiscal, mas sim através de atos administrativos como, por exemplo, a inscrição em cadastro de inadimplentes, a proibição de vistoria veicular anual etc.

É o que se observa no seguinte julgado do STJ:

"TRIBUTÁRIO. ICMS. REGIME ESPECIAL DE FISCALIZAÇÃO. ILEGALIDADE. PROCESSUAL CIVIL. POSTERGAÇÃO DO JULGAMENTO PARA A APRESENTAÇÃO DE MEMORIAS. INDEFERIMENTO. CERCEAMENTO DE DEFESA. INEXISTÊNCIA.

1. As limitações impostas à atividade comercial do contribuinte, em face da aplicação do regime especial do ICMS, violam as garantias constitucionais da liberdade de trabalho, de comércio, e da livre concorrência. Precedentes do E. STF.

2. A ratio essendi das Súmulas 70, 323 e 547 do STF indicia o repúdio da jurisprudência às formas coercitivas de cobrança do tributo mediante autotutela oblíqua pela Administração Tributária.

3. O regime especial não pode mudar a forma de cobrança do tributo, uma vez que "fiscalizar" não significa "tributar de maneira diversa", a inviabilizar a concorrência.

4. A apresentação de memoriais não é ato substancial e intrínseco à defesa, motivo pelo qual o indeferimento da retirada do processo de pauta para julgamento, para ensejar a sua apresentação, não acarreta cerceamento de defesa.

5. Recurso ordinário parcialmente provido, para conceder a segurança."
(STJ, RMS 15674 / MG, 1ª Turma, DJ 22/04/2003, Relator Ministro LUIZ FUX)

2. O Inciso III

Esse inciso trata do concurso de exigências, situação em que mais de uma pessoa jurídica de direito público exige o tributo do contribuinte. O concurso de exigências deve ser **objetivamente** comprovado pelo contribuinte, sob pena de configurar dúvida subjetiva sua, o que inviabilizaria o desenvolvimento válido e regular da ação. A dúvida **subjetiva** do contribuinte sobre "o que pagar" ou "para quem pagar" faz a consignatória cair na pecha da carência de ação, notadamente a ausência de interesse para o legítimo exercício do direito de agir.

Sempre que duas pessoas jurídicas de direito público exigirem tributo idêntico ou diverso, fazendo-o incidir sobre um mesmo fato gerador, abre-se para o contribuinte uma dúvida objetiva sobre a quem pagar a importância devida. A dúvida entre pagar à pessoa jurídica "A" ou "B" decorre de um ato provocado pelas mesmas, qual seja, a cobrança do tributo. Não é uma dúvida criada pelo não conhecimento por parte do contribuinte a quem deva pagar o tributo. É objetiva porque um ato concreto fez originar a dúvida na mente do contribuinte: a cobrança do "mesmo tributo" por parte dos entes públicos que se dizem sujeitos ativos da exação tributária.

A doutrina costuma elencar alguns casos práticos que normalmente dão ensejo à ação consignatória na forma do art. 164, III, do CTN:

1º) Dois municípios cobrando ISS sobre um único serviço prestado;
2º) O Estado cobrando o ICMS e, o Município, o ISS, nas hipóteses previstas na lista de serviços da LC 116/2003 em que há prestação de serviços com entrega de mercadoria;
3º) União cobra ITR e Município cobra IPTU sobre um mesmo imóvel (dúvida objetiva se o imóvel tem conotação urbana ou rural).

Importante salientar que os dois últimos exemplos acima (2 e 3) encerram uma divergência que grassa na doutrina acerca da expressão do inciso III "tributos idênticos". Existem basicamente duas versões sobre a expressão.

Uma primeira versão propugna tratar-se de tributos de mesma espécie. Exemplo: ISS do Município do Rio e ISS do Município de Niterói ou ICMS do Estado do Rio de Janeiro e ICMS do Estado do Espírito Santo.

A outra versão defende a existência de um mesmo fato gerador dando ensejo à cobrança de tributos distintos. É o que ocorre, por exemplo, quando o Município do Rio de Janeiro cobra IPTU e, a União, ITR sobre o mesmo terreno "X". Nesse simplório exemplo, há um mesmo fato gerador (a propriedade sobre um imóvel) ensejando dois tributos distintos.

O eminente professor e magistrado Sacha Calmon Navarro Coelho defende a primeira versão, já que a letra do art. 164, III, do CTN é clara ao enunciar a expressão "tributos idênticos", que, por óbvio, jamais pode ensejar dois tributos diversos, cobrados por entidades de naturezas distintas. Por essa tese, o exemplo do item 3 acima não seria possível para deflagrar a ação de consignação tributária, posto que o caso envolveria dois tributos diversos: o IPTU e o ITR.

> "Muitos autores, no caso do inciso III transcrito, entendem que as credoras podem ser de diversa ordem. União e Estado, Estado e Município, e assim por diante.
>
> Discordamos, embora lamentemos o acanhamento do legislador. A cláusula tributo idêntico sobre um mesmo fato gerador afasta a tese de tributos não idênticos sobre o mesmo fato gerador.
>
> Como os impostos nunca são idênticos, fica prejudicada a concepção maximalista quanto a estes. Assim, os conflitos que a regra visa a evitar são aqueles entre estado e estado, e entre município e município."

Por sua vez, em situação oposta, o também eminente Professor Ruy Barbosa Nogueira ensina que a situação exposta no art. 164, III, do CTN ("tributos idênticos") envolve "identidade de fato gerador", ainda que decorrente de tributos distintos cobrados por pessoas jurídicas de natureza diversa (exemplo: União e Município). Afirma o renomado jurista:

> "…. o texto é um verdadeiro ensinamento ao contribuinte, pois diz-lhe em outras palavras: se dois fiscos lhe estão exigindo tributo idêntico, isto é, ambos lhe estão exigindo tributo sobre o mesmo fato gerador, um deles lhe

está cobrando o indevido, pois salvo exceção constitucional, não podem existir duas pessoas jurídicas titulares de um tributo cujo fato gerador seja o mesmo. (...) não pague a ambos, mas faça a consignação em juízo e peça tutela jurisdicional que o Judiciário decidirá se devido e quem terá direito de receber o crédito para serem extintos a pretensão e o débito."

Essa segunda corrente se apresenta majoritária na doutrina em razão da interpretação mais extensiva que se faz em relação aos termos "tributos idênticos", alcançando o sentido de fatos geradores idênticos gerando cobrança tributária por mais de um sujeito ativo, idêntico ou não, situação muitas vezes comum na realidade dos fatos. Se o objetivo da consignação é expungir qualquer dúvida acerca do real credor do tributo exigido, não há por que impedir o uso de tal ação tributária para este fim, sendo certo que a utilização no caso permitirá a extinção do crédito tributário (art. 156, VIII, CTN) e livrará o contribuinte de uma cobrança.

3. O Objeto Específico da Consignação Tratada no Art. 164, §1º, do CTN

A consignação em pagamento não é um instituto exclusivo do Direito Tributário e do Direito Processual Civil. Também encontra previsão legal no Código Civil (Lei 10.406/2002), nos seus artigos 334 e seguintes (no Código antigo de 1916, encontrava previsão a partir do artigo 972) e, no Código de Processo Civil, a partir do art. 539 (art. 890 do antigo). Em razão das peculiaridades que circunscrevem a obrigação tributária, dentre as quais se destaca a natureza *ex lege* (decorrente de lei), a consignação tributária não tem os mesmos contornos da consignação civil: esta envolve obrigação de interesse meramente privado, ao contrário do interesse público que envolve o pagamento de um tributo.

A ação de consignação tributária, conforme tratada nos artigos 156 e 164 do CTN tem como objetivo imediato livrar o contribuinte da obrigação tributária sobre seus ombros (ou melhor, sobre seu bolso). A consignação tributária é um instrumento que busca a certeza jurídica sobre o real montante devido ou o verdadeiro sujeito ativo da mencionada obrigação, materializando o direito fundamental de todo indivíduo, que é a "segurança jurídica das relações econômicas". Este direito fundamental, apesar de não expresso em qualquer dos 78 incisos do art. 5º da CR/88, encontra respaldo nas idéias de *"Estado Democrático de Direito"* e *"dignidade humana"* do art. 1º, *caput* e inciso III da mesma Constituição, bem como no próprio art. 5º, §2º, que não exclui a proteção de outros direitos fundamentais individuais, ainda que fora do texto constitucional.

Comparando a consignação em pagamento do CTN com aquela insculpida no art. 334 do CC, é possível citar uma diferença básica: a recusa do credor do tributo (Estado) não precisa ser "sem justa causa" como enuncia o art. 335, I, do CC. Ao contrário da obrigação civil do Direito Privado, a obrigação tributária decorre da lei (obrigação *ex lege*), sendo irrelevante a manifestação de vontade ou o subjetivismo do credor em receber ou não o pagamento decorrente da dívida tributária. A obrigação tributária constituída com o fato gerador definido em lei ou, na visão de Geraldo Ataliba, com o surgimento da "hipótese de incidência", independe da manifestação de vontade do contribuinte (devedor) ou do Estado (credor). A obrigação não surge de um contrato ou ato volitivo qualquer, mas de um fato que possua conteúdo econômico e represente algum "signo presuntivo de riqueza" (Ricardo Lobo Torres) e que mereça a incidência do tributo a ser pago. Sendo obrigação decorrente da lei, é irrelevante a manifestação de vontade, sendo, por isso, dispensável a prova de subjetivismo do credor que recusou indevidamente o recebimento do tributo.

A recusa do recebimento da consignação pode até constituir um dos motivos a ensejar a consignação em pagamento, como se observa no art. 164, I (supra) e será analisado mais à frente. Contudo, a recusa nem sempre é essencial para deflagrar a ação de consignação tributária, como é o caso, por exemplo, da dúvida do contribuinte a quem pagar do art. 164, III, CTN.

Outra questão interessante diz respeito à caracterização do depósito judicial que existe necessariamente na ação de consignação. Segundo consta no art. 164, §1º, do CTN, apesar de alguns entendimentos em contrário, a ação consignatória pode servir para discutir o montante tributário, realizando o contribuinte um depósito de quantia inferior em relação à quantia exigida no crédito constituído (o contribuinte deposita a quantia que considera legítima). Nesses casos em que o contribuinte deposita menos do que é cobrado pelo Fisco, visando discutir a legitimidade do montante exigido (art. 164, §1º), o depósito assume contornos distintos daquele que normalmente é efetuado para suspender a eficácia do crédito tributário.

Segundo configurado no art. 151, inciso II, do CTN, o depósito constitui forma especial de suspensão da exigibilidade do crédito tributário. Constituído um crédito tributário com o lançamento, uma vez realizado o depósito, o crédito não pode ser exigido ou executado até que se discuta a legalidade da exação feita pelo Fisco. O crédito existe, mas permanece com a eficácia suspensa enquanto houver o depósito e não se decidir a sua viabilidade, tendo a vantagem de afastar a incidência dos juros de mora.

Ocorre que, para efetivamente suspender a exigibilidade do crédito tributário, o depósito deve corresponder ao montante integralmente exigido pelo Estado e não ao que o contribuinte entende devido. Se estão sendo cobrados dez mil reais do contribuinte, este deve depositar tal quantia, não podendo pretender que o depósito de oito ou nove mil reais suspenda a exigibilidade do crédito constituído, ainda que entenda que esses "oito" ou "nove" sejam o montante devido.

O depósito suspensivo deve representar a parcela exigida pelo Fisco. E acaba sendo vantajoso para ambas as partes (contribuinte e Fazenda). Se Fazenda sai vencedora na demanda em que há depósito, basta postular ao Juiz a sua conversão em renda, não precisando se valer da execução fiscal, onde existe, muitas vezes, uma dificuldade imensa para se encontrar o executado e iniciar o processo propriamente dito. De outro lado, sendo confirmada a ilegitimidade do crédito constituído, o contribuinte não é obrigado a ajuizar uma ação de repetição de indébito tributário, com a execução pela via do injusto e demorado instituto do precatório (art. 100 da CR/88 e art. 535, §3º, do CPC). Para reaver o montante que pagou indevidamente, basta requerer o seu levantamento após o trânsito em julgado da decisão favorável.

A necessidade de integralidade do depósito faz parte do consolidado entendimento do Superior Tribunal de Justiça sobre o assunto, como se observa no verbete nº 112 de sua súmula de jurisprudência:

> "112. O depósito somente suspende a exigibilidade do crédito tributário se for integral e em dinheiro".

Na consignação em pagamento, o objetivo do contribuinte pode não ser discutir propriamente a legitimidade da incidência do tributo, mas sim o excesso do montante cobrado (art. 164, §1º). Se pretende discutir diretamente a legalidade do tributo ou a constitucionalidade da lei tributária, deve se valer da ação declaratória ou da ação anulatória, em regra. Na consignação, o contribuinte não está preocupado se está sujeito ou não àquela tributação discutida, mas sim se está sujeito àquele montante todo que lhe foi exigido. Sendo cobrado em dez mil reais, entende o valor excessivo e, reputando como legítimo o valor de oito mil reais, deposita esta última quantia.

Nesse simplório exemplo, visualiza-se a primeira diferença entre o depósito do art. 151, inciso II, e o depósito consignatório do art. 164, §1º: este não suspende a exigibilidade do crédito tributário; aquele o suspende, na forma do verbete nº 112 da Súmula de Jurisprudência do STJ. Ainda no mesmo exemplo, havendo depósito consignatório de oito mil reais quando o crédito exigido é de dez mil, a Fazenda está autorizada a executar todo o montante, não sendo obrigada a executar judicialmente somente a diferença (dois mil reais) e aguardar a decisão sobre a viabilidade ou não dos oito mil depositados. Isto porque o depósito, para suspender a exigibilidade do crédito exigido pelo Fisco, deve ser "integral e em dinheiro".

Enquanto no depósito suspensivo o contribuinte deposita o que lhe é cobrado, visando afastar os juros de mora e a possibilidade de repetição de indébito (caso tenha razão), no depósito consignatório do art. 164, §1º, do CTN, o contribuinte deposita o montante que entende devido.

Outra diferença existe na conseqüência jurídica da vitória obtida pelo contribuinte em juízo. Numa ação em que houve o depósito suspensivo (art. 151, II e S. 112 do STJ), sendo vencedor o contribuinte, através de uma sentença de procedência do pedido, transitada em julgado, pode o mesmo proceder ao levantamento do montante depositado judicialmente, dispensando, assim, a ação de repetição de indébito e o precatório.

Já no caso de vitória do contribuinte numa ação consignatória, o mesmo não poderá levantar o montante depositado. Isto porque o art. 164, §2º, do CTN diz que procedente o pedido, o depósito será automaticamente convertido em renda a favor do sujeito ativo do crédito tributário considerado devido. Ao invés de levantar o depósito, observa o Juiz determinar a conversão em renda a favor do Fisco, vendo-se livre daquela obrigação que o atormentava.

Segundo a regra específica do art. 164, §1º, do CTN, a ação de consignação em pagamento tributário serve para o contribuinte pagar a quantia que entende devida a quem de direito deva receber. Não serve para discutir diretamente a legalidade ou constitucionalidade da incidência do tributo (base de cálculo, fato gerador etc.). Se a intenção **imediata** do contribuinte é afastar a própria incidência do tributo por entendê-lo inconstitucional ou ilegal, deve se valer da ação declaratória, da ação anulatória ou do mandado de segurança, uma vez que esta finalidade não se coaduna com o objeto específico da ação consignatória. É o que se observa expressamente no art. 164, §1º, do CTN *("§1º. A consignação só pode versar sobre o crédito que o consignante se propõe a pagar")*.

É claro que, em muitas situações, a ação consignatória abrangerá a discussão de um elemento do tipo tributário (fato gerador, base de cálculo, alíquota etc.) para atacar o *quantum* a ser efetivamente pago segundo o entendimento do contribuinte. Em algumas ocasiões, o contribuinte necessariamente terá de demonstrar a ilegalidade ou inconstitucionalidade de um aspecto do tipo tributário para pretender pagar quantia menor daquela que lhe é exigida pela Administração Tributária. Mas este objetivo (alijar o aspecto ilegítimo da exação tributária) será sempre **mediato** ou **indireto**, já que o fim para o qual se presta a consignatória é pretender depositar a quantia que se entende justa, para que seja declarada judicialmente como devida, extinguindo-se, assim, o crédito tributário com a conversão em renda do depósito, na forma do art. 164, §2º, do CTN.

Aliás, apesar de não ser o objetivo do presente trabalho estudar as formas de extinção do crédito tributário do art. 156, impõe-se chamar a atenção para a relativa impropriedade da qualificação da consignação em pagamento como uma dessas formas. Na verdade, o que extingue o crédito tributário não é a consignação em pagamento em si, mas a conversão em renda decorrente da procedência do pedido da ação de consignação. A simples propositura da ação de consignação não extingue o crédito tributário; o que efetivamente o elimina é a conversão em renda decorrente da procedência do pedido. Tanto é assim que o art. 156, VIII, ao mencionar a consignação em pagamento como uma das formas de extinção do crédito tributário, enuncia "(...) *nos termos do disposto no §2º do art. 164*".

O que é importante mencionar é o não cabimento da ação consignatória para afastar a obrigação tributária, já que o objeto de tal ação, no caso do art. 164, §1º, é reconhecer a existência de tal obrigação e afastar tão somente aquela quantia considerada abusiva ou excessiva, sendo pago o montante compatível com o que está previsto na legislação tributária pertinente.

A consignação em pagamento também não tem vez em casos de dúvida meramente subjetiva do contribuinte. Não pode o contribuinte se utilizar a ação consignatória para consultar o Poder Judiciário da quantia correta e legítima que deve depositar. Como é sabido em todos os ramos do Direito, o Poder Judiciário não pode ser órgão de consulta das partes, só podendo ser provocado para dirimir uma controvérsia que represente uma dúvida objetiva e não subjetiva do contribuinte. Nas palavras de Sacha Calmon, o Judiciário decide "controvérsias concretas", devendo demonstrar o contribuinte que a legislação aplicável àquele tributo contestado enseja mais de uma interpretação e também uma quantia menor daquela que está sendo efetivamente cobrada pelo Fisco.

4. O Procedimento da Ação em Consignação Tributária
1. A Condição Especial da Ação Consignatória Prevista no Art. 539 do CPC

Não há dúvidas de que, sendo a consignatória tributária uma ação, deve a mesma observar as normas previstas no Código de Processo Civil.

Primeira questão que surge diz respeito à aplicação integral ou não do procedimento descrito no CPC. Grande parte da doutrina e da jurisprudência tem entendido que não são aplicadas, à ação de consignação tributária, as medidas extrajudiciais enunciadas no revogado artigo 890 do CPC de 1973, hoje regra descrita no art. 539, *caput* e parágrafos 1º a 4º, do CPC. Diz tal dispositivo:

> "Art. 539. Nos casos previstos em lei, poderá o devedor ou terceiro requerer, com efeito de pagamento, a consignação da quantia ou da coisa devida.
>
> § 1º Tratando-se de obrigação em dinheiro, poderá o valor ser depositado em estabelecimento bancário, oficial onde houver, situado no lugar do pagamento, cientificando-se o credor por carta com aviso de recebimento, assinado o prazo de 10 (dez) dias para a manifestação de recusa.
>
> § 2º Decorrido o prazo do § 1º, contado do retorno do aviso de recebimento, sem a manifestação de recusa, considerar-se-á o devedor liberado da obrigação, ficando à disposição do credor a quantia depositada.
>
> § 3º Ocorrendo a recusa, manifestada por escrito ao estabelecimento bancário, poderá ser proposta, dentro de 1 (um) mês, a ação de consignação, instruindo-se a inicial com a prova do depósito e da recusa.
>
> § 4º Não proposta a ação no prazo do § 3º, ficará sem efeito o depósito, podendo levantá-lo o depositante."

Segundo a referida doutrina, a notificação extrajudicial ao credor da importância devida é medida direcionada tipicamente a pessoa física ou pessoa jurídica de direito privado, não sendo compatível com a figura do "Estado-Fiscal". Nesse raciocínio, não é condição especial de agir em juízo a notificação por parte do contribuinte à Fazenda para deflagrar a ação consignatória, tal como ocorre na ação de consignação comum. Tal tese é defendida pelo eminente Juiz Federal Mauro Luís Rocha Lopes na obra "Execução Fiscal e Ações Tributárias" (Editora Lumen Juris, 1ª edição).

2. Legitimidade Ativa

Legitimado ativo para a ação consignatória é o contribuinte que recebe a cobrança de um "mesmo tributo" por mais de um ente público ou que vê recusado o seu pagamento, impedindo-o que se livre da obrigação tributária.

Problema surge naqueles chamados "tributos indiretos", em que a lei permite o contribuinte, através do instituto da "translação" ou "repercussão tributária", repassar a carga tributária ao outro sujeito (dito "contribuinte de fato"). Nestes tributos, surge a dúvida se este "contribuinte de fato" poderia se valer da ação consignatória para se livrar de um tributo indevidamente recusado ou cuja titularidade (sujeição ativa) se questiona.

Num apressado raciocínio, poder-se-ia argumentar ser possível ao "contribuinte de fato" ajuizar a ação consignatória, mesmo não tendo imediata relação jurídica de Direito Tributário com o Fisco. Tal tese encontraria respaldo legal na expressão descrita no art. 539 do CPC "*poderá o devedor ou terceiro*". Se pode o devedor-contribuinte se valer da consignação, nada impediria o "contribuinte de fato" (que assume a carga tributária repassada) de ter dúvida sobre o verdadeiro credor do tributo.

Poder-se-ia alegar, ainda o art. 204 do CTN que admite ao terceiro desconstituir a presunção de liquidez e certeza do Termo da Dívida Ativa. Se é dado ao terceiro desconstituir a referida presunção de legitimidade do termo de dívida ativa, com muito mais razão ser-lhe-ia admitido pagar a dívida, ainda que através da consignação, aplicando-se na hipótese aquela velha máxima do "quem pode mais (desconstituir), pode o menos (pagar)."

Ocorre que todos esses argumentos de Direito Positivo, a despeito de aparentemente consoantes com a situação do contribuinte de fato, não podem servir de justificativa para a tese da legitimidade ativa de tal terceiro. Isto porque o "contribuinte de fato", ainda que assuma a carga tributária repassada pelo contribuinte de direito, não é o responsável pelo seu pagamento. No ICMS, por exemplo, quando o varejista repassa a carga tributária para o consumidor através do preço da mercadoria, não está imputando a esse último o pagamento do imposto estadual. Apenas está repercutindo o aspecto financeiro do imposto no patrimônio do consumidor (daí o nome "repercussão tributária"), permanecendo com a obrigação de recolher o referido tributo. Se só é dado ao contribuinte de direito pagar o tributo (podendo recuperar as suas perdas através do instituto da repercussão), **só ele pode consignar**. A contrário senso (e por óbvio), se o "contribuinte de fato" não formaliza a obrigação de pagar, não é o legitimado ativo para consignar o tributo em juízo, não podendo ser invocada a literalidade do art. 539 do CPC ou do art. 204 do CTN para justificar uma legitimidade que não existe na esfera tributária. De nada adianta estudar o instituto da consignação sob a ótica processual civil sem o inserir no sistema jurídico tributário.

A aplicação da expressão *"terceiro"* do art. 204 do CTN e do art. 539 do CPC pode ser direcionada ao responsável ou ao substituto tributário. O responsável, apesar de não ser o sujeito ativo tributário e, portanto, não exercer direta relação jurídica material de Direito Tributário com o Fisco, tem interesse em recolher o montante tributário à entidade correta (art. 164, III) ou depositar judicialmente a quantia que entende devida (art. 164, §1º), a fim de que se livre do dever imposto pela legislação tributária. O responsável tributário é, portanto, um terceiro que teria interesse em realizar a consignação tributária, a fim de cumprir logo a sua obrigação, compatibilizando a sua conduta com o dever que lhe é imputado. O mesmo raciocínio se aplica ao substituto tributário, apesar deste não ser terceiro (possui relação direta de Direito Tributário com o Fisco).

A expressão *"terceiros"* não pode se direcionar ao "contribuinte de fato", porque, como o próprio nome diz ("de fato"), não exerce relação de Direito Tributário com a Administração Fazendária, não sendo titular da obrigação de pagar o tributo.

3. Legitimidade Passiva

O legitimado para responder à ação consignatória é a pessoa jurídica de direito público titular da capacidade ativa daquele tributo controvertido. Responde à ação aquele que se reveste na condição de sujeito ativo da obrigação tributária. A importância dessa afirmação reside no fato de que a legitimidade passiva da ação de consignação não é imputada ao ente com **competência** tributária. Isto porque não se pode confundir o titular da capacidade ativa tributária (o ente ao qual se destina a receita decorrente do tributo, muitas vezes responsável pela arrecadação do tributo) com o titular da **competência tributária** (o ente federativo com a prerrogativa de legislar sobre o tributo). Em muitos exemplos do Direito Tributário, o ente com competência tributária não dispõe de capacidade ativa tributária (poder de cobrar o tributo). Exemplo: a União é o ente competente para legislar sobre as contribuições previdenciárias incidentes sobre a folha de salários (art. 195, I, "a", da CR/88 e art. 22, inciso I, da Lei 8212/91). Todavia, a capacidade ativa deste tributo é do Instituto Nacional do Seguro Social – INSS.

Portanto, em tese, numa demanda consignatória envolvendo "contribuição previdenciária incidente sobre folha de salário", a legitimidade passiva é do INSS (titular da capacidade ativa tributária), a despeito de a União ter a competência tributária sobre a espécie ventilada.

É importante ressaltar que, com a criação da Secretaria da Receita Federal do Brasil através da edição da Lei nº 11.457/2007 (a famosa "Super-Receita"), a questão acima se esvazia, pelo menos na esfera federal. Isso porque, atualmente, a União (Fazenda Nacional) passa a ter legitimidade passiva para todas as ações que discutam créditos tributários federais, sejam eles destinados ou não as atividades desenvolvidas pelas autarquias (INSS, IBAMA etc.). As contribuições previdenciárias, por exemplo, que levavam o INSS a ingressar ao feito como réu nas ações tributárias, hoje fazem a União figurar no polo passivo da demanda judicial.

O mesmo ocorre no polo ativo das execuções fiscais desse tipo de tributação, antes afetado ao INSS.

É o que se observa no art. 16 da Lei nº 11.457/2007:

"Art. 1º A Secretaria da Receita Federal passa a denominar-se Secretaria da Receita Federal do Brasil, órgão da administração direta subordinado ao Ministro de Estado da Fazenda."

"Art. 2º Além das competências atribuídas pela legislação vigente à Secretaria da Receita Federal, cabe à Secretaria da Receita Federal do Brasil planejar, executar, acompanhar e avaliar as atividades relativas a tributação, fiscalização, arrecadação, cobrança e recolhimento das contribuições sociais previstas nas alíneas *a*, *b* e *c* do parágrafo único do art. 11 da Lei nº 8.212, de 24 de julho de 1991, e das contribuições instituídas a título de substituição. (Vide Decreto nº 6.103, de 2007)"

§ 1º O produto da arrecadação das contribuições especificadas no **caput** deste artigo e acréscimos legais incidentes serão destinados, em caráter exclusivo, ao pagamento de benefícios do Regime Geral de Previdência Social e creditados diretamente ao Fundo do Regime Geral de Previdência Social, de que trata o art. 68 da Lei Complementar n° 101, de 4 de maio de 2000.

§ 2º Nos termos do art. 58 da Lei Complementar n° 101, de 4 de maio de 2000, a Secretaria da Receita Federal do Brasil prestará contas anualmente ao Conselho Nacional de Previdência Social dos resultados da arrecadação das contribuições sociais destinadas ao financiamento do Regime Geral de Previdência Social e das compensações a elas referentes.

§ 3º As obrigações previstas na Lei n° 8.212, de 24 de julho de 1991, relativas às contribuições sociais de que trata o **caput** deste artigo serão cumpridas perante a Secretaria da Receita Federal do Brasil.

§ 4º Fica extinta a Secretaria da Receita Previdenciária do Ministério da Previdência Social."

"Art. 3º As atribuições de que trata o art. 2º desta Lei se estendem às contribuições devidas a terceiros, assim entendidas outras entidades e fundos, na forma da legislação em vigor, aplicando-se em relação a essas contribuições, no que couber, as disposições desta Lei."

(...)

"Art. 16. A partir do 1º (primeiro) dia do 2º (segundo) mês subseqüente ao da publicação desta Lei, o débito original e seus acréscimos legais, além de outras multas previstas em lei, relativos às contribuições de que tratam os arts. 2º e 3º desta Lei, constituem dívida ativa da União.

§ 1º A partir do 1º (primeiro) dia do 13º (décimo terceiro) mês subseqüente ao da publicação desta Lei, o disposto no **caput** deste artigo se estende à dívida ativa do Instituto Nacional do Seguro Social – INSS e do Fundo Nacional de Desenvolvimento da Educação – FNDE decorrente das contribuições a que se referem os arts. 2º e 3º desta Lei.

§ 2º Aplica-se à arrecadação da dívida ativa decorrente das contribuições de que trata o art. 2º desta Lei o disposto no § 1º daquele artigo.

§ 3º Compete à Procuradoria-Geral Federal representar judicial e extrajudicialmente:

I – o INSS e o FNDE, em processos que tenham por objeto a cobrança de contribuições previdenciárias, inclusive nos que pretendam a contestação do crédito tributário, até a data prevista no § 1º deste artigo;

II – a União, nos processos da Justiça do Trabalho relacionados com a cobrança de contribuições previdenciárias, de imposto de renda retido na fonte e de multas impostas aos empregadores pelos órgãos de fiscalização das relações do trabalho, mediante delegação da Procuradoria-Geral da Fazenda Nacional.

§ 4º A delegação referida no inciso II do § 3º deste artigo será comunicada aos órgãos judiciários e não alcançará a competência prevista no inciso II do art. 12 da Lei Complementar nº 73, de 10 de fevereiro de 1993.

§ 5º Recebida a comunicação aludida no § 4º deste artigo, serão destinadas à Procuradoria-Geral Federal as citações, intimações e notificações efetuadas em processos abrangidos pelo objeto da delegação.

§ 6º Antes de efetivar a transferência de atribuições decorrente do disposto no § 1º deste artigo, a Procuradoria-Geral Federal concluirá os atos que se encontrarem pendentes.

§ 7º A inscrição na dívida ativa da União das contribuições de que trata o art. 3º desta Lei, na forma do **caput** e do § 1º deste artigo, não altera a destinação final do produto da respectiva arrecadação."

Sobre essa questão da legitimidade passiva, a reiterada jurisprudência do Superior Tribunal de Justiça firma a impossibilidade de um Banco figurar como legitimado passivo da ação consignatória se recusar o pagamento de um tributo nas hipóteses descritas nos incisos I e II do art. 164 do CTN. O fundamento maior dessa tese é que o Banco estaria agindo sobre as ordens e recomendações do sujeito ativo da obrigação tributária, não exercendo relação de Direito Tributário com o contribuinte. Essa questão é observada notadamente nos Recursos Especiais de números 38.761 e 48.518 (STJ).

A título de curiosidade, o depósito consignatório de tributos de competência da União deve ser realizado na Caixa Econômica Federal, segundo expresso mandamento do art. 11 da Lei 9.289/96.

Problema surge se o contribuinte, diante do mesmo fato gerador, está sendo cobrado concomitantemente por dois sujeitos ativos distintos. Numa situação envolvendo a União e o Município, por exemplo, aquela cobrando ITR e, este, IPTU, discute-se se ambos seriam legitimados passivos ou se apenas um deles deveria figurar como réu, devendo o outro ser chamado à lide na qualidade de assistente do Autor ou terceiro interessado.

Há teses para ambos os lados.

Uma primeira corrente propugna que, nesse exemplo acima, o contribuinte deveria ajuizar a ação consignatória em face da União e do Município, depositando judicialmente a importância tributária, a fim de que se decidisse, no processo, qual deles teria direito a receber o tributo.

Uma outra corrente entende que não poderia o contribuinte ajuizar a ação (efetuando o depósito) e deixar a "disputa judicial" restrita apenas à

União e o Município. Seria inadmissível que o Autor depositasse e saísse do processo deixando a quizila apenas entre os integrantes do polo passivo. Por essa corrente, a controvérsia deve se perfazer entre os interesses invocados no polo ativo e os interesses defendidos no polo passivo. De um lado (ativo), o contribuinte juntamente com um dos entes fazendários em litígio; do outro, o outro pretenso sujeito ativo.

Nesse raciocínio acima, o contribuinte deveria direcionar a demanda em face daquele ente que teria mais direito ao tributo (*v.g.*, União) e requerer a intimação do Município para figurar como assistente no polo ativo se tivesse interesse na arrecadação do tributo e na disputa com a União. O eminente Juiz Federal Mauro Luís Rocha Lopes defende essa tese com maestria:

> "A outra hipótese de cabimento da ação consignatória tributária é a de exigência, por mais de uma entidade tributante, de tributos sobre o mesmo fato gerador.
>
> Nesse último caso, o consignante, efetuando o depósito do tributo de maior valor e indicando a qual entidade entende deve se dirigir o pagamento, requererá a citação dela – com quem dividirá o polo ativo – e da(s) outra(s) fazenda(s) interessada(s), a fim de que, no polo passivo, participe(m) da lide e venha(m) a suportar os efeitos da decisão judicial que identifique o real credor da prestação."

Ainda no mesmo exemplo, é importante mencionar que a competência para processar e julgar a demanda seria da Justiça Federal, na forma do art. 109, I, da CR/88, uma vez que a União figura como parte (se fosse assistente, também seria competência da Justiça Federal). Aplicando a segunda corrente acima exposta, fica afastado qualquer argumento de que a competência para a ação consignatória pertence ao Supremo Tribunal Federal, na forma do art. 102, I, "f", da CR/88. Mesmo a demanda envolvendo um conflito entre entidades federativas, a lide não se estabelece perante o STF. Sobre esse assunto, impõe-se citar o verbete nº 503 da Súmula de Jurisprudência do STF, que assim enuncia:

> "503. A dúvida suscitada por particular, sobre o direito de tributar manifestado por dois Estados, não configura litígio da competência originária do Supremo Tribunal Federal."

Como se sabe, compete ao Supremo Tribunal Federal processar e julgar, originariamente, as causas e os conflitos entre a União e os Estados, a União e o Distrito Federal, ou entre uns e outros, inclusive as respectivas entidades da administração indireta (art. 102, I, "f", da Constituição da República de 1988). Contudo, a dúvida objetiva suscitada no âmbito da consignação, para se saber se o tributo pertence a uma entidade federativa ou a outra, não é suficiente para fixar a competência no STF, devendo a lide ser solucionada no juízo de primeiro grau de jurisdição.

A competência, portanto, seria da Justiça Federal do foro onde o contribuinte possui domicílio, à luz do que prega o art. 540 do CPC, combinado com os artigos 127 e 159 do CTN, que tratam de domicílio tributário e local de pagamento, respectivamente.

5. A Ação de Consignação e a Execução Fiscal

O art. 38 da Lei de Execução Fiscal enuncia os meios de defesa contra a execução fiscal. Diz o dispositivo da Lei 6.830/80:

> "Art. 38. A discussão judicial da dívida ativa da Fazenda Pública só é admissível em execução, na forma desta lei, salvo as hipóteses de mandado de segurança, ação de repetição do indébito ou ação anulatória do ato declarativo da dívida, esta precedida de depósito preparatório do valor do débito, monetariamente corrigido e acrescido dos juros e multa de mora e demais encargos.
>
> Parágrafo único. A propositura, pelo contribuinte, de ação prevista neste artigo importa renúncia ao poder de recorrer na esfera administrativa desistência do recurso acaso interposto."

A ação de consignação tributária, apesar de não estar expressamente tipificada no art. 38 da Lei 6.830/80 como meio de defesa contra a ação execução fiscal, constitui mecanismo hábil para o contribuinte se insurgir contra esta ação executiva. Apesar de não prevista no art. 38 da Lei de Execução Fiscal, a doutrina majoritária de Direito Tributário tem entendido que a ação consignatória pode ser utilizada pelo contribuinte como meio de defesa, sendo meramente exemplificativo o aludido dispositivo legal.

Problema surge em relação ao depósito da ação consignatória se comparado com o que foi decidido no verbete nº 247 da Súmula de Jurisprudência do extinto Tribunal Federal de Recursos (TFR):

> "247. Não constitui pressuposto da ação anulatória de débito fiscal o depósito de que cuida o art. 38 da Lei 6.830/80."

Não se pode utilizar o raciocínio excludente do verbete nº 247 para a ação consignatória. Nesta, o depósito é ato processual essencial, sem o qual a referida demanda se descaracteriza, perdendo por completo a sua identidade. Não se concebe a ação consignatória sem a existência do depósito. Este, ao menos na consignatória, é devido e exigido, sob pena de o Juiz não receber a inicial por falta de condição especial de procedibilidade (impossibilidade jurídica da demanda). É diferente da exigência de depósito na ação anulatória, em que tal elemento (o depósito) não constitui ato essencial da ação.

Na consignatória, mesmo com a proibição do *solve et repet* (S. 247, TFR), exige-se a realização do depósito. Na situação mencionada, o depósito é próprio da ação consignatória, ao contrário do que ocorre na ação anulatória, onde o ato de depositar a quantia discutida não é pressuposto fundamental.

Por óbvio, resolvendo o contribuinte utilizar-se da ação consignatória ao invés dos embargos à execução, tal mecanismo de defesa, dependendo do caso motivador (*v.g.*, art. 164, §1º), não suspenderá a ação de execução fiscal, uma vez que o depósito consignatório, como já se afirmou acima, pode não ter o poder de suspender a exigibilidade do crédito tributário quando não representar a integralidade do que o Fisco está exigindo, dimensionando tão somente o que o contribuinte-consignante entende devido e legítimo. Só paralisa a execução fiscal se o depósito for integral e em dinheiro no caso do art. 151, II, e fora da hipótese do art. 164, §1º. Se o contribuinte, através da ação de consignação, pretende discutir o montante tributário legítimo (art. 164, §1º) e suspender a exigibilidade do crédito tributário e o andamento da execução fiscal, deve se valer de uma liminar concedida no bojo do procedimento da consignatória, na forma preceituada do art. 151, inciso V, do CTN. Com essa liminar (art. 151, V), mesmo depositando quantia menor (art. 164, §1º), SUSPENDERÁ não só a exigibilidade do crédito tributário como a própria execução fiscal.

Problema que surge especialmente na Justiça Federal (de certa forma, inexistente na Justiça Estadual) diz respeito ao Juízo competente para julgar a ação de consignação tributária que serve de defesa contra a execução fiscal. O problema ocorre porque, de acordo com a literal divisão judiciária da Justiça Federal, as varas competentes para processar e julgar a execução fiscal (VEF) só teriam competência para apreciar tais ações e os "embargos de devedor" dela decorrentes.

Segundo critério existente nas 9 regiões da Justiça Federal (art. 27, §§ 6º e 11, do ADCT), as varas de execução fiscal têm competência específica e expressa (de natureza absoluta). As varas de execução fiscal (VEF's) seriam competentes para julgar a ação executiva fiscal e os embargos dela decorrentes, enquanto que as varas cíveis teriam competência residual, abrangendo todas as demais ações tributárias que visem desconstituir a mencionada execução, tais como o mandado de segurança, a ação anulatória, a ação declaratória e, por óbvio, a ação de consignação em pagamento.

Assim o dizia o (hoje revogado) art. 47, inciso II, do Provimento nº 1, de 31 de janeiro de 2001, da Corregedoria da Justiça Federal na 2ª Região:

> "Art. 47. A competência especializada dos juízos federais no âmbito da sede da Seção Judiciária do Rio de Janeiro está assim distribuída:
> (...)
> II- varas de execução fiscal:
> Parágrafo único. As varas de execução fiscal da sede da Seção Judiciária do Rio de Janeiro (1ª a 8ª) detêm competência concorrente para processar e julgar execução fiscal.
> (...)
> IV- varas cíveis:
> a) as varas cíveis da sede da Seção Judiciária do Rio de Janeiro (1ª a 30ª) detêm competência concorrente para julgar e processar toda matéria residual afeta à Justiça Federal;
> b) a 1ª Vara Cível da sede da Seção Judiciária do Rio de Janeiro detém competência privativa para processar requerimento de entrega de certificado de naturalização."

Pela literalidade das regras acima, a ação consignatória seria processada e julgada nas Varas Cíveis e, a execução fiscal, nas varas especializadas.

O problema está em saber: haveria conexão entre a ação consignatória e a execução fiscal a merecer a modificação da competência e, consequentemente, a reunião dos processos no juízo de execução? Não haveria o risco de decisões conflitantes entre o Juízo cível e o de Execução Fiscal caso não reunidas as ações?

Não é a intenção deste singelo trabalho adentrar a questões próprias da ciência processual civil e dissecar o instituto da conexão. Todavia, para o melhor deslinde da questão acima colocada, não há como passar pelo assunto sem que sejam abordados os problemas que surgem na prática.

Ensina a doutrina processual civil que a finalidade maior do instituto da conexão não é propriamente alterar a competência de um juízo para outro. O objetivo primeiro do instituto é evitar o fenômeno do conflito das decisões, uma vez que essa situação, além de atentar contra a própria segurança jurídica das relações sociais (considerada por muitos um direito fundamental implícito na Constituição da República de 1988 – art. 5º, §2º), esvazia diretamente a jurisdição enquanto função essencial do Estado. Uma sociedade que convive com decisões conflitantes perde a referência do que é "democrático" e do que é "legítimo", posto que se vê diante de uma situação em que não sabe qual das decisões deve ser cumprida. Se a jurisdição é o instituto que procura efetivar a "paz social", garantindo definitividade aos conflitos de interesses e criando certeza jurídica sobre uma relação social (inclusive a relação entre indivíduo e Fazenda Pública), não se pode admitir que existam, na sociedade, duas decisões judiciais falando "coisa diversa" sobre o mesmo fato. Se o Legislativo e o Executivo não previram essa possibilidade, deve o Judiciário, como guardião da Constituição, tomar as medidas capazes de evitar esse conflito de decisões.

É certo que, tecnicamente, do ponto de vista processual, não há conexão entre a ação de consignação e ação de execução fiscal, já que as partes estão invertidas nos respectivos polos ativos e passivos da relação jurídica processual (o contribuinte é autor na consignação e, a Fazenda, autora na execução fiscal) e os objetos mediatos e imediatos das "lides" são diversos (na consignação, busca-se uma decisão final sobre o real valor do crédito tributário e, na execução, a concretização do crédito inscrito em dívida ativa). Além disso, as causas de pedir próximas e remotas não se confundem: a lesão do consignante é o crédito excessivo ou a recusa indevida e, na execução, o fato lesivo é o inadimplemento do contribuinte-executado.

Da mesma forma, é certo que a doutrina processualista ensina não haver conexão em sede de competência absoluta, ou seja, não se pode modificar a competência pela matéria *ratione materiae* (absoluta por natureza), invocando-se o fenômeno da conexão.

Mas como raciocinar friamente sob os ensinamentos do Direito Processual Civil sem pensar no direito constitucional da segurança jurídica das relações tributárias? Como não interpretar sistematicamente a questão? Não seria possível ponderar os interesses de maneira a considerar mais razoável (art. 5º, LIV, CR/88) a reunião dos processos, por conexão ou não, "pegando carona" nas diversas teorias sobre a razoabilidade dos interesses constitucionais? Imagine só se o Juiz da Vara Federal Cível resolve considerar o crédito excessivo, julgando procedente o pedido da consignatória e reduzindo-se em 3/5 do que foi constituído, por exemplo. No mesmo contexto, imagine se o Juiz da Vara de Execução Fiscal resolve exaurir os atos da ação executiva, materializando o pagamento à Fazenda no valor total do crédito executado. Existiriam duas decisões conflitantes, o que nada interessa para as partes envolvidas no conflito tributário, sendo também prejudicial para a sociedade como um todo.

Entre o direito ao juiz natural (art. 5º, LIII, CR/88) e à segurança jurídica (art. 5º, §2º), qual merece ser preponderado num caso concreto como o acima colocado? Nada impede de se realizar, nesses casos, o princípio/critério da razoabilidade (art. 1º, *caput*, e art. 5º, LIV, ambos da CR/88), bastante divulgado pela doutrina do Direito Constitucional.

De outro lado, imagine se o Juiz cível, na forma autorizada pelo art. 151, inciso V, do CTN, defere a liminar na ação de consignação. Esse deferimento de liminar suspenderá a exigibilidade do crédito tributário objeto de uma execução fiscal que pode estar próxima de ser resolvida. Numa situação como essa, não há dúvida que um Juiz (o da Vara Cível) está determinando que um outro (o da VEF) paralise o seu trabalho, sendo ambos de mesmo grau de jurisdição e hierarquia. Indiretamente, o Juiz da Vara Cível está suspendendo a tramitação de um processo de outro Juiz de mesma hierarquia, o que é uma total inversão de valores processuais. Deferida a liminar pelo Juiz cível (art. 151, V), está suspenso o processo de execução fiscal que tramita em outro juízo.

Felizmente, a maciça jurisprudência do Tribunal Regional Federal da 2ª Região e a 1ª Seção do Superior Tribunal de Justiça, apreciando os diversos conflitos de competência entre varas cíveis e varas de execução fiscal, vêm firmando o entendimento que a **vara de execução fiscal** é o juízo competente para processar e julgar as ações tributárias de impugnação ao processo executivo da Fazenda. Os julgados prestigiam os princípios da economia processual e da vedação de decisões conflitantes (segurança jurídica). Mesmo havendo alguns julgamentos em contrário no TRF da 2ª região (CC – Conflito de Competência – 5653 e CC 5364), e mesmo a literalidade do Provimento nº 1 citado reputar como absoluta (*ratione materiae*) a competência da Vara de Execução Fiscal (VEF), a maioria deste Tribunal e do STJ tem admitido a reunião dos processos (execução e ação tributária) em tal vara especializada, a fim de que seja evitado o fenômeno nefasto do conflito de decisões judiciais sobre um mesmo fato tributário, permitindo-se um julgamento mais racional e econômico por parte do mesmo órgão jurisdicional.

É o que se observa nos Conflitos de Competência números 38.009, 38.045, 40.328 e 40.751, apreciados pela 1ª Seção do STJ, citando-se em especial o seguinte:

"PROCESSUAL CIVIL E TRIBUTÁRIO. AÇÃO ANULATÓRIA DE DÉBITO FISCAL E EXECUÇÃO FISCAL. CONEXÃO. ART. 103 DO CPC. REUNIÃO DOS PROCESSOS. REGRA PROCESSUAL QUE EVITA A PROLAÇÃO DE DECISÕES INCONCILIÁVEIS. JUÍZOS TERRITORIALMENTE DIVERSOS. PREVENÇÃO. PRECEDENTES DO STJ.

1 -Execução fiscal e prévia ação declaratória de nulidade do lançamento. Conexão. Muito embora a ação anulatória não iniba a exigibilidade do crédito tributário (art. 585, § 1º do CPC), a conexão impõe a reunião das ações.

2. – Constatada a conexão entre a ação de execução fiscal e a ação anulatória de débito fiscal, é imperiosa a reunião dos processos para julgamento simultâneo, evitando-se, assim, decisões conflitantes. – 'O instituto da conexão provém da necessidade de segurança jurídica, bem como da aplicação do princípio da economia processual. A sua observância impede a produção decisões conflitantes entre ações que contenham algum(ns) elemento(s) similar(es), mercê da economia processual propicia, evitando que vários juízes julguem concomitantemente causas semelhantes. havendo, ainda que remotamente, a possibilidade de serem proferidas decisões conflitantes, ou alguma semelhança entre duas demandas, é conveniente que as ações sejam reunidas para fins de prolação de apenas uma sentença.' Princípio que se deflui do REsp nº 100.435/SP, Relator Ministro Adhemar Maciel, DJ de 01.12.1997.

3 A citação válida determina a prevenção quando as ações tramitarem perante jurisdições territoriais diferentes (CPC, art. 219, caput).

4- Conflito conhecido para declarar competente o Juízo Federal da 7ª Vara da Seção Judiciária de São Paulo, o suscitado." (STJ – SUPERIOR TRIBUNAL DE JUSTIÇA, CC – CONFLITO DE COMPETÊNCIA – 38973, Processo 200300598840, 1ª SEÇÃO, Data da decisão: 09/06/2004, **Relator Ministro LUIZ FUX**)

Portanto, o ideal (já em épocas passadas) era a reunião dos dois processos (consignação e execução fiscal) no mesmo juízo (o da execução), evitando-se, assim, decisões conflitantes sobre o mesmo fato tributário.

Hoje, a questão e esse entendimento estão sacramentados no art. 23 da Resolução nº 42/2011, do TRF-2ª Região, que, disciplinando toda competência territorial das Varas e Juizados Especiais Federais, assim dispõe:

"Art. 23. As Varas de Execução Fiscal da sede da Seção Judiciária do Rio de Janeiro (1a a 12a) detêm competência concorrente para processar e julgar execução fiscal, bem como as ações de impugnação dela decorrentes (art. 38 da Lei 6830/80)."

É o que se observa no julgado abaixo:

"PROCESSUAL CIVIL – AGRAVO DE INSTRUMENTO – EXECUÇÃO FISCAL – CONEXÃO – REUNIÃO DE AÇÕES NA VARA CÍVEL – IMPOSSIBILIDADE – JUÍZO PREVENTO – AÇÃO ANULATÓRIA AJUIZADA POSTERIORMENTE. EXISTÊNCIA DE VARA ESPECIALIZADA PARA JULGAR EXECUÇÕES FISCAIS. COMPETÊNCIA ABSOLUTA.

1. O objeto do presente agravo cinge-se em determinar a competência do Juízo da execução em prosseguir com a demanda executiva, ante a existência de ações prévias que discutem o débito. Pretende a agravante que a execução fiscal seja reunida no Juízo prevento, entendendo este como o que tramita a ação anulatória, a saber, a 1ª Vara Federal do Distrito Federal.

2. A Primeira Seção do STJ, que reúne as Turmas competentes para apreciação das matérias tributárias, tem se manifestado, reiteradamente, pela existência de conexão entre as execuções fiscais e as demandas que visam a desconstituição do título executivo, entendendo pela necessidade de reunião dos processos por prejudicialidade. Entretanto, para que ocorra esta reunião de demandas, é necessário que o juízo prevento (aquele que despachou primeiro – art. 106 do CPC), seja competente para ambos os julgamentos, sob pena de não se admitir a prorrogação da competência da ação conexa posteriormente ajuizada (art. 292, § 1º, II, do CPC).

3. Na hipótese dos autos, considerando que o Juízo da 1ª Vara de Volta Redonda despachou o feito da execução fiscal em primeiro lugar, seria ele o competente para o julgamento da execução fiscal, bem como das demandas anulatória e consignatória propostas posteriormente, discutindo o mesmo débito.

4. Nas hipóteses em que um dos processos tramita em juízo privativo, dotado de competência ratione materiae, portanto, absoluta, como é o caso da execução fiscal, que corre perante vara especializada instalada na Subse-

ção Judiciária do Rio de Janeiro, não há se falar em declínio de competência em favor de Vara Cível, na qual tramita a ação anulatória.
5. Agravo de instrumento não provido."
(TRF-2ª Região, AG 201302010179102, 4ª Turma, Relator Desembargador Federal Luiz Antônio Soares, E-DJF2R 04/08/2014)

Não se pode deixar de mencionar, contudo, um fato real que vem atormentando as varas de execução fiscal da Seção Judiciária do Rio de Janeiro: o desumano e assoberbado número de processos existentes em cada um desses juízos. As estatísticas indicam que cada um dos oito juízos de execução fiscal "sobrevive" com mais ou menos trinta mil processos de execução (isso mesmo!), incluindo-se aí os embargos "de devedor". Tal fato, no entanto, apesar de lamentável, não dispõe de força jurídica para afastar a regra que impõe a reunião do processo de execução fiscal com o consignatório, visando à uniformidade das decisões judiciais sobre o mesmo fato.

Uma providência que vem amenizando esse caos e, de certa forma, trará bons resultados à Justiça Federal como um todo é a virtualização ou informatização dos processos judiciais de execução fiscal. A medida traz os benefícios da informática ao processo de executivo fiscal, eliminando o papel e toda a burocracia que o envolve (carimbos, numeração de folhas dos autos, juntada etc.). Além disso, torna mais célere o procedimento, atendendo ao princípio da brevidade processual, positivado no inciso LXXVIII do art. 5º da CR/1988, incluído pela EC nº 45/2004, e ao que preconiza a Lei nº 11.419/2006.

No âmbito do Tribunal Regional Federal-2ª Região (Rio de Janeiro e Espírito Santo), a informatização desses procedimentos começou pela 3ª Vara de Execução Fiscal da Capital do Rio de Janeiro, por iniciativa da Corregedoria, através da Portaria nº 133, de 16/06/2006. A norma foi regulamentada pela Portaria nº 3, de 13 de agosto de 2007, da 3ª Vara de Execução Fiscal.

A providência vem trazendo bons resultados, tendo a referida vara, atualmente, um número bem inferior de processos em comparação com os demais juízos dessa natureza. A ideia, que começou pela referida 3ª Vara, fez com que todos os juízos com competência para execução fiscal na 2ª Região trabalhassem com autos eletrônicos. A eliminação do papel, além de ser mais econômica e mais correta do ponto de vista ambiental, dinamizou o procedimento executivo. A medida permite às varas detentoras de tal competência atrair também o processamento e o julgamento para as ações consignatórias tributárias sem que se prejudique o funcionamento do Juízo especializado.

E o que se observa, pelo menos no âmbito da 2ª Região, é um aumento na arrecadação dos tributos federais e dívidas fiscais da União, em razão desse maior dinamismo das Varas de Execução Fiscal, somada, é claro, a um desprendimento e uma eficiência ímpar de seus juízes federais.

1. Contribuinte Residente no Município Desprovido de Vara Federal

Outro problema que surge é se o contribuinte residir em município que não seja sede de vara federal.

Já foi afirmado acima que a competência para o processamento e o julgamento da ação consignatória é do foro onde o contribuinte possui domicílio, à luz do que prega o art. 540 do CPC, combinado com os artigos 127 e 159 do CTN, que tratam de domicílio tributário e local de pagamento, respectivamente.

Residindo o contribuinte no Município de Mangaratiba, por exemplo, em que não há vara federal, poderia propor a ação consignatória na vara cível de tal localidade (comarca)? Ou deveria propor a demanda na Vara Federal de Angra dos Reis (que compreende tal Município, segundo o art. 13, I, da Resolução nº 42/2011, do TRF-2ª Região)?

> Art. 13. A Região Sul Fluminense, compreendendo as Subseções de Angra dos Reis, Barra do Piraí, Resende e Volta Redonda, fica assim dividida:
> I – Subseção de Angra dos Reis, sediada nessa cidade, alcançando a extensão territorial dos municípios de Angra dos Reis, Mangaratiba e Paraty;

Segundo o citado art. 13, inciso I, a Vara Federal de Angra dos Reis é competente para julgar as lides de interesse da União surgidas no município de Mangaratiba, salvo aquelas ações cujo julgamento a Constituição de 1988 imputou à vara estadual, com base no art. 109, §3º. Nos casos do art. 109, §3º, da CR/88, a vara estadual do município do autor (Mangaratiba) pode apreciar a demanda, sem que o mesmo tenha de se deslocar à sede da vara federal (Angra).

É cediço que, de acordo com o art. 109, §3º, da CR/88, salvo nos caso envolvendo benefícios previdenciários (INSS), a Justiça Estadual só pode fazer as vezes da Justiça Federal no município que não é sede de vara federal quando a lei expressamente autorizar essa substituição. Não havendo norma infraconstitucional que impute à Justiça Estadual a competência para o processamento das matérias próprias da Justiça Federal, não pode ser invocado o art. 109, §3º,da CR/88. Nessa ausência de disposição legal específica, a vara estadual do domicílio do autor deixa de ser competente para a ação de competência federal, ficando a demanda a cargo da vara federal que possui jurisdição sobre aquele município (é tradição, na organização judiciária da Justiça Federal, a competência da vara abranger mais de um município).

Em tese, portanto, a ação de consignação tributária deveria ser proposta na vara federal de Angra, face à inexistência de dispositivo legal expresso que autorize a demanda ser ajuizada perante a vara estadual do município (Mangaratiba) em que reside o autor.

Problemas surgiam até a edição da Lei 13.043/2014, publicada no dia 14/11/2014.

"Surgiam" porque, como se sabe, o art. 114, IX, dessa novel lei revogou expressamente o art. 15, I, da Lei 5010/66, que delegava à Justiça Estadual do domicílio do contribuinte, contudo sem sede de vara federal, a competência para a execução fiscal ajuizada pela União.

Antes dessa lei, e dentro do exemplo citado, a execução fiscal em face de contribuinte domiciliado no município de Mangaratiba corria na Justiça Estadual, por delegação do art. 15, I, da Lei 5010/66 c/c art. 109, §3º, parte final, da CR/1988, e não na Vara Federal de Angra dos Reis.

E superando qualquer dúvida sobre conflitos de competência entre a Vara estadual do domicílio do contribuinte e a vara federal que abrangesse aquele domicílio apesar de não sediada no mesmo, ou seja, se a competência era concorrente entre as varas estadual e federal ou se era absoluta de uma só, o STJ sacramentou a questão no famoso REsp 1.146.194/SC, assentando a tese da competência absoluta do juízo estadual desprovido de vara federal.

É o que se observa nas passagens dos votos no próprio REsp e nos Embargos de Declaração:

"**RECURSO ESPECIAL Nº 1.146.194 – SC (2009/0121389-9)**
VOTO-VISTA
EXMO. SR. MINISTRO ARI PARGENDLER:
1. Nos autos de execução fiscal proposta pelo Conselho Regional de Farmácia de Santa Catarina – CRF/SC contra Jane Ivete Fritsch Bento – ME (e-stj,

fl. 12), o MM. Juiz Federal determinou a remessa dos autos ao MM. Juiz de Direito de Garuva, SC, onde a devedora está domiciliada (e-stj, fl. 17).

A decisão foi atacada por agravo de instrumento, a que o tribunal *a quo* negou provimento (e-stj, fl. 33).

Sobreveio recurso especial, com base no art. 105, III, 'c', da Constituição Federal (e-stj, fl. 36/45).

Pedi vista dos autos, após o voto do relator, Ministro Napoleão Nunes Maia Filho, conhecendo do recurso especial e

dando-lhe provimento.

2. A circunstância de que o acórdão indicado como paradigma tenha sido proferida no âmbito de um conflito de competência não impede o conhecimento do recurso especial pela alínea 'c'. Com efeito, as razões que levaram o Superior Tribunal de Justiça a desqualificar, para os efeitos da divergência em recurso especial, os acórdãos prolatados em recursos ordinários não tem lugar na espécie. Discute-se exclusivamente acerca da competência, tanto no recurso especial *sub judice* quanto no acórdão indicado como paradigma. Qual, pois, a justificativa para a restrição?

3. No mérito, reporto-me a precedente de que fui relator, aquele de que trata o Conflito de Competência nº 124.959, SP,

julgado pela 1ª Seção. Ali lembrei o disposto no art. 15 da Lei nº 5.010, de 1966, *in verbis*:

"Nas comarcas do interior onde não funcionar Vara da Justiça Federal (art. 12), os Juízes Estaduais são competentes para processar e julgar":

I – os executivos fiscais da União e de suas autarquias, ajuizadas contra devedores domiciliados na respectivas comarcas".

Jurisprudência iterativa do Tribunal Federal de Recursos foi consolidada na Súmula 40, do seguinte teor:

"A execução fiscal da Fazenda Pública Federal será proposta perante o Juiz de Direito da comarca do domicílio do devedor, desde que não seja ela sede de vara da justiça federal".

"Será proposta", diz o texto, a significar que não há opção, nem relatividade.

A norma legal visa facilitar tanto a defesa do devedor quanto o aparelhamento da execução, que assim não fica, via de

regra, sujeita a cumprimento de atos por cartas precatórias.

Voto, por isso, no sentido de conhecer do recurso especial, negando-lhe provimento."

Documento: 29800677 – VOTO VISTA – Site certificado Página 2 de 2

"EDcl no RECURSO ESPECIAL Nº 1.146.194 – SC (2009/0121389-9)
RELATÓRIO
EXMO. SR. MINISTRO ARI PARGENDLER (Relator):
Os embargos de declaração atacam o seguinte julgado:
"PROCESSO CIVIL. COMPETÊNCIA. EXECUÇÃO FISCAL. A execução fiscal proposta pela União e suas autarquias deve ser ajuizada perante o Juiz de Direito da comarca do domicílio do devedor, quando esta não for sede de vara da justiça federal. A decisão do Juiz Federal, que declina da competência quando a norma do art. 15, I, da Lei nº 5.010, de 1966 deixa de ser observada, não está sujeita ao enunciado da Súmula nº 33 do Superior Tribunal de Justiça. A norma legal visa facilitar tanto a defesa do devedor quanto o aparelhamento da execução, que assim não fica, via de regra, sujeita a cumprimento de atos por cartas precatórias. Recurso especial conhecido, mas desprovido" (e-stj, fl. 145).

A teor das razões do recurso:

"Verifica-se que o acórdão expressamente assentou que não há aplicabilidade do enunciado da Súmula nº 33 do Superior Tribunal de Justiça, entretanto, não estabelece de maneira clara a fundamentação. Ao se referir ao enunciado de Súmula, o acórdão assenta que se trata de competência relativa, mas que pode ser declinada de ofício.

Assim, há obscuridade na decisão ao não deixar claro qual o fundamento para possibilitar o conhecimento de ofício da incompetência territorial, quando os artigos 112 e 113 do CPC estabelecem a possibilidade de conhecimento de ofício da incompetência absoluta, mas não da relativa, o que gerou a edição da Súmula nº 33 dessa egrégia Corte.

Cumpre ressaltar que a não aplicação dos dispositivos sem haver uma devida fundamentação acarreta violação ao artigo 93 da Constituição da República Federativa do Brasil" (e-stj, fl. 173).

VOTO

EXMO. SR. MINISTRO ARI PARGENDLER (Relator):
As pessoas jurídicas de direito público devem ajuizar as execuções fiscais do modo menos oneroso para os devedores (CPC, art. 620).

O Estado não tem o direito de propor ações em foro impróprio para dificultar a defesa do cidadão.

Entenda-se: o foro do domicílio do devedor é aquele indicado à repartição fiscal. Se a mudança de domicílio se dá sem que seja comunicada à autoridade administrativa, já não se pode dizer que a execução fiscal foi ajuizada em foro diverso daquele previsto em lei (L. 5.010/66, art. 15).

O acórdão embargado visa evitar que as execuções fiscais sejam propostas nas capitais dos Estados ou em cidades nas quais a Administração Pública esteja mais aparelhada, isto é, por comodidade sua.

Voto, por isso, no sentido de rejeitar os embargos de declaração."

A questão acabou assim ementada:

"PROCESSO CIVIL. COMPETÊNCIA. EXECUÇÃO FISCAL. A execução fiscal proposta pela União e suas autarquias deve ser ajuizada perante o Juiz de Direito da comarca do domicílio do devedor, quando esta não for sede de vara da justiça federal. A decisão do Juiz Federal, que declina da competência quando a norma do art. 15, I, da Lei nº 5.010, de 1966 deixa de ser observada, não está sujeita ao enunciado da Súmula nº 33 do Superior Tribunal de Justiça. A norma legal visa facilitar tanto a defesa do devedor quanto o aparelhamento da execução, que assim não fica, via de regra, sujeita a cumprimento de atos por cartas precatórias. Recurso especial conhecido, mas desprovido." (julgado em 25/10/2013)

O problema desse exemplo citado é a existência de execução fiscal que já tramitava em face desse contribuinte na vara estadual de Mangaratiba (art. 5º da Lei 6830/80 c/c art. 46, §5º, do CPC – antigo art. 578 – e "Súmula" 40 do TFR), antes da edição da Lei 13.043/2014.

Como é cediço, a execução fiscal é uma típica ação que se insere na segunda parte do art. 109, §3º, da CR/88 e era expressamente prevista no art. 15, I, da Lei 5010/66 como de competência da Justiça Estadual da localidade não abrangida por vara federal. É o que se observa no dispositivo:

"Art. 15. Nas Comarcas do interior onde não funcionar Vara da Justiça Federal (artigo 12), os Juízes Estaduais são competentes para processar e julgar:

I – os executivos fiscais da União e de suas autarquias, ajuizados contra devedores domiciliados nas respectivas Comarcas;

II – as vistorias e justificações destinadas a fazer prova perante a administração federal, centralizada ou autárquica, quando o requerente fôr domiciliado na Comarca;

III – os feitos ajuizados contra instituições previdenciárias por segurados ou beneficiários residentes na Comarca, que se referirem a benefícios de natureza pecuniária."

A letra do art. 15, inciso I, da Lei Orgânica da Justiça Federal (Lei 5.010/66) não enunciava a competência para a ação consignatória. Contudo, o fato de não aparecer expressamente no mencionado dispositivo não impedia o seu julgamento por parte da Justiça Estadual em caso de concomitante execução fiscal. Nesse caso, havendo execução fiscal da União na vara estadual de Mangaratiba, a ação de consignação poderia e deveria ser proposta em tal juízo, ao invés de ser ajuizada na vara federal de Angra.

Nesta peculiar situação de já existir execução fiscal da União em face do contribuinte residente em Mangaratiba, permitir o ajuizamento da ação consignatória na Vara Federal de Angra, era admitir a possibilidade de decisões judiciais conflitantes. Além disso, no exemplo, a vara estadual do domicílio do contribuinte executado (Mangaratiba) não tem competência especializada em relação à vara federal (Angra) que abrange tal o domicílio. A vara estadual não possui competência especializada (*ratione materiae*) em relação à competência da vara federal.

Como já se afirmou, a vara estadual só exerce a competência da Justiça Federal, nos moldes do art. 109, §3º, quando houver expressa disposição legal nesse sentido (salvo os casos de benefício previdenciário, que estão expressos na própria Constituição). Foi com base nessa interpretação que o STJ cancelou o verbete nº 183 de sua Súmula de Jurisprudência, referente à competência da vara estadual do município sem vara federal para processar e julgar ações civis públicas de interesse da União. Depois que o STF passou a alterar constantemente a competência fixada no mencionado verbete, o STJ o cancelou.

No exemplo acima, portanto, a fim de se evitar decisões conflitantes entre a Vara Federal de Angra e a Vara Estadual da Comarca de Mangaratiba, **em havendo execução fiscal**, eventual ação consignatória que verse sobre o mesmo crédito tributário dessa execução devia tramitar perante o juízo estadual, a fim de haver julgamento pela mesma autoridade judiciária. No exemplo dado, sendo proposta a execução fiscal da União, em face do contribuinte de Mangaratiba, na vara estadual deste município, por expresso permissivo do art. 15, I, da Lei 5010/66, nada impede que o referido juízo estadual fosse o competente também para apreciar a ação consignatória que questiona o crédito tributário objeto de tal execução.

Tal fixação de competência no juízo estadual tinha o objetivo de prestigiar os princípios do Juiz Natural (art. 5º, LIII, CR/88) e da segurança jurídica das relações econômicas (art. 5º, XXXVI e §2º, CR/88), evitando-se o indesejado fenômeno das decisões conflitantes. Permitir o ajuizamento na vara federal com competência sob o município de Mangaratiba (Vara Federal de Angra) seria admitir a possibilidade de decisões conflitantes entre os juízos federal e estadual, o que nada interessa à sociedade.

Um argumento interessante a essa tese de atração da competência delegada à vara estadual é o fato de os embargos à execução fiscal, óbvia e nitidamente vinculados ao processo principal, não aparecerem expressamente no art. 15, I, da Lei 5010/66, conforme acima citado. Nem por isso o processo de embargos deixaria de ser julgado pelo mesmo juízo estadual ao qual foi distribuída a execução fiscal. Seria inconcebível imaginar a execução fiscal tramitando na vara estadual de Mangaratiba e, os embargos, na Vara Federal de Angra dos Reis, em razão deste último processo não constar expressamente no preceito do art. 15, I, da Lei 5010/66.

O mesmo raciocínio, até a edição da Lei 13.043/2014, valia para a ação de consignação tributária: apesar do silêncio do dispositivo citado, havia competência da vara estadual no exercício da competência federal delegada. A consignatória tramitava na vara estadual onde se processava a execução fiscal da União justamente por ser vinculada a esta. Não por força do instituto da conexão, mas para se evitar o risco de decisões controversas.

Portanto, em regra, a competência para a ação consignatória seria da vara federal que abrange o município do contribuinte; no entanto, antes da Lei 13.043/2014, já havendo a tramitação de execução fiscal da União em face deste indivíduo no juízo estadual (município sem vara federal), a ação consignatória, versando sobre o mesmo crédito tributário, deveria ser proposta no juízo estadual, a fim de se evitar decisões judiciais conflitantes.

Importante mencionar que a novel regra alijou da Justiça Estadual (competência delegada) **apenas as novas execuções fiscais da União (ajuizadas a partir da vigência da Lei 13.043**. As execuções fiscais da União que, na vara estadual, tramitavam com base no art. 15, I, da Lei 5010/66 permanecem em tal juízo, não sendo redistribuídas à vara federal daquela região.

É o que se observa no art. 75 da Lei 13.043/2014:

"Art. 75. A revogação do inciso I do art. 15 da Lei nº 5.010, de 30 de maio de 1966, constante do inciso IX do art. 114 desta Lei, não alcança as execuções fiscais da União e de suas autarquias e fundações públicas ajuizadas na Justiça Estadual antes da vigência desta Lei."

Apesar de o art. 43 do CPC afirmar expressamente que não há prorrogação de competência de um juízo quando lei altera a competência absoluta – *"Art. 43. Determina-se a competência no momento do registro ou da distribuição da petição inicial, sendo irrelevantes as modificações do estado de fato ou de direito ocorridas posteriormente, salvo quando suprimirem órgão judiciário ou alterarem a competência absoluta"* -, a Lei 13.043/2014 concretizou uma norma especial, fazendo permanecer no juízo estadual as execuções fiscais ajuizadas antes de 14/11/2014.

Não há violação do art. 75 da Lei 13.043/2014 ao art. 43 do CPC (antigo art. 87 do CPC de 1973), eis que não é hierarquicamente inferior a esse último. Trata-se de conflito de normas processuais resolvido pelo princípio da especialidade da Lei 13.043/2014.

Tal fenômeno não é único da Lei 13.043/2014, tendo o mesmo ocorrido quando surgiu a Lei dos Juizados Especiais Federais (Lei 10.259/2011).

O art. 25 da Lei 10.259/2001 impediu que se remetesse, das varas para os juizados especiais federais, os processos ajuizados naquelas antes da vigência da citada lei:

> "Art. 25. Não serão remetidas aos Juizados Especiais as demandas ajuizadas até a data de sua instalação."

Agora, e como ficam as ações consignatórias a serem ajuizadas, depois de 14/11/2014, quando já tramita execução fiscal da União nas varas estaduais por competência delegada?

Nesse caso, parece-me que a única solução possível é o seu ajuizamento na vara estadual em que tramita a execução fiscal.

Apesar de a Lei 13.043/2014 ter extinto a competência delegada, ela o fez **para as novas execuções fiscais** (aquelas ajuizadas a partir de 14/11/2014). Para essas, uma vez processada a execução fiscal na vara federal em razão da Lei 13.043/2014, é óbvio que a ação consignatória seguirá a sua sorte, também sendo direcionada a tal juízo federal.

Por outro lado, ainda existindo execução fiscal na vara estadual por delegação de competência e por força do art. 75 da Lei 13.043/2014, a ação de consignação tributária que tiver de ser ajuizada após 14/11/2014 o será na referida vara estadual. Não mais por competência delegada ou qualquer motivo de competência material, mas por afinidade e para se evitar decisões conflitantes.

Não teria sentido, como longamente já explanado, a execução fiscal tramitar na vara estadual e, a consignatória tributária, na vara federal, correndo-se o risco de decisões conflitantes.

Portanto, se, por um lado, a presente discussão perde um pouco a importância após a publicação da Lei 13.043/2014 (14/11/2014), por outro, a tese acima defendida de reunião dos processos (execução fiscal e consignatória) continua válida para as hipóteses de execuções fiscais ainda em tramitação nas varas estaduais por força do art. 75 da Lei 13.043/2014.

A não destinação das ações consignatórias tributárias à vara estadual somente terá vez em relação às execuções fiscais distribuídas às varas federais após a vigência da Lei 13.043/2014.

Penso ser a melhor tese nesse momento de transição, em prestígio ao princípio da segurança jurídica, evitando-se o fenômeno indevido das decisões judiciais conflitantes.

6. Efeitos da Decisão (Art. 164, §2º)

O art. 164, §2º, do CTN, enunciando os efeitos da sentença na ação de consignação tributária, veicula uma situação peculiar que a diferencia da sentença produzida na ação de consignação comum do CPC. Imagine a situação em que o contribuinte resolva discutir o montante do crédito tributário, considerado excessivo (aplicando a corrente doutrinária que admite o manejo da consignatória para esse fim – art. 164, §1º). Por exemplo, o crédito exigido é de dez mil reais e o contribuinte, considerando-o abusivo, consigna apenas oito mil em juízo, entendendo ser a quantia devida. Havendo improcedência do pedido nesta consignatória tributária (o Juiz considera devida a quantia de dez mil reais), o Fisco tem a possibilidade de proceder à conversão em renda desse depósito de R$ 8.000,00 (oito mil reais) e executar judicialmente a diferença (R$ 2.000,00). Ocorre que a execução dos dois mil reais não será nos próprios autos da ação consignatória com base num título executivo judicial, mas sim através de uma ação de execução fiscal, com base num título executivo extrajudicial (Termo da Dívida Ativa). O resultado de improcedência do pedido consignatório não gera para o credor (Fisco) um título executivo judicial como ocorre na consignatória comum, autorizado pelo art. 545, §2º, do CPC. No Direito Tributário, apesar da sentença de improcedência gerar um direito a favor do Fisco, a execução do crédito se materializará através da sua inscrição em Dívida Ativa, para fins de ajuizamento da execução fiscal na forma da

Lei 6830/80. Inscrito o débito e formado o Termo da Dívida Ativa (o verdadeiro título executivo extrajudicial da execução fiscal), está autorizada a Fazenda a extrair a certidão da dívida ativa (CDA) e perseguir judicialmente o seu crédito tributário nos moldes da Lei 6830/80. Nos autos da consignatória tributária, apesar de vencedora, a Fazenda não vai executar a dívida nos mesmos autos (como ocorre no art. 545, §2º, do CPC), mas sim através da execução fiscal.

Essa sistemática difere da consignatória comum, em que a improcedência do pedido gera naturalmente um título executivo JUDICIAL (art. 545, §2º, CPC), podendo o credor materializar o seu direito através da ação de execução, que poderá se processar nos mesmos autos.

É óbvio que, no exemplo acima, nada impede a Fazenda de iniciar, desde logo, a execução fiscal do crédito tributário de dez mil reais, ainda que haja o depósito de oito mil. Como já se afirmou anteriormente, o depósito só suspende a exigibilidade do crédito tributário (e impede a execução fiscal) se representar o montante integral do montante exigido pelo Fisco (S. 112, STJ). No exemplo dado, não havendo o depósito do montante integral, o Fisco não é obrigado a esperar o deslinde final da ação consignatória para, vencendo, "levantar" o depósito e executar a diferença. O exemplo só foi dado para demonstrar que a sentença proferida na consignatória pode ensejar, muitas vezes, um título executivo extrajudicial e não um título judicial, como normalmente acontece.

Agora, pode haver também o caso de julgamento de improcedência do pedido e, como consequência, levantamento do montante depositado pelo contribuinte. Essa situação processual inusitada ocorreria ("pegando carona" no exemplo acima) se, no momento da sentença de improcedência, o Estado já tivesse materializado a conversão do crédito tributário de dez mil reais na execução fiscal. Basta imaginar que, no momento em que o Juiz declara improcedente o pedido da consignatória (com depósito de oito mil reais), a Fazenda já obteve o crédito de dez mil reais na execução fiscal. Nesse caso, como já houve a extinção do crédito tributário na forma do art. 156, I, do CTN, o contribuinte pode proceder ao levantamento daquele depósito efetuado na consignação, para que não haja dois pagamentos pelo mesmo fato gerador. Ter-se-ia, então, um exemplo de improcedência do pedido da consignatória ensejando levantamento do depósito pela parte perdedora da demanda (o autor-contribuinte).

É verdade que parte da doutrina processual civil diria que a situação da Fazenda já ter materializado seu crédito na execução fiscal ensejaria a extinção do processo de consignação tributária, sem apreciação do mérito, por perda do objeto (art. 485, VI, CPC). Ocorre que, a despeito da ação de consignatória ter se enfraquecido com o exaurimento da execução fiscal, nada impede que a mesma continue para adentrar à análise do mérito do montante tributário discutido, a fim de se fazer certeza jurídica sobre a legitimidade do crédito, concretizando a segurança jurídica da relação tributária e a definitividade do conflito. Em nome do princípio constitucional (implícito) da "segurança jurídica das relações econômicas", deve-se prestigiar, sempre que possível, os julgamentos de mérito em detrimento das extinções de processo na forma do art. 485 do CPC. O art. 487 do CPC deve ser prestigiado sempre que possível. Assim é reforçado na norma trazida pelo art. 488 do CPC. E, no caso acima da consignatória, é evidente essa possibilidade.

Aliás, optando o Juiz por julgar improcedente o pedido nesta consignatória (art. 487, I, CPC) ou extinguindo-a sem apreciação do mérito (art. 485, VI, CPC), a consequência prática será a mesma: o levantamento do depósito por parte do Autor. Isto porque a reiterada jurisprudência do STJ e dos demais tribunais tem entendido que a extinção do processo consignatório, na forma do art. 485 do CPC, autoriza o contribuinte a levantar o montante depositado. Foi o que decidiu o TRF da 4ª Região, na Ação Rescisória nº 1999.04.01.095359-7, ao negar a possibilidade do depósito ser convertido em renda a favor do INSS em caso extinção do processo de consignação sem apreciação do mérito.

7. Doutrina de Leitura Obrigatória sobre o Assunto

1) CAIS, Cleide Previtalli, "O PROCESSO TRIBUTÁRIO", Ed. Revista dos Tribunais, 1993.
2) LOPES, Mauro Luís Rocha, "EXECUÇÃO FISCAL E AÇÕES TRIBUTÁRIAS", Editora Lumen Juris, 2ª edição.
3) PAULSEN, Leandro, "DIREITO TRIBUTÁRIO – CONSTITUIÇÃO E CÓDIGO TRIBUTÁRIO À LUZ DA DOUTRINA E DA JURISPRUDÊNCIA", Editora Livraria do Advogado e Escola Superior da Magistratura Federal (RS) – ESMAFE, 3ª edição, 2001.

Bibliografia

AMARO, Luciano, "DIREITO TRIBUTÁRIO BRASILEIRO" Ed. Saraiva, 2ª edição, 1998.

CAIS, Cleide Previtalli, "O PROCESSO TRIBUTÁRIO", Ed. Revista dos Tribunais, 1993.

DERZI, Mizabel Abreu Machado, "DIREITO TRIBUTÁRIO APLICADO", Ed. Del Rey, Belo Horizonte, 1997.

FERREIRA, Aurélio Buarque de Holanda, "DICIONÁRIO AURÉLIO BÁSICO DA LÍNGUA PORTUGUESA", Ed. Nova Fronteira, Folha de São Paulo, 1988, pg. 171.

LOPES, Mauro Luís Rocha, "EXECUÇÃO FISCAL E AÇÕES TRIBUTÁRIAS", Editora Lumen Juris, 2ª edição.

NOGUEIRA, Alberto, "O DEVIDO PROCESSO LEGAL TRIBUTÁRIO", Editora Renovar, Rio de Janeiro, 1ª edição, 1995.

PAULSEN, Leandro, "DIREITO TRIBUTÁRIO – CONSTITUIÇÃO E CÓDIGO TRIBUTÁRIO À LUZ DA DOUTRINA E DA JURISPRUDÊNCIA", Editora Livraria do Advogado e Escola Superior da Magistratura Federal (RS) – ESMAFE, 3ª edição, 2001.

THEODORO JÚNIOR, Humberto, "CURSO DE DIREITO PROCESSUAL CIVIL", Vol. III, Ed. Forense, 14ª edição, 1996, páginas 11/12.

TORRES, Ricardo Lobo, "CURSO DE DIREITO FINANCEIRO E TRIBUTÁRIO", Ed. Renovar, 6ª edição, Rio de Janeiro, 1999.

Mandado de Segurança em Matéria Tributária

Antonio Henrique Correa da Silva

1. Introdução
1.1. Antecedentes

O mandado de segurança é criação jurídica nacional, embora inspirada em institutos de direito estrangeiro, voltados para a proteção célere e efetiva de direitos e garantias fundamentais. Dentre estes, o *juicio de amparo*, do México (1841), e os *writs* do direito anglo-saxão, particularmente o *writ of mandamus*.

A raiz nacional, porém, foi a chamada *doutrina brasileira do habeas corpus*, referência frequente às bases largas com que o *habeas corpus* era empregado sob a égide da Constituição de 1891[1], como remédio tutelar de direitos em geral, além da liberdade de locomoção. Muito embora a EC n.3/1926 tenha restringido a aplicação do *habeas corpus* a seu alcance atual, tal fato não obstou o uso dos interditos possessórios como sucedâneo do *habeas corpus* mais amplo, naquilo que se convencionou chamar *teoria da posse dos direitos reais*, até a promulgação da Constituição de 1934. Esta consagrou o mandado de segurança como ação civil genericamente orientada *"para defesa de direito certo e incontestável"* contra *"ato manifestamente inconstitucional ou ilegal de qualquer autoridade"*[2].

---

[1] Segundo estatuía o art.72, p.22, daquela Carta, *"dar-se-á o habeas corpus, sempre que o indivíduo sofrer ou se achar em iminente perigo de sofrer violência ou coação por ilegalidade ou abuso de poder"*.
[2] Constituição de 1934, art.113, XXXIII.

Muito embora tal redação sugira restrição a tutela de questões de menor complexidade jurídica, ou de injuridicidade mais flagrante, o Texto Magno foi, desde então, interpretado tal como hoje se compreende a expressão *direito líquido e certo*[3] (item 2.3 *infra*).

Nada obstante a omissão, na Constituição de 1937, o mandado de segurança seguiu, ao longo do Estado Novo, integrado ao ordenamento jurídico, por força, primeiro, do Decreto-Lei nº 06/37 e posteriormente pelos arts.319 a 331 do CPC de 1939. Perdeu-se, todavia, o *status* de garantia constitucional, adicionando-se restrições à impugnação de atos de primeiro escalão[4].

Sob a Constituição de 1946, volta a figurar o mandado de segurança como garantia constitucional de espectro amplo[5], cristalizando-se na Lei 1.533/51 e modificações posteriores a roupagem que viria a caracterizar o instituto durante a segunda metade do século XX, até nossos dias[6].

Do ponto de vista histórico, jamais o mandado de segurança deixou de estar a serviço do contribuinte em questões tributárias relevantes, incorporando-se ao arsenal das chamadas *ações anti-exacionais*, pelas quais se viabiliza a defesa judicial do contribuinte frente às imposições tributárias.

---

[3] A esse respeito, vide citação de voto do Ministro do STF Costa Manso, nos autos do MS 333/DF, mencionado por PAULSEN, Leandro, *Direito Processual Tributário*, 2ª edição, Livraria do Advogado, Porto Alegre, 2005, pág.371: *"quem requer o mandado, defende seu direito, isto é, o direito subjectivo, reconhecido ou protegido pela lei. O direito subjectivo, o direito da parte, é constituído por uma relação entre a lei e o facto. A lei, porém, é sempre certa e inconstestável. A ninguém é lícito ignorá-la, e com o silêncio, a obscuridade ou a indecisão della não se exime o juiz de sentenciar ou despachar (Código Civil, art.5º, da Introdução). Só se exige prova do direito estrangeiro ou de outra localidade, e isso mesmo se não for notoriamente conhecido. O facto é que o peticionário deve tornar certo e incontestável, para obter o mandado de segurança.(...) Seria absurdo admitir se declare o juiz incapaz de resolver de plano um litígio, sob o pretexto de haver preceitos legaes esparsos, complexos ou de intelligencia difícil ou duvidosa. Desde, pois, que o facto seja certo e incontestável, resolverá o juiz a questão de direito, por mais intrincada e difícil que se apresente, para conceder ou denegar o mandado de segurança".*

[4] Decreto-lei n.06/37, art.16: *"Continua em vigor o remédio do mandado de segurança, nos termos da Lei n. 191, de 16 de janeiro de 1936, exceto, a partir de 10 de novembro de 1937, quanto aos atos do Presidente da República e dos ministros de Estado, Governadores e Interventores"*. O Decreto-Lei nº 96, de 22 de dezembro de 1937, ampliou a restrição em seu art. 21, vedando impetração de mandado de segurança contra atos da Administração do Distrito Federal.

[5] art. 141, p. 24 da Carta de 1946: *"para proteger direito líquido e certo, não amparado por habeas-corpus, conceder-se-á mandado de segurança, seja qual for a autoridade responsável pela ilegalidade ou abuso de poder"*.

[6] O mandado de segurança continuou a ser previsto nas mesmas bases pelo art.150, par.21, da Constituição de 1967, sem alteração pela EC 1/69.

1.2. Base Constitucional e Legal

Na atualidade, o mandado de segurança está previsto como garantia fundamental pelo art. 5º, LXIX, da Constituição de 1988, pressupondo o não amparo do direito invocado por outra ação constitucional mais específica, como *habeas corpus* ou *habeas-data*.

Ainda em sede constitucional, diversos dispositivos ocupam-se da distribuição da competência para seu processo e julgamento[7].

Na esfera infraconstitucional, as intervenções legislativas e as interpretações jurisprudenciais em torno da Lei 1.533/51 foram, de algum modo, cristalizadas na Lei 12.016/09[8], que atualmente regula o processo e julgamento do mandado de segurança, e continuará a fazê-lo, mesmo sob a égide do Código de Processo Civil aprovado pela Lei 13.105/2015, que não incorporou o tema.

2. Noções Gerais
2.1. Conceito e Natureza Jurídica

Amparado no texto da Constituição, Luiz Fux conceitua o mandado de segurança como *"instrumento processual constitucional assegurado ao particular, seja pessoa física ou jurídica, brasileiro ou estrangeiro, na defesa de direito líquido e certo, individual ou coletivo, não amparado por habeas corpus ou habeas data, sempre que este for lesado (tutela repressiva) ou ameaçado de lesão (tutela preventiva) por ato ilegal, ou que implique em abuso de poder, praticado pela Administração Pública, através de seus agentes, na representação direta ou indireta da entidade pública"*[9]. Em geral, reputa-se satisfatória tal definição, por abarcar tanto seus principais requisitos, quanto as possibilidades de utilização.

A natureza jurídica pode ser vista tanto sob o prisma estritamente constitucional, como *garantia* apta a assegurar a efetivação dos direitos fundamentais de índole material, como sob o ponto de vista processual, como *ação civil de conhecimento, de rito especial sumário*.

Trata-se, com efeito, de *ação civil*, na medida em que não tem por objeto garantir ou afastar a aplicação de norma penal incriminadora, muito embora seja admitido em sede de jurisdição penal para o tratamento de

---

[7] Assim dispõem os arts. 102, I, "d", art. 105, I, "b", art. 108, I, "c", art. 109, VIII, todos da CRFB.
[8] Para evitar repetições, nos referiremos à Lei 12.016/09, doravante, como LMS (Lei do Mandado de Segurança).
[9] FUX, Luiz. *Mandado de Segurança*, 1ª edição, Forense, Rio de Janeiro, 2010, pág.13.

questões laterais à punição dos crimes. Configura-se, por igual, *ação de conhecimento*, já que dela se espera a definição do direito controvertido. O caráter *especial* do rito resulta bem evidente do simples exame do *iter* procedimental desenhado pela lei de regência, do qual também se pode extrair a *celeridade*. Esta é potencializada pela prescrição de prioridade de tramitação e julgamento, tanto em termos gerais (art.20, LMS), quanto a *prioridade qualificada*, dispensada aos mandados com liminar deferida (art.7º, par.4º, LMS).

Em relação à natureza da tutela jurídica almejada, a existência de uma *tutela jurisdicional mandamental* como categoria autônoma depende do quanto se esteja disposto a abraçar a classificação *quinária* da tutela jurisdicional, superando a tradicional divisão *trinária* (que abrange as tradicionais tutelas declaratória, constitutiva e condenatória). No primeiro contexto, a tutela *mandamental* distingue-se da propriamente *condenatória*, por conter uma ordem sujeita a imediato cumprimento ou execução direta, sob pena de incursão em crime de desobediência, além da provocação dos meios processuais destinados a assegurar a satisfação imediata do comando. Na mesma medida, surge a sentença *executiva*, também sujeita a execução direta, porém de modo independente, ou mesmo contrário, à vontade e disposição do destinatário da ordem, como no caso das sentença em ação de reintegração de posse. A doutrina vem relativizando a importância dessa classificação, mormente diante da adoção do chamado *processo sincrético*, que integra todas as formas de execução numa única fase de cumprimento da sentença, parte integrante do mesmo vínculo processual; assim como da tendência à fungibilidade das diferentes espécies de tutela. Neste último caso, mencione-se o exemplo jurisprudencialmente consagrado, que permite o cumprimento de uma sentença condenatória à repetição do indébito tributário pela via da compensação, como se declaratória fosse; ou, contrariamente, a *execução* de uma sentença que reconhece o direito de compensar pela via do art.730 do CPC, como se repetitória fosse[10].

Certo é que a tutela jurisdicional referente ao mandado de segurança em matéria tributária pode ser meramente *declaratória*, como no caso do mandado de segurança *preventivo*, provendo-se, em tais casos, ordem de

---

[10] Súmula 461/STJ: *"O contribuinte pode optar por receber, por meio de precatório ou por compensação, o indébito tributário certificado por sentença declaratória transitada em julgado".*

abstenção à autoridade coatora de constituir crédito tributário em face do contribuinte. Na seara *repressiva*, a tutela jurisdicional pode assumir contorno *desconstitutivo*, quando utilizada como sucedâneo da ação anulatória de crédito tributário; ou propriamente *condenatório-mandamental*, quando, por exemplo, se ordena a expedição de certidão com efeito de negativa.

2.2. Classificação

Uma primeira classificação do mandado de segurança, que leva em conta o conteúdo da atividade pública que se busca controlar, aparta suas espécies em mandado de segurança *preventivo* e *repressivo*.

Segundo CLEIDE PREVITALLI CAIS, *"o mandado de segurança preventivo em matéria tributária tem como pressuposto situação que motive o justo e fundado receio de que a Administração venha a impor ao contribuinte determinada obrigação"*[11]. Isso corresponde, na esfera da defesa do contribuinte em juízo, à proteção contra ameaça de lesão a direito, traduzindo-se no combate à ilegalidade ou abuso de poder ainda como uma possibilidade. A dificuldade nessa modalidade geralmente se resume na configuração do interesse de agir, de forma a descaracterizar a mera impetração contra lei em tese, assunto que será melhor examinado no item 2.4 *infra*.

Na tutela *repressiva*, a lesão ao direito do impetrante deve estar consumada num efetivo ato ou omissão. Seja num lançamento lavrado e notificado que, formal ou materialmente, esteja em desacordo com a lei; seja pela negativa indevida de um pedido de parcelamento; o indeferimento questionável de isenção ou imunidade condicionadas; a expedição de certidão fiscal positiva; etc..

Outra classificação, quanto à categoria do direito protegido, divide o mandado de segurança em *individual* e *coletivo*. O mandado de segurança coletivo é novidade introduzida pela Constituição Federal de 1988, no art.5º, LXX, e será melhor estudado no item 8 *infra*.

2.3. Pressupostos

O mandado de segurança, assumindo a natureza de ação, deve atender a pressupostos genéricos e específicos.

Da definição constitucional do *mandamus* extraem-se pressupostos específicos divididos, por ENRICO FRANCAVILLA, com precisão analí-

---

[11] CAIS, Cleide Previtalli. *O Processo Tributário*, 6ª edição, São Paulo, Revista dos Tribunais, 2009, p.292.

tica, em dois grupos: *pressupostos de conhecimento* e *pressupostos de concessão* da segurança.

No primeiro grupo encontram-se os seguintes:

a) Ato Comissivo ou Omissivo Reputado Coator

Ato Comissivo corresponde ao fato jurídico caracterizado pela interposição da conduta humana. *"Sem ato não poderia haver violação de direito passível de proteção por garantia. Isso porque os fatos não são propriamente remediáveis"*[12]. No campo tributário, o ato deve ser oriundo da Administração Tributária. Mesmo que o fato gerador da obrigação tributária seja propriamente um ato (como uma compra e venda, para fins de ITBI ou uma doação para fins de ITD), eles não serão reputados coatores, pois não emanam do Fisco. Portanto, a impetração, mesmo que posterior ao fato gerador, será *preventiva*, se anterior ao lançamento.

O caráter plenamente vinculado da atividade tributária (art.3º, CTN) facilita a identificação do ato coator e do momento de sua ocorrência. Ainda assim, para impetração válida, é essencial, na tutela repressiva, que se *individualize corretamente o ato reputado coator*. A doutrina chama atenção para esse aspecto, a fim de evitar, num extremo, a impetração contra *lei* – ou qualquer ato normativo, geral e abstrato – *em tese*, e noutro, para prevenir a impetração contra mero *efeito do ato coator*[13]. Por exemplo, no caso de uma isenção tributária dependente de apreciação e aprovação por despacho da autoridade administrativa (art.179, CTN), suponhamos que o regulamento da lei institua injusta discriminação, privando da fruição da isenção quem preencha os requisitos legais. Tenhamos ainda que norma complementar interna do Fisco credor reitere a discriminação. Nesse caso, nem o regulamento, nem a norma complementar geral e abstrata podem ser considerados "ato coator" a ser combatido pelo *mandamus*, sob pena de ofensa à súmula 266/STF[14]. Se apenas os dois atos tiverem sido editados, será cabível, no máximo, a tutela *preventiva*, caso as condições do contribuinte indiquem o temor concreto de que aquela ilegalidade pode, num futuro próximo, voltar-se contra ele. Também não é ato coator lançamento tributário decorrente do indeferimento da isenção, que é mero *efeito do ato*

---

[12] FRANCAVILLA, Enrico. *Mandado de Segurança- Teoria e Prática*, São Paulo, Saraiva, 2013., p.62.
[13] FRANCAVILLA, *op. cit.*, pp. 66-68.
[14] Súmula 266/STF: *"Não cabe mandado de segurança contra lei em tese"*.

coator. Na impetração repressiva, portanto, somente o despacho que indefere o direito à fruição da isenção corresponde ao ato *concreto* que corporifica a *lesão ao direito*, devendo este ser considerado *ato coator*. Mesmo que a questão de fundo resuma-se à interpretação da lei, é imprescindível individualizar e indicar esse ato, sob pena de não ser conhecida a impetração.

Quanto às omissões, a dificuldade está na sua inexistência no plano fático, o que contrasta com a necessidade de demonstração de plano da ilegalidade que ela enseja. Em tais hipóteses, a demonstração da omissão se dará pela conjugação de 3 elementos, que devem ser objeto de prova preconstituída: provocação da autoridade reputada omissa; preenchimento dos requisitos exigidos para a fruição do direito; e decurso de prazo suficiente para configurar omissão. Este último é o de maior dificuldade, pois nem sempre o critério temporal para o atendimento do direito está objetivado ou fixado. Por exemplo, a duração do processo administrativo fiscal não está regida, seja pelo prazo do art.173, CTN, obstado quando da notificação do lançamento inicial; seja pelo prazo do art.174, CTN, que somente inicia curso quando da *"constituição definitiva"* do crédito tributário. Portanto, no geral, não há qualquer critério temporal regendo o prazo dentro do qual deve ser apreciada a impugnação ao lançamento e os subsequentes recursos às instâncias administrativas superiores, a não ser a cláusula geral da *razoável duração do processo* (art.5º, LXXVIII, CF). Apenas no caso da União, o art.24, da Lei 11.457/07 estabelece que *"é obrigatório que seja proferida decisão administrativa no prazo máximo de 360 (trezentos e sessenta) dias a contar do protocolo de petições, defesas ou recursos administrativos do contribuinte"*. Já no âmbito de estados e municípios que não contam com normas similares, o único fundamento a ser invocado é o constitucional, sem prazo definido, o que remeterá a questão da existência ou não de omissão ao prudente exame do juiz. Em qualquer caso, se não ficar configurada a omissão, o *writ* será extinto sem resolução de mérito.

b) Ato de Autoridade

Trata-se de pressuposto complementar ao primeiro, pois o qualifica. O termo *autoridade*, legalmente definido pelo art.1º, par.2º, da Lei 9784/99 como *"o servidor ou agente público dotado de poder de decisão"* amplia-se para além daqueles que mantém vínculo jurídico profissional direto com a Administração Pública – ou seja, os servidores públicos – abrangendo também outros agentes, mesmo que atuem sob regime de direito privado.

A tributação, porém, é atividade privativa da Administração Pública (art.142, CTN), por encerrar manifestação do poder de império estatal. As autoridades serão corporificadas nos agentes do Fisco, normalmente servidores públicos que mantém vínculo profissional permanente com o Estado-Administração. Em todo o caminho de formação e exigência do crédito tributário e dos deveres instrumentais, não sobrarão atividades que possam ser consideradas *ato de gestão comercial*, para fins de enquadramento na proibição do art.1º, par.2º, da Lei 12.016/09. Nem sobrará espaço para delegação a particulares a condição de *autoridade*, já que a capacidade tributária é indelegável a pessoas de direito privado (art.119, CTN). No horizonte da tributação, os particulares funcionam como meros agentes arrecadadores e/ou destinatários da arrecadação, o que não lhes confere legitimidade para constituir o crédito tributário[15].

Maior detalhamento quanto à identificação da autoridade coatora está no item 3.3 *infra*.

c) *Direito Líquido e Certo*

O pressuposto de maior especificidade do mandado de segurança é o que exige *liquidez e certeza* quanto ao direito controvertido. A definição de Hely Lopes Meirelles, talvez seja a mais repetida em sede doutrinária, conceituando-o como direito *manifesto na sua existência, delimitado na sua extensão e apto a ser exercitado no momento da impetração*[16]. Ela diz, porém, pouco a respeito do conteúdo do pressuposto, demandando esclarecimento.

Quanto à matéria fática, deve estar comprovada de plano desde a impetração, não sendo admissível a subsistência de controvérsia em matéria de fato após o contraditório, já que, no mandado de segurança, não há dilação probatória.

Já no campo jurídico, o único aspecto da definição passível de ser verificado é o da *aptidão para o exercício imediato*, a afastar de imediato as pre-

---

[15] Note-se, a respeito da contribuição sindical, que a CLT atribui ao Ministério do Trabalho, a tarefa de lavrar certidão de dívida para fins de cobrança judicial, atribuindo às entidades sindicais a legitimidade ativa para cobrança judicial, com privilégios da Fazenda Pública, o que indica substituição processual (art.606, CLT).

[16] Meirelles, Hely Lopes. *Mandado de Segurança, Ação Popular, Ação Civil Pública, Mandado de Injunção, Hábeas Data, Ação Direta de Inconstitucionalidade, Ação Declaratória de Constitucionalidade e Argüição de Descumprimento de Preceito Fundamental*. 23ª ed. São Paulo. Malheiros, 2001. pp. 35/36.

tensões fundadas em direito cuja incidência está impedida por alguma razão, como a pendência de condição ou termo.

Já a discussão sobre a maior ou menor dificuldade de interpretação e aplicação do direito jamais foi considerada óbice ao conhecimento do mandado de segurança. Mesmo à época da exigência de *direito certo e incontestável*, como visto acima (item 1.1 *supra* e nota n.3). Entendia-se que os *fatos* é que tinham de ser *certos*, e a complexidade intrínseca à questão de direito jamais poderá obstar a apreciação jurisdicional do *mandamus* (Súmula 625/ STF- *"Controvérsia sobre matéria de direito não impede a concessão do mandado de segurança"*).

Dessa forma, o direito somente será *ilíquido* caso as normas invocadas para dar suporte à pretensão sejam inaptas a incidir por motivo estritamente normativo (ex.: eficácia suspensa, revogação, inconstitucionalidade declarada em sede de controle abstrato etc.). E direito *incerto* será o que não repousar sobre bases fáticas incontestes. Ocorrentes um dos fenômenos (*incerteza* ou *iliquidez*), a denegação da segurança dar-se-á sem resolução de mérito, ressalvadas ao impetrante as vias ordinárias.

Não se trata de pressuposto irrelevante à seara tributária, eis que, apesar de a atividade fiscal primar pela documentação, há aspectos que dependerão de dilação probatória, como a comprovação de requisitos para a fruição de imunidades e isenções. Note-se, porém, que a verificação sobre a necessidade de instrução deve ser feita caso a caso. Por exemplo, a isenção de imposto de renda sobre proventos de aposentadoria de portadores de moléstia grave não necessita da produção de prova pericial, pois o texto legal (art.30, da Lei 9.250/95) reputa suficiente à demonstração do fato por *"laudo pericial emitido por serviço médico oficial da União, dos Estados, do Distrito Federal e dos Municípios"*, pelo que é viável a reivindicação, pela via estreita, do reconhecimento de tal isenção.

O pesado *onus probandi* do impetrante só é suavizado, porém não afastado, pela possibilidade de requisição judicial prevista pelo art.6º, par.1º da Lei 12.016/09, *"no caso em que o documento necessário à prova do alegado se ache em repartição ou estabelecimento público ou em poder de autoridade que se recuse a fornecê-lo por certidão ou de terceiro"*, podendo tal requisição dar-se de ofício. Questiona-se sobre se a negativa de fornecimento de documento pela autoridade administrativa implicará ou não em confissão do fato que o mesmo intentava provar, diante da indisponibilidade do interesse público discutido na via mandamental. FRANCAVILLA pontifica pela redução do ônus:

"O ônus que resta, quando é o caso de requisição de documento da autoridade, é apenas o de provar que com ela está o documento. O fato sobre que recai o ônus é o de estar o documento em poder da autoridade. O fato a ser provado pelo documento é objeto não mais de ônus do impetrante, mas de dever da autoridade"[17]. Já para FUX, a presunção de veracidade dos fatos afirmados instaura-se automaticamente, logo que frustrada a diligência de busca e apreensão[18].

d) Direito Individual, Coletivo ou Difuso, não amparado por *habeas corpus* e *habeas data*

A residualidade do mandado de segurança em relação aos dois outros remédios constitucionais não lhe atribui qualquer nota de excepcionalidade ou subsidiariedade. O mandado de segurança continua sendo garantia ampla e sujeita à máxima eficácia. Apenas cede espaço a remédios constitucionais de igual estatura, dentro do campo próprio de proteção atribuído a estes últimos.

A configuração de descabimento do *mandamus* exige um breve cotejo sobre eventual coincidência do objeto da impetração com o campo próprio de proteção do *habeas corpus* (liberdade de locomoção) e *habeas data* (liberdade de acesso à informação constante de bancos de dados de caráter público). Tal exame, em geral, não apresenta maior dificuldade, sendo dedutível da simples contemplação do pedido em si. Por óbvio, a requisição de documentos acima referida não instilará essa coincidência, sendo mera providência secundária inerente ao mandado de segurança e diversa do pedido nele deduzido.

As impetrações tributárias podem sofrer dificuldade nesse enquadramento. Se o ato coator é, por exemplo, a interdição e aposição de lacre de um estabelecimento face à pendência de débito tributário, em afronta à súmula 70/STF[19], é óbvio que isso cerceará a livre locomoção do empresário e de seus clientes na sede do estabelecimento. Mas a afronta principal ocorrente na espécie é à liberdade do exercício de atividade econômica, razão pela qual o ato é atacável por mandado de segurança e não por *habeas corpus*.

---

[17] *Op.cit.* p.321.
[18] *Op.cit.* p.69.
[19] SÚMULA 70/STF – *"É inadmissível a interdição de estabelecimento como meio coercitivo para cobrança de tributo."*

Do mesmo modo, quando há a negativa injustificada da expedição de certidão fiscal, a sonegação da informação é mera decorrência, tendo sido violado o direito à obtenção da certidão. Por isso, o remédio adequado é o mandado de segurança, e não *habeas data*.

Num e noutro caso, importa verificar que direito foi violado em linha principal, para que se tenha a definição do remédio constitucional a ser utilizado.

e) *Pressuposto de mérito ou concessão: ato ilegal*

Se o ato é pressuposto de conhecimento do mandado de segurança, sua ilicitude é pressuposto de concessão, ou seja, pertence ao mérito da impetração, com ele devendo ser decidida. A atividade da tributação, como plenamente vinculada (art.3º, CTN), deve ter suas fases estritamente fundadas na *legislação tributária*. Semelhante expressão abrange lei formal, à qual estão reservadas as matérias do art.97, CTN, como outras espécies normativas gerais e abstratas, como *"os tratados e as convenções internacionais, os decretos e as normas complementares que versem, no todo ou em parte, sobre tributos e relações jurídicas pertinentes"* (art.96, do CTN). Tudo, evidentemente, sem descurar da própria Constituição Tributária, com suas prescrições detalhadas, como esfera de *superlegalidade*.

Se o ato questionado contrariar qualquer desses parâmetros normativos, será tido por *ilegal*. A ilicitude pode atingir tanto os aspectos enfocados o art.2º, da Lei 4.717/65 (Lei da Ação Popular): *"a) incompetência; b) vício de forma; c) ilegalidade do objeto; d) inexistência dos motivos; e) desvio de finalidade"*, quanto os princípios enunciados na Constituição para a Administração Pública em geral (art.37, CF) e para a tributação em particular (arts.150ss, CF).

f) *Pressuposto de mérito: ato abusivo*

O *abuso de poder* tem sido analisado pela doutrina sob duas figuras: de um lado *excesso de poder*, quando se extrapola o limite da norma de competência; de outro o *desvio de finalidade*, quando se afasta da finalidade pública que justifica a prática do ato administrativo. Ambos são levados pela lei à esfera da ilegalidade, sendo, portanto, também *ilegais*, tanto por força do art.2º, "a" e "e" da Lei da Ação Popular, acima mencionada, quanto pelas figuras presentes na Lei de Improbidade Administrativa (Lei 8.429/92), particularmente as condutas descritas no art.11, I (*"praticar ato visando fim proibido em lei ou regulamento, ou diverso daquele previsto na regra de competência"*). Evidentemente, é tarefa árdua produzir prova preconstituída de desvio de finalidade, pois envolve pesquisa a respeito do elemento subjetivo que move o agente público. De todo modo, trata-se de mais uma figura justificadora da concessão do *writ*.

2.4. Não *Impetração* contra Lei em Tese e Tutela Preventiva Tributária. Demonstração do Interesse de Agir

Há muito está assentado entendimento de que *"não cabe mandado de segurança contra lei em tese"* (súmula 266/STF). A vedação faz todo sentido no contexto de uma tutela *in concreto* de direitos subjetivos, onde se veda ao Poder Judiciário pronunciar-se em sede consultiva, sem vinculação imediata a uma lide ocorrente. Poder-se-ía complementar que, fora das hipóteses de controle abstrato de constitucionalidade, *não cabe* **qualquer ação judicial contra lei em tese**. É sempre necessário apresentar o caso concreto sobre o qual a ilegalidade repercute e, a partir daí, postular/conceder providência concernente a esse caso, capaz de expurgar todas as consequências da ilicitude ocorrente.

O pedido mandamental jamais consistirá, portanto, em eliminar do ordenamento jurídico a norma geral e abstrata reputada incompatível com norma de hierarquia superior. O máximo que o impetrante pode pedir e obter é o afastamento da incidência da referida norma sobre sua situação pessoal ou, caso tenha incidido, o desfazimento de suas consequências.

Problema relevante é a demonstração de interesse de agir no caso de impetração preventiva contra os possíveis efeitos de norma geral e abstrata sobre o patrimônio jurídico do impetrante. É o caso da impetração posterior à edição de norma tributária gravosa, porém antes da ocorrência do fato gerador e da constituição do crédito tributário. Objetivamente, um tal processo não se distingue de uma impugnação voltada contra a própria norma geral e abstrata. Como, então, distinguir as situações, evidenciando o interesse de agir do impetrante?

A resposta reside na identificação do pressuposto *ato* acima enunciado, que deve fazer-se presente mesmo nas hipóteses de impetração *preventiva*, onde não há ato praticado. Nesse caso, o pressuposto estará satisfeito pela demonstração da *potencialidade* e *iminência* da prática do ato, a ensejar, pelas condições de fato e de direito, *justo receio* de que o ato possa ser praticado num futuro próximo.

Se a lei estabelecer novo gravame em matéria tributária, seja aumento de tributo, seja imposição de penalidade, que o contribuinte considere indevido, deverá este demonstrar que preenche os requisitos de fato para sofrer a injusta tributação. Se o objetivo é, ao contrário, eliminar injusta discriminação para a incidência de norma fiscal mais benéfica, importa ao impetrante demonstrar o preenchimento dos requisitos para a fruição do benefício, com a óbvia exclusão do *discrimen* injusto. Semelhante prova será suficiente na esfera tributária, pois a tutela preventiva, a partir desses elementos, *"respalda-se na essência impositiva do vínculo tributário e no caráter vinculado do lançamento"*[20], supondo o natural desdobramento concreto do comando abstrato impugnado.

Caso o fato gerador já tenha ocorrido, a impetração não deixará de ser preventiva, pois somente o lançamento pode ser reputado ato coator. Todavia, a *demonstração da ocorrência do fato gerador* evidencia a iminência da tributação reputada indevida, caracterizando o interesse de agir preventivamente em sede mandamental. Assim,*"(o mandado de segurança) É preventivo porque destinado a evitar a lesão ao direito, já existente ou em vias de surgimento, mas pressupõe a existência da situação concreta na qual o impetrante afirma residir ou dela decorrer o seu direito cuja proteção, contra a ameaça de lesão, está a reclamar do Judiciário"*[21]. Simples possibilidade de ocorrência do fato gerador, em face do objeto social da empresa, vem sendo repugnada pelos tribunais como circunstância caracterizadora do interesse de agir[22].

Outra forma jurisprudencialmente reconhecida de consagrar interesse de agir na impetração preventiva é caso haja, na seara administrativa, *consulta respondida em desfavor da pretensão do contribuinte*[23]. Nesse caso, o resultado de consulta não será tido por ato coator, mas como elemento indicativo do justo receio de que tal ato seja praticado em desfavor do contribuinte.

---

[20] TRF, 1ª Região, AMS 00136973619944010000, 2ª Turma Suplementar, rel. JUIZA VERA CARLA CRUZ, DJ 17.09.2001, p.468.

[21] MACHADO, Hugo de Brito. *Mandado de Segurança em Matéria Tributária*, 6ª edição, Dialética, São Paulo, 2006, p.257).

[22] STJ, R.Esp. 188308/MG, 1ª Turma, rel. MIN. MILTON LUIZ PEREIRA, DJ 26.04.1999: *"Empresa que apenas afirma, com base em seu estatuto social, ser exploradora do ramo de construção civil, não tem direito líquido e certo, em sede de mandado de segurança preventivo, de ser ver afastada da atividade fiscal cobradora de ICMS sobre material de construção adquirido em outro Estado. Há necessidade que, no curso do mandado de segurança preventivo, comprove que adquiriu mercadoria em outro Estado, que tal mercadoria será empregada em obra que está construída e se a referida obra existe, ou se tem para o futuro, contrato de tal espécie a cumprir".*

[23] STJ, REsp.761376, 2ª Turma, rel. MIN. CASTRO MEIRA, DJ 25.08.2006, p.325.

2.5. Peculiaridades do Ato Coator em face da Espécie de Lançamento Tributário Adotada

A forma de individualização do ato coator pode sofrer variações com base na espécie de lançamento tributário adotada.

Na hipótese de lançamento direto, ou de ofício (art.149, do CTN), a prova de ocorrência do fato gerador será, em regra, exigida como indicativo do interesse de agir para o manejo da impetração preventiva, como visto no último item. O ato coator será o próprio ato de lançamento, cuja perfectibilização se dá pela notificação do contribuinte (art.145, do CTN). Feita a notificação, a eventual impetração passará a ter caráter repressivo. Sobrevindo impugnação ao lançamento, seguida dos sucessivos recursos com efeito suspensivo, a possibilidade de impetração, e o respectivo prazo, ficam, então, postergados para a data da notificação do sujeito passivo a respeito do julgamento final na instância administrativa[24].

Na hipótese de lançamento baseado na declaração do contribuinte (art.147, do CTN), em que o contribuinte declara a matéria de fato e o Fisco efetua o lançamento do tributo, a simples declaração do contribuinte, que oficializa perante o Fisco a notícia da ocorrência do fato gerador, é suficiente para caracterizar o interesse processual no manejo da impetração preventiva. Todavia, uma vez mais, o ato coator somente se dará quando o Fisco aperfeiçoar o lançamento, dele notificando o contribuinte, daí contando o prazo que rege a oportunidade de impetração repressiva, em condições idênticas às descritas para o lançamento direto.

Hipótese mais instigante é a do lançamento por homologação, em que o Fisco não possui, em princípio, qualquer incumbência frente à tarefa de apurar e constituir o crédito tributário, toda ela cometida ao contribuinte. Este deverá apurar, declarar e recolher o mesmo, independentemente de qualquer providência por parte da Administração Fiscal, no prazo estabelecido na legislação tributária. Essa dinâmica própria nos oferece duas hipóteses para a utilização do mandado de segurança.

Na primeira das hipóteses, se o contribuinte omitiu-se por completo e não apurou, declarou nem pagou o crédito que decorreria do fato gerador, a partir do momento em que este se verificou pode lançar mão da impetração preventiva para sustar os possíveis efeitos do lançamento direto subs-

---

[24] STJ, REsp.778008/RS, rel. MIN. DENISE ARRUDA, 1ªturma, DJE 29.09.2008; AgRg no REsp 1215217/RS, 1ª Turma, rel. Min. BENEDITO GONÇALVES, DJe 06.09.2011.

titutivo (art.149, V, do CTN). Uma vez lavrado e notificado este último, a impetração repressiva pode ser manejada nos mesmos moldes de qualquer lançamento de ofício.

Na segunda hipótese, caso o contribuinte tenha apurado e declarado o crédito, sem, todavia, pagá-lo, o crédito declarado tem-se por constituído[25] e não será mais impugnado pelo contribuinte na esfera administrativa, ou mesmo retificado para menor pelo contribuinte sem prova efetiva a respeito do erro cometido (art.147, par.1º, CTN). Porém a impugnação judicial permanece possível quanto à matéria de direito, pois *"A confissão da dívida não inibe o questionamento judicial da obrigação tributária, no que se refere aos seus aspectos jurídicos"*[26]. Por isso, a impugnação aqui será *repressiva*, com prazo decadencial contado a partir da apresentação da declaração, sendo ato coator o recebimento dessa mesma declaração pela autoridade, em oficialização do crédito tributário.

2.6. Hipóteses de Não-Cabimento. Prejudicialidade Mútua entre a Impetração e a Via Administrativa Tributária

A Lei 12.016/09 enuncia hipóteses de não-cabimento do mandado de segurança, juntando-se aos casos de descabimento por não preenchimento dos pressupostos de admissibilidade.

A jurisprudência tradicional tem por descabido mandado de segurança para veicular pedido de repetição de indébito tributário, em virtude do que dispõem as súmulas 269 e 271/STF[27]. A Lei 12.016/09, porém, abriu espaço para a revisão dessa conclusão, que se baseava na redação do art.15, da Lei 1.533/51 (*A decisão do mandado de segurança não impedirá que o requerente, por ação própria, pleiteie os seus direitos e os respectivos efeitos patrimoniais*). Comparando-se tal redação com a do atual art.19, da LMS (*A sentença ou o acórdão que denegar mandado de segurança, **sem decidir o mérito**, não impedirá que o requerente, por ação própria, pleiteie os seus direitos e os respectivos efeitos patrimoniais*), teremos inteligências distintas: enquanto o primeiro dispositivo

---

[25] Súmula 436/STJ: *"A entrega de declaração pelo contribuinte, reconhecendo o débito fiscal, constitui o crédito tributário, dispensada qualquer providencia por parte do Fisco"*.

[26] STJ, REsp 1.133.027/SP, 1ª Seção, Rel. p/ acórdão Min. Mauro Campbell Marques, DJe de 16.3.2011 – recurso submetido à sistemática prevista no art. 543-C do CPC.

[27] Súmula 269/STF – *"O mandado de segurança não é substitutivo de ação de cobrança.*
Súmula 271/STF – *"Concessão de mandado de segurança não produz efeitos patrimoniais, em relação a período pretérito, os quais devem ser reclamados administrativamente ou pela via judicial própria."*

sugeria que "a decisão" (de mérito) do mandado de segurança era incompatível com a postulação dos efeitos materiais, o novo dispositivo remete a postulação de efeitos patrimoniais à via ordinária apenas na hipótese de sentença terminativa no *mandamus*. Por isso, deve ser discutida a subsistência de tal entendimento.

O art. 5º, da LMS, a par de eliminar a indesejável regra, existente na Lei 1533/51, que impedia o uso do mandado de segurança em impugnação a ato disciplinar[28], passou a proibir expressamente seu uso em face de *decisão judicial transitada em julgado* e de *decisão judicial da qual caiba recurso com efeito suspensivo,* quando a anterior norma o afastava em função do cabimento de qualquer recurso. A nova redação restringiu a proibição, permitindo o uso do mandado de segurança contra decisões judiciais passíveis de recurso sem efeito suspensivo. A suspensividade de que se cogita nesta hipótese é a automática, tal como a prevista como regra para a apelação[29], e não aquela que pode ser emprestada pelo relator a recursos que inicialmente não tenham tal efeito[30]. A interpretação tendente à máxima eficácia da garantia constitucional que é o *mandamus* remete à mínima aplicação das normas restritivas, muito embora sejam registradas opiniões doutrinárias em contrário.

Em relação ao art.5º, I, da LMS, que afasta o cabimento do MS quando haja possibilidade de recurso administrativo com efeito suspensivo, independente de caução, não houve alteração em relação ao congênere anterior. O dispositivo possui um enorme potencial para restringir o campo de aplicação do mandado de segurança repressivo contra lançamento tributário, eis que o lançamento inicial notificado pode, em regra, ser objeto de impugnação e recursos administrativos, todos dotados de eficácia suspensiva de exigibilidade (art.151, III, CTN).

Muito embora tal dispositivo sempre tenha sido inquinado de inconstitucional, por violar o direito de acesso ao Judiciário, semelhante tese jamais prosperou em sede jurisprudencial, tendo o STF aplicado seus termos ao longo do tempo sem maior questionamento[31].

---

[28] *"Não se dará mandado de segurança quando se tratar de ato disciplinar, salvo quando praticado por autoridade incompetente ou com inobservância de formalidade essencial."* (art.5º, III, da Lei 1533/51).
[29] Art.520, *caput*, primeira parte do CPC/73 e art.1.012, do CPC/2015.
[30] Art.558, CPC/73 e art.1.019, I, do CPC/2015.
[31] STF, MS 26.178/DF, Pleno, rel. MIN. AYRES BRITTO, DJe 11.04.2008; MS 26.737/DF-ED, rel. MIN. CARMEN LÚCIA, Pleno, DJe 13.03.2009.

Na verdade, o dispositivo não oferece restrição indevida de acesso ao Judiciário, pois este sempre foi garantido ao contribuinte, inclusive para os fins do disposto no art.38, da Lei 6.830/80[32]. Sucede que tal acesso deve ser viabilizado através dos feitos de rito ordinário, abrindo-se mão do mandado de segurança como meio de renunciar à instância administrativa e transpor ao Judiciário a discussão quanto ao lançamento. De todo modo, o dispositivo em questão não impede:

a) Que o lançamento seja impugnado via mandado de segurança *repressivo*, logo após o esgotamento de todos os recursos administrativos, tão logo o contribuinte seja intimado da última decisão nele proferida[33];

b) Que se dê a impetração *preventiva*, anterior ao lançamento notificado;

c) Que se dê a impetração *repressiva* para sanar omissão da autoridade[34].

3. Requisito Temporal, Aspecto Subjetivo e Definição da Competência
3.1. Prazo de Impetração e Tributação Periódica

O prazo de impetração do mandado de segurança é de 120 dias, com natureza decadencial, não se suspendendo ou interrompendo em qualquer circunstância. Seu termo inicial é a data de ciência, pelo interessado, do ato impugnado (art.23, da Lei 12.016/09).

Em caso de impetração em face de omissão administrativa, o **vetado** art.5º, parágrafo único, da Lei 12.016/09 previa termo inicial a contar da *data de notificação judicial ou extrajudicial* da autoridade a respeito da omissão.

---

[32] Art. 38 – A discussão judicial da Dívida Ativa da Fazenda Pública só é admissível em execução, na forma desta Lei, salvo as hipóteses de mandado de segurança, ação de repetição do indébito ou ação anulatória do ato declarativo da dívida, esta precedida do depósito preparatório do valor do débito, monetariamente corrigido e acrescido dos juros e multa de mora e demais encargos.
Parágrafo Único – A propositura, pelo contribuinte, da ação prevista neste artigo importa em renúncia ao poder de recorrer na esfera administrativa e desistência do recurso acaso interposto.

[33] STJ, REsp.623367/RJ, 2ª Turma, rel. MIN. João Otávio de Noronha, j.15.06.2004: *"Nos casos em que o ato questionado pelo contribuinte for objeto de recurso administrativo, a contagem do prazo para aforamento do writ somente tem início com a decisão final naquele procedimento, data a partir da qual se torna exeqüível o ato impugnado"*.

[34] Súmula 429/STF: *A existência de recurso administrativo com efeito suspensivo não impede o uso do mandado de segurança contra omissão de autoridade.*

De fato, a solução não era razoável, pois colocava sob controle do impetrante a deflagração de prazo que corre contra ele próprio, além de, como explicitam as razões de veto, poder *"gerar questionamentos (...) em vista da ausência de período razoável para a prática do ato pela autoridade"*[35]. Com isso, a contagem em tais casos é feita de três formas:

(a) se existe prazo predeterminado para a atuação administrativa, o prazo de impetração começa no dia posterior ao vencimento do referido prazo, quando a omissão se caracteriza. Na administração fiscal federal, há prazo de espectro amplo para que o Fisco apresente resposta a "petições, defesas ou recursos do contribuinte". Trata-se do prazo de 360 dias contados do protocolo de tais pedidos, previsto no art.24, da Lei 11.457/07[36].

(b) se a omissão sucede a legítima provocação do impetrante, em geral no âmbito de processo administrativo, porém sem que o ato tenha prazo definido para ser praticado, impõe-se aguardar *prazo razoável*, não havendo critério unívoco para a definição de tal prazo. Nada obsta seja o prazo do item anterior tomado como parâmetro para os demais Fiscos, de modo a caracterizar omissão abusiva.

(c) na hipótese que Luiz Fux denomina de "omissão pura e simples" traduz a não realização de ato que deve ser praticado de ofício pela Administração, e cuja omissão repercute no patrimônio jurídico do administrado. Para tais casos, já decidiu o STJ não haver contagem do prazo decadencial[37].

Não há, ainda, contagem do prazo de 120 dias nas impetrações *preventivas*.

Tem-se o prazo de impetração por cumprido se ajuizado o mandado de segurança antes de esgotado, ainda que perante juízo incompetente. Em caso de indeferimento da petição inicial, nova impetração somente será admitida se veiculada dentro do mesmo interstício original.

Os questionamentos quanto à constitucionalidade do prazo em tela foram soterrados ainda sob a égide da legislação anterior (súmula 632/STF), sendo improdutivo repisá-los frente à nova regência normativa.

---

[35] Mensagem de veto da Presidência da República número 642, de 07.08.2009, publicada no D.O.U. de 10.08.2009.
[36] Para maior detalhamento, vide item 2.3, item "a", *supra*.
[37] STJ, AgRg no Ag 1045751/RJ, 1ª Turma, rel. MIN. Denise Arruda, DJe 11.02.2009.

Na hipótese de lançamento impugnado por processo administrativo, o prazo decadencial somente corre após decididos todos os recursos dotados de efeito suspensivo e notificado o contribuinte da derradeira decisão[38]. Porém, quando cabível pedido de reconsideração sem efeito suspensivo que possa acarretar suspensão da exigibilidade do crédito (art.151, III, CTN), sua interposição não detém o prazo (súmula 430/STF).

Não se modificou, com a atual lei, o panorama da tributação periódica. Se a ilegalidade ou inconstitucionalidade impugnáveis por mandado de segurança derem-se no âmbito desse tipo de tributação, com a reiteração que daí deriva, a contagem do prazo de impetração também se renovará em cada período. E os limites objetivos do *writ* não estarão, nessa hipótese, restritos aos fatos compreendidos no curto período decadencial, podendo haver a declaração de inexistência ou desconstituição de todos os créditos constituídos e não recolhidos, compreendidos dentro do período prescricional geral da Fazenda Pública (art.1º, do Decreto 20.910/32). Tudo porque o prazo decadencial aqui tratado não atinge a pretensão material, mas apenas o direito de utilizar o mandado de segurança. Se a periodicidade da tributação ilícita mantém continuamente abertas as portas da impetração, o prazo de 120 dias não será capaz de interferir sobre a fixação dos limites objetivos da demanda.

3.2. Legitimidade Ativa

Dentro da definição própria dessa condição da ação, como pertinência subjetiva do vínculo processual com o material, a legitimidade ativa recairá sobre o integrante da relação tributária material que esteja no pólo passivo, seja ele contribuinte ou responsável (art.121, CTN); substituto ou substituído, cada qual podendo questionar os aspectos próprios de seu direito subjetivo. Resumidamente, ostenta legitimidade para integrar o polo ativo de mandado de segurança o titular do direito violado.

3.2.1. Solidariedade ou Responsabilidade Tributária e Legitimação Concorrente

Na seara tributária, a legitimação ativa pode ser influenciada por fenômenos que afetam a subjetividade da própria relação material, como a substituição tributária, a solidariedade frente à obrigação tributária e os diversos

---

[38] Vide, a propósito, os julgados mencionados nas notas de rodapé 25 e 33 *supra*.

casos de sujeição passiva indireta, nominados no código como "responsabilidade tributária"[39].

A regra geral é que cada sujeito pode questionar, via mandado de segurança, os direitos próprios.

Tratamento diferenciado é conferido pelo STJ à chamada *"substituição tributária para frente"* ou progressiva, que, no âmbito dos tributos indiretos de incidência plurifásica (ICMS e IPI), prevê a antecipação da incidência referente a fato gerador futuro ainda não ocorrido (a revenda de mercadoria ou produto industrializado), ficando a cargo do substituto (normalmente o industrial ou o primeiro contribuinte da cadeia comercial ou industrial) o recolhimento antecipado do imposto referente a sua própria operação e à operação futura. Tal recolhimento fica sujeito a posterior restituição ao parte do substituído na hipótese do art.150, p.7º, CF. Após certa oscilação de sua jurisprudência, o STJ acabou por qualificar o substituído como "sujeito passivo indireto", estranho ao vínculo tributário, aplicando-lhe indevidamente a dinâmica do art.166, do CTN e retirando-lhe a legitimidade para postular em mandado de segurança ou qualquer outra ação anti-exacional[40].

Não nos parece, com a devida vênia, ter sido essa a melhor solução. Com efeito, não há como equiparar a situação do substituído com a do consumidor final, sobre o qual recai o ônus econômico do tributo, no fenômeno denominado *repercussão*. O revendedor ou industrial de 2º ciclo são, respectivamente, contribuintes do ICMS e IPI, sendo apenas substituídos pelo industrial nessas hipóteses. Ora, se este último é sujeito passivo indireto, deve haver um sujeito passivo **direto** para que a relação tributária esteja completa. Ademais, não há que se reputar estranho ao vínculo tributário quem é titular da prerrogativa constitucionalmente fixada de reaver o montante antecipado, na hipótese de não ocorrência do fato gerador presumido.

3.2.2. Impetração em Favor de Terceiro Contribuinte (art.3º, Lei 12.016/09)

Segundo Hugo de Brito Machado[41], do art.3º, da LMS[42] legitimaria a impetração por contribuinte de fato ou locatário em favor do direito do

---

[39] Para maior informação, vide capítulo referente à Sujeição Passiva Tributária.
[40] STJ, R.Esp.903.394/AL, 1ª Seção, rel. MIN. Luiz Fux, j.24.03.2010, com eficácia do art.543-C, do CPC.
[41] Machado, Hugo de Brito. *A Nova Lei do Mandado de Segurança*, em Revista Dialética de Direito Processual, no.79, outubro de 2009, pp.41ss.

contribuinte *de jure*. Deve este, para tanto, notificar o titular do direito e ajuizar a ação dentro do prazo de 120 dias. No mesmo sentido, MAURO ROCHA LOPES[43], que destaca, porém, que o titular do direito não ficará sujeito à autoridade da coisa julgada, por não ter participado do vínculo processual.

Faço reservas a ambos os entendimentos. Sobre a legitimação extraordinária do contribuinte *de facto*, entendo que a expressão *"em condições idênticas"* reclama identidade de naturezas entre o direito do terceiro substituto e do substituído, o que impediria que um direito privado de terceiro viesse a instaurar legitimidade ativa extraordinária para demandar um direito público do legitimado ordinário. Sobre a preservação do substituto dos efeitos da coisa julgada, o posicionamento contraria a essência da substituição processual individual, que se reforça, no caso, pela prescrição de notificação prévia do substituído. Na lição de ARAKEN DE ASSIS[44], *"o principal efeito da substituição processual residirá na extensão da eficácia de coisa julgada ao substituído (...) fica-lhe interditado, proferido julgamento de mérito, renovar a demanda -, a despeito de não figurar como parte no processo e, portanto, à revelia do disposto no art. 472 (...) O substituído somente revela-se terceiro formalmente; na verdade, é parte no sentido material, porque titular do objeto litigioso, e, em virtude dessa inconcussa qualidade, atingido pela eficácia própria do provimento"*.

A previsão reproduz, na essência, a do art.3º, da Lei 1533/51, apenas adicionando prazo para impetração pelo titular do direito (30 dias) e conferindo prazo decadencial próprio de 120 dias contados da data de notificação, para impetração pelo legitimado extraordinário.

3.3. Legitimidade Passiva
3.3.1. Papel Processual e Prerrogativas da Autoridade Coatora e da Entidade Demandada

Legitimidade passiva para o mandado de segurança tributário é da pessoa jurídica de Direito Público titular da capacidade tributária, que é atribui-

---

[42] *O titular de direito líquido e certo decorrente de direito, em condições idênticas, de terceiro poderá impetrar mandado de segurança a favor do direito originário, se o seu titular não o fizer, no prazo de 30 (trinta) dias, quando notificado judicialmente.*

[43] LOPES, Mauro Luís Rocha. *Processo Judicial Tributário: Execução Fiscal e Ações Tributárias*, 7ª edição, Impetus, Niterói-RJ, 2012, pág.294.

[44] ASSIS, Araken de. *Substituição Processual*, em DIDIER JR., Freddie (org.), *Leituras Complementares de Processo Civil*, Jus Podium, Salvador, 2009, págs.62-63.

ção para a exigência da obrigação principal ou acessória. Tal entidade é coadjuvada pela autoridade coatora, que normalmente integra sua estrutura organizacional.

Tradicionalmente, costumava-se sustentar que a autoridade coatora "presentava" a respectiva entidade, exercendo o contraditório em primeiro grau de jurisdição. Com a Lei 12.016/09, porém, tal assertiva perdeu o sentido, eis que, desde o momento inicial, a entidade pública será indicada obrigatoriamente na petição inicial (art.6º, LMS) e cientificada da impetração, podendo apresentar arrazoado defensivo (art.7º, II, LMS). Em contrapartida, a autoridade coatora hoje detém legitimidade recursal concorrente com a pessoa jurídica que integra (art.14, par.2º, da Lei 12.016/09). Dessa nova regulação, FRANCAVILLA extrai a existência de litisconsórcio passivo, pois um e outro são notificados e integrados ao polo passivo[45]. Do mesmo modo, CÁSSIO SCARPINELLA BUENO[46]. No campo contrário, LUIZ FUX[47] e MAURO LOPES[48], que entendem não ter sido modificado pela lei atual o panorama que se desenhava sob a ordem pretérita.

Essa antiga controvérsia foi reavivada pela nova lei e está longe de acabar. A questão, porém, não oferece maior relevância para a operação do mandado de segurança, que deve ser seguida nos termos prescritos no diploma regulador. Evidentemente, os efeitos patrimoniais da decisão final serão suportados pela entidade pública e não pela autoridade coatora pessoalmente.

3.3.2. Identificação Errônea da Autoridade Coatora e Consequências Processuais. Aplicação da Teoria da Encampação no Campo Tributário

Diante da necessidade de indicação correta da autoridade coatora em cada impetração, impõe-se identificá-la como a que determina a execução do ato ou se omite em praticá-lo, sendo responsável por seu cumprimento e competente para sua revogação ou anulação. Não é coator quem editou o ato normativo em que o ato combatido se fundamenta, nem quem mera-

---

[45] Op. cit., págs.237-238.
[46] BUENO, Cássio Scarpinella. *A Nova Lei do Mandado de Segurança*, São Paulo, Saraiva, 2009, págs.25-26
[47] Op. cit., págs.25-26.
[48] Op. cit., pág.294.

mente executou-o materialmente. Deve ser indicado o responsável por seu cumprimento.

Se o ato coator for nota de lançamento ou auto de infração fiscal, é competente a autoridade apta a exigir o pagamento do tributo ou penalidade. No âmbito federal, a Receita Federal está organizada em diversos órgãos, como as unidades de atendimento (agências e eCACs): Alfândegas: Delegacias de Julgamento: Delegacias e Inspetorias; Superintendências Regionais e o órgão central. Segundo o art.224, do Regimento Interno da Secretaria da Receita Federal do Brasil[49], a incumbência de fiscalizar e exigir o cumprimento de obrigações tributárias principais e acessórias está nas mãos das Alfândegas, Delegacias e Inspetorias, de modo que os agentes responsáveis por esses órgãos é que devem constar do polo passivo de mandados de segurança questionando exigências fiscais e tributárias. Após a inscrição do crédito tributário em dívida ativa, passa a ser do órgão responsável a condição de autoridade coatora.

Segundo a súmula 59/TFR, "*a autoridade fiscal de primeiro grau que expede a notificação para pagamento do tributo está legitimada passivamente para a ação de segurança, ainda que sobre a controvérsia haja decisão, em grau de recurso, de Conselho de Contribuintes*". De fato, só haverá inclusão do Presidente do Conselho de Contribuintes ou de Delegacias de Julgamento no polo passivo caso o ato coator seja um ato específico praticado no âmbito do processo administrativo tributário..

Se houver indicação errônea de autoridade coatora, a jurisprudência do STJ tem sido flexível, à luz da importância que possui a garantia constitucional do mandado de segurança, para sua correção, determinando que o juiz proporcione oportunidade de emenda à inicial ou mesmo, caso não haja erro grosseiro, realize "pequenas correções de ofício". Em reforço a essa possibilidade, assenta que a errônea indicação de autoridade pertencente à mesma entidade da efetivamente competente não importa em ilegitimidade passiva[50]. A condescendência justifica-se pela complexidade das organizações internas das diversas Administrações Fiscais.

Também em relação à legitimidade passiva, vale registrar a consagração da chamada "teoria da encampação", segundo a qual, mesmo diante

---

[49] Portaria MF 203/2012
[50] STJ, REsp 745451/BA, rel. Min. Luiz Fux, 1ª Turma, DJ 27/11/2006, p. 247 e outros precedentes.

da indicação errônea da autoridade coatora, não se pronunciará a ilegitimidade, se presentes as seguintes condições[51]: *(a) Vínculo hierárquico entre a autoridade erroneamente apontada e aquela que efetivamente praticou o ato ilegal* (a apontada deve ser subordinada à encampante, nunca o contrário); *(b) Não alteração de competência constitucional;* (como, por exemplo, na demanda equivocada em face do Chefe do Poder Executivo ou de Ministro ou Secretário de Estado, cujas impetrações têm foro privilegiado por disposição da Constituição Federal e Estadual, caso em que não se pode aplicar a teoria); *(c) Dúvida razoável quanto à legitimação,* em face da complexidade da estrutura administrativa das entidades rés; *(d) Defesa efetiva da legalidade do ato, no mérito, pelo encampante.*

O Ministério Público participa como parte pública autônoma no mandado de segurança, atuando como *custos legis*. Sob a lei anterior, o STJ possuía entendimento de que não bastava a simples intimação do órgão ministerial, mas a efetiva manifestação nos autos (art.10, da Lei 1533/51)[52]. A nova lei, todavia, expressamente estabelece que *"com ou sem o parecer do Ministério Público, os autos serão conclusos ao juiz, para a decisão"* (art.12, p.u., Lei 12016), o que certamente modificará a posição assinalada. Há um prazo de 10 (dez) dias para a emissão do parecer, findo o qual os autos poderão ser buscados e apreendidos.

3.3.3. Legitimidade Passiva no Âmbito do SIMPLES Nacional

O SIMPLES Nacional constitui um regime unificado de arrecadação de tributos, que integra tributos federais, estadual e municipal numa única parcela tributária, a ser recolhida pelas microempresas e empresas de pequeno porte inscritas no programa.

A Lei Complementar 123, que institui o SIMPLES, atribui competência comum à União, Estados e Municípios para fiscalizar, efetuar lançamento e promover o contencioso administrativo fiscal em relação à respectiva exação (arts.33 e 39), mas concentra em mãos da União, através da Procuradoria-Geral da Fazenda Nacional a legitimidade passiva para os processos *"relativos a impostos e contribuições abrangidos pelo Simples Nacional"*,

---

[51] STJ, MS 10484/DF, rel. Min. JOSÉ DELGADO, 1ª Seção, DJ 26/09/2005, p. 163.
[52] *"... É nulo o julgamento do mandado de segurança, quando não precedido da indispensável manifestação do Ministério Público prevista no art. 10 da lei 1.533/51..."* (STJ, ROMS 13962/CE, rel. MIN. JORGE SCARTEZZINI, DJ 15.12.03, p. 322.

exceto quanto aos *"mandados de segurança nos quais se impugnem atos de autoridade coatora pertencente a Estado, Distrito Federal ou Município"*(art.41, *caput* e par.5º, I). Disso decorre que a impetração será levada a efeito em face do Procurador-Chefe da Fazenda Nacional responsável pela unidade à qual está jurisdicionado o impetrante, caso o *writ* impugne a obrigação principal, dentro da qual não se pode discernir o que é tributo federal, estadual ou municipal. Quanto, porém, o ato impugnado seja da lavra de autoridade estadual, distrital ou municipal, como um ato de fiscalização, ou praticado dentro de um processo administrativo fiscal, estas deverão integrar o polo passivo do mandado de segurança.

3.4. Competência

A competência para processar e julgar mandado de segurança define-se pela categoria, hierarquia e pela sede funcional da autoridade coatora.

Em relação à *categoria*, importa perquirir se a autoridade coatora é federal ou não, para fins de definição da competência do ramo da Justiça Comum Federal. O caso de mandado de segurança questionando a exigência de ICMS por ocasião do desembaraço aduaneiro de mercadorias importadas bem demonstra a dificuldade do tema. A autoridade responsável pela liberação é o chefe da respectiva Alfândega, portanto autoridade federal. Porém, apesar de antigo entendimento no sentido da competência federal para conhecer de todas as questões referentes a tal incidência, o Tribunal Regional Federal da 2ª Região possui reiterado entendimento no sentido de que compete à Justiça Federal unicamente manifestar-se sobre o *cumprimento das formalidades do desembaraço aduaneiro*[53], desse modo, *"ressalvando a competência do Estado para examinar a legalidade de sua cobrança"*[54]. Outras Cortes Regionais, contudo, seguem a linha tradicional, reconhecendo-se competentes para decidir sobre a incidência ou não do imposto estadual nas importações[55].

---

[53] TRF, 2ª Região. A.M.S 200151010126201, 4ª Turma Especializada, rel. DES. FED. LUIZ ANTONIO SOARES, DJU 11.12.2009, p.113.
[54] TRF, 2ª Região, A.M.S. 200651010233489, 4ª Turma Especializada, rel. DES. FED. ALBERTO NOGUEIRA, DJU 22.07.2009, p.102.
[55] TRF, 3ª Região, A.M.S. 200503990054064, 4ª Turma, rel. DES. FED. FÁBIO PRIETO, e-DJF3 12.04.2011, p.489. No mesmo sentido, TRF, 1ª Região, A.M.S. 00375756019994013800, 1ª Turma Suplementar, e-DJF 05.04.2013, p.873.

Relativamente à *hierarquia*, trata-se de medida importante para definir a incidência das normas constitucionais que definem a competência originária dos tribunais: (a) STF (art.102, I, "d" CF, contra ato do *Presidente da República, Mesa da Câmara e Senado, Tribunal de Contas, Procurador Geral da República e o próprio STF*); (b) STJ (art.105, I, "b" CF, contra ato de *Ministro de Estado ou o próprio STJ*); TRFs (art. 108, I, "c" CF, contra ato *do TRF ou de juiz federal*). Em alguns Estados, como no Rio de Janeiro, há ainda normas de Constituição Estadual definindo a competência originária do Tribunal de Justiça[56].

Por fim, a *sede* da autoridade coatora é relevante para a definição da competência territorial do Juízo que processará o mandado de segurança. Diferentemente das demais ações ajuizadas em face de entidades públicas, onde em geral é eleita a circunscrição judiciária de domicílio da parte autora (art.109, par.1º, da CF, no caso dos feitos federais), o mandado de segurança deverá ser impetrado perante a circunscrição judiciária em que tem sede a autoridade coatora, seguindo-se a regra geral do art.94 do CPC.

4. Liminar e sua Disciplina Jurídica

4.1. Natureza jurídica

Os provimentos judiciais de urgência não podem ser esquecidos no âmbito de procedimento tão célere quanto o do mandado de segurança, devido a sua importância para a efetividade dessa garantia constitucional.

A maior parte da doutrina reconhece na tutela de urgência postulada no mandado de segurança natureza *antecipatória* e *satisfativa*, sem, todavia, deixar de possibilitar a adoção das providências *cautelares* que se mostrem necessárias, dentro da fungibilidade autorizada pelo art.273, par.7º, do CPC/73 (art.294, par. único, do CPC/2015), assim como do *poder geral de cautela* detido pelo juiz.

No geral, a suspensão do ato coator reveste-se, a um só tempo, de natureza *antecipatória* e *cautelar*, pois, num aspecto, é consubstancial ao pedido principal de sustação da obrigação tributária e noutro, também garante a *preservação do resultado útil do processo*, papel típico das cautelares. Todavia,

---

[56] Constituição do Estado do RJ: Art. 161 – *Compete ao Tribunal de Justiça: IV – processar e julgar originariamente: e) mandado de segurança e o habeas data contra atos: 1 – do Governador; 2 – do próprio Tribunal; 3 – da Mesa Diretora e do Presidente da Assembléia Legislativa; 4- do Tribunal de Contas do Estado; 5 – dos Secretários de Estado; 6 – dos Procuradores-Gerais da Justiça, do Estado e da Defensoria Pública; 7 – do Prefeito da Capital e dos Municípios com mais de 200.000 eleitores.*

não se descarta, como dito, o uso de medidas cautelares próprias (arresto, sequestro, arrolamento de bens etc.) quando necessárias.

No caso específico da tributação, a liminar em mandado de segurança é erigida como causa de suspensão da exigibilidade do crédito (art.151, IV, CTN), nos feitos em que a pretensão anti-exacional é deduzida como pedido. Outros pedidos, porém, podem ser realizados em sede principal e igualmente antecipados, como, por exemplo, a expedição de certidão com efeito de negativa.

4.2. Requisitos

No que se refere aos requisitos da liminar em mandado de segurança, o art. 7º, III, da Lei 12.016/09 prevê a suspensão do ato coator, *"quando houver **fundamento relevante** e do ato impugnado puder resultar a **ineficácia da medida, caso seja finalmente deferida"*. Alguns autores enxergam tais requisitos como manifestações específicas do *fumus boni juris* e do *periculum in mora*, estabelecendo, dessa forma, uma uniformidade de tratamento para todas as medidas de urgência. Outros, como LUIZ FUX e MAURO LOPES, destacam o diferencial daquele primeiro requisito, destacando que **fundamento relevante** evidencia, mais que fumaça do bom direito, uma *evidência do direito* ou *prova inequívoca*, eis que exigido num contexto de *direito líquido e certo*, cujos aspectos de fato são objeto de prova preconstituída[57].

Relativamente ao requisito ligado à urgência, tenho que a lei, na hipótese, disse menos do que gostaria de ter dito, pois o *risco de ineficácia* exigido aponta para as hipóteses extremas de *perecimento do direito*, excluindo outras situações indicativas de urgência. Por isso, a literalidade do dispositivo especial está a merecer ampliação para alcançar a extensão indicada pelo requisito congênere do art.273, I do CPC/73 (*fundado receio de dano irreparável ou de difícil reparação*). Com efeito, não é razoável conceber que à tutela de urgência antecipatória proferida em mandado de segurança, garantia constitucional que tem por pressuposto a demonstração *ab initio* de toda a matéria fática, seja atribuído um alcance menor que a sua congênere do rito comum ordinário, o que importaria em esvaziamento da proteção conferida pelo *mandamus*. O possível dano pela não suspensão do ato coator naquele momento geralmente fica caracterizado, na esfera tributária, pela possibilidade de cobrança de um tributo indevido, sendo

---

[57] FUX, *op.cit.*, p.72; LOPES, *op.cit.*, p.306.

improcedente que a Fazenda Pública argumente, em desfavor da liminar, que seria possível posterior repetição do indébito.

Um terceiro requisito, o da *irreversibilidade dos efeitos da concessão* ou *ausência de dano reverso*, costuma ser agregado aos dois requisitos expressos para também condicionar a concessão da liminar. Tal requisito merece a crítica de FUX, ao sustentar que o mesmo *"não se coaduna com a efetividade que se reclama de um procedimento que visa a conjurar de imediato um abuso de autoridade a um direito líquido e certo"*, sendo a irreversibilidade dos efeitos, para o mesmo autor, um tanto consubstancial à própria satisfatividade da providência[58]. Tenho, todavia, que tal requisito deva ser exigido, a fim de que se evite dano à Administração Pública, ou ao menos para que se estabeleça a hipótese de exigência de *contracautela* (cf. art.7º, III, *in fine* da Lei 12016/09). O rito célere do mandado de segurança, com prioridade legal de julgamento (art.20, Lei 12.016/09) não recomenda que se abuse da dispensa do contraditório, no âmbito do qual podem ser aventados fatos impeditivos, extintivos ou modificativos do direito cabalmente demonstrado pelo impetrante na inicial.

Outros efeitos sociais da medida liminar devem ser sopesados pelo juiz, na perspectiva de possível pedido de suspensão de segurança (exemplo: caso em que a dispensa de recolhimento de determinado tributo a um dos concorrentes faz nascer uma situação de concorrência desleal).

A Lei 12.016/09 estabelece caso de perempção ou caducidade da medida liminar: *"quando, concedida a medida, o impetrante criar obstáculo ao normal andamento do processo ou deixar de promover, por mais de 3 (três) dias úteis, os atos e as diligências que lhe cumprirem"* (art.8º, LMS).

4.3. Vedações Específicas do Campo Tributário e a Discussão quanto a sua Constitucionalidade

A Lei 12.016/09 compilou diversas restrições materiais à concessão de liminares ou execução provisória de sentenças concessivas de mandado de segurança, antes esparsas em diversos diplomas legais (cf. art.7º, p.2º, da Lei 12016/09 – *"Não será concedida medida liminar que tenha por objeto a compensação de créditos tributários, a entrega de mercadorias e bens provenientes do exterior, a reclassificação ou equiparação de servidores públicos e a concessão de aumento ou a extensão de vantagens ou pagamento de qualquer natureza"*).

---

[58] *Op. cit.,* p.72.

Apesar de tais restrições sempre terem sido, no aspecto geral, questionadas, com alguns precedentes no sentido de sua inconstitucionalidade, jamais se vislumbrou no STF tendência a deslegitimá-las, tendendo a Suprema Corte a situá-las no âmbito da competência do legislador de regulamentar a ação constitucional, necessariamente a ela impondo limites[59]. O tema, porém, está em curso de apreciação no âmbito da Suprema Corte, à luz da atual lei, nos autos da ADI 4296, ajuizada pela OAB.

Além da restrição constante do art.170-A, do CTN, que será examinada em item próprio, aquela cujo estudo mais interessa no campo tributário é a relativa à proibição de *entrega de mercadorias e bens provenientes do exterior*, pois, não raro, as razões que inviabilizam o desembaraço aduaneiro tem raízes fiscais. O art.1º da Lei 2770/56, que não foi expressamente revogado pela Lei 12.016/09, continha restrição semelhante, nos seguintes termos:

> *Art. 1º Nas ações e procedimentos judiciais de qualquer natureza, que visem obter a liberação de mercadorias, bens ou coisas de qualquer espécie procedentes do estrangeiro, não se concederá, em caso algum, medida preventiva ou liminar que, direta ou indiretamente importe na entrega da mercadoria, bem ou coisa.*
>
> *Art. 2º No curso da lide ou enquanto pender recurso, mesmo sem efeito suspensivo, da sentença ou acórdão, a execução de julgado que determinar a entrega ou a vinda do exterior de mercadorias, bens ou coisas de qualquer natureza, não será ordenada pelo juiz ou Tribunal antes que o autor ou requerente preste garantias de restituição do respectivo valor, para o caso de, afinal, decair da ação ou procedimento.*

A referida restrição não foi objeto da ADC 4/DF, razão pela qual não há, sobre ela, decisão do STF dotada de efeito vinculativo. Já os tribunais regionais tem decidido que a vedação aplicava-se apenas a hipóteses de contrabando e descaminho, não subsistindo se as mercadorias foram regularmente importadas[60].

---

[59] No âmbito da Ação Declaratória de Constitucionalidade número 4/DF, foram, com efeito suspensivo, declaradas constitucionais as restrições que antes constavam da Lei 9494/97, como reclassificação e equiparação de servidores públicos; concessão de aumento e extensão de vantagens, pagamento de vencimentos e vantagens pecuniárias e compensação de créditos tributários ou previdenciários (STF, ADC-4/DF, rel. para acórdão Min. CELSO DE MELLO, Pleno, DJe 29.10.2014, p.1.

[60] Nesse sentido, no TRF da 1ª Região, Ag. 00157459820134010000, 8ª Turma, rel. JUIZ CONV. CLODOMIR SEBASTIÃO REIS, e-DJF1 12.07.2013, p.753; e no TRF, 5ª Região, EDAG

Ainda que não se venha a reproduzir o recorte jurisprudencial acima definido no âmbito da atual legislação, a norma que institui a proibição de tutela antecipatória em matéria de liberação de mercadoria importada deve ser interpretada, como toda e qualquer norma jurídica, à luz da finalidade normativa e com viés restritivo, já que se trata de limitação de função cardeal do Estado. Nesse sentido, o fim almejado pela norma foi o de manter hígido o controle atribuído pela Constituição ao Ministério da Fazenda no que pertine ao comércio exterior (art.237, CF), evitando a concessão, a título provisório e precário, de medida que, substancialmente, possui caráter satisfativo, sendo de difícil reversão. Portanto, a vedação legal deve valer, e ser aplicada, até o ponto em que garanta plenamente a segurança e efetividade do controle fazendário incidente sobre o ato de comércio exterior.

No contexto acima desenhado, há espaço para a intervenção judicial no sentido de liberar a mercadoria importada, ainda que em sede antecipatória ou liminar, desde que seja resguardada a pretensão fazendária através da competente contracautela. Essa possibilidade, aliás, existe no âmbito da Lei 2770/56, cujo art.2º admite a liberação anterior ao trânsito em julgado, desde que resguardada por "garantias de restituição do respectivo valor" (caput), tais como "fiança bancária idônea, aceita pela autoridade alfandegária competente, ou de caução em títulos da Dívida Pública Federal de valor nominal correspondente a 150% (cento e cinquenta por cento) 'ad valorem' das mercadorias, bens e coisas objeto de litígio".

A ausência de revogação expressa da Lei 2770/56 pela Lei 12.016/09, aliada ao propósito manifestamente aglutinativo do art.7º, par.2º, da nova lei do *mandamus*, que intentou compilar as restrições então existentes sem aprofundá-las, deixa evidente que a interpretação a ser dada a este último dispositivo não pode ser a de que houve um endurecimento da vedação frente à legislação anterior, eliminando-se a possibilidade de contracautela. Pelo contrário, a finalidade legal de evitar prejuízo à Fazenda Pública por força do cumprimento de medida liberatória irreversível estará plenamente satisfeita pela contracautela exigida, tornando sem propósito insistir-se na vedação, mesmo após estarem plenamente assegurados os interesses fazendários.

20030500026537002, 3ª Turma, rel. DES. FED. PAULO GADELHA, DJ 12.06.2006, p.373, dentre outros precedentes.

Por isso, deve-se emprestar uma interpretação integrativa ao art.7º, par.2º, da Lei 12016/09 com o art.2º, caput, in fine, e parágrafos, da Lei 2770/56, para que se admita a liberação liminar de mercadoria importada, mediante as contracautelas legalmente permitidas, adicionadas, por óbvio, da possibilidade de depósito integral e em dinheiro do valor controvertido.

4.4. A Suspensão Liminar da Exigibilidade de Tributo e a Prestação de Contracautela

Na seara tributária, a exigência de *depósito* como contracautela à liminar suspensiva de exigibilidade do crédito tributário é juridicamente inadmissível, pois o depósito constitui-se, *per se*, numa forma autônoma de suspensão da exigibilidade do crédito tributário (art.151, II, CTN). Uma vez efetuado depósito *integral e em dinheiro*[61] do valor do tributo controvertido, torna-se irrelevante, por desnecessária, a própria decisão judicial suspensiva, já que o depósito puro e simples já traz consigo a eficácia suspensiva desejada. Nesse caso, mais coerente é que o juiz indefira a liminar e faculte ao impetrante, se quiser, realizar o depósito.

Já o condicionamento da liminar a outras espécies de garantias não dotadas da eficácia prevista no art.151, do CTN, é perfeitamente legítimo, à luz do que enuncia o art.7º, III, da Lei 12.016/09.

4.5. Eficácia da Revogação de Liminar e Incidência da Mora Tributária

O art.7º, p.3º, Lei 12016/09 estabelece a vigência da liminar até a prolação da sentença, que a substituirá para todos os fins. Se a liminar, inicialmente concedida suspendendo a exigibilidade do crédito, for revogada por sentença definitiva ou mesmo pelo tribunal de apelação, deve o impetrante responder pela mora de todo o período? Há quem defenda que, se o crédito não estava vencido, é mister a renovação do prazo de pagamento sem acréscimos moratórios. A súmula 405/STF diz, todavia, que *"denegado o mandado de segurança pela sentença, ou no julgamento de agravo dela interposto, fica sem efeito a liminar concedida, retroagindo os efeitos da decisão contrária"*.

É o risco natural da demanda judicial, que deve ser suportado pelo impetrante, como se a liminar jamais tivesse existindo, não havendo porque discriminá-lo em relação ao contribuinte que atrasou o pagamento.

---

[61] Súmula 112/STJ- *O depósito somente suspende a exigibilidade do crédito tributário se for integral e em dinheiro.*

Mas na esfera federal, o art.63, par.2º, da Lei 9430/96 estabelece a sustação da multa a partir do deferimento da liminar (antes do vencimento) até trinta dias após sua revogação, o que dá ao contribuinte prazo para pagamento espontâneo. Por isso, a sobredita súmula só tem aplicação no âmbito estadual, distrital ou municipal, salvo se já houver norma semelhante à ora mencionada.

Em todo o caso, mesmo que na pendência de liminar suspensiva, a correção monetária não deixa de existir, pois não representa um *plus* em relação ao valor do tributo. O único modo de sustar a correção, assim como os juros de mora, é a efetivação do depósito integral em garantia (art.9º, par.4º, da Lei 6830/80).

Por fim, a atual lei deixou de reproduzir a hipótese de caducidade de liminar pelo puro e simples decurso do tempo, tal como era previsto no art.1º, "b", da Lei 4348/64, deixando de pé apenas a caducidade da liminar por abandono do feito por prazo superior a 3 dias úteis ou por obstaculização pelo impetrante do normal andamento do feito (art.8º, da LMS).

4.6. Recorribilidade da decisão liminar. Cabimento de Agravo Retido ou da Conversão do Agravo de Instrumento?

Hoje não há mais dúvida quanto à recorribilidade da decisão interlocutória que defere ou indefere a liminar em mandado de segurança. A celeridade própria do rito do mandado de segurança sustentou, durante algum tempo, a dúvida sobre a utilidade da interposição de agravo de instrumento. Ocorre que a evolução no procedimento do próprio agravo, que inclui a possibilidade de antecipação da tutela recursal (art.7º, par.1º, LMS; art.527, III, do CPC/73 e art.1.019, I, do CPC/2015), o que passa a justificar a interposição do recurso, tendo ficado superado o uso do próprio mandado de segurança para esse fim.

Questão interessante é sobre se os efeitos da liminar em agravo perduram até a sentença final ou até a decisão da apelação no tribunal? À luz do art.7º, par.3º, LMS *(Os efeitos da medida liminar, salvo se revogada ou cassada, persistirão até a prolação da sentença)* indicam que a sentença concessiva torna prejudicado o agravo, pois substitui a liminar, revigorando sua força jurídica. Todavia, se a sustação da liminar for determinada em sede de *suspensão de segurança*, o efeito suspensivo estende-se à sentença concessiva.

Por fim, agravo retido é incompatível com o mandado de segurança, pois a liminar tem conteúdo antecipatório e provisório, sendo inteiramente substituída pela sentença final. Esta, por sua vez, é impugnável por apelação sem efeito suspensivo. Então, o que deve ser impugnado, no fim das contas, é a própria sentença final, o que deve ser feito através de apelação, não se justificando venha um agravo com mesmo conteúdo a ser conhecido como preliminar.

4.7. Suspensão de Segurança. "Grave Lesão à Economia Pública" e Efeito Multiplicador dos Feitos Tributários

Há também, na lei que regula o mandado de segurança, previsão de pedido de *suspensão de liminar* ou *suspensão de segurança*, caso a ordem emitida possa causar grave lesão à ordem, saúde, segurança ou economia públicas, a juízo do Presidente do Tribunal *ad quem* (art. 15, Lei 12.016/09). Na esfera tributária, esse risco é geralmente invocado através do *efeito multiplicador* das ações, assim como da *relevância da arrecadação de tributos para o custeio do Estado*. Tais argumentos, se fossem acolhidos, praticamente inviabilizariam a concessão de liminar em qualquer mandado de segurança de caráter tributário, diante do caráter geral da incidência de suas normas. Na verdade, a suspensão de segurança deve ser tratada como qualquer medida de urgência, realizando-se um reexame sumário dos requisitos próprios da liminar em mandado de segurança, a par do requisito político já estabelecido. É o que ficou pacificado no STF[62].

Concedida a suspensão de liminar, ela perdura mesmo após a concessão da segurança por sentença, e até o trânsito em julgado da mesma sentença, salvo disposição em contrário na própria decisão (*Súmula 626/STF: "A suspensão da liminar em mandado de segurança, salvo determinação em contrário da decisão que a deferir, vigorará até o trânsito em julgado da decisão definitiva de concessão da segurança ou, havendo recurso, até a sua manutenção pelo Supremo Tribunal Federal, desde que o objeto da liminar deferida coincida, total ou parcialmente, com o da impetração"*).

A decisão que suspende a liminar ou sentença nesta sede pode ser objeto de agravo regimental, sem efeito suspensivo. Já a decisão pela manutenção do provimento impugnado é irrecorrível (Súmula 506 STF), cabendo apenas novos pedidos de suspensão aos presidentes do STJ e STF, os quais, segundo se tem entendido, podem ser simultâneos (art.15, par.1º, Lei 12.016/09).

---

[62] Brasil, Supremo Tribunal Federal. SS 846 AgR, rel. Min. SEPÚLVEDA PERTENCE, Tribunal Pleno, julgado em 29/05/1996, DJ 08-11-1996 PP-43208 EMENT VOL-01849-01 PP-00091.

5. Mandado de segurança e Compensação Tributária

Um dos temas mais interessantes no que se refere ao mandado de segurança em matéria tributária é o relativo à possibilidade de uso do *writ* para assegurar o direito à compensação, uma das formas de extinção do crédito tributário (art.156, II, CTN).

A compensação em matéria tributária é possibilidade sujeita à expressa autorização de cada ente tributante, conforme dispõe o art.170, do CTN, cabendo a cada entidade tributante definir por lei própria se e de que forma permitirá a extinção de crédito tributário por encontro de contas com o contribuinte.

Também o CTN traz, no art.170-A, a vedação de compensação judicial antes do trânsito em julgado da respectiva decisão[63]. A Lei 12.016/09, no art.7º, par.2º, apenas reitera a proibição já consignada na lei de normas gerais, e que vincula, por tal razão, todos os entes tributantes. Essa restrição, todavia, não impede que a sentença final reconheça o direito à compensação (súmula 213/STJ- *"O mandado de segurança constitui ação adequada para a declaração do direito à compensação tributária"*).

A restrição ao uso da liminar ou de sentença recorrível para sedimentar compensação tem razão de ser, pois a intervenção judicial na seara tributária, caracteristicamente marcada pela legalidade estrita e vinculação plena, reclamaria a definição, no próprio seio do processo, de certeza e liquidez a respeito da materialidade do direito que se busca reconhecer. Em se tratando de compensação, o ideal seria que o provimento jurisdicional, além de definir os aspectos jurídicos que regerão o encontro de contas, pudesse também definir desde logo, o *quantum* do crédito tributário compensável ou mesmo se tal crédito existe efetivamente. Tudo a fim de evitar posteriores discussões e para permitir que o encontro de contas se faça da forma mais rápida e incontroversa possível, ganhando, com isso, caráter conclusivo. Nisso consistiria, objetivamente, a busca e obtenção da extinção do crédito tributário pela via judicial, à qual aplica-se, com toda a força, a restrição enunciada.

Hipótese diversa ocorre quando o contribuinte, como *dominus litis* do mandado de segurança, decide, no legítimo exercício de seu direito de ação e do correlato princípio da demanda, limitar a extensão da presta-

---

[63] No mesmo sentido Súmula 212 STJ: *A compensação de créditos tributários não pode ser deferida por medida liminar.*

ção jurisdicional, circunscrevendo-a a uma mera declaração de existência ou inexistência de determinada relação jurídica, ou de algum dos seus aspectos (art. 4º, I, do CPC). É o que ocorre, na esfera da compensação tributária, com as chamadas ações voltadas para o *reconhecimento do direito de compensar*, objeto próprio da súmula 213, do STJ, cujo pedido, de natureza meramente declaratória, prescinde da efetivação do encontro de contas em todos os seus termos, podendo a respectiva sentença delinear apenas alguns aspectos que regerão a compensação, a ser posteriormente efetivada em sede extrajudicial, sem proclamar conclusivamente a extinção do débito a ser compensado.

A jurisprudência tem sedimentado a pertinência e o cabimento de semelhante pretensão, que se caracteriza pela desnecessidade de liquidação do *quantum* compensável, tarefa que se transfere à esfera própria da parte autora, sob a supervisão administrativa dos agentes fazendários.

Desse modo, vemos duas hipóteses de utilização do mandado de segurança em matéria de compensação:

a) *Declaração do direito de compensar* – a qual *pressupõe* a existência de norma da entidade tributante prevendo a extinção de seus créditos tributários pela compensação; *contém* a impugnação de algum ou alguns dos aspectos materiais ou formais da compensação efetivada; e *busca* a realização da compensação administrativa com os ajustes necessários, sem proclamar a liquidez e certeza do crédito compensável e a extinção do débito compensado.

b) *Declaração da compensação efetivada* – a qual *pressupõe* a existência de norma da entidade tributante prevendo a extinção de seus créditos tributários pela compensação; *contém* a impugnação da conclusão administrativa pelo indeferimento da compensação pedida; e *busca* o reconhecimento da liquidez e certeza do crédito compensável e a proclamação da extinção do débito compensado.

A restrição constante do art.170-A do CTN somente incide sobre a hipótese descrita em "b". Nesta hipótese, importa consignar duas observações adicionais: (b.1) a controvérsia sobre a liquidez e certeza do crédito e extinção do débito compensável deve, de alguma forma, ser passível de solução mediante prova preconstituída, já que não é permitida dilação probatória em sede mandamental; e (b.2) a restrição não veda a suspensão de exigibilidade liminar do débito supostamente compensado, medida reversível e provisória, caso estejam presentes elementos que prenunciem a higidez do encontro de contas.

6. Sentença e Coisa Julgada. Tributação Continuada e Eficácia em Casos Futuros

A sentença do mandado de segurança pode ser terminativa, por falta de algum dos pressupostos gerais ou específicos ou de condições da ação, ou ainda sentença de mérito. A primeira faz coisa julgada meramente formal, não impedindo novo ajuizamento da questão de fundo pela via ordinária ou mesmo pelo próprio mandado de segurança (por exemplo, na falta de liquidez e certeza a respeito do direito, mediante complementação de prova e caso ainda não esgotado o prazo decadencial). Nesse sentido deve ser interpretada a súmula 304, do STF, ao estabelecer que "*decisão denegatória de mandado de segurança, não fazendo coisa julgada contra o impetrante, não impede o uso da ação própria*)"

O conteúdo da sentença pode ser o de uma mera declaração, de desconstituição (especialmente do crédito tributário) e de condenação a um ato (ex. emitir certidão negativa) ou abstenção (ex. de prosseguir na cobrança do crédito tributário reconhecidamente ilegítimo). Seus comandos são auto-executáveis, dispensando qualquer processo ou procedimento adicional para seu cumprimento.

Quando à condenação à obrigação de pagar, a Súmula 271/STF ("*O mandado de segurança não é substitutivo de ação de cobrança e não possui efeitos patrimoniais em relação a período pretérito*") foi, em alguma extensão, incorporada ao art.14, par.4º, da Lei 12.016/09 ("*O pagamento de vencimentos e vantagens pecuniárias assegurados em sentença concessiva de mandado de segurança a servidor público da administração direta ou autárquica federal, estadual e municipal somente será efetuado relativamente às prestações que se vencerem a contar da data do ajuizamento da inicial*").

Há ainda um prazo de trinta dias para a prolação da sentença (art.12, p.u., da Lei 12.016/09), mas não há condenação em honorários (Art.25, da Lei 12.016/09).

Sobre a eficácia da sentença nos casos futuros envolvendo tributação continuada, deve ser seguido o mesmo entendimento definido pelo STJ para a ação declaratória, proclamando-se a eficácia da decisão até que sobrevenha nova legislação e desde que preservada a substância dos aspectos fáticos em que se escorou o provimento jurisdicional. É dizer, aplicação do comando sentencial aos mesmos fatos e direito que deram ensejo à decisão original, nos termos da regra *rebus sic stantibus*[64].

7. Recursos e Reexame Necessário

A sentença em mandado de segurança desafia apelação, sem efeito suspensivo, salvo quando atribuído pelo Relator (art.588, par. único, do CPC).

Há previsão de reexame necessário da sentença concessiva. Mesmo esse reexame, todavia, não tem efeito suspensivo, conforme dispõe o art.14, p. 1º e 3º, da LMS. Por contar com previsão legal específica, não são aplicáveis ao reexame necessário em mandado de segurança os casos de dispensa previstos no art.475, par.2º, do CPC[65], embora exista entendimento no sentido contrário.

Não são cabíveis embargos infringentes no mandado de segurança (Art.25, LMS).

8. Mandado de segurança coletivo em Matéria Tributária

Quanto ao mandado de segurança coletivo, não há óbice a seu uso para fins tributários, inclusive na defesa de interesses individuais homogêneos (art.21, p.u., II, LMS), uma vez que a tributação sempre se dá de maneira individual, mas com tratamento que sempre se uniformiza para toda a coletividade de contribuintes, por força do princípio da isonomia tributária (art.150, II, CF). A Lei 12.016/09 não reproduz a vedação do art.1º, p.u., da Lei 7347/85[66], não havendo possibilidade de aplicação analógica de tal dispositivo ao mandado de segurança coletivo, eis que não se pode, por essa via, restringir garantia constitucional.

---

[64] *"... a regra de que a sentença possui efeito vinculante somente em relação às situações já perfeitas, não alcançando àquelas decorrentes de fatos futuros, deverá ser relativizada quando se tratar de situações jurídicas permanentes, que não se alteram de um exercício para o outro, nem findam com o término da relação processual. Nesses casos, a sentença terá efeitos prospectivos em relação aos fatos geradores similares àqueles por ela apreciados, desde que ocorridos sob uma mesma situação jurídica."* (STJ, R.Esp. 795724/SP, 1ª Turma, rel. MIN. Luiz Fux, DJ 15.03.2007, p.274).

[65] STJ, R.Esp. 786561, 2ª Turma, rel. MIN. Peçanha Martins, DJ 06.02.2006, p.272; REsp. 684356, 5ª Turma, rel. MIN. José Arnaldo da Fonseca, DJ 23.05.2005, p.336; R. Esp. 788847/MT, 1ª Seção, rel. MIN. José Delgado, j.26.04.2006.

[66] *"Não será cabível ação civil pública para veicular pretensões que envolvam tributos, contribuições previdenciárias, o Fundo de Garantia do Tempo de Serviço – FGTS ou outros fundos de natureza institucional cujos beneficiários podem ser individualmente determinados."*

O mandado de segurança coletivo destina-se a proteger direitos líquidos e certos coletivos e individuais homogêneos[67], sob regime de substituição processual, não se tratando, pois, da representação prevista no art.5º, XXI, da CF, cujo exercício envolve autorização especial e confecção de lista de representados, não sendo qualquer das duas exigências aplicável à impetração coletiva (art.21, *in fine*, da Lei 12.016/09)[68].

Essa legitimação extraordinária deve guardar o requisito da *pertinência temática*, definida na Lei 12.016/09 como *"direitos líquidos e certos da totalidade ou de parte de seus membros ou associados, ...desde que pertinentes às suas finalidades"* (art.21). Mesmo para os partidos políticos, o STF, de alguma forma, estendeu essa exigência, ao definir que ele *"não está, ..., autorizado a valer--se do mandado de segurança coletivo para, substituindo todos os cidadãos na defesa de interesses individuais, impugnar majoração de tributo"*[69]. Não há, por igual, necessidade de que o interesse resguardado pela impetração pertença a toda a categoria, podendo restringir-se a parte dela apenas[70].

O requisito de preconstituição há pelo menos um ano aplica-se apenas às associações, não sendo aplicáveis às entidades de classe e organizações sindicais, sendo reconhecida pelo STJ, em observância à economia processual e efetividade da jurisdição, a possibilidade de cumprimento desse requisito no curso do processo[71].

A questão da legitimação é, na lição de LUIZ FUX, o principal diferencial do mandado de segurança coletivo, razão pela qual todos os demais pressupostos do mandado de segurança individual são repetidos em sede coletiva, inclusive a proibição de impetração contra lei em tese. O ato coator, portanto, ainda que de índole coletiva, há que produzir efeitos concretos, sendo vedado impugnar diretamente norma geral e abstrata.

O deferimento da liminar está condicionado a um requisito adicional no âmbito do mandado de segurança coletivo: a oitiva prévia do representante judicial da pessoa jurídica de direito público, no prazo de 72 horas (art.22, par.2º, da LMS).

---

[67] Na dicção da Lei 12.016/09, art.21, p.u., II, *"os decorrentes de origem comum e da atividade ou situação específica da totalidade ou de parte dos associados ou membros da impetrante"*.
[68] O dispositivo cristalizou o teor da súmula 629, do STF.
[69] STF, RE 196184/AM, 1ª Turma, rel. MIN. ELLEN GRACIE, DJ 18.02.2005, p.6.
[70] Nesse sentido, o art.21, da Lei 12.016/09 cristalizou o teor da súmula 630, do STF.
[71] STJ, R.Esp.705469, 3ª Turma, rel. MIN. NANCY ANDRIGHI, DJ 01.08.2005, p.456.

"O mandado de segurança coletivo não induz litispendência para as ações individuais, mas os efeitos da coisa julgada não beneficiarão o impetrante a título individual se não requerer a desistência de seu mandado de segurança no prazo de 30 (trinta) dias a contar da ciência comprovada da impetração da segurança coletiva" (art.22, § 1º, LMS). Já se a sentença do *writ* individual transitar em julgado em desfavor do impetrante, este não poderá se beneficiar de posterior sentença favorável em *writ* coletivo.

10. Doutrina de Leitura Obrigatória

FRANCAVILLA, Enrico. Mandado de Segurança – Teoria e Prática. São Paulo, Saraiva, 2013.

FUX, Luiz. Mandado de Segurança, Rio de Janeiro, Forense, 2010.

A Ação Anulatória de Lançamento Fiscal

Carlos Guilherme Francovich Lugones

1. Objeto

A ação anulatória de lançamento fiscal tem como fito atacar o procedimento administrativo tributário previsto no art. 142 do Código Tributário Nacional, destinado à constituição do crédito tributário. Pode-se, dizer, pois, que a tutela jurisdicional pretendida é a desconstituição deste procedimento administrativo e, em conseqüência, o desfazimento do próprio crédito tributário, já que resultado precípuo do lançamento.

Conforme a lição de Dejalma de Campos "na ação anulatória o sujeito passivo da obrigação tributária busca invalidar o lançamento contra si efetuado ou a decisão administrativa que não acolheu as suas razões de impugnação da pretensão da Fazenda Pública"[1]

Observe-se que a obrigação tributária, preexistente ao lançamento, estabelece o vínculo jurídico entre sujeitos ativo e passivo da relação jurídico-tributária. Todavia, a liquidez e a certeza necessárias para a exigibilidade do *quantum* devido só se verificam com o lançamento. Ou seja, materializado o crédito tributário, em sede
administrativa, com o lançamento, e não mais havendo possibilidade de irresignação por parte do sujeito passivo na seara da Administração Pública, sua exigibilidade é manifesta, já que constituído de forma definitiva.

---

[1] Campos, Dejalma de. *Direito Processual Tributário*. 2000, p. 90.

Por óbvio, estando exigível o crédito tributário, encontra-se o sujeito ativo em condições de iniciar os procedimentos tendentes à sua cobrança judicial, nos termos da Lei 6.830/80, com sua inscrição em dívida ativa. Todavia, é de todo razoável que o sujeito passivo não se conforme com a exigência do tributo e, após sua conformação em crédito tributário, enfrente--o, lançando mão dos meios judiciais existentes, mais precisamente a ação anulatória de lançamento fiscal.

Como leciona Alfredo Augusto Becker[2]

"Antes do lançamento, o direito existe, porém sem exigibilidade (não pode ser exigido). O fato jurídico do lançamento acrescenta o efeito jurídico da exigibilidade àquele preexistente direito. Mesmo depois do lançamento, o sujeito passivo (ou sujeito ativo) da relação jurídica tributária ainda pode oferecer resistência jurídica:

a) Contra a exigibilidade (do direito), desde que prove que os atos que realizaram o lançamento desobedeceram as regras jurídicas que disciplinaram este lançamento.

b) Conta a existência (do direito), desde que prove que os fatos analisados e investigados pelo lançamento não realizaram a hipóteses de incidência da regra jurídica criadora do tributo"

Pode-se entender a ação anulatória de lançamento fiscal como espécie de ação anulatória tributária. Esta conclusão resta lógica quando se observa que o Código Tributário Nacional, em seu art. 169, prevê também a hipótese de ação anulatória de decisão que denega a restituição de tributo em sede administrativa. Trata-se, por certo, de ação com cunho desconstitutivo destinado a alcançar ato administrativo, cuja característica não é, todavia, a constituição do crédito tributário, mas a denegação administrativa da pretensão de repetir o tributo que foi pago indevidamente pelo sujeito passivo.

Precisa, pois, é a pena de James Marins,[3] ao consignar que

"Embora a doutrina adote o *nomen iuris* "ação anulatória de débito fiscal", parece-nos mais acertado que se utilize a denominação genérica "ação anulatória em matéria tributária" ou, mais simplificadamente, "ação anulatória

---

[2] BECKER, Alfredo Augusto. *Teoria Geral do Direito Tributário*. 1998, p. 360/361
[3] MARINS, James. *Direito Processual Tributário Brasileiro: Administrativo e Judicial*. 2002, p. 401

fiscal", já que nem toda ação anulatória fiscal será necessariamente anulatória de ato de lançamento (ou "débito fiscal"), mas pode ter por objeto, v.g., a anulação de decisão administrativa denegatória de restituição de pagamento indevido (art. 169 do CTN)."[4]

Por sua vez, a ação anulatória "tributária" ou "em matéria tributária" não caracteriza modalidade de ação com tipificação própria, a distingui-la das demais ações de conhecimento. Mais uma vez, seguindo a lição de James Marins,[5] trata-se de ação tributária imprópria, na medida em que "não encontra disciplina processual tributária específica, isto é, rege-se por disposições gerais de processo civil", distinta, por tanto da ação de execução regrada pela Lei 6.830/80 – a denominada "Lei de Execução Fiscal" – destinada à cobrança da dívida ativa tributária e não-tributária, que só aplica a lei processual civil de forma subsidiária, nos termos de seu art. 1º.[6]

2. Legitimidade

Na ação anulatória de lançamento fiscal encontram-se legitimados a figurar no pólo ativo e passivo da relação processual os sujeitos ativo e passivo da relação jurídica tributária que levou à constituição do crédito tributário.

---

[4] Lembra com precisão Mauro Luís Rocha Lopes que "o contribuinte pode, ainda, valer-se da ação anulatória para desconstituir decisões proferidas em processos administrativos fiscais que lhe desagradem, como aqueles que não reconhecem direito à isenção ou à imunidade." (in *Execução Fiscal e Ações Tributárias*. 2003, p. 261)
Por sua vez, Américo Masset Lacombe consigna que "no caso de haver vício formal no lançamento, a pretensão do autor deverá limitar-se a anular o "ato administrativo" viciado. Apenas no caso de estarmos diante de um lançamento formalmente correto, mas inadequado ao "fato" imponível na realidade ocorrido, poder-se-á falar em "ação anulatória de débito fiscal" (in *Ação Anulatória de Débito Fiscal*. Revista de Direito Tributário nº 45 p. 110) A nosso aviso, todavia, ainda que decorrente de erro formal, o lançamento poderá dar azo à quantificação de crédito tributário, mesmo que de todo viciado. É o caso, por exemplo, de tributo devido em que a autoridade administrativa incompetente calcula e quantifica o valor a ser pago, lançando-o impropriamente. Disto resultará crédito tributário, que por certo surgirá de todo maculado, a desafiar, portanto, ação anulatória de débito fiscal.
[5] MARINS, James. ob. cit. p. 401
[6] Para Julio M. de Oliveira, trata-se de uma ação inominada, pois "não há um regramento suficiente para se constituir um novo tipo de ação (...) As referências legislativas são tópicas e a ação deve ser enquadrada nos contornos do Código de Processo Civil como ação de cognição de rito comum, sendo constitutiva negativa ou simplesmente constitutiva, na hipótese da especial previsão do art. 169 do CTN." in OLIVEIRA, Julio M. de. *Processo Tributário Analítico*. 2003, p. 77/78.

São, pois, as partes da relação de direito material que ensejou a controvérsia, nos termos do art. 6º do Código de Processo Civil. [7]

Em consequência, não se afigura razoável que terceiro estranho à relação de direito material tributária possa estar legitimado para manejar a ação anulatória, já que seu objeto é precisamente a desconstituição do lançamento. Ora, este procedimento destina-se a identificar e definir o sujeito passivo da relação jurídica tributária, como aliás deixa claro o art. 142 do Código Tributário Nacional. Portanto, resta óbvio que só aquele a quem é atribuída a condição de sujeito passivo tributário é que poderia demandar em juízo com o fito de desfazer o procedimento administrativo, até mesmo com o intuito de demonstrar que a imputação de contribuinte ou responsável tributário a ele feita pela autoridade administrativa é equivocada.

Neste sentido, reconheceu o Egrégio Superior Tribunal de Justiça a legitimidade ativa *ad causam* da parte que ajuizara ação anulatória destinada a desconstituir lançamento que lhe imputara indevidamente a condição de contribuinte do IPTU, como se vê da seguinte ementa:

> "PROCESSUAL CIVIL E TRIBUTÁRIO. AÇÃO ANULATÓRIA DE DÉBITO FISCAL. LEGITIMIDADE ATIVA *AD CAUSAM* RECONHECIDA. AUTOR QUE ALEGA NÃO SER SUJEITO PASSIVO DA OBRIGAÇÃO TRIBUTÁRIA. INSENSATEZ, PORTANTO, DO *DECISUM* QUE DELE EXIGE O COMPROVAR DA TITULARIDADE DO IMÓVEL.
>
> Para que a legitimidade ativa para a causa se configure, basta o existir da titularidade de um interesse, exsurgido de uma pretensão resistida. Com a ação sub examine objetiva a parte autora ver-se desobrigada do pagamento de IPTU, em cujo lançamento consta o nome de seu progenitor falecido, porquanto incidente: a um, sobre área de que teria sido administrativamente desapossado; a dois, sobre terreno do qual não é titular do domínio útil, nem proprietário ou possuidor a qualquer título.
>
> Assim, depreende-se de forma cristalina, da petição inicial, não versarem os autos, em análise, acerca de discussão que mereça prova, por parte do autor, de ser ele o proprietário de imóvel objeto do Imposto Predial e Territo-

---

[7] Neste sentido, a clássica lição de Antonio Carlos de Araújo Cintra, Ada Pellegrini Grinover e Candido Rangel Dinamarco, no sentido de que "em princípio, é titular de ação apenas a própria pessoa que se diz titular do direito subjetivo material cuja tutela pede (legitimidade ativa), podendo ser demandado apenas aquele que seja titular da obrigação correspondente (legitimidade passiva)." in *Teoria Geral do Processo*. 2003, p. 260

rial Urbano, porque referente à anulação de lançamento fiscal viciado, justamente em razão de ter sido efetivado em nome de quem não é, alegadamente, o sujeito passivo da obrigação tributária.

O sujeito passivo da obrigação tributária, quanto ao IPTU "é o proprietário do imóvel, o titular do seu domínio útil, ou o seu possuidor a qualquer título", motivo porque indubitável, diante das assertivas expostas, na exordial, o interesse jurídico do ora recorrente, em contestar, judicialmente, o lançamento constitutivo do crédito tributário e de ser ele, de forma efetiva, o titular deste interesse.

Recurso especial conhecido e provido.

(2ª Turma, REsp nº 199291, Relator Ministro PAULO MEDINA, in DJ de 02.12.2002, pág. 268)"

Assim, não se pode admitir que o locatário pretenda ajuizar ação anulatória para desconstituir lançamento relativo a IPTU, vez que nem de longe reveste a condição de sujeito passivo tributário. À afirmação de que o contrato de locação poderia imputar-lhe a obrigação de recolher o IPTU é de se contrapor o art. 123 do Código Tributário Nacional, a deixar claro que as convenções particulares não são oponíveis à Fazenda Pública, no que tange á delimitação do sujeito passivo tributário, cuja caracterização dá-se por lei. [8]

Nesta linha já se manifestou o Egrégio Superior Tribunal de Justiça:

PROCESSUAL CIVIL. EXECUÇÃO FISCAL. EXCEÇÃO DE PRÉ-EXECUTIVIDADE. LEGITIMIDADE DE LOCATÁRIO. CABIMENTO. EMBARGOS DE DECLARAÇÃO. ART. 535 DO CPC.

---

[8] Neste sentido, é a lição de Yoshiaki Ichihara: "Não obstante, o inquilino é parte ilegítima para impugnar o lançamento do IPTU, pois não se enquadra na sujeição passiva como contribuinte e nem como responsável tributário, como previsto no art. 121 do Código Tributário Nacional. A transferência do encargo por via de contrato não vincula o sujeito ativo, no caso o Município, pois a responsabilidade tributária só poderia ser atribuída por lei e tendo como pressupostos o benefício, a sucessão, a infração à lei, o descumprimento de obrigação acessória ou dever instrumental.
A transferência do encargo tributário via contrato de locação, apesar de a convenção aparecer como lei entre as partes, além de ter a natureza de obrigação civil, não tem a força de vincular terceiro não partícipe da norma individual do contrato, no caso a Fazenda Pública Municipal."
in *IPTU: O Inquilino tem legitimidade para impugnar o lançamento?* Cadernos de Direito Tributário e Finanças Públicas. nº 9, 1994, p. 152

1. Os embargos de declaração destinam-se a aclarar eventual obscuridade, resolver eventual contradição (objetiva: intrínseca do julgado) ou suprir eventual omissão do julgado, consoante art. 535 do CPC, de modo que, inocorrente qualquer das hipóteses que ensejam a oposição deles, a inconformidade da embargante ressoa como manifesta contrariedade à orientação jurídica que se adotou no acórdão, o que consubstancia evidente caráter infringente, a que não se presta a via ora eleita.

2. O locatário, por não deter a condição de contribuinte, não possui legitimidade ativa para propor ação objetivando o não-recolhimento de IPTU e taxas.

3. Recurso especial conhecido, em parte, provido.

(2ª Turma, REsp nº 604109, Relator Ministro CASTRO MEIRA, in DJ de 28.06.2004, p. 290)

PROCESSO CIVIL. AÇÃO ANULATÓRIA DE DÉBITO FISCAL. ILEGITIMIDADE ATIVA DO LOCATÁRIO DE IMÓVEL.

Pouco importando a existência de cláusula contratual de locação que obrigue o inquilino a pagar o tributo, o Município não mantém relação jurídico-tributária com o locatário do imóvel.

Decidida, assim, a ilegitimidade ativa, não se conhece do recurso especial, tanto mais que inexistentes os fundamentos em que alicerçado.

(2ª Turma, REsp nº 136528, Relator Ministro HELIO MOSIMANN, in DJ de 01.02.1999, p. 143)

Poder-se-ia argumentar que o locatário acabaria por suportar o encargo financeiro do tributo, tornando-se então o impropriamente denominado "contribuinte de fato", de onde retiraria sua legitimidade, inclusive com base no art. 166 do Código Tributário Nacional. Todavia, não se lhe aplica este dispositivo, já que seu alcance limita-se tão somente às hipóteses de repetição de indébito. Como bem observa Mauro Luís Rocha Lopes[9]:

> "Não há falar em prova de não-repercussão de tributo indireto, para fins de aferição de legitimidade à propositura de ação anulatória, por isso que o conteúdo normativo do art. 166 do CTN restringe-se aos casos em que o tributo foi recolhido e se pretende sua repetição como forma de se coibir o enriquecimento ilícito."

---

[9] LOPES, Mauro Luís Rocha Lopes. ob. cit. p. 262

3. Interesse Processual

Como precisa Sergio Ricardo de Arruda Fernandes[10], "considerando que a atividade jurisdicional é onerosa para o Estado e implica um constrangimento para a parte demandada, o direito de ação somente pode ser bem exercido pelo autor, quando a via jurisdicional se afigura necessária para alcançar o fim pretendido, bem como quando o resultado do provimento jurisdicional lhe for útil". Trata-se do interesse de agir.

É dizer, justifica-se o manejo do direito de ação na medida em que o provimento jurisdicional pretendido seja necessário e útil àquele que provoca a atividade do Poder Judiciário.

Como qualquer ação de conhecimento, a ação anulatória de lançamento fiscal pressupõe a presença do interesse de agir para o seu manejo. Uma vez que a pretensão deduzida em juízo traduz o desfazimento do ato administrativo de lançamento e do conseqüente crédito tributário, por óbvio não haverá interesse de agir se não houver como premissa o lançamento. Daí porque, com Luiz Emygdio F. da Rosa Jr.[11] "o pressuposto da ação anulatória é a efetivação do lançamento porque antes dele cabente é a ação declaratória". Ou na lição de James Marins[12], "diferentemente da ação declaratória a ação anulatória fiscal necessariamente pressupõe a existência de ato administrativo cuja desconstituição seja objeto do processo"

De fato, não havendo lançamento, não haverá ato administrativo a ser desconstituído. Nada impede que o contribuinte pretenda discutir judicialmente a própria existência ou inexistência da relação jurídica obrigacional tributária, com base no art. 4º, I do Código de Processo Civil, dotando-lhe, pois, da necessária certeza que, ao ver do sujeito passivo tributário, não está claramente configurada.[13]

---

[10] FERNANDES, Sergio Ricardo de Arruda. *Questões Importantes de Processo Civil. Teoria Geral do Processo.* 2002, p. 165

[11] ROSA JUNIOR, Luiz Emygdio F. da. *Manual de Direito Financeiro e Direito Tributário.* 2003, p. 859

[12] MARINS, James. ob. cit. p. 403

[13] . Em sentido distinto Julio M. de Oliveira: "A nosso ver, o perfil de aplicação da ação anulatória prescinde da existência dos atos de formalização dos agentes da administração pública (lançamento ou certidão de dívida ativa ou outros quaisquer) e pode ser proposta em face das Fazendas Públicas que exigem créditos tributários ou mesmo em vista de declarações unilaterais apostas em DCTF ou GIA ou qualquer meio de criação do fato jurídico tributário que venha a se verificar viciado em aspectos formais ou mesmo materiais, em razão de ilegalidades ou inconstitucionalidades." OLIVEIRA, Julio M. de . ob. cit. p. 82. (DCTF,

Neste sentido, já manifestou-se o Egrégio Superior Tribunal de Justiça:

"TRIBUTÁRIO E PROCESSUAL CIVIL. AÇÃO DECLARATÓRIA VISANDO CRÉDITO FISCAL CONSTITUÍDO. CTN, ART. 142. CPC, ART. 4º.
1. A ação declaratória pressupõe um crédito fiscal ainda não constituído. Após a sua constituição formal, a hipótese será de ação anulatória.
2. Recurso provido.
(REsp nº 125205, 1ª Turma, Relator Ministro MILTON LUIZ PEREIRA, in DJ de 03.09.2001)

4. Ação Anulatória e Depósito Prévio

Ao mesmo tempo em que se garante ao sujeito passivo tributário o acesso à justiça a fim de questionar o lançamento tributário através de ação anulatória, o credor tributário também pode diligenciar no sentido de exigir judicialmente o seu crédito, através do ajuizamento de execução fiscal, nos termos da Lei 6.830/80.

Desta forma, a ação anulatória não tem o condão de obstar o ajuizamento da ação executiva, como aliás dispõe o §º 1º do art. 585 do Código de Processo Civil, cuja redação deixa claro que "a propositura de qualquer ação relativa ao débito constante do título executivo não inibe o credor de promover-lhe a execução".[14]

Assim, caso o autor da ação anulatória pretenda impedir o ajuizamento da execução fiscal, necessário será suspender a exigibilidade do crédito tributário, valendo-se dos instrumentos indicados no art. 151, do Código Tributário Nacional.

É dizer, com o depósito judicial do montante integral do crédito tributário discutido na ação anulatória – desde que em dinheiro e na sua integralidade, conforme o verbete 112 da súmula do Egrégio Superior Tribunal de Justiça – estará a Fazenda Pública impedida de ajuizar a execução fiscal correspondente, já que suspensa a exigibilidade do crédito.

GFIP, GIM, GIA, são declarações prestadas pelos contribuintes à Fazenda Pública Federal e Estadual. Normalmente a lei pressupõe que são confissões de dívida, embora sujeitas a retificação pelos contribuintes)

[14] Como observa Alexandre Barros Castro, "a ação anulatória de débitos fiscais, em face do princípio administrativo da supremacia do interesse coletivo sobre o particular, na impede, como vimos, a propositura da competente execução fiscal." In CASTRO, Alexandre Barros. *Teoria e Prática do Direito Processual Tributário*. 2002, p. 386

Na mesma linha, a concessão de tutela antecipada e o deferimento de medida liminar em medida cautelar obstarão o ajuizamento da execução fiscal, pois o crédito tributário estará com sua exigibilidade suspensa.[15]

---

[15] A nosso ver, nenhuma dúvida pode subsistir quanto ao cabimento destas modalidades de suspensão exigibilidade do crédito tributário, não havendo que se falar em impossibilidade de antecipação de tutela contra a Fazenda Pública. Neste sentido, já se manifestou o Superior Tribunal de Justiça:
RECURSO ESPECIAL – ALÍNEA "A" – TRIBUTÁRIO – ISS – AÇÃO CAUTELAR PREPARATÓRIA – PRETENDIDA SUSPENSÃO DA EXIGIBILIDADE DO CRÉDITO TRIBUTÁRIO – POSSIBILIDADE – ENTENDIMENTO DOUTRINÁRIO E JURISPRUDENCIAL – ARTIGO 151, INCISO V DO CTN, NA REDAÇÃO DADA PELA LC N. 104/01.
A doutrina já defendia, antes do início da vigência da LC n. 104/01, a possibilidade de utilização da medida cautelar para suspender a exigibilidade do crédito tributário, com base no poder geral de cautela do juiz. Nesse sentido, afirma Hugo de Brito Machado que "é razoável, assim interpretarmos o artigo 151 IV, do CTN, no contexto atual, em que se ampliou consideravelmente o alcance e a utilidade da jurisdição cautelar, dando-se um sentido mais abrangentes, desprendido do elemento literal, e assim entendê-lo como uma referência a todos os procedimentos judiciais de natureza cautelar" (Artigo intitulado "Tutela judicial cautelar suspensiva da exigibilidade do crédito tributário", in Revista Tributária e de Finanças Públicas, n. 36, Ano 9, Jan/Fev 2001, Ed. RT, São Paulo, p. 67).
Na mesma esteira, há julgados do Superior Tribunal de Justiça que decidiram pelo cabimento da liminar em ação cautelar para suspender a exigibilidade do crédito tributário, independentemente da realização do depósito do montante integral do débito, em período anterior ao início da vigência da LC n. 104/01, sem que isso implique ofensa ao disposto no artigo 141 do CTN, cuja dicção é: "o crédito tributário regularmente constituído somente se modifica ou extingue, ou tem sua exigibilidade suspensa ou excluída, nos casos previstos nesta lei, fora dos quais não podem ser dispensadas". Precedentes: REsp 328.209/CE, Rel. Min. Castro Meira, DJU 17/11/2003; RESP 411.396/SC, Relator Min. José Delgado, DJU 06.05.2002; AGREsp 228792/CE, Rel. Min. Francisco Falcão, DJU 30.06.2003 e REsp 153.633/SP, relatado por este magistrado, DJU 01.07.2002.
O advento da Lei Complementar n. 104/01, portanto, apenas ratificou o entendimento já adotado pela doutrina e pela jurisprudência pátrias, que se afastavam da tese restritiva. É consabido que a novel disposição normativa introduziu dois novos incisos ao artigo 151 do CTN, que contemplam outras hipóteses de suspensão da exigibilidade do crédito, além das já existentes, quais sejam, a concessão de medida liminar ou de tutela antecipada, em outras espécies de ação judicial e o parcelamento.
Recurso especial provido para afastar a preliminar de impossibilidade jurídica do pedido acolhida pelo v. acórdão recorrido, a fim de que sejam examinadas as demais questões envolvidas na demanda.
(REsp nº 260229, 2ª Turma, Relator Ministro FRANCIULLI NETTO, in DJ de 26.04.2004, p. 00157)

Destaque-se que o deposito judicial é mera faculdade do contribuinte – tanto que não há que se cogitar de resistência da Fazenda Pública à sua efetivação – cabendo-lhe, pois decidir se irá realiza-lo ou não no bojo da ação anulatória. Ao juiz caberá apenas verificar se o depósito corresponde à integralidade do crédito tributário, não havendo necessidade de emissão de ato decisório propriamente dito.[16]

Desta forma, já de há muito refutada pela jurisprudência a redação do art. 38 da Lei 6.830/80, que condicionava o ajuizamento de ação anulatória destinada a discutir o crédito tributário regularmente inscrito em dívida ativa ao depósito prévio do valor devido, corrigido monetariamente e acrescido dos juros, multa de mora e demais encargos.[17]

---

[16] Atente-se ao seguinte julgado do Egrégio Superior Tribunal de Justiça:
PROCESSO CIVIL – EMBARGOS DE DECLARAÇÃO – AÇÃO CAUTELAR – DEPÓSITO JUDICIAL – SUSPENSÃO DA EXIGIBILIDADE DO CRÉDITO TRIBUTÁRIO.
1. O depósito judicial, no montante integral, suspende a exigibilidade do crédito tributário (art. 151, II do CTN) e constitui faculdade do contribuinte, sendo desnecessário o ajuizamento de ação cautelar específica para a providência, porque pode ser requerida na ação ordinária, mediante simples petição.
2. Embargos de declaração acolhidos, sem efeitos modificativos.
(EMC nº 3809, 2ª Turma, Relatora Ministra ELIANA CALMON, in DJ de 24.06.2002, pág. 228)

[17] Na lição de Humberto Theodoro Júnior:
"(...) Entendo que a Lei nº 6.830 violou uma das garantias constitucionais dos direitos do homem, ou seja, o direito de ter sempre suas lesões de direitos individuais apreciadas pelo Poder Judiciário, mormente quando o contribuinte for pobre ou não dispuser de recursos suficientes para custear o depósito imposto como condição de procedibilidade." (THEODORO JÚNIOR, Humberto. Lei de Execução Fiscal. 1999, p. 119)
Neste sentido, o Colendo Supremo Tribunal Federal:
AÇÃO ANULATÓRIA DE DEBITO FISCAL. ART. 38 DA LEI 6.830/80. Razoável a interpretação do aresto recorrido no sentido de que não constitui requisito para a propositura da ação anulatória de debito fiscal o deposito previsto no referido artigo.
Tal obrigatoriedade ocorre se o sujeito passivo pretender inibir a fazenda publica de propor a execução fiscal.
Recurso extraordinário não conhecido.
(RE 105552, 2ª Turma, Relator Ministro DJACI FALCÃO, in DJ de 30.08.1985, pág. 14351)
Também o Egrégio Superior Tribunal de Justiça:
PROCESSUAL – DEBITO FISCAL – AÇÃO ANULATÓRIA – DEPOSITO PREPARATÓRIO – DESNECESSIDADE.
A ação anulatória de debito fiscal não esta condicionada ao deposito preparatório de que cuida o art. 38 da Lei 6.830/80.
(REsp nº 2772, 1ª Turma, Relator Ministro HUMBERTO GOMES DE BARROS, in DJ de 24.04.1995)

Ao contrário, a suspensão por força de tutela antecipada ou de medida liminar em medida cautelar pressupõe, por óbvio, a cognição do magistrado quanto aos respectivos pressupostos, quais sejam a verossimilhança e a prova inequívoca e o *fumus boni iuris* e *o periculum in mora*. Neste casos, o ato do julgador reveste-se de conteúdo decisório, a desafiar recurso pela parte irresignada.

Desta forma, caso ocorra uma das hipóteses de suspensão da exigibilidade do crédito tributário, nos termos do art. 151 do Código Tributário Nacional, o ajuizamento da execução fiscal correspondente é inadmissível, a justificar portanto sua extinção pelo magistrado competente.[18]

5. Execução Fiscal e Conexão

Questão por demais debatida em sede doutrinária e jurisprudencial diz respeito à conexão entre ação anulatória e ação de execução fiscal.

Nos termos do art. 103 do Código de Processo Civil, "reputam-se conexas duas ou mais ações, quando lhes for comum o objeto ou a causa de pedir". É dizer, caracteriza-se a conexão quando houver identidade de pedido ou de *causa petendi*. Em consequência, a fim de prestigiar a instrumentalidade do processo e evitar sentenças contraditórias, aplica-se à espécie o art. 105 do CPC, que admite a reunião de ações conexas, para que sejam apreciadas pelo mesmo julgador.

Portanto, se possível a prolação de sentenças conflitantes, razoável será a reunião dos feitos em um só juízo, quando então o magistrado, no desenrolar de sua atividade cognitiva, realizará julgamento conjunto.

Ora, é de se ressaltar que a ação de execução não pressupõe cognição nem tampouco sentença de mérito. Em conseqüência, tornar-se-ia inviável o instituto da conexão quando cotejadas execução fiscal e ação anulatória.

Neste sentido, são as palavras de Sérgio Ricardo de Arruda Fernandes[19], ao consignar que:

Por fim, o verbete 247 do extinto Tribunal Federal de Recursos: "Não constitui pressuposto da ação anulatória do débito fiscal o deposito de que cuida o art. 38 da Lei nº 6.830, de 1980".

[18] Hugo de Brito Machado pugna pelo indeferimento da inicial da execução fiscal de plano ou, uma vez que o juiz nem sempre tem conhecimento da anulatória com o depósito correspondente, manifestação do executado pedindo reconsideração da decisão que deferiu a citação para que o juiz, aí sim, indefira a inicial (MACHADO, Hugo de Brito. *Ação Anulatória e Execução Fiscal*. Revista de Estudos Tributários, no. 18, 2001. p. 24/25)

[19] FERNANDES, Sérgio Ricardo de Arruda. ob. cit. p. 158

"De acordo com a melhor posição a respeito, inexiste conexão entre a ação de execução e a de conhecimento, visto inexistir a identidade parcial objetiva (causa de pedir ou pedido) e, a fortiori, risco de sentenças antagônicas. Com efeito, o processo executivo não é hábil para a atividade cognitiva do estado-juiz, tendo por escopo a prática de atos materiais para a satisfação de um crédito, partindo da premissa quanto à existência deste."

Todavia, forçoso é reconhecer a forte argumentação em sentido contrário, a admitir a conexão entre a ação de execução e a ação anulatória, como se vê em James Marins[20]:

(...) "o que há de comum entre a execução e a ação anulatória do débito fiscal e que deve induzir a conexão com a reunião das causas é justamente a causa de pedir remota (ou razão mediata do pedido), isto é, no primeiro caso, o lançamento como fundamento do título executivo (causa de pedir remota para a excutição dos bens do contribuinte devedor) e, no segundo caso, o próprio lançamento tido como viciado, agora como causa de pedir remota do pedido anulatório. Por sua afinidade, devem os processos (execução fiscal e anulatória) ser reunidos evitando-se a possibilidade de julgamentos contraditórios."[21]

No mesmo sentido, é o pensamento de Mauro Luis Rocha Lopes[22], ao manifestar-se sobre a existência de conexão na espécie:

Sobre o tema, todavia, necessário se faz trazer à colação substancioso julgado do Egrégio Superior Tribunal de Justiça, cuja relatoria para acórdão coube ao eminente Ministro Luiz Fux, em que se reconheceu na espécie a conexão entre ação anulatória e ação de execução fiscal, por prejudicia-

---

[20] MARINS, James. ob. cit. p. 408
[21] A se realçar a observação de Julio M. de Oliveira: "Apenas complementaríamos as observações do ilustre autor no sentido de que tanto pode ser o lançamento formal quanto outro processo legalmente definido para a constituição do crédito tributário a causa de pedir remota da execução fiscal, mesmo que sem a intervenção de agente público e as formalidades do art. 142 do CTN." OLIVEIRA, Julio M de. Ob. cit. p. 85
[22] LOPES, Mauro Luis Rocha. Ob. cit. p. 265
"Cremos que a resposta é afirmativa, sendo evidente, na hipótese proposta, a necessidade de reunião das ações, na forma do art. 105 do CPC, em moldes a serem julgadas simultaneamente. Isso porque a execução e a anulatória traduzirão ações com as mesmas partes e tendo por objeto o mesmo débito.".

lidade, face à necessidade de se preservar a segurança jurídica e a economia processual: [23]

PROCESSUAL CIVIL. COMPETÊNCIA. EXECUÇÃO FISCAL E AÇÃO ANULATÓRIA. CONEXÃO.

Dispõe a lei processual, como regra geral que é título executivo extrajudicial a certidão de dívida ativa da Fazenda Pública da União, Estado, Distrito Federal, Território e Município, correspondente aos créditos inscritos na forma da lei (art. 585, VI do CPC).

Acrescenta, por oportuno que a propositura de qualquer ação relativa ao débito constante do título executivo não inibe o credor de promover-lhe a execução.(§ 1º, do 585, VI do CPC).

A finalidade da regra é não impedir a execução calcada em título da dívida líquida e certa pelo simples fato da propositura da ação de cognição, cujo escopo temerário pode ser o de obstar o processo satisfativo desmoralizando a força executória do título executivo.

À luz do preceito e na sua exegese teleológica colhe-se que, a recíproca não é verdadeira; vale dizer: proposta a execução torna-se despiscienda e portanto falece interesse de agir na propositura de ação declaratória porquanto os embargos cumprem os desígnios de eventual ação autônoma.

Conciliando-se os preceitos tem-se que, precedendo a ação anulatória, a execução, aquela passa a exercer perante esta inegável influência prejudicial a recomendar o simultaneus processus, posto conexas pela prejudicialidade, forma expressiva de conexão a recomendar a reunião das ações como expediente apto a evitar decisões inconciliáveis.

O juízo único é o que guarda a mais significativa competência funcional para verificar a verossimilhança do alegado na ação de conhecimento e permitir prossiga o processo satisfativo ou se suspenda o mesmo.

Refoge a razoabilidade permitir que a ação anulatória do débito caminhe isoladamente da execução calcada na obrigação que se quer nulificar, por isso

---

[23] Assinala o Ministro Fux em seu voto que: "Conciliando-se os preceitos tem-se que, precedendo a ação anulatória, a execução, aquela passa a exercer perante esta inegável influência prejudicial a recomendar o *simultaneus processus*, posto conexas pela prejudicialidade, forma expressiva de conexão a recomendar a reunião das ações como expediente apto a evitar decisões inconciliáveis.
Aliás, a conexão por prejudicialidade é uma das formas de liame que impõe a reunião das ações para julgamento em *unum et idem judex*."

que, exitosa a ação de conhecimento, o seu resultado pode frustrar-se diante de execução já ultimada.

Reunião das ações no juízo suscitante da execução fiscal, competente para o julgamento de ambos os feitos.

Precedentes do E. STJ, muito embora nalguns casos somente se admita a conexão quando opostos embargos na execução e depositada a importância discutida.

Conflito conhecido para declarar competente o Juízo Federal da 3ª Vara de Execuções Fiscais da Seção Judiciária do Estado do Rio Grande do Sul.

(CC 31963, 1ª Seção, Relator p/ Acórdão Ministro LUIZ FUX, in DJ de 05.08.2002, p. 00190)

Corroborando esta tese, destaque-se o seguinte julgado:

CONFLITO DE COMPETÊNCIA. EXECUÇÃO FISCAL. AÇÃO ANULATÓRIA. CONEXÃO. ORIENTAÇÃO DA PRIMEIRA SEÇÃO. ART. 106, CPC. COMPETÊNCIA DO JUÍZO SUSCITANTE.

1. Na linha da orientação da Primeira Seção, "entre ação de execução e outra ação que se oponha ou possa comprometer os atos executivos, há evidente laço de conexão (CPC, art. 103), a determinar, em nome da segurança jurídica e da economia processual, a reunião dos processos, prorrogando-se a competência do juiz que despachou em primeiro lugar (CPC, art. 106)"(CC n. 38.045-MA, DJ 9-12-2003, relator para acórdão o Ministro Teori Zavascki).

2. Ainda segundo a orientação desta Seção, "o juízo único é o que guarda a mais significativa competência funcional para verificar a verossimilhança do alegado na ação de conhecimento e permitir prossiga o processo satisfativo ou se suspenda o mesmo", considerando que "refoge a razoabilidade permitir que a ação anulatória do débito caminhe isoladamente da execução calcada na obrigação que se quer nulificar, por isso que, exitosa a ação de conhecimento, o seu resultado pode frustrar-se diante de execução já ultimada" (CC n. 31.963-RS, DJ 5-8-2002, relator para acórdão o Ministro Luiz Fux).

3. É de registrar-se que não se discute nestes autos eventual conflito entre o Juízo suscitante e outro Juízo, da mesma Seção Judiciária, especializado em execuções fiscais.

4. Conflito conhecido para declarar competente o Juízo Federal da 4ª Vara de Campinas, São Paulo.

(CC 40328, 1ª Seção, Relatora Ministra DENISE ARRUDA, DJ 02.08.2004 p.00278)

Admitida a conexão entre a ação executiva e a ação anulatória, resta evidente que a execução fiscal só poderá ser suspensa com a existência de deposito na ação de conhecimento, ou garantida a execução, conforme dispõe o art. 8º da Lei 6.830/80.

Destaque-se ainda que, nos termos do art. 16 da Lei 6.830/80, o Executado poderá ajuizar embargos à execução, com o fito de atacar o título executivo consubstanciado na Certidão de Dívida Ativa e, mediatamente, atingir o lançamento que originou o crédito tributário inscrito em dívida ativa.

Neste caso, caracterizados os embargos à execução como ação de conhecimento, a questão processual a ser enfrentada diz respeito à admissibilidade da ação anulatória, na qual se pretende precisamente a desconstituição do ato administrativo de lançamento.

A nosso aviso, resta manifesta a ocorrência de litispendência entre ambas as ações de conhecimento. Nos termos dos §º 2º e 3º do art. 301 do Código de Processo Civil, pode-se concluir que haverá litispendência quando se repete ação que já se encontra em curso, desde que idênticas as partes, a causa de pedir e o pedido.

Ora, o pedido imediato traduz-se na tutela jurisdicional constitutiva negativa e o pedido mediato caracteriza-se no desfazimento do lançamento que gerou o crédito tributário. Por sua vez, a causa de pedir próxima é o descabimento do lançamento e a causa de pedir remota é o próprio lançamento.

Portanto, embargada a execução fiscal, se a ação anulatória vier a ser proposta, outra solução não haverá senão reconhecer a ocorrência de litispendência, a ensejar a extinção desta última.

Sobre o tema, observe-se o seguinte julgado:

PROCESSO CIVIL. EXECUÇÃO FISCAL E AÇÃO ANULATÓRIA DO DÉBITO. CONEXÃO.

1. Se é certo que a propositura de qualquer ação relativa ao débito constante do título não inibe o direito do credor de promover-lhe a execução (CPC, art. 585, § 1º), o inverso também é verdadeiro: o ajuizamento da ação executiva não impede que o devedor exerça o direito constitucional de ação para ver declarada a nulidade do título ou a inexistência da obrigação, seja por meio de embargos (CPC, art. 736), seja por outra ação declaratória ou desconstitutiva. Nada impede, outrossim, que o devedor se antecipe à execução e promova, em caráter preventivo, pedido de nulidade do título ou a declaração de inexistência da relação obrigacional.

2. Ações dessa espécie têm natureza idêntica à dos embargos do devedor, e quando os antecedem, podem até substituir tais embargos, já que repetir seus fundamentos e causa de pedir importaria litispendência.

3. Assim como os embargos, a ação anulatória ou desconstitutiva do título executivo representa forma de oposição do devedor aos atos de execução, razão pela qual quebraria a lógica do sistema dar-lhes curso perante juízos diferentes, comprometendo a unidade natural que existe entre pedido e defesa.

4. É certo, portanto, que entre ação de execução e outra ação que se oponha ou possa comprometer os atos executivos, há evidente laço de conexão (CPC, art. 103), a determinar, em nome da segurança jurídica e da economia processual, a reunião dos processos, prorrogando-se a competência do juiz que despachou em primeiro lugar (CPC, art. 106). Cumpre a ele, se for o caso, dar à ação declaratória ou anulatória anterior o tratamento que daria à ação de embargos com idêntica causa de pedir e pedido, inclusive, se garantido o juízo, com a suspensão da execução.

(STJ, 1ª Seção, CC 38045, Relatora Ministra ELIANA CALMON, in DJ de 09.12.2003, p. 202)

Destaque-se que é perfeitamente plausível que o objeto da ação anulatória seja menor que o objeto da ação de embargos à execução. Imagine-se, por exemplo, o ajuizamento de execução fiscal fulcrada em diferentes notificações fiscais de lançamento de débito – NFLDs, atacadas através dos mesmos embargos à execução. Caso o Executado ajuíze ação anulatória de lançamento fiscal, limitando-se todavia a enfrentar algumas das exações materializadas nas NFLDs, é de se reconhecer a ocorrência da litispendência, a impor a extinção da ação anulatória. Todavia, se neste caso a ação anulatória for proposta antes dos embargos à execução, a hipótese aplicável será de continência, a recomendar a reunião dos feitos para julgamento em conjunto, nos termos do art. 104 do Código de Processo Civil.

É certo que os embargos à execução não se prendem a atacar tão somente os aspectos materiais do lançamento, mas podem se fundar na ilegitimidade da parte, na prescrição, na decadência, no excesso de execução, entre outras tantas hipóteses. Poder-se-ia argumentar, então, que nestes casos não haveria que se falar em litispendência com a ação anulatória, já que distintas as causas de pedir. De fato, esta conclusão faz-se óbvia. Todavia, se em uma ação anulatória o autor alega vício no lançamento e, nos embargos, invoca excesso de execução, afirmando que o valor devido seria menor, resta evidente a incongruência entre os pedidos, por contraditórios, a ensejar, na espécie, a extinção da ação anulatória por falta de interesse de agir.

Observe-se, outrossim, que tanto a Justiça Federal como a Justiça Estadual têm adotado a especialização de juízos em execução fiscal. Nestes casos, entendo que não se lhes é possível atribuir competência para o processamento das ações anulatórias, tendo em vista a regra do art. 102 do Código de Processo Civil, a deixar claro que a modificação de competência por conexão ou continência só se verifica nas hipóteses de competência em razão do valor e do território.

Ora, a competência dos juízos de execução fiscal é em razão da matéria, portanto absoluta. São juízos especializados, aos quais compete processar e julgar os executivos fiscais propostos com base na Lei 6.830/80 e os feitos incidentes, tais como os embargos à execução.

Desta forma, havendo correlação entre a matéria tratada em uma ação ordinária e a execução fiscal ou os embargos à execução ajuizados na vara especializada, não há que se reunir os processos nesta última, mercê da expressa disposição do já citado art. 102 do Código de Processo Civil.

Na realidade, se a decisão a ser proferida na ação ordinária tiver o condão de influir no processo de execução, por prejudicialidade, a regra processual a ser observada é a que consta do art. 265, IV do Código de Processo Civil, ensejando a suspensão do referido processo bem como dos embargos à execução eventualmente propostos.

Neste sentido, são os seguintes julgados:

> CONFLITO NEGATIVO DE COMPETÊNCIA. AÇÃO ANULATÓRIA DE DÉBITO FISCAL E EMBARGOS À EXECUÇÃO. CONEXÃO. MODIFICAÇÃO DE COMPETÊNCIA. IMPOSSIBILIDADE. PROVIMENTO 68/99 DA CORREGEDORIA DESTE TRIBUNAL.
>
> 1. O Provimento 68/99 deste Tribunal trata a questão como competência absoluta, isto é, em razão da matéria, não permitindo que seja a competência modificada pela conexão ou continência.
>
> 2. A vara especializada em execução fiscal deve julgar a execução fiscal, os embargos e demais feitos a ela dependentes, excluindo, no entanto, as ações anulatórias de débito fiscal e os mandados de segurança que permanecem na Justiça Federal.
>
> 3. Conflito de competência conhecido e julgado procedente para declarar competente o Juízo Estadual suscitado da Comarca de Montes Claros/MG para processar e julgar o feito.

(TRF da 1ª Região, 4ª Seção, CC 01000022501, Relatora Desembargadora Federal MARIA DO CARMO CARDOSO, in DJ de 08.06.2004, p. 06)

> PROCESSUAL CIVIL – CONFLITO NEGATIVO DE COMPETÊNCIA – AÇÃO ANULATÓRIA DE DÉBITO FISCAL E EXECUÇÃO FISCAL – INEXISTÊNCIA DE CONEXÃO – RELAÇÃO DE PREJUDICIALIDADE – ART. 265, IV, "A", CPC.
> 1. A competência em razão da matéria, que é de natureza absoluta, não comporta prorrogação pela conexão ou continência.
> 2. As execuções fiscais apresentam rito próprio de acordo com a Lei nº 6.830/80, que não se compadece com o rito da ação anulatória de débito fiscal, conquanto seja esta de natureza tributária.
> 3. Impõe-se a suspensão do curso da execução fiscal até que seja julgado o processo de conhecimento, cuja competência para julgamento é da Vara não especializada para a qual fora distribuída inicialmente.
> 4. Competência do Juízo Federal da 4ª Vara de Niterói para processar e julgar a ação anulatória de débito fiscal.
> (TRF da 2ª Região, 3ª Turma, CC 5364, Desembargador Federal FREDERICO GUEIROS, in DJ de 24.09.2002, p. 313)

Contudo, devo reconhecer a excelência dos argumentos de Mauro Luiz Rocha Lopes[24], em sentido contrário, a lecionar que:

> "Estamos, contudo, com os que pregam a supremacia do interesse em decisões convergentes, que prevalecerá diante de regras atinentes à competência em razão da matéria, a determinar que o juízo prevento, ainda que especializado, seja o competente para julgar, simultaneamente, as causas ligadas por conexão ou continência, tudo, em nome da segurança jurídica e do princípio da economia processual."

Nesta linha de raciocínio, trago à colação os seguintes julgados:

> NULIDADE DA SENTENÇA. REDISTRIBUIÇÃO. AÇÕES CONEXAS. VARA ESPECIALIZADA. LANÇAMENTO DE OFÍCIO. PROVA. SUJEITO PASSIVO. MULTA. ART. 106, II, C, DO CTN. LEI 9.430/96.
> 1. Não é incompetente o juízo de vara especializada em execuções ficais para apreciação de ação anulatória de débito conexa com execução fiscal,

---

[24] LOPES, Mauro Luiz Rocha. ob. cit. p. 267.

in casu, não se aplica a regra do art. 106 do CPC, destinada a juízos com a mesma competência.

2. Constatado pela Receita Federal, mediante ação fiscal, a existência de veículos automotores em nome do autor, bem como a alienação destes bens, sem que houvesse declaração pelo sujeito passivo, correto foi o lançamento de Imposto de Renda de ofício pela autoridade fiscal.

3. Cumpre ao sujeito passivo a prova da insubsistência do débito fiscal.

4. Aplicável, in casu, o art. 106, II, c, do CTN, portanto, retroage a lei nova quando aplica penalidade menos severa a ato cujo julgamento ainda está pendente. Assim, deve a multa de ofício ser calculada com base no art.44, I, da Lei 9.430/96.

(TRF da 4ª Região, 1ª Turma, AC 420854, Relatora Juíza Maria Lúcia Luz Leiria in DJ de 26.05.2004, p. 657)

CONFLITO NEGATIVO DE COMPETÊNCIA – EXECUÇÃO FISCAL – AÇÃO ANULATÓRIA DE DÉBITO FISCAL – CONEXÃO (ARTS. 103 E 105 DO CPC).

I – Por razões de segurança jurídica, impõe-se o julgamento da ação anulatória no mesmo Juízo especializado que processa e julga o executivo fiscal, evitando-se, assim, decisões contraditórias;

II – Reconhecimento de conexão entre os feitos (arts. 103 e 105 do CPC);

III – Conflito conhecido para declarar a competência do MM. Juízo Suscitado.

(TRF da 2ª Região, 4ª Turma, CC 5621, Relator Desembargador Federal Valmir Peçanha, in DJ de 31.01.2003, p. 307)

PROCESSUAL CIVIL E TRIBUTÁRIO. AÇÃO ANULATÓRIA DE DÉBITO FISCAL E XECUÇÃO FISCAL. CONEXÃO. ART. 103 DO CPC. REUNIÃO DOS PROCESSOS. REGRA PROCESSUAL QUE EVITA A PROLAÇÃO DE DECISÕES INCONCILIÁVEIS. JUÍZOS TERRITORIALMENTE DIVERSOS. PREVENÇÃO. PRECEDENTES DO STJ.

1 – Execução fiscal e prévia ação declaratória de nulidade do lançamento. Conexão. Muito embora a ação anulatória não iniba a exigibilidade do crédito tributário (art. 585, § 1º do CPC), a conexão impõe a reunião das ações.

2 – Constatada a conexão entre a ação de execução fiscal e a ação anulatória de débito fiscal, é imperiosa a reunião dos processos para julgamento simultâneo, evitando-se, assim, decisões conflitantes. – 'O instituto da conexão

provém da necessidade de segurança jurídica, bem como da aplicação do princípio da economia processual. A sua observância impede a produção decisões conflitantes entre ações que contenham algum(ns) elemento(s) similar(es), mercê da economia processual propicia, evitando que vários juízes julguem concomitantemente causas semelhantes. havendo, ainda que remotamente, a possibilidade de serem proferidas decisões conflitantes, ou alguma semelhança entre duas demandas, é conveniente que as ações sejam reunidas para fins de prolação de apenas uma sentença.' Princípio que se deflui do REsp nº 100.435/SP, Relator Ministro Adhemar Maciel, DJ de 01.12.1997. 3 A citação válida determina a prevenção quando as ações tramitarem perante jurisdições territoriais diferentes (CPC, art. 219, caput). 4- Conflito conhecido para declarar competente o Juízo Federal da 7ª Vara da Seção Judiciária de São Paulo, o suscitado[25].

É de se destacar que o prazo para o ajuizamento dos embargos à execução é de trinta dias, conforme determina o art. 16 da Lei 6.830/80. Nestes termos, surge questão deveras relevante, sobre se seria possível o ajuizamento de ação anulatória pelo executado após o transcurso *in albis* deste lapso temporal ou julgados improcedentes os embargos à execução.

Uma vez que a seara adequada para se discutir o crédito tributário inscrito em dívida ativa são os embargos à execução, não se afigura razoável que aquele que perdeu o prazo ou que viu sua pretensão indeferida possa lançar mão de outra ação de conhecimento para rediscutir aquilo que não lhe foi reconhecido em sede judicial. A par de tornar inócua a dinâmica processual prevista na Lei 6.830/80, o ajuizamento da ação anulatória poderia comprometer a segurança jurídica que deve defluir do processo, e até mesmo da coisa julgada, pois que, a qualquer tempo, a execução fiscal poderia ser obstada por intempestiva iniciativa do executado.

Como prelecionam Odmir Fernandes, Ricardo Cunha Chimenti, Carlos Henrique Abrão, Manoel Álvares e Maury Ângelo Bottesini [26] sobre a possibilidade de se admitir a ação anulatória na espécie:

---

[25] STJ – CONFLITO DE COMPETENCIA – 38973 – Órgão Julgador: PRIMEIRA SEÇÃO – Data da Decisão: 09/06/2004 – Relator(a) LUIZ FUX.
[26] FERNANDES, Odmir. CHIMENTI, Ricardo Cunha. ABRÃO, Carlos Henrique. ÁLVARES, Manoel. BOTTESINI, Maury Ângelo. *Lei de Execução Fiscal Comentada e Anotada*. 2002, p. 447.

"Seguindo-se esse entendimento, não haveria razão para o executado submeter-se à penhora de bens e ao prazo para embargos à execução se, independentemente de qualquer garantia ou observância de fase processual predeterminada, pudesse ajuizar ação anulatória, subvertendo o sistema processual vigente"

Nesta linha, como de hábito, a precisa argumentação desenvolvida por Mauro Luiz Rocha Lopes:

"O devedor, então, não teria nenhum interesse em oferecer garantia á execução ou respeitar o prazo para o oferecimento de embargos, pois que, a qualquer tempo, enquanto não satisfeito o crédito, poderia demandar autonomamente, perseguindo a desconstituição do lançamento respectivo."

Atente-se para o seguinte julgado:

PROCESSUAL CIVIL – EMBARGOS DO DEVEDOR – AÇÃO DE NULIDADE DE CRÉDITO FISCAL – COISA JULGADA – PROIBIÇÃO DE REAPRECIAÇÃO DE MATÉRIA JÁ ANALISADA – SENTENÇA CONFIRMADA – APELAÇÃO E REMESSA OFICIAL PROVIDAS.

1. A decisão da lide, em ação anulatória de crédito fiscal, impede a sua reapreciação em embargos do devedor, por ser incabível o pronunciamento sobre matéria já acobertada pela coisa julgada.
2. Proibição do bis in idem. Precedentes deste Tribunal.
3. Sentença confirmada.
4. Improvidas a apelação e a remessa oficial.
(TRF da 1ª Região, 4ª Turma, AC 01000728000, Relator JUIZ MÁRIO CÉSAR RIBEIRO, in DJ de 27.10.2000, pág. 455)

PROCESSUAL CIVIL. COMPETÊNCIA. EXECUÇÃO FISCAL E AÇÃO ANULATÓRIA. CONEXÃO. Dispõe a lei processual, como regra geral que é título executivo extrajudicial a certidão de dívida ativa da Fazenda Pública da União, Estado, Distrito Federal, Território e Município, correspondente aos créditos inscritos na forma da lei (art. 585, VI do CPC). Acrescenta, por oportuno que a propositura de qualquer ação relativa ao débito constante do título executivo não inibe o credor de promover-lhe a execução.(§ 1º, do 585, VI do CPC). A finalidade da regra é não impedir a execução calcada em título da dívida líquida e certa pelo simples fato da propositura da ação de cognição, cujo escopo temerário pode ser o de obstar o processo satisfativo desmoralizando a força executória do título executivo. À luz do preceito e na sua exegese teleológica colhe-se que, a recíproca não é verdadeira; vale dizer: proposta a execução torna-se despiscienda e portanto falece interesse de agir na propositura de ação declaratória porquanto os embargos cumprem os desígnios de eventual ação autônoma. Conciliando-se os preceitos tem-se que, precedendo a ação anulatória, a execução, aquela passa a exercer perante esta inegável influência rejudicial a recomendar o simultaneus processus, posto conexas pela prejudicialidade, forma expressiva de conexão a recomendar a reunião das ações como expediente apto a evitar decisões inconciliáveis. O juízo único é o que guarda a mais significativa competência funcional para verificar a verossimilhança do alegado na ação de conhecimento e permitir prossiga o processo satisfativo ou se suspenda o mesmo. Refoge a razoabilidade permitir que a ação anulatória do débito caminhe isoladamente da execução calcada na obrigação que se quer nulificar, por isso que, exitosa a ação de conhecimento, o seu resultado pode frustrar-se diante de execução já ultimada. Reunião das ações no juízo suscitante da execução fiscal, competente para o julgamento de ambos os feitos. Precedentes do E. STJ, muito embora nalguns casos somente se admita a conexão quando opostos embargos na execução e depositada a importância discutida. Conflito conhecido para declarar competente o Juízo Federal da 3ª Vara de Execuções Fiscais da Seção Judiciária do Estado do Rio Grande do Sul.[27]

Todavia, em sentido contrário, é de se destacar a manifestação de Maria Helena Rau de Souza [28], a entender que, esgotado o prazo legal de trinta dias sem a interposição de embargos ou mesmo no caso de extinção do feito sem julgamento de mérito, seria admissível posteriormente a ação anulatória, vez que não existiria coisa julgada.

Sobre o tema, são os seguintes julgados:

> PROCESSUAL CIVIL. EMBARGOS À EXECUÇÃO. INEXISTÊNCIA DE COISA JULGADA MATERIAL E PRECLUSÃO. AÇÃO DECLARATÓRIA. AJUIZAMENTO POSTERIOR. POSSIBILIDADE. PRECEDENTES DESTA CORTE.

---

[27] STJ – CONFLITO DE COMPETENCIA – 31963 – Órgão Julgador: PRIMEIRA SEÇÃO – Data da decisão: 24/04/2002 – Relator(a) HUMBERTO GOMES DE BARROS
[28] SOUZA, Maria Helena Rau. *Execução Fiscal – Doutrina e Jurisprudência*. 1998, p. 520

1. Recurso Especial interposto contra v. Acórdão segundo o qual a ação anulatória pode ser ajuizada quando os embargos à execução não foram opostos, ou quando, embora opostos, não foram recebidos ou apreciados em seu mérito, não ocorrendo a preclusão.

2. A jurisprudência do Superior Tribunal de Justiça é no sentido de que:

a) na execução não ocorre a preclusão, visto que essa opera dentro do processo, não atingindo outros que possam ser instaurados, o que é próprio da coisa julgada material., não havendo impedimento a que seja ajuizada ação, tendente a desconstituir o título em que aquela se fundamenta (REsp nº 135355/SP, 3ª Turma, Rel. Min. EDUARDO RIBEIRO, DJ de 19/06/2000);

b) a validade e eficácia do título executivo extrajudicial podem ser objeto de posterior ação de conhecimento, quando na execução não forem opostos embargos do devedor, e, igualmente, quando tais embargos, embora opostos, não foram recebidos ou apreciados em seu mérito, inocorrendo a preclusão e a coisa julgada material (AgReg no AG nº 176552/SP, 4ª Turma, Rel. Min. SÁLVIO DE FIGUEIREDO TEIXEIRA, DJ de 02/05/2000, e AgReg no AG nº 8089/SP, 4ª Turma, Rel. Min. ATHOS CARNEIRO, DJ de 20/05/1991);

c) se o acórdão tido como desrespeitado não decidiu o ponto posteriormente solucionado pelo juiz de primeiro grau quando da prolação da sentença na ação incidental de embargos à execução, não há que se falar em preclusão nem em coisa julgada capaz de impedir a propositura da ação anulatória do lançamento fiscal. Inexiste sentença se a execução não foi embargada (REsp nº 162457/ES, 2ª Turma, Rel. Min. ADHEMAR MACIEL, DJ de 01/02/1999).

3. Paradigma colacionado pelo recorrente que, embora à primeira vista tenha semelhança, verificando-o com mais afinco, não traz identidade com o acórdão recorrido, não se prestando, portanto, para o caso sub examine.

4. Recurso improvido.

(STJ, 1ª Turma, REsp 336995, Relator Ministro JOSÉ DELGADO, in DJ de 04.02.2002, p. 309)

AGRAVO DE INSTRUMENTO. PROCESSUAL CIVIL. EXECUÇÃO FISCAL. AUSÊNCIA DE EMBARGOS. AÇÃO ANULATÓRIA.

A ausência de interposição de embargos à execução fiscal não impede a propositura da ação anulatória, uma vez que são ações com objetos distintos: a anulatória tem por escopo impugnar o lançamento da dívida, ou seja, visa reconhecer a inexistência de uma dívida fiscal, que é a relação de direito material que originou a dívida; enquanto que a ação de embargos à execução fiscal tem por objeto discutir a própria dívida inscrita.

(TRF da 4ª Região, 1ª Turma, AG 84977, Relator Juiz Luiz Carlos de Castro Lugon, in DJ de 17.04.2002, p. 885)

6. Da Prescrição

Nos termos do art. 1º do Decreto nº 20910 de 06.01.1932, o prazo prescricional para a propositura de ação em face da Fazenda Pública é de cinco anos, contados da data do ato ou fato do qual se originarem.

Na realidade, em relação à ação anulatória, impõe-se destacar que o lançamento, ato administrativo que se pretende desconstituir, só se torna definitivo após a notificação do sujeito passivo, quando não mais seja possível sua impugnação na via administrativa por transcurso do prazo ou por esgotamento das instâncias recursais administrativas.

É de se concluir, portanto, que é deste momento em que se torna definitivo o lançamento que se inicia o prazo de cinco anos para o ajuizamento da ação anulatória em comento.[29],[30]

Neste sentido, observe-se o seguinte julgado:

PROCESSUAL CIVIL. AÇÃO ANULATÓRIA DE LANÇAMENTO DE CONTRIBUIÇÃO PREVIDENCIÁRIA. PRESCRIÇÃO. DECRETO 20.910/32.

I – Reconhece-se a consumação da prescrição qüinqüenal, de que trata o Decreto 20.910/32, considerando que a Autora foi notificada da constituição do crédito em 19 de setembro de 1987 e não apresentou defesa administrativa, deixando transcorrer in albis o prazo qüinqüenal para promoção da ação desconstitutiva contra a autarquia previdenciária.

II – Recurso provido.

(TRF da 1ª Região, 4ª Turma, AC 01176985, Relator Juiz Hilton Queiroz, in DJ de 26.05.2000, p. 224)

---

[29] Em sentido contrário, todavia, a decisão proferida na AC 565479, Turma Especial do TRF da 4ª Região, Relator Juiz Dirceu de Almeida Soares, in DJ de 06.08.2003, p. 162, em que se entendeu que a prescrição prevista no Decreto 20910/32 somente atingiria os chamados direitos à prestação e, por conseqüência, somente as ações condenatórias.

[30] Mais recentemente, veja-se AgRg no Agravo em Recurso Especial n. 538.554/PR e o AgRg nos EDcl no REsp 1406776/SE. A Primeira Seção do STJ assentou, no REsp 947.206/RJ, julgado pela sistemática dos recursos repetitivos, o entendimento de que a prescrição quinquenal é aplicada às ações anulatórias de débito fiscal.

Doutrina de Leitura Obrigatória

FERNANDES, Odmir. CHIMENTI, Ricardo Cunha. ABRÃO, Carlos Henrique. ÁLVARES, Manoel. BOTTESINI, Maury Ângelo. *Lei de Execução Fiscal Comentada e Anotada*. 4ª ed. São Paulo: Revista dos Tribunais, 2002.

LOPES, Mauro Luís Rocha. *Execução Fiscal e Ações Tributárias*. 2ª ed. Rio de Janeiro: Lúmen Júris, 2003.

MARINS, James. *Direito Processual Tributário Brasileiro: Administrativo e Judicial*. 2ª ed. São Paulo: Dialética, 2002.

Ação Declaratória de Inexistência de Relação Jurídica Tributária

FABRÍCIO FERNANDES DE CASTRO

1. Objeto

De acordo com a melhor doutrina, o objeto de um processo é a pretensão nele deduzida[1]. Tal pretensão é "trazida ao processo através da demanda, e revelada pelo pedido do autor"[2]. Portanto, na ação declaratória de inexistência de relação jurídica tributária, como o próprio nome indica, haverá sempre um pedido de prolação de sentença declaratória negativa de uma relação jurídica entre o contribuinte e o Fisco.

Observe-se que, no caso de rejeição de pedido dessa natureza, a sentença de improcedência será declaratória positiva, ao contrário do que ocorre com as demais sentenças de improcedência, que são sempre declaratórias negativas[3]. Isto ocorre porque a sentença que julga o mérito do pedido declaratório, seja pela procedência ou pela improcedência, porá sempre fim à dúvida submetida à apreciação judicial.

Cleide Previtalli Cais elenca algumas situações de utilização prática do instrumento em estudo:

"– para declaração de certeza da existência ou inexistência de uma obrigação tributária, principal ou acessória (*RTJ* 94/882);

---

[1] CÂMARA, Alexandre Freitas. *Lições de direito processual civil, volume I*. Rio de Janeiro : Freitas Bastos, 1998. p. 210.
[2] *Idem*. p. 211.
[3] MARQUES. José Frederico. *Manual de direito processual civil, volume 3*. 13ª ed. São Paulo : Saraiva. p. 32. *Apud* CÂMARA, Alexandre Freitas. ob. cit. p. 394. nota 24.

– para que se declare que inexiste relação de débito e crédito, (*DJ* 06.02.1986, p. 854, AC – 97.203 – MG, Rel. Min. Eduardo Ribeiro, Tribunal Federal de Recursos, 6ª T.);
– para que se reconheça a prescrição da obrigação (*JTA* 100/164);
– para a interpretação de cláusula contratual em face de determinado preceito legal ou para declarar se a atualização monetária prevista no contrato deve ser, por exemplo, calculada trimestral ou mensalmente (STJ – 3ª T. R. Esp. 1.644-RJ, Rel. Min. Gueiros Leite, j. 27.03.1990, *DJU* 16.04.1990, p. 2.875);
– para a declaração de nulidade de citação (*JTA* – 106/248), quando poderá ser proposta visando essa declaração em feito de natureza tributária"[4].

Como se vê, o objeto desse instrumento pode ser bastante variado. Apenas não admite o ordenamento jurídico a ação declaratória para que seja reconhecida ou negada a existência de um fato, exceto quanto à autenticidade ou falsidade de documento (art. 4º, inciso II, do Código de Processo Civil).

Daí se infere que, em sede de processo tributário, descabe a ação declaratória, por exemplo, para negar a ocorrência de fato que, em tese, constitui fato gerador da obrigação tributária. Tal não impede, porém, a sua utilização para se obter a declaração de que determinado fato (cuja existência se reconhece) não se amolda à hipótese de incidência prevista na norma tributária. Isto porque essa última hipótese está perfeitamente adequada ao inciso I, do art. 4º, do Código de Processo Civil, visto que a declaração recairá sobre a existência ou inexistência da relação jurídica tributária e não do próprio fato.

Por fim, a "ação declaratória exige, para sua propositura, que haja incerteza objetiva e jurídica, isto é, relativa a direitos e obrigações já existentes e atuais e não apenas possíveis, impondo-se ainda, haja dano para o autor", conforme julgado da Segunda Turma do Superior Tribunal de Justiça, nos autos do Recurso Especial nº 72417, Relator Ministro Peçanha Martins.

Nesse ponto, verifica-se, tanto na doutrina quanto na jurisprudência, grande dificuldade em se estabelecer, com segurança, o que vem a ser a dúvida objetiva sobre a existência ou inexistência de relação jurídica. Em matéria tributária, contudo, penso que é possível verificar a existência ou não da dúvida objetiva mediante a análise dos seguintes aspectos: *a)* a exis-

---

[4] CAIS, Cleide Previtalli. *O processo tributário.* 3ª ed. RT : São Paulo, 2001. p. 378.

tência de norma exigindo o pagamento de tributo ou impondo obrigação acessória; *b)* a posição, ao menos em tese, da parte como sujeito passivo tributário da norma referida no item "a"; *c)* a prática, ainda que futura, de ato passível de ser considerado fato gerador do tributo ou submetido à obrigação acessória mencionada no item "a".

Contudo os parâmetros acima estabelecidos, embora sejam úteis para a solução de grande parte das dúvidas que possam surgir sobre esse ponto, não solucionam todos os casos. Tome-se como exemplo uma situação extrema em que se obtenha resposta negativa aos itens "b" e "c" acima e, ainda assim, haja atuação do Fisco sobre determinada pessoa. Aqui fica claro que a própria atuação fiscal é, por si só, capaz de gerar dúvida objetiva sobre a sua legalidade. Nesse sentido decidiu a 2ª Turma do Superior Tribunal de Justiça, por ocasião do julgamento do Recurso Especial nº 27927, Relator Ministro Adhemar Maciel, nos seguintes termos:

> "TRIBUTÁRIO E PROCESSUAL CIVIL. AÇÃO DECLARATÓRIA. INCERTEZA DA AUTORA ACERCA DA INCIDÊNCIA DE ICMS SOBRE AS OPERAÇÕES POR ELA REALIZADAS: EXISTÊNCIA, TENDO EM VISTA ANTERIOR AUTUAÇÃO FISCAL. PRELIMINAR DE AUSÊNCIA DE INTERESSE DE AGIR: AFASTADA".

O que importa pontuar, portanto, é que a ação declaratória " 'não se presta a formulação de consulta ao Judiciário para esclarecimento de dúvidas *in abstrato*, pressupondo a incerteza jurídica em uma determinada e concreta situação' (Maria Helena Rau de Souza, na obra coordenada por Vladimir Passos de Freitas, Execução Fiscal, Ed. Saraiva, 1998, p.513)"[5].

2. Legitimidade

Nenhuma novidade traz a ação declaratória de inexistência de relação jurídica tributária no que se refere à legitimidade ativa, sendo certo que o legitimado será sempre o sujeito passivo da relação jurídica tributária, seja ele o contribuinte ou o responsável tributário.

Não obstante, a legitimidade para propositura da ação declaratória nos tributos em que ocorre a substituição tributária tem sido, com freqüência, apreciada pelos tribunais.

---

[5] *Apud* PAULSEN, Leandro. *Direito tributário: Constituição, Código Tributário e Lei de Execução Fiscal à luz da doutrina e da jurisprudência.* 4ª ed. Porto Alegre: Livraria do Advogado: ESMAFE, 2002. p. 972.

Sobre essa questão selecionei as seguintes ementas:

PROCESSUAL CIVIL. LEGITIMIDADE ATIVA 'AD CAUSAM'. AÇÃO PROPOSTA POR REVENDEDORA DE VEICULOS PRETENDENDO A DECLARAÇÃO DA ILEGALIDADE DA ANTECIPAÇÃO, EM DECORRENCIA DO ADVENTO DO REGIME DE SUBSTITUIÇÃO TRIBUTARIA, DO RECOLHIMENTO DO ICMS INCIDENTE
NAS OPERAÇÕES DE VENDAS DE VEICULOS AUTOMOVEIS.
– NÃO OBSTANTE A ELEIÇÃO, PELA SISTEMATICA IMPLANTADA, DA MONTADORA COMO SUBSTITUTA TRIBUTARIA, FICA A REVENDEDORA DE VEICULOS, NA AQUISIÇÃO DESSES BENS JUNTO AO FABRICANTE, COMPELIDA AO PAGAMENTO ANTECIPADO DO ICMS RELATIVO A VENDA FUTURA A SER REALIZADA POR SI AO CONSUMIDOR FINAL, DAI A SUA LEGITIMIDADE PARA A CAUSA. STJ. 1ª Turma. RESP. nº 55960. Relator Ministro César Asfor Rocha.

EQUIPAMENTOS E ACESSÓRIOS DE MÁQUINAS TÊXTEIS. VENDAS COM SUPOSTA ISENÇÃO DE IPI, NOS TERMOS DA LEI 8.191/91. COMPROMISSO ESCRITO DE PAGAMENTO DO IPI PELA COMPRADORA, CASO ESTE IMPOSTO FOSSE EXIGIDO PELA RECEITA FEDERAL. AÇÃO DECLARATÓRIA AJUIZADA PELO PRODUTOR (VENDEDORA) E PELA COMPRADORA. ILEGITIMIDADE ATIVA DA COMPRADORA. SENTENÇA CONFIRMADA. APELAÇÃO DESPROVIDA.

1 – Nos termos do Art. 51, II, do CTN, é contribuinte do IPI o produtor ou quem é a ele equiparado.

2 – Nos termos, ainda, do Art. 131 do CTN, não valem, perante o Fisco, as condições inter partes, transferindo o ônus do pagamento do tributo, visando a modificar a responsabilidade tributária fixada em lei.

3 – Se a venda de equipamentos e acessórios têxteis é feita pelo produtor com suposta isenção de IPI, nos termos da Lei 8.191/91, somente o produtor tem o direito de ação para pleitear, junto ao Judiciário, seja declarada a operação isenta deste tributo, sendo a empresa compradora parte ilegítima no feito. TRF da 1ª Região. 3ª Turma. Apelação Cível nº 01160538. Relator Desembargador Federal Eustáquio Silveira.

FINSOCIAL. COFINS. PIS. DISTRIBUIDORES DE DERIVADOS DE PETRÓLEO. VAREJISTAS. SUBSTITUTOS TRIBUTÁRIOS. LEGITIMIDADE.

Carece de legitimidade ad causam o comerciante varejista de derivados de petróleo e álcool carburante, pois, substituído pelo distribuidor de derivados de petróleo, não integra a relação jurídica tributária que pretende desconstituir. TRF da 4ª Região. 1ª Turma. Apelação Cível. Processo nº 9604539981. Relator Desembargador Federal Volkmer de Castilho.

Importante, ainda, em sede de legitimidade ativa, a observação de James Marins quanto à impossibilidade de utilização da ação declaratória pela Fazenda Pública diante da sua prerrogativa de autotutela[6]. De fato, haja vista que a Administração Tributária tem como prerrogativa declarar administrativamente o conteúdo da relação jurídica tributária (princípio da autotutela vinculada do ente tributante), através do lançamento, constituindo título executivo extrajudicial, verifica-se a total desnecessidade de ajuizamento da demanda. A questão aqui é, portanto, de falta de interesse processual e não de ilegitimidade ativa.

3. Interesse Processual

No que se refere ao interesse processual na ação declaratória, José Carlos Barbosa Moreira teceu forte crítica à redação do art. 4º do Código de Processo Civil, quando este ainda era um Anteprojeto. De fato, o Código, ao prescrever que o interesse pode ser "limitado" à declaração, dá a entender que o interesse pode ser maior ou menor, mais extenso ou mais limitado, quando, na verdade, ou há interesse ou não há[7], sem que se possa estabelecer qualquer gradação a seu respeito.

O que pode ser limitado é o objeto. Assim, o autor pode pedir a simples declaração ou pode pedir, *além* da declaração, por exemplo, a condenação. Mas, de qualquer forma, deverá estar presente o interesse para um ou outro pedido.

Não se trata, portanto, de interesse limitado e, sim, de pedido limitado.

O que o art. 4º pretendeu garantir, em verdade, foi a "possibilidade de obter-se pronunciamento judicial de teor meramente declaratório, desde que a respectiva emissão seja de interêsse para o demandante"[8].

Nota-se, portanto, que o art. 4º não é capaz de afastar da apreciação da existência do interesse a verificação da presença do binômio utili-

---

[6] MARINS, James. *Direito processual tributário brasileiro : (administrativo e judicial)*. 2ª ed. São Paulo : Dialética, 2002. p. 387.
[7] MOREIRA, José Carlos Barbosa. Ação declaratória e interêsse. In: *Direito processual civil* : ensaios e pareceres. Rio de Janeiro : Borsoi, 1971, p. 10-11.
[8] Ob. cit. p. 11.

dade-necessidade. Este deverá estar sempre presente, ainda quando se pretender provimento meramente declaratório. Ausente o binômio utilidade-necessidade, de nada adiantará a prescrição do art. 4º.

Raciocínio semelhante vale para o parágrafo único do art. 4º. De fato, ao admitir o legislador o cabimento da ação declaratória mesmo após a violação do direito estaria ele: a) admitindo o ajuizamento da ação declaratória independentemente da existência de interesse? b) esclarecendo que a simples violação do direito não exclui, de plano, o interesse para a ação declaratória? c) criando presunção absoluta da existência de interesse para a ação declaratória?

Nenhuma das três respostas parece adequada. De fato, a resposta do item "a" acabaria por ferir a teoria das condições para o legítimo exercício do direito de ação; a do item "b" demonstraria a total inutilidade do parágrafo, visto que, em qualquer demanda, é sempre necessária a verificação da existência do interesse; por fim, a do item "c", além de excluir do réu a possibilidade de impugnar a existência do interesse, criando presunção absoluta a seu respeito, cairia nos mesmos inconvenientes da resposta "a"[9].

Tal raciocínio é de grande importância para a solução de dúvida relevante presente na doutrina e na jurisprudência acerca da existência ou não de interesse na declaração de inexistência de relação jurídica tributária quando o autor puder, desde logo, pedir a repetição do indébito.

Trocando em miúdos: é cabível a ação declaratória após o pagamento do tributo? Ou: se é possível pedir desde logo a repetição do indébito, há utilidade no pedido declaratório?

De fato, se ao autor, após pagar tributo que entende indevido, é facultado pedir a repetição do indébito, penso que não há qualquer utilidade em pedido meramente declaratório. Daí porque concluo pela ausência de interesse nesses casos. Todavia esse não é o entendimento da jurisprudência dominante que, aplicando o parágrafo do art. 4º, afasta a preliminar.

Parte da jurisprudência considera ainda possível distinguir entre a ação declaratória pura e a ação declaratória com conteúdo constitutivo e condenatório. Embora discorde de tal posicionamento, por entender que a ação ou é declaratória, ou constitutiva ou condenatória, de acordo com a natureza da pretensão deduzida, sendo irrelevante o nome dado à demanda, transcrevo a seguinte ementa:

[9] *Idem.* p. 18-19.

PROCESSUAL – AÇÃO DECLARATÓRIA – CONTEÚDO CONDE-NATÓRIO – CONSTITUTIVO – PRESCRIÇÃO.
A ação visando à declaração de inexistência de relação jurídico-tributária consistente na inexigibilidade social urbana não tem conteúdo meramente declaratório.
A *ação declaratória pura* é imprescritível, mas quando ela é também condenatória-constitutiva, está sujeita à prescrição. Recurso improvido. STJ. 1ª Turma. RESP 156763. Relator Ministro Garcia Vieira (grifei).

Note-se que coloco a ressalva somente quanto à expressão "ação declaratória pura", visto que, em verdade, contendo determinada demanda conteúdo constitutivo ou condenatório não se poderá classifica-la como "declaratória impura" em contraposição àquela denominação. Tal demanda, ainda que denominada "declaratória" pela parte, deverá ser tratada de acordo com o objeto nela deduzido, este sim, capaz de lhe realçar a natureza.

Nada impede, porém, a cumulação de pedidos, situação em que a

"hipótese encarta-se no art. 292 do Código de Processo Civil que permite a cumulação de vários pedidos num único processo contra o mesmo réu, ainda que entre eles não haja conexão, desde que atendidos os requisitos de admissibilidade da cumulação, tipificados no §1º do artigo: compatibilidade entre os pedidos de declaração e de repetição; competência do mesmo Juízo para deles conhecer e procedimento uniforme para ambos"[10].

De fato, tome-se como exemplo um templo que recolheu o IPTU nos últimos anos e continua recebendo a cobrança para pagamento. Poderá o sujeito passivo tributário, nesse caso, na mesma demanda, com base no art. 150, VI, a, da Constituição da República, pleitear a declaração de inexistência de relação jurídica tributária e, ao mesmo tempo, a repetição do que foi pago indevidamente.

Observe-se que a declaração judicial, aqui, poderá inclusive ser utilizada futuramente em eventual processo administrativo fiscal, como prova da inexigibilidade do tributo, cabendo à autoridade administrativa observar a coisa julgada.

---

[10] CAIS, Cleide Previtalli. Ob. cit. p. 379.

4. Execução fiscal e conexão

Por derradeiro, questão que gera grande dúvida na jurisprudência e alguma confusão na doutrina é a da conexão entre a ação declaratória e a execução fiscal.

James Marins não hesita em afirmar que ajuizada "a execução fiscal não há óbice à propositura da ação declaratória, que igualmente, deve ser distribuída por dependência ao foro da execução"[11]. No mesmo sentido, reconhecendo a conexão, a Primeira Seção do Superior Tribunal de Justiça, por ocasião do julgamento do Conflito de Competêcia nº 38973, Relator Ministro Luiz Fux:

> "1. Execução fiscal e prévia ação declaratória de nulidade do lançamento. Conexão (...)'O instituto da conexão provém da necessidade de segurança jurídica, bem como da aplicação do princípio da economia processual. A sua observância impede a produção de decisões conflitantes entre ações que contenham algum(ns) elemento(s) similar(es), mercê da economia processual propicia, evitando que vários juízes julguem concomitantemente causas semelhantes. havendo, ainda que remotamente, a possibilidade de serem proferidas decisões conflitantes, ou alguma semelhança entre duas demandas, é conveniente que as ações sejam reunidas para fins de prolação de apenas uma sentença.'".

Não obstante há situações em que o entendimento acima estará em desacordo com a norma do art. 102 do Código de Processo Civil. De fato, somente se admite a reunião de processos pela conexão quando a competência for fixada em razão do valor ou do território. Não se admite, por outro lado, a reunião quando for diversa a competência em razão da matéria dos juízos perante os quais tramitam ações conexas.

Isto porque o critério de fixação de competência em razão da matéria é absoluto e somente os critérios relativos podem ser modificados[12].

Digo isso em razão da existência, principalmente na Justiça Federal, das varas de execução fiscal, cuja competência é para julgar as ações de execução fiscal e respectivos embargos à execução.

Nesse caso, se a parte, no lugar de ajuizar embargos à execução (que dependem de garantia do juízo), ajuíza ação declaratória de inexistência da

---

[11] Ob. cit. p. 400.
[12] CÂMARA, Alexandre Freitas. Ob. cit. p. 101 e 103.

relação jurídica tributária (admitida, é claro, essa possibilidade), a competência será de uma das varas federais cíveis e não de vara de execução fiscal. Nesse sentido têm decidido os Tribunais Regionais Federais. Por todos:

"PROCESSO CIVIL. AGRAVO DE INSTRUMENTO. EXCEÇÃO DE INCOMPETÊNCIA. EXECUÇÃO FISCAL. ALEGAÇÃO DE CONEXÃO. FALTA DE PROVA DA EXISTÊNCIA DE AÇÃO DECLARATÓRIA. EXISTÊNCIA DE VARAS ESPECIALIZADAS IMPEDE A REUNIÃO DOS AUTOS.

1. A agravante não provou, no juízo originário, a existência de ação declaratória e o seu andamento processual respectivo.

2. A existência, na atualidade, de varas especializadas no processamento de execuções fiscais impede a reunião da ação originária com a ação anulatória de débito. A competência em razão da matéria não é alterada pela conexão.

3. Agravo improvido". TRF da 1ª Região. 4ª Turma. Agravo de instrumento nº – 01000218194. Relator Desembargador Federal Hilton Queiroz.[13]

Observe-se, aqui, que nem mesmo em nome do princípio da economia processual seria possível a reunião das demandas, sob pena de quebra da regra de competência de natureza absoluta, sendo esta a "competência que não pode jamais ser modificada"[14]. Ainda, *"absoluta é a competên-*

---

[13] O STJ já manifestou entendimento contrário ao do acórdão do TRF da 1ª Região, considerando possível a reunião de ação declaratória de inexistência de relação jurídica tributária e execução fiscal em razão da conexão. Nesse sentido, leia-se a seguinte ementa: PROCESSUAL CIVIL – CONFLITO NEGATIVO DE COMPETÊNCIA – AÇÃO ANULATÓRIA D"E DÉBITO FISCAL – CONEXÃO COM A CORRESPONDENTE EXECUÇÃO FISCAL – ALCANCE DA COMPETÊNCIA FEDERAL DELEGADA (ART. 15, I, DA LEI N. 5.010/1.966) – PRECEDENTES. 1. É possível a conexão entre a ação anulatória e a execução fiscal, em virtude da relação de prejudicialidade existente entre tais demandas, recomendando-se o simultaneus processus. 2. A jurisprudência do Superior Tribunal de Justiça é no sentido de que competência federal delegada para processar a ação de execução fiscal proposta pela Fazenda Nacional (art. 15, I, da Lei n. 5.010/66), se estende também para a oposição do executado, seja ela promovida por embargos, seja por ação declaratória de inexistência da obrigação ou desconstitutiva do título executivo. 3. Precedentes: CC 98.090/SP, Rel. Min. Benedito Gonçalves, Primeira Seção, DJe 4.5.2009; CC 95.840/SP, Rel. Min. Mauro Campbell Marques, Primeira Seção, DJe 6.10.2008; CC 89267/SP, Rel. Min. Teori Albino Zavascki, Primeira Seção, DJ 10.12.2007 p. 277. Agravo regimental improvido"(STJ. AgRg no CC n. 96.308, Primeira Seção, Rel. Min. Humberto Martins, julg. em 14.04.2010, pub. em 20.04.2010).

[14] CINTRA, Antônio Carlos de Araújo; GRINOVER, Ada Pellegrini; DINAMARCO, Cândido Rangel. *Teoria Geral do Processo*. 13. Ed. São Paulo: Malheiros, 1995. p. 239.

cia improrrogável (que não comporta modificação alguma)"[15] (grifos no original).

Questão mais delicada, por outro lado, é a da aplicação do princípio da razoabilidade como fundamento para a reunião das demandas, ainda que em se tratando de violação à regra da competência absoluta. Tal implicaria, sem sombra de dúvida, em violar literal disposição da lei. Não obstante, a invocação do referido princípio não pode ser de plano rejeitada. Aqui, a meu sentir, o intérprete estará diante de conflito entre princípios de igual hierarquia, ambos com sede constitucional, a saber: o princípio do juiz natural (art. 5º, inciso LIII) e o princípio da razoabilidade (art. 5º, inciso LIV).

Ocorrendo tal hipótese, a solução não é passível de ser obtida em tese, mas apenas diante do caso concreto específico, através da ponderação dos interesses em conflito. Nesse tocante afirma Daniel Sarmento em seu estudo intitulado "Os princípios constitucionais e a ponderação de bens" (*in* SARMENTO, Daniel. *Teoria dos Direitos Fundamentais*. Rio de Janeiro : Renovar. 1999. p. 35 – 91) que ao

> "realizar a ponderação, deve o aplicador do Direito, em um primeiro momento, verificar se o caso concreto está efetivamente compreendido na esfera de proteção de mais de um princípio, o que pode ser feito através da interpretação dos cânones em jogo. Caso se constate que a hipótese realmente é tutelada por mais de um princípio, passa-se à fase ulterior, da ponderação propriamente dita: aí o intérprete, à luz das circunstâncias concretas, impõe 'compressões' recíprocas sobre os bens jurídicos protegidos pelos princípios em disputa, objetivando lograr um ponto ótimo, onde a restrição a cada bem seja a mínima indispensável à sua convivência com o outro"[16].

Destarte, embora não se descarte de plano a utilização do referido princípio, o certo é que a regra para o intérprete deve ser a aplicação da lei, sendo certo que a dúvida a respeito da sua razoabilidade milita "em favor de sua preservação"[17], haja vista a "presunção da constitucionalidade das normas jurídicas e dos atos do Poder Público em geral"[18].

---

[15] Ob. cit. p. 241.
[16] Ob. cit. p. 56.
[17] BARROSO, Luís Roberto. *Interpretação e aplicação da Constituição: fundamentos de uma dogmática constitucional transformadora*. São Paulo : Saraiva. 1998. p. 174.
[18] *Idem*.

Em suma, existindo juízos com competência específica fixada em razão da matéria, a regra é de que seja respeitada a competência absoluta, em detrimento da prorrogação de competência decorrente de conexão.

Prosseguindo, ainda pertinente com a relação entre a execução fiscal e a ação declaratória de inexistência de relação jurídica tributária, porém mais afeta às hipóteses de suspensão da exigibilidade do crédito tributário, que serão tratadas oportunamente nessa obra, é a questão dos efeitos da suspensão da exigibilidade do crédito por conta do depósito do montante integral do crédito já constituído nos autos da ação declaratória.

Aqui, penso como Guilherme Calmon Nogueira da Gama, no sentido de que suspensa exigibilidade nos autos da ação declaratória ocorre impossibilidade jurídica para o ajuizamento da execução fiscal, conforme decidido pela 5ª Turma do Tribunal Regional Federal da 2ª Região, por ocasião do julgamento da apelação cível 113323, com a seguinte ementa da pena daquele Magistrado:

"DIREITO PROCESSUAL CIVIL E DIREITO TRIBUTÁRIO. EMBARGOS À EXECUÇÃO FISCAL. AÇÃO DECLARATÓRIA AJUIZADA ANTERIORMENTE. DEPÓSITO JUDICIAL DO MONTANTE INTEGRAL. ART. 151, II, CTN.

1.A Execução Fiscal instaurada não poderia ter sido proposta diante da verificação da suspensão da exigibilidade do crédito tributário (art. 151, II, CTN).

2. Tendo sido efetuado o depósito antes do ajuizamento da demanda, não é caso de reconhecer a conexão ou litispendência entre as demandas, e sim a falta de exigibilidade do crédito exeqüendo, daí a impossibilidade jurídica de se dar início à Execução.

3. Recurso conhecido e improvido, com a manutenção da sentença."

Outro argumento, ainda, que se pode colocar pela inexistência de conexão entre a ação declaratória de inexistência de relação jurídica tributária e a ação de execução fiscal, pelo simples fato de que, no processo de execução não será proferida decisão sobre o pedido formulado na ação declaratória, que é processo de conhecimento. Portanto, inexistindo risco de decisões conflitantes, não se justifica a reunião dos feitos. Foi o que decidiu a Segunda Turma do Tribunal Regional Federal da 4ª Região, quando do julgamento de agravo de instrumento no processo nº 200404010111547, Relator o Desembargador Federal Dirceu de Almeida Soares, *verbis*:

"3. Não há conexão entre execução fiscal não embargada e ação de conhecimento relativa ao débito fiscal, ainda que tenham como objeto a mesma notificação de lançamento. Tal entendimento tem por base o fato de que no executivo fiscal não será prolatada sentença de mérito, que possa conflitar com decisum a ser proferido em ação ordinária.

4. A propositura de qualquer ação relativa ao débito constante no título executivo não inibe o credor de promover-lhe a execução".

Por outro lado, acaso já ajuizados embargos à execução e, posteriormente, for proposta ação declaratória de inexistência da mesma relação jurídica tributária, a hipótese será de litispendência, com a conseqüente extinção da ação declaratória.

6. Doutrina e leitura obrigatória

CAIS, Cleide Previtalli. *O processo tributário*. 3ª ed. RT : São Paulo, 2001. p. 372-379.
MARINS, James. *Direito processual tributário brasileiro : (administrativo e judicial)*. 2ª ed. São Paulo : Dialética, 2002. p. 386-400.
MOREIRA, José Carlos Barbosa. *Ação declaratória e interêsse*. In: *Direito processual civil : ensaios e pareceres*. Rio de Janeiro : Borsoi, 1971. p. 9-20.

Execução Fiscal[1]

RODOLFO KRONEMBERG HARTMANN

Introdução
Qualquer ente público necessita de receitas para fazer frente às suas despesas, sendo que a forma de obtenção destas é classificada em originária ou derivada. Na primeira delas, ou seja, nas receitas originárias, o Estado se nivela ao particular para que possa obtê-las, tal como ocorre, *v.g.*, na exploração direta de uma atividade econômica. Já para a obtenção das receitas derivadas, o Estado atua exercendo o seu *ius imperium*, sendo o maior exemplo destas a cobrança de tributos, que, consoante dicção legal (art. 3º, CTN), se traduz em uma prestação pecuniária de caráter coercitivo.

Assim, sempre que o Estado for titular de um crédito, seja o mesmo oriundo ou não de uma relação de direito material tributária, a via processual adequada para a satisfação deste direito será a promoção de uma execução fiscal, que possui procedimento específico traçado em lei própria (Lei nº 6.830/80), doravante designada como LEF.[2] E, vale lembrar que é possível a aplicação do CPC em caráter subsidiário, quando a lei for omissa e houver compatibilidade (art. 1º, LEF).

---

[1] O presente texto foi escrito já com base no NCPC (Lei nº 13.105/15). Tal esclarecimento se faz necessário justamente porque sempre que for mencionado algum dispositivo sem que, na sequência, seja mencionado em que ato normativo o mesmo se situa, é porque estará se tratando desta novel legislação.

[2] Não se pode olvidar que, nas obrigações de fazer, não fazer ou entregar coisa certa ou incerta, o procedimento a ser observado será aquele estabelecido no próprio CPC, mesmo que o exequente seja a própria Fazenda Pública.

Legitimação ativa e passiva. Litisconsórcio

A legitimação ativa para a propositura da ação de execução fiscal se encontra prevista em norma própria (art. 1º, LEF). Observa-se que, neste dispositivo, não foram incluídas as entidades paraestatais, que seriam as empresas públicas e as sociedades de economia mista.[3]

Embora a LEF seja omissa, os conselhos de fiscalização profissional, como o CFM (Conselho Federal de Medicina), também são legitimados para ajuizar execução fiscal. Em que pese ser extremamente controvertida a natureza jurídica de tais entidades, de um modo geral predomina o entendimento de que se trata de autarquias federais, até mesmo em virtude do disposto em norma constitucional (art. 21, inc. XXIV, CRFB), que determina que compete à União organizar, manter e executar a inspeção do trabalho. Nestes casos, a competência para processamento será da Justiça Federal, tal como consta no Verbete nº 66 da Súmula do STJ: *"Compete à Justiça Federal processar e julgar execução fiscal promovida por Conselho de fiscalização profissional"*.

A legitimação passiva na ação de execução fiscal, por sua vez, é tratada em outra norma (art. 4º, LEF), sendo até mesmo possível a existência de litisconsórcio passivo necessário. É o que ocorre, por exemplo, na execução fiscal promovida em face do espólio em que o inventariante for dativo, situação em que todos os herdeiros e sucessores do falecido serão autores ou réus nas ações em que o espólio for parte.[4]

Quanto à legitimação passiva, o Verbete 435 da Súmula do STJ também prevê que: *"Presume-se dissolvida irregularmente a empresa que deixar de funcionar no seu domicílio fiscal, sem comunicação aos órgãos competentes, legitimando o redirecionamento da execução fiscal para o sócio gerente"*.

Também é importante mencionar que o Ministério Público não atua como fiscal da lei em ações de execução fiscal. Com efeito, no direito processual civil, o Ministério Público pode atuar tanto como órgão agente, ao propor demandas, como órgão interveniente, naquelas situações em que há interesse público primário evidenciado pela natureza da lide ou pela qualidade de uma das partes envolvidas. Contudo, o interesse público que

---

[3] ROSA JÚNIOR, Luiz Emygdio F. da. *Manual de Direito Financeiro & Direito* Tributário. 15º ed. Rio de Janeiro: Lumen Juris, p. 724, esclarece que esta inclusão ofenderia o art. 173, § 2º, da CRFB, que veda que tais sociedades tenham privilégios fiscais não extensíveis ao setor privado.

[4] ROSA JÚNIOR, Luiz Emygdio F. da. *Manual de Direito Financeiro & Direito* Tributário. 15º ed. Rio de Janeiro: Lumen Juris, p. 761.

reside nas execuções fiscais é meramente secundário, já que o interesse principal é meramente arrecadatório, sendo que apenas reflexamente é que se vislumbra um interesse da sociedade em que as dívidas sejam quitadas. Por este motivo, aliás, é que se torna desnecessária a atuação do Ministério Público como fiscal da lei, em consonância, por sinal, com o disposto no CPC (art. 178, parágrafo único) e no Verbete nº 189 da Súmula do STJ: *"É desnecessária a intervenção do Ministério Público nas execuções fiscais"*. Apenas fica a ressalva que, caso seja instaurado controle difuso de constitucionalidade no curso da execução fiscal, é recomendável a participação do *parquet*, eis que esta circunstância faz denotar um interesse que se sobrepõe ao das partes litigantes, bem como em virtude desta instituição ser uma das poucas legitimadas para a instauração de um processo objetivo que busca realizar o controle concentrado de constitucionalidade, nos termos da legislação (Lei nº 9.868/99).

Adequação da via eleita

O meio adequado para que a Fazenda Pública possa receber suas dívidas, tributárias ou não, é a promoção da execução fiscal, nos moldes da LEF, caso já disponha de título executivo. Do contrário, deverá promover ação de conhecimento com esta finalidade.

Não vem sendo admitida que a Fazenda Pública requeira a falência dos seus devedores com base em certidão da dívida ativa, em que pese este documento ser considerado como título executivo extrajudicial (art. 784, inc. IX). Isso ocorre em virtude da existência de lei específica (LEF), dispondo sobre a forma de que como devem ser realizadas as cobranças judiciais das dívidas fazendárias e, também, porque atentaria quanto à função social desempenhada pela empresa.[5]

O título executivo: a certidão da dívida ativa

A definição de dívida ativa tributária se encontra no Código Tributário Nacional (art. 201, CTN): *"Constitui dívida ativa tributária a proveniente de crédito desta natureza, regularmente inscrita na repartição administrativa competente, depois de esgotado o prazo fixado, para pagamento, pela lei ou por decisão final proferida em processo regular"*.

---

[5] ALMEIDA, Amador Paes de. *Curso de Falência e Concordata*. 16º ed. São Paulo: Saraiva, p. 60.
CARVALHO, Paulo de Barros. *Curso de Direito Tributário*. 14º ed. São Paulo: Saraiva, 2002, p. 523.

Tanto a dívida ativa tributária quanto a não tributária podem ser cobradas por meio da promoção de execução fiscal. O título executivo, nestes casos, será a certidão da dívida ativa (CDA), que é considerado como um título extrajudicial (art. 784, inc. IX).

É de se relevar que a CDA é apenas o documento que corporifica a dívida ativa, sendo criado credor de maneira unilateral, por meio de um ato chamado "inscrição". Também é importante mencionar que a CDA pode integrar o próprio corpo da petição inicial da execução fiscal (art. 6º, § 1º, LEF).

Há norma (art. 2º, § 8º, LEF), que permite a emenda ou substituição da CDA no curso da execução fiscal. Trata-se, em realidade, de prática muito corriqueira, especialmente quando o executado aderir a algum parcelamento e em seguida for excluído. De fato, a consequência imediata do parcelamento é a suspensão do processo de execução em curso (art. 151, inc. VI, CTN c/c art. 922). Porém, caso o executado seja excluído do parcelamento, a Fazenda Pública terá que emendar a CDA, indicando-lhe o real valor atual, para que possa ser dado prosseguimento a execução fiscal anteriormente suspensa. Vale dizer que esta emenda da CDA não se confunde com emenda da petição inicial (art. 321).

Esta mesma norma (art. 2º, § 8º, LEF), determina que, com a substituição ou emenda da CDA, será *"assegurada ao executado a devolução do prazo para embargos"*, sendo o mesmo aplicável tanto nos casos de dívida ativa tributária quanto não tributária, já que norma do Código Tributário Nacional (art. 203, CTN), que tratava especificamente dos casos de dívida ativa tributária, foi revogado pelo dispositivo da LEF acima citado antes mesmo do advento da atual Carta Magna.[6]

O despacho liminar de conteúdo positivo ou negativo

Apresentada a petição inicial, que já poderá até mesmo indicar possíveis bens passíveis de constrição judicial (art. 798, inc. II, "c" c/c art. 1º, LEF c/c art. 53, Lei nº 8.212/91), os autos seguirão conclusos para o magistrado.

---

[6] LOPES, Mauro Luís Rocha. *Execução Fiscal e Ações Tributárias*. Rio de Janeiro: Lumen Juris, 2002, p. 12, possui o mesmo entendimento, embora por outros fundamentos. É que, segundo este autor, deve prevalecer a regra do art. 2º, § 8º da LEF, que por ser mais recente acabou derrogando a contida no art. 203 do CTN. Vale dizer que o doutrinador acima citado esclarece que este art. 203 do CTN não tem o *status* de lei complementar, já que trata de matéria de natureza processual, fugindo da incidência do art. 146, inc. III, alínea *b*, CRFB.

Caso entenda que estão presentes as condições da ação e os pressupostos processuais, mesmo que de forma perfunctória e não definitiva, o juiz deverá proferir o despacho liminar de conteúdo positivo, determinando a citação do executado. Vale dizer que tal ato praticado pelo juiz possui natureza jurídica de despacho, razão pela qual é considerado como irrecorrível (art. 1.001).[7]

Além disso, será neste mesmo momento que o juiz deverá estabelecer os honorários advocatícios, conforme atualmente prevê o CPC (art. 827 c/c art. 1º, LEF).[8] E não há, igualmente, qualquer obstáculo para afastar a incidência do benefício previsto na mesma norma (art. 827, parágrafo único), que permite a redução do valor dos honorários pela metade, caso o pagamento integral seja efetuado no prazo de 3 (três) dias.

Contudo, pode se encontrar presente alguma hipótese do indeferimento liminar da petição inicial, o que será feito pelo magistrado por meio da prolação do impropriamente chamado "despacho liminar de conteúdo negativo", que, em realidade, possui natureza jurídica de sentença (art. 203, § 1º), já que põe fim ao processo.

As hipóteses de indeferimento se encontram previstas no CPC (art. 330), sendo que já existiu jurisprudência que também autorizava que a petição inicial fosse indeferida em razão do reduzido valor do crédito fazendário, o que configuraria falta de interesse processual (art. 330, inc. III), uma vez que este valor não compensaria o custo decorrente da movimentação da máquina judiciária.[9] Além disso, tais decisões muitas vezes tinham respaldo em atos normaticos que dispensam a Fazenda Pública de promover execução fiscal nestes casos (v.g. art. 20, Lei nº 10.522/02[10] e art. 1º, Lei

---

[7] MOREIRA, José Carlos Barbosa. *O Novo Processo Civil.* 22ª ed. Rio de Janeiro: Forense, 2002, p. 23, no entanto, faz a ressalva de que este ato praticado pelo juiz mais se assemelha a uma decisão interlocutória, por vislumbrar que a lei claramente lhe dá conteúdo decisório, determinando ou permitindo que nele sejam resolvidas várias questões.

[8] LOPES, Mauro Luís Rocha. *Execução Fiscal e Ações Tributárias.* Rio de Janeiro: Lumen Juris, 2002, p. 33.

[9] TRF-2. Apelação cível nº 226.557-2. Rel. Des. Paulo Espírito Santo. DJ 31/10/96.

[10] Art. 20, Lei nº 10.522/04: *"Serão arquivados, sem baixa na distribuição, os autos das execuções fiscais de débitos inscritos como Dívida Ativa da União pela Procuradoria-Geral da Fazenda Nacional ou por ela cobrados, de valor consolidado igual ou inferior a R$ 10.000,00 (dez mil reais). § 2º Serão extintas as execuções que versem exclusivamente sobre honorários devidos à Fazenda Nacional de valor igual ou inferior a R$ 1.000,00 (mil reais). § 3º O disposto neste artigo não se aplica às execuções relativas à contribuição para o Fundo de Garantia do Tempo de Serviço".* Vale dizer que, mais recentemente,

nº 9.441/94[11] – sendo o primeiro específico para a União e o outro para o INSS). Mas existia, porém, muitas críticas a este entendimento, em especial por incentivar o não pagamento de tais valores, já que não haveria qualquer reprimenda judicial que pudesse forçar o cumprimento da obrigação pecuniária. Por este motivo, foi criado o Verbente nº 452 da Súmula do STJ, nos seguintes termos: "*A extinção das ações de pequeno valor é faculdade da Administração Federal, vedada a atuação judicial de ofício*".[12]

Citação na execução fiscal
Não sendo hipótese de indeferimento liminar da petição inicial, caberá ao magistrado determinar a citação do executado, observando o disposto na legislação específica (art. 8º, LEF), e, subsidiariamente, as regras do CPC (art. 1º, LEF).

A LEF permite expressamente a citação pela via postal no processo de execução fiscal. Logo, é possível concluir que, se a citação pelo correio não tiver sido realizada em sede de execução fiscal ou se ficar alguma dúvida sobre a realização deste ato, a mesma deverá ser realizado diretamente pelo oficial de justiça.

Somente após frustradas as possibilidades de citação pessoal é que poderá ser tentada citação por uma das modalidades "fictas", que usual-

---

foi editada a Portaria MF nº 75/2012, que em seu art. 1º, inc. II, altera esse patamar para R$ 20.000,00 (vinte mil reais). Da mesma maneira, também o art. 46, da Lei nº 13.043/2014, veda o ajuizamento de execuções fiscais para cobrança de débitos de um mesmo devedor com o FGTS cujo valor consolidado seja igual ou inferior a R$ 20.000,00 (vinte mil reais).

[11] Art. 1º, Lei nº 9.441/97: "*Art. 1º Fica extinto todo e qualquer crédito do Instituto Nacional do Seguro Social – INSS oriundo de contribuições sociais por ele arrecadadas ou decorrente do descumprimento de obrigações acessórias, cujo valor: I – total das inscrições em Dívida Ativa, efetuadas até 30 de novembro de 1996, relativamente a um mesmo devedor, seja igual ou inferior a R$ 1.000,00 (mil reais); II – por lançamento feito até 30 de novembro de 1996, decorrente de notificação ou de auto de infração não inscrito em Dívida Ativa, seja igual ou inferior a R$ 500,00 (quinhentos reais). Parágrafo único. Os valores previstos neste artigo referem-se ao montante dos créditos atualizados em 1º de dezembro de 1996, inclusive com todos os acréscimo legais incidentes*".

[12] LOPES, Mauro Luís Rocha. *Execução Fiscal e Ações Tributárias*. Rio de Janeiro: Lumen Juris, 2002, p. 37, sustenta que o juiz não deveria indeferir a petição inicial de plano nestes casos, por ser direito subjetivo do credor ver satisfeita a sua pretensão pelo devedor, ainda que de reduzida expressão econômica. É que, segundo este doutrinador, será, muitas vezes, de interesse do Fisco exigir a prestação ínfima do sujeito passivo da obrigação de direito público, como forma de evitar que este e os demais devedores sintam-se estimulados a deixar de arcar com débitos similares.

mente será a por edital (art. 8º, inc. III, LEF). Aliás, o Verbete nº 414, da Súmula do STJ, deixa bem clara a possibilidade de a citação ser realizada por edital: "*A citação por edital na execução fiscal é cabível quando frustradas as demais modalidades*", muito embora ela também possa ser realizada por hora certa. Com efeito, pontua o Verbete nº 196, da Súmula do STJ, que: "*Ao executado que, citado por edital ou por hora certa, permanecer revel, será nomeado curador especial, com legitimidade para apresentação de embargos*".

E, ainda, deve ser consignado que o comparecimento espontâneo do executado supre a falta de citação (art. 239, § 1º), desde que o advogado tenha poderes específicos para o recebimento da citação.[13]

Parcelamento ou moratória legal

O CPC (art. 916 e parágrafos), permite que o executado, nas execuções comuns com base em título executivo extrajudicial, pudesse manifestar eventual interesse em parcelar o seu débito em sete prestações, sendo 30% (trinta por cento) a vista e o restante em mais 6 (seis) parcelas mensais, observados os demais requisitos previstos nesta norma. Este dispositivo, porém, não é aplicável em sede de execução fiscal em que se cobra dívida ativa tributária, diante de artigo constante no Código Tributário Nacional (art. 155-A, CTN), que exige lei específica para disciplinar o parcelamento dos créditos tributários. Contudo, caso a CDA contemple uma dívida ativa de natureza não tributária, o obstáculo desapareceria e a norma prevista no CPC seria perfeitamente aplicável.

Garantia do juízo

O executado é citado para que, em cinco dias, possa efetuar o pagamento da dívida ou indicar bens à penhora (art. 8º, LEF). Caso permaneça inerte, dispõe o Código Tributário Nacional (art. 185-A , CTN), que: "*Na hipótese de o devedor tributário, devidamente citado, não pagar nem apresentar bens à penhora no prazo legal e não forem encontrados bens penhoráveis, o juiz determinará a indisponibilidade de seus bens e direitos, comunicando a decisão, preferencialmente por meio eletrônico, aos órgãos e entidades que promovem registros de transferência de bens, especialmente ao registro público de imóveis e às autoridades supervisoras do mercado bancário e do mercado de capitais, a fim de que, no âmbito de suas atribuições, façam cumprir a ordem judicial*".

---

[13] BARROSO, Darlan. *Manual de Direito Processual Civil*, v. I. São Paulo: Manole, 2003, pp. 250-251.

Assim, se quiser, o devedor pode indicar bens à penhora, o que atualmente se constitui em uma exceção dentro do atual regramento da execução, já que as recentes leis transferiram ao credor esta iniciativa. No entanto, para que seja eficaz, esta indicação deve observar o disposto no rol previsto em lei (art. 11 da LEF), comumente chamada de "gradação legal". Não se trata, contudo, de uma ordem que deve ser sempre respeitada.

Uma interpretação puramente literal do disposto na lei específica (art. 11, inc. I, LEF), permite concluir que a penhora deve recair preferencialmente sobre dinheiro. Contudo, para que possa ser viabilizada esta penhora, será necessário o afastamento do sigilo bancário do executado, já que o exequente pode não dispor desses dados. Esta hipótese é atualmente regulada no CPC (art. 854), que é aplicado subsidiariamente na execução fiscal, e que vem sendo designada como "penhora *on-line*".

Se não for localizado numerário na conta bancária do executado para a realização da penhora, esta então deverá recair sobre quaisquer bens do executado, com exceção daqueles considerados como absolutamente impenhoráveis por lei (*v.g.* Lei nº 8.009/90; art. 10 e art. 30, Lei nº 6.830/80; art. 833; dentre outros).

A jurisprudência do STJ também vem autorizando que a Fazenda Pública penhore até mesmo precatório devido ao executado, já que esta situação equivaleria a uma penhora de créditos. No entanto, estes mesmos julgados reconhecem que, devido ao longo tempo de espera para recebimento, possa o exequente optar por outra garantia do juízo.[14]

Necessidade de garantia do juízo para oferecimento dos embargos
A LEF, em seus dispositivos pontuais (art. 16, parágrafo 1º, LEF), prevalece sobre as normas gerais constantes no CPC (art. 914), mormente aquelas em que dispensam a necessidade de penhora como condição para a admissibilidade dos embargos. Assim, é somente após a garantia do juízo que se iniciará o prazo para oferecimento dos embargos, que será de 30 (trinta) dias (art. 16, LEF). Este dispositivo, por sinal, deve ser interpretado literalmente de modo que, se houver depósito do valor do débito, será no primeiro dia útil seguinte ao do depósito, e não da juntada deste documento nos autos, que irá começar a correr o prazo para oferecimento dos embargos. Em se tratando de fiança bancária, este mesmo dispositivo determina

---

[14] STJ. RESP nº 320.646-SP. Rel. Min. Humberto Martins. DJ 28/05/2013.

que o prazo somente irá começar a correr após a juntada do documento que comprove a respectiva garantia pessoal. Por fim, quando a garantia se der pela penhora, o prazo se inicia com a intimação do executado para ciência desta constrição.

Também é importante relevar que, caso exista mais de um executado na mesma relação processual, a penhora realizada sobre patrimônio de apenas um deles autoriza a todos os demais o oferecimento dos embargos, pois a penhora deve ser feita sobre bens que bastem para assegurar a satisfação do crédito cobrado. Assim, uma vez atingido este patamar com a apreensão de bens de apenas um dos executados, não haveria razão para que outros bens, dos outros demandados, fossem penhorados.

Por fim, diante da necessidade de prévia garantia do juízo para que o executado possa se defender, é que se percebe que a exceção de pré-executividade (v. item nº 31.2.8.), vem tendo o seu uso bastante potencializado nas demandas desta natureza.

Embargos do executado e ação anulatória
Os embargos à execução dão ensejo à criação de uma nova relação processual, em que o embargante/executado passa a deduzir uma pretensão de natureza constitutiva negativa. Mas a LEF se silencia, porém, a respeito da possibilidade de ser dado ou não efeito suspensivo aos embargos. Diante desta omissão, é salutar a utilização da norma prevista no CPC (art. 919, parágrafo 1º), que permite esta possibilidade, caso preenchidas as exigências nele previstas.

O prazo para oferecimento dos embargos é de 30 (trinta) dias, que devem ser contados de acordo com o que prevê a legislação especial (art. 16, LEF). Ultrapassado este prazo, o oferecimento tardio dos embargos permite a rejeição liminar dos mesmos, em razão da intempestividade (art. 918, inc. I). E, igualmente, este também deverá ser o destino de eventual "ação anulatória" (art. 38, LEF), que tiver sido eventualmente ajuizada pelo devedor após o transcurso do prazo dos embargos, pois, do contrário, este meio processual estaria sendo utilizado para atingir fins espúrios, não apenas para afastar a norma que fixa o prazo para embargar, mas, também, a própria exigência de prévia garantia do juízo para que seja veiculada qualquer tese defensiva que não seja pronunciada de ofício.[15]

---

[15] LOPES, Mauro Luís Rocha. *Execução Fiscal e Ações Tributárias*. Rio de Janeiro: Lumen Juris, 2002, pp. 230-234.

Mas pode ocorrer, contudo, situação inversa, em que a ação anulatória tenha sido ajuizada antes mesmo da execução fiscal. Nesta outra situação, os embargos poderiam ser oferecidos contendo tese defensiva distinta da que consta na outra ação como, por exemplo, exceções instrumentais que objetivam combater a execução fiscal. A repetição de matérias, porém, não poderá ser admitida em virtude de configurar hipótese de continência (art. 56), também chamada comumente de "litispendência parcial". Mas, de qualquer maneira, o seu ajuizamento não terá o condão de impedir a futura execução fiscal, de acordo com a norma prevista no CPC (art. 784, § 1º): "*A propositura de qualquer ação relativa ao débito constante do título executivo não inibe o credor de promover-lhe a execução*" e, também, porque tal situação, acaso deferida por algum magistrado, configuraria ofensa ao princípio da inafastabilidade do Poder Judiciário (art. 5º, inc. XXXV, da CRFB).

Quando tramitam simultaneamente uma ação anulatória e uma execução fiscal, é de se questionar se haveria ou não a existência de conexão entre ambas, a impor a reunião destes processos para julgamento em conjunto. Em princípio, não parece ser técnico aventar a possibilidade de ocorrer conexão entre processos de conhecimentos e de execução, uma vez que este último não possui julgamento de mérito, de modo que não há risco em se evitar julgamentos contraditórios.[16] Claro que a conexão entre processo de conhecimento e embargos a execução é perfeitamente possível, já que ambos possuem a mesma natureza jurídica. No entanto, a execução propriamente dita tem a característica ímpar de não possuir julgamento. Contudo, ainda assim é forçoso reconhecer que, muitas vezes, esta reunião entre os processos até mesmo chega a ser recomendável, em razão dos reflexos que um processo pode gerar ao outro, afinal, se em uma demanda for reconhecida a nulidade da cambial, o exequente perderá o titulo executivo extrajudicial naquela execução que poderia se encontrar tramitando perante outro juízo. É, pelo menos, o que já reconheceu o STJ em julgados anteriores, adotando uma concepção mais ampla do que vem a ser a "conexão".[17] Quanto ao tema, o CPC passou a reconhecer expressamente que esta situação também caracteriza "conexão", devendo serem

---

[16] Em sentido contrário ao texto, por considerar possível o reconhecimento de conexão entre execução e processo de conhecimento: ROSA JÚNIOR, Luiz Emygdio F. da. *Manual de Direito Financeiro & Direito* Tributário. 15ª ed. Rio de Janeiro: Lumen Juris, p. 777.

[17] STJ. Conflito de competência nº 31.963. Rel. Min. Humberto Gomes de Barros, s/d.

os autos reunidos no mesmo juízo (art. 55, parágrafo 2º, I), sendo prevento aquele em que primeiro ocorreu a distribuição (art. 59), se ambos detiverem a mesma competência.

Portanto, no caso da execução fiscal em específico, é possível que possa existir algum juízo com competência mais ampla do que a do outro.[18] Nestas hipóteses, se as regras processuais indicarem que o juízo com competência mais extensa é o prevento, não há obstáculo para a remessa da ação anulatória ao mesmo. Do contrário, sendo hipótese exatamente inversa, os processos deverão permanecer tramitando separadamente, já que a conexão ou continência somente podem gerar a modificação de órgão jurisdicional quando ambos titularizam a mesma competência, o que pode não ocorrer na presente hipótese.

Etapa expropriatória

A expropriação, em sede de execução fiscal, não difere muito daquela que ocorre nas execuções promovidas entre particulares, o que permite aplicação das mesmas regras naquilo que houver compatibilidade. Anote-se que, na LEF, o tratamento dado ao tema se encontra bem reduzido (art. 22 e art. 24, ambos LEF). O mais relevante é a circunstância de que a adjudicação pode ser realizada em momento posterior à realização da arrematação. Nesta hipótese, a arrematação somente será considerada perfeita e irretratável após o decurso do prazo de 30 (trinta dias) previsto em dispositivo próprio (art. 24, inc. II, "b"), pois, enquanto o mesmo não for ultrapassado, existe a possibilidade desta ser desconsiderada, caso a Fazenda Pública opte por adjudicar os bens. Em consequência, o prazo de 10 (dez) dias para postular, por simples petição (art. 903, parágrafo 2º), qualquer vício na arremataçao, somente terá o seu termo inicial após o decurso deste prazo previsto na LEF.[19]

Suspensão do processo e prescrição

É bastante comum que, no curso da execução fiscal, não sejam localizados bens passíveis de penhora, o que deve motivar a aplicação do disposto na

---

[18] É o que ocorre na Seção Judiciária do Rio de Janeiro, pois uma Vara Federal Cível titulariza competência para demandas envolvendo matéria tributária. Contudo, as execuções fiscais são promovidas privativamente nas Varas Federais de Execução Fiscal, que possuem competência mais ampla já que a discussão tributária poderá ser travada diretamente nos embargos.

[19] STJ. RESP nº 872772-SP. Rel.º Min.º Eliana Calmon. DJ 06/08/2008.

lei específica (art. 40, LEF), suspendendo o curso da execução. No entanto, este artigo dispõe que não é neste mesmo momento que se inicia a contagem do prazo da prescrição intercorrente, que, até então, se encontrava interrompido. Com efeito, primeiro deverá se aguardar o esgotamento do prazo de 1 (um) ano, para, só então, reiniciar integralmente a contagem do prazo prescricional, conforme recomenda a jurisprudência do STJ.[20] Este raciocínio, por sinal, também passou a ser adotado no CPC (art. 921, parágrafos), mesmo para as execuções comuns.

Desistência e sucumbência

A lei específica (art. 26, LEF), permite que o exequente possa, a qualquer tempo, formular requerimento de desistência da execução fiscal. Contudo, a melhor interpretação desta norma sugere que não se pode isentar a Fazenda do ônus da sucumbência, caso a relação jurídica processual já tenha sido angularizada, conforme sinaliza o Verbete nº 153 da Súmula do STJ: *"A desistência da execução fiscal, após o oferecimento dos embargos, não exime o exequente dos encargos da sucumbência"*.

Ressalva-se que, em caso de desistência, não se faz necessária a concordância do executado, (art. 775). Assim, apenas permanecerão tramitando os embargos que versarem sobre matéria relativa à relação jurídica de direito material, embora esta não seja uma afirmação unânime.[21]

De resto, ressalva-se que, conforme acima esclarecido, a "desistência" decorre da manifestação volitiva da exequente que, no caso, é a Fazenda Pública. A mesma, porém, não pode ser confundida com o "abandono" do processo, hipótese em que a Fazenda Pública deixa de se manifestar em 30 (trinta) dias quanto aos rumos do processo, embora tenha sido regularmente intimada para tanto. Nos casos de abandono, a jurisprudência vem reconhecendo a possibilidade de o magistrado agir de ofício, isto é, até mesmo desprezando o requerimento da parte contrária neste sentido. Em outras palavras, o verbete nº 240 da Súmula do STJ não se aplica em sede de execução fiscal.[22]

---

[20] STJ. RESP nº 622165/RS. Rel. Min. Luiz Fux. DJ 30/08/2004.
[21] LOPES, Mauro Luís Rocha. *Execução Fiscal e Ações Tributárias*. Rio de Janeiro: Lumen Juris, 2002, p. 154.
[22] STJ. Agravo regimental no RESP nº 1.450.799-RN. Rel.º Min.º Assusete Magalhães. DJ 28/08/2014.

Sistemática recursal

A sistemática recursal usualmente não difere daquela constante no CPC, até em virtude deste último ser aplicável de forma subsidiária (art. 1º, LEF). Logo, as sentenças serão impugnadas por meio de recurso de apelação (art. 1.009) e as decisões interlocutórias por recurso de agravo de instrumento (art. 1.015, parágrafo único). No entanto, quando o valor da execução fiscal não ultrapassar o equivalente a cinquenta OTNs (Obrigações do Tesouro Nacional), há dispositivo na lei específica (art. 34, LEF), que ainda que somente caberão embargos infringentes.[23]

Estes embargos infringentes, porém, em nada se assemelham com outro recurso, de idêntica nomenclatura, que era previsto no modelo primitivo (art. 530 – art. 534, CPC-73) e que, no atual, foi transformado em regra de processamento em determinados recursos que foram julgados de maneira não unânime (art. 942).

O recurso de embargos infringentes, previsto na LEF, continua existindo e deve ser interposto no prazo de 10 (dez) dias, sendo este o mesmo prazo para que a outra parte possa ofertas as suas contrarrazões. Ademais, trata-se de recurso que não possui efeito devolutivo, mas sim regressivo, ou seja, é apreciado e julgado pelo próprio juízo prolator da decisão. Na sequência, mantida ou não a decisão impugnada, as vias recursais já foram todas exauridas e o interessado poderá interpor o REXTR, se for o caso. É o que consta no Verbete nº 640, da Súmula do STF: "*É cabível REXTR contra decisão proferida por juiz de primeiro grau nas causas de alçada, ou por turma recursal de Juizado Especial cível e criminal*". O mesmo, porém, já não ocorre com o RESP, eis que o mesmo somente pode ser utilizado para impugnar decisão proferida por "Tribunais", em razão de norma constitucional (art. 105, inc. III, CRFB).

---

[23] LOPES, Mauro Luís Rocha. *Execução Fiscal e Ações Tributárias*. Rio de Janeiro: Lumen Juris, 2002, p. 184, pontua que este também será o recurso, ainda que a sentença tenha sido proferida em sede de embargos a execução.

O Planejamento Tributário

MARCUS ABRAHAM

Introdução
Sendo o planejamento tributário o conjunto de atos realizados pelo contribuinte para reduzir total ou parcialmente o pagamento de tributos, não podemos negar que a questão-chave nesta matéria está em equacionar duas situações aparentemente conflitantes: a liberdade individual do contribuinte para organizar as suas atividades econômicas *versus* o seu dever de cumprir as normas e obrigações tributárias.[1]

Isso ocorre porque, de um lado temos que reconhecer a autonomia conferida ao contribuinte para estruturar seus negócios e patrimônio, certos de que ninguém está obrigado a realizar tais operações da maneira mais onerosa em favor do Fisco; de outro lado, ressalvando-se os casos de procedimentos lícitos e legítimos, não podemos ignorar que algumas formas abusivas ou irregulares de planejamento fiscal ensejam a subtração total ou parcial do pagamento de tributos pela violação – direta ou indireta – das normas tributárias, cujas consequências, *prima facie*, podem ocasionar: evasão de receitas financeiras que seriam recolhidas em favor do Estado; enriquecimento indevido do contribuinte que implementa o planejamento fiscal; violação da isonomia, na medida que os demais contribuintes não obterão tal vantagem; desrespeito à capacidade contributiva daquele que conseguir reduzir sua carga fiscal; o não cumprimento do dever fundamental de pagar tributos.

---

[1] ABRAHAM, Marcus. **O Planejamento Tributário e o Direito Privado.** São Paulo: Quartier Latin, 2007.

Sobre o tema da liberdade do contribuinte, há muito se manifestou a Suprema Corte Americana, no célebre caso *Gregory vs. Helvering* (1935), conforme transcreve Carlos M. Giuliani Fonrouge[2]: *"qualquer pessoa pode conduzir seus negócios de tal modo que seu imposto seja o mais reduzido possível; não está obrigada a escolher a fórmula mais produtiva para o fisco; nem existe o dever patriótico de elevar seus próprios impostos."*

Não obstante, é de se reconhecer que o Direito Tributário, ao estabelecer e regular a função fiscal arrecadatória, passa a ser interpretado hodiernamente não apenas como o conjunto de normas protetivas dos contribuintes e limitadoras da atuação do Estado, mas também passa a ser considerado, além da sua função arrecadatória, instrumento para realização da justiça social, para colaborar com o Estado na redistribuição de riquezas e permitir a realização das demais funções públicas.

Hoje, em tempos de neoconstitucionalismo (RAWLS, John[3]; DWORKIN, Ronald[4]; ALEXY, Robert[5]), em que os valores passam a ter preponderância no ordenamento jurídico, é inegável reconhecer a preocupação com a ética, com a moral e com o debate dos direitos humanos fundamentais, sendo o Estado o guardião dos direitos individuais e, em especial, da dignidade da pessoa humana, recolocando o cidadão no centro dos interesses sociais, assumindo o compromisso de erradicar a pobreza e as desigualdades, sem descuidar da mantença do equilíbrio econômico e da prosperidade, e tudo isso com o respeito das liberdades e garantias individuais.

Há de se considerar que tanto o Direito Civil quanto o Direito Tributário, embora ramos distintos do direito, aproximam seus interesses e objetivos. Deixam de ser campos jurídicos reservados, cada qual com suas características, nuances e peculiaridades, suplantando a velha "autonomia" e "independência" dos institutos para serem considerados complementares e interdependentes na efetivação do mesmo fim.

---

[2] GIULIANI FONROUGE, Carlos M. **Derecho Financiero. Vol. II.** 3. ed. Buenos Aires: Depalma, 1976. p. 648-649: *"cualquiera puede arreglar sus asuntos de tal modo que su impuesto sea lo más reducido posible; no está obligado a elegir la fórmula más productiva para la tesorería; ni aun existe el deber patriótico de elevar sus propios impuestos."*

[3] RAWLS, John. **Uma Teoria da Justiça.** Trad. Lenita M. R. Esteves. São Paulo: Martins Fontes, 1997.

[4] DWORKIN, Ronald. **Taking Rights Seriously.** Cambridge: Massachussets: Harvard University Press, 1978.

[5] ALEXY, Robert. **Teoría de los Derechos Fundamentales.** Madrid: Centro de Estudios Políticos y Constitucionales, 2001.

Assim, não deixaremos de debater a principal questão de fundo: a da liberdade que o contribuinte possui para implementar tais procedimentos. Seria ela absoluta ou haveria limites dentro do nosso ordenamento jurídico? Seriam tais limites de ordem pública (fiscal), privada (civil), ética ou moral? Seria aceitável encontrarmos duas operações com a mesma expressão econômica da capacidade contributiva a serem submetidas a regimes tributários distintos (com cargas fiscais diferentes), se em um caso tivermos uma tipificação fiscal adequada e em outro não? As respostas para estas indagações não são fáceis, muito menos precisas, mas se intentará aqui desenvolver estes temas.

1. O Planejamento Tributário

O debate sobre planejamento fiscal gira em torno da implementação pelo contribuinte – pessoa física ou jurídica – de procedimentos lícitos e eticamente aceitáveis, que podem ser de natureza econômica, contábil, jurídica ou meramente operacional, para reduzir ou elidir suas despesas com o pagamento de tributos.

Ocorre que, muitas vezes, tais procedimentos ganham contornos de irregularidade, seja por afrontarem direta e expressamente alguma norma legal, seja por atentarem aos fins por ela pretendidos, ou, ainda, por violarem indiretamente o seu fundamento, expresso por um princípio. Tais atos recebem a tradicional denominação pela doutrina de *elisão fiscal* quando lícitos e legítimos, e *elisão fiscal ilícita* quando não. Para delimitar a diferença entre o legítimo ato de economia fiscal e um outro maculado por qualquer vício de forma ou conteúdo, há que se buscar a identificação de alguns elementos que são claros e pacificamente aceitos pelos operadores do direito tributário, juntamente com outros, que fazem parte de uma "zona cinzenta" de controverso entendimento e aceitação.

O planejamento tributário não é algo novo. Segundo Marco Aurélio Greco[6], o tema da elisão fiscal tem, no mínimo, 650 anos, ao relatar um conto que ilustra bem a ideia:

> *Havia uma determinada comuna que tinha criado uma taxa pelo uso do solo onde se instalava a feira para a venda dos produtos e das peles de animais que tinham sido caçados. Relata que determinados caçadores chegavam àquela praça local e, ao invés*

---

[6] GRECO, Marco Aurélio. *Elisão Tributária e seu Contexto. in* **Anais do Seminário Internacional sobre Elisão Fiscal.** Brasília: ESAF, 2002. p. 19.

de colocarem aquelas peças no chão, carregavam-nas nos braços, dizendo: se não estou ocupando o terreno da praça do mercado, em termos atuais, não estou praticando fato gerador, estou evitando a sua ocorrência, portanto não devo pagar a taxa pelo uso da praça da comuna onde se realizava a feira.

Heleno Taveira Torres[7] entende por planejamento tributário *"a técnica de organização preventiva de negócios jurídicos, visando a uma lícita economia de tributos"*, sendo este, enquanto *procedimento*, a atividade de interpretação das normas tributárias e de direito privado, e, enquanto *ato*, a orientação que é dada a partir do plano elaborado para otimizar custos de natureza fiscal.

Já na inteligência de James Marins[8], denomina-se planejamento fiscal ou tributário *lato sensu*: *"a análise do conjunto de atividades atuais ou dos projetos de atividades econômico-financeiras do contribuinte (pessoa física ou jurídica), em relação ao seu conjunto de obrigações fiscais com o escopo de organizar suas finanças, seus bens, negócios, rendas e demais atividades com repercussões tributárias, de modo que venha a sofrer o menor ônus fiscal possível".*

De fato, o Planejamento Tributário pode se dar através da adoção de variadas formas, maneiras e configurações, utilizando-se do sistema tributário nacional ou internacional, segundo as necessidades, os interesses e as condições do contribuinte, seja ele uma pessoa física ou uma pessoa jurídica. Conforme o seu desenho e posterior resultado, ganhará uma denominação: evasão fiscal; elisão fiscal ilícita ou; elisão fiscal lícita. Nos extremos, temos de um lado os atos ilegais e do outro os plenamente lícitos, enquanto que no meio temos uma área controvertida e que ora será analisada, debatida e testada, a fim de efetivamente configurá-la de maneira correta.

No plano jurídico nacional, podemos identificar algumas espécies de planejamento fiscal, originárias basicamente das seguintes estruturas: a) das operações e atividades do contribuinte; b) do uso de procedimentos administrativos ou judiciais e; c) através da interpretação normativa. Ocorre que o contribuinte, na forma de pessoa jurídica, detém, naturalmente, maiores condições, alternativas e interesse para implementar um planejamento fiscal do que um contribuinte individual (pessoa física), não somente por conta das possibilidades jurídicas que a legislação lhe

---

[7] TORRES, Heleno Taveira. **Direito Tributário e Direito Privado.** São Paulo: Revista dos Tribunais, 2003. p. 175.

[8] MARINS, James. **Elisão Tributária e sua Regulação.** São Paulo: Dialética, 2002. p. 32.

confere, bem como devido a uma maior necessidade, face à representatividade da tributação em relação às demais despesas em que uma empresa normalmente incorre.[9]

Neste caso, pode ser implementado pelo uso de mecanismos empresariais próprios, como o redirecionamento de atividades ou operações, a reorganização contábil e a reestruturação societária, ou por intermédio de mecanismos fazendários de elisão induzida ou permitida, como a utilização de opção para regimes fiscais mais benéficos, o aproveitamento de prerrogativas e incentivos fiscais gerais ou setoriais como imunidades, isenções, zonas francas, incentivos estaduais ou municipais. Integra-se também ao conjunto de medidas relacionadas como planejamento fiscal a recuperação de possíveis créditos fiscais, escriturais ou em moeda, ou mediante pedidos de repetição ou mesmo de compensação de tributos pagos a maior ou indevidamente, e até mesmo a administração e a redução do passivo tributário por meio do aproveitamento de remissões, anistias ou parcelamentos. Também o uso de instrumentos processuais, como a discussão judicial ou administrativa de tributos que estejam onerando indevidamente o contribuinte incluem-se entre as medidas de planejamento *lato sensu*, sem falar do aproveitamento no campo da não incidência tributária, raros mas existentes, e a identificação das possíveis lacunas no sistema que possibilitem economia fiscal.[10]

Numa sucinta classificação, podemos identificar algumas das formas em que o planejamento fiscal pode ocorrer: a) *oblíqua*: pela interposição de uma outra pessoa ou outra relação jurídica entre o efetivo contribuinte ou entre o negócio objetivado (p.ex. negócio jurídico indireto); b) *omissiva*: abstenção da realização da operação normalmente realizada por força de algum fator tributário (p.ex. deixar de importar mercadorias excessivamente gravadas pelos tributos regulatórios); c) *induzida*: quando a própria lei favorece a escolha de um determinado regime de tributação (p.ex. compra de mercadorias através da Zona Franca de Manaus); d) *optativa*: eleição da fórmula mais econômica dentre as disponíveis no ordenamento (p.ex. adoção da tributação pelo lucro real ou presumido; declaração de rendimentos pelo modelo simplificado); e) *interpretativa*: identificação de *loopholes* (lacunas) no sistema tributário (p.ex. identificação de algum tipo

---

[9] Ibidem, p. 33.
[10] Ibidem, p. 33-34.

de serviço, não previsto na lista de serviços de ISS, que possa ser enquadrado e qualificado na atividade realizada do contribuinte); f) *contenciosa*: utilização de meios administrativos ou judiciais para afastar a tributação indesejada, seja porque efetivamente indevida, seja porque exista alternativa na legislação (p.ex. uso de mandados de segurança; pedidos de parcelamentos ou regimes especiais etc.).

Na esfera internacional, existe um farto campo para realização do planejamento fiscal, tendo em vista a grande variedade estrutural e normativa dos diversos sistemas tributários existentes hoje no mundo, suas políticas e seus interesses em atrair novos negócios e capitais. Neste sentido, o contribuinte irá buscar a aplicação de uma norma tributária em algum território estrangeiro específico, cuja legislação lhe seja mais favorável e menos onerosa fiscalmente. Isto ocorre através do processo denominado *"shopping"*, pela identificação do sistema tributário que lhe seja mais interessante, através de alguns procedimentos, tais como: a) manipulação voluntária dos elementos de conexão (nacionalidade, domicílio, sede, foro contratual, local de pagamento etc.); b) aplicação de tratados ou convenções internacionais ou; c) transferência total ou parcial das operações para alguns locais conhecidos como "paraísos fiscais" ou também por *"tax havens"*.

Exemplo típico de planejamento fiscal internacional abusivo, que se denomina de *"treaty shopping"*, é a artificial utilização de uma interposta terceira pessoa ou estabelecimento que faz jus a algum benefício fiscal advindo de acordos internacionais, visando estendê-lo às partes originárias do negócio ou operação, que sem ele não aproveitariam aquele benefício. Tal prática advém do *"forum shopping"* que, com a mesma forma artificial, busca utilizar um foro contratual mais favorável, diverso das partes contratantes.

Outro procedimento comum na seara internacional, para redução da carga fiscal empresarial, denominado de *"transfer price"*, é a manipulação de preços de produtos, serviços, marcas e patentes, matérias primas (super ou subfaturando), que se faz quando a empresa multinacional estiver controlando ambas as partes da operação (suas coligadas ou subsidiárias), já que poderá transferir para a parte que estiver sob menor pressão fiscal (em algum paraíso fiscal, território estrangeiro de baixa tributação ou dotado de tratado internacional de bitributação) as vantagens da operação comercial.

Finalmente, além daqueles procedimentos de mera transferência do domicílio da pessoa física ou da pessoa jurídica para um país de tributação reduzida (expatriação), encontramos os que consistem em *dividir* o rendimento (*split payrolls*), distribuindo-o entre territórios fiscais distintos; ou *acumular* o rendimento em território fiscalmente mais favorável (*base company*); ou, ainda, em *transferir* o rendimento de um para outro ordenamento menos oneroso.

O fato é que existem inúmeros caminhos a serem seguidos pelo contribuinte para organizar suas atividades patrimoniais e financeiras, seja no âmbito nacional ou no internacional. Alguns são inteiramente lícitos. Outros podem ser questionados pelo fisco. E, finalmente, há aqueles que são ilícitos por sua própria natureza, forma e momento de realização. Os primeiros e os últimos dos caminhos ora apontados estão fora do nosso escopo de análise, já que não demonstram maiores dificuldades na compreensão e qualificação, ocupando, portanto, os extremos desta ciência: a elisão fiscal lícita e a sonegação fiscal. Interessa-nos, entretanto, identificar o que está na zona intermediária, de difícil qualificação, objeto de uma nova ótica jurídica, face aos valores, princípios e regras a que a sociedade contemporânea vem dando deferência.

2. Evasão e Elisão Fiscal

Não se pode confundir o verdadeiro planejamento fiscal ou economia fiscal, amplamente denominado de *elisão fiscal lícita*, de acordo com as normas expressas na legislação, assim também de acordo com os valores da sociedade e do próprio ordenamento jurídico, enquanto sistema axiológico, da hoje tão combatida *elisão fiscal ilícita*, que, na sua implementação, abusa das formas e dos meios, na maioria das vezes manipulados e artificiais, para atingir seus fins, nem sempre ortodoxos, acarretando diversas consequências maléficas à economia e ao ordenamento jurídico, especialmente pela redução das receitas públicas e a consequente ampliação do ônus tributário sobre os demais contribuintes, frustrando os princípios da igualdade, da capacidade contributiva e do dever fundamental de pagar tributos, violando os valores sociais, de solidariedade e do interesse público, sem mencionar os aspectos concorrenciais negativos dali decorrentes (pela violação à isonomia), expressando-se por um desequilíbrio competitivo, que naturalmente acaba por gerar um efetivo desestímulo aos novos investimentos (especialmente os estrangeiros), a redução do número de empregos, a baixa utilização do parque industrial e o elevado percentual da capacidade ociosa, redundando, ao fim, em uma contração do mercado ou em uma consequente sonegação fiscal.

Embora a nossa pretensão esteja na análise dos atos e negócios jurídicos realizados pelo contribuinte que possam ser classificados como *elisão fiscal* e que necessitam, por decorrência, da sua precisa classificação em *lícita* ou *ilícita*, devemos esclarecer que há, neste campo de estudo, outras denominações relevantes, como a *evasão fiscal* e a *elusão tributária*, sendo que esta última retorna ao foro de debates pelos novos elementos e contornos jurídicos que a codificação privada ganhou, especialmente quanto à importância que agora é dada ao 'motivo determinante', enquanto elemento de validade do ato e do negócio jurídico, como estabelece o artigo 166, inciso III[11], do Código Civil de 2002.

"Evasão de tributos" é terminologia oriunda da ciência das finanças, que, sob uma perspectiva econômico-financeira, ocorre quando o contribuinte não transfere ou deixa de pagar integralmente ao Fisco um tributo, considerado devido por força de determinação legal. Mas em um conceito mais amplo de evasão fiscal, Hermes Marcelo Huck afirma ser toda e qualquer ação ou omissão tendente a elidir, reduzir ou retardar o cumprimento de uma obrigação tributária, não importando serem lícitos ou ilícitos os meios utilizados neste processo.[12]

A palavra "evasão" advém do termo latino *evasio*, significando: "ato de evadir-se; fuga". Já "elisão", originaria do latim *elisio*, significa o "ato ou efeito de elidir; eliminação ou supressão".[13] Pois bem, extraída a origem etimológica, fica mais fácil concluir que, no primeiro caso, estamos diante de um ato ou negócio jurídico irregular, maculado por algum vício de forma ou conteúdo, enquanto que, no segundo, haveria, a princípio, a legitimidade necessária para que o respectivo procedimento seja aceito pelo ordenamento jurídico. Entretanto, como dissemos, várias são as manifestações da doutrina e da jurisprudência a respeito da distinção entre estes institutos, não havendo, todavia, uma uniformidade conceitual.

James Marins[14] relata que Albert Hensel, em 1924, foi possivelmente o primeiro doutrinador a traçar uma linha divisória entre elisão e a fraude

---

[11] Artigo 166, inciso III do Código Civil de 2002: *"É nulo o negócio jurídico quando: (...) III – o motivo determinante, comum a ambas as partes, for ilícito."*

[12] HUCK, Hermes Marcelo. **Evasão e Elisão**: Rotas Nacionais e Internacionais. São Paulo: Saraiva, 1997. p. 15-30.

[13] PEIXOTO, Marcelo Magalhães (Coord.). *Considerações sobre Planejamento Tributário. in* **Planejamento Tributário**. São Paulo: Quartier Latin, 2004. p. 73.

[14] MARINS, James. **Elisão Tributária e sua Regulação**. São Paulo: Dialética, 2002. p. 32

fiscal (no caso, a evasão fiscal), afirmando que na primeira não haveria transgressão a qualquer norma fiscal imperativa, mas se configuraria pela adoção de formas lícitas para obter economia fiscal.

Nas palavras de Albert Hensel: "É aspiração naturalíssima e intimamente ligada à vida econômica, a de se procurar determinado resultado econômico com a maior economia, isto é, com a menor despesa *(e os tributos que incidirão sobre os atos e fatos necessários à obtenção daquele resultado econômico, são parcelas que integrarão a despesa)*".[15]

Ricardo Mariz de Oliveira[16], em seu estudo sobre a elisão e sua regulação, esclarece que *"os dois termos não são casuais e nem destituídos de sentido semântico, dado que a evasão fiscal significa a fuga da obrigação tributária existente segundo a lei (daí a ilicitude), ao passo que a elisão significa elidir legalmente a ocorrência da obrigação tributária (daí a licitude)"*.

Já para Fabio Fanucchi[17]:

a prática da elisão consiste essencialmente na escolha do caminho mais econômico, sob o aspecto tributário, pelo qual o particular conduz os seus procedimentos potencialmente tributáveis. Em contrário, não será elisão tributária aquela prática que consiste na exclusão ou diminuição do tributo, através da escolha de forma jurídica não apropriada para traduzir a situação realmente ocorrente e aquela outra que consiste em reformular a conduta depois de praticado o fato gerador.

Afirma, entretanto, Hermes Marcelo Huck[18] que:

ambas as figuras, evasão e elisão, comungam da característica de serem técnicas de insubmissão ao comando da norma tributária. Porém, a expressão "evasão" é muitas vezes utilizada como sinônima de fraude fiscal e tem em comum uma série de fatores em sua composição: (i) em ambos os casos, o objetivo final do agente é o de pagar menos imposto do que sabe devido; (ii) em ambos os casos, há uma atitude subjetiva que pode

---

[15] HENSEL, Albert. **Diritto Tributario.** Giuffrè: Milano, 1956 (trad. italiana da 3ª edição alemã de 1933), p. 143, *apud* BECKER, Alfredo Augusto. **Teoria Geral do Direito Tributário.** 3. ed. São Paulo: Lejus, 1998. p. 136.

[16] OLIVEIRA, Ricardo Mariz de. Reinterpretando a Norma Antievasão do Parágrafo Único do Art. 116 do Código Tributário Nacional. **Revista Dialética de Direito Tributário**, São Paulo, nº 76, p. 84.

[17] FANUCCHI, Fabio. **Curso de Direito Tributário.** 4 ed. São Paulo: Resenha Tributária, 1986. p. 300.

[18] HUCK, Hermes Marcelo. **Evasão e Elisão:** Rotas Nacionais e Internacionais. São Paulo: Saraiva, 1997. p. 31.

ser caracterizada como sendo má-fé, deliberada e não acidental e; (iii) há uma ação, ou uma série de atos marcados pelos elementos de engano, má interpretação, simulação, artificialidade, ocultamento e desonestidade. Já a elisão fiscal, como obra da criatividade e engenho dos planejadores tributários, aspira a uma condição de legalidade que a distinga da evasão.

Para este autor, uma primeira distinção que se faz entre evasão fiscal e elisão fiscal reside nos métodos utilizados no procedimento de cada uma delas:

> *A elisão, de um lado, tem sua preocupação concentrada no uso de meios legais, ao menos formalmente lícitos, ao passo que na evasão atua-se pelos meios ilícitos e fraudulentos. Na fraude fiscal, opera-se a distorção no momento da incidência tributária, ou após esta, enquanto na elisão, o indivíduo atua sobre a mesma realidade mas, de alguma forma, impede que ela se realize, transformando (a seu benefício) o fato imponível ou gerador do tributo. Na elisão, o mesmo ato ou negócio jurídico é engenhosamente – às vezes canhestramente – revestido pelo indivíduo com outra forma jurídica, alternativa à originalmente pretendida, com resultados econômicos análogos, mas não descrita e tipificada na lei como pressuposto de incidência do tributo. Se os meios utilizados servem como fato de distinção entre os conceitos, já o elemento subjetivo tem muito pouca importância para estabelecer uma linha divisória entre evasão e elisão lícita, pois em ambos os casos a intenção do contribuinte é a de não pagar ou pagar o menor imposto possível.*[19]

Paralelamente à distinção pelos meios, uma outra característica lembrada e diferenciadora entre os conceitos reside na cronologia do ato:

> *Constata-se uma diferença temporal entre a evasão e a elisão lícita. Alguns tributaristas chegam a considerar ser esta a única distinção entre elas, seu único critério distintivo. Na avaliação cronológica, em que o fator tempo marca a fronteira do lícito e do ilícito, há que se verificar quando foram praticados os atos destinados a evitar, reduzir ou retardar o pagamento do imposto, ou seja, investiga-se se foram cometidos antes ou depois da ocorrência do respectivo fato imponível. Se foram praticados antes, pode-se estar diante de uma elisão lícita. Porém, se praticados depois, estará constatada uma evasão fiscal até o limite da fraude.*[20]

---

[19] Ibidem, p. 27-28.
[20] Ibidem, p. 28.

O mesmo raciocínio era traçado por Rubens Gomes de Souza[21], ao afirmar:

> um roteiro simples e seguro para aplicar a solução a cada caso concreto: (a) se os atos praticados, desde que, como foi dito, sejam objetivamente lícitos, são anteriores à ocorrência do fato gerador, a hipótese é de elisão; ou seja, o imposto terá sido legitimamente evitado, reduzido ou diferido; ao contrário: (b) se os atos praticados, ainda que objetivamente lícitos, são posteriores à ocorrência do fato gerador, a hipótese é de evasão; ou seja, o resultado (obtido ou não) de evitar, reduzir ou diferir o imposto, ainda que por atos objetivamente lícitos, será ilegítimo.

Entretanto, não podemos aceitar o critério temporal como justificativa única e absoluta para a licitude e legitimidade de qualquer procedimento realizado em momento cronologicamente anterior ao fato gerador, já que há casos típicos em que, embora respeitado o momento, o desvio se verifica na sua forma ou através dos meios (atípicos e indevidos) empregados. E, da mesma maneira, o critério dos métodos apresentados pelo contribuinte também não pode ser apreciado isoladamente. O fato é que nenhum destes modelos são suficientes e absolutos nesta análise. O operador do direito deverá, caso a caso, encontrar no ato ou no negócio jurídico realizado (ou a se realizar) os fundamentos de fato e de direito necessários a conferir a sua licitude e legitimidade, não somente dentro da letra expressa da lei, mas também nos valores do ordenamento jurídico contemporâneo.

Ainda na questão semântica, Brandão Machado[22], há tempos, já nos oferecia uma outra expressão terminológica: *"elusão fiscal"*, a qual visava identificar o ato ou procedimento que não infringiria preceito legal, amplamente utilizado em espanhol (*"elusión"*), em francês (*"élusion"*) e em italiano (*"elusione"*).

Tal expressão é atualmente adotada pelo eminente Professor Heleno Taveira Torres[23], para considerar a *elusão fiscal* como o efeito do uso de negócios jurídicos atípicos ou indiretos, organizados através de simulação ou

---

[21] SOUZA, Rubens Gomes de. **Compêndio de Legislação Tributária**. Edição Póstuma. São Paulo: Resenha Tributária, 1975. p. 211-212.
[22] MACHADO, Brandão. **Princípios Tributários no Direito Brasileiro e Comparado:** Estudos em Homenagem a Gilberto de Ulhoa Canto. Rio de Janeiro: Forense, 1988. p. 586.
[23] TORRES, Heleno Taveira. **Direito Tributário e Direito Privado:** Autonomia Privada, Simulação e Elusão Tributária. São Paulo: Revista dos Tribunais, 2003. p. 188-189 e 195-198.

fraude à lei, desprovidos de uma causa, no sentido de obter uma vantagem tributária. Para ele, tais atos estariam considerados dentro do campo do ilícito atípico, mesmo que aparentemente lícitos, porque não estão abrangidos por uma regra específica sancionatória, porém sendo-lhes aplicáveis os critérios gerais de sanção, comum a todos os atos danosos. Nas suas palavras:

> *O fenômeno pelo qual o contribuinte, mediante a organização planejada de atos lícitos, mas desprovidos de uma "causa" (simulados ou com fraude a lei), tenta evitar a subsunção de ato ou negócio jurídico ao conceito normativo do fato típico e a respectiva imputação da obrigação tributária. "Eludir", do latim* eludere, *significa evitar ou esquivar-se com destreza; furtar-se com habilidade ou astúcia, ao poder ou influência de outrem.*

Neste sentido, esclarece Túlio Rosenbuj[24]:

> *"A elusão é um conceito que compreende a fraude à lei e o abuso de formas jurídicas, é o gênero de todos os comportamentos ou ações dirigidas a criar situações de vantagem patrimonial para os particulares, assentadas na imperfeição dos atos, fatos ou negócios que se preconstituem com o único propósito e móvel da finalidade fiscal, tendo-se em conta que da fraude não se deduz intencionalidade fraudulenta, que sim aparece no abuso de forma."*

Já César A. Guimarães Pereira[25] propõe uma distinção dos procedimentos de elisão fiscal em elisão tributária eficaz e elisão tributária ineficaz. Na elisão eficaz, o ato ou negócio seria emoldurado na hipótese legal ou em áreas de omissão legislativa (conhecidas como *loopholes*), sem possibilidade de questionamento por parte da Administração tributária ou pelo Poder Judiciário. Já na elisão ineficaz, a Administração tributária comprova a existência de negócio simulado e o desconsidera através de lançamento de ofício.

---

[24] ROSENBUJ, Túlio. **El Fraude de la Ley y el Abuso de las Formas en Derecho Tributario.** Madrid: M. Pons, 1994. p. 82. "*La elusión es un concepto comprensivo del fraude a la ley y el abuso de formas jurídicas, es el género de todos los comportamientos o acciones dirigidas a crear situaciones de ventaja patrimonial para los particulares, asentadas en la imperfección de los actos, hechos o negocios que se preconstituyen, con el único propósito y móvil de la finalidad fiscal, habida cuenta que del fraude no se deduce intencionalidad fraudulenta, que sí se ofrece en el abuso de forma.*"

[25] PEREIRA. César A. Guimarães. **Elisão Tributária e Função Administrativa.** São Paulo: Dialética, 2001, p.212.

Para Marco Aurélio Greco[26], emérito estudioso do tema, a verdadeira elisão fiscal comportaria tão somente duas hipóteses: a) o aproveitamento de uma situação onde ocorre uma lacuna na lei ou; b) o exercício de um direito individual apoiado na liberdade de contratar e de iniciativa que permite ao contribuinte realizar toda e qualquer operação que seja lícita.

Mas tentando fechar as brechas legais e limitar a liberdade de atuação do contribuinte, o legislador brasileiro tomou inicialmente o caminho da regulamentação fiscal exaustiva, chamada por Greco[27] de *"inflação normativa"*, em que o legislador tenta, tópica e casuisticamente, prever e normatizar cada uma das situações eventualmente possíveis para neutralizar as práticas dos contribuintes, acabando por transformar o direito tributário numa ciência tão complexa e instável que esvazia o valor da própria lei.

Sugere Heleno Taveira Torres[28] que a liberdade negocial está vinculada a três possibilidades de escolhas: escolha da melhor "causa" (fim negocial), da melhor "forma" e do melhor "tipo" contratual ou societário, quando estes não sejam definidos em lei, sendo certo que se o contribuinte desviar-se de algumas destas três hipóteses, realizará o que denominou de "elusão", ou seja, o exercício de sua liberdade privada, maculada pela ausência de legitimidade. Segundo ele,

> *quando alguém promove um negócio jurídico apenas com a finalidade de obter redução de carga tributária incidente, salvo o descumprimento frontal da lei (evasão), das duas uma: ou age com liberdade garantida pelos princípios constitucionais que protegem a autonomia privada, no campo do planejamento tributário legítimo, visando à economia de tributos, constituindo negócios válidos e dotados de causa (elisão), sejam estes típicos ou atípicos, indiretos ou fiduciários, formais ou não formais; ou organiza negócios querendo aparentar um negócio jurídico legítimo e válido, mas desprovidos de causa, organizados com pacto de simular, para retirar os efeitos da causa do negócio aparente, ou ordenados para evitar a incidência da lei imperativa, qualificados como fraudulentos, também estes carentes de "causa" (elusão). Eis como se diferenciam elisão e elusão. Ambos os conceitos decorrem do exercício de autonomia privada, sendo aquele vinculado às opções legítimas do ordenamento e este, decorrente do uso das liberdades negociais disponíveis.*

---

[26] GRECO, Marco Aurélio. **Precedentes Históricos.** *in* Anais do Seminário Internacional sobre Elisão Fiscal. Brasília: ESAF, 2002. p. 19.
[27] Ibidem., p. 21.
[28] TORRES, Heleno Taveira. **Direito Tributário e Direito Privado: Autonomia Privada, Simulação e Elusão Tributária.** São Paulo: Editora Revista dos Tribunais, 2003. p. 16.

Conclui Marco Aurélio Greco[29] que, em um Estado Democrático de Direito, a interpretação e aplicação do ordenamento jurídico supõem a conjugação e compatibilidade entre os valores típicos do Estado de Direito (liberdade negativa, legalidade formal, proteção à propriedade) com os inerentes ao Estado Social (igualdade, liberdade positiva, solidariedade), fazendo com que o tema do planejamento tributário deva ser analisado não apenas sob a ótica das formas jurídicas admissíveis, mas também sob o ângulo da sua utilização concreta, do seu funcionamento e dos resultados que geram à luz dos valores básicos igualdade, solidariedade social e justiça.

Assim, embora reconheça que o contribuinte tem o direito de organizar sua vida (desde que o faça atendendo aos requisitos de licitude dos meios, anterioridade em relação ao fato gerador, inexistência de simulação sem distorções ou agressões ao ordenamento), conclui que um direito absoluto e incontrastável no seu exercício é figura que repugna à experiência moderna de convívio em sociedade, fundamentalmente informada pelo princípio da solidariedade social e não pelo individualismo exacerbado.

Acreditamos que o ordenamento jurídico contemporâneo não contempla mais uma argumentação pautada apenas em princípios de segurança jurídica, legalidade e tipicidade, liberdade e proteção da propriedade privada, tratados de forma absoluta e intocável e elevados ao extremo patamar normativo, sem cuidar de valores e princípios igualmente superiores, como os valores sociais, os princípios da capacidade contributiva, da boa-fé, da ética e moralidade, devidamente equacionados através da aplicação da *proporcionalidade tributária*[30], como uma equação a ser resolvida pela razão do homem em sociedade.

Não estamos mais debatendo o que já está pacificamente definido como incorreto, irregular ou ilícito. O debate sobre a evasão fiscal, como conduta

---

[29] GRECO, Marco Aurélio. **Planejamento Tributário.** São Paulo: Dialética, 2004. p. 179-180.
[30] Segundo Helenilson Cunha Pontes (**O Princípio da Proporcionalidade e o Direito Tributário.** São Paulo: Dialética, 2000. p. 70-87): "*o princípio da proporcionalidade tributária apresenta duas dimensões, uma negativa, que veda o arbítrio estatal, ou seja, é uma cláusula geral anti-arbítrio, uma proteção do cidadão contribuinte contra medidas estatais arbitrárias; e outra positiva, na otimização das pretensões constitucionais que possam aparentemente se apresentarem contraditórias (liberdade fiscal versus capacidade contributiva, por exemplo). Tanto quando desempenha função negativa ou positiva, o princípio da proporcionalidade exerce a dupla missão de constituir limite da atuação estatal. O princípio da proporcionalidade também postula ser um método geral para solução de colisão de bens, valores, ou princípios constitucionais, estabelecendo ponderações entre distintos bens constitucionais*".

violadora das regras tributárias de natureza penal (ilícitos tributários), já está ultrapassado.

A discussão, hoje, recai sobre o que é duvidoso, acerca daquilo sobre que não há ainda um consenso absoluto: sobre a distinção e identificação da elisão fiscal lícita e a ilícita. Esta última caracteriza-se por ser uma conduta que respeita apenas a letra da lei, pela aparência formal que lhe foi conferida, sendo, todavia, questionável quanto ao aspecto moral, ético e social, cujos valores, como vimos, já são dotados de efetividade normativa constitucional e infraconstitucional, capazes e suficientes para infirmá-la por vício de legalidade.

3. As Normas Antielisivas: gerais e específicas

Normas antielisivas são instrumentos legais criados para se questionar e combater a prática de atos, negócios ou procedimentos que visam implementar uma economia fiscal pelo contribuinte de maneira ilegítima. Podem se utilizar regras ou princípios jurídicos. Podem ser genéricas, empregando-se normas gerais que contenham expressões amplas, flexíveis e indeterminadas (porém determináveis), como *"abuso de formas"*, *"fraude à lei"* ou *"falta de propósito mercantil"*, ou utilizar técnicas sub-rogatórias[31], adicionando-se ao tipo específico uma regra genérica (p.ex: *"e congêneres"* ou *"da mesma natureza"* etc.). Um outro método normalmente adotado é o uso de presunções legais, sejam *juris et de jure*, sejam *juris tantum*, em que o legislador presume que encoberto por um fato ostensivo há um outro, oculto, de natureza elisiva (p.ex: distribuição disfarçada de lucros; regras de preços de transferência etc.). Podem, ainda, aplicar regras específicas ou pontuais, que visam atacar práticas concretas que já se consolidaram,

---

[31] Explica Hermes Marcelo Huck (**Evasão e Elisão: Rotas Nacionais e Internacionais**. São Paulo: Saraiva, 1997. p. 50.) que, conforme apurado no Congresso da International Fiscal Association de 1983, para evitar e combater o fenômeno elisivo, tem-se desenvolvido em determinadas legislações uma técnica conhecida como *fattispecie surrogatorie*, ou norma geral, em que o legislador, após definir a tipificação do tributo, considera que ele deve prevalecer e a norma ser aplicada desde que sejam verificados seus pressupostos econômicos ou fáticos, ainda que não se tenha aperfeiçoado o tipo jurídico especificamente previsto na norma. A técnica sub-rogatória constitui uma configuração da hipótese de incidência mediante a constituição de um tipo, seguida de uma regra adicional que prescinde de tipologia jurídica, quando declara que o tributo igualmente é devido ainda que faltem algumas de suas características formais, desde que os resultados econômicos ou de fato em geral previstos na norma estejam presentes.

denominadas por Heleno Taveira Torres[32] de *"normas de prevenção ou correção à elusão"*.

Nesta linha, podemos identificar dois métodos básicos no combate aos planejamentos fiscais indesejados: a) através da *criação normativa*, em que se busca utilizar tipos tributários fechados para proibir a prática do planejamento ou através da instituição de presunções legais; b) através da *interpretação normativa*, em que se utilizam tipos abertos ou normas gerais.

No caso da criação normativa, através da utilização de tipos específicos, ocorre o fenômeno do "excesso legal", que acaba por criar um sistema tributário complexo e detalhado, deixando-se, sempre, ao final, brechas legais (*loopholes*) que permitem ao contribuinte encontrar alternativas indesejadas pelo Fisco. Já no caso das presunções legais, em que o Fisco se socorre de fatos previamente conhecidos (por experiência, por estatísticas ou pela prática negocial), para determinar antecipadamente a ocorrência de outros, superam-se as dificuldades quanto às questões probatórias que normalmente impedem a ampla atuação e efetividade do Fisco, porém, ainda que de forma reduzida, deixa-se margem para manipulações por parte do contribuinte, pelo uso de manobras financeiras, societárias ou jurídicas, que podem ser camufladas através de simulações, abuso de direito ou de formas.

Exemplo deste excesso normativo é manifestado por Marco Aurélio Greco[33]:

> *Muito sinceramente, para mim, a lei do Imposto de Renda, deveria haver duas palavras: ganhou, pagou. Esse seria o ideal de uma lei de Imposto de Renda. A pergunta é: quando vou saber se ganhou? Quando poderei dimensionar o ganho? Aí começam os 1.600 ou 1.800 artigos de um regulamento de Imposto de Renda. Gostaria que fosse uma lei de duas palavras, mas para haver uma lei simples é preciso haver critérios de descoberta do ganho, então vem a postura perante a legislação: que tipo de legislação eu quero? Quero uma detalhista, que me diga até as vírgulas com que tem que ser feita aquela operação para se considerar que houve ganho. Desculpem fazer uma blague, mas há certas posturas no debate sobre elisão que seriam o mesmo que dizer o seguinte: "se o meu número de CPF não estiver escrito no regulamento de Imposto de Renda, não devo aquele imposto", porque são tantas as vírgulas que se exigem na descrição normativa que é como dizer que teria que estar em anexo o número de todos os CPF dos contribuintes.*

---

[32] TORRES, Heleno Taveira. **Direito Tributário e Direito Privado:** Autonomia Privada, Simulação e Elusão Tributária. São Paulo: Revista dos Tribunais, 2003. p. 276.
[33] GRECO, Marco Aurélio. *Elisão Tributária e Seu Contexto*. in **Anais do Seminário Internacional sobre Elisão Fiscal**. Brasília: ESAF, 2002. p. 25-26

Por estas razões, o uso da interpretação normativa para restringir a atuação do contribuinte, com a instituição de tipos abertos e normas gerais, em nosso entendimento, pode funcionar mais eficazmente, desde que sua aplicação seja cuidadosa e haja limites na sua administração, com as devidas garantias ao contribuinte.

Embora o questionamento da segurança jurídica venha sempre à tona, a ponderação de valores, o uso da razoabilidade e o estabelecimento de um devido procedimento permitiriam a sua utilização plena, mormente se nos recordarmos de que não há segurança jurídica apenas com tipos fechados e que nenhum direito fundamental é absoluto. Nesta esteira, devemos afastar, de plano, que a utilização de tipos abertos (abuso de direito, fraude à lei, simulação, ausência de motivos etc.) ou de normas gerais antielisivas (como a prevista no parágrafo único, do artigo 116 do Código Tributário Nacional) deixam margem para o emprego de subjetivismos. Não é o caso, pois o intérprete deverá, dentro do sistema normativo, fundamentar a sua linha de aplicação com os parâmetros científicos utilizados. Outrossim, após a sua aplicação, deverão ser concedidos ao contribuinte todos os mecanismos de garantia para a proteção dos seus direitos fundamentais (devidamente ponderados com o interesse público e os valores em jogo), conferindo-lhe o devido procedimento legal (ampla defesa e contraditório), quer na esfera administrativa (ainda em fase de lançamento fiscal), quer na esfera judicial, como determina o artigo 5º, inciso LV, da Constituição Federal.

Do campo abstrato e conceitual, passamos à análise de algumas das normas antielisivas concretas que o nosso ordenamento possui e editadas pelo legislador nacional nas últimas décadas, numa tentativa de fechar lacunas do sistema tributário para evitar a realização de planejamentos fiscais. Dentre elas, podemos citar o Decreto-lei n. 1.598/77, que inicialmente restringiu a distribuição disfarçada de lucros, bem como algumas normas sobre tributação da renda de pessoas físicas e jurídicas que indicavam a irrelevância das formas adotadas para fazer prevalecer à substância do ato. Neste sentido, tivemos a Lei n. 7.450 de 23/12/1985 que, ao alterar a legislação do Imposto de Renda, determinava no seu artigo 51[34] que estariam dentro do seu campo de incidência todos os ganhos e rendimentos inde-

---

[34] Lei 7450/85: Art 51 – Ficam compreendidos na incidência do imposto de renda todos os ganhos e rendimentos de capital, qualquer que seja a denominação que lhes seja dada, independentemente da natureza, da espécie ou da existência de título ou contrato escrito,

pendentemente da denominação adotada. O mesmo fez a Lei n. 7.713/88 ao estabelecer, em seu artigo 3º, § 4º[35], que a tributação independerá da denominação que seja dada aos ganhos e rendimentos auferidos. Já a Lei n. 9.249/95 (art. 25)[36] adotou o princípio da universalidade da tributação sobre a renda das pessoas jurídicas que tenham ligações com outras empresas do mesmo grupo no exterior, para reduzir a utilização de benefícios tributários oferecidos por "paraísos fiscais".

Não podemos deixar de lembrar de uma das grandes restrições impostas aos planejamentos fiscais que se implementavam através de reestruturações societárias (incorporação, fusão e cisão), pela vedação ao aproveitamento dos prejuízos fiscais das empresas, que foi trazido pelo Decreto-Lei nº 2.341, de 1987, em seu artigo 33, e que restou reproduzido no artigo 514[37] do Regulamento do Imposto de Renda (Dec. nº 3.000/99), ao estabelecer que a pessoa jurídica sucessora por incorporação, fusão ou cisão não poderá compensar prejuízos fiscais da sucedida.

Outra regra, também sobre imposto de renda, que traz em seu bojo uma presunção legal – ou uma ficção jurídica – foi aquela introduzida pela Lei Complementar nº 104/2001[38], que inclui no conceito do Imposto de

---

bastando que decorram de ato ou negócio, que, pela sua finalidade, tenha os mesmos efeitos do previsto na norma específica de incidência do imposto de renda.

[35] *§ 4º A tributação independe da denominação dos rendimentos, títulos ou direitos, da localização, condição jurídica ou nacionalidade da fonte, da origem dos bens produtores da renda, e da forma de percepção das rendas ou proventos, bastando, para a incidência do imposto, o benefício do contribuinte por qualquer forma e a qualquer título.*

[36] Lei 9249/95: Art. 25. Os lucros, rendimentos e ganhos de capital auferidos no exterior serão computados na determinação do lucro real das pessoas jurídicas correspondente ao balanço levantado em 31 de dezembro de cada ano. § 1º Os rendimentos e ganhos de capital auferidos no exterior serão computados na apuração do lucro líquido das pessoas jurídicas com observância do seguinte: (...); § 2º Os lucros auferidos por filiais, sucursais ou controladas, no exterior, de pessoas jurídicas domiciliadas no Brasil serão computados na apuração do lucro real com observância do seguinte: (...) § 3º Os lucros auferidos no exterior por coligadas de pessoas jurídicas domiciliadas no Brasil serão computados na apuração do lucro real com observância do seguinte: (...).

[37] RIR, Art. 514. A pessoa jurídica sucessora por incorporação, fusão ou cisão não poderá compensar prejuízos fiscais da sucedida (Decreto-Lei nº 2.341, de 1987, art. 33). Parágrafo único. No caso de cisão parcial, a pessoa jurídica cindida poderá compensar os seus próprios prejuízos, proporcionalmente à parcela remanescente do patrimônio líquido (Decreto-Lei nº 2.341, de 1987, art. 33, parágrafo único).

[38] LC nº 104/2001, que introduziu os seguintes parágrafos ao artigo 43 do CTN; § 1º A incidência do imposto independe da denominação da receita ou do rendimento, da localização,

Renda um mecanismo que dificulta as manipulações elisivas através de denominações de receita ou do rendimento, localização, condição jurídica, nacionalidade da fonte ou forma de percepção, bem como em relação ao momento da disponibilidade do rendimento oriundo do exterior.

Tal regra foi complementada pela Medida Provisória nº 2.158-35/2001, que, em seu artigo 74[39], acarretou uma alteração significativa no tratamento tributário dispensado aos lucros, rendimentos e ganhos de capital auferidos no exterior pelas pessoas jurídicas domiciliadas no País, face à controvérsia doutrinária em torno da definição de fato gerador do Imposto de Renda, que considera disponibilizados os lucros que forem pagos ou meramente creditados pela controlada/coligada à investidora brasileira. Embora existam vozes no sentido de que o novo § 2º do artigo 43 do CTN (introduzido pela LC 104/01) não teria o condão de alterar a definição contida em seu *"caput"*, ao nosso ver, não há qualquer ilegalidade do artigo 74 da citada Medida Provisória, pois a questão da disponibilidade das controladoras, sobre os lucros apurados nas controladas e coligadas, encontra-se resolvida no direito pátrio desde o advento da Lei 6.404, de 15 de dezembro de 1976, que reconhece, em diversos de seus artigos, que o acionista controlador tem o poder de dispor, dentro dos limites da lei, não apenas dos lucros da sociedade, mas também dos seus próprios ativos.

Outro mecanismo antielisivo tópico foi aquele introduzido pela Lei n. 9.311/96, que, no inciso I do seu artigo 17[40], proibiu a negociação e circulação de cheques através de endossos, limitando-os a apenas um endosso,

---

condição jurídica ou nacionalidade da fonte, da origem e da forma de percepção. § 2º Na hipótese de receita ou de rendimento oriundos do exterior, a lei estabelecerá as condições e o momento em que se dará sua disponibilidade, para fins de incidência do imposto referido neste artigo.

[39] Art. 74. Para fim de determinação da base de cálculo do imposto de renda e da CSLL, nos termos do artigo 25, da Lei n. 9.249/95, e do art. 21 desta Medida Provisória, os lucros auferidos por controlada ou coligada no exterior serão considerados disponibilizados para a controladora ou coligada no Brasil na data do balanço no qual tiverem sido apurados, na forma do regulamento.
Parágrafo único. Os lucros apurados por controlada ou coligada no exterior até 31 de dezembro de 2001 serão considerados disponibilizados em 31 de dezembro de 2002, salvo se ocorrida, antes desta data, qualquer das hipóteses de disponibilização previstas na legislação em vigor.

[40] Lei 9.311/96 – "Art. 17. Durante o período de tempo previsto no art. 20: I : Somente é permitido um único endosso nos cheques pagáveis no País." Como não mais subsiste a CPMF no ordenamento jurídico brasileiro, há quem defenda que esta norma legal não é mais aplicável, retornando a possibilidade de mais de um endosso nos cheques.

especialmente inibindo a elisão fiscal da Contribuição Provisória sobre Movimentação Financeira, além de dificultar outras manobras com movimentações patrimoniais fictas.

Ainda no que se refere à tributação sobre operações de natureza financeira, dispuseram a Lei n. 8.981/95 (artigo 65)[41] e a Lei n. 9.311/96 (inciso VI do art. 2º)[42] que a incidência do Imposto de Renda e da Contribuição Provisória sobre Movimentação Financeira também independeriam da sua denominação ou do instrumento empregado, ao disporem *"qualquer outra movimentação...de natureza financeira...independentemente da denominação que possa ter e de forma jurídica ou dos instrumentos utilizados para realizá-la"*.

Sobre a elisão internacional, o Brasil, através da assinatura de tratados para evitar a dupla tributação, acordos de cooperação administrativa e intercâmbio de informações, vem procurando implementar princípios comuns de tributação, além de buscar participar da OCDE (Organização para a Cooperação e Desenvolvimento Econômico), organização que congrega 27 dos países mais ricos do mundo. Assim, em complemento à norma supra citada, a Lei n. 9.430/96 dispôs sobre *preços de transferência* (artigos 18 a 24), introduzindo no ordenamento jurídico nacional normas para regular o regime do preço de transferência (inclusive tendo adotado o princípio geral do *arm's length*), conhecido internacionalmente como *transfer pricing* – preço praticado em operações internacionais entre partes relacionadas – cujo objetivo precípuo é inibir a manipulação de preços e resultados das transações, na forma de super ou subfaturamento do comércio exterior, nas

---

[41] Art. 65. O rendimento produzido por aplicação financeira de renda fixa, auferido por qualquer beneficiário, inclusive pessoa jurídica isenta, a partir de 1º de janeiro de 1995, sujeita-se à incidência do Imposto de Renda na fonte à alíquota de dez por cento. (...) § 2º Para fins de incidência do Imposto de Renda na fonte, a alienação compreende qualquer forma de transmissão da propriedade, bem como a liquidação, resgate, cessão ou repactuação do título ou aplicação.

[42] Art. 2º O fato gerador da contribuição é: (...) IV – o lançamento, e qualquer outra forma de movimentação ou transmissão de valores e de créditos e direitos de natureza financeira, não relacionados nos incisos anteriores, efetuados pelos bancos comerciais, bancos múltiplos com carteira comercial e caixas econômicas; (...) VI – qualquer outra movimentação ou transmissão de valores e de créditos e direitos de natureza financeira que, por sua finalidade, reunindo características que permitam presumir a existência de sistema organizado para efetivá-la, produza os mesmos efeitos previstos nos incisos anteriores, independentemente da pessoa que a efetue, da denominação que possa ter e da forma jurídica ou dos instrumentos utilizados para realizá-la.

operações com pessoas vinculadas, residentes ou domiciliadas no exterior, principalmente pelas empresas componentes de grandes grupos empresariais. Através do subfaturamento, poderia ocorrer a redução dos impostos incidentes na importação; já pelo superfaturamento das exportações, haveria a diminuição do lucro tributável no Brasil. Seu escopo, expresso na Exposição de Motivos do Projeto de Lei, é o de *"evitar a prática, lesiva aos interesses nacionais, de transferência de resultados para o Exterior, mediante a manipulação dos preços pactuados nas importações ou exportações de bens, serviços ou direitos em operações com pessoas vinculadas".*

Ives Gandra da Silva Martins[43] entende que os métodos estabelecidos nos artigos 18 e 19 da lei são os únicos possíveis, razão pela qual se a operação realizada implicar "preço de mercado", diverso do "preço oficializado", não será o "preço de mercado real", mas o "preço de mercado oficial" aquele a prevalecer. Segundo este autor, cria-se, em decorrência, um fato gerador fictício, nessas hipóteses, como técnica impositiva, com afastamento dos princípios da tipicidade fechada, estrita legalidade e reserva absoluta de lei formal.

Mas, em contrapartida, esclarece Mizabel Abreu Machado Derzi[44] que:

> *Poderá o Fisco servir-se da técnica do arbitramento, obedecidos os pressupostos e requisitos do art. 148, quais sejam: a) prévia desonestidade do sujeito passivo nas informações prestadas, abalando-se a crença nos dados por ele oferecidos, erro ou omissão na escrita que impossibilite sua consideração, tornando-a imprestável; b) avaliação contraditória administrativa ou judicial de preços, bens, serviços ou atos jurídicos, em processo regular (devido processo legal) e; c) utilização, pela Administração, de quaisquer meios probatórios, desde que razoáveis e assentados em presunções tecnicamente aceitáveis (preços estimados segundo o valor médio alcançado no mercado local daquele ramo industrial ou comercial – pautas de valores; ou índice de produção pautado em valores utilizados, em período anterior, no desempenho habitual da empresa-contribuinte que sofre o arbitramento, etc.).*

---

[43] MARTINS, Ives Gandra da Silva. *Preços de Transferência.* in ROCHA, Valdir de Oliveira (coord.). **Tributos e Preços de Transferência.** São Paulo: Dialética, 1997. p. 36.
[44] DERZI, Mizabel Abreu Machado. *Comentários aos artigos aos 139 à 155 do CTN.* in NASCIMENTO, Carlos Valder do. (coord.). **Comentários ao Código Tributário Nacional.** Rio de Janeiro: Forense, 1997. p. 390.

Segundo o eminente jurista argentino Alejandro E. Messineo[45], a lei brasileira não adotou o princípio geral do *arm's length*, dos modelos da OCDE[46], pois, na realidade, ao invés de buscar os preços de mercado, estabelece no modo de calcular um teto para as despesas dedutíveis relacionadas com a importação e uma receita mínima na exportação em operações realizadas com pessoas vinculadas entre si. Na verdade, segundo suas críticas, as regras brasileiras parecem ser uma garantia de receita mínima.

Ressalte-se que Alberto Xavier[47] distingue as várias espécies de elisão fiscal em seara internacional, consoante o objetivo do contribuinte em influenciar o elemento de conexão em causa: *dividir* o rendimento, distribuindo-o entre territórios fiscais distintos; *acumular* o rendimento em território fiscalmente mais favorável; *transferir* o rendimento para ordenamento menos oneroso.

Finalmente, através da Lei Complementar nº 104/2001, insere-se o parágrafo único ao artigo 116[48] do Código Tributário Nacional. Trata-se da denominada *Norma Geral Antielisiva*, que possibilita à autoridade administrativa fazendária, através do devido procedimento administrativo[49], desconsiderar atos ou negócios jurídicos realizados pelo contribuinte que busca, através da manipulação da sua forma (meios lícitos), dissimular a ocorrência do fato gerador, caracterizando-se tal prática através de conceitos como o do abuso de formas ou o da falta de propósito negocial.

---

[45] MESSINEO, Alejandro E. *Transfer Pricing in Latin America:* News Rules in Mexico and Brazil. in **Caderno de Direito Tributário e de Finanças Públicas**, n.21 (out.-dez. de 1997). São Paulo: Revista dos Tribunais, 1997. p. 156.

[46] O princípio do *arm's length* foi adotado no art. 9º do Modelo de Convenção Tributária da OCDE sobre Renda e Capital. O princípio significa que as relações comerciais ou financeiras entre multinacionais ligadas ente si devem ser realizadas com base no valor de mercado, ou seja, os preços deveriam ser os mesmos que seriam praticados caso as partes na transação não tivessem qualquer relação, situação em que seriam utilizados valores de mercado.

[47] XAVIER, Alberto. **Direito Tributário Internacional do Brasil**. 4. ed. Rio de Janeiro: Forense, 1997. p. 275.

[48] **Artigo 116, parágrafo único do CTN:** *"A autoridade administrativa poderá desconsiderar atos ou negócios jurídicos praticados com a finalidade de dissimular a ocorrência do fato gerador do tributo ou a natureza dos elementos constitutivos da obrigação tributária, observados os procedimentos a serem estabelecidos por lei ordinária".*

[49] A Medida Provisória n. 66/2002, que regulamentava a aplicação do aludido parágrafo único do artigo 116 do CTN, especialmente quanto ao procedimento de desconsideração e requalificação do ato ou negócio jurídico, não foi transformada em lei.

O Projeto de Lei Complementar n° 77/1999, que deu origem à Lei Complementar 104/01, continha na sua mensagem n° 1.459, de 07/10/99, publicada no Diário da Câmara dos Deputados em 16/10/1999, folha 48931, a seguinte justificativa:

> 2. *Preliminarmente, cumpre esclarecer que não se cogita, no presente momento, de promover uma reestruturação completa do referido código, sendo que as alterações propostas, constantes do art. 1º do mencionado projeto, objetivam atribuir, à Administração Tributária, condições mais adequadas ao cumprimento de suas funções institucionais, naquilo que se entende mais urgente.[...]*
>
> 6. *A inclusão do parágrafo único do art. 116 faz-se necessária para estabelecer, no âmbito da legislação brasileira, norma que permita à autoridade tributária desconsiderar atos ou negócios jurídicos praticados com finalidade de elisão, constituindo-se, dessa forma, em instrumento eficaz para o combate aos procedimentos de planejamento tributário praticados com abuso de forma ou de direito.*

Em Sessão Extraordinária de 06/12/2000[50], na Câmara dos Deputados, o então Deputado Federal Antonio Palocci (e ex-Ministro da Fazenda) manifestou sua aprovação quanto à criação da norma antielisiva, como mecanismo de realização de justiça fiscal, nos seguintes termos:

> *Em particular, quanto à norma antielisão, é uma necessidade para o Brasil, porque, mais do que nunca, o setor que mais cresce em matéria tributária no País é o do planejamento fiscal. E o planejamento fiscal não cresce em função da criação de justiça fiscal, da progressividade dos impostos, da valorização dos mais pobres. Planejamento fiscal se dá principalmente em defesa dos grandes setores da economia, em particular do capital financeiro, dos que tem mais condições de fazer planejamento fiscal e pagar menos impostos. Por isso, a norma antielisão é necessária no Brasil. Se esta norma estiver na forma da lei, teremos um instrumento para fazer com que a sua aplicação não seja uma arbitrariedade da autoridade tributária no sentido de impedir que o cidadão se utilize do seu direito de pagar imposto segundo o que a Constituição estabelece e não segundo imposição da autoridade tributária.*

Não obstante a legitimidade da causa e a regularidade do processo legislativo que instituiu a norma antielisiva, são feitos inúmeros questionamen-

---

[50] Texto constante nas páginas 882-883, das transcrições taquigráficas da Sessão Extraordinária na Câmara dos Deputados de 06/12/2000 – Departamento de Taquigrafia da Câmara dos Deputados.

tos quanto a sua efetividade e auto-aplicabilidade, por razões de ordem formal, material e procedimental, chegando até mesmo a ser ajuizada uma Ação Declaratória de Inconstitucionalidade (ADI 2.446)[51] contra o artigo 1º da Lei Complementar nº 104/2001, que introduziu o parágrafo único ao artigo 116 do Código Tributário Nacional.

Ives Gandra da Silva Martins assim se pronunciou sobre esta ADI:

> *Por todos os aspectos aqui expostos, entendo que a ADIn 2.446/600, proposta pela CNC, merece ser acolhida, com declaração de inconstitucionalidade do art. 1º da LC 104/01, pois sobreferir a segurança jurídica (art. 5º, caput da CF); violentar a seção"Das Limitações Constitucionais ao Poder de Tributar", estreitando de forma inadmissível e injurídica seu espectro; implodir os princípios da reserva formal da tributária, tipicidade fechada e estrita legalidade, substituindo-os pelo princípio do palpite fiscal; fazer com que, no acender das luzes da hipertrofia do poder decisório da Receita Federal, dê-se o curto-circuito definitivo nos princípios democráticos e da cidadania – todo o dispositivo (se constitucional fosse, que não é) depende de disciplina a ser instituída por lei ordinária, não produzida, ainda, pela Casa das Leis, sendo, portanto, de eficácia inexistente. Entendo, pois, como parcela considerável da doutrina pátria, que tal norma está maculada do vício maior e insanável de nulidade, dada a sua manifesta inconstitucionalidade.*[52]

---

[51] A ADIN 2446, ajuizada em abril de 2001, foi proposta pela CNC (Confederação Nacional do Comércio), sob a alegação de que o dispositivo contraria diversos pontos da Constituição, como: os princípios da legalidade (artigos 5º, inciso II, e 37 da Constituição) e da tipicidade fechada, por permitir a tributação sem a ocorrência do fato gerador previsto em lei e o aumento de tributos sem lei que o determine; o princípio da certeza e segurança das relações jurídicas, por introduzir a interpretação econômica no Direito Tributário e não garantir a interpretação única ao ato ou negócio jurídico; e o princípio da separação dos Poderes (artigos 2º e 60, §4º, inciso II), por autorizar o agente fiscal a exercer a função de legislador. Em 04/10/2004, o procurador-geral da República, Claudio Fonteles, opinou pela improcedência do pedido, contra a Ação Direta de Inconstitucionalidade, com o argumento de que *"o dispositivo deixa claro que o exercício da competência nele previsto pressupõe a ocorrência de fato gerador legalmente definido e faticamente verificável, instituindo apenas norma que pretende coibir a evasão fiscal."* Em 24/06/2006, na forma do art. 38 do Regulamento Interno daquele Tribunal, a relatoria passou para a Ministra Cármen Lúcia, com quem o processo se encontra concluso desde 18/11/2013 (consulta no site do STF realizada em 11/07/2014).

[52] MARTINS, Ives Gandra da Silva. *Norma Antielisão Tributária e o Princípio da Legalidade, à Luz da Segurança Jurídica*. **Revista Dialética de Direito Tributário**, n. 119. São Paulo: Dialética, ago. 2005. p. 134.

Já a firme opinião de Ricardo Lobo Torres[53] é favorável à constitucionalidade e efetividade na aplicação do parágrafo único do art. 116 do Código Tributário Nacional, conforme a sua literalidade:

> *Podemos alinhar os seguintes argumentos gerais no sentido de que a LC 104/01 trouxe uma verdadeira norma antielisiva, influenciada pelo modelo francês, e não uma norma antievasiva ou anti-simulação: a) não tem peso argumentativo concluir-se que o Congresso Nacional, legitimamente eleito, teria se reunido para votar lei inócua, que repetiria a proibição de simulação já constante do CTN (arts. 149, VII e 150, § 4o); b) não faz sentido admitir-se que a lei inócua foi votada por engano ou por ignorância, já que a Mensagem que encaminhou o projeto se referia expressamente à necessidade de introdução da regra antielisiva no ordenamento jurídico brasileiro; c) não pode haver nenhuma incompatibilidade da norma antielisiva com o Estado de Direito, senão até que se tornou necessidade premente nas principais nações democráticas na década de 1990; d) em nenhum país democrático levantou a doutrina a tese da inconstitucionalidade, e muito menos a declararam os Tribunais Superiores; e) quando muito se encontra a afirmativa de que certas nações não estão "maduras" para a prática das normas antielisivas, como acontece naquelas em que o planejamento tributário se tornava freqüentemente abusivo; f) as teses da legalidade "estrita" e da tipicidade "fechada" têm conotação fortemente ideológica e se filiam ao positivismo formalista e conceptualista; g) as normas antielisivas equilibram a legalidade com a capacidade contributiva; h) as normas antielisivas no direito comparado têm fundamento no combate à fraude à lei (Alemanha, Espanha, Portugal), ao abuso de direito (França) ou ao primado da substância sobre a forma (Estados Unidos, Inglaterra, Canadá, etc.), e não há motivo para que tais fundamentos não possam ser invocados no Brasil.*

Por sua vez, através do Parecer nº 2.737-CF do Ministério Público Federal, datado de 27/09/2004, se manifestou nos autos o então Procurador Geral da República Dr. Claudio Fonteles, pela improcedência da referia ação declaratória, com os seguintes argumentos:

> *(...) Analisando os mencionados pré-requisitos, vê-se, quanto ao fato gerador, que a norma impugnada fala em hipótese de dissimulação da ocorrência do fato gerador; o que conduz ao entendimento de que, por certo, o dispositivo legal em questão está se referindo a fato gerador cuja definição legal já existe; caso contrário, obviamente, não poderia ter*

---

[53] TORRES, Ricardo Lobo. *Normas Gerais Antielisivas*. in **Anais do Seminário Internacional sobre Elisão Fiscal**. Brasília: ESAF, 2002. p. 394-395.

sua ocorrência verificada. O mesmo se passa quanto à dissimulação da natureza dos elementos constitutivos da obrigação tributária, pois refere-se a elementos já previstos na legislação tributária. (...) Com efeito, devem ser afastadas as alegações de ofensa ao princípio da legalidade (art.5º, II e 37) e ao princípio da tipicidade fechada – corolário da legalidade estrita –, porquanto não se pretende a tributação sem a ocorrência do fato gerador previsto em lei. Ao contrário, o dispositivo impugnado deixa claro que o exercício da competência nele prevista pressupõe a ocorrência de fato gerador legalmente definido e faticamente verificável. (...) Demais disso, afigura-se igualmente improcedente a alegação de que o dispositivo legal hostilizado institui a Interpretação Econômica no Direito Tributário brasileiro. (...) Vê-se, com certa clareza, que a norma do parágrafo único do art. 116 do Código Tributário Nacional não guarda relação com qualquer das teses acima mencionadas. É certo que o dispositivo legal em questão não pretende autorizar o uso da analogia para a identificação do fato gerador, assim como não visa à exigência de tributo a partir de fato gerador não previsto em lei. Assim, entende-se que o parágrafo único do art. 116, do CTN, introduzido pela Lei Complementar nº 104/2001 constitui norma antievasiva, que pretende coibir a evasão fiscal nas suas mais variadas formas. Ante o exposto, manifesta-se o Ministério Público Federal pela improcedência da presente ação direta.

Entendo que a norma geral antielisiva, ora analisada, apesar dos bons argumentos em ambos os sentidos (contrário e a favor), não pode ser comparada com o modelo de interpretação econômica do fato gerador da Alemanha nazista como já se afirmou alhures. Eram outras circunstâncias. Outros valores. Outro regime social. Outro ordenamento jurídico. Enfim, outra sociedade. Esta norma tem por pressupostos fundamentos totalmente antagônicos aos que naquela nefasta época eram pregados. Hoje, temos um Estado Democrático de Direito, edificado em valores de justiça social e fiscal.

4. Normas Antielisivas no Direito Estrangeiro

Países como Alemanha, Espanha, França, Inglaterra, Estados Unidos, Itália, Argentina, dentre outros, utilizam-se progressivamente mais de normas gerais antielisivas para combater práticas de planejamento fiscal indesejadas, valendo-se de inúmeros mecanismos, inclusive com a adoção de regras que prescrevem expressões como "*fraude à lei*", "*abuso de direito*" ou "*abuso de formas jurídicas*", "*falta de propósito negocial*" e congêneres, numa tipificação aberta e flexível, com o objetivo de aferir e questionar a realidade sobre as formas adotadas, sem abandonar o uso de normas antielisivas específicas (que atacam diretamente as operações concretas), especialmente devido à complexidade cada vez maior dos negócios e rapidez de suas mutações.

Há que se fazer, todavia, as ressalvas pertinentes às peculiaridades do sistema jurídico de cada ordenamento específico. Primeiro, porque alguns métodos de planejamento fiscal num país podem ser considerados legais, enquanto em outros, não. Ademais, os conceitos de cada operação econômica ou mesmo conceitos jurídicos podem ser apreciados diferentemente. Entretanto, o maior contraste talvez seja devido às diferenças entre aqueles de tradição jurídica anglo-saxã (*common law*) e aqueles que adotam o sistema romano-germânico (*civil law*). Isto se dá pois, enquanto nesses se emprega o máximo possível palavras classificatórias, naqueles se utiliza o mínimo, o que revela maior flexibilidade e abertura do Direito anglo-saxão no tocante à interpretação e aplicação do precedente comparativamente às leis, as quais tendem a ter uma interpretação literal e mais precisa possível. O jurista de tradição inglesa em geral prefere o precedente como base de suas decisões judiciais e muda seu entendimento empiricamente de caso a caso, de uma realidade a outra. Já o jurista do *civil law* tende a apresentar raciocínios dedutivos, decorrentes de princípios abstratos, sendo mais conceitual e escolástico, funcionando preferentemente com distinções e definições.[54]

Mas nos ensina Marco Aurélio Greco[55] que *"o mundo moderno está levando à modificação destes dois desenhos, a ponto de acarretar uma aproximação dos dois sistemas"*. De um lado, o sistema anglo-saxão não consegue mais funcionar a partir meramente do exame do caso concreto e precisa cada vez mais de conceitos e definições para se apoiar. É comum lermos contratos onde se busca a definição de um número maior de conceitos. Nesta vertente, o sistema anglo-saxão está se "tipificando" e "conceitualizando" e o que era um processo meramente indutivo está se apoiando em categorias. Por outro lado, no sistema romano-germânico que era formado predominantemente por conceitos, pela lei, pela previsão abstrata, está ocorrendo o processo inverso, no sentido de que as leis, ao invés de fornecerem conceitos fechados, estão usando conceitos abertos.

---

[54] ROLIM, João Dácio. **Normas Antielisivas Tributárias**. São Paulo: Dialética, 2001. p. 49.
[55] GRECO, Marco Aurélio. **Planejamento Tributário**. São Paulo: Dialética, 2004. p. 326.

Nos Estados Unidos, pautando-se, hoje, especialmente pelas regras previstas no *Internal Revenue Code*[56], desenvolveu-se originariamente a doutrina do *"propósito mercantil"* (*business purpose test*) através do *leading case Gregory vs. Helvering*[57], seguido pelos tribunais nos julgados *Goldstein vs. Commissioner* de 1959 (267, F2d. 127) e *Goldstein vs. Commissioner*[58] de 1966 (364 F2d. 734), que visavam combater a realização de negócios e atividades sem propósito mercantil, com o exclusivo fim de obter benefícios fiscais. A doutrina Americana do *tax evasion* ou *tax avoidance* possui quatro formas de interpretação das *unacceptable tax avoidance techniques*: a) A *business purpose doctrine*, que trata do propósito ou finalidade das ações do contribuinte, que poderão ser desconsideradas se levadas a efeito unicamente visando a elisão tributária; b) A teoria da *substance over form*, que autoriza o Poder Judiciário a analisar a substância do negócio (conteúdo econômico) para determinar o tratamento tributário que entender adequado, independente da forma empregada pelo contribuinte; c) A *step transaction theory*, que permite a reunião das etapas de determinado negócio para tratamento fiscal conjunto se as etapas tiverem relação entre si e direcionadas a um resultado final específico e; d) A *assignment of income doctrine*, que informa que a renda pertence ao capital ou ao trabalho para efeitos tributários.[59]

Na Inglaterra, prevaleceu por longo tempo (até o final da década de 80 do século passado) o entendimento da liberdade de economia dos tributos baseado no formalismo da tributação, questionando-se apenas casos de simulação e fraude. Após o julgamento do caso *Furniss v. Dawson*, em 1984, a jurisprudência britânica tem se aproximado do posicionamento norte americano, analisando as situações de fato e desconsiderando transações sem propósito real. Naquele país, existem algumas ideias-chave sobre o tema, a saber: a) *fairness*, no sentido do contribuinte ter que agir

---

[56] Regulamento do Imposto de Renda Norte Americano (Fonte: www.irs.gov.us).

[57] Commissioner of Internal Revenue – 293, US 465 – Argued in December 4, 5, 1934: Decided in January 7, 1935, em que se questionava a criação de uma sociedade comercial sem propósito negocial (*serious purpose*), por uma contribuinte pessoa física, apenas para a realização de transferência de suas ações de outras empresas, a fim de evitar a incidência do imposto de renda de pessoa física sobre o pagamento de dividendos, vindo a ser desconstituída logo após o referido pagamento.

[58] TORRES, Heleno Taveira. **Direito Tributário e Direito Privado: Autonomia Privada, Simulação e Elusão Tributária.** São Paulo: Editora Revista dos Tribunais, 2003. p. 248.

[59] PEREIRA, César A. Guimarães. **Elisão Tributária e Função Administrativa.** São Paulo: Dialética, 2001. p. 127.

com lisura e eticidade no seu comportamento e; b) *step transaction*, que se refere à análise global do conjunto das operações do contribuinte e não de forma individualizada.[60] Heleno Torres[61] bem sintetiza o espírito da ordem jurídica fiscal antielisiva inglesa, de cunho eminentemente jurisprudencial, da seguinte forma:

> *i) quando o contribuinte organiza um procedimento preordenado, com o único fim de obter uma economia de tributos, composto por diversos passos e articulado em diversas transações, é lícito aos juízes avaliarem o conjunto da operação como uma única operação, desconsiderando os "passos" isolados; ii) para que o procedimento seja preordenado, basta que ele possa revelar a intenção de conduzir a operação passo a passo, para alcançar o resultado desejado; iii) em presença de atos cujos passos cancelem-se na seqüência, a operação poderá ser definida como circular e desconsiderada para os efeitos fiscais; mas quando isso não for revelado, e os atos subsistirem no tempo, o juiz deverá avaliar os atos que a compõem com grande habilidade.*

Evasão e elisão fiscal são práticas comuns nos quatro tipos de impostos existentes no ordenamento jurídico-fiscal canadense, relata Louise Haspect.[62] São eles: imposto de renda, imposto sobre capital, imposto na folha de pagamento e imposto sobre o consumo. Naquele país, a luta contra esses fenômenos (elisão e evasão fiscal) está centrada no encorajamento à obediência tributária, lembrando que o princípio fundamental é o da auto--tributação. A evasão fiscal é combatida por meio de auditoria (fiscalização geral e seletiva) de obediência tributária, e a elisão fiscal é controlada por meio de medidas legislativas. Uma destas medidas é voltada para coibir o desmembramento de renda, pagamentos indiretos ou transferência de propriedade, com mecanismos de realocação à pessoa originária (que os transferiu indevidamente).

Na legislação de imposto de renda canadense, por exemplo, identificou--se um dispositivo específico (art. 245) para definir e regular as práticas elisivas, em capítulo próprio, denominado de "*Évitement Fiscal*"[63], onde se

---

[60] GRECO, Marco Aurélio. **Planejamento Tributário.** São Paulo: Dialética, 2004. p. 332.
[61] TORRES, Heleno Taveira. **Direito Tributário e Direito Privado:** Autonomia Privada, Simulação e Elusão Tributária. São Paulo: Revista dos Tribunais, 2003. p. 255.
[62] HASPECT Louise. *Experiências Internacionais* – Experiência do Canadá. *in* **Anais do Seminário Internacional sobre Elisão Fiscal.** Brasília: ESAF, 2002. p. 145.
[63] **Article 245 de la Loi de l'impôt sur le revenu.** Disposition générale anti-évitement: (2) En cas d'opération d'évitement, les attributs fiscaux d'une personne doivent être déterminés

destaca a norma anti-elisiva *(anti-évitement)*, que dispõe sobre transações que geram redução da carga fiscal, desprovida de propósitos da boa-fé.

O Direito Alemão, um dos primeiros a debater o assunto, já incluía no seu Código Tributário de 1919, elaborado por Enno Becker e sob influência da jurisprudência dos interesses e dos ideais finalísticos, normas antielisivas que permitiam a análise da consideração econômica do fato gerador:

> *na interpretação das leis tributárias, deve-se considerar seu escopo, o significado econômico e a evolução das situações de fato", que se complementava pelo §5°: "A obrigação tributária não pode ser elidida ou reduzida mediante o emprego abusivo de formas e formulações de direito civil. Haverá abuso no sentido do inciso I: 1) quando, nos casos em que a lei submete a um imposto fenômenos, fatos e relações econômicas em sua forma jurídica correspondente, as partes contratantes escolherem formas ou negócios jurídicos inusitados para eludir o imposto, e 2) quando, segundo as circunstâncias e a forma como é ou deve ser processado, obtêm as partes contratantes, em substância, o mesmo resultado econômico que seria obtido, se escolhida fosse a forma jurídica correspondente aos fenômenos, fatos e relações econômicas."*[64]

Após várias críticas a respeito do radicalismo da consideração econômica do fato gerador, modificações foram feitas na legislação originária, que continha normas jurídicas de conteúdo próprio da filosofia nazista (RAO de 1931 e Lei de Adaptação Tributária de 1934), passando o Código Tributário de 1977 (com alterações feitas em 2000 e 2002) a estabelecer, no seu artigo 42, norma antielisiva, coibindo a utilização do abuso de forma jurídica, ao afirmar: *"A lei tributária não pode ser fraudada através do abuso de formas jurídicas. Sempre que ocorrer abuso, a pretensão do imposto surgirá como*

---

de façon raisonnable dans les circonstances de façon à supprimer un avantage fiscal qui, sans le présent article, découlerait, directement ou indirectement, de cette opération ou d'une série d'opérations dont cette opération fait partie. Opération d'évitement: 3) L'opération d'évitement s'entend: a) soit de l'opération dont, sans le présent article, découlerait, directement ou indirectement, un avantage fiscal, sauf s'il est raisonnable de considérer que l'opération est principalement effectuée pour des objets véritables -- l'obtention de l'avantage fiscal n'étant pas considérée comme un objet véritable; b) soit de l'opération qui fait partie d'une série d'opérations dont, sans le présent article, découlerait, directement ou indirectement, un avantage fiscal, sauf s'il est raisonnable de considérer que l'opération est principalement effectuée pour des objets véritables -- l'obtention de l'avantage fiscal n'étant pas considérée comme un objet véritable.

[64] TORRES, Heleno Taveira. **Direito Tributário e Direito Privado:** Autonomia Privada, Simulação e Elusão Tributária. São Paulo: Revista dos Tribunais, 2003. p. 240-241.

se para os fenômenos econômicos tivesse sido adotada a forma jurídica adequada". Esta norma, após ter sido considerada constitucional e legítima pela Corte Constitucional Federal Alemã, foi aplicada pelos tribunais de forma crescente.[65] Para a aplicação da teoria alemã do "abuso de formas", são exigidos, cumulativamente: i) identificação da estrutura inadequada (no sentido de não usual), para atingir o negócio pretendido; ii) ausência de razões negociais; iii) intencionalidade do abuso e; iv) redução da carga tributária decorrente da estrutura criada.[66]

A legislação portuguesa também dispõe de mecanismo antielisivo. O artigo 38 (intitulado *"ineficácia dos actos e negócios jurídicos"*) da Lei Geral Tributária (Decreto-Lei nº 398/98), determina a ineficácia de certos atos ou negócios jurídicos realizados com o principal objetivo de redução dos impostos, assim estabelecendo:

> *Art. 38, 2 – São ineficazes no âmbito tributário os actos ou negócios jurídicos essencial ou principalmente dirigidos, por meios artificiosos ou fraudulentos e com abuso das formas jurídicas, à redução, eliminação ou diferimento temporal de impostos que seriam devidos em resultado de factos, actos ou negócios jurídicos de idêntico fim econômico, ou à obtenção de vantagens fiscais que não seriam alcançadas, total ou parcialmente, sem utilização desses meios, efectuando-se então a tributação de acordo com as normas aplicáveis na sua ausência e não se produzindo as vantagens fiscais referidas.*

Traz também um dispositivo específico sobre simulação (art. 39), em que diz: *"1 – Em caso de simulação de negócio jurídico, a tributação recai sobre o negócio jurídico real e não sobre o negócio jurídico simulado"*.

Sobre o assunto, o professor português Vasco Branco Guimarães[67] nos esclarece:

> *Na análise da questão da desconsideração do ato ou negócio jurídico na lei portuguesa deverá ter-se presente um conjunto de direitos do contribuinte e regras processuais que visam reequilibrar o poder concedido à administração. Desde logo, convém realçar que o ônus da prova é da Administração que na sua fundamentação deverá demonstrar*

---

[65] TORRES, Ricardo Lobo. (Org.) *Normas Gerais Antielisivas*. in **Temas de Interpretação do Direito Tributário.** Rio de Janeiro: Renovar, 2003. p. 287.

[66] TORRES, Heleno Taveira. **Direito Tributário e Direito Privado:** Autonomia Privada, Simulação e Elusão Tributária. São Paulo: Revista dos Tribunais, 2003. p. 242.

[67] GUIMARÃES, Vasco Branco. *Elisão Fiscal no Ordenamento Jurídico Interno (A Experiência Portuguesa)*. **Anais do Seminário Internacional sobre Elisão Fiscal**. Brasília: ESAF, 2002. p. 327.

inequivocamente que os atos praticados ou negócios realizados o foram com intenção de reduzir ou eliminar o imposto e que isso é ilegal. O direito à audição do contribuinte tem expressa consagração assim se assegurando o contraditório. Do ato que autorizar a desconsideração cabe recurso contencioso que tem em princípio efeito suspensivo se assim requerido e o juiz aceitar. Suplementarmente, é nosso entender que o uso abusivo deste poder por parte da Administração determina um dever de indenizar desde que haja dano ilegítimo na esfera jurídica do contribuinte.

Na Espanha, a Lei Geral Tributária anterior (com a redação dada pela Lei n. 25/95) permitia à Administração declarar a fraude à lei tributária, simulação ou abuso de formas, com recursos da analogia e da interpretação extensiva, mas requeria, para tanto, a adoção de um procedimento especial administrativo, dotado de contraditório e ampla defesa. Assim, o artigo 24 da Lei Geral Tributária daquele país estabelecia:

1. Para evitar el fraude de Ley se entenderá que no existe extensión del hecho imponible cuando se graven hechos, actos o negocios jurídicos realizados con el propósito de eludir el pago del tributo, amparándose en el texto de normas dictadas con distinta finalidad, siempre que produzcan un resultado equivalente al derivado del hecho imponible. El fraude de ley tributara deberá ser declarado en expediente especial en el que se dé audiencia al interesado (....); 2. Los hechos, actos o negocios jurídicos ejecutados en fraude de ley tributaria no impedirán la aplicación de la norma tributaria eludida ni dará lugar al nacimiento de las ventajas fiscales que se pretendía obtener mediante ellos.

Entretanto, após inúmeros debates na Espanha, a Ley General Tributaria n. 58, de 2003, veio modificar a legislação que dispunha sobre o sistema tributário espanhol[68], alterando diversos conceitos tributários (interpretação – art. 12; vedação à analogia – art. 14; simulação – art. 16) e, principalmente, vindo a substituir o tradicional conceito de "*fraude à lei*" pela nova figura do "*conflito na aplicação da norma tributária*", facilitando a sua aplicação na luta contra os sofisticados mecanismos elisivos. Assim especificou:

---

[68] Ley 58/2003, de 17 de diciembre, General Tributaria. Artículo 1. Objeto y ámbito de aplicación. 1. Esta Ley establece los principios y las normas jurídicas generales del sistema tributario español y será de aplicación a todas las Administraciones tributarias en virtud y con el alcance que se deriva del artículo 149.1.1 ,8, 14 y 18 de la Constitución. 2. Lo establecido en esta Ley se entenderá sin perjuicio de lo dispuesto en las Leyes que aprueben el Convenio y el Concierto Económico en vigor, respectivamente, en la Comunidad Foral de Navarra y en los Territorios Históricos del País Vasco.

Artículo 15. Conflicto en la aplicación de la norma tributaria. 1. Se entenderá que existe conflicto en la aplicación de la norma tributaria cuando se evite total o parcialmente la realización del hecho imponible o se minore la base o la deuda tributaria mediante actos o negocios en los que concurran las siguientes circunstancias: a) Que, individualmente considerados o en su conjunto, sean notoriamente artificiosos o impropios para la consecución del resultado obtenido. b) Que de su utilización no resulten efectos jurídicos o económicos relevantes, distintos del ahorro fiscal y de los efectos que se hubieran obtenido con los actos o negocios usuales o propios. 2. Para que la Administración tributaria pueda declarar el conflicto en la aplicación de la norma tributaria será necesario el previo informe favorable de la Comisión consultiva a que se refiere el artículo 159 de esta Ley.

O outro dispositivo interessante existente na legislação espanhola é aquele previsto no seu artigo 13, que dispõe sobre a qualificação do ato ou negócio, independente de sua forma ou denominação, assim transcrito: "*Artículo 13. Calificación. Las obligaciones tributarias se exigirán con arreglo a la naturaleza jurídica del hecho, acto o negocio realizado, cualquiera que sea la forma o denominación que los interesados le hubieran dado, y prescindiendo de los defectos que pudieran afectar a su validez.*" Sobre este dispositivo, comenta González Garcia[69] "*los contratos son lo que son y no lo que las partes quieren que sean*".

A Lei Argentina n. 11.683, modificada pelo Decreto n. 821 de 1998 (Lei de Procedimento Tributário), estabeleceu a desconsideração da personalidade jurídica do contribuinte, denominada de "*doctrina de la desestimación de la personalidad*", para atingir as relações econômicas efetivamente realizadas, buscando-se atender à substância e não às formas externas dos atos, com a interpretação finalística (análise econômica do fato gerador).[70] Assim determinam os seus dois primeiros artigos, *in verbis*:

ARTICULO 1º — En la interpretación de las disposiciones de esta ley o de las leyes impositivas sujetas a su régimen, se atenderá al fin de las mismas y a su significación económica. Sólo cuando no sea posible fijar por la letra o por su espíritu, el sentido o alcance de las normas, conceptos o términos de las disposiciones antedichas, podrá

---

[69] GARCÍA, E. Gonzalez. **Comentario al artículo 25 de la LGT** en Comentarios a las Leyes Tributarias y Financieras, t. I. Ley General Tributaria, Edersa, Madrid, 1982, p. 204. *apud* EZCURRA, Marta Villar. *Seminario Internacional Sobre Elusión Fiscal* – La Experiencia de España. *in* **Anais do Seminário Internacional sobre Elisão Fiscal**. Brasília: ESAF, 2002. p. 369.

[70] TORRES, Ricardo Lobo. *A Legitimação dos Direitos Humanos e os Princípios da Ponderação e da Razoabilidade*. *in* **Legitimação dos Direitos Humanos**. Rio de Janeiro: Renovar, 2002. p. 389.

recurrirse a las normas, conceptos y términos del derecho privado. .ARTICULO 2º — Para determinar la verdadera naturaleza del hecho imponible se atenderá a los actos, situaciones y relaciones económicas que efectivamente realicen, persigan o establezcan los contribuyentes. Cuando éstos sometan esos actos, situaciones o relaciones a formas o estructuras jurídicas que no sean manifiestamente las que el derecho privado ofrezca o autorice para configurar adecuadamente la cabal intención económica y efectiva de los contribuyentes se prescindirá en la consideración del hecho imponible real, de las formas y estructuras jurídicas inadecuadas, y se considerará la situación económica real como encuadrada en las formas o estructuras que el derecho privado les aplicaría con independencia de las escogidas por los contribuyentes o les permitiría aplicar como las más adecuadas a la intención real de los mismos.

Marcos Gutman[71] nos relata que apesar destes dois princípios gerais (arts. 1º e 2º da lei de Procedimento Tributário), a Argentina tem certas normas antielisivas de caráter geral e, em particular, em cada um dos impostos. "*Cada um dos impostos tem as suas próprias normas antiabusivas*". Informa-nos, também, que a aplicação dessas normas em matéria tributária não tem um critério amplo, mas sim restrito, no sentido de que, "*de acordo com as etapas políticas pelas quais passou a Argentina, nossos tribunais as aplicaram, algumas vezes mais, outras menos*".

A prática italiana era apenas a de utilização de normas específicas antielisivas, especialmente a partir da edição do artigo 10 da Lei n. 408/90, que consentia à Administração desconsiderar vantagens fiscais decorrentes de uma lista taxativa de operações com o único objetivo de obter economia de impostos. A doutrina italiana defende, entretanto, o combate à elisão fiscal com base no princípio da capacidade contributiva, expresso no artigo 53 da Constituição, exigindo a participação de todos nas despesas públicas.[72] Nesta linha, recentemente foi introduzido o artigo 37-bis[73] no

---

[71] GUTMAN, Marcos. *Experiências Internacionais* – Experiência da Argentina. **Anais do Seminário Internacional sobre Elisão Fiscal.** Brasília: Esaf, 2002. p. 173-176.

[72] TORRES, Heleno Taveira. **Direito Tributário e Direito Privado: Autonomia Privada, Simulação e Elusão Tributária.** São Paulo: Editora Revista dos Tribunais, 2003. p. 256.

[73] Art. 37 bis – Disposizioni antielusive: [1] Sono inopponibili all'amministrazione finanziaria gli atti, i fatti e i negozi, anche collegati tra loro, privi di valide ragioni economiche, diretti ad aggirare obblighi o divieti previsti dall'ordinamento tributario e ad ottenere riduzioni di imposte o rimborsi, altrimenti indebiti. [2] L'amministrazione finanziaria disconosce i vantaggi tributari conseguiti mediante gli atti, i fatti e i negozi di cui al comma 1, applicando le imposte determinate in base alle disposizioni eluse, al netto delle imposte dovute

Decreto del Presidente della Repubblica n. 600/73[74], contendo uma regra geral de característica antielisiva, denominada *"Disposizioni antielusive"*, aplicável sobre operações societárias (fusão, cisão, transferência de ativos, trocas de ações) e comerciais (cessões de crédito). Pelo dispositivo, não são oponíveis à Administração os atos, fatos ou negócios desprovidos de fundamentos econômicos, com o fito exclusivo de obter vantagens de natureza fiscal.

Em França, o *CGI – Code Général des Impôts* (Código Geral dos Impostos) instituiu algumas regras para coibir a elisão fiscal abusiva, através de manobras fraudulentas ou com abuso de direito (art. 1729)[75], dispondo também sobre a dissimulação voluntária (art. 1741).[76] Mas é no *Livre des*

---

per effetto del comportamento inopponibile all'amministrazione. [3] Le disposizioni dei commi 1 e 2 si applicano a condizione che, nell'ambito del comportamento di cui al comma 2, siano utilizzate una o più delle seguenti operazioni: a) trasformazioni, fusioni, scissioni, liquidazioni volontarie e distribuzioni ai soci di somme prelevate da voci del patrimonio netto diverse da quelle formate con utili; b) conferimenti in società, nonché negozi aventi ad oggetto il trasferimento o il godimento di aziende; c) cessioni di crediti; d) cessioni di eccedenze d'imposta; e) operazioni di cui al decreto legislativo 30-12-1992, n. 544, recante disposizioni per l' adeguamento alle direttive comunitarie relative al regime fiscale di fusioni, scissioni, conferimenti d'attivo e scambi di azioni; f) operazioni, da chiunque effettuate, incluse le valutazioni, aventi ad oggetto i beni ed i rapporti di cui all'articolo 81, comma 1, lettere da c) a c-quinquies), del testo unico delle imposte sui redditi, approvato con decreto del Presidente della Repubblica 22 dicembre 1986, n. 917.

[74] DISPOSIZIONI COMUNI IN MATERIA DI ACCERTAMENTO DELLE IMPOSTE SUI REDDITI D.P.R. 29 settembre 1973, n. 600/73 (S.O. n. 1 alla G.U. n. 268 del 16 ottobre 1973).

[75] Art. 1729 (Code Général des Impôts): Les inexactitudes ou les omissions relevées dans une déclaration ou un acte comportant l'indication d'éléments à retenir pour l'assiette ou la liquidation de l'impôt ainsi que la restitution d'une créance de nature fiscale dont le versement a été indûment obtenu de l'Etat entraînent l'application d'une majoration de:
a. 40 % en cas de manquement délibéré ;
b. 80 % en cas d'abus de droit au sens de l'article L. 64 du livre des procédures fiscales ; elle est ramenée à 40 % lorsqu'il n'est pas établi que le contribuable a eu l'initiative principale du ou des actes constitutifs de l'abus de droit ou en a été le principal bénéficiaire ;
c. 80 % en cas de manœuvres frauduleuses ou de dissimulation d'une partie du prix stipulé dans un contrat ou en cas d'application de l'article 792 bis.

[76] Art. 1741 (Code Général des Impôts): Sans préjudice des dispositions particulières relatées dans la présente codification, quiconque s'est frauduleusement soustrait ou a tenté de se soustraire frauduleusement à l'établissement ou au paiement total ou partiel des impôts visés dans la présente codification, soit qu'il ait volontairement omis de faire sa déclaration dans les délais prescrits, soit qu'il ait volontairement dissimulé une part des sommes sujettes à l'impôt, soit qu'il ait organisé son insolvabilité ou mis obstacle par d'autres manoeuvres au recouvrement de l'impôt, soit en agissant de toute autre manière frauduleuse, est passible,

Procédures Fiscales que se encontrou dispositivo específico para a repressão ao abuso de direito (art. 64 – *Procédure de répression des abus de droit*)[77]: desde que se demonstre o desígnio do contribuinte em realizar tal manobra, não serão opostos à Administração Tributária os atos que venham a dissimular o alcance verdadeiro de um contrato ou convenção, cuja análise é feita por um comitê consultivo de abuso fiscal, na forma do artigo 1653-c do *Code Général des Impôts*. Neste sentido, além de se demonstrar a intenção do contribuinte, deveria se evidenciar a ocorrência de dissimulação, através do abuso de direito ou a fraude à lei, através de atos com abuso de forma.

Já na Bélgica, país que sempre teve uma tradição de interpretação literal e restrita, pautada na legalidade e onde a jurisprudência sempre rechaçou a interpretação econômica[78], desde que planejamentos fiscais se tornaram mais amplos e agressivos, pressões políticas fizeram o governo incluir, em 1993, norma antielisiva, ao introduzir, no Código dos impostos sobre à renda (*Code des impôts sur les revenus*), dispositivo legal (§1º do artigo 344)[79]

---

indépendamment des sanctions fiscales applicables, d'une amende de 500 000 € et d'un emprisonnement de cinq ans.

[77] Art. 64 (Livre des Procédures Fiscales): Afin d'en restituer le véritable caractère, l'administration est en droit d'écarter, comme ne lui étant pas opposables, les actes constitutifs d'un abus de droit, soit que ces actes ont un caractère fictif, soit que, recherchant le bénéfice d'une application littérale des textes ou de décisions à l'encontre des objectifs poursuivis par leurs auteurs, ils n'ont pu être inspirés par aucun autre motif que celui d'éluder ou d'atténuer les charges fiscales que l'intéressé, si ces actes n'avaient pas été passés ou réalisés, aurait normalement supportées eu égard à sa situation ou à ses activités réelles.
En cas de désaccord sur les rectifications notifiées sur le fondement du présent article, le litige est soumis, à la demande du contribuable, à l'avis du comité de l'abus de droit fiscal. L'administration peut également soumettre le litige à l'avis du comité.
Si l'administration ne s'est pas conformée à l'avis du comité, elle doit apporter la preuve du bien-fondé de la rectification.
Les avis rendus font l'objet d'un rapport annuel qui est rendu public.

[78] Judgment of Feb. 27, 1987, Cour de cassation, 1987 Pas. Bel. I, No. 387, at 777.

[79] Article 344, § 1er. N'est pas opposable à l'administration, l'acte juridique ni l'ensemble d'actes juridiques réalisant une même opération lorsque l'administration démontre par présomptions ou par d'autres moyens de preuve visés à l'article 340 et à la lumière de circonstances objectives, qu'il y a abus fiscal.
Il y a abus fiscal lorsque le contribuable réalise, par l'acte juridique ou l'ensemble d'actes juridiques qu'il a posé, l'une des opérations suivantes:
1° une opération par laquelle il se place en violation des objectifs d'une disposition du présent Code ou des arrêtés pris en exécution de celui-ci, en-dehors du champ d'application de cette disposition; ou

que estabelece a desconsideração de operações que visem unicamente a vantagem fiscal, a menos que o contribuinte demonstre que existem razões legítimas para tal operação.

Finalmente, o ordenamento jurídico japonês contemplava algumas normas para coibir ou, ao menos, controlar os planejamentos fiscais ("*Sozei Keikaku*", em japonês), direcionadas aos atos que visem somente a economia fiscal. Nesta linha, o artigo 11 da Lei do Imposto de Renda de Pessoas Jurídicas do Japão ("*Houjin Zei Hou*", em japonês) contém o "princípio da tributação do beneficiário efetivo", estabelecendo que *"as disposições desta lei serão aplicáveis, quando um rendimento, originário de ativos ou de unidades de negócio, legalmente atribuído a uma determinada pessoa for meramente nominal (...) sendo que tal rendimento será atribuído à pessoa que se beneficia de tal rendimento"*.[80]

Outrossim, o artigo 132 da mesma lei estabelece a possibilidade de desconsideração de transações, assim expresso: *"Quando uma transação ou um cálculo de uma empresa familiar resultar em déficit de imposto, ou em saldo de imposto a pagar injustificadamente baixo, o chefe da Autoridade Fiscal possui o poder de desconsiderar esta transação ou este cálculo, conforme o que ele considerar apropriado, independente da transação ou do cálculo em questão."*[81]

Além destas regras, a legislação japonesa prevê normas voltadas para o comércio exterior, na sua denominada Lei de Medida Fiscal Especial ("*Sozei Tokubetsu Sochi Hou*", em japonês), sobre paraísos fiscais (artigos 40-4 a 40-6 e artigos 66-6 a 66-9) e sobre preços de transferência (artigo 66-4), além de ter recentemente assinado tratado de bitributação com os Estados Unidos.[82]

2° une opération par laquelle il prétend à un avantage fiscal prévu par une disposition du présent Code ou des arrêtés pris en exécution de celui-ci, dont l'octroi serait contraire aux objectifs de cette disposition et dont le but essentiel est l'obtention de cet avantage.
Il appartient au contribuable de prouver que le choix de cet acte juridique ou de cet ensemble d'actes juridiques se justifie par d'autres motifs que la volonté d'éviter les impôts sur les revenus.
Lorsque le contribuable ne fournit pas la preuve contraire, la base imposable et le calcul de l'impôt sont rétablis en manière telle que l'opération est soumise à un prélèvement conforme à l'objectif de la loi, comme si l'abus n'avait pas eu lieu.

[80] TAKAKI, Daniel. *Planejamento Fiscal sob a Perspectiva do Direito Japonês*. In ANAN JR., Pedro. **Planejamento Fiscal – Aspectos Teóricos e Práticos.** São Paulo: Quartier Latin, 2005. p. 78.
[81] Ibidem, p. 79.
[82] Ibidem, p. 86.

Percebe-se, claramente, uma tendência mundial em coibir as práticas ilegítimas de planejamentos fiscais abusivos. Tarefa complexa, porém, que se aperfeiçoa a cada dia e se desenvolve pela transmissão da experiência de cada país. Conceitos como abuso de formas, falta de propósito negocial, motivo determinante, simulação e dissimulação, fraude à lei, dentre outros são replicados e aprimorados pela prática constante nos países ocidentais e o Brasil acompanha estas tendências, não apenas na legislação tributária, mas também pela codificação civil.

5. O Planejamento Fiscal em Espécie

Com o objetivo de identificar e delinear as características, espécies e limites legais da realização dos planejamentos fiscais, analisaremos alguns exemplos de práticas fiscais elisivas comumente utilizadas, no sentido de criarmos condições para desenvolver um raciocínio crítico (jurídico, econômico, político e moral etc.), a fim de possibilitar a formação do convencimento do que é e do que não é possível em termos de planejamento fiscal no Brasil.

Assim, o primeiro passo para analisar o planejamento fiscal, tanto para pessoa física como jurídica, é tratá-lo como um verdadeiro procedimento, ou seja, um conjunto de atos concatenados que levam a um resultado efetivo, seguindo um roteiro de métodos pré-determinados. Nesta análise, devem ser levados em consideração: a) os objetivos visados com a operação (economia fiscal ou o simples diferimento das obrigações tributárias); b) os tributos a serem alcançados com a operação (especialmente para identificar e mensurar se uma operação, ao alcançar primariamente um imposto indireto, como o ICMS ou o IPI, terá um reflexo secundário em tributos diretos, como no IR e respectivas contribuições sociais: PIS, COFINS e CSSL); c) implementação da operação, os seus requisitos e as ações a serem desenvolvidas etc.; d) os custos da operação, tais como os fiscais, os operacionais, as despesas de assessoria jurídica, contábil, financeira, etc.; e) a quantificação da economia que se pretende obter; f) a determinação do grau de risco da operação; g) e a definição do cronograma de execução do planejamento.

Porém, o mais importante é ter em mente que falar em planejamento fiscal não significa, apenas, encontrar falhas na legislação (*loopholes*) ou realizar grandes malabarismos societários, contratuais ou financeiros para obter ganhos fiscais, conforme esta ou aquela forma de se interpretar o sistema tributário. Existem outras maneiras de se buscar uma economia tributária, plenamente legítima e eficaz, de acordo com o sistema tributário nacional.

Embora esta não seja uma opinião unânime, a nosso ver, uma das maneiras mais seguras de se implementar um planejamento fiscal é buscar as opções que a própria lei oferece, e que muitas vezes passam despercebidas pelo contribuinte, seja por falta de conhecimento ou da devida interpretação normativa, ou simplesmente não são adotadas, por ausência de interesse, oportunidade, condições ou conveniência.

Neste sentido, temos seis exemplos básicos e tradicionais, que passamos a relatar: a) Substituir a maior parte do valor do pró-labore dos sócios de uma empresa, por distribuição de lucros (desde janeiro de 1996 não sofrem incidência do Imposto de Renda), evitando-se a incidência da contribuição social ao INSS (20%) e do Imposto de Renda na Fonte (27,5%) sobre o valor retirado como lucros, ao invés do pró-labore; b) Ao preencher a Declaração de Renda Anual, o contribuinte pode optar por deduzir até 20% da renda tributável como desconto padrão ou efetuar as deduções de dependentes, despesas médicas, de educação, plano de previdência privada etc. Dependendo do caso, o contribuinte poderá ter uma maior dedução da base de cálculo, para gerar um menor Imposto de Renda a pagar (ou um maior valor a restituir); c) No caso de pessoa jurídica, uma alternativa é a de transferir o faturamento da empresa do dia 30 (ou 31) para o 1º dia do mês subsequente. Com isto, a empresa ganha 30 dias adicionais para pagamento do PIS, COFINS, SIMPLES FEDERAL, ICMS, ISS, IRPJ e CSL (Lucro Real por estimativa) e, se for final de trimestre, até 90 dias do IRPJ e CSL (Lucro Presumido ou Lucro Real trimestral) e 10 a 30 dias se a empresa pagar IPI; d) Outra maneira de postergar a incidência de PIS, COFINS e SIMPLES Federal, além do IRPJ e CSL, é realizar uma consignação mercantil (envio de mercadorias com aquisição futura vinculada a venda posterior), que é contabilizada em contas de compensação, não transitando, portanto, pelas contas de resultado, fazendo com que não sejam devidos os tributos citados, enquanto não efetivada a venda; e) A substituição do desconto "condicionado" (sujeito a evento futuro e incerto) por um desconto "incondicionado" permite a imediata redução da base de cálculo dos tributos incidentes no preço final. Para premiar o cliente que paga pontualmente, basta conceder o desconto no próximo pedido de compra. O impacto deste planejamento atinge o PIS, COFINS, ISS, IRPJ e CSL, além do INSS (11%) retido; f) Escolha pela pessoa jurídica do regime fiscal a que se irá submeter: se pelo lucro presumido ou se pelo lucro real.

Mas não é apenas nas opções oferecidas pela legislação fiscal que podemos, de forma segura, implantar planejamentos tributários lícitos e legítimos. Alternativa muitas vezes desprezada pelos empresários é aquela que se encontra na via administrativa de qualquer esfera (federal, estadual ou municipal), através dos pedidos de regimes especiais, para cumprir de forma mais econômica e otimizada as obrigações tributárias acessórias (que no Brasil são altamente complexas e dispendiosas), tais como a escrituração de livros fiscais em modelos próprios, a emissão de notas fiscais mistas ou fatura eletrônica com efeitos fiscais. Caso típico é o da empresa de prestação de serviços de consertos e manutenção de equipamentos que, pelas vias normais, deveria emitir notas fiscais de entrada e de saída (e respectiva escrituração em livros próprios) das peças[83] que utilizar na sua atividade todas as vezes que se deslocasse aos clientes, o que gera, por consequência, despesas com funcionários (dependendo da dimensão da empresa, por vezes terá um departamento próprio de operações fiscais), equipamentos, tempo e recursos financeiros materiais. Esta obrigação pode ser simplificada através de pedido administrativo, e respectiva concessão, de um regime especial para emissão única de documento fiscal simplificado de remessa para a prestação de serviços, devidamente acompanhada de romaneio.

Além deste exemplo acima, temos ainda que considerar, como opções viáveis na seara administrativa, as consultas, os pedidos de compensação e restituição de tributos recolhidos indevidamente, além dos pedidos de parcelamento especial de débito fiscal, atualmente muito em voga, tais como o REFIS[84], o PAES[85], o PAEX[86], dentre outros[87].

---

[83] Nota Fiscal de remessa para prestação de serviços, conforme respectiva CFOP (Código Fiscal de Operações e Prestações, previsto no Convênio de 15/12/1970 e Ajuste SINIEF 07/2001, nova redação pelo Decreto nº 46.966, de 31.07.2002).
[84] Programa de Recuperação Fiscal (REFIS), instituído pela Lei n. 9.964 de 11/04/2000.
[85] Programa de Parcelamento Especial (PAES), instituído pela Lei n. 10.684/03.
[86] Programa de Parcelamento Extraordinário (PAEX), instituído pela Medida Provisória 303/2006. A MP 303/2006, contudo, teve seu prazo de vigência encerrado no dia 27 de outubro de 2006, não tendo sido convertida em lei, razão pela qual perdeu a eficácia.
[87] Programa de Parcelamento instituído pela Lei n. 11.941/09, alterado pela Lei nº 12.865/2013, Lei nº 12.973/2014 e Lei nº 12.996/2014.

Uma outra maneira de se implementar um planejamento tributário está na atuação do contribuinte na via judiciária (federal ou estadual), através da adoção de medidas processuais (ação declaratória, consignatória, anulatória, mandado de segurança, repetição de indébito etc.), com o fim de suspender o pagamento (adiar ou extinguir), reduzir a base de cálculo ou a alíquota incidente ou, finalmente, o questionamento quanto à legalidade ou constitucionalidade do tributo. Vários tributos cobrados no Brasil foram declarados inconstitucionais pelo Supremo Tribunal Federal nas últimas décadas, sendo que a sua restituição ou compensação, em muitos casos, depende de requerimento e determinação judicial, especialmente quando estão em discussão questões controvertidas como prazos prescricionais e decadenciais, atualização monetária (índices e expurgos inflacionários) e multas (moratória ou compensatória).

Alguns exemplos são: a) majoração da alíquota do FINSOCIAL (em 0,5%) para as empresas comerciais e industriais (Lei nº 7.689/88); b) empréstimo compulsório sobre combustíveis, aquisição de veículos e passagens para o exterior (Decreto-Lei 2.288/86); c) PIS calculado sobre a receita bruta (Decretos-Leis nº 2445 e 2449/88); d) Contribuição Social sobre o Lucro referente ao período-base de 1988 (art. 8º da Lei 7.689/88); e) Contribuição ao INSS sobre pagamentos efetuados a administradores, autônomos e avulsos (art. 3º, inciso I, da Lei 7.787/89; artigo 22, inciso I, da Lei nº 8.212, de 24-07-91); f) Imposto sobre o Lucro Líquido (ILL – art. 35 da Lei nº 7.713/88); etc.

Chegamos, finalmente, à alternativa mais complexa dos planejamentos fiscais, em que o contribuinte precisará analisar o interesse e a viabilidade em realizar efetivas e concretas mudanças nas suas atividades econômicas, significando, muitas vezes, alterar o seu domicílio fiscal (inclusive o estabelecimento empresarial, se for o caso), reorganizar suas operações mercantis, implantar novas formas de aplicação financeira, modificar procedimentos comerciais, redistribuir recursos materiais ou humanos, no sentido de atender plenamente à forma de interpretação da legislação tributária que adotar, ou, apenas, para se enquadrar na brecha legal encontrada.

É nestes casos que veremos uma maior ocorrência de planejamentos fiscais abusivos, ilegítimos e, por vezes, ilegais. Por esta razão, nesse momento, iremos apresentar alguns exemplos de planejamentos fiscais que, conforme a configuração dada, poderão ser caracterizados como lícitos e legítimos, com o fito de podermos, posteriormente, compará-los com outros, eivados de alguma irregularidade, estabelecendo, assim, uma metodologia crítica.

Mas antes, transcrevemos interessantes recomendações que uma companhia de seguros britânica faz aos seus clientes anualmente (*J. Rothschild Assurance*), no que concerne à análise e à implementação de um planejamento fiscal, através do manual tributário (que aborda questões que vão muito além da análise da legislação), elaborado por Walter Sinclair[88]:

> *NÃO economize tributos às custas de benefícios comerciais (não é aconselhável ter perdas financeiras nos negócios apenas para evitar os tributos); NÃO cause infelicidade para si e para sua família economizando tributos (não emigre para um país que não aprecia); NÃO planifique a longo prazo. O plano pode ser efetivo no momento, mas pode ser o alvo de futura legislação anti-elisão antes de se completar; NÃO relegue sua segurança financeira futura (não transmita todo seu patrimônio para reduzir os tributos sobre sucessão); NÃO faça esquemas inflexíveis. É sempre necessário revisar seu planejamento à luz das mudanças de sua posição financeira e de sua família. Deve-se também ter em conta as mudanças no sistema tributário, como o corte drástico das alíquotas de determinado tributo; NÃO esqueça que a lei pode mudar. Lembre-se, em particular, que o imposto sobre transmissão causa mortis será aplicado conforme a lei vigente ao tempo do falecimento, não necessariamente a mesma lei aplicável no momento; e, NÃO separe rigidamente capital e renda. Um bom planejamento tributário envolve, às vezes, economia de renda e maiores gastos em capital. Cada um tem sua própria tributação e deve-se tentar maximizar ambos após a incidência dos tributos.*

Um planejamento fiscal que tem sido comum para os empresários, mas que envolve grandes mudanças operacionais, visando reduzir a tributação do imposto sobre serviços de competência municipal, é a mudança do local do estabelecimento empresarial[89] para uma municipalidade onde o ISS tenha uma menor carga de imposto (alguns municípios chegavam a

---

[88] SINCLAIR, Walter. **J. Rothschild Assurance Tax Guide 1998-1999**. 27th ed. London: Orion Business Books, 1998. p. 1. *apud* GUBERT, Pablo Andrez Pinheiro. **Planejamento Tributário.** Análise Jurídica e Ética. 2. ed. Curitiba: Juruá, 2003. p. 74-75.

[89] Não obstante a antiga discussão sobre o local da prestação dos serviços para efeitos de incidência do ISS, a LC 116/03 repartiu diversos tipos de serviços entre os municípios. A regra geral é o recolhimento no município onde está localizado o estabelecimento do prestador de serviço. As exceções são os serviços listados nos incisos I a XXII do art. 3º da LC 116/2003, que devem ser recolhidos no município onde o serviço é prestado. Nesses incisos são definidos vários serviços para os quais, por exceção, o imposto é devido no local da sua prestação, repartindo-se dessa forma a competência tributária em razão da matéria. Os serviços não excepcionados nos referidos incisos I a XXII seguem a regra geral, sendo devido o ISS no local do estabelecimento do prestador.

cobrar apenas meio por cento[90]). O mesmo pode ocorrer com o empresário mercantil (industrial ou varejista), com a distribuição de seus produtos através de operação em estado com menor alíquota do ICMS para o consumidor final.

É lícito a qualquer empresário organizar suas atividades da forma como quiser, inclusive onde quiser. Neste caso, o ponto mais relevante para se dar validade ao planejamento fiscal é que a transferência das operações empresariais seja total e real, não bastando apenas o mero registro em uma junta comercial de uma alteração contratual ou estatutária (com um novo domicílio). Caso contrário, caracterizar-se-á uma ficção jurídica pelo simples registro de um novo endereço de sua sede (para efeitos de emissão de notas fiscais e recolhimento dos impostos), mantendo as operações no mesmo local anterior. E qualquer dúvida ou questionamento a respeito do que a legislação considera como estabelecimento comercial é esclarecido pela Lei Complementar nº 116/03, que, em seu artigo 4º, definiu este conceito (que sempre foi um conceito de direito empresarial), como sendo :

> o local onde o contribuinte desenvolva a atividade de prestar serviços, de modo permanente ou temporário, e que configure unidade econômica ou profissional, sendo irrelevantes para caracterizá-lo denominações de sede, filial, agência, posto de atendimento, sucursal, escritório de representação ou contato, ou quaisquer expressões que venham a ser utilizadas.

Aliás, este procedimento pode ocorrer também na esfera internacional. Há países que possuem um ordenamento jurídico-fiscal altamente atrativo para as empresas que lá se estabelecerem, através de isenções ou com baixa tributação, visando à atração de capitais estrangeiros, para o consequente desenvolvimento regional. Por vezes são denominados de "paraísos fiscais" ou "refúgios fiscais" ("*tax havens*"), como, por exemplo: as Ilhas Anglo-Normandas, Andorra, Gibraltar, Luxemburgo, Liechtenstein, Mônaco, Suíça, Chipre, Malta; Antilhas Holandesas, Bermudas, Ilhas Cayman, Ilhas Virgens Britânicas, Panamá; Uruguai e Libéria; Hong-Kong, Novas Hébridas, Nauru, Turks e Caiks. Além das benesses fiscais, normalmente eles oferecem uma legislação societária, cambial e trabalhista bastante viável.

---

[90] Hoje, a Lei Complementar 116/2003, visando reduzir a guerra fiscal entre municípios, estabeleceu a alíquota de 2,0% (dois por cento) como sendo a mínima para incidência do imposto.

Entretanto, o mesmo raciocínio anterior se aplica na esfera internacional, para que não se caracterizem as chamadas *"empresas de caixa-postal"*. Daí o porquê de existir também, além das questões fiscais, a conveniência negocial, incorporando a empresa em determinado território por vantagens geográficas, facilidades de transporte, maior eficiência na concorrência internacional, menor custo de mão-de-obra, facilidade de acesso a determinadas matérias-primas, dentre outras. Estas vantagens podem se multiplicar se estiver presente um tratado sobre dupla tributação.

Outro planejamento fiscal muito utilizado por grandes empresas é aquele feito através do pagamento dos juros sobre capital próprio (JCP), já que esta operação financeira, ainda que nem sempre alcance os valores desejados de remuneração do capital (se compararmos com algumas aplicações no mercado financeiro brasileiro), apresenta a vantagem de ser dedutível da apuração do Lucro Real da empresa, diminuindo a base de cálculo do Imposto de Renda e da Contribuição Social. Mas esta não é a única justificativa para a realização desta operação, pois, caso contrário, teríamos a ausência de motivos ou propósito negocial, que poderia levar ao questionamento de uma elisão ilícita ou ilegítima. Assim, além da questão fiscal (dedutibilidade dos juros como despesa financeira operacional), temos benefícios na seara societária originários da *thin capitalization*[91], já que este procedimento oferece maior simplicidade e flexibilidade no aporte e no reembolso do capital destinado à sociedade, não envolvendo alteração de participação societária (*status socii*) e nem mudanças no estatuto social (caso houvesse uma capitalização através de lançamento de novas ações), além de ser uma operação financeiramente mais econômica para a empresa (juros menores que os pagos ao mercado financeiro em mútuos), além de não ter que oferecer garantias como seria o caso se o empréstimo fosse contratado perante terceiros. Por óbvio, há também alguns efeitos negativos deste procedimento, como a diminuição temporária do valor das ações (pelo endividamento) e maior prejuízo (pelas despesas com juros). Porém, este efeito negativo apenas vem colaborar na justificativa do planejamento fiscal, demonstrando que esta operação é realizada conforme as normas jurídicas fiscais e societárias.

---

[91] Por *thin capitalization* entende-se a situação em que a sociedade empresarial apresenta uma alta proporção de dívida em relação ao capital social.

O PLANEJAMENTO TRIBUTÁRIO

Para a sua implementação, as seguintes condições são colocadas pela legislação[92]: a) os juros serão calculados mediante aplicação da taxa de juros de longo prazo – TJLP sobre os valores das contas do patrimônio líquido, exceto a reserva de reavaliação não realizada, ainda que capitalizada; b) o limite de dedutibilidade dos juros será de 50% do lucro contábil do próprio período-base ou da soma dos saldos de lucros acumulados e reservas de lucros; c) quando a beneficiária dos juros for uma pessoa jurídica, esta se obriga a contabilizar a receita financeira na mesma data em que a empresa pagadora efetuar o crédito, ainda que o efetivo pagamento ocorra alguns meses depois; d) o pagamento ou crédito destes juros estão sujeitos à incidência do imposto de renda na fonte à alíquota de 15%, devendo ser recolhido até o terceiro dia útil da semana subsequente à do pagamento ou crédito dos juros.

Na seara do comércio exterior, uma maneira de realizar um planejamento fiscal para redução da tributação da saída do produto importado[93] dá-se através da escolha pelo contribuinte (industrial ou comercial) de uma, dentre as três modalidades possíveis de importação: a) importação por conta própria, sem intermediários; b) importação por intermédio de terceiros e; c) importação por conta e ordem de terceiros. No primeiro caso, o próprio contribuinte será o importador (equiparado a industrial), adquire as mercadorias no exterior, realiza o pagamento, o desembaraço aduaneiro e, posteriormente, as revende no mercado interno (seja diretamente ou empregando-as na sua produção). Nos demais casos, haverá uma empresa entre o fornecedor e o adquirente – *trading company* – intermediando esta importação, seja como importadora por encomenda, adquirindo a mercadoria em seu nome (será o primeiro contribuinte dos tributos importados) e revendendo-a ao industrial-encomendante (o segundo contribuinte), seja por conta e ordem de terceiros, atuando como mero agente do contribuinte-adquirente, realizando apenas o serviço de desembaraço aduaneiro (intermediário negocial e despachante).

---

[92] Leis 9.249/95 e 9.430/96.
[93] Numa importação regular, ocorrerá a incidência do Imposto de Importação (II) tendo na sua base de cálculo o valor da mercadoria, o seguro e o frete (CIF – *Cost, Insurance and Freight* – preço, seguro e frete); o Imposto sobre Produtos Industrializados (IPI) sobre o valor CIF acrescido do Imposto de Importação; e o Imposto sobre a Circulação de Mercadorias e Serviços (ICMS) sobre o valor CIF, acrescido do II e do IPI.

Esta escolha, portanto, dependerá de um complexo estudo, não apenas da legislação fiscal, mas principalmente das atividades e da estrutura operacional do contribuinte, que deverá levar em consideração, inicialmente, os produtos que estão sendo importados (bens de produção, materiais de consumo, mercadorias para revenda, insumos etc.) e, após, as características operacionais do contribuinte (se é industrial ou não, sujeitando-se, além do ICMS, ao IPI na saída da mercadoria, além de todo o mecanismo de créditos e débitos fiscais que poderá ter), suas estrutura societária (se detém empresa própria – subsidiária integral – para realizar a importação), possibilidade de créditos ou deduções, antecipação de recolhimento por substituição tributária, custo da intermediação direta ou indireta (com incidência ou não do Imposto Sobre Serviços e respectivas Contribuições Sociais[94]), dentre outros elementos decisivos.

Tendo em vista os exemplos aqui apresentados, percebemos claramente alguns elementos em comum entre todos eles: a) Que as operações sempre possuem um motivo próprio (econômico, operacional ou negocial), consistente e independente da economia fiscal que se procura; b) Que não há qualquer abuso ou manipulação dos meios e formas dos institutos jurídicos utilizados nas operações; c) Que não há nenhuma distorção, abuso de direito ou fraude à lei na interpretação e aplicação da lei tributária (hipótese de incidência); d) Que não se esconde nenhuma realidade e nem se cria uma outra, visando desviar a subsunção da hipótese de incidência ao fato econômico efetivamente realizado; e) Que os atos e negócios jurídicos são realizados com boa-fé, de acordo com a ética e a moral do contexto em que se inserem; f) Que não há relevante ou verdadeira dissintonia entre a capacidade contributiva do sujeito passivo da obrigação tributária e o fato gerador ocorrido.

6. Os Limites Legais do Planejamento Fiscal

Finalmente, devemos chamar atenção para os procedimentos que ultrapassam a linha divisória (ainda que por vezes cinzenta) entre os procedimentos lícitos e legítimos e os procedimentos ilícitos, que ocorrem através de fraudes ao erário público. Ao adentrar-se na seara do ilícito, não cabe mais o debate sobre a legitimidade do planejamento fiscal (se seria uma elisão fiscal lícita ou ilícita), pois se está no âmbito da fraude ou sonegação

---

[94] Foi instituída a não-cumulatividade para a PIS e a COFINS pelas Leis 10.637/02 e 10.833/03.

como sendo a ação consciente e voluntária (ao menos assumindo o risco) do contribuinte tendente a, por meios ilícitos, eliminar, reduzir ou retardar o pagamento de tributo efetivamente devido.

Para tanto, temos a Lei nº 8.137 de 27.12.90, que define os crimes contra a ordem econômica e tributária. Segundo ela, constitui crime suprimir ou reduzir tributo ou qualquer acessório, mediante, por exemplo, as seguintes condutas ou procedimentos: a) omitir informação, ou prestar declaração falsa às autoridades fazendárias; b) fraudar a fiscalização tributária inserindo elementos inexatos, ou omitindo operação de qualquer natureza, em documento ou livro exigido pela lei fiscal; c) falsificar ou alterar nota fiscal, fatura, duplicata, nota de venda, ou qualquer outro documento relativo à operação tributável; d) elaborar, distribuir, fornecer, emitir ou atualizar documento que saiba ou deva saber falso ou inexato; e) negar ou deixar de fornecer, quando obrigatória, nota fiscal ou documento equivalente, relativa à venda de mercadoria ou prestação de serviço efetivamente realizada, ou fornecê-la em desacordo com a legislação; f) fazer declaração falsa ou omitir declaração sobre rendas, bens ou fatos, ou empregar outra fraude, para eximir-se, total ou parcialmente, de pagamento de tributos; g) deixar de recolher, no prazo legal, valor de tributo descontado ou cobrado, na qualidade de sujeito passivo de obrigação e que deveria recolher aos cofres públicos.

Trilhando os mesmos caminhos, na esfera previdenciária, o Código Penal, modificado pela Lei 9.983/2000, passou a prever os seguintes delitos: 1) apropriação indébita previdenciária (art. 168-A, CP); 2) inserção de dados falsos no sistema da Previdência (art. 313-A, CP); 3) sonegação de contribuição previdenciária (art. 337-A, CP); 4) falsificação de documento público para fins previdenciários (art. 297, §§ 3º e 4º).

Em eventual comprovação do crime de sonegação fiscal, a autoridade fiscal deverá encaminhar o processo administrativo fiscal para o Ministério Público, para que este promova as medidas judiciais cabíveis junto ao Poder Judiciário, inclusive requerendo a indisponibilidade dos bens do contribuinte criminoso. As multas por sonegação, em qualquer tipo de tributo, são severas, podendo chegar até a 225%, além das demais implicações penais, é claro. Por exemplo, a legislação do Imposto sobre a Renda[95]

---

[95] Art. 981, RIR (Dec. 3000/99). Verificado pela autoridade tributária, antes do encerramento do período de apuração, que o contribuinte omitiu registro contábil total ou parcial de receita,

aplica multa igual à metade da receita ou rendimento omitido, ou da dedução indevida, independentemente da ação penal que couber.

Um exemplo claro de fraude fiscal é a *venda sem nota e congêneres (venda com "meia" nota; venda com "calçamento" de nota; duplicidade de numeração de nota fiscal)*. Nestes casos, além da interceptação no trânsito das mercadorias e respectiva apreensão, implica a inviabilidade do uso do produto como mercadoria válida perante os adquirentes, especialmente se não forem consumidores finais. A constatação de diferenças nos estoques, através de levantamento físico, evidencia também a prática da sonegação fiscal. A verificação do conhecimento de frete que acompanha a mercadoria permite ao fisco constatar se há divergência de valores entre aquele e a nota fiscal. Finalmente, depósitos em conta corrente da empresa, do sócio ou pessoa ligada (sem o respectivo registro de venda) são facilmente detectáveis pelo fisco através da quebra legal do sigilo bancário, o que está sendo muito utilizado atualmente.

Outra prática igualmente reprovável é a da *compra de notas fiscais ou recibos*. Um mecanismo típico de fiscalização se dá através das comparações de documentos lançados entre contribuintes relacionados (fornecedor e varejista; médico e paciente; etc.). A Receita Federal pode levantar, através dos seus controles, a situação fiscal e patrimonial do emitente, e caso haja alguma irregularidade ou discrepância, ela certamente glosará a despesa e investigará a razão da utilização daqueles documentos. Ademais, as empresas ou profissionais autônomos que "vendem" notas fiscais ou recibos fazem isso inúmeras vezes, sendo facilmente detectável, implicando uma imediata correlação com as partes vinculadas.

A detecção de um *passivo fictício* ou *saldo negativo de caixa* traz a presunção *de* omissão de receita, cabendo ao contribuinte o ônus da prova contrária. Costuma-se "fabricar" contratos de mútuos nessas ocasiões para registrar a entrada de numerários através de empréstimos fictícios, em substituição à receita. Ocorre que, em muitos casos, o mutuante não possui recursos disponíveis para contratar qualquer empréstimo (comprovação da origem dos recursos), o que é facilmente apurável através do exame da declaração

---

ou registrou custos ou despesas cuja realização não possa comprovar, ou que tenha praticado qualquer ato tendente a reduzir o imposto correspondente, inclusive na hipótese do art. 256, ficará sujeito à multa em valor igual à metade da receita omitida ou da dedução indevida, lançada e exigível ainda que não tenha terminado o período de apuração de incidência do imposto (Decreto-Lei nº 1.598, de 1977, art. 7º, § 3º, e Lei nº 7.450, de 1985, art. 38).

de renda ou da movimentação bancária. O mesmo acontece com o *acréscimo patrimonial a descoberto*, pois também caracteriza omissão de renda quando não possua comprovação da origem dos recursos disponíveis.

Uma das mais graves infrações é deixar de recolher tributos descontados de terceiros, na condição de sujeito passivo, tipificando crime tributário (p.ex. IR-Fonte; INSS da parte do empregado; contribuição sindical; ISS-fonte; etc). Nestes casos, além de ocorrer a sonegação, há ainda outro crime da maior relevância, que é a tipificação de apropriação indébita (art. 11, da Lei nº 4.357, de 16/07/64), prevista no Código Penal no artigo 168.

A *distribuição disfarçada de lucros* é outra infração fiscal, conforme estabelece o artigo 464 do Regulamento do Imposto de Renda.[96] Inúmeras são as situações que podem caracterizar a distribuição disfarçada de lucros em negócios entre a empresa e sócios ou pessoas ligadas (acionistas, dirigentes, participantes de lucros, seus parentes ou dependentes), dentre os quais: i) alienação de bem ou direito ao sócio ou pessoa ligada por valor notoriamente inferior ao de mercado; ii) aquisição de bem ou direito de sócio ou pessoa ligada por valor notoriamente superior ao de mercado; iii) aluguel ou serviços pagos a sócio ou pessoa ligada cujos valores excedam aos praticados pelo mercado em situações similares; iv) empréstimos a sócios ou pessoas ligadas em condições prejudiciais à empresa, ou com vantagens não praticadas normalmente pelo mercado; v) multas exorbitantes ou perda de sinal de negócio, previstas em contrato, não cumprido, com sócios ou pessoas ligadas; vi) pagamento de despesas particulares de sócios sem vínculo com as atividades operacionais da empresa. Além destas, previstas em lei, pode ser considerada, também, uma distribuição disfarçada de lucros ao sócio a existência de saldo de caixa elevado, desnecessário em relação à movimentação financeira da empresa, ou sem motivo que possa justificá-lo, razão pela qual recomenda-se a regular escrituração em separado dos cheques pré-datados, cheques em cobrança, vales etc.

Devemos lembrar também que a distribuição de lucro está vedada para as sociedades empresárias com débitos tributários por força da Lei 4.357/64 e da Lei 11.051/04[97] (fala-se, agora, da distribuição de lucros regular e não

---

[96] Art. 464, RIR. Presume-se distribuição disfarçada de lucros no negócio pelo qual a pessoa jurídica (Decreto-Lei nº 1.598, de 1977, art. 60, e Decreto-Lei nº 2.065, de 1983, art. 20, inciso II):

[97] Art. 17 da Lei 11.051/04: "O art. 32 da Lei nº 4.357, de 16 de julho de 1964, passa a vigorar com a seguinte redação: (...) § 1º A inobservância do disposto neste artigo importa em mul-

da disfarçada). O artigo 17 da recente Lei nº 11.051/04 dispõe sobre a imposição de multa nos casos em que a pessoa jurídica, com débitos não garantidos perante a União ou INSS, distribua bonificações aos seus acionistas ou dê ou atribua participação de lucro para seus sócios, cotistas ou membros de sua administração. Na verdade, a previsão de multa nesses casos é antiga, existindo desde 1964 (art. 32 da Lei nº 4.357) e o art. 17 da Lei nº 11.051/2004 apenas estipulou um teto para esta multa, que agora fica limitada a 50% do valor total do débito não garantido da pessoa jurídica, em ambos os casos.

Ressalte-se que devemos distinguir o procedimento intencional e doloso de praticar o crime fiscal de uma mera interpretação equivocada da lei tributária que venha a ensejar o descumprimento de uma obrigação fiscal principal ou acessória (e gerará, apenas, um lançamento e respectiva cobrança). Assim explica Hugo de Brito Machado[98]:

> *Nenhum profissional certamente teria a audácia de orientar seu cliente sobre como cometer um crime. E mesmo o profissional que, desprovido de censura ética, presta-se a um papel assim tão degradante, com certeza tem a cautela, até porque sabe não estar agindo licitamente, de proceder às escondidas.*
>
> *Ocorre que o ilícito fiscal nem sempre configura crime. Por isto, mesmo o contribuinte, aquele que adotou a orientação e praticou o que se pode considerar um ilícito fiscal, pode não haver cometido crime nem mesmo em tese. (...) Realmente, a conduta de quem, sem fraude, adota interpretação da lei, capaz de reduzir sua carga tributária, não se confunde com a conduta criminosa de que se cuida.*

A questão toda está na conduta do agente, ou seja, se o contribuinte (e seu consultor, seja advogado, administrador ou contabilista) age com dolo (elemento do tipo penal), consciente de que sua ação ou omissão irá configurar um crime fiscal.

---

ta que será imposta: I – às pessoas jurídicas que distribuírem ou pagarem bonificações ou remunerações, em montante igual a 50% (cinqüenta por cento) das quantias distribuídas ou pagas indevidamente; e II – aos diretores e demais membros da administração superior que receberem as importâncias indevidas, em montante igual a 50% (cinqüenta por cento) dessas importâncias. § 2º A multa referida nos incisos I e II do § 1º deste artigo fica limitada, respectivamente, a 50% (cinqüenta por cento) do valor total do débito não garantido da pessoa jurídica."

[98] MACHADO, Hugo de Brito. **Planejamento Tributário e Crime Fiscal na Atividade do Contabilista.** *in* PEIXOTO, Marcelo Magalhães (Coord.). **Planejamento Tributário.** São Paulo: Quartier Latin, 2004. p.423.

Até em virtude de que não cabe, na seara tributária, a aplicação – com a mesma intensidade – do raciocínio que temos em direito privado, de que ninguém pode usar do desconhecimento das leis para descumpri-las impunemente. A aplicação rigorosa da teoria da inescusabilidade do erro de direito é de difícil emprego na esfera tributária, porque envolve uma série de fatos e de normas de notória dificuldade de visualização, compreensão e aplicação, especialmente pela possibilidade de uma grande multiplicidade interpretativa nas normas tributárias e dos fatos econômicos que se realizam.

Neste sentido, transcrevemos acórdão do Supremo Tribunal Federal (HC 72.584-8):

> BRASIL – STF – SUPREMO TRIBUNAL FEDERAL – HC 72584 / RS – RIO GRANDE DO SUL – HABEAS CORPUS – Relator(a): Min. MAURÍCIO CORRÊA – Julgamento: 17/10/1995 Órgão Julgador: SEGUNDA TURMA – Publicação: DJ 03-05-1996
>
> CRIME CONTRA A ORDEM TRIBUTARIA – ICMS – ALIQUOTAS DIFERENCIADAS – CREDITAMENTO – FRAUDE. A fraude pressupõe vontade livre e consciente. Longe fica de configurá-la, tal como tipificada no inciso II do artigo 1. da Lei n. 8.137, de 27 de dezembro de 1990, o lançamento de crédito, considerada a diferença das alíquotas praticadas no Estado de destino e no de origem. Descabe confundir interpretação errônea de normas tributarias, passível de ocorrer quer por parte do contribuinte ou da Fazenda, com o ato penalmente glosado, em que sempre se presume o consentimento viciado e o objetivo de alcançar proveito sabidamente ilícito.

Temos que reconhecer que as dificuldades começam com a própria complexidade, pujança e volatilidade da legislação fiscal no Brasil.

A cada dia temos inúmeras novas leis, instruções normativas, regulamentos etc., sem mencionar que a nossa Constituição Federal sofre periódica e constantemente emendas. Outrossim, a própria legislação fiscal é de difícil compreensão porque envolve, além de conceitos jurídicos, conhecimentos de natureza contábil e financeira. É difícil, hoje, encontrar um profissional que se considere plenamente habilitado a confirmar, com plena segurança e certeza, a infalibilidade das suas opiniões tributárias.

Conclusão

O debate sobre o planejamento fiscal gira em torno da possibilidade de implementação pelo contribuinte de procedimentos lícitos e legítimos, que podem se originar das operações e atividades do contribuinte, da interpretação das leis tributárias ou do uso de procedimentos administrativos ou judiciais, suficientes para postergar, reduzir ou elidir suas obrigações tributárias. Mesmo pautado na liberdade que lhe é constitucionalmente assegurada, o contribuinte encontra limites para tal liberdade por questões de mesmo foro, como o dever fundamental de pagar tributos e os princípios da isonomia, da capacidade contributiva, da solidariedade e da dignidade da pessoa humana e, ainda, em parâmetros previstos em esferas infraconstitucionais, como a boa-fé objetiva, a função social da propriedade e dos negócios jurídicos, sem fechar os olhos para os valores supremos da ética e da moral, implícitos no próprio âmago do ordenamento jurídico contemporâneo, e que não podem deixar de ser observados.

Estes procedimentos, por serem dotados de inúmeras variáveis formais e materiais, acabam por assumir diversas configurações, e, portanto, podem receber a denominação de *elisão fiscal lícita*, quando geram uma efetiva economia fiscal, desde de que implementados de acordo com o ordenamento jurídico pátrio e respeitem os valores e as normas constitucionais, assim como as normas do Direito Tributário e do Civil, ou podem ser denominados de *elisão fiscal ilícita*, quando a operação intentada é aparentemente lícita, porém, fica demonstrado estar maculada por algum vício de forma ou de conteúdo, como pelo abuso de direito ou de formas, fraude à lei, ou ainda pelo emprego de meios artificiais ou manipulados, desprovidos de motivação legítima, na tentativa de fugir da aplicação da norma tributária efetivamente devida, para recair em outra situação que lhe submeta a uma norma fiscalmente menos onerosa, sem que se lhe possa aplicar uma regra sancionadora exclusiva e específica, senão as de ordem geral.

Costuma-se vincular a ideia de planejamento fiscal apenas com o aproveitamento de brechas legais (*loopholes*) ou com a implementação de grandes intervenções operacionais ou jurídicas para encontrar ou fabricar um caminho mais econômico em termos tributários. Porém, há que se ter em mente que este conceito engloba outras maneiras e espécies de operações legítimas e eficazes para obter ganhos fiscais e que também dependem de um estudo de viabilidade metodologicamente estruturado, que inclui a sua identificação fática e jurídica, a mensuração de custo-benefício e a decisão de implementação, tais como a adoção de opções legais, a implementação de procedimentos administrativos ou o questionamento judicial de certas normas tributárias.

Contudo, neste tema, o mais importante está em se garantir o respeito do cumprimento do dever de pagar tributos sem ferir os direitos fundamentais do contribuinte, aceitando a sua liberdade e autonomia privada, combinando segurança jurídica e legalidade com a utilização de uma metodologia de interpretação pluralística das normas tributárias e antielisivas, e fazer valer os princípios da igualdade, da capacidade contributiva, da solidariedade, da dignidade da pessoa humana, da função social da propriedade e dos contratos, da boa-fé, da eticidade e da moralidade dos atos e negócios jurídicos. Temos assim a questão chave para manter equilibrado e eficiente o sistema tributário nacional.

Bibliografia

ABRAHAM, Marcus. **O Planejamento Tributário e o Direito Privado**. São Paulo: Quartier Latin, 2007.

BRITO, Edvaldo. *Interpretação Econômica da Norma Tributária e o Planejamento Fiscal. in* ROCHA, Valdir de Oliveira. **O Planejamento Tributário e a Lei Complementar 104**. São Paulo: Dialética, 2002.

CASTRO, Aldemário Araújo. *Norma Geral Antielisiva (art. 116, parágrafo único do CTN):* Constitucionalidade e Outros Aspectos Relevantes. *in* PEIXOTO, Marcelo Magalhães (Coord.). **Planejamento Tributário**. São Paulo: Quartier Latin, 2004.

DERZI, Mizabel Abreu Machado. *Comentários aos artigos aos 139 à 155 do CTN. in* NASCIMENTO, Carlos Valder do. (coord.). **Comentários ao Código Tributário Nacional**. Rio de Janeiro: Forense, 1997.

FANUCCHI, Fabio. **Curso de Direito Tributário**. 4. ed. São Paulo: Resenha Tributária, 1986.

GARCÍA, E. Gonzalez. **Comentario al artículo 25 de la LGT** en Comentarios a las Leyes Tributarias y Financieras, t. I. Ley General Tributaria, Edersa, Madrid, 1982 *apud* EZCURRA, Marta Villar. *Seminario Internacional Sobre Elusión Fiscal – La Experiencia de España. in* **Anais do Seminário Internacional sobre Elisão Fiscal**. Brasília: ESAF, 2002.

GIULIANI FONROUGE, Carlos M. **Derecho Financiero, vol. II**. 3. ed. Buenos Aires: Depalma, 1976.

GRECO, Marco Aurélio. **Planejamento Tributário**. São Paulo: Dialética, 2004.

_____. *Precedentes Históricos. in* **Anais do Seminário Internacional sobre Elisão Fiscal**. Brasília: ESAF, 2002.

_____. *Elisão Tributária e Seu Contexto. in* **Anais do Seminário Internacional sobre Elisão Fiscal**. Brasília: ESAF, 2002.

GUIMARÃES, Vasco Branco. *Elisão Fiscal no Ordenamento Jurídico Interno (A Experiência Portuguesa)*. **Anais do Seminário Internacional sobre Elisão Fiscal**. Brasília: ESAF, 2002.

GUTMAN, Marcos. *Experiências Internacionais* – Experiência da Argentina. **Anais do Seminário Internacional sobre Elisão Fiscal**. Brasília: ESAF, 2002.

HASPECT Louise. *Experiências Internacionais* – Experiência do Canadá. *in* **Anais do Seminário Internacional sobre Elisão Fiscal**. Brasília: ESAF, 2002.

HENSEL, Albert. **Diritto Tributario**. Giuffrè: Milano, 1956 (trad.italiana da 3ª edição alemã de 1933) *apud* BECKER, Alfredo Augusto. **Teoria Geral do Direito Tributário**. 3.ed., São Paulo: Lejus, 1998.

HUCK, Hermes Marcelo. **Evasão e Elisão**: Rotas Nacionais e Internacionais. São Paulo: Saraiva, 1997.

MACHADO, Brandão. **Princípios Tributários no Direito Brasileiro e Comparado**. Estudos em Homenagem a Gilberto de Ulhoa Canto. Rio de Janeiro: Forense, 1988.

MACHADO, Hugo de Brito. *Planejamento Tributário e Crime Fiscal na Atividade do Contabilista*. *in* PEIXOTO, Marcelo Magalhães (Coord.). **Planejamento Tributário**. São Paulo: Quartier Latin, 2004.

MARINS, James. **Elisão Tributária e sua Regulação**. São Paulo: Dialética, 2002.

MARTINS, Ives Gandra da Silva. *Norma Antielisão é Incompatível com o Sistema Constitucional Brasileiro*. *in* ROCHA, Valdir de Oliveira (coord.) **O Planejamento Tributário e a Lei Complementar 104**. São Paulo: Dialética, 2002.

_____. *Norma Antielisão Tributária e o Princípio da Legalidade, à Luz da Segurança Jurídica*. **Revista Dialética de Direito Tributário**, n. 119. São Paulo: Dialética, agosto de 2005.

_____. *Preços de Transferência*. *in* ROCHA, Valdir de Oliveira (coord.). **Tributos e Preços de Transferência**. São Paulo: Dialética, 1997.

MATTOS, Mauro Roberto Gomes de. *A Constitucionalização das Regras da Administração Pública e o Controle do Poder Judiciário*. **A&C Revista de Direito Administrativo & Constitucional**, ano 4, n. 18, p. 89-106, out/dez.2004. Belo Horizonte: Fórum, 2004.

MESSINEO, Alejandro E. *Transfer Pricing in Latin America*: News Rules in Mexico and Brazil. **Caderno de Direito Tributário e de Finanças Públicas**, n. 21 (out.-dez. de 1997). São Paulo: Revista dos Tribunais, 1997.

OLIVEIRA, Ricardo Mariz de. *Reinterpretando a Norma Antievasão do Parágrafo Único do Art. 116 do Código Tributário Nacional*. **Revista Dialética de Direito Tributário**, São Paulo, nº 76.

Peixoto, Marcelo Magalhães. (coord.) *Considerações sobre Planejamento Tributário.* in **Planejamento Tributário.** São Paulo: Quartier Latin, 2004.

Pereira, César A. Guimarães. **Elisão Tributária e Função Administrativa.** São Paulo: Dialética, 2001.

_____. A Elisão Tributária e a Lei Complementar 104/2001. *in* ROCHA, Valdir de Oliveira (coord.) **O Planejamento Tributário e a Lei Complementar 104.** São Paulo: Dialética, 2002.

Pontes. Helenilson Cunha. **Princípio da Proporcionalidade e o Direito Tributário.** São Paulo: Dialética, 2000.

Rolim, João Dácio. **Normas Antielisivas Tributárias.** São Paulo: Dialética, 2001.

Rosenbuj, Túlio. **El Fraude de la Ley y el Abuso de las Formas en Derecho Tributario.** Madrid: M. Pons, 1994.

Seixas Filho, Aurélio Pitanga. *A Interpretação Econômica no Direito Tributário, a Lei Complementar n. 104/2001 e os Limites do Planejamento Tributário. in* ROCHA, Valdir de Oliveira. **O Planejamento Tributário e a Lei Complementar 104.** São Paulo: Dialética, 2002.

Sinclair, Walter. **J. Rothschild Assurance Tax Guide 1998-1999.** 27th ed. London: Orion Business Books, 1998. p. 1. *apud* GUBERT, Pablo Andrez Pinheiro. **Planejamento Tributário.** Análise Jurídica e Ética. 2. ed. Curitiba: Juruá, 2003.

Souza, Rubens Gomes de. **Compêndio de Legislação Tributária.** Edição Póstuma. São Paulo: Resenha Tributária, 1975.

Takaki, Daniel. *Planejamento Fiscal sob a Perspectiva do Direito Japonês. In* ANAN JR., Pedro. **Planejamento Fiscal** – Aspectos Teóricos e Práticos. São Paulo: Quartier Latin, 2005.

Torres, Heleno Taveira. **Direito Tributário e Direito Privado**: Autonomia Privada, Simulação e Elusão Tributária. São Paulo: Revista dos Tribunais, 2003.

Torres, Ricardo Lobo. **Normas Gerais Antielisivas.** *in* Anais do Seminário Internacional sobre Elisão Fiscal. Brasília: ESAF, 2002.

_____. *A Legitimação dos Direitos Humanos e os Princípios da Ponderação e da Razoabilidade. in* **Legitimação dos Direitos Humanos.** Rio de Janeiro: Renovar, 2002.

_____. *Normas Gerais Antielisivas. in* **Fórum de Direito Tributário.** vol. 1. Belo Horizonte: Fórum, 2003.

Xavier, Alberto. **Direito Tributário Internacional do Brasil.** 4. ed. Rio de Janeiro: Forense, 1997.

Planejamento Tributário Internacional

ANDRÉ CARVALHO
ANDRÉ GOMES DE OLIVEIRA

1. Planejamento Tributário Internacional e a Prevenção da Utilização Abusiva das Convenções Internacionais para Evitar a Dupla Tributação da Renda

Assim como ocorre no plano interno em relação às leis tributárias, as convenções internacionais para evitar a dupla tributação da renda, por conferirem limitações ao poder de tributar dos Estados Contratantes, criam igualmente oportunidades para contribuintes arrumarem seus negócios internacionais de forma a se valerem dos benefícios destas convenções e alcançar uma carga tributária menor. É o que se costuma denominar planejamento tributário internacional.

Em muitos casos, este citado planejamento tributário internacional pode envolver uma aplicação abusiva das convenções internacionais para evitar a dupla tributação da renda (*improper use of the Convention*[1], *Abkommensmissbrauch*), que a cada dia se sofistica mais[2]. O tema do abuso de forma, ou do planejamento ilícito no direito interno, tem gerado inúmeros debates na doutrina brasileira desde a nova redação do parágrafo único do Artigo 116 do CTN veiculada pela Lei Complementar 104, com sua cláu-

---
[1] Vide Comentários ao Artigo 1º da Convenção Modelo OCDE, parágrafos 7 a 26.2.
[2] HUCK, Hermes Marcelo / LEITE, Fernanda Pereira. A Elisão Tributária Internacional e a Recente Legislação Brasileira. In: *Justiça Tributária: direitos do fisco e garantias dos contribuintes nos atos da administração e no processo tributário*. São Paulo: Max Limonad, 1998, p. 259.

sula anti-elisiva. Do mesmo modo, a formatação dos negócios transfronteiriços pode ser feita de forma artificial, sem qualquer propósito que não o de se valer de certas regras de acordos específicos visando mitigar ou evitar por completo a tributação sobre aquela atividade. Nestes casos, a doutrina internacional procura engendrar conceitos e teorias para coibir esta aplicação dita abusiva dos acordos, tais como cláusulas especiais anti-elisão (*Spezialklauseln*)[3]. É o chamado tratamento bilateral de combate ao *treaty shopping*, que pode ser feito, conforme proposto pela OCDE – Organização para a Cooperação e Desenvolvimento Econômico, via:

(i) exclusão direta de benefícios a determinadas pessoas que gozem de privilégios fiscais[4] (*exclusion approach*);
(ii) tratamento de transparência ou desconsideração da personalidade (*look-through* ou *lifting the veil approach*),
(iii) exclusão de benefícios dos acordos a pessoas vinculadas visando a erosão da base tributária (*channel approach*);
(iv) aplicação do critério de necessária sujeição a imposto (*subject-to-tax approach*) e
(v) aplicação da boa-fé nas relações internacionais, conforme sugerido pela Alemanha em alguns de seus acordos (*activity provision, general bona fide provision, amount of tax provision, stock exchange provision e alternative relief provision*)[5].

Como, por demais das vezes, os critérios acima têm se mostrado insatisfatórios[6], precisou-se recorrer ao combate ao *treaty shopping* mediante o ataque à interposição de pessoas como empresas-canais (*conduit compa-*

---

[3] "O direito internacional tributário talvez seja o ramo que melhor se tenha aproximado do fechamento dos conceitos através de cláusulas especiais." O Princípio *Arm's Length*, os Preços de Transferência e a Teoria da Interpretação do Direito Tributário. *Revista Dialética de Direito Tributário* 48, p. 131.

[4] Como no caso de artistas e atletas (Artigo 17 da Convenção Modelo OCDE). Na experiência brasileira, vide acordo com Luxemburgo.

[5] Comentários ao Artigo 1º da Convenção Modelo OCDE e PISTONE, Pasquale. El Abuso de los Convenios Internacionales en Materia Fiscal. In: UCKMAR, Victor (coord.). *Corso de Derecho Tributario Internacional*. Bogotá: Temis, 2003, p. 139-142. E, na mesma obra, ROSEMBUJ, Túlio. "Treaty Shopping": El Abuso de Tratado, p. 155-180. Helmut BECKER aponta seis métodos de comabte ao treaty shopping: Treaty Shopping / Treaty Override. In: *European Taxation*, Dezembro de 1988, p. 383.

[6] PISTONE, idem, p. 142.

nies), empresas-base (*base companies*) e empresas trampolins (*stepping stone companies*). Tal combate é normalmente perpetrado através de cláusulas especiais, como as de limitações de benefícios e cláusulas de beneficiário efetivo (*beneficial owner*). A importância destas cláusulas no contexto de elisão fiscal internacional é enorme, já que suas ausência podem implicar na concessão de benefícios convencionais mesmo no caso de aplicação abusiva, já que *pacta sunt servanda*[7].

Além do combate ao *treaty shopping* via inserções de cláusulas específicas nos acordos (beneficiário efetivo, limitações de benefícios, etc., as autoridades competentes de países signatários de acordos vêm também trabalhando com diversos outros conceitos, no plano da lei interna, que visam a evitar uma transferência de lucros para jurisdições que gravem a renda a patamares menores. O presente capítulo se dedica a examinar brevemente cada uma destas ferramentas.

Mais recentemente, a OCDE vem dedicando grande atenção ao tema do planejamento abusivo, com uma resposta rápida aos anseios dos governos em atacar o problema da redução da base tributável. Neste contexto, foi adotado o trabalho conhecido como BEPS, conforme detalhado a seguir:

1.1. O estágio atual do trabalho da OCDE e G20: BEPS (*Base Erosion and Profit Shifting*)

O combate à erosão da base tributável do imposto de renda e transferência dos lucros de corporações a jurisdições com baixa tributação entrou na pauta principal dos países que compõem a OCDE e o G20. Neste contexto, foi formado um grupo de trabalho envolvendo representantes de um total de 44 nações, que elaborou um Plano de Ação consistindo em 15 ações que visam abordar os principais problemas identificados no planejamento tributário internacional abusivo. A Ação 6 atua especificamente no que se refere ao combate ao planejamento abusivo envolvendo as convenções de dupla tributação, e foi uma das sete ações entregues no pacote

---

[7] É o que determinou o Comitê de Assuntos Fiscais da OCDE na publicação *International Tax Avoidance and Evasion, Four Related Studies*, OCDE, Paris, 1987, apud BECKER, *op. cit.*, p. 383-384: "Existing conventions may have clauses with safeguards against the improper use of their provisions. Where no such provisions exist, treaty benefits will have to be granted under the principle of *pacta sunt servanda* (the treaty terms should be observed) even if considered to be improper".

de *deliverables* devidos em setembro de 2014, conforme o Plano de Ação publicado em julho de 2013.

O ponto inicial da Ação 6 se concentra no ataque ao *treaty shopping*. Dentre as medidas e regras anti-abuso propostas pela OCDE, temos aquelas de limitação de benefícios e uma mais recente, de caráter mais amplo, conhecida como regra geral baseada no conceito de *"principal purpose test"*.

Com efeito, chegou-se á conclusão que normas internacionais, contidas nos acordos, devem ser adotadas conjuntamente com as regras internas e cláusulas anti-elisivas, sejam de caráter geral ou especial.

Como parte do trabalho da Ação 6, espera-se que alterações à Convenção Modelo OCDE (e aos respectivos Comentários) sejam publicadas após um refinamento dos trabalhos em andamento, particularmente no que se refere a cláusulas de limitação de benefícios.

2. O Uso de "Conduit Companies", "Stepping Stones" e "Base-Companies" no Planejamento Tributário Internacional

2.1. Descrição do Termo "Treaty Shopping" em Relação às "Conduit Companies"

Em um tópico cujo nome já é grafado no idioma inglês, fica difícil não se recorrer a anglicanismos. Contudo, o termo *treaty shopping* é tão arraigado na doutrina internacional, que nenhum autor que não tenha o idioma bretão como sua língua oficial ousou não se referir a ele em sua forma mais conhecida. Entre nós, Luís Eduardo Schoueri escreveu trabalho pioneiro sobre o tema: Planejamento Tributário através de Acordos de Bitributação: Treaty Shopping[8]. A caracterização clássica de um *treaty shopping* se dá através da interposição de uma *direct conduit company*, residente em uma terceira jurisdição, que possa se valer dos benefícios de um acordo para evitar a dupla tributação que originalmente não estaria disponível.

A definição é de Luís Eduardo Schoueri: "o *Treaty shopping* ocorre quando, com a finalidade de obter benefícios de um acordo de bitributação, um contribuinte que, de início, não estaria incluído entre seus beneficiários, estrutura seus negócios, interpondo, entre si e a fonte do rendimento,

---

[8] São Paulo: Revista dos Tribunais, 1995. Do mesmo autor: Tributação e Cooperação Internacional. In: COSTA, Alcides Jorge / SCHOUERI, Luís Eduardo / BONILHA, Paulo Celso Bergstrom (coords.). *Direito Tributário Atual*, volume 17. São Paulo: Dialética, 2003, p. 61-63.

uma pessoa ou um estabelecimento permanente, que faz jus àqueles benefícios[9]". Similar é a concepção de Fernando Serrano Antón[10].

Através do *treaty shopping*, o contribuinte pode conseguir, ou ao menos ajudar a,

(i) reduzir impostos de fonte (*withholding taxes*) nos outros Estados Contratantes;

(ii) evitar ou diferir no tempo remessas de lucros tributáveis ao seu país de origem;

(iii) maximizar créditos de impostos através das chamadas *dividend mixer companies* e

(iv) evitar ou diferir no tempo ganhos de capital na venda de ativos[11].

Frise-se que igualmente se cogita, no contexto do *forum shopping* (ato de procurar a jurisdição mais favorável) em que se insere a figura ora em exame, conceitos como o *rule shopping*[12] e mesmo o *directive shopping*[13] no âmbito da comunidade européia.

Entre os casos clássicos de *treaty shopping* que foram questionados por autoridades tributárias e levados à apreciação de cortes (judiciais ou administrativas), destacam-se o caso *Monaco* do Tribunal Fiscal Federal (*Bun-

---

[9] Na primeira obra citada na nota de rodapé antecedente, p. 21.

[10] Para ele, "[e]l Treaty Shopping es la utilización incorrecta o abusiva de CDIs, que se produce cuando residentes de un tercer estado crean uma entidad jurídica en uno de los dos países contratantes con el objeto de beneficiarse de los tipos reducidos de las retenciones u otros benefícios fiscales, a los que no habrían tenido derecho de actuar indirectamente." Las Medidas Antiabuso en los Convenios para Evitar la Doble Imposición Internacional y su Compatibilidad con las Medidas Antiabuso de Carácter Interno y el Derecho Comunitario. In: TÔRRES, Heleno Taveita (coord.). *Direito Tributário Internacional Aplicado – volume I*. São Paulo: Quartier Latin, 2003, p. 166.

[11] ROHATGI, Roy. *Basic International Taxation*. Haia: Kluwer Law International, 2002, p. 445.

[12] Que seria, segundo Heleno TÔRRES, a "escolha da melhor regra", ou o "planejamento tributário que tem como finalidade derrogar as qualificações aplicáveis aos rendimentos ou definições previstos na convenção, adotando uma outra qualificação com regime tributário mais favorável." *Planejamento...*, p. 336-337.

[13] GALLO, Franco / MELIS, Giuseppe. L'Elusione Fiscale Internazionale nei Processi di Integrazione tra Stati: L'Esperienza della Comunitá Europea. In: *Justiça Tributária: direitos do fisco e garantias dos contribuintes nos atos da administração e no processo tributário*. São Paulo: Max Limonad, 1998, p. 198 *et seq.*.

desfinanzhof) alemão, de 1981[14] e um caso indiano envolvendo a aplicação do acordo Índia-Ilhas Maurício[15].

2.2. Conceito e Utilização das "Stepping Stones" para a Redução da Renda Tributável no Exterior

Adicionalmente à ampla utilização das "direct conduit companies", o planejamento tributário internacional freqüentemente se vale de uma variação àquela estrutura original, conhecida como "stepping stone conduit"[16].

A estratégia "stepping stone conduit" tem como objetivo propiciar a redução da carga tributária incidente sobre determinada operação, através da interposição de uma empresa intermediária, que servirá de veículo para que as receitas por ela percebidas sejam compensadas com despesas em montantes equivalentes ou significativos, incorridas por residentes de outro Estado, de forma que o resultado a ser submetido à tributação no Estado do beneficiário final seja ao máximo reduzido.

Michael Zavaleta Alvarez[17] assim define esse instituto:

> "stepping stone conduits ('empresas trampolines' o 'sociedades escalón' y com 'empresas bases' inclusive) conocida como estratégia indirecta, por cuanto se elimina o reduce la tributación compensando los ingressos percibidos por la sociedad intermedia com gastos facturados por entidades residentes em outro Estado."

Como se vê, a principal diferença entre as estruturas que se baseiam na constituição de "direct conduit companies" (estratégia direta) e aque-

---

[14] De 24 de outubro de 1981, apud BECKER, *cit.*, p. 383.
[15] Analisado por BUTANI, Mukesh. Tax Treaty Interpretation. In: *Asia-Pacific Bulletin, IBFD*, Janeiro/Fevereiro de 2004, p. 56-69.
[16] Interessante, nesse sentido, citar a definição extraída do IBDF International Tax Glossary para a locução "conduit companies", ao também referir-se à locução "stepping stones": "a conduit company is generally subject to no or minimal taxation under its domestic laws or by reasons of the income being on-paid in tax-deductible form (typically leaving a small taxable "spread" in the conduit or "stepping stone" company). Conduit companies thus play a primary role in treaty shopping. Tax treaties increasingly contain a limitation on benefits provision which is specifically aimed at preventing their improper use through conduit companies." (IBDF International Tax Glossary, 5th edition, IBDF: 2005, p. 84-85).
[17] ALVAREZ, Michael Zavaleta, in "Direito Tributário Internacional Aplicado" – Coordenação Heleno Taveira Tôrres, Editora Quartier Latin, São Paulo: 2008, p. 785.

las que se caracterizam como de "stepping stone conduits" (estratégia indireta) é justamente a forma eleita para a obtenção da economia fiscal.

Enquanto a primeira adota como pressuposto a eliminação de qualquer tributação que lhe seria imposta, a segunda não se propõe a tanto, mas a possibilitar a redução da carga tributária que recai sobre o beneficiário final, inclusive com a utilização da rede de convenções internacionais em matéria tributária de que se valem os Estados em que domiciliadas as empresas em questão. Por essa razão é que se pode afirmar que, diversamente do que ocorre no caso das "direct conduit companies", as "stepping stone companies" não são isentas de tributação no Estado em que estão domiciliadas. A vantagem fiscal, portanto, está em que, ao invés de afastar-se totalmente, promove-se a erosão das bases de cálculo dos tributos pretensamente incidentes sobre os resultados auferidos por tais empresas. Nesse sentido, destaca Félix Alberto Veja Borrego[18]:

> "Two types of strategies or structures are differentiated based on how the resident tax on the income obtained by the intermediary company is eliminated or reduced.
> (a) Direct strategy (direct conduits). (...)
> (b) Indirect strategy (stepping stone conduits). The main difference lies in the fact that the income obtained by the intermediary company is not exempt from tax in the state in which it resides."

Luc De Broe[19], em obra editada pelo International Bureau of Fiscal Documentation (IBFD), descreve exemplo que em muito contribui para a compreensão da "stepping stone conduit":

> "Stepping stone conduits are a variant of the direct conduit-structure. Residents of State R establish a company resident in State C where it is fully subject to tax on the income derived from State S. However, it pays high interest, royalties, services fees, commissions and other expenses to a second related foreign company set up in a fourth State (State B) and controlled by the shareholders of the conduit company. These payments are deductible in State C and are either not or very advantageously taxed in State B because

---

[18] BORREGO, Félix Alberto Vega, in *"Eucotax – Series on European Taxation: Limitation on Benefits Clauses in Double Taxation Conventions"*, Kluwer Law International: 2005, p.p. 30-31.

[19] DE BROE, Luc, in *"International tax planning and prevention of abuse: a study under domestic tax law, tax treaties and EC law in relation to conduit and base companies"*, IBDF, Amsterdam: 2008.

the company enjoys a preferential tax regime there. The company in State B qualifies as a 'base company' (...)."

O esquema abaixo não poderia ser mais ilustrativo:

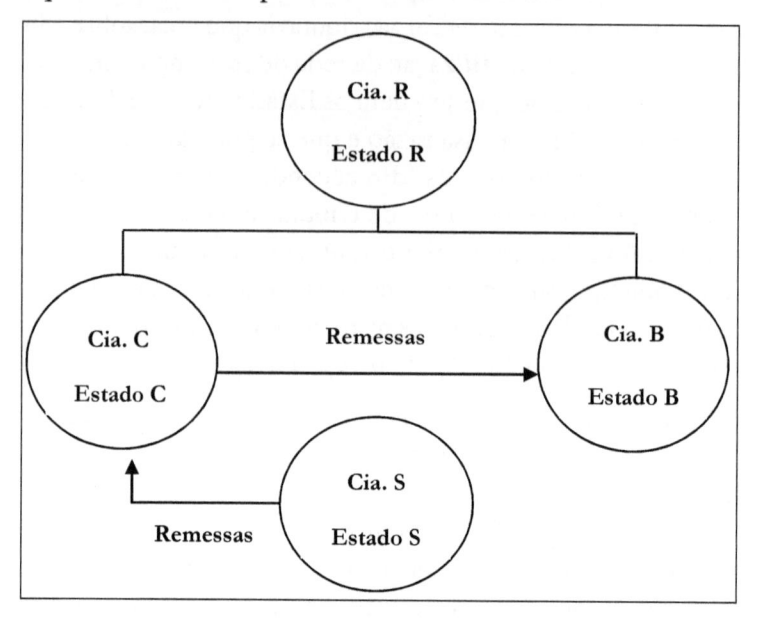

```
                    Cia. R
                    Estado R

   Cia. C      Remessas       Cia. B
   Estado C     ────▶         Estado B

              Cia. S
   Remessas   Estado S
   ◀────
```

Segundo claramente exposto no exemplo acima, a Companhia R, ao constatar que o Estado onde está domiciliada (Estado R) não havia firmado convenção para evitar a dupla tributação com o Estado S (domicílio da fonte pagadora, Companhia S), constituiu duas sociedades intermediárias (Companhias C e B[20], sediadas, respectivamente, nos Estados C e B), objetivando, por meio do aproveitamento das disposições das Convenções firmadas entre os Estados S e C (que pode prever, por exemplo, a não retenção do imposto de renda sobre os pagamentos provenientes de S para C), da inexistência, no Estado C, de restrições à dedutibilidade de pagamentos destinados a jurisdições de tributação favorecida e da baixa ou nula carga fiscal imposta pelo Estado B, para reduzir a tributação que recairia sobre os pagamentos realizados diretamente da Companhia S (fonte pagadora) para a Companhia R (beneficiária efetiva da renda).

---

[20] Nesse exemplo, a Companhia B pode ser considerada como uma "base company", tratada, em maiores detalhes, no tópico seguinte.

As premissas em que se fundamenta a estrutura acima são as seguintes:

a) convenção internacional firmada entre os Estados S e C, que permita a não tributação na fonte das remessas de pagamentos originados de fonte localizada no primeiro para beneficiário domiciliado no segundo;

b) apesar de a Companhia C não ser beneficiária de regime fiscal privilegiado, o montante das receitas que esta recebe, provenientes de S, tem seu efeito fiscal anulado por despesas de mesmo valor pagas à Companhia B, sediada no Estado B. Tais despesas devem, necessariamente, ser consideradas dedutíveis pelo Estado C; e

c) a Companhia B deverá ser beneficiária de regime que não tribute a renda ou a tribute com base em alíquotas efetivas bastante reduzidas.

Com a implementação de tal estrutura, a Companhia R poderá, se assim entender conveniente, acumular resultados na Companhia B, beneficiária de regime fiscal favorecido, a fim de que esta venha a servir de ponto de partida para a realização de novos investimentos no exterior.

Evidencia-se, assim, que o contribuinte, através das duas formas de condução antes expostas – "direct conduit companies" ou "stepping stone conduits" – objetiva implementar estrutura tal que lhe permita alcançar o benefício de redução ou eliminação da carga tributária incidente, inclusive através da utilização das disposições das Convenções Internacionais em matéria tributária que originalmente não lhe seriam aplicáveis.

2.3. "Base companies": Conceito e Diferimento da Tributação Incidente sobre a Renda Auferida no Exterior

Comuns também são as estruturas que passam pela constituição de *"base companies"*, locução esta [21] que se refere a sociedades geralmente sediadas em jurisdições de tributação favorecida, que são criadas com a finalidade de acumular resultados que originariamente seriam auferidos por sua controladora, reduzindo-se, dessa forma, os tributos devidos no país de domicílio desta última. A controladora poderá, a seu critério, manter a renda em

---

[21] Para maiores detalhes acerca da utilização de "base companies", sugerimos a leitura do *report* da OCED "Double taxation conventions and the use of base companies", de 1986.

jurisdições de tributação favorecida, ou de regime fiscal privilegiado, ou determinar a sua disponibilização, por exemplo, sob a forma de dividendos.

A definição proposta pelo IBFD[22] a respeito dessa estrutura é, de uma só vez, concisa e esclarecedora:

> "A company generally situated in a low on no-tax country, typically a tax haven, which is used to collect income which would otherwise accrue directly to the tax taxpayer, thereby reducing tax in the taxpayer's home country. The taxpayer is often able to enjoy the economic benefit of the income by, e. g. being able to direct its disposition by the base company."

Tal qual destacado por Borrego[23], sob o prisma jurídico, os resultados auferidos por uma "base company" nesta devem ser computados, e não em sua controladora (beneficiária original da correspondente receita); porém, sob a ótica econômica, estes resultados acabam por pertencer a esta última, na qualidade de controladora da primeira:

> "(..) the initial investor does not change his residence, but rather "shifts" the income to an entity created ad hoc in low-tax territory (shifting the income from the taxpayer to the base company). This option requires the incorporation of an entity in a low-tax area. The function of this company would be to receive the income which would otherwise be directly obtained from the company originally holding it.
>
> In international language, this type of company in known as a base company. and is used to reduce residence tax. From a legal standpoint, the income shifted to the base company cannot be credited to the original owner thereof, and, accordingly, tax liability in the state in which the original company is resident is avoided, However, from an economic standpoint, this income could be credited to the original owner, bearing in mind that it controls the capital of the base company."

No exemplo citado no tópico anterior, a Sociedade B funciona como uma "base company", eis que, como visto, a Sociedade R, aproveitando-se do tratamento fiscal favorecido de que se beneficia a Sociedade B, para esta desloca as receitas que, originariamente, deveriam compor o seu resultado, reduzindo, com isso, a carga fiscal imposta sobre os seus investimentos.

---

[22] Op. cit. p. 34-35.
[23] Op. cit. p.p. 22-23.

Em 2005, duas decisões proferidas pela Corte Administrativa Austríaca ("*Verwaltungsgerichtshof*"), desconsiderando operações que envolviam "base companies", chamaram a atenção da comunidade jurídica internacional[24]. Em ambos os casos, companhias domiciliadas na Áustria direcionaram as receitas de juros a que fariam jus (em condições normais) para subsidiárias sediadas em jurisdições de tributação favorecida, repatriando, em seguida, os rendimentos a título de dividendos. Em gráfico, teríamos o seguinte:

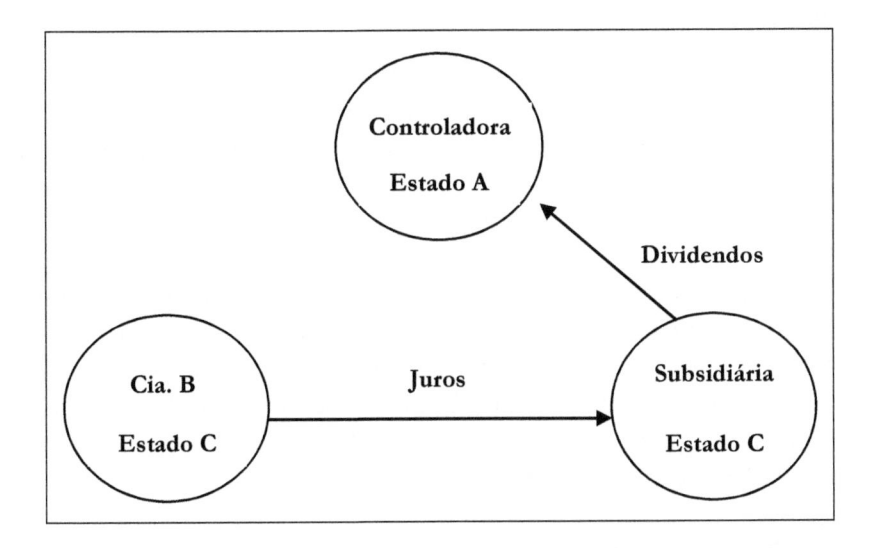

```
                    Controladora
                      Estado A
                          ▲
                          │ Dividendos
                          │
    Cia. B  ──── Juros ──▶  Subsidiária
   Estado C                   Estado C
```

Assim, as receitas de juros que, nos termos da legislação do Estado A, seriam passíveis de tributação se auferidas diretamente pela Controladora, são alocadas para a sua Subsidiária, sediada no Estado C (jurisdição de tributação favorecida), onde não estão sujeitas à incidência de tributos. Em seguida, a Subsidiária apura lucro e o distribui à sua Controladora sob a forma de dividendos, que não são tributados pelo Estado A.

Resta nítido, nesse caso, não haver qualquer fundamento – afora a economia de tributos – que sustente a operação sob a forma como acima descrita, razão por que, uma vez investigadas pelas administrações tributárias dos Estados, tais operações, no mais das vezes, acabam por ser desconsideradas. Impõe-se, como conseqüência, a tributação como se as operações

---

[24] Conforme artigo "Austria: Use of foreign base companies deemed abusive", disponível no site da International Tax Review (www.internationaltaxreview.com).

houvessem sido realizadas em sua forma habitual, prevalecendo a substância sobre a forma adotada.

No entanto, deve-se entender como legítima a utilização de uma "base company" que tenha como objetivo alcançar fins econômicos diversos do que a simples e exclusiva redução da carga tributária, hipótese em que as operações por ela praticadas não podem ser desconsideradas pelas autoridades fiscais a pretexto de um suposto abuso da forma de organização negocial adotada. Nesse sentido, socorremo-nos, uma vez mais, das lições de Borrego[25]:

> "Despite the fact that the concept of base company tends to be used to describe the previous case, it is not always solely tax related. In many cases, a base company is not formed exclusively to reduce residence tax, but rather, for example, to centralize certain group operations. Such a company may exist for valid economic reasons."

Eis porque há que se investigar, em cada caso, as razões que fundamentam a implementação de certa estrutura de negócios por meio da utilização de "base companies", e não simplesmente atribuir à locução uma conotação sempre negativa, para o fim de, uma vez desconsiderados os negócios legitimamente praticados, exigir tributos de suas controladoras situadas em jurisdições de tributação normal.

3. A Cláusula de Beneficiário Efetivo

Alguns artigos da Convenção Modelo OCDE contêm dispositivos quanto ao *beneficiário efetivo* do rendimento em questão, como verificado por exemplo nos Artigos 10, 11 e 12. Como já verificamos, trata-se de procedimento bilateral sugerido pela OCDE a partir de 1977, referente a inserção de cláusula específica a ser negociada pelos Estados Contratantes. Devem as cláusulas de beneficiário efetivo, portanto, assumir exatamente a mesma feição do acordo em si, por dele ser parte integrante. E como tal devem ser encaradas pelo direito interno.

As cláusulas de "*beneficial ownership*" são um refinamento do escopo subjetivo de aplicação em relação a determinadas categorias de rendimentos, em geral dividendos (Artigo 10), juros (Artigo 11) e *royalties* (Artigo 12)[26].

---

[25] Op. cit. p. 23.
[26] FRKAL, Tomás. Personal Scope of a Tax Treaty – the 2nd sentence of Art 4(1) OECD-MC. In: *Source versus residence in international tax law*. Viena: Linde, 2005, p. 49-72.

Mas até que ponto, na medida em que não se comunicam com as regras internas anti-elisivas, admite a cláusula de beneficiário efetivo uma abordagem que leve em consideração a eventual dissimulação do fato gerador (ou do próprio contribuinte), ou de interpretação econômica (*substance over form*)? Ou, posto de outra forma: há distinção entre o "proprietário legal" e o "proprietário econômico" do rendimento? Schoueri[27], com Luc Hinnekens, conclui que não pode ser aceita a interpretação econômica do conceito de "beneficiário efetivo." Que, aliás, não vem definido nem na Convenção Modelo nem nos seus Comentários oficiais.

Assim, e com a regra do reenvio, o conceito de beneficiário efetivo terá de ser definido segundo a lei interna, tendendo a se igualar ao conceito de beneficiário legal. Assim, perde força a cláusula. É este fenômeno que leva Marcos André Vinhas Catão[28], analisando caso hipotético de financiamento via emissão de *notes*, a concluir que:

"A recomendação feita pela OCDE, e que vem sendo seguida pela maioria dos países, em prol da estipulação de uma "cláusula de beneficiário efetivo", deve ser considerada com tempero. Antes de se constituir em princípio aplicável a toda e qualquer situação, a cláusula de beneficiário efetivo deve ser encarada como exceção à regra, e, indispensavelmente sobre uma premissa da legislação interna do país da fonte do pagamento."

Muito sensata a opinião de Catão, a qual referendamos[29]. Num contexto brasileiro de potencial aplicação de cláusula interna anti-elisiva, face a inexistência de norma (lei ordinária) regulamentadora, há que se encarar as cláusulas de beneficiário efetivo *cum granum salis*: as disposições convencionais não poderão impor um tratamento mais gravoso ao contribuinte residente no Brasil, valendo apenas como limite de imposição das regras convencionais a determinadas classes de rendimento envolvendo contri-

---

[27] Planejamento Fiscal através de Acordos de Bitributação. In: *Justiça Tributária: direitos do fisco e garantias dos contribuintes nos atos da administração e no processo tributário*. São Paulo: Max Limonad, 1998, p.608.
[28] A "cláusula de beneficiário efetivo". Limites à sua aplicação. In: TÔRRES, Heleno Taveira (coord.). *Direito Tributário Internacional Aplicado – volume II*. São Paulo: Quartier Latin, 2004, p. 435.
[29] Em sentido oposto, PISTONE, Pasquale. Op. cit., p. 150: "Si bien no existe todavia uma respuesta uniforme sobre este punto, la solución por la cual el término beneficial ownership debe representar um concepto autônomo parece ser la solución preferible."

buintes com estruturas artificiais de interposição de pessoas. Contudo, caso se encare tal interposição como eventual dissimulação de fato gerador da obrigação tributária, haverá margem para aplicação da norma interna, a cláusula geral anti-elisiva, ou através de outras formas de combate ao abuso, como será analisado em maiores detalhes abaixo.

Como já advertira Schoueri, o combate ao treaty shopping é muito mais uma decisão política do que jurídica[30]. Apuramos que os seguintes acordos, dentre os atualmente e,m vigor, possuem cláusulas de "beneficiário efetivo" nos Artigos 10, 11 e 12: Bélgica[31], Canadá, Chile, China, Coréia do Sul, Equador, Filipinas, Finlândia, Holanda, Hungria, Índia, Israel, Itália, México, Noruega, Portugal, Repúblicas Tcheca e Eslovaca, África do Sul, Paraguai, Ucrânia e Venezuela. Acordos mais antigos, de uma primeira geração, usualmente não contêm qualquer menção ao beneficiário efetivo. É o caso de Alemanha, Argentina, Áustria, Dinamarca, Espanha, França, Japão, Luxemburgo e Suécia.

No que se refere a atletas e a utilização das chamadas *"(rent-a-)star companies"*, alguns dos acordos brasileiros contém limites à sua utilização, como no parágrafo segundo do Artigo 17 de acordos mais recentes com parceiros latino-americanos: Chile, México, Paraguai e Venezuela. O mesmo ocorre com África do Sul, Áustria, Bélgica[32], Canadá, China, Coréia, Dinamarca, Equador, Espanha, Filipinas, Finlândia, Hungria, Índia, Israel, Itália, Noruega, Holanda, Portugal, Repúblicas Tcheca e Eslovaca, Suécia e Ucrânia. Estas cláusulas de salvaguarda do poder de tributar de um Estado em particular (ora o da sede desta empresa, ora o da realização da atividade artística, cultural ou esportiva) têm, contudo, aplicação bastante limitada[33].

4. Cláusula de Limitação dos Benefícios (LOB) das Convenções em Matéria Tributária

As cláusulas de *Limitation on Benefits*[34] derivam da agressiva política norte-americana de confronto da elisão fiscal internacional, que tem se mostrado bastante eficaz, tanto que diuturnamente é copiada em diversos aspectos por outros países (vide o exemplo das leis anti-diferimento, na

---

[30] Planejamento Fiscal através..., cit., p. 612.
[31] Vide Artigo XII da Convenção Adicional de 20 de novembro de 2002.
[32] Vide Convenção Adicional de 20 de novembro de 2002, Artigo VI.
[33] Idem, ibidem.
[34] Cf. Artigo 22 do *U.S. Model Income Tax Convention* de 1996:

década de 60, seguidas pela Alemanha – *Aussensteuergesetz* – e uma série de outros países, das regras de subcapitalização, etc.). Dado o grau de detalhe e sofisticação a que foi sendo submetida ao longo da história da política de negociação americana, julgamos oportuno transcrever abaixo a *LOB provision* do *U.S. Model Income Tax Convention* em sua inteireza, como segue:

"Article 22
LIMITATION ON BENEFITS
1. A resident of a Contracting State shall be entitled to benefits otherwise accorded to residents of a Contracting State by this Convention only to the extent provided in this Article.
2. A resident of a Contracting State shall be entitled to all the benefits of this Convention if the resident is:
a) an individual; b) a qualified governmental entity; c) a company, if i) all the shares in the class or classes of shares representing more than 50 percent of the voting power and value of the company are regularly traded on a recognized stock exchange, or ii) at least 50 percent of each class of shares in the company is owned directly or indirectly by companies entitled to benefits under clause i), provided that in the case of indirect ownership, each intermediate owner is a person entitled to benefits of the Convention under this paragraph; d) described in subparagraph 1(b)(i) of Article 4 (Residence); e) described in subparagraph 1(b)(ii) of Article 4 (Residence), provided that more than 50 percent of the person's beneficiaries, members or participants are individuals resident in either Contracting State; or f) a person other than an individual, if: i) On at least half the days of the taxable year persons described in subparagraphs a), b), c), d) or e)own, directly or indirectly (through a chain of ownership in which each person is entitled to benefits of the Convention under this paragraph), at least 50 percent of each class of shares or other beneficial interests in the person, and ii) less than 50 percent of the person's gross income for the taxable year is paid or accrued, directly or indirectly, to persons who are not residents of either Contracting State (unless the payment is attributable to a permanent establishment situated in either State), in the form of payments that are deductible for income tax purposes in the person's State of residence.
3. a) A resident of a Contracting State not otherwise entitled to benefits shall be entitled to the benefits of this Convention with respect to an item of income derived from the other State, if:

i) the resident is engaged in the active conduct of a trade or business in the first-mentioned State, ii) the income is connected with or incidental to the trade or business, and iii) the trade or business is substantial in relation to the activity in the other State generating the income. b) For purposes of this paragraph, the business of making or managing investments will not be considered an active trade or business unless the activity is banking, insurance or securities activity conducted by a bank, insurance company or registered securities dealer. c) Whether a trade or business is substantial for purposes of this paragraph will be determined based on all the facts and circumstances. In any case, however, a trade or business will be deemed substantial if, for the preceding taxable year, or for the average of the three preceding taxable years, the asset value, the gross income, and the payroll expense that are related to the trade or business in the first-mentioned State equal at least 7.5 percent of the resident's (and any related parties') proportionate share of the asset value, gross income and payroll expense, respectively, that are related to the activity that generated the income in the other State, and the average of the three ratios exceeds 10 percent. d) Income is derived in connection with a trade or business if the activity in the other State generating the income is a line of business that forms a part of or is complementary to the trade or business. Income is incidental to a trade or business if it facilitates the conduct of the trade or business in the other State.

4. A resident of a Contracting State not otherwise entitled to benefits may be granted benefits of the Convention if the competent authority of the State from which benefits are claimed so determines.

5. For purposes of this Article the term "recognized stock exchange" means:

a) the NASDAQ System owned by the National Association of Securities Dealers, Inc. and any stock exchange registered with the U.S. Securities and Exchange Commission as a national securities exchange under the U.S. Securities Exchange Act of 1934; and b) [stock exchanges of the other Contracting State]."

Como se vê, há inúmeros requisitos (ou testes) a serem observados na aplicação da cláusula acima transcrita pelas autoridades norte-americanas, de sorte a tentar se verificar a real intenção do agente. O primeiro parágrafo prevê a regra geral de aplicação dos benefícios dos acordos aos residentes. O parágrafo segundo contém um rol de cinco categorias de residentes, contendo ao final o chamado *ownership-base erosion test*. Sucede o parágrafo terceiro, com forte inspiração na doutrina da *activity clause* e contendo ainda, na alínea "c", critérios de avaliação da natureza substancial de uma atividade negocial. No parágrafo quarto, observa-se uma cláusula de salvaguarda e, no último, precisões terminológicas atinentes a sociedades com ações negociadas em bolsa[35]. A *Technical Explanation* indica os claros motivos da inserção destas cláusulas nos acordos norte-americanos, inclusive no que se refere à vedação de utilização dos benefícios convencionais negociados pelos Estados Unidos e o outro Estado Contratante:

> *"Purpose of Limitation on Benefits Provisions*
> The United States views an income tax treaty as a vehicle for providing treaty benefits to
> residents of the two Contracting States. This statement begs the question of who is to be treated as a resident of a Contracting State for the purpose of being granted treaty benefits. The Commentaries to the OECD Model authorize a tax authority to deny benefits, under substance-over-form principles, to a nominee in one State deriving income from the other on behalf of a third-country resident. In addition, although the text of the OECD Model does not contain express anti-abuse provisions, the Commentaries to Article 1 contain an extensive discussion approving the use of such provisions in tax treaties in order to limit the ability of third state residents to obtain treaty benefits. The United States holds strongly to the view that tax treaties should include provisions that specifically prevent misuse of treaties by residents of third countries. Consequently, all recent U.S. income tax treaties contain comprehensive Limitation on Benefits provisions."[36]

Advertimos que não se deve confundir as *LOB Provisions* com a *remittance clause*, observada na prática inglesa. Esta última, apenas têm como objetivo exigir que determinadas rendas sejam efetivamente remetidas ao Reino Unido para fazerem jus aos benefícios convencionais[37], e não costuma ser tão detalhistas como as regras americanas.

---

[35] PISTONE, *op. cit.*, p. 145.
[36] UNITED STATES TREASURY DEPARTMENT. *Model Income Tax Convention Technical Explanation*. Disponível em <http://www.irs.gov/pub/irs-trty/usmtech.pdf>. Acesso em 27/01/2009. Vide, ainda, parágrafo 26.1 dos Comentários ao Artigo 1º da Convenção Modelo OCDE.
[37] SAUNDERS, Roy. Remittance Provision in UK and other treaties. Disponível em <http://www.itpa.org/open/archive/saundersunder.rtf>. Acesso em 22/01/2009: "Since the basic

Na experiência brasileira, merece destaque as cláusulas de limitação de benefícios contidas nos acordos com África do Sul (somente cláusula de controle), Israel, México (somente cláusula aberta), Venezuela, Rússia e Peru.

Nota-se claramente que a inserção de cláusulas LOB parece ser uma prática que veio para ficar na política de negociação nacional, na medida em que a maioria dos acordos mais recentes assinados pela autoridade competente brasileira a prevêem. Podemos subdividir a cláusula LOB tipicamente adotada nos tratados acima em dois aspectos: a cláusula de controle, usualmente prevista nos primeiro parágrafo e associada a uma exceção de atividade substancial empresarial, que funciona como uma excludente da regra ou teste, e a cláusula do poder de negar o acordo, caso o contribuinte em questão se inclua na primeira regra; estas, por suas vez, podem ser do tipo aberto ou ilimitado (cunho negativo) ou do tipo restrito (cunho positivo).

O requisito mínimo imposto pela autoridade competente de um país para um residente em seu território se valer da rede de acordos daquele país é uma residência substancial, isto é, aquela de uma pessoa que não seja adstrita à mera detenção de participações societárias, ou ativos, mas efetivamente uma atividade empresarial que contenha substância. Ou seja, visa excluir claramente aquelas "empresas de papel" constituídas segundo as leis de um determinado país com o propósito principal de se valer dos benefícios das convenções internacionais para evitar a dupla tributação da renda, sem exercer qualquer atividade ou influenciar a economia daquele país. Vejamos o texto padrão de uma cláusula de controle:

"Uma entidade legal que seja residente de um Estado Contratante e obtenha rendimentos de fontes do outro Estado Contratante **não terá direito**, no outro Estado Contratante, **aos benefícios da presente Convenção**, se mais

---

function of a double tax treaty is to avoid double taxation, rather than create an opportunity for income and capital gains to be exempt from tax, countries which provide certain concessions permitting this to happen may include in their treaties a limitation clause restricting the treaty benefits only to those persons who do not enjoy such concessions. UK treaties would generally include a limitation of relief provision restricting treaty benefits only to amounts remitted to the UK. This is because UK law relating to non-domiciled individuals only subjects remittances of non-UK source income and capital gains to be UK tax, so there should be no relieving provisions relevant if such income is not remitted. This generally relates to the reductions in withholding taxes on dividends, interest and royalties, and to the absence of capital gains tax charges."

de 50 % da participação beneficiária em tal entidade (ou, no caso de uma sociedade, mais de 50% das ações com direito a voto ou do capital da sociedade) forem detidos, direta ou indiretamente, por qualquer combinação de uma ou mais pessoas que não forem residentes de um Estado Contratante.

A disposição deste parágrafo não se aplicará se tal entidade desenvolver, no Estado Contratante de que seja residente, uma **atividade empresarial substancial** que não seja a mera detenção de ações, títulos ou outros ativos."

A cláusula aberta é aquela que confere o maior poder à autoridade competente, pois permite que sempre que ela assim por bem entender, poderá negar os benefícios dos acordos a seus residentes. A rigor, prescinde a autoridade competente sequer do ônus da prova, bastando a comunicação às partes interessadas[38]. Confira-se o texto encontrado nos acordos com Israel, México, Venezuela e Rússia:

"Uma autoridade competente de um Estado Contratante **poderá negar os benefícios** da presente Convenção a qualquer pessoa, ou com relação a qualquer transação, se, **em sua opinião**, a concessão de tais benefícios constituir um **abuso** da Convenção em conformidade com seus fins." (grifos nossos)

Justamente por conferir um poder quase que ilimitado à autoridade competente do Estado Contratante, deve esta cláusula aberta ser usada com muita cautela e parcimônia, sob pena de se correr o risco do próprio acordo em si não atingir seus objetivos em determinadas situações casuísticas, que não deveriam observar um tratamento diferenciado em relação a contribuintes residentes em condições semelhantes. De uma maneira geral, o teste de controle já deveria servir como um bom indicativo de que não haveria razões para se negar os benefícios de um acordo a um determinado contribuinte, e uma cláusula aberta em adição àquela pode ser usada de maneira inescrupulosa pela autoridade competente, que é a mesma (ou subordinada à mesma) que arrecada os tributos, e sofre a pressão de aumento na arrecadação. Restrita. Desta maneira, seria mais recomendável, a adoção de cláusulas com poderes restritos ás autoridades competentes, como aquela observada no acordo com o Peru:

---

[38] Como diz a frase ao final da cláusula no acordo com Israel: "A autoridade competente do Estado Contratante envolvido comunicará a aplicação desta disposição à autoridade competente do outro Estado Contratante."

"As autoridades competentes dos Estados Contratantes poderão regular as modalidades de aplicação da Convenção, e em particular, as **formalidades que devem ser seguidas** pelos residentes de um Estado Contratante para obter no outro Estado Contratante os benefícios fiscais previstos pela Convenção. As referidas formalidades **poderão compreender a apresentação de um formulário de certificação de residência** com indicação, entre outros, da natureza e montante dos rendimentos envolvidos e com atestação das autoridades fiscais do primeiro Estado." (grifos nossos)

No caso do acordo com a Venezuela[39], assim como com o México, há dispositivo estatuindo que as regras do acordo não impedirão que um Estado Contratante aplique suas regras de subcapitalização (*thin capitalizaiton*)[40] ou de tributação dos lucros no exterior (*CFC-legislation*), formas estas de combate ao planejamento tributário internacional ilícito que serão tratadas mais adiante.

4.1. A Cláusula de Propósito Principal (*Principal Purpose Test – PPT*)
Mais recentemente, como indicado na parte inicial deste capítulo, em adição à cláusula de limitação de benefícios, a OCDE está sugerindo a adoção de cláusulas específicas anti-abuso, conhecidas como cláusulas PPT, que terão um escopo maior de atuação, e poderão atingir situações não cobertas pelas cláusulas LOB, tais como os chamados *conduit financing arrangements*. .

De se notar que a cláusula PPT remete aos Comentários ao Artigo 1 da Convenção Modelo OCDE, que prevê o que se segue: "*Notwithstanding the other provisions of this Convention, a benefit under this Convention shall not be granted in respect of an item of income or capital if it is reasonable to conclude, having regard to all relevant facts and circumstances, that obtaining that benefit was one of the principal purposes of any arrangement or transaction that resulted directly or indirectly in that benefit, unless it is established that granting that benefit in these circumstances would be in accordance with the object and purpose of the relevant provisions of the tax convention*'.

Ou seja, nota-se claramente a intenção de se adotar regras gerais anti-abuso, com um balizador técnico pela OCDE, que conceda segurança aos contribuintes. Com efeito, a adoção de cláusulas muito abertas, como

---

[39] Parágrafo quarto, alínea "d" do Protocolo, em relação ao Artigo 24 (não-discriminação).
[40] O Brasil não as tem.

aquela constante do Art. 28(1)[41] do acordo de dupla tributação celebrado com o México pelo Brasil, pode não ser o caminho mais salutar para a resolução deste problema. Assim, é muito bem vinda a sugestão da OCDE de adoção de uma cláusula PPT.

5. Outras Formas de Combate ao Abuso no Direito Interno
5.1. O Regime dos Preços de Transferência e Sua Instituição no Brasil

Um dos mais importantes mecanismos utilizados internacionalmente pelas legislações tributárias dos diversos Estados contra a implementação de estruturas que tenham por fim a realização de planejamento internacional tributário é, sem dúvida, o controle dos preços de transferência em operações internacionais realizadas entre pessoas relacionadas. A partir da aplicação de normas que se intitulam de "preços de transferência", os Estados visam anular os efeitos decorrentes de operações que, por serem realizadas entre partes relacionadas em condições mais favoráveis do que aquelas que seriam praticadas entre pessoas independentes, acabam por reduzir ou eliminar a tributação da renda que seria regularmente imposta às operações, preservando-se, assim, os interesses arrecadatórios de cada um dos Estados.

Em regra geral, a utilização dessas normas de controle de preços em âmbito internacional objetiva a aplicação do princípio do "arm's length", de modo a assegurar que operações dessa natureza se valerão de preços legitimamente arbitrados em razão das condições de mercado, como se vê pela redação conferida pela Organização para a Cooperação e Desenvolvimento Econômico (OCDE), à cláusula 9 de sua Convenção-Modelo:

> "conditions are made or imposed between the two enterprises in their commercial or financial relations which differ from those which would be made between independent enterprises, then any profits which would, but for those conditions, have accrued to one of the enterprises, but, by reason of those conditions, have not so accrued, may be included in the profits of that enterprise and taxed accordingly."

---

[41] 1. As autoridades competentes de ambos os Estados Contratantes poderão negar os benefícios desta Convenção, quando assim o acordarem nos termos do Artigo 25 da mesma, a qualquer pessoa ou em relação a qualquer operação, se, em sua opinião, a outorga dos benefícios da Convenção constitui um abuso desta Convenção considerando seu objeto e fim.

No Brasil, o conceito de preço de transferência foi muito bem definido pelo Professor Luís Eduardo Schoueri, em obra específica sobre o tema[42]:

> "Por preço de transferência entende-se o valor cobrado por uma empresa na venda ou transferência de bens, serviços ou propriedade intangível, a empresa a ela relacionada. Tratando-se de preços que não se negociaram em um mercado livre e aberto, podem eles se desviar daqueles que teriam sido acertados entre parceiros comerciais não relacionados, em transações comparáveis nas mesmas circunstâncias."

A disciplina legal dos preços de transferência surgiu da necessidade de verificação dos preços praticados pelos contribuintes em operações realizadas com pessoas vinculadas localizadas no exterior, pessoas em geral situadas em países de tributação favorecida[43] ou de regime fiscal privilegiado, ou, ainda, que não identifiquem os seus titulares. Isto com vistas a coibir a transferência de lucros de sociedades sediadas em países de carga tributária supostamente mais alta, para sociedades relacionadas que estejam domiciliadas em jurisdições mais atraentes sob o ponto de vista fiscal[44].

A regulamentação do instituto em questão só veio a ser editada ao final do ano de 1996, juntamente com outras relevantes alterações impostas à legislação do Imposto sobre a Renda. Com efeito, o marco inaugural da disciplina dos preços de transferência, em âmbito nacional, foi a edição

---

[42] SCHOUERI, Luís Eduardo, in *"Preços de Transferência no Direito Tributário Brasileiro"*, 2ª edição, Editora Dialética, São Paulo: 2006, p.10.

[43] De acordo com o "Perguntas e Respostas", disponibilizado pela Secretaria da Receita Federal em seu *site*: "O controle fiscal dos preços de transferência se impõe em função da necessidade de se evitar a perda de receitas fiscais. Essa redução se verifica face a alocação artificial de receitas e despesas nas operações com venda de bens, direitos ou serviços, entre pessoas vinculadas, situadas em diferentes jurisdições tributárias. Diversos países vêm instituindo esse controle como medida de salvaguarda de seus interesses fiscais, haja vista a constatação de manipulação dos preços por empresas interdependentes em transações internacionais com o inequívoco objetivo de usufruir de regimes tributários mais favoráveis. Assim, ocorre a transferência de renda de um Estado de produção para outros que oferecem alíquotas inferiores ou concedem isenções, por intermédio do subfaturamento na exportação e superfaturamento na importação." Disponível em www.receita.fazenda.gov.br.

[44] Os efeitos produzidos como resultado da aplicação das regras de preços de transferência a operações desenvolvidas por sociedades de um mesmo grupo econômico, mas sediadas em países distintos, são explicitadas por André Mendes Moreira, *in* "*Planejamento Tributário Internacional e Preços de Transferência – O Regime da Lei nº 9.430*".

da Lei nº 9.430, em 27 de dezembro de 1996, que previu uma seção inteiramente dedicada ao tema (Seção V, artigos 18 a 24), inclusive dispondo sobre os efeitos que devem ser produzidos por tais normas em relação aos casos concretos, com vistas a assegurar que os preços considerados, para fins de apuração das bases de cálculo do Imposto sobre a Renda de Pessoa Jurídica (IRPJ) e da Contribuição Social sobre o Lucro Líquido (CSLL), refletissem preços que mais se aproximassem àqueles livremente praticados no mercado.

A técnica através da qual esse objetivo é atingido consiste na comparação dos preços que efetivamente se verificam em operações que envolvam partes relacionadas com os preços-parâmetro, que são obtidos a partir da utilização de um dos métodos de preços de transferência previstos em Lei[45]. Nesse sentido, afirmou o Presidente da Sétima Câmara do Primeiro Conselho de Contribuintes, Marcos Vinicius Neder de Lima[46],

> "a comparação de operações de importação de bens e serviços com outras que seriam obtidas num processo de barganha negocial não viciado, envolvendo partes independentes, não relacionadas, livres de pressões e de outros interesses que não da essência da transação, condições denominadas na literatura internacional como 'arm's length'."

Atualmente, as normas brasileiras de preços de transferência estão previstas nos artigos 18 a 24-B (incluído pela Lei nº 11.727/08), da citada Lei nº 9.430/96, artigos 240 a 245 do Regulamento do Imposto de Renda (RIR/99, aprovado pelo Decreto nº 3.000/99), e pela Instrução Normativa nº 1.312, de 28 de dezembro de 2012, expedida pela Receita Federal do Brasil.

Em estudo intitulado "Meeting Minds – Resolving Transfer Pricing Controversies" (disponível em www.kpmg.com), realizado pela KPMG, esta consultoria ressalta que as regras brasileiras de preços de transferência constituem um particular desafio, eis que não se conformam, de todo,

---

[45] O preço-parâmetro, no Brasil, consiste em valor de mercado apurado tendo como base um dos métodos de determinação dos preços disciplinados na Lei nº 9.430/96. A partir das divergências apuradas entre o preço-parâmetro e o preço efetivamente observado no mercado é que deverão ser promovidos os ajustes às bases de cálculo do Imposto sobre a Renda de Pessoa Jurídica (IRPJ) e da Contribuição Social sobre o Lucro Líquido (CSLL).

[46] LIMA, Marcos Vinicius Neder de, in "Direito Tributário Internacional Aplicado" – Coordenação Heleno Taveira Tôrres, Editora Quartier Latin, São Paulo: 2008, p. 316.

com as orientações da OCDE. O trecho a seguir transcrito é particularmente esclarecedor:

> "Brazil is a particular challenge when developing and defending a TP policy in Latin America. Brazilian TP regulations differ from those of the other Latin American countries and depart from the principles set out in the OECD guidelines. (...) A distinctive attribute of Brazil's TP regulations is that, because different methodologies produce different results, the taxpayer can often use the willingness of the tax authorities to accept methods of the taxpayer's choice to help reduce other compatibility problems caused by Brazil's rules; a taxpayer can also experiment with various methods until finding the one that yields results that are closest to those required by the arm's-length standard."

Mais adiante avaliaremos, em maiores detalhes, as principais normas brasileiras de controle dos preços de transferência, ressaltando, sempre que possível, questões polêmicas que já tenham sido suscitadas no âmbito da doutrina e da jurisprudência, seja esta administrativa ou judicial.

5.1.1. Operações Sujeitas ao Regime dos Preços de Transferência

A definição quanto à sujeição ou não de uma operação ao regime de preços de transferência requer a prévia avaliação de um aspecto subjetivo, qual seja a identificação das partes entre as quais se processa, com especial atenção para o seu enquadramento dentre aquelas que se possam considerar como relacionadas, nos termos da legislação de regência, ou diante de sua inserção na definição de país de tributação favorecida ou regime fiscal privilegiado.

5.1.1.1. O Conceito de Parte Relacionada

O conceito de parte relacionada, conforme dispõe o glossário da OCDE, na citada cláusula 9, de sua Convenção-Modelo, encontra-se assim previsto:

> "Associated/Related enterprises, companies, or parties
> Two enterprises are associated enterprises with respect to each other if one of the enterprises meets the conditions of Article 9, sub-paragraphs 1a) or 1b) of the OECD Model Tax Convention with respect to the other enterprise. See Article 3 for the definition of 'enterprise'."

"Article 9
ASSOCIATED ENTERPRISES
1. Where
a) an enterprise of a Contracting State participates directly or indirectly in the management, control or capital of an enterprise of the other Contracting State, or
b) the same persons participate directly or indirectly in the management, control or capital of an enterprise of a Contracting State and an enterprise of the other Contracting State (...)"

No entanto, como bem adverte Luis Eduardo Schoueri, o conceito de parte relacionada (associada) deve ser interpretado à luz do princípio "arm's length", o que significa dizer que, a fim de que se possa investigar se duas empresas podem ou não ser consideradas relacionadas, é importante que seja antes aferido se o liame que as une é suficiente para influenciar as condições do negócio, de maneira a afastá-las das práticas normais de mercado. Ou, nas palavras de Schoueri:

"(...) considerando que o princípio arm's length fornece as linhas gerais de interpretação da noção de empresas associadas, pode-se considerar que deve haver alguma importância na ordem apresentada pelo artigo 9º da Convenção-Modelo da OCDE, uma vez que, quanto mais próxima uma pessoa está da direção, tanto maior é a possibilidade de haver alguma influência nas práticas da companhia. Levando em consideração que companhias agindo de acordo com o princípio arm's length ajustam seus preços de acordo com a influência do mercado, pode-se concluir que a "participação" deve ser suficiente para mover a companhia de uma decisão meramente baseada no mercado."

Em âmbito nacional, o artigo 2º, da Instrução Normativa RFB nº 1.312/12, define que estão sujeitas à observância das regras de preços de transferência, as operações praticadas por sociedade sediada no País com:

(i) sua matriz domiciliada no exterior;
(ii) suas filiais ou sucursais domiciliadas no exterior;
(iii) pessoa física ou jurídica, residente ou domiciliada no exterior, cuja participação societária no seu capital social a caracterize como sua controladora ou coligada, na forma definida nos §§ 1º e 2º do art. 243 da Lei nº 6.404, de 15 de dezembro de 1976;

(iv) pessoa jurídica domiciliada no exterior que seja caracterizada como sua controlada ou coligada, na forma definida nos §§ 1º e 2º do art. 243 da Lei nº 6.404, de 1976;
(v) pessoa jurídica domiciliada no exterior, quando esta e a empresa domiciliada no Brasil estiverem sob controle societário ou administrativo comum ou quando pelo menos dez por cento do capital social de cada uma pertencer a uma mesma pessoa física ou jurídica;
(vi) pessoa física ou jurídica, residente ou domiciliada no exterior, que, em conjunto com a pessoa jurídica domiciliada no Brasil, tiverem participação societária no capital social de uma terceira pessoa jurídica, cuja soma as caracterize como controladoras ou coligadas desta, na forma definida nos §§ 1º e 2º do art. 243 da Lei nº 6.404, de 1976;
(vii) pessoa física ou jurídica, residente ou domiciliada no exterior, que seja sua associada, na forma de consórcio ou condomínio, conforme definido na legislação brasileira, em qualquer empreendimento;
(viii) pessoa física residente no exterior que for parente ou afim até o terceiro grau, cônjuge ou companheiro de qualquer de seus diretores ou de seu sócio ou acionista controlador em participação direta ou indireta;
(ix) pessoa física ou jurídica, residente ou domiciliada no exterior, que goze de exclusividade, como seu agente, distribuidor ou concessionário, para a compra e venda de bens, serviços ou direitos; ou
(x) pessoa física ou jurídica, residente ou domiciliada no exterior, em relação à qual a pessoa jurídica domiciliada no Brasil goze de exclusividade, como agente, distribuidora ou concessionária, para a compra e venda de bens, serviços ou direitos.

Resta evidente, pelo acima exposto, que a opção da legislação brasileira foi a de prever um alcance amplo para o conceito de "parte relacionada", ao elencar inclusive hipóteses nas quais o liame que une os agentes envolvidos na operação se mostra flagrantemente insuficiente para que se conclua pelo exercício de qualquer influência quando da determinação das bases comerciais de um certo negócio. Por conseguinte, muitas operações, que à luz do princípio *arm's length* são processadas entre partes substancialmente não relacionadas, acabam por sujeitar-se às normas de preços de transferência, o que legitima, com base em disposições constantes das convenções internacionais em matéria tributária das quais o Brasil seja signatário, que contra as regras de preços de transferência insurjam-se os contribuintes.

5.1.1.2. O Conceito de País de Tributação Favorecida

O aumento do número de países e demais jurisdições que adotam regimes com tributação favorecida e a sua legítima utilização no cenário internacional têm estimulado, em contrapartida, um movimento das autoridades fiscais com vistas à instituição de regras anti-elisivas que tenham por efeito impedir ou minimizar a erosão de suas fontes de arrecadação.

Nesse contexto é que foi editada a Lei nº 9.430, de 27.12.96, que instituiu no ordenamento jurídico brasileiro o conceito de "país de tributação favorecida", definido como sendo aquele que "não tribute a renda ou que a tribute a alíquota máxima inferior a vinte por cento", expresso em seu artigo 24, como segue:

> "Art. 24. As disposições relativas a preços, custos e taxas de juros, constantes dos arts. 18 a 22, aplicam-se, também, às operações efetuadas por pessoa física ou jurídica residente ou domiciliada no Brasil, com qualquer pessoa física ou jurídica, ainda que não vinculada, residente ou domiciliada em país que não tribute a renda ou que a tribute a alíquota máxima inferior a vinte por cento."

Inicialmente, é importante ressaltar que os diversos métodos previstos para a identificação de paraísos fiscais baseiam-se, em regra geral, em critérios objetivos ou em sistema de listas, havendo, ainda, alguns que se valem de uma conjugação desses dois fatores. Podem pautar-se simplesmente nas regras fiscais aplicáveis, ou na comparação entre as normas vigentes na jurisdição de origem e aquelas de um suposto "paraíso fiscal", observando, inclusive, regras que não estritamente fiscais (sigilo bancário, tipo societário, etc).

Um país ou jurisdição livre de tributos obviamente se enquadra no conceito de "paraíso fiscal". No entanto, ao se definir um "país de tributação favorecida", seja em razão do quadro normativo previsto, do tipo societário, ou, ainda, de sua composição societária ou identificação do beneficiário efetivo, uma diversidade de métodos deve ser considerada. Enquanto um enfoque comparativo, por um lado, pode representar uma solução mais justa do que simplesmente avaliar-se uma alíquota fixa ou carga tributária total; por outro lado, podem surgir dúvidas se os critérios utilizados na comparação são os mais adequados.

Como concluiu o relatório do 55º Congresso da *International Fiscal Association*, realizado em São Francisco, em 2001[47], a maioria dos países utiliza um sistema diversificado de listas: (i) "listas negras", para a identificação de uma jurisdição ou regime fiscal privilegiado; (ii) "listas brancas", para os regimes de tributação normal; e (iii) ainda, "listas cinzas", para uma combinação de ambos os sistemas.

O Brasil partiu, inicialmente, da utilização do sistema de "lista negra" (*black-list*), instituído no país com o advento do Ato Declaratório SRF nº 32, de 02.04.98, que, na esteira da norma contida na Lei nº 9430/96, teve por objetivo informar as jurisdições que, no entendimento das autoridades fiscais, enquadravam-se na definição legal brasileira para "paraíso fiscal". Atualmente, a "lista negra" brasileira encontra-se prevista na Instrução Normativa RFB nº 1.037/10

Se, por um lado, tal lista merece críticas, eis que divorciada, em alguns casos, do conceito legal; por outro, ao menos permite que a interpretação da frase, "país que tribute a renda à alíquota máxima inferior a 20%", seja orientada pelo reconhecimento de sua taxatividade, o que confere uma maior segurança jurídica aos contribuintes.

De regra, o objetivo da Lei 9.430/1996 era o de impor regras de preços de transferência às transações com indivíduos ou entidades localizadas em "países com tributação favorecida", ainda que não houvesse qualquer vinculação entre as partes. Esse escopo, no entanto, ampliou-se de forma a dar início a uma série de *anti-avoidance rules*, como servem de exemplo a Lei nº 9.779, de 19.01.99 (que prevê a incidência do Imposto de Renda Retido na Fonte de 25% para beneficiários residentes em "países com tributação favorecida") e a Lei nº 10.833, de 29.12.03, que estendeu a alíquota majorada de 25% para ganhos de capitais auferidos por empresas domiciliadas em tais jurisdições.

5.1.1.3. O Conceito de Regime Fiscal Privilegiado

Em 23 de Junho de 2008, foi editada a Lei nº 11.727, que ampliou o alcance das regras fiscais brasileiras de preços de transferência com o propósito

---

[47] "Cahiers de Droit Fiscal International", Vol. 85b, 2001, "Limits on the use of low-tax regimes by multinational business: current measures and emerging trends."

de alcançar não apenas "países com tributação favorecida", como originalmente na Lei nº 9.430, de 27.12.96, mas também os denominados "regimes fiscais privilegiados".

Assim dispõe a atual redação do artigo 24, da Lei nº 9.430/1996, com as alterações promovidas pela Lei nº 11.727/2008:

> "Art. 24. As disposições relativas a preços, custos e taxas de juros, constantes dos arts. 18 a 22, aplicam-se, também, às operações efetuadas por pessoa física ou jurídica residente ou domiciliada no Brasil, com qualquer pessoa física ou jurídica, ainda que não vinculada, residente ou domiciliada em país que não tribute a renda ou que a tribute a alíquota máxima inferior a vinte por cento.
>
> (...)
>
> Art. 24-A. Aplicam-se às operações realizadas em regime fiscal privilegiado as disposições relativas a preços, custos e taxas de juros constantes dos arts. 18 a 22 desta Lei, nas transações entre pessoas físicas ou jurídicas residentes e domiciliadas no País com qualquer pessoa física ou jurídica, ainda que não vinculada, residente ou domiciliada no exterior.
>
> Parágrafo único. Para os efeitos deste artigo, considera-se regime fiscal privilegiado aquele que apresentar uma ou mais das seguintes características: (Redação dada pela Lei nº 11.941, de 27 de maio de 2009)
>
> I – não tribute a renda ou a tribute à alíquota máxima inferior a 20% (vinte por cento); **(incluído pela Lei nº 11.727, de 2008)**
>
> II – conceda vantagem de natureza fiscal a pessoa física ou jurídica não residente: **(Incluído pela Lei nº 11.727, de 2008)**
>
> a) sem exigência de realização de atividade econômica substantiva no país ou dependência; **(incluído pela Lei nº 11.727, de 2008)**
>
> b) condicionada ao não exercício de atividade econômica substantiva no país ou dependência; **(incluído pela Lei nº 11.727, de 2008)**
>
> III – não tribute, ou o faça em alíquota máxima inferior a 20% (vinte por cento), os rendimentos auferidos fora de seu território; **(incluído pela Lei nº 11.727, de 2008)**
>
> IV – não permita o acesso a informações relativas à composição societária, titularidade de bens ou direitos ou às operações econômicas realizadas. **(incluído pela Lei nº 11.727, de 2008)**

Importante destacar, nesse contexto, que as disposições antes referidas produzem efeitos, como previsto no artigo 41, da Lei nº 11.727/08, em sua alínea, VI, a partir de 1º de Janeiro de 2009 (primeiro dia do ano seguinte ao da publicação da lei).

Adicionalmente, as normas acima previstas facultaram ao Poder Executivo reduzir ou restabelecer o percentual de 20% estipulado como parâmetro para a caracterização de uma jurisdição como sendo de tributação favorecida[48]. E também aplicar as normas antes previstas mesmo em relação a operações que sejam realizadas com países que componham blocos econômicos integrados pelo Brasil, como se vê abaixo:

> "Parágrafo único. O uso da faculdade prevista no caput deste artigo poderá também ser aplicado, de forma excepcional e restrita, a países que componham blocos econômicos dos quais o País participe. **(Incluído pela Lei nº 11.727, de 2008)**"

Enquanto não regulamentada, ou antes do advento de normas que permitam uma melhor compreensão do alcance pretendido pelo legislador, algumas afirmações e ponderações, contudo, entendemos pertinentes:

(i) há um consenso de que a técnica legislativa adotada não deixa dúvidas de que a norma teve como objetivo aplicar-se, apenas, à disciplina dos preços de transferência (referência clara do artigo 24-A, da Lei nº 9.430/96); no entanto, como aconteceu no passado, dessa previsão específica para preços de transferência derivaram outras normas de conteúdo anti-elisivo, que buscavam e ainda procuram contemplar uma série de outras situações;

(ii) os contribuintes no Brasil, ao se lançarem em operações internacionais, por não conhecerem previamente, em muitos casos, o regime tributário a que se sujeitam os seus parceiros no exterior, até porque lhes seria por demais oneroso e não razoável essa exigência, deveriam, a fim de conferir maior segurança quanto à disciplina fiscal que se deva atribuir à operação, e demonstrar boa-fé no cumprimento das obrigações tributárias: a) solicitar uma opinião legal de um consultor estrangeiro, que, em conjunto com um brasileiro, afirmem pelo não enquadramento da empresa estrangeira no con-

---

[48] Art. 24-B. O Poder Executivo poderá reduzir ou restabelecer os percentuais de que tratam o caput do art. 24 e os incisos I e III do parágrafo único do art. 24-A, ambos desta Lei. (Incluído pela Lei nº 11.727, de 2008).

ceito de regime fiscal privilegiado, instituído pela Lei nº 11.727/08; ou, b) exigir nos contratos a serem celebrados que o parceiro no exterior ateste que não se submete, onde domiciliado, a qualquer regime fiscal privilegiado nos termos em que definido pela legislação brasileira, o que agregaria ao contrato um elemento negocial adicional; ou, ainda, c) simplesmente, em caso de dúvidas, e por conservadorismo, consultar as autoridades fiscais brasileiras quanto 'a aplicação das regras de preços de transferência a operações praticadas com certas entidades no exterior.

A nova Lei amplia, de vez, o conceito brasileiro para "paraísos fiscais", a ele impondo uma associação que não mais se prende a uma delimitação geográfica (exceção feita às *holdings* luxemburguesas da Lei de 31.07.1929). Com ela, não somente países, dependências e demais jurisdições serão considerados de tributação favorecida, mas também certos regimes fiscais privilegiados. Ocorre, no entanto, que o grau de insegurança que se instaurou com essa nova definição é incompatível com aquele que se impõe em um Estado Democrático de Direito.

Sem prejuízo da imprescindível regulamentação e evolução legislativa que permita uma melhor compreensão da norma, considerando as dúvidas existentes quanto ao alcance da nova Lei (alguns regimes já se podem reputar enquadrados; outros, certamente não), melhor será se a solução adotada originalmente para o esclarecimento do conceito de "país com tributação favorecida" (lista taxativa de países e demais jurisdições), seja também utilizada quando da regulamentação da Lei nº 11.727/08, poupando tempo, custo e desgastes de ordem negocial aos contribuintes, e lhes conferindo, como requer o ordenamento jurídico brasileiro e a nova tendência de relacionamento entre o Fisco e o contribuinte, uma maior segurança jurídica no empreendimento de ações que tanto contribuem para o contínuo desenvolvimento e projeção do País no cenário internacional.

5.1.2. O regime dos preços de transferência na importação e a apuração dos custos dos bens, serviços e direitos adquiridos no exterior
Os custos, despesas e encargos relativos a bens, serviços e direitos que sejam objeto de transações entre partes relacionadas, nos termos do que dispõe o artigo 18, da Lei nº 9.430/96, só terão sua dedutibilidade para fins de determinação das bases de cálculo do Imposto sobre a Renda e da Con-

tribuição Social sobre o Lucro Líquido, naquilo que não exceda ao preço calculado com base em qualquer dos três a seguir comentados.

5.1.2.1. Método dos Preços Independentes ("PIC")

O Método dos Preços Independentes ("PIC") é definido como a média aritmética[49] dos preços de bens, serviços ou direitos similares[50], ou equivalentes, no mercado interno do Brasil ou de outros países, em operações de compra ou venda praticadas em condições de pagamento similares (artigo 8º, da Instrução Normativa nº 1.312/12).

Em observância a esse método, o preço de importação dos bens, serviços ou direitos adquiridos de partes relacionadas é comparado com os preços de bens, serviços ou direitos similares ou equivalentes: (i) vendidos pela mesma empresa exportadora a partes independentes residentes ou não; (ii) adquiridos pelo mesmo importador de partes independentes residentes ou não, ou (iii) em operações de compra e venda realizadas entre partes independentes residentes ou não.

Conforme dispõe o artigo 9º, da Instrução Normativa nº 1.312/12, os preços dos bens, serviços ou direitos serão ajustados de modo a atenuar os efeitos provocados pelas variáveis que possam exercer influência nas condições comerciais com base nas quais foram realizadas as transações. São relevantes, para tais efeitos, os seguintes fatores: (i) condições de pagamento (prazos e taxas de juros); (ii) quantidades negociadas; (iii) obrigação por garantia de funcionamento do bem ou da aplicabilidade do serviço ou direito; (iv) obrigação pela promoção, junto ao público, do bem, serviço ou direito, por meio de propaganda e publicidade; (v) obrigação pelos custos de fiscalização de qualidade, do padrão dos serviços e das condições de higiene; (vi) custos de intermediação; (vii) acondicionamento; (viii) frete

---

[49] É bastante acertada, a nosso ver, a crítica de Paulo Ayres Barreto, aplicável, em especial, ao método PIC e, em linhas gerais, a todos os métodos que partem da apuração de médias de preços anuais, na medida em que o preço-parâmetro pode sofrer importantes distorções em razão de flutuações provocadas por circunstâncias econômicas momentâneas, revelando, com isso, a necessidade de realização de ajustes de preços de transferência em operações que, certamente, não revelam hipóteses de transferência internacional de lucros.

[50] Nos termos do artigo 42, da Instrução Normativa nº 1.312/12, "Para efeito do disposto nesta Instrução Normativa, 2 (dois) ou mais bens, em condições de uso na finalidade a que se destinam, serão considerados similares quando, simultaneamente: I – tiverem a mesma natureza e a mesma função; II – puderem substituir-se mutuamente, na função a que se destinem; III – tiverem especificações equivalentes."

e seguro; e (ix) custos de desembarque no porto, de transporte interno, de armazenagem e de desembaraço aduaneiro, incluídos os impostos e taxas de importação, todos no mercado de destino do bem. Este ultimo item foi acrescido aos itens de ajuste do PIC pela Instrução Normativa RFB nº 1.458/14.

É importante ressaltar, ainda, que, de acordo com o que estipula o artigo 10, da Instrução Normativa RFB nº 1.312/14, os preços de mercadorias, serviços ou direitos similares e aqueles efetivamente praticados, devem ser conformados em função das diferenças identificadas nas especificações e conteúdos, considerando-se, para tanto, os custos relacionados à produção dos bens, à prestação dos serviços, ou à constituição dos direitos correspondentes, exclusivamente naquilo que revelar diferença entre os modelos comparados.

A partir de 1º de janeiro de 2013[51], nos termos do que dispõe o artigo 11, da Instrução Normativa RFB nº 1.312/12, as operações utilizadas para fins de calculo dos preços de transferência, devem: (i) ter a representatividade de, ao menos, cinco por cento do valor das operações de importação sujeitas ao controle dos preços de transferência no período de apuração, no que compete ao bem, serviço ou direito importado, quando a amostra seja oriunda das próprias operações praticadas pelo contribuinte; e (ii) fazer jus aos preços independentes realizados no mesmo ano-calendário das respectivas operações de importação sujeitas ao controle dos preços de transferência.

Em não havendo operações que representem, ao menos, cinco por cento do valor das operações de importação sujeitas ao controle dos preços de transferência, o percentual poderá ser complementado com as importações efetuadas no ano calendário imediatamente anterior, ajustado pela variação cambial do período.

De igual forma, caso não haja preço independente no ano calendário da importação, poderá ser utilizado preço independente relativo à operação efetuada no ano calendário imediatamente anterior ao da importação, também ajustado pela variação cambial do período, mediante a aplicação da fórmula prevista do §4º do art. 11.

---

[51] O artigo 11, da Instrução Normativa RFB nº 243/02, determinava que, nas hipóteses nas quais não fossem identificadas transações similares no mesmo período, a comparação poderia ser processada em observância aos preços praticados em operações levadas a efeito em períodos anteriores, ou posteriores, devidamente ajustados conforme as flutuações que se verifiquem nas taxas de câmbio das respectivas moedas.

A ideia por traz desse dispositivo é a sua utilização, pela Fiscalização da Receita Federal do Brasil, para fundamentar a lavratura de autos de infração contra empresas que praticam operações de importação que, em razão de sua especificidade, não comportam a utilização do Método dos Preços Independentes ("PIC"), ou de quaisquer dos demais métodos de cálculo dos preços de transferência.

Na prática, as autoridades fiscais entendem que, nos casos em que não seja possível identificar quaisquer operações contemporâneas àquelas que são objeto de avaliação, deverá ser aplicado o Método dos Preços Independentes Comparados (PIC), tendo como parâmetro os preços praticados em operações similares realizadas, via de regra, em períodos subsequentes.

Ocorre, no entanto, que a aceitação desse entendimento fazendário implicaria em afronta ao princípio da segurança jurídica, na medida em que revelaria, para o contribuinte, um grau de incerteza inadmissível em um Estado Democrático de Direito, que consagra o referido princípio como um de seus pilares constitucionais.

Com efeito, não seria razoável exigir do contribuinte, por ocasião da apuração das bases de cálculo do Imposto sobre a Renda e da Contribuição Social sobre o Lucro Líquido, que tivesse deixado de utilizar quaisquer dos métodos de preços de transferência previstos na legislação de regência, eis que impossibilitado face à especificidade das operações praticadas, veja-se obrigado a, anos mais tarde, quando, enfim, fora identificada uma operação similar, promover os ajustes pertinentes às citadas bases imponíveis, em relação a períodos passados, e recolher os tributos supostamente devidos.

O deslinde dessa questão parece caminhar em sentido favorável aos interesses dos contribuintes, ainda em âmbito administrativo, cabendo ser ressaltado, nesse contexto, precedente consubstanciado no Acórdão nº 103.22017[52], proferido pela Terceira Câmara do referido Conselho, e ratificado, por unanimidade de votos, pela Primeira Turma da Câmara Superior de Recursos Fiscais, através do Acórdão nº CSRF/01-06.014, por meio do qual restou afastada a regra inserta no artigo 11, da Instrução Normativa RFB nº 243/02.

---

[52] "EMENTA: IRPJ. PREÇOS DE TRANSFERÊNCIA. A obrigação de dedutibilidade do maior valor apurado impõe ao Fisco, não só a utilização do método menos gravoso, mas também a demonstração, a cargo deste, de que o método utilizado atende a este requisito. MÉTODO PIC. A correta aplicação deste método exige que os preços independentes de comparação tenham sido praticados no período de apuração da base de cálculo do imposto."

Advirta-se, contudo, que, apesar da existência de precedentes favoráveis aos contribuintes, tanto no que se refere à impossibilidade de utilização de preços praticados em operações futuras como parâmetro, quanto no tocante ao ônus imposto à autoridade lançadora no sentido de que deve comprovar ter eleito, dentre todos, o método mais favorável ao sujeito passivo da obrigação tributária, não se pode ainda considerar a matéria como pacificada em âmbito administrativo[53].

5.1.2.2. Método do Preço de Revenda Menos Lucro ("PRL")

O Método do Preço de Revenda Menos Lucro ("PRL") consiste na metodologia em que o seu preço parâmetro (PP), definido pelo inciso "v", do artigo 12 da Instrução Normativa RFB nº 1.312/12, será a "diferença entre o valor da participação do bem, direito ou serviço importado no preço de venda do bem, direito ou serviço vendido, calculado conforme o inciso iii, e a 'margem de lucro' calculada de acordo com o inciso iv". O inciso "iii", do mesmo artigo, esclarece que a "participação dos bens, direitos ou serviços importados no preço de venda do bem, direito ou serviço vendido" consiste na aplicação do percentual de participação do bem, direito ou serviço importado no custo total sobre o preço liquido de venda (para fins didáticos, definiremos este item como PPV). A margem de lucro (ML) consiste na aplicação dos percentuais previstos na mesma Instrução Normativa RFB nº 1.312/12, que levam em consideração o setor econômico de atuação daquela pessoa jurídica sujeita ao controle de preços de transferência, sobre a PPV. O percentual de participação (PP) consiste na "relação percentual entre o custo médio ponderado do bem, direito ou serviço importado e o custo total médio ponderado do bem, direito ou serviço vendido, calculado em conformidade com a planilha de custos da pessoa jurídica". Já o preço liquido de venda (PLV) consiste na "média aritmética ponderada dos preços de venda dos bens, serviços ou direitos, diminuídos: (a) dos descontos incondicionais concedidos; (b) dos impostos e contri-

---

[53] Em sentido desfavorável aos interesses dos contribuintes, confira parte da ementa do Acórdão 103-22016, proferido pela Terceira Câmara do Primeiro Conselho de Contribuintes, em 06 de julho de 2005: "IRPJ – CUSTOS – DEDUTIBILIDADE – PREÇOS DE TRANSFERÊNCIA – A lei, ao dispor que o contribuinte poderá optar pelo método de cálculo de custos que lhe for mais favorável, não determina que a fiscalização deverá demonstrar que o método por ela utilizado é o método mais favorável ao sujeito passivo, visto que trata-se de hipótese quando se utiliza o cálculo por mais de um dos métodos previstos em lei."

buições sobre as vendas; e (c) das comissões e corretagens pagas". Assim, temos a seguinte formula: PP = PPV − ML, sendo o PPV calculado através da multiplicação do PP sobre o PLV.

Nas hipóteses em que, no curso de um mesmo período de apuração, verificar-se a coexistência de vendas à vista e a prazo, do valor destas últimas deverá ser anulado o efeito produzido pela incidência dos juros praticados e acrescidos aos preços de revenda, desde que comprovada a aplicação consistente de uma mesma taxa de juros em todas as vendas a prazo.

Caso não seja evidenciada a aplicação consistente de uma taxa de juros, os ajustes deverão ser efetuados com base nas seguintes taxas: (i) de mercado dos títulos soberanos da República Federativa do Brasil emitidos no mercado externo em dólares dos Estados Unidos da América, na hipótese de operações em dólares dos Estados Unidos da América com taxa prefixada; (ii) de mercado dos títulos soberanos da República Federativa do Brasil emitidos no mercado externo em reais, na hipótese de operações em reais no exterior com taxa prefixada; e (iii) Libor pelo prazo de 6 meses, nos demais casos.

No que se refere às margens de lucro (ML) a serem consideradas para fins de dedução dos preços de revenda, o §10º do artigo 12, da referida Instrução Normativa RFB nº 1.312/12 dispõe que as margens serão de: (i) quarenta por cento para os produtos farmoquímicos e farmacêuticos; do fumo; equipamentos e instrumentos óticos, fotográficos e cinematográficos; maquinas, aparelhos e equipamentos de uso odontomédico-hospitalar, extração de petróleo e gás natural; e produtos derivados do petróleo; (ii) trinta por cento para os produtos químicos; vidros e produtos do vidro; celulose, papel e produtos do papel; e metalurgia; e (iii) vinte por cento para os demais setores. Tal mudança assume bastante relevo, uma vez que, durante a vigência da Instrução Normativa nº 243/02, os critérios para cálculo eram bastante rígidos. Vejamos.

Conforme dispunha o inciso IV, do seu artigo 12, da Instrução Normativa nº 243/02: (a) no caso de importação de produtos utilizados na produção: 60% (sessenta por cento), calculado sobre o preço de revenda após a dedução dos montantes acima referidos e do valor adicionado no Brasil; ou (b) 20% (vinte por cento), calculado sobre o preço de revenda em todas as demais hipóteses.

Com relação à margem de lucro de 60% (sessenta por cento) que se deve observar nos casos em que os bens, serviços ou direitos adquiridos no exterior são utilizados na produção, o § 11, do artigo 12, da Instrução Normativa nº 243/02, inovou em relação à Instrução Normativa nº 32, de 30 de março de 2001, que lhe antecedeu na regulamentação da matéria, ao determinar a apuração do preço parâmetro de acordo com a seguinte equação:

Preço Parâmetro (PP) = Participação dos Bens, Serviços ou Direitos Importados no Preço de Venda do Bem Produzido (PPV) – Margem de Lucro de 60% (ML)
Onde:
ML = PPV x 60% (sessenta por cento)
PPV = Percentual da Participação dos Bens, Serviços ou Direitos Importados no Custo Total do Bem Produzido (PPCB) x Preço Líquido de Venda (PLV)
PLV = Média aritmética ponderada dos preços de venda do bem produzido, diminuídos dos descontos incondicionais concedidos, dos impostos e contribuições sobre as vendas e das comissões e corretagens pagas
PPCB = Valor do Bem, Serviço ou Direito Importado (VBI) / Custo Total do Bem Produzido (CTBP)
ML = PPV x 60%

Todavia, entre a edição da Instrução Normativa RFB nº 32, de 2001, que consolidou as regras de preços de transferência a elas incorporando as alterações promovidas pela Lei nº 9.959/00, e a sua revogação pela Instrução Normativa RFB nº 243/02, não foi editado qualquer ato legal que permitisse sustentar o novo procedimento de cálculo do preço parâmetro nas hipóteses acima descritas.

Observe-se que, na sistemática introduzida pela Lei nº 9.959/00, o preço-parâmetro, quando da importação de bens, serviços e direitos utilizados na produção, é obtido por meio da apuração da diferença entre o Preço Líquido de Venda (PLV) e a Margem de Lucro de 60% (ML), onde:

PLV = Média aritmética dos preços de venda do bem produzido, diminuídos dos descontos incondicionais concedidos, dos impostos e contribuições sobre as vendas e das comissões e corretagens pagas; e

ML = Média aritmética dos preços de venda do bem produzido, diminuídos dos descontos incondicionais concedidos, dos impostos e contribuições sobre as vendas, das comissões e corretagens pagas e do **valor agregado ao bem produzido no País** (VA) x 60% (sessenta por cento).

Como se vê, a Instrução Normativa nº 243/02 excedeu em sua função própria de tão somente regulamentar os atos legais que dispõem sobre a matéria, especialmente a Lei nº 9.430/96, com a redação que lhe fora conferida pela Lei nº 9.959/00, para exercer um caráter normativo inovador, suscitando, com isso, dúvidas quanto à legalidade dos procedimentos impostos aos contribuintes. Compartilha desse entendimento o Professor Luis Eduardo Schoueri[54], ao afirmar: *"Assim, conclui-se que a Instrução Normativa nº 243/02 excede os preceitos do legislador, instituídos na Lei nº 9.430/96, alteradas pela Lei nº 9.959/00, vez que gera resultados mais restritivos para o controle dos preços de transferência, podendo aumentar injustificadamente, dessa forma, a base de cálculo do IRPJ e da CSLL."*

5.1.2.3. Método do Custo de Produção mais Lucro ("CPL")

O Método do Custo de Produção mais Lucro ("CPL") é definido como a média ponderada do custo de produção de bens, serviços e direitos idênticos ou similares no país de sua fabricação, considerados isoladamente por componente, valor e fornecedor, acrescido dos tributos lá incidentes sobre a exportação e de uma margem de lucro arbitrada em 20% (vinte por cento), esta calculada sobre o custo apurado (artigo 15, da Instrução Normativa RFB nº 1.312/12), tendo como base o somatório dos fatores abaixo relacionados, que são aferidos proporcionalmente aos volumes destinados à importadora sediada no Brasil (antes dos tributos):

(i) custo de aquisição das matérias-primas, dos produtos intermediários e dos materiais de embalagem utilizados na produção do bem, serviço ou direito;

(ii) custo de quaisquer outros bens, serviços ou direitos aplicados ou consumidos na produção;

(iii) custo do pessoal, aplicado na produção, inclusive de supervisão direta, manutenção e guarda das instalações de produção e os respectivos encargos sociais incorridos, exigidos ou admitidos pela legislação do país de origem;

(iv) custos de locação, manutenção e reparo e os encargos de depreciação, amortização ou exaustão dos bens, serviços ou direitos aplicados na produção; e

---

[54] Op. cit. p. 174.

(v) valores das quebras e perdas razoáveis, ocorridas no processo produtivo, admitidas pela legislação fiscal do país de origem do bem, serviço ou direito.

Os dados que servirão de base para o cálculo do preço parâmetro, com esteio no Método do Custo de Produção mais Lucro ("CPL"), poderão ser aqueles informados pelo próprio fornecedor ou por unidades produtoras localizadas no país de origem do bem, serviço ou direito. Importante notar que a margem de lucro de 20% será aplicada sobre os custos verificados antes da incidência dos impostos e taxas no país da produção, recaindo sobre o valor dos bens, serviços ou direitos adquiridos pela pessoa jurídica brasileira.

Por fim, ressalte-se que, a exemplo da regra aplicável ao Método dos Preços Independentes ("PIC"), sempre que um produto, serviço ou direito semelhante for utilizado para fim de determinação do preço-parâmetro, em observância ao Método do Custo de Produção mais Lucro ("CPL"), o custo de produção será ajustado com base nas diferenças entre estes e aqueles que tenham sido efetivamente objeto das operações de importação que se estão aferindo.

5.1.2.3. O Método do Preço sob Cotação na Importação (PCI)

Como parte do processo de introdução de normas específicas de combate à elisão fiscal no Direito Tributário Brasileiro, o poder executivo, através da Medida Provisória nº 563/2012, posteriormente convertida na Lei nº 12.715/2012, através da inclusão dos artigos 18-A e 19-A à Lei 9.430/1996, incluiu dois novos métodos de controle dos preços de transferência no Brasil: o Preço sob Cotação na Importação (PCI) e o Preço sob Cotação na Exportação (PECEX).

Estes métodos consistem na adoção de um parâmetro de comparabilidade para fins de controle dos preços de transferência, através da utilização de cotações das bolsas de mercadorias e futuros para transações envolvendo *commodities*[55], que serão comparados com o preço praticado em

---

[55] Algumas dúvidas persistem acerca do que estaria incluído no conceito de *commodity*, se apenas as mercadorias negociadas em bolsas de mercadorias e futuros, ou qualquer outra mercadoria que seja negociada em grandes quantidades e volumes que a enquadrassem no conceito econômico de *commodity*. O professor Luís Eduardo Schoeri (Preços de Transferência no Direito Tributário Brasileiro, 3ª Edição, p. 200) entende, em posição com a qual

operações realizadas entre partes relacionadas, ou entre empresa brasileira e empresa domiciliada em paraíso fiscal, ou país de tributação favorecida, tanto na importação (PCI) como na exportação (PECEX).

O art. 16 da Instrução Normativa RFB nº 1.312/2012, no seu §6º prevê ajustes em função do prêmio pago, decorrente de avaliações de mercado, positivas ou negativas, sempre em função da qualidade, nas características e no teor da substância do bem vendido. Os §§8º e 9º do mesmo artigo, preveem ajustes em função de variáveis que possam afetar a cotação padrão obtida em bolsa, como: i) prazo para pagamento; ii) quantidades negociadas; iii) influências climáticas nas características do bem importado; iv) custos de intermediação nas operações de compra e venda praticadas pelas pessoas jurídicas; v) acondicionamento; vi) frete e seguro; e vii) custos de desembarque no porto, de transporte interno, de armazenagem e de desembaraço aduaneiro incluídos os impostos e taxas de importação, todos no mercado de destino da *commodity*. Vale observar que tais ajustes devem ser provenientes de operações praticadas entre pessoas não vinculadas (§12º), sendo que, na sua ausência, poderão ser utilizadas pesquisas efetuadas por empresa ou instituição de notório conhecimento técnico, tendo como base publicações técnicas ou banco de dados internacionalmente reconhecidos.

5.1.3. Os Efeitos Produzidos pela Aplicação dos Métodos de Ajustes dos Preços de Transferência, Quanto à Apuração das Bases de Cálculo do IRPJ e da CSLL

Nas hipóteses em que o valor do preço-parâmetro, obtido por meio da utilização de um dos quatro métodos acima descritos, se mostrar inferior ao preço efetivamente praticado, as autoridades fiscais presumirão ter havido transferência internacional de lucros ao exterior, que tenha subtraído da tributação, no Brasil, de parcela do lucro apurado pela pessoa jurídica no país. Em razão disso, o efeito fiscal a ser produzido deverá resultar de ajuste a ser promovido com a adição da diferença apurada às bases de cálculo do Imposto sobre a Renda de Pessoa Jurídica (IRPJ) e da Contribuição Social sobre o Lucro Líquido (CSLL).

concordamos, que se sujeitam aos métodos PCI e PECEX aquelas mercadorias elegíveis a serem negociadas em bolsas de mercadorias e futuros, ainda que não o sejam.

Nesse contexto, uma vez comprovado pelas autoridades fiscais a inobservância da Lei que impõe a realização de ajustes em conformidade com qualquer dos métodos de cálculo dos preços de transferência aplicáveis na importação de bens, serviços ou direitos, as bases de cálculo do Imposto sobre a Renda de Pessoa Jurídica (IRPJ) e da Contribuição Social sobre o Lucro Líquido (CSLL) serão ajustadas de ofício (artigo 149, do Código Tributário Nacional), com a consequente lavratura de auto de infração para a cobrança dos tributos então apurados, devidamente acrescidos dos juros moratórios (taxa SELIC) e da multa de ofício de 75% (setenta e cinco por cento), nos termos do artigo 44, inciso I, da Lei nº 9.430/96.

Assim é que, a aferição e quantificação dos montantes objeto de lançamento de ofício partem, apenas, da comparação entre os preços efetivamente praticados e o preço-parâmetro (quase sempre calculado com base no método PIC), e seus efeitos para a determinação das bases de cálculo dos tributos que recaem sobre a renda, desconsiderando-se, por outro lado, a elevação das bases de cálculo de outros tributos também federais. Não se considera, para tais efeitos, os tributos de competência estadual e municipal.

Ora, se, por um lado, a importação de bens por valor superior ao de mercado reduz o lucro a ser submetido à tributação quando da apuração do resultado do exercício, por outro, aumenta as bases de cálculo dos tributos que recaem sobre o valor aduaneiro do bem ou sobre o preço dos serviços ou direitos adquiridos[56].

De fato, em muitas das vezes, diante da inobservância dos preços de mercado, o próprio importador é que acaba por se ver prejudicado, haja vista que terá o seu custo fiscal significativamente majorado; e não a administração tributária, que, por outro lado, ver-se-á compensada da perda de arrecadação quanto aos tributos incidentes sobre a renda, pelo aumento na arrecadação dos tributos que recaem sobre o valor da operação em uma importação.

Dessa forma, razoável seria que o lançamento de ofício contemplasse, não só os ajustes às bases de cálculo do Imposto sobre a Renda de Pessoa Jurídica (IRPJ) e da Contribuição Social sobre o Lucro Líquido (CSLL),

---

[56] Para melhor compreensão, considere-se que, sobre a importação de uma mercadoria, poderão incidir os seguintes tributos federais: PIS-Importação (1,65%), COFINS-Importação (7,6%), Imposto de Importação (35%) e IPI (30%). Ou seja: a depender da classificação fiscal da mercadoria, a carga tributária (apenas em âmbito federal) pode atingir mais de 70% (setenta por cento) de seu valor.

como também àqueles que se impõem aos demais tributos, que se confirmariam terem sido recolhidos a maior em razão de operações realizadas em desconformidade com as práticas do mercado.

Esse tema já foi, inclusive, suscitado no Primeiro Conselho de Contribuintes, pelo Conselheiro Victor Luis de Salles Freire, que destacou, em sua declaração de voto, que é parte integrante do já citado Acórdão nº 103.22017, entender pela configuração de enriquecimento ilícito da Fazenda Nacional em casos análogos:

> "(...) Sabidamente, quando do desembaraço aduaneiro, regras rígidas têm sido estabelecidas para ali se verificar hipóteses de manipulação de preços com prejuízo para o recolhimento daqueles impostos aos cofres federais. Ora, se as bases de cálculo ofertadas foram ali dadas como corretas, como se pode a seguir arguir majoração indevida de custo? No fundo a base de cálculo, a nível federal, ou é boa, ou é ruim e a regra vale para o desembaraço e para a computação dos custos frente à legislação do imposto de renda.
>
> Da maneira como o lançamento veio aqui estruturado, de um lado o sujeito passivo sofre prejuízos, porque em face do preço declarado sofre sanções na área do imposto de renda. E de outro lado, o preço declarado é prestigiado para arrecadação de outros tributos federais. Portanto, duplo prejuízo em face da consideração de dois pesos e duas medidas. Se a base de cálculo não é boa, por indicar superfaturamento, sem sombra de dúvida o Fisco arrecadou indevidamente e a maior, ora o I.I., ora o I.P.I. E como fica este enriquecimento ilícito na medida em que no vertente lançamento se olvida tal circunstância? (...)"

5.1.4. O Regime dos Preços de Transferência Aplicável às Operações de Exportação

5.1.4.1. Receitas Oriundas de Exportações para o Exterior

O artigo 19, também da Lei nº 9.430/96, por sua vez, prevê a existência de cinco métodos de cálculo dos preços de transferência aplicáveis às receitas decorrentes de exportações para o exterior, a serem observados sempre que:

> "As receitas auferidas nas operações efetuadas com pessoa vinculada ficam sujeitas a arbitramento quando o preço médio de venda dos bens, serviços ou direitos, nas exportações efetuadas durante o respectivo período de apuração da base de cálculo do imposto de renda e da CSLL, for inferior a 90% (noventa por cento) do preço médio praticado na venda dos bens, serviços ou direi-

tos, idênticos e similares, no mercado brasileiro, durante o mesmo período, em condições de pagamento semelhantes (artigo 20, da IN RFB nº 1.312/12).

A exemplo da metodologia aplicável às importações, para o caso das exportações também serão permitidos ajustes a serem realizados em função (artigo 22, §1º da IN RFB nº 1.312/12): i) prazo para pagamento; ii) quantidades negociadas; iii) obrigação por garantia de funcionamento do bem ou da aplicabilidade do serviço ou direito; iv) obrigação pela promoção, junto ao público, do bem, serviço ou direito, por meio de propaganda e publicidade; v) obrigação pelos custos de fiscalização de qualidade, do padrão dos serviços e das condições de higiene; vi) custos de intermediação nas operações de compra e venda praticadas pelas pessoas jurídicas não vinculadas, consideradas para efeito de comparação dos preços; vii) acondicionamento; viii) frete e seguro; ix) riscos de crédito; e x) custos de desembarque no porto, de transporte interno, de armazenagem e de desembaraço aduaneiro incluídos os impostos e taxas de importação, todos no mercado de destino do bem.

Os métodos aplicáveis às exportações, cujas formas de cálculo revelam-se bem mais simples se comparadas àquelas que se devem utilizar quanto às importações, são os seguintes:

5.1.4.2. Método do Preço de Venda nas Exportações ("PVEx")

O Método do Preço de Venda nas Exportações ("PVEx") é definido como a média aritmética ponderada dos preços de venda nas exportações efetuadas por uma sociedade sediada no país, para outros clientes, ou por outra exportadora nacional de bens, serviços ou direitos, idênticos ou similares, durante o mesmo período de apuração da base de cálculo do Imposto sobre a Renda e em condições de pagamento semelhantes (artigo 30, da Instrução Normativa RFB nº 1.312/12), cabendo ressaltar que, para esse fim, só deverão ser consideradas as operações realizadas com partes não relacionadas.

5.1.4.3. Método do Preço de Venda por Atacado no País de Destino, Diminuído do Lucro ("PVA")

O Método do Preço de Venda por Atacado no País de Destino, Diminuído do Lucro ("PVA")[57] é definido como a média aritmética ponderada dos

---

[57] André Mendes Moreira e Roberto Quiroga Mosquera criticam os critérios definidos pelo legislador para a apuração do preço-parâmetro, que se valham do método CAP, por entenderem

preços de venda de bens, idênticos ou similares, praticados no mercado atacadista do país de destino, em condições de pagamento semelhantes, diminuídos dos impostos e contribuições incluídos no preço – apenas aqueles que se assemelhem ao ICMS, ao ISSQN, ao PIS e à COFINS –, cobrados no referido país, e de margem de lucro de 15% (quinze por cento) sobre o preço de venda (bruto) no atacado (artigo 31, da Instrução Normativa RFB nº 1.312/12).

5.1.4.4. Método do Preço de Venda a Varejo no País de Destino, Diminuído do Lucro ("PVV")

O Método do Preço de Venda a Varejo no País de Destino, Diminuído do Lucro (PVV) é definido como a média aritmética ponderada dos preços de venda de bens idênticos ou similares, praticados no mercado varejista do país de destino, em condições de pagamento semelhantes, diminuídos dos impostos e contribuições incluídos no preço, cobrados no referido país, e de margem de lucro de 30% (trinta por cento) sobre o preço de venda no varejo (artigo 32, da Instrução Normativa RFB nº 1.312/12).

5.1.4.5. Método do Custo de Aquisição ou de Produção mais Tributos e Lucro ("CAP")

O Método do Custo de Aquisição ou de Produção mais Tributos e Lucro (CAP) é definido como a média aritmética ponderada dos custos de aquisição ou de produção dos bens, serviços ou direitos exportados, acrescidos dos impostos e contribuições cobrados no Brasil – diminuída a parcela do crédito prêmio de IPI, como ressarcimento das Contribuições ao PIS e à COFINS[58] –, do frete pago pela empresa adquirente, e de margem de lucro de 15% (quinze por cento) sobre a soma dos custos mais impostos e contribuições (artigo 33, da Instrução Normativa RFB nº 1.312/12).

5.1.4.6. Método do Preço sob Cotação na Exportação ("Pecex")

Como mencionado linhas acima, uma das inovações da Lei nº 12.715/2012 foi a inclusão de dois novos métodos, aplicáveis especificamente para tran-

---

que ou dificultam o procedimento de fiscalização, ou impõem aos contribuintes significativos custos operacionais com a realização de verdadeiros estudos mercadológicos internacionais. Essa crítica, com a qual concordamos, entendemos ser plenamente aplicável ao método PVV.

[58] Vide, sobre o tema, o artigo 21, § 1º, inciso I, da Instrução Normativa RFB nº 900, de 30 de dezembro de 2008.

sações envolvendo *commodities*: o Método do Preço sob Cotação na Importação ("PCI") e o Método do Preço sob Cotação na Exportação ("Pecex").

O Pecex tem sua definição prevista no artigo 34, da Instrução Normativa nº 1.312/2012, em que se parte dos valores médios diários da cotação de bens ou direitos sujeitos a preços públicos em bolsas de mercadorias e futuros internacionalmente reconhecidas, para que tais preços sejam comparados com àqueles efetivamente praticados. A partir de 1º de janeiro de 2013, sua aplicação passou a ser obrigatória para operações envolvendo *commodities*.

5.1.5. Preços de Transferência e Juros

Até o advento das Leis de nºs 12.715/2012 e 12.766/2012, os juros pagos ou creditados por sociedade sediada no país à pessoa jurídica relacionada no exterior, quando decorrentes de contratos não registrados no Banco Central do Brasil – BACEN, somente serão dedutíveis, para fins de apuração do Lucro Real e da base de cálculo da CSLL, até o montante que não exceda ao valor calculado com base na taxa *Libor*, para depósitos em dólar dos Estados Unidos da América pelo prazo de 06 (seis) meses, acrescido de 3% (três por cento) anuais a título de *spread*, proporcionalizados em função do período a que se referirem os juros (artigo 27, da Instrução Normativa nº 243/02).

Por outro lado, caso o mutuante esteja domiciliado no país e o mutuário seja pessoa relacionada domiciliada no exterior, o mutuante deverá reconhecer como receita financeira, ao menos, o montante apurado em conformidade com os critérios aplicáveis ao pagamento de juros.

No entanto, as leis supracitadas trouxeram mudanças bastante significativas. A partir da sua entrada em vigor, com a modificação ao art. 22 da Lei 9.430/1996, os juros passaram a ser dedutíveis até o limite que não ultrapasse a taxa predeterminada conforme estipulado por lei, acrescida de montante a título de *spread* a ser divulgado, oportunamente, pelo Ministro da Fazenda, e independente de registro no Banco Central do Brasil. Foi estipulada, também, uma regra de transição, prevista no artigo 58, da Instrução Normativa RFB nº 1.312/2012, que permitiu a dedutibilidade com base na regra anterior para contratos firmados anteriormente a 31 de dezembro de 2012, sendo a novação e a repactuação de tais contratos, após a mudança legislativa em questão, tratadas como "novos contratos", para efeitos de aplicação da norma.

Outra alteração importante diz respeito à fixação da taxa de juros. Se, antes, a taxa LIBOR era de mandatória aplicação aos contratos não-registrados no Banco Central do Brasil, agora ela passa a ter um caráter residual, em virtude da nova redação atribuída ao artigo 22, da Lei nº 9.430/1996, a qual passa a estipular as seguintes taxas: i) de mercado dos títulos soberanos da República Federativa do Brasil emitidos no mercado externo em dólares dos Estados Unidos da América, na hipótese de operações em dólares dos Estados Unidos da América com taxa prefixada; ii) de mercado dos títulos soberanos da República Federativa do Brasil, emitidos no mercado externo em Reais, na hipótese de operações em Reais no exterior com taxa prefixada; e iii) London Interbank Offered Rate – LIBOR, pelo prazo de 6 (seis) meses, nos demais casos. Critica-se a adoção das taxas pagas pelos títulos soberanos brasileiros, cuja inspiração legislativa decorre de uma posição devedora do contribuinte brasileiro, mas que perde um pouco do sentido caso a filial brasileira de empresa estrangeira, com alguma sobra de caixa, venha a emprestar recursos à sua matriz no exterior – cujo *credit rating* e demais condições para contratação da operação poderiam modificar a taxa pactuada de maneira significativa[59].

5.1.6. Regras de Salvaguarda ("Safe Harbour")

As regras de salvaguarda, mais conhecidas como regras de "safe harbour"[60], que são previstas quando da aplicação do regime dos preços de transferên-

---

[59] Nesse sentido, SCHOUERI, Luis Eduardo. *Op. Cit.*, p. 350.
[60] Os comentários elaborados pela OCDE a respeito do significado da locução "safe harbour", publicados pela OECD Publishing, em "Transfer Pricing Guidelines for Multinational Enterprises and Tax Administrations: Travel Version 2001, ISBN 926418628X, 9789264186286, pgs. 79-80, são muito esclarecedores: "...The difficulties in applying the arm's length principle may be ameliorated by providing circumstances in which taxpayers could follow a simple set of rules under which transfer prices would be automatically accepted by the national tax administration. Such provisions would be referred to as a 'safe harbour' or 'safe haven. Formally, in the context of taxation, a safe harbour is a statutory provision that applies to a given category of taxpayers and that relieves eligible taxpayers from certain obligations otherwise imposed by the tax code by substituting exceptional, usually simpler obligations. In the specific instance of transfer pricing, the administrative requirements of a safe harbour may vary from a total relief of targeted taxpayers from the obligation to conform with a country's transfer pricing legislation ans regulations to the obligation to comply with various procedural rules as a condition for qualifying for the safe harbour. (...)
The basic objectives of safe harbours are the follows: simplifying compliance for eligible taxpayers in determining arm's length conditions for controlled transactions; providing

cia, têm por objetivo simplificar as obrigações impostas ao contribuinte, conferir maior segurança às relações jurídicas internacionais estabelecidas dentro dos limites previstos nas correspondentes normas e, sobretudo, simplificar os procedimentos de fiscalização e controle por parte das autoridades fiscais.

Com efeito, na medida em que se atendam às regras de "safe harbour", os preços de transferência praticados pelo contribuinte serão aceitos pela Administração Tributária, sem a necessidade de maiores comprovações, não havendo, por via de consequência, a obrigatoriedade de realização de quaisquer ajustes às bases de cálculo do Imposto sobre a Renda de Pessoa Jurídica (IRPJ) e da Contribuição Social sobre o Lucro Líquido (CSLL).

No Brasil, as regras de "safe harbour" beneficiam, apenas, as sociedades brasileiras exportadoras que estejam aptas a comprovar que estão enquadradas em uma das seguintes situações (artigos 48 e 49, da Instrução Normativa RFB nº 1.312/12): (i) pessoa jurídica que tenha apurado lucro líquido, antes da provisão da CSLL e do Imposto sobre a Renda de Pessoa Jurídica (IRPJ), decorrente das receitas de vendas oriundas de exportações para pessoas relacionadas no exterior, em valor equivalente a, no mínimo, 10% (cinco por cento) do total dessas receitas, considerando a média anual do período de apuração e dos 02 (dois) anos precedentes (desde que a receita líquida de exportação para pessoas jurídicas vinculadas não ultrapasse 20% do total da receita líquida de exportação); ou (ii) pessoa jurídica, cuja receita líquida das exportações, no ano-calendário, não exceder a 5% (cinco por cento) do total da receita líquida apurada no mesmo período.

Uma vez enquadrada em quaisquer das hipóteses acima descritas, a pessoa jurídica poderá comprovar a adequação dos preços praticados em suas exportações exclusivamente com os documentos relacionados com a própria operação, o que, sem dúvida, representa uma importante economia para a pessoa jurídica, não só no que se refere ao cumprimento da obrigação principal, como também quanto às obrigações acessórias relacionadas à observância das regras de preços de transferência.

---

assurance to a category of taxpayers that the price charged or received on controlled transactions will be accepted by the tax administration without further review; and relieving the tax administration from the task of conducting further examination and audits of such taxpayers with respect to their transfer pricing."

Há que se ressaltar, por fim, que as regras de salvaguarda não se aplicam às vendas efetuadas para pessoa, relacionada ou não, domiciliada em país ou dependência com tributação favorecida ou em regime fiscal privilegiado.

5.2. A Utilização das "Base Companies" e as Normas CFC (Controlled Foreign Company Legislation) – Transparência Fiscal Internacional

A utilização das "base-companies" com o objetivo de propiciar o diferimento da tributação de lucros, através da sua manutenção em países de tributação favorecida ou de regimes fiscais privilegiados, tem despertado a atenção da administração tributária dos Estados, que, há muito, tem voltado os seus esforços no sentido de estipular regras que lhes permitam a tributação, na pessoa de seus sócios ou acionistas residentes, dos lucros por estas auferidos antes mesmo de serem disponibilizados sob a forma de dividendos.

É justamente nesse contexto que se inserem as normas internacionalmente conhecidas como "CFC Legislation" (normas CFC), que se destinam justamente a conferir transparência fiscal a certo grupo econômico, a partir da desconsideração da personalidade jurídica das sociedades interpostas exclusivamente com o objetivo de reduzir ou diferir a tributação, de modo a, assim, permitir a tributação dos lucros por estas auferidos independentemente de sua efetiva distribuição aos seus sócios ou acionistas. As normas CFC representam, em suma, importante instrumento de que dispõem os Estados para evitar a erosão injustificada das bases tributáveis localmente, em decorrência da exportação de investimentos para o exterior[61].

O conceito de transparência fiscal foi muito bem desenvolvido por Heleno Taveira Tôrres[62], em obra de leitura obrigatória por aqueles que pretendem entender o fenômeno da pluritributação internacional:

> "Sobre a tributação dos lucros de controladas e coligadas, inicialmente a União pretendeu instituir uma regra atielisiva sobre 'sociedades controladas estrangeiras', para alcançar os dividendos e tributá-los antes mesmo da

---

[61] Esta é a conclusão a que chegou OCDE: "More fundamentally, however, CFC legislation is generally seen as an instrument to guard against the unjustifiable erosion of the domestic tax base by the export of investment to non-resident corporations." (*"Controlled Foreign Company Legislation"*, Organisation for Economic Co-operation and Development Committee on Fiscal Affairs. Working Party nº 2 on Tax Analysis and Tax Statistics, OECD Publishing: 1996. p. 11)

[62] TORRES, Heleno Taveira. *"Pluritributação Internacional sobre as Rendas das Empresas"*. 2ª ed. São Paulo: Revista dos Tribunais, 2001. p.307.

disponibilização, evitando assim o seu diferimento *(tax deferral)*. Trata-se do *Controlled Foreign Corporations (CFC – legislation)*, que significa imputar aos sócios ou acionistas residentes, por transparência, os lucros produzidos *pela sociedade constituída e localizada em paises com tributação favorecida, fazendo incidir o imposto aplicável aos lucros produzidos no exterior, pelas sociedades ali localizadas, e das quais aqueles sujeitos são acionistas, automaticamente, como se fossem produzidos internamente, mesmo se não distribuídos sob a forma de dividendos.*".

Como se depreende da definição do instituto e dos fundamentos que legitimam a imposição de normas CFC, a desconsideração da personalidade jurídica, para fins de tributação de lucros auferidos por controladas ou coligadas domiciliadas em países estrangeiros não é regra, mas sim exceção, devendo a sua aplicação condicionar-se à conjugação de fatores objetivos previamente definidos na legislação pertinente.

Não por outra razão a OCDE recomenda a utilização das normas CFC apenas nos casos em que restarem configuradas hipóteses de concorrência fiscal prejudicial[63] ("harmful tax practices"[64]), o que revela o caráter fundamentalmente anti-elisivo de tais regras.

Tendo isso em conta, dois são os métodos que mais têm sido observados, individualmente ou em conjunto, pelos Estados membros da OCDE, com vistas à delimitação do âmbito de aplicação das normas CFC, a saber[65]:

---

[63] João Victor Guedes Santos, ao comentar o tema, destaca as principais práticas consideradas pela OCDE como indícios de competição fiscal prejudicial: "(i) conferência de inexistentes ou baixas alíquotas efetivas de tributação; (ii) existência de baixa transparência e de provisões conferindo João Victor Guedes, in *"Lucros no Exterior, Direito Comparado e o Princípio da Proporcionalidade"*, Revista Dialética do Direito Tributário nº 145, Editora Dialética, São Paulo: 2007, p. 73)

[64] Entende-se por "harmful tax practices" aquelas práticas que prejudicam a concorrência leal e a confiança dos acionistas nos sistemas fiscais, em âmbito internacional. Inserem-se no que se pode chamar de guerra fiscal internacional.

[65] Two general methods have been used in the design of such legislation: one concentrates on the nature of the income ("the transactional approach"), and the other concentrates on the location of the subsidiary company (the "jurisdiction approach"). Both approaches tend to reach similar results, largely through the exemption of either certain locations within the transactional approach (hence, the term "shopping approach" is sometimes used) or the exemption of certain forms of income where the jurisdiction approach is utilized (hence, the term "exemption approach" is sometimes used)." (Organisation for Economic Co-operation and Development Committee on Fiscal Affairs. Op. cit. p. 20)

(i) o primeiro, baseado na natureza dos rendimentos auferidos, que se convencionou chamar de "transactional approach", aplicável, na maior parte dos casos, às receitas de natureza passiva, isto é, puramente de capital (juros, royalties, dividendos, etc.); e

(ii) o segundo volta a sua atenção à jurisdição de domicílio da subsidiária, conhecido internacionalmente como "jurisdiction approach"), sendo aplicáveis aos rendimentos auferidos por subsidiárias domiciliadas em países de tributação favorecida ou beneficiárias de regimes fiscais privilegiados.

5.2.1. Normas CFC no Brasil

Atualmente, no Brasil, a tributação dos lucros auferidos por controladas e coligadas no exterior observa as disposições constantes dos artigos 25[66], da Lei nº 9.249, de 26 de dezembro de 1995, e 77[67] a 92, da Lei nº 12.973, de 13 de maio de 2014, as quais confirmam a opção brasileira pela sujeição dos rendimentos auferidos no exterior, por residentes no Brasil, à tributação em bases universais.

Ocorre, no entanto, que, na contramão da tendência mundial, as referidas normas não só permitiram a tributação imediata dos lucros auferidos por controladas (e coligadas, em determinadas situações) nos casos em que os contribuintes organizavam-se com o objetivo exclusivo de excluir da incidência tributária certos rendimentos, como, também, acabou por estender a sua aplicação a todos os demais casos, independentemente da natureza dos rendimentos ou do regime fiscal aplicável à sociedade em que se verificar a produção do lucro.

Em outras palavras: o que foi concebido internacionalmente para servir de hipótese de exceção, no Brasil tornou-se regra geral de tributação, inserida no ordenamento jurídico pátrio mais para incrementar a arrecadação federal do que propriamente para servir como instrumento de com-

---

[66] "Art. 25. Os lucros, rendimentos e ganhos de capital auferidos no exterior serão computados na determinação do lucro real das pessoas jurídicas correspondente ao balanço levantado em 31 de dezembro de cada ano."

[67] "Art. 77. A parcela do ajuste do valor do investimento em controlada, direta ou indireta, domiciliada no exterior, equivalente aos lucros por ela auferidos antes do imposto sobre a renda, excetuando a variação cambial, deverá ser computada na determinação do lucro real e na base de cálculo da Contribuição Social sobre o Lucro Líquido – CSLL da pessoa jurídica controladora domiciliada no Brasil, observado o disposto no art. 76."

bate à evasão fiscal. E, ressalte-se, em desconsideração a todo um sistema de proteção aos direitos dos contribuintes.

De fato, nos termos em que previsto na norma acima citada, os lucros apurados ao final de cada exercício por sociedades controladas no exterior são considerados integralmente disponibilizados às suas partes relacionadas domiciliadas no Brasil, independentemente de sua efetiva distribuição, respeitada, evidentemente, a correspondente proporção mantida no capital social da sociedade investida.

Essa sistemática de tributação, além de implicar na antecipação do fato gerador do imposto sobre a renda para um momento anterior à aquisição da disponibilidade econômica ou jurídica da renda, afrontando, com isso, o preceito contido no artigo 43, do Código Tributário Nacional, e no art. 153, III da Constituição Federal, faz incidir tributos sobre base de cálculo fictícia, na medida em que, como é evidente, nem todo o resultado apurado pela sociedade é, de fato, distribuído aos seus sócios ou acionistas, o que adicionalmente revela inaceitável violação ao princípio da capacidade contributiva (145, § 1º, da Constituição Federal de 1988).

Em virtude das inconstitucionalidades materiais e formais do artigo 74, da Medida Provisória nº 2.158-35/01, a Confederação Nacional da Indústria (CNI) ajuizou, em 2001, a Ação Direta de Inconstitucionalidade (ADI) de nº 2.588. Essa ação, que já vinha sendo apreciada pelo Supremo Tribunal Federal há muitos anos, foi julgada em 2013, juntamente com os Recursos Extraordinários de nº 611.586 e nº 541.090.

Referida ADIN teve o seu julgamento parcialmente concluído na sessão plenária do dia 10.04.2013, nos seguintes termos:

(i) Por maioria de seis votos, com eficácia *erga omnes* e efeito vinculante, decidiu-se que a regra prevista no *caput* do artigo 74, da Medida Provisória nº 2.158-35/2001, é aplicável às controladas situadas em "paraísos fiscais"[68];

(ii) Da mesma forma, por maioria de 6 votos, o Plenário do Supremo Tribunal Federal declarou a inconstitucionalidade da citada norma e afastou a sua aplicação às coligadas localizadas em países que não se enquadrem no conceito de "paraísos fiscais";

---

[68] É importante destacar que, embora atualmente os conceitos de países ou dependências com tributação favorecida e/ou regime fiscal privilegiado estejam previstos, respectivamente, nos artigos 24 e 24-A, da Lei nº 9.430, de 27.12.1996 e suas alterações posteriores, o julgamento do Supremo Tribunal Federal não vinculou o conceito de "paraísos fiscais" a tais dispositivos.

(iii) Também por maioria de votos, o Plenário do Supremo Tribunal Federal declarou inconstitucional a retroatividade prevista no parágrafo único da MP 2.158-35, de 2001, aplicando-se tal decisão para todas as hipóteses, ou seja, tanto para as controladas e coligadas situadas em "paraísos fiscais", como para aquelas que não se enquadram em tal conceito;

(iv) Por fim, no que se refere às coligadas situadas em "paraísos fiscais" e, ainda, às controladas sediadas em países que não se caracterizem como "paraísos fiscais", não foi obtida a maioria de votos necessária para a proclamação do resultado do julgamento e, portanto, não houve deliberação com eficácia *erga omnes* e efeito vinculante sobre essa matéria específica.

No caso COAMO[69], que envolvia a tributação de lucros auferidos por empresa domiciliada em Aruba, por maioria de votos (vencido o Ministro Marco Aurélio), aplicou-se o entendimento consolidado no julgamento da ADIN 2588, no sentido de manter a aplicação da regra que determina a tributação automática dos lucros auferidos por sociedade localizada em país que se enquadre no conceito de "paraíso fiscal". Nesse caso, a decisão não possui efeito vinculante, sendo aplicável apenas ao caso concreto.

Deve ser ressaltado, ainda, que o julgamento do caso EMBRACO[70] envolvia empresas localizadas em países que não são considerados "paraísos fiscais" e com os quais o Brasil mantém acordo para evitar a dupla tributação da renda, de modo que, com o retorno dos autos ao Tribunal de origem para a apreciação dessa questão, apenas em um futuro julgamento o Supremo Tribunal Federal terá a oportunidade de decidir sobre a convivência entre a norma CFC brasileira e as convenções para evitar da dupla tributação da renda, o que será tratado no item 5.2.2.

---

[69] Recurso Extraordinário nº 611.586, de interesse da COAMO AGROINDUSTRIAL COOPERATIVA (anteriormente denominada Cooperativa Agropecuária Mourãoense Ltda – COAMO).

[70] A EMBRACO – Empresa Brasileira de Compressores S/A levou a discussão ao Supremo Tribunal Federal por meio do Recurso Extraordinário nº 541.090.

5.2.2. Normas Brasileiras CFC e as Convenções Internacionais para Evitar a Dupla Tributação

A norma brasileira que, atualmente, disciplina a transparência fiscal internacional, está inserida nos artigos 76 a 92 da Lei nº. 12.973/2014 e, com base em suas disposições, é que se consideram imediatamente disponibilizados os lucros apurados por suas controladas e algumas coligadas domiciliadas no exterior. Na medida em que nos colocamos, nessa hipótese, diante de uma norma brasileira que impõe a tributação, no Brasil, de lucros auferidos por sociedade domiciliada no exterior, este fato, sem sombra de dúvidas, revela uma situação de potencial conflito com as regras dispostas nos diversos acordos internacionais firmados pelo Brasil.

As convenções internacionais em matéria tributária celebradas pelo Brasil, como se sabe, seguem, em linhas gerais, a Convenção-Modelo da OCDE, cuja clausula sétima, que dispõe sobre a tributação do lucro das empresas[71], assim prevê:

"Article 7
BUSINESS PROFITS
1. The profits of an enterprise of a Contracting State shall be taxable only in that State unless the enterprise carries on business in the other Contracting State through a permanent establishment situated therein. If the enterprise carries on business as aforesaid, the profits of the enterprise may be taxed in the other State but only so much of them as is attributable to that permanent establishment.

2. Subject to the provisions of paragraph 3, where an enterprise of a Contracting State carries on business in the other Contracting State through a permanent establishment situated therein, there shall in each Contracting State be attributed to that permanent establishment the profits which it might be expected to make if it were a distinct and separate enterprise engaged in the same or similar activities under the same or similar conditions and dealing wholly independently with the enterprise of which it is a permanent establishment.

---

[71] Entendemos aplicáveis as disposições da cláusula sétima, na medida em que, em verdade, o artigo 74, da Medida Provisória nº 2.158-35/01, determina a tributação dos lucros auferidos pelas sociedades e não dos dividendos, eis que estes últimos correspondem, não à totalidade do resultado apurado ao final do ano calendário (lucro), mas à parcela deste que é efetivamente disponibilizada aos sócios ou acionistas da sociedade, na proporção de sua participação no capital social.

3. In determining the profits of a permanent establishment, there shall be allowed as deductions expenses which are incurred for the purposes of the permanent establishment, including executive and general administrative expenses so incurred, whether in the State in which the permanent establishment is situated or elsewhere.

4. Insofar as it has been customary in a Contracting State to determine the profits to be attributed to a permanent establishment on the basis of an apportionment of the total profits of the enterprise to its various parts, nothing in paragraph 2 shall preclude that Contracting State from determining the profits to be taxed by such an apportionment as may be customary; the method of apportionment adopted shall, however, be such that the result shall be in accordance with the principles contained in this Article.

5. No profits shall be attributed to a permanent establishment by reason of the mere purchase by that permanent establishment of goods or merchandise for the enterprise.

6. For the purposes of the preceding paragraphs, the profits to be attributed to the permanent establishment shall be determined by the same method year by year unless there is good and sufficient reason to the contrary.

7. Where profits include items of income which are dealt with separately in other Articles of this Convention, then the provisions of those Articles shall not be affected by the provisions of this Article."

Assim é que, os lucros auferidos por sociedade domiciliada em um Estado contratante só podem ser tributados nesse Estado, com exceção, apenas, para a hipótese em que os lucros são auferidos por intermédio de estabelecimento permanente situado no outro Estado contratante e que a este possam ser atribuídos.

Da leitura das regras previstas na legislação interna (artigo 74, da MP 2.158-35/01, dispositivo que motivou a propositura da ADI 2588, antes referida) e pelas convenções internacionais em matéria tributária das quais o Brasil é signatário (especificamente a sua clausula sétima), vislumbrava-se um aparente conflito de normas, que, todavia, evanesce ao reconhecer-se que, como já desenvolvido no presente volume, as convenções internacionais em matéria tributária sobrepõem-se à legislação interna, por força do que dispõe o artigo 98, do Código Tributário Nacional.

Nesse sentido, inclusive, tem sido o entendimento do Primeiro Conselho de Contribuintes, ao reconhecer a prevalência das disposições constantes das convenções internacionais em matéria tributária assinadas pelo Brasil sobre a regra inserta no artigo 74, da Medida Provisória nº 2.158-35/01. Em sessão realizada em 19.10.2006, a Primeira Câmara do Primeiro Conselho de Contribuintes proferiu o Acórdão nº 101-95802, de cuja ementa destacamos o trecho abaixo:

> "LUCROS ORIUNDOS DE INVESTIMENTO NA ESPANHA – Nos termos da Convenção Destinada a Evitar a Dupla Tributação e Prevenir a Evasão Fiscal em Matéria de Imposto sobre a Renda entre Brasil e a Espanha, promulgada pelo Decreto nº 76.975, de 1976, em se tratando de lucros apurados pela sociedade residente na Espanha e que não sejam atribuíveis a estabelecimento permanente situado no Brasil, não pode haver tributação no Brasil. Não são também tributados no Brasil os dividendos recebidos por um residente do Brasil e que, de acordo com as disposições da Convenção, são tributáveis na Espanha."

Por conseguinte, nas hipóteses em que são auferidos lucros por controladas e coligadas domiciliadas em países com os quais o Brasil tenha firmado convenções em matéria tributária, as disposições por estas veiculadas é que se devem aplicar em detrimento das normas CFC brasileiras.

De outro lado, inexistindo convenção internacional regulando a matéria, deveria ser observado o regime imposto pelo artigo 74, da Medida Provisória nº 2.158-25/2001.

Ressalte-se que esse tema está sendo atualmente discutido nas cortes superiores, tendo merecido maior destaque o caso EMBRACO, haja vista que, neste, também foi suscitada a inconstitucionalidade da regra que impunha a tributação dos lucros auferidos no exterior nas hipóteses em que a empresa controlada encontra-se domiciliada em países com os quais o Brasil mantém convenções para evitar a dupla tributação da renda (especificamente, China e Itália). O Supremo Tribunal Federal acabou decidindo pela constitucionalidade da norma, nas situações em que companhias estejam domiciliadas em jurisdições que não se enquadrem no conceito de países ou jurisdições de tributação favorecida; no entanto, sem enfrentar a temática da conformação de tais normas com as convenções para evitar a dupla tributação da renda firmadas pelo Brasil. Por essa razão, os autos do processo em questão foram devolvidos à corte inferior, para que esta reavalie o tema sob a perspectiva da aplicação das convenções para evitar a dupla tributação da renda.

A matéria foi igualmente analisada, pormenorizadamente, pelo Superior Tribunal de Justiça (STJ), por ocasião do julgamento do Recurso Especial nº 1.325.709/RJ (DJE 20/05/2014), sendo que a corte superior decidiu, no caso específico de interesse da Vale S.A., que esta empresa não deveria submeter-se à regra em questão e, por consequência, não deveria computar os resultados auferidos pelas suas subsidiárias situadas na Bélgica, na Dinamarca e em Luxemburgo, para a determinação das bases de cálculo do Imposto sobre a Renda no Brasil. Nesta mesma decisão, o STJ afirmou que os lucros derivados da CFC domiciliada nas Bermudas deveriam ser tributados no Brasil, deixando claro que, pela sua interpretação, as convenções para evitar a dupla tributação firmadas pelo país deverão prevalecer sobre a norma interna. Ao final, o STJ decidiu que os lucros auferidos por uma companhia domiciliada em um dos Estados Contratantes somente estarão sujeitos à tributação neste Estado Contratante, a não ser que o lucro seja atribuível a um estabelecimento permanente localizado naquele outro Estado Contratante.

Por fim, além do conflito entre a legislação interna brasileira e o artigo 7º das convenções para evitar a dupla tributação da renda, podemos, ainda, identificar violações a outras disposições das convenções firmadas pelo Brasil para evitar a dupla tributação da renda, a saber[72]:

(i) Os artigos 10.1 e 10.2 também entram em conflito direto com a legislação brasileira, na medida em que autorizam a imposição tributária sobre dividendos pagos, enquanto a norma brasileira visa tributar os lucros ainda não distribuídos (dividendos ainda passíveis de distribuição)[73];

(ii) O artigo 23 de alguns tratados firmados pelo Brasil atribuem a isenção expressa a dividendos pagos (distribuídos). É o caso das convenções firmadas entre o Brasil e a Áustria, Argentina, o Equador, a Espanha e a Índia. Pode ocorrer, nestes casos, até uma irre-

---

[72] Tais conflitos foram resumidos pelo professor Sérgio André Rocha, em sua mais recente obra sobre o assunto. Vide ROCHA, Sergio André. *Tributação de Lucros Auferidos no Exterior (Lei nº 12.973/14)*. São Paulo: Dialética, 2014, p. 53.

[73] ROCHA, Sergio André. Op. Cit., p. 53; *apud* BEHRNDT, Marco Antônio; e LOBO, Diana Piatti de Barros. *Regra de Transparência Fiscal Verde Amarela e sua (In)Compatibilidade com os Tratados Internacionais para evitar a Bitributação. In* PANZARINI FILHO, Clóvis *et. al.* (coords.) Estudos Avançados de Direito Tributário: Tributação Internacional. Rio de Janeiro: Elsevier, 2012 p. 174.

versível dupla tributação, na medida em que a norma brasileira já teria tributado tais lucros pela ficção do reconhecimento, em 31 de dezembro de cada ano-calendário, ao passo que o país da fonte poderia impor uma tributação na fonte no momento da distribuição;
(iii) O artigo 23(5), na redação presente nas convenções firmadas entre o Brasil e a Dinamarca, a República Tcheca e a República Eslovaca, afasta especificamente a tributação sobre lucros não distribuídos;

Diante de todas essas considerações, e tomando como base o argumento de que a norma brasileira não consiste em norma antiabuso, é possível afirmar que "ao jogar todas as situações de investimentos no exterior (operações de internacionalização produtiva) em uma vala comum, o legislador não buscou coibir o abuso, mas, tão somente, assegurar a tributação imediata no Brasil de lucros auferidos no exterior.[74]" Logo, este argumento, com o qual concordamos, implique no reconhecimento de que toda a argumentação internacional que se refira à compatibilidade das normas CFC (num contexto de norma antiabuso) e as convenções para evitar a dupla tributação da renda acabe por ser deixada de lado no Brasil.

5.2.3. A nova Legislação Brasileira de "CFC"

A melhor compreensão do tema, com a análise das alterações introduzidas pela Lei nº 12.973/2014, fruto da conversão da Medida Provisória nº 627/2013, passa necessariamente pela consideração da evolução legislativa acerca da matéria.

Inicialmente, a Lei nº 9.249/1995 determinou, em seu art. 25, que os lucros auferidos por controladas e coligadas no exterior, de pessoas jurídicas domiciliadas no Brasil, serão computados na apuração do lucro real mediante adição ao respectivo lucro líquido, na proporção da participação da pessoa jurídica no capital da controlada ou coligada. Antes da vigência desse dispositivo, a tributação só ocorria no momento da disponibilização dos lucros do exterior para os respectivos sócios no Brasil.

---

[74] SCHOUERI, Luis Eduardo. *Lucros no Exterior e Acordos de Bitributação: Reflexões sobre a Solução de Consulta Interna no. 18/2013. In* Revista Dialética de Direito Tributário no. 219. São Paulo, Dialética, 2013.

Na tentativa de flexibilizar o "sistema de tributação em bases extraterritoriais" da Lei nº 9.249/1995 com o requisito da "disponibilidade econômica ou jurídica da renda" do artigo 43 do Código Tributário Nacional – CTN (aspectos material e temporal da hipótese de incidência), a Instrução Normativa nº. 38/1996 autorizou o diferimento da tributação para o momento em que disponibilizados para a controlada ou coligada brasileira, regra que foi posteriormente incorporada pela Lei nº 9.532/1997.

Ocorre que, a flexibilização do novo sistema deu margem aos planejamentos tributários abusivos, que ensejaram a edição de uma importante alteração legislativa: a inclusão do §2º ao artigo 43 do CTN, por meio da Lei Complementar nº 104/2001, em que foi autorizada, ao legislador ordinário, estabelecer as condições e o momento em que se dará a disponibilidade de receita ou de rendimento oriundos do exterior.

Por meio da Medida Provisória nº 2.185-35/2001 foi introduzida a equiparação de "lucro apurado" a "lucro disponibilizado", de forma que os lucros auferidos por controlada ou coligada no exterior passaram a ser considerados "disponibilizados" para a controladora ou coligada no Brasil na data do balanço no qual tiverem sido apurados (ano fiscal no qual forem gerados no exterior). Os efeitos foram estendidos, inclusive, a fatos geradores ocorridos até 31.12.2001 e os lucros auferidos pelas companhias controladas ou coligadas no exterior foram submetidos, portanto, à incidência do Imposto de Renda da Pessoa Jurídica e da Contribuição Social sobre o Lucro Liquido, mesmo não sendo efetivamente distribuídos às sociedades brasileiras. (art. 74).

O novo tratamento passou a ser muito criticado pelos contribuintes, tendo em vista que o artigo 43 do CTN estipula que a tributação sobre a renda no Brasil somente se legitima com a sua disponibilidade econômica ou jurídica, o que acabou por resultar na propositura da Ação Direta de Inconstitucionalidade – ADI 2588 (ADI nº 2.588, ajuizada em 21.12.2001, pela Confederação Nacional da Indústria – CNI.

A ADI 2588, como antes referido, teve o seu julgamento iniciado em 05.02.2003, com o voto da Ministra Relatora Ellen Gracie, e teve como principais pontos a violação aos artigos 153, III, e 195, I, c, da Constituição, ante à exigência de imposto e contribuição sobre situação que não configura renda ou lucro e a violação às alíneas a e b do artigo 150, III, da Constituição, pela previsão de cobrança de valores relativos a períodos anteriores à edição da MP nº 2.158-35/2001.

Em 10.04.2013, foi proclamado o resultado do julgamento da ADI em que, por maioria de votos[75], foi determinada a aplicabilidade das regras do art. 74 da MP nº 2.158-35/2001 apenas às controladas situadas em países considerados "paraísos fiscais", mas não às coligadas localizadas em países sem tributação favorecida.

Logo após o julgamento da ADI, foi publicada a Medida Provisória nº 627/2013, convertida na Lei nº 12.973/2014, vigente a partir de 01.01.2015, exceto para as pessoas jurídicas que fizerem opção de antecipar a vigência para 01.01.2014, e foram introduzidas diversas alterações significativas para a sistemática da tributação em bases universais, as quais estão brevemente apontadas a seguir.

De acordo com os artigos 76 a 92, a controladora domiciliada no Brasil, ou a ela equiparada[76], deverá manter o controle da variação do valor do investimento equivalente aos lucros ou prejuízos auferidos em cada controlada, direta ou indireta, no exterior, individualizado dos resultados de controladas no exterior para fins do IRPJ e da CSLL e registrado nas subcontas da conta de investimentos em controlada no exterior. A referida parcela do ajuste, excetuando a variação cambial, ou seja, compreendendo apenas os lucros auferidos no período, não alcançando as demais parcelas que influenciaram o patrimônio líquido, deverá ser computada na determinação do lucro real e na base de cálculo da Contribuição Social sobre o Lucro Líquido – CSLL da pessoa jurídica controladora domiciliada no Brasil.

O prejuízo acumulado da controlada, direta ou indireta, domiciliada no exterior referente aos anos-calendário anteriores à produção de efeitos da Lei nº 12.973/2014 poderá ser compensado com os lucros futuros da mesma pessoa jurídica no exterior que lhes deu origem, desde que observadas às regras estabelecidas pela Receita Federal do Brasil.

---

[75] Votaram pela procedência da ADI a Relatora do processo, Ministra Elle Gracie, o presidente do STF, Ministro Joaquim Barbosa, e os Ministros Marco Aurélio, Sepúlveda Pertence, Ricardo Lewandowski e Celso de Mello. Por sua vez, posicionaram-se pela improcedência da ADI os Ministros Nelson Jobim, Eros Grau, Ayres Britto e Cezar Peluso.

[76] De acordo com os arts. 80 e 83 da Lei n. 12.973/2014, tais dispositivos aplicam-se à coligada equiparada à controladora, definida como "a pessoa jurídica domiciliada no Brasil que detenha participação em coligada no exterior e que, em conjunto com pessoas físicas ou jurídicas residentes ou domiciliadas no Brasil ou no exterior, consideradas a ela vinculadas, possua mais de 50% (cinquenta por cento) do capital votante da coligada no exterior".

Segundo dispõe o art. 78 dessa Lei, até o ano calendário de 2022, a referida parcela do lucro poderá ser considerada de forma consolidada na determinação do lucro real e da base de cálculo da CSLL da controladora no Brasil, excepcionadas as parcelas referentes às pessoas jurídicas investidas que se encontrem em pelo menos uma das seguintes situações:

(i) Estejam situadas em país com o qual o Brasil não mantenha tratado ou ato com cláusula específica para troca de informações para fins tributários;

(ii) Estejam localizadas em país ou dependência com tributação favorecida, ou sejam beneficiárias de regime fiscal privilegiado, de que tratam os arts. 24 e 24-A da Lei nº 9.430, de 27 de dezembro de 1996, ou estejam submetidas a regime de subtributação;

(iii) Sejam controladas, direta ou indiretamente, por pessoa jurídica submetida a tratamento tributário do item anterior; ou

(iv) Tenham renda ativa própria inferior a 80% da renda total.

A consolidação do ajuste deverá conter a demonstração individualizada em subcontas e a demonstração das rendas ativas e passivas e, nas hipóteses de pessoas jurídicas situadas em países com os quais o Brasil não mantenha convenção ou ato com cláusula específica que possibilite a troca de informações para fins tributários, será admitida se a controladora no Brasil disponibilizar a contabilidade societária em meio digital e a documentação de suporte da escrituração, na forma e prazo a ser regulamentado pela Receita Federal do Brasil.

Em não havendo consolidação, a parcela do ajuste do valor do investimento em controlada deverá ser considerada de forma individualizada na determinação do lucro real e da base de cálculo da CSLL da pessoa jurídica controladora domiciliada no Brasil, nas seguintes formas: (i) se positiva, deverá ser adicionada ao lucro líquido relativo ao balanço de 31 de dezembro do ano calendário em que os lucros tenham sido apurados pela empresa domiciliada no exterior; e (ii) se negativa, poderá ser compensada com lucros futuros da mesma pessoa jurídica no exterior que lhes deu origem, desde que os estoques de prejuízos sejam informados na forma e prazo estabelecidos em norma regulamentadora a ser expedida pela RFB.

Já para as coligadas domiciliadas no exterior, os lucros auferidos serão computados no balanço do ano calendário em que tiverem sido disponibilizados para a pessoa jurídica domiciliada no Brasil, desde que não sejam equiparadas a controladora ou estejam situadas em país com dependência ou tributação favorecida, sejam beneficiária de regime fiscal privilegiado ou estejam submetidas a regime de subtributação.

Ressalte-se que, os lucros serão considerados disponibilizados à empresa coligada no Brasil na data do pagamento ou do crédito em conta representativa de obrigação da empresa no exterior; na hipótese de contratação de operações de mútuo, se a mutuante, coligada, possuir lucros ou reservas de lucros; ou na hipótese de adiantamento de recursos efetuado pela coligada, por conta de venda futura, cuja liquidação, pela remessa do bem ou serviço vendido, ocorra em prazo superior ao ciclo de produção do bem ou serviço.

Caso a coligada não observe as condições estabelecidas, deverá ser dispensado o mesmo tratamento previsto à parcela do ajuste das controladas que não efetuarem a consolidação, já descrito acima.

A Lei nº 12.973, além das regras acima expostas, permitiu ainda:

(i) A dedução da parcela do lucro da pessoa jurídica controlada, direta ou indireta, domiciliada no exterior, a parcela do lucro oriunda de participações destas em pessoas jurídicas controladas ou coligadas domiciliadas no Brasil;

(ii) A dedução do lucro real e da base de cálculo da CSLL os valores referentes às adições, espontaneamente efetuadas, decorrentes da aplicação das regras de preços de transferência e das regras de subcapitalização;

(iii) A compensação do imposto de renda pago no exterior, na proporção de sua participação, do lucro real e da base de cálculo da CSLL da controladora no Brasil, até o limite dos tributos sobre a renda incidentes no Brasil sobre as referidas parcelas;

(iv) Até o ano-calendário de 2022, a controladora poderá deduzir até 9%, a título de crédito presumido sobre a renda incidente sobre a parcela positiva computada no lucro real, relativo a investimento em pessoas jurídicas no exterior que realizem as atividades de fabricação de bebidas, de fabricação de produtos alimentícios e de construção de edifícios e de obras de infraestrutura[77], desde

---

[77] De acordo com o §11 do artigo 87, o Poder Executivo poderá, desde que não resulte em prejuízo aos investimentos no País, ampliar o rol de atividades com investimento em pessoas jurídicas no exterior.

que não possuam renda ativa inferior a 80% da renda total ou estejam situadas em país com dependência ou tributação favorecida, beneficiárias de regime fiscal privilegiado ou estejam submetidas a regime de subtributação; e

(v) O diferimento do pagamento do IRPJ e da CSLL, devidos em decorrência do resultado positivo considerado na apuração da pessoa jurídica domiciliada no Brasil, na proporção dos lucros distribuídos nos anos subsequentes ao encerramento do período de apuração a que corresponder, até o 8º ano subsequente ao período de apuração para a distribuição do saldo remanescente dos lucros ainda não oferecidos a tributação, assim como a distribuição mínima de 12,50% no 1º ano subsequente, desde que a controlada, direta ou indireta, no exterior não possua renda ativa inferior a 80% da renda total ou esteja situada em país com dependência ou tributação favorecida, seja beneficiária de regime fiscal privilegiado ou estejam submetidas a regime de subtributação.

Por fim, importa salientar que o artigo 89 da MP nº 627/2013, determinava que os lucros decorrentes de participações em sociedades controladas domiciliadas no exterior (i) que esteja localizada em país ou dependência com tributação favorecida, ou beneficiária de regime fiscal privilegiado, (ii) que esteja submetida a regime de subtributação, ou (iii) que não possua os documentos de constituição da pessoa jurídica domiciliada no exterior e devidas alterações, registrados em órgãos competentes, de domínio público, que identifiquem os demais sócios, seriam considerados disponibilizados para a pessoa física controladora residente no Brasil na data do balanço no qual tiverem sido apurados e estariam sujeitos ao pagamento mensal do Imposto sobre a Renda até o último dia útil do mês subsequente ao da disponibilização, a título de antecipação, e deverá compor a base de cálculo do imposto na Declaração de Ajuste Anual. Entretanto, esse artigo foi suprimido quando da conversão na Lei nº 12.973/2014, não havendo qualquer previsão semelhante sobre o tratamento da tributação dos lucros auferidos pelas pessoas físicas em decorrência de suas participações em sociedades controladas domiciliadas no exterior.

5.2.3. Concurso das Normas Brasileiras CFC e de Preços de Transferência

Os esforços empreendidos pelos diversos Estados com vistas à edição de normas que tenham como finalidade atenuar as perdas arrecadatórias que decorrem da implementação, em âmbito internacional, de certas estruturas de negócios, acabam, muitas das vezes, por impor aos contribuintes, cujas operações se amoldem, de uma só vez, a duas ou mais normas de tal natureza, um tratamento fiscal de tamanha onerosidade cujo resultado pode até mesmo implicar na inviabilidade dos negócios legitimamente praticados.

Nesse contexto, assumem particular importância os efeitos fiscais que decorrem do concurso das normas de preços de transferência e CFC, sobretudo por revelar conflito que se tem mostrado bastante comum no contexto do planejamento internacional tributário, e que tem resultado, no mais das vezes, em um dos mais nefastos entraves ao comércio internacional: a dupla incidência tributária.

Com efeito, por um lado, a utilização das normas de controle de preços em âmbito internacional busca, em regra geral, a aplicação do princípio do "arm's length" às operações praticadas entre partes relacionadas, para, através disso, assegurar que aquelas se valerão de preços legitimamente arbitrados em razão das condições de mercado a que se sujeitam as referidas operações. A partir dos ajustes promovidos em observância às regras de preços de transferência é que se expurgam do cômputo das bases de cálculo dos tributos que recaem sobre a renda os efeitos provocados pela realização de negócios em condições de favorecimento.

Em última análise, tais regras acabam por recompor o resultado do contribuinte residente em montante idêntico àquele que se presume transferido para partes relacionadas domiciliadas em outras jurisdições, muitas das vezes beneficiárias de regimes fiscais privilegiados. Tributam-se, pois, no Estado de domicílio do contribuinte (geralmente de elevada incidência tributária) os resultados pretensamente remetidos para ao exterior.

Por sua vez, como também visto, as normas CFC, em que pese assumirem, via de regra, um escopo de aplicação menos abrangente, se comparadas às normas de preços de transferência, são instituídas pelos Estados com objetivos semelhantes, a saber: evitar a redução injustificada das bases tributáveis locais, provocada pelo deslocamento de resultados ali apurados para o exterior, por intermédio da imposição de mecanismo de desconsideração da personalidade jurídica da sociedade investida.

Ao se comparar o âmbito de aplicação de tais normas, conclui-se, de imediato, que, uma vez observadas de forma inequivocamente simultânea, o mesmo resultado tributável acabaria por submeter-se a uma incidência fiscal local em duas oportunidades, o que configuraria, sem sombra de dúvidas, hipótese de dupla incidência tributária. Veja-se:

A primeira incidência materializa-se no momento em que os preços praticados nas operações com sociedades controladas domiciliadas no exterior são ajustados localmente de modo a refletir as condições de mercado, em observância às regras de preços de transferência. Isto significa dizer que o valor do resultado pretensamente transferido para a sociedade controlada, por meio da presumida manipulação de preços, é adicionado às bases de cálculo locais dos tributos incidentes sobre a renda da sociedade controladora.

A segunda incidência tributária se verifica no momento em que, por força das normas CFC, os resultados auferidos pela sociedade controlada no exterior são considerados imediatamente disponibilizados e adicionados às bases de cálculo locais dos tributos que recaem sobre o lucro da sociedade controladora. É induvidoso que, se analisada a operação como um todo, a redução dos resultados da sociedade controladora, em virtude da realização de negócios em condição de favorecimento, é compensada pelo incremento em igual montante dos resultados da sociedade controlada.

A fim de permitir uma melhor visualização dos efeitos fiscais decorrentes do concurso das normas de preços de transferência com as normas CFC, confira abaixo exemplo numérico simples:

Considere a Sociedade A, sediada no Estado A, que mantém investimento correspondente à totalidade das ações de emissão da Sociedade B, sediada no Estado B, e beneficiária de regime fiscal privilegiado.

Durante o ano calendário X1, a Sociedade A realizou operações de exportação de mercadorias para a Sociedade B, praticando preços inferiores ($ 60.000,00) àqueles verificados em operações contemporâneas realizadas com partes não relacionadas ($ 100.000,00). Após efetuar o cálculo do preço parâmetro em observância às regras de preços de transferência impostas pelo Estado A, a Sociedade A promove a adição de $ 40.000,00 às bases de cálculo dos tributos incidentes sobre as suas rendas.

A Sociedade B, no mesmo ano-calendário X1, efetuou a venda a terceiros das mercadorias adquiridas junto à sua controladora (Sociedade B), adotando em tais operações os valores praticados no mercado ($ 100.000,00).

Ao final do ano-calendário respectivo (31.12.X1), a Sociedade B levanta balanço patrimonial, no qual informa haver apurado lucro de exatos $ 40.000,00.

Em decorrência das normas CFC impostas pelo Estado A, nesse mesmo momento, a Sociedade A está obrigada a adicionar os lucros auferidos por sua controlada (Sociedade B) às bases de cálculo dos tributos que recaem sobre o seu resultado, como se estes houvessem sido disponibilizados, independentemente da sua efetiva distribuição sob a forma de dividendos. A Sociedade A submete à tributação, uma vez mais, os mesmos $ 40.000,00.

Como se vê, a despeito de o acréscimo patrimonial da Sociedade A ao final do ano-calendário X1 corresponder a apenas $ 40.000,00, por força do concurso das normas de preços de transferência e CFC, outros $ 40.000,00 são submetidos à tributação, subvertendo-se, por via de conseqüência, a hipótese de incidência dos tributos que recaem sobre a renda.

É evidente que, diante de tamanha ilegalidade, os contribuintes atingidos por tal anomalia têm contestado os efeitos fiscais que dela decorrem, cabendo citar, nesse particular, interessante decisão proferida pela Corte Federal Alemã, noticiada pela respeitada publicação *International Tax Review*[78], que se reporta a uma hipótese de empréstimos com taxas de juros inferiores às praticadas em operações livres:

> "(...) The case before the court involved a low-interest loan by a German limited partnership (the LP) to a Swiss corporation (Swiss-Corp) in the years 1986 to 1989. All shares in Swiss-Corp were held by a German limited liability company (German-Corp), and all shares in German-Corp were held by the LP.
>
> Under the CFC rules, the income of Swiss-Corp was taxable to German-Corp on a deemed-distribution basis. No treaty exemption covered the deemed dividend because the participation exemption under the German-Swiss tax treaty is subject to an activity clause. However, under the general transfer pricing statute, the LP's income from the low-interest loan to a related party in a foreign jurisdiction was adjustable to reflect an arm's-length rate of interest.
>
> The tax authorities agreed that the low-interest loan permitted Swiss-Corp to earn a higher profit, hence that adjusting the LP's interest income and deeming a distribution of Swiss-Corp's earnings to German-Corp would

---

[78] Alexander Vögele, Franfurt "Germany: Transfer pricing adjustment versus CFC rules" (http//www.internationaltaxreview.com/?Page=10&PUBID=35&ISS=12615&SID=469496&TYPE=20)

result in double taxation. While the taxpayer argued that double taxation should be avoided by treating the transfer pricing statute as inapplicable to situations covered by the CFC rules, the tax authorities instead proposed to reduce the income attributed to German-Corp under these rules by the amount of the adjustment to the LP's income.

The lower court and, in the above-cited decision, the Federal Tax Court agreed with the tax authorities, thus upholding the pertinent rule in Germany's general transfer pricing regulations (section 1.5.2 of the so-called *Administrative Principles* of February 23 1983). Since there was considerable support in the literature and even the case law for the opposite result (see the judgment of the Münster Tax Court of August 7 1997 – 15K 144/96 – EFG 1997, 1290, for example), the court limited its holding to situations in which the transfer pricing adjustment under section 1 AStG and deemed distribution taxation under section 7 ff AStG applied to different taxpayers. In other words, the court refused to say how it would rule if, to vary the facts of the case, the low-interest loan to Swiss-Corp had come from German-Corp instead of from the LP. (...)"

Por conseguinte, resta claro, no caso em questão, que tanto a Corte Federal Alemã, quanto as autoridades fiscais locais, reconheceram que a concessão de empréstimos com a imposição de taxas de juros inferiores às normais de mercado permitiu que a sociedade controlada Suíça apurasse, ao final do exercício, um resultado proporcionalmente maior, razão pela qual a realização de ajustes em observância às normas de preços de transferência e CFC levaria a uma dupla oneração dos resultados das sociedades sediadas na Alemanha (controladora e controladora indireta).

Como a norma CFC brasileira, que foi vigente até 31 de dezembro de 2013 (artigo 74, da Medida Provisória nº 2.158-35/01) e o início dos procedimentos de fiscalização orientados especificamente à confirmação do cumprimento das normas de preços de transferência são relativamente recentes, ainda não há, nos tribunais do Brasil, jurisprudência consolidada a respeito do tema.

Com a edição da Lei nº 12.973/2013, passou-se a permitir que os contribuintes que tivessem seus lucros no exterior submetidos à tributação no Brasil promovessem o ajuste relativo às eventuais adições efetuadas por conta da aplicação de um dos métodos de preços de transferência. Assim dispõe o art. 86, da Lei nº 12.973/2013:

"Art. 86. Poderão ser deduzidos do lucro real e da base de cálculo da CSLL os valores referentes às adições, espontaneamente efetuadas, decorrentes da aplicação das regras de preços de transferência, previstas nos arts. 18 a 22 da Lei no 9.430, de 27 de dezembro de 1996, e das regras previstas nos arts. 24 a 26 da Lei no 12.249, de 11 de junho de 2010, desde que os lucros auferidos no exterior tenham sido considerados na respectiva base de cálculo do Imposto sobre a Renda da Pessoa Jurídica – IRPJ e da CSLL da pessoa jurídica controladora domiciliada no Brasil ou a ela equiparada, nos termos do art. 83 e cujo imposto sobre a renda e contribuição social correspondentes, em qualquer das hipóteses, tenham sido recolhidos."

Esses ajustes levam em consideração que (art. 86, da Lei nº 12.973/2013, §1º): i) devem referir-se a operações efetuadas com a respectiva controlada, direta ou indireta, da qual o lucro seja proveniente; ii) devem ser proporcionais à participação na controlada no exterior; iii) devem estar limitados ao valor do lucro auferido pela controlada no exterior; e iv) devem ser limitados ao imposto devido no Brasil, em razão dos ajustes previstos no caput do art. 86.

Como se observa, o legislador brasileiro compreendeu o impacto da dupla incidência do imposto sobre a renda decorrente dos ajustes de preços de transferência impostos à empresa brasileira que transaciona com sua parte relacionada que seja sua controlada. No entanto, como acima mencionado, ainda não se identificam manifestações administrativas ou judiciais a regular o conflito aparente, entre as normas de preços de transferência e a norma CFC brasileira vigente até 31 de dezembro de 2013. Logo, considerando a prática internacional e, sobretudo, a evidente dupla incidência que resultou do concurso das normas sob análise, entendemos que mesmo nos tribunais administrativos o contribuinte domiciliado no Brasil teria bons fundamentos para contestar uma eventual dupla incidência que lhe seja imposta para o período ate o advento do art. 86 acima.

Adicionalmente, há que se considerar que, na eventualidade de o mecanismo de eliminação da dupla incidência trazido pela nova lei não se mostrar eficaz, de igual forma poderá o contribuinte, mesmo apos o período acima referido, recorrer ao Judiciário, ou mesmo contestar tal imposição em âmbito administrativo, diante dos vícios de ilegalidade e inconstitucionalidade que continuariam a verificar-se.

Por fim, vale observar, ainda, que a técnica utilizada pelo legislador, ao prever a exclusão de eventuais ajustes relativos aos preços de transferência, através do artigo 86, transcrito acima, opta por referir-se ao termo "lucros auferidos no exterior", que tenham sido considerados na base de cálculo do IRPJ e da CSLL da pessoa jurídica controladora domiciliada no Brasil – enquanto o artigo 77 da mesma Lei fala na adição da "parcela do ajuste do valor do investimento em controlada, direta ou indireta, domiciliada no exterior equivalente aos lucros por ela auferidos antes do imposto sobre a renda". Para o professor Sérgio André Rocha, este trecho reflete a verdadeira intenção da Lei, "traindo a intenção de modificação da base de cálculo pela alteração redacional", com a inclusão da parcela positiva do ajuste da equivalência patrimonial[79].

5.3. Normas de Subcapitalização ("Thin Capitalization Rules")

Outro mecanismo muito utilizado internacionalmente com o objetivo de reduzir a perda arrecadatória de certos Estados, proporcionada pela implementação de estruturas de planejamento tributário, são as normas de subcapitalização ("thin capitalization") de empresas. Como o próprio nome sugere, essas regras destinam-se a coibir o endividamento excessivo de uma certa empresa, assumido com vistas à viabilização do financiamento de suas atividades, em prejuízo da captação de recursos a título de aporte de capital.

Com efeito, o conceito de subcapitalização ("thin capitalization") é utilizado para designar situações em que a assimetria entre os valores captados pela empresa através da assunção de uma dívida, geralmente com parte relacionada, e a quantia destinada à formação de seu capital, indica que a real natureza dos débitos registrados pela empresa em seu passivo revela mais a natureza de capital do que propriamente de débito. Ou, na definição de Marjaana Helminen[80]:

---

[79] ROCHA, Sergio André. Tributação de Lucros Auferidos no Exterior (Lei nº 12.973/14). São Paulo: Dialética, 2014, p. 122.

[80] HELMINEN, Marjaana, in "The Dividend Concept in International Tax Law: Dividend Payments Between Corporate Entities, Kluwer Law International: 1999, p. 18 e p.p. 321-322. César García Novoa, Catedrático de Direito Financeiro e Tributário da Universidade de Santiago de Compostela (Espanha), sob o conceito de subcapitalização, esclarece que "entende por "subcapitalización o 'infracapitalización', em inglés thin capitalization, de una sociedad aquella situación en la que el capital es menor de lo que debiera. A efectos fiscales nos importa

"The concept of 'thin capitalization' is used in this study to refer to tax problems relating to the question of excessive debt finance compared with equity finance. The concept of thin capitalization is used to refer to situations where the amount of debt finance compared with the amount of equity finance indicates that the actual nature of a debt investment is closer equity. (...)

This kind of tax planning through the excessive use of debt finance compared to the use of equity finance is referred to as thin capitalization. Thin capitalization means an abnormally high debt-to-equity ratio of a corporation, in a situation where the debt finance comes from a foreign affiliated contributor of capital."

A importância da compreensão desse conceito está em que, sob o ponto de vista das incidências fiscais que recaem sobre os resultados auferidos pela sociedade investida, o pagamento de juros (remuneração pela indisponibilidade do capital mutuado) representa, via de regra, despesa dedutível, enquanto que o pagamento de dividendos, em observância à proporcionalidade da participação dos sócios no capital social, sequer despesa é. Aqui, poder-se-ia mesmo dizer que os juros sobre o capital próprio também constituem despesas, sendo, todavia, necessário ressaltar que estas só seriam dedutíveis até o limite previsto na legislação de regência.

A economia tributária global que se proporciona a um grupo empresarial com o financiamento de suas atividades através do reconhecimento de uma dívida, ao invés de aporte de capital, pode ser ainda maior nos países em que se impõe a tributação dos dividendos recebidos e nos quais os juros são isentos de tributação na fonte, sem mencionar as vantagens de ordem operacional, que, muitas das vezes, são tão importantes para nortear a tomada de decisão quanto os aspectos fiscais envolvidos.

Roy Rohatgi[81] enumera exemplos de benefícios que se podem obter a partir do financiamento via reconhecimento de uma dívida, das atividades de uma empresa, em substituição ao aporte de capital:

la denominada subcapitalización formal; se trata de aquella situación en que es possible que existan los recursos finacieros necessarios para que la sociedad haga frente a sus deudas, pero tales recursos no le han sido proporcionados en forma de aportación (fundos propios) sino en forma de préstamo." (NOVOA, César García, in *in "Direito Tributário Internacional Aplicado"* – Coordenação Heleno Taveira Tôrres, Editora Quartier Latin, São Paulo: 2008, p. 661.

[81] ROHATGI, Roy, in "Basic International Taxation – vol. 2: Practice", BNA International, London: 2007, p. 215.

"Normally, the use of debt instead of equity has several tax and non-tax advantages. For example:

Interest expense is tax-deductible whereas dividend payments are not.

Unlike interest, dividends are usually subject to economic double taxation: at the level of the distributing company[82], and again as income of the shareholder.

Debt financing avoid wealth taxes, net worth taxes and other capital duties imposed an equity contributions.

Debt allows the repatriation of capital invested as loan repayment without tax consequences.

It is possible to select the currency of the debt to minimize foreign exchange risks.

Debit provides greater flexibility since it is possible to convert debt to equity, but not the reverse.

The withholding tax on interest is often nil or lower than dividends[83].

Como se vê, a adoção de tal modalidade de financiamento tem como potencial resultado a redução da arrecadação tributária dos Estados (notadamente o da fonte pagadora), razão pela qual muitos têm instituído normas anti-subcapitalização ("anti-thin capitalization rules"), por meio das quais se permite a imposição de um ou mais dos seguintes tratamentos fiscais: (i) a reclassificação (total ou parcial) do mútuo de passivo para capital social; (ii) indedutibilidade dos juros pagos ou do excesso verificado; ou (iii) reclassificação dos juros pagos ou dos excessos verificados, outorgando-lhes o tratamento de dividendos.

Em regra geral, em âmbito internacional têm sido adotados os seguintes métodos de identificação de uma hipótese de subcapitalização, com a atribuição dos tratamentos que seguem:

(a) "Arm's length Approach": baseia-se na aplicação do princípio geral de mesmo nome. Busca-se identificar, no negócio praticado, a ocorrência de condições de favorecimento em comparação à prática do mercado;

---

[82] No Brasil, não há esta possibilidade, haja vista a isenção prevista pelo artigo 10, da Lei nº 9.430/96.

[83] Caso a fonte pagadora seja domiciliada no Brasil, a conseqüência fiscal é justamente a inversa. Tributam-se as remessas de juros para o exterior e não as remessas a título de dividendos.

(b) Distribuição Disfarçada de Dividendos ("Hidden profit Distribution Approach"): os Estados adotam esta forma de aproximação, editam normas que permitem a reclassificação dos juros (ou da parcela que se reputar excessiva) para dividendos, aplicáveis, em linhas gerais, a operações praticadas entre partes ligadas. Como consequência, as correspondentes despesas deixam de ser consideradas dedutíveis, para fins fiscais, e, em alguns casos, impõe-se a retenção do imposto de renda sobre os "dividendos distribuídos disfarçadamente"; ou

(c) Coeficiente Fixo de Endividamento ("Fixed Ratio Approach"): estabelece-se uma proporção máxima entre débito e capital ("debt--equity ratio")[84], sendo certo que, ultrapassado o limite fixado pela legislação, as correspondentes despesas deverão ser tratadas como indedutíveis, para fins fiscais.

Até pouco tempo atrás, o Brasil não possuía regras específicas de subcapitalização. Diante disso, o combate aos eventuais abusos que se identifiquem com a utilização de estruturas de financiamento que mais se voltem ao reconhecimento de uma dívida do que ao registro de um aporte de capital, apenas ocorriam por meio da utilização de regras gerais anti--elisivas, ou de preços de transferência, conforme bem destacado por Marjaana Helminen[85]:

> "In order to protect tax revenues, many states have adopted special anti--thin capitalization regimes in their tax legislation. Alternatively, the problem may be tackled by means of general arm's length rules or general rules aimed to counter tax avoidance. In a thin capitalization situation, a shareholder loan may be considered as equity under domestic law despite the form used because, from an economic point of view, it is more like equity in its substance. That fact that unrelated persons would not have grants a loan under similar circumstances may be regarded as an indication that the loan is not

---

[84] Interessante a crítica feita pelo Professor César García Novoa à imposição de relações (proporções) rígidas de endividamento, para fins de aplicação das regras de subcapitalização: "'(...) si el presupuesto para aplicar la cláusula de subcapitalización se circunscribe a una aplicacíon automática de un coeficiente de endeudamiento parece que se excluye la posibilidad de probar que tal endeudamiento se ha llevado a cabo en condiciones que no difieren de las normales de mercado. Y portanto, ello resulta incoherente con una concepción de la subcapitalización como una cláusula basada en el principio *arm's length*". (Op. cit. p. 663).
[85] Op. cit., p. 322.

arm's length, and was only granted because of the shareholders relationship. Because thin capitalization reduces the tax revenue of the source state, it may also be seen as a misuse of the legal options available to reduce the tax burden, and, therefore, as an abuse of law. General anti-avoidance rules may be applied to thin capitalization situations."

É relevante mencionar, nesse contexto, que o Primeiro Conselho de Contribuintes do Ministério da Fazenda, por ocasião a lavratura do Acórdão nº 101-96053/07[86], já teve a oportunidade de impor o cancelamento de um auto de infração lavrado com o objetivo de cobrar créditos tributários a título de Imposto sobre a Renda de Pessoa Jurídica (IRPJ) e de Contribuição Social sobre o Lucro Líquido (CSLL), justamente em face da inexistência de regras de subcapitalização no Brasil.

Conforme adverte Roy Rohatgi[87], há que se considerar, ainda, que as convenções internacionais para evitar a dupla tributação poderão limitar ou mesmo exceder o alcance das normas de anti-subcapitalização previstas na legislação interna: *"the rules under domestic law on international thin capitalization may be limited or overridden by double tax treties. In particular, they are affected by the provisions under OECD MC Articles 9 (associated enterprises), 10 (dividends), 11 (interest), 23 (elimination of double tax), 24 (non-discrimination) and 25 (mutual agreement procedure)"*.

Em 2009, com a introdução da Medida Provisória nº. 472 (posteriormente convertida na Lei nº 12.249/10), as regras de subcapitalização foram estabelecidas no Brasil para "controlar o endividamento abusivo junto à pessoa vinculada no exterior, efetuado exclusivamente para fins fiscais". Isto porque, por meio da manipulação da estrutura societária pela qual uma sociedade domiciliada no exterior constitui as suas subsidiárias no Brasil com uma quantia irrisória de capital, insuficiente à manutenção da

---

[86] "EMPRÉSTIMOS CONTRÁRIOS NO EXTERIOR COM CONTROLADORA – DEDUTIBILIDADE DOS ENCARGOS – IRPJ – CSLL – Tendo em vista (1) a inexistência de regras referente a indedutibilidade por subcapitalização, (2) a efetividade do empréstimo contraído, (3) a natureza de mera condução do repasse do valor para operações instantâneas no Uruguai (em benefício do vendedor de participação societária e não do comprador, ora recorrente), (4) a possibilidade jurídica do empréstimo, bem como (5) a tributação dos valores dos encargos creditados ou pagos ao exterior, há de se admitir a dedutibilidade dos encargos com variações passivas e juros. Recurso voluntário provido." Em idêntico sentido: 101-95014/05.

[87] Op. cit. p. 220.

própria subsidiária no país, é criado um endividamento excessivo e artificial com a própria controladora, gerando uma despesa artificial de juros que reduzem os resultados da subsidiária brasileira.

A razão para esta preocupação é que os juros são dedutíveis para fins de Imposto de Renda da Pessoa Jurídica (IRPJ) e da Contribuição Social sobre o Lucro Líquido (CSLL), que são cobrados, respectivamente, nos percentuais de 25% e 9%, ao passo que as remessas de pagamentos de juros ao exterior só serão tributados pelo Imposto de Renda Retido na Fonte (IRRF) à alíquota de 15%, produzindo uma economia fiscal de 19%.

As regras de subcapitalização visam suprimir desequilíbrio excessivo na relação entre dívida e capital próprio na estrutura de capital das empresas brasileiras por meio de empréstimos de partes relacionadas (pessoas físicas ou jurídicas) residentes no exterior ou com países considerados paraísos fiscais (regime privilegiado de tributação). O mecanismo pelo qual isso é feito é através da criação limites máximos da dívida, proporcionais ao valor do capital social, para a dedução de despesas com juros, para fins de IRPJ e CSLL. (Lei 12.249 / 2010, Seções 24 e 25).

Com base no exposto, acreditamos que a intenção dos legisladores era limitar a dedutibilidade de despesas com juros sobre empréstimos de partes relacionadas, independentemente do tipo de participação acionária (direta ou indireta) para fins de regras de subcapitalização, tal como preconizado no art. 24 da Lei 12.249 / 2010. No entanto, o conceito de partes vinculadas empregado às regras de subcapitalização segue o mesmo conceito utilizado pelas regras de preços de transferência, de acordo com o art. 23 da Lei n. 9.430/96:

> "Art. 23. Para efeito dos arts. 18 a 22, será considerada vinculada à pessoa jurídica domiciliada no Brasil:
>
> I – a matriz desta, quando domiciliada no exterior;
>
> II – a sua filial ou sucursal, domiciliada no exterior;
>
> III – a pessoa física ou jurídica, residente ou domiciliada no exterior, cuja participação societária no seu capital social a caracterize como sua controladora ou coligada, na forma definida nos §§ 1º e 2º do art. 243 da Lei nº 6.404, de 15 de dezembro de 1976;
>
> IV – a pessoa jurídica domiciliada no exterior que seja caracterizada como sua controlada ou coligada, na forma definida nos §§ 1º e 2º do art. 243 da Lei nº 6.404, de 15 de dezembro de 1976;

V- a pessoa jurídica domiciliada no exterior, quando esta e a empresa domiciliada no Brasil estiverem sob controle societário ou administrativo comum ou quando pelo menos dez por cento do capital social de cada uma pertencer a uma mesma pessoa física ou jurídica;

VI – a pessoa física ou jurídica, residente ou domiciliada no exterior, que, em conjunto com a pessoa jurídica domiciliada no Brasil, tiver participação societária no capital social de uma terceira pessoa jurídica, cuja soma as caracterizem como controladoras ou coligadas desta, na forma definida nos §§ 1º e 2º do art. 243 da Lei nº 6.404, de 15 de dezembro de 1976;

VII – a pessoa física ou jurídica, residente ou domiciliada no exterior, que seja sua associada, na forma de consórcio ou condomínio, conforme definido na legislação brasileira, em qualquer empreendimento;

VIII – a pessoa física residente no exterior que for parente ou afim até o terceiro grau, cônjuge ou companheiro de qualquer de seus diretores ou de seu sócio ou acionista controlador em participação direta ou indireta;

IX – a pessoa física ou jurídica, residente ou domiciliada no exterior, que goze de exclusividade, como seu agente, distribuidor ou concessionário, para a compra e venda de bens, serviços ou direitos;

X – a pessoa física ou jurídica, residente ou domiciliada no exterior, em relação à qual a pessoa jurídica domiciliada no Brasil goze de exclusividade, como agente, distribuidora ou concessionária, para a compra e venda de bens, serviços ou direitos."

Como pode ser visto, o conceito de parte relacionada na legislação de preços de transferência é muito amplo, mas este é a definição adotada pela aplicação das regras de subcapitalização. Abaixo transcrevemos algumas passagens que os doutrinadores têm desenvolvido sobre o assunto:

"De acordo com o artigo 24 da Lei 12.249/10, o conceito de pessoa vinculada para fins de aplicação das regras de subcapitalização deve ser extraído do artigo 23 da Lei n. 9.430/1996, que trata da disciplina jurídica dos preços de transferência. O conceito de pessoa vinculada para fins de preço de transferência é bastante amplo, pois abrange relações alheias à mera participação societária, como, por exemplo, partes que tenham entre si exclusividade comercial na compra e venda de mercadorias, produtos e serviços.

A configuração de interdependência adotada pela lei brasileira é considerada ampla em comparação à prática internacional até mesmo para fins de aplicação das regras de preços de transferência, nas quais a abrangência do conceito de pessoa vinculada se justifica com maior facilidade, tendo em vista que a lei procura evitar a evasão ilegal de divisas em operações de compra e venda de bens, serviços e direitos entre partes vinculadas, impedindo o subfaturamento nas importações e o superfaturamento nas exportações. Porém, essa preocupação não atinge às regras de subcapitalização, pois parece improvável que mera existência de exclusividade para fins comerciais possa conduzir a uma situação de subcapitalização.

[...]

Por fim, registre-se que o artigo 24, paragrafo 2º, da Lei 12.249/10 estendeu o alcance das regras de subcapitalização às operações em que o garantidor, procurador ou qualquer interveniente sejam vinculados à pessoa jurídica mutuante". (SANTOS, Ramon Tomazela. As regras de subcapitalização introduzidas pela Lei 12.249/10 in Revista Dialética de Direito Tributário n. 184. Dialética: São Paulo, 2011. P.121 e 122)

"O conceito de 'vinculação' adotado como requisito no art. 24 é o constante do art. 23 da Lei nº 9.430, de 1996, relativo aos preços de transferência. Caso não exista vinculação no sentido da referida disposição legal e não recaia o credor no âmbito do art. 25, os juros serão plenamente dedutíveis, independente do rácio de endividamento.

Coloca-se a questão de saber qual o alcance da expressão pessoa vinculada empregue no art. 24 da MP nº 472/09, tendo em vista que este dispositivo remete para a definição constante do art. 23 da Lei nº 9.430/96, sem qualquer ressalva.

Como se viu, o conceito de pessoa vinculada estabelecido no art. 23 da Lei nº 9.430/96 abrange uma vasta gama de situações que ultrapassam as relações entre sócio e sociedade, às quais o fenômeno da subcapitalização em princípio respeita, devendo ter-se presente que tal conceito foi originalmente concebido para efeitos da disciplina de preços de transferência.

(...)

Concluímos, assim, no sentido de que, embora o caput do art. 24 faça remissão ao conceito de pessoa vinculada do art. 23 da Lei nº 9.430/96, sem qualquer ressalva ou restrição, tal remissão tem que ser entendida nos limites do próprio art. 24, ou seja, como uma referencia àquelas situações em que uma pessoa estrangeira participa no capital da brasileira.

A única relação de vinculação prevista no art. 23 da Lei nº 9.430/96 que pode dar ensejo à aplicação das regras de subcapitalização do art. 24 da MP nº 472/09 é, pois, a prevista em seu inciso III, segundo o qual é vinculada a pessoa física ou jurídica, residente ou domiciliada no exterior, cuja participação societária no seu capital social a caracterize como sua controladora ou coligada, na forma definida nos §§ 1º e 2º do art. 243 da Lei 6.404, de 15 de dezembro de 1976"[88]

Com base no exposto, acreditamos que a intenção do legislador era limitar a dedutibilidade dos juros despesas com empréstimos de partes relacionadas, independentemente do tipo de participação acionária (direta ou indireta) para efeitos das regras de subcapitalização, como enunciados no Artigo 24 da Lei 12249/2010.

Além disso, cabe ressaltar que o critério de "Equivalência Patrimonial" consiste em atualizar o valor contábil do investimento de acordo com o valor do patrimônio líquido da empresa investida em balanço da controladora, com reconhecimento dos seus efeitos na demonstração do resultado. Portanto, o valor do investimento será determinado mediante a aplicação do percentual de participação no patrimônio líquido de cada coligada ou controlada (Lei das Sociedades Anônimas, art. 248). Também devemos destacar que o reconhecimento dos efeitos positivos (ou negativos) do método de equivalência patrimonial não representam qualquer aumento do patrimônio do investidor – representando apenas um aumento (ou diminuição) do investimento registrado como um bem, e seus retornos representam uma receita não tributável (RIR/99, art. 388 e 389).

5.4. Imposição de Tratamento Fiscal Mais Oneroso às Operações realizadas com residentes em países de tributação favorecida ou regimes fiscais privilegiados

A experiência e evolução legislativa têm mostrado que parte dos esforços empreendidos pelos Estados no sentido de combater o planejamento internacional tributário voltam-se aos negócios praticados por contribuintes locais com outras sociedades residentes ou domiciliadas em jurisdições de tributação favorecida.

Em que pese a imposição de normas como as de preços de transferência e as CFC representarem importantes instrumentos de que dispõem os Estados, é fato que, na prática, a fiscalização do seu cumprimento nem sempre se mostra simples sob o ponto de vista operacional.

---

[88] XAVIER, Alberto e EMERY, Renata. Subcapitalização in Revista Dialética de Direito Tributário n. 176. Dialética: São Paulo, 2010. pp 9-11

Diante disso, outros mecanismos têm sido desenvolvidos e aplicados pelos Estados, merecendo destaque, nesse contexto, a imposição de alíquotas majoradas do imposto sobre a renda retido na fonte (IRRF) que recaem sobre os rendimentos e ganhos de capital remetidos a sociedades domiciliadas em jurisdições de tributação favorecida, bem como a perda do direito de fruição de certos benefícios e regimes fiscais locais mais favorecidos.

No Brasil, a imposição de alíquotas majoradas para operações praticadas com pessoas domiciliadas em jurisdições de tributação favorecida foi instituída por meio da edição da Medida Provisória nº 1.788, de 29 de dezembro de 1998, convertida na Lei nº 9.799, de 19 de janeiro de 1999. Eis o teor do artigo 8º, da Lei nº 9.799/99:

"Art. 8º Ressalvadas as hipóteses a que se referem os incisos V, VIII, IX, X e XI do art. 1º **da Lei nº 9.481, de 1997**, os rendimentos decorrentes de qualquer operação, em que o beneficiário seja residente ou domiciliado em país que não tribute a renda ou que a tribute à alíquota máxima inferior a vinte por cento, a que se refere o art. 24 da **Lei nº 9.430, de 27 de dezembro de 1996**, sujeitam-se à incidência do imposto de renda na fonte à alíquota de vinte e cinco por cento."

Em seqüência, foi editada a Lei nº 9.959, de 27 de janeiro de 2000, a qual, em seu artigo 7º, excluiu os investimentos estrangeiros advindos de jurisdições de tributação favorecida do tratamento fiscal previsto no artigo 81[89], da Lei nº 8.981, de 20 de janeiro de 1995, aplicando-se, a estes,

---

[89] "Art. 81. Ficam sujeitos ao Imposto de Renda na fonte, à alíquota de dez por cento, os rendimentos auferidos:
I – pelas entidades mencionadas nos arts. 1º e 2º do Decreto-Lei nº 2.285, de 23 de julho de 1986;
II – pelas sociedades de investimento a que se refere o art. 49 da Lei nº 4.728, de 1965, de que participem, exclusivamente, investidores estrangeiros;
III – pelas carteiras de valores mobiliários, inclusive vinculadas à emissão, no exterior, de certificados representativos de ações, mantidas, exclusivamente, por investidores estrangeiros.
§ 1º Os ganhos de capital ficam excluídos da incidência do Imposto de Renda quando auferidos e distribuídos, sob qualquer forma e a qualquer título, inclusive em decorrência de liquidação parcial ou total do investimento pelos fundos, sociedades ou carteiras referidos no caput deste artigo.
§ 2º Para os efeitos deste artigo, consideram-se:
a) rendimentos: quaisquer valores que constituam remuneração de capital aplicado, inclusive aquela produzida por títulos de renda variável, tais como juros, prêmios, comissões, ágio,

o mesmo regime aplicável aos investimentos mantidos por residentes ou domiciliados no Brasil:

"Art. 7º O regime de tributação previsto no art. 81 da Lei nº 8.981, de 1995, com a alteração introduzida pelo art. 11 da **Lei nº 9.249, de 1995**, não se aplica a investimento estrangeiro oriundo de país que tribute a renda à alíquota inferior a vinte por cento, o qual sujeitar-se-á às mesmas regras estabelecidas para os residentes ou domiciliados no País."

Em decorrência de tal alteração, os ganhos de capital auferidos por domiciliados em tais jurisdições (ditas de tributação favorecida), em operações levadas a efeito em bolsas de valores, de mercadorias e futuros e assemelhadas, ou fora de bolsa, tendo por objeto ouro ativo financeiro, deixaram de estar isentos de tributação, passando a submeter-se à retenção na fonte do imposto sobre a renda com base nas mesmas alíquotas aplicáveis aos investimentos nacionais. Essa conseqüência resta evidente com a leitura dos artigos 40 e 43, ambos da Instrução Normativa SRF nº 40, de 06 de março de 2001:

"Art. 40. Não estão sujeitos à incidência do imposto de renda os ganhos de capital auferidos pelos investidores estrangeiros de que trata o artigo anterior.

§ 1º Para efeito deste artigo consideram-se ganhos de capital, os resultados positivos auferidos:

deságio e participações nos lucros, bem como os resultados positivos auferidos em aplicações nos fundos e clubes de investimento de que trata o art. 73;
b) ganhos de capital, os resultados positivos auferidos:
b.1) nas operações realizadas em bolsas de valores, de mercadorias, de futuros e assemelhadas, com exceção das operações conjugadas de que trata a alínea a do § 4º do art. 65;
b.2) nas operações com ouro, ativo financeiro, fora de bolsa;
§ 3º A base de cálculo do Imposto de Renda sobre os rendimentos auferidos pelas entidades de que trata este artigo será apurada:
a) de acordo com os critérios previstos nos arts. 65 a 67 no caso de aplicações de renda fixa;
b) de acordo com o tratamento previsto no § 3º do art. 65 no caso de rendimentos periódicos;
c) pelo valor do respectivo rendimento ou resultado positivo, nos demais casos.
§ 4º Na apuração do imposto de que trata este artigo serão indedutíveis os prejuízos apurados em operações de renda fixa e de renda variável.
§ 5º O disposto neste artigo alcança, exclusivamente, as entidades que atenderem às normas e condições estabelecidas pelo Conselho Monetário Nacional, não se aplicando, entretanto, aos fundos em condomínio referidos no art. 80.
§ 6º Os dividendos e as bonificações em dinheiro estão sujeitas ao Imposto de Renda à alíquota de quinze por cento."

I – nas operações realizadas em bolsas de valores, de mercadorias, de futuros e assemelhadas, com exceção das operações conjugadas de que trata o inciso I do caput do art. 18;

II – nas operações com ouro, ativo financeiro, fora de bolsa.

§ 2º Não se aplica aos ganhos de capital de que trata este artigo a igualdade de tratamento tributário entre residentes no País e não residentes, prevista no art. 18 da Lei nº 9.249, de 1995."

"Art. 43. O regime de tributação previsto nos arts. 39 e 40 não se aplica a investimento oriundo de país que não tribute a renda ou que a tribute a alíquota inferior a vinte por cento, o qual sujeitar-se-á às mesmas regras estabelecidas para os residentes ou domiciliados no País."

Adicionalmente, a Lei nº 10.833, de 29 de dezembro de 2003, por meio de seu artigo 47, elevou a alíquota do imposto sobre a renda retido na fonte incidente sobre os ganhos de capital decorrentes de operações que tenham como beneficiário residente ou domiciliado em países e jurisdições de tributação favorecida. Ressalte-se que o próprio artigo ressalva os ganhos de capital regulados pelo artigo 7º, da Lei nº 9.959/00 e os dividendos calculados com base no resultado, que, por força do que dispõe o artigo 10, da Lei nº 9.249/95, permanecem isentos de tributação quaisquer que sejam os seus beneficiários:

"**Art. 47**. Sem prejuízo do disposto no **art. 10 da Lei nº 9.249, de 26 de dezembro de 1995**, e no **art. 7º da Lei nº 9.959, de 27 de janeiro de 2000**, o ganho de capital decorrente de operação, em que o beneficiário seja residente ou domiciliado em país ou dependência com tributação favorecida, a que se refere o **art. 24 da Lei nº 9.430, de 27 de dezembro de 1996**, sujeita-se à incidência do imposto de renda na fonte à alíquota de 25% (vinte e cinco por cento)."

Analisando-se as normas acima transcritas, tem-se que cada uma delas buscou a imposição de alíquotas majoradas sobre fatores distintos de produção de rendas e proventos auferidos por residentes ou domiciliados no exterior. Veja-se: (i) os rendimentos decorrentes de quaisquer operações estão sujeitos à regra constante do artigo 8º, da Lei n 9º 9.779/99, isto é, alíquota de 25% (vinte e cinco por cento); (ii) os ganhos de capital auferidos em operações em bolsas de valores, mercadorias e futuros e assemelhadas ou fora de bolsa, tendo por objeto ouro ativo financeiro, estão sujeitos às regras constantes do artigo 7º, da Lei nº 9.959/00, isto é, as mesmas regras a que se sujeitam os investidores nacionais (alíquota de 15% – quinze por cento); e (ii) os demais ganhos de capital auferidos com a venda de bens ou direitos estão sujeitos ao regime de tributação a que alude o artigo 47, da Lei nº 10.833/03, ou seja, também à alíquota de 25% (vinte e cinco por cento).

Diversos outros diplomas legais foram editados com o objetivo de conceder tratamento fiscal mais gravoso às operações praticadas com residentes ou domiciliados em quando situados em países ou jurisdições de tributação favorecida, tal como a Medida Provisória nº 2.159-70, de 24 de agosto de 2001, que, por meio de seu artigo 9º, de um lado, reduziu a zero a alíquota do imposto sobre a renda na fonte incidente sobre "remessas, para o exterior, destinadas exclusivamente ao pagamento de despesas relacionadas com a pesquisa de mercado para produtos brasileiros de exportação, bem como aquelas decorrentes de participação em exposições, feiras e eventos semelhantes, inclusive aluguéis e arrendamentos de estandes e locais de exposição, vinculadas à promoção de produtos brasileiros, bem assim de despesas com propaganda realizadas no âmbito desses eventos" e, de outro lado, impôs aos referidos beneficiários estrangeiros, quando situados em países ou jurisdições de tributação favorecida, uma incidência com base em alíquota equivalente a 25% (vinte e cinco por cento), em relação às mesmas operações.

7. Bibliografia Recomendada

Como referência bibliográfica adicicional, as seguintes obras sugeridas:

TORRES, Heleno Taveira. *Pluritributação Internacional sobre as Rendas das Empresas.* 2ª ed. São Paulo: Revista dos Tribunais, 2001.

XAVIER, Alberto. *Direito Tributário Internacional do Brasil – Tributação das Operações Internacionais.* 5ª ed. Rio de Janeiro: Forense, 1998.

Infrações, Sanções e Penalidades Tributárias

ELIZABETE ROSA DE MELLO

1. Infrações Tributárias

A legislação tributária prescreve sanções pelo não cumprimento de preceitos estabelecidos na lei tributária. Tais sanções podem ser de diversas naturezas: privativas de liberdade, limitativas de direitos, pecuniárias etc. As leis prescritivas de sanções pressupõem ação ou omissão do agente infrator, que são fatos relevantes para a incidência da sanção, e é a partir delas que se constrói a teoria do ilícito tributário.

O sujeito passivo da obrigação tributária tem o dever de efetuar o pagamento de tributos devidos na forma, prazo e condições estabelecidos em lei, conforme estabelece o artigo 113, § 1º do CTN (obrigação tributária principal). Adicionalmente, quanto à obrigação tributária acessória, o sujeito passivo deve praticar o ato ou abster-se de praticá-lo (CTN, artigo 113, § 2º).

No entanto, caso o sujeito passivo não cumpra qualquer obrigação tributária cometerá *infração tributária*. Sujeitar-se-á, então, a uma sanção ou penalidade, sendo a *multa fiscal* a mais comum destas penalidades.

A infração tributária, segundo ZELMO DENARI E PAULO JOSÉ DA COSTA JÚNIOR, "pode consistir na violação das normas que disciplinam os tributos, seu fato gerador, suas alíquotas ou sua base de cálculo, bem como no descumprimento dos deveres administrativos do contribuinte para com o Fisco, tendentes ao recolhimento do tributo"[1].

---

[1] COSTA JR., Paulo José da, DENARI, Zelmo. **Infrações tributárias e delitos fiscais.** 4. ed. São Paulo: Saraiva, 2000. p. 21.

Uma questão envolvendo o tributo e a multa decorrente do descumprimento, pelo sujeito passivo, da obrigação tributária principal ou acessória, reside na discussão se estes são ou não institutos jurídicos de natureza similar.

Sacha Calmon, ao comentar o posicionamento do legislador, afirma que este, visando a dotar as multas fiscais dos mesmos privilégios do crédito tributário, redigiu o § 1º do artigo 113 do CTN atribuindo às multas fiscais o mesmo regime processual do tributo:

Mas o fez com desastrada infelicidade, passando a ideia de que *tributo* e *multa* se confundem, o que não é permitido pelo artigo 3º do CTN, nuclear e fundante do conceito de tributo, eis que este último, conquanto implique, juntamente com a multa, uma prestação pecuniária compulsória, prevista em lei, em prol do Estado, dela se diferencia, precisamente, porque *não é sanção de ato ilícito*.[2]

O STF, na década de 80, reconheceu que multa não se confunde com tributo, ao decidir que o espólio, responsável pelo pagamento de tributo, não responde por multa imposta ao *de cujus*:

> MULTA. TRIBUTO. RESPONSABILIDADE DO ESPÓLIO. Na responsabilidade tributária do espólio não se compreende a multa imposta ao *de cujus*. Tributo não se confunde com multa, vez que estranha àquele a natureza de sanção presente nesta[3].

Atualmente, o STF mantém o mesmo entendimento, conforme decisão monocrática a seguir. A multa será sempre uma sanção pela prática de um ato ilícito, e o tributo resultante de uma atividade lícita:

> DECISÃO: – Vistos. [...] **No plano estritamente jurídico, ou plano da Ciência do Direito, em sentido estrito, a multa distingue-se do tributo porque em sua hipótese de incidência a ilicitude é essencial, enquanto a hipótese de incidência do tributo é sempre algo lícito. Em outras palavras, a multa é necessariamente uma sanção de ato ilícito, e o tributo, pelo contrário, não constitui sanção de ato ilícito.**

No plano teleológico, ou finalístico, a distinção também é evidente. O tributo tem por finalidade o suprimento de recursos financeiros de que o Estado

---

[2] Coêlho, Sacha Calmon Navarro. **Manual de Direito Tributário**. 2. ed. Rio de Janeiro: Forense, 2003. p. 367.
[3] STF. Recurso Extraordinário nº 95.213-6. Relator Min. Francisco Rezek, 11/05/1984.

necessita, e por isto mesmo constitui uma receita ordinária. Já a multa não tem por finalidade a produção de receita pública, e sim desestimular o comportamento que configura sua hipótese de incidência, e por isto mesmo constitui uma receita extraordinária ou eventual.

Porque constitui receita ordinária, o tributo deve ser um ônus suportável, um encargo que o contribuinte pode pagar sem sacrifício do desfrute normal dos bens da vida. Por isto mesmo é que não pode ser confiscatório. Já a multa, para alcançar sua finalidade, deve representar um ônus significativamente pesado, de sorte a que as condutas que ensejam sua cobrança restem efetivamente desestimuladas. Por isto mesmo pode ser confiscatória' (fls. 346/352)" [...] – grifos nossos[4].

Em suma, a resposta da questão formulada é negativa, pois o tributo e a multa não são institutos jurídicos de natureza similar, o que decorre da diferença de finalidades, além da diversidade de destinação dos recursos das multas e dos tributos. O tributo busca arrecadar recursos financeiros para os cofres dos Entes Federativos (União, Estados-membros, Distrito Federal e Municípios). A multa visa a garantia da integridade da ordem tri-

---

[4] STF. Recurso Extraordinário nº 474983/DF. Relator Min. Menezes Direito, 21/10/2008. Ouso discordar da parte final desta decisão que entende ser possível o efeito confiscatório para multa, diante do princípio da vedação do enriquecimento sem causa. Diferenciando multa de tributo encontra-se outra decisão do STF, no Recurso Extraordinário nº 271.974. Relator Min. Carlos Velloso, 02/08/2004: DECISÃO: – Vistos. O acórdão recorrido, em embargos do devedor, proferido pela Segunda Câmara Cível do Eg. Tribunal de Justiça do Estado de Minas Gerais, está assim ementado: "Processo Civil e Tributário. Cerceamento de defesa. Inexistência. Princípio da não cumulatividade do ICMS. Alegação de violação. Utilização de tributo com efeito de confisco. Multa. Inconsistência da tese. Vindo aos autos documentação que, em tese, comprovaria os fatos alegados pelo Apelante, não há, naturalmente, cerceamento de defesa. Declarando o contribuinte o valor devido ao Fisco, calculado pela diferença entre o crédito apurado no período anterior e o valor do imposto decorrente da saída de mercadorias, evidente a preservação do princípio da não cumulatividade do ICMS. **Não se confundindo a multa – como sanção pela prática de ato ilícito – e o tributo – decorrente sempre de uma atividade lícita do contribuinte (artigo 3º do CTN) – é incorreta a alegação de que a cobrança daquela, em elevado percentual, infringe a vedação contida no artigo 150, II, IV, da Constituição Federal. Demais, é ele estabelecido pelo legislador, discricionariamente, observado o grau da infração, a ele cabendo, exclusivamente, a competência para modificá-lo. Se a atuação fazendária é pautada de acordo com a lei, não há ilegalidade a ser conjurada pelo Judiciário. Sentença Mantida."** [...] – grifos nossos

butária, não tendo por objetivo contribuir para o aumento da arrecadação do Estado, mas sim, primando pela prevenção contra a prática de ilícitos.

1.1. Natureza jurídica. Violação de um dever jurídico

A discussão sobre a natureza jurídica do ilícito tributário principia pela reafirmação da unicidade da ordem jurídica. Assim, a divisão didática do direito em disciplinas não tem outra finalidade que a simplificação, em termos metodológicos e procedimentais, da aplicação prática de seus conceitos.

Tal constatação leva a concluir que seja qual for o ilícito, este sempre será da mesma natureza, independente da natureza do bem jurídico afetado. A afirmativa é bem explícita na lição de BERNARDO RIBEIRO DE MORAES:

> A ordem jurídica é unitária e o ilícito viola essa unidade. A suposta antijuridicidade, se penal ou se civil, contradiz a ideia do direito como ordenação jurídica da vida. O fundamento ético de todo ilícito é um único, o mesmo: infração de um dever preexistente[5].

No entanto, não obstante a unânime concordância doutrinária quanto a considerar o direito como um sistema unitário, a discussão sobre a natureza do ilícito, gravita em torno das seguintes classificações: civil, penal, administrativa e tributária.

O que leva o legislador e a doutrina a insistirem em classificar o ilícito tributário? Nada mais que estabelecer um sistema de consequências: dependendo da classificação atribuída a um determinado ilícito, altera-se a competência para legislar sobre as respectivas sanções. Se classificado como de natureza penal, apenas a União será competente para dar início ao processo de tipificação do ilícito e, consequentemente, de sua penalização. Se classificado como de natureza administrativa, caberá ao órgão vinculado estabelecer a sanção devida pelo cometimento do ilícito.

A doutrina tem se dividido em torno da classificação da natureza das infrações tributárias. São as seguintes as classificações por ela apresentadas:

a) *Natureza penalista* – O ilícito tributário é de natureza penal, regulado pelo Direito Penal. Em determinado alcance pode-se concluir que o ilícito

---

[5] MORAES, Bernardo Ribeiro de. **Compêndio de Direito Tributário**. Rio de Janeiro: Forense, 1984. p. 673-674

tributário realmente viola o patrimônio do Estado: o infrator acaba lesando o patrimônio do Estado ao procurar evitar a redução de sua riqueza.

É importante distinguir o Direito Tributário Penal do Direito Penal Tributário, HÉCTOR VILLEGAS entende que:

> O direito penal tributário regula juridicamente as infrações fiscais e suas sanções. Como nem sempre o particular atua conforme a lei, o direito penal tributário é afeto à análise das normas aplicáveis, no caso de violações disposições tributárias, assim como, a aplicação das penalidades aos transgressores[6.]

Não se pode confundir sonegação no sentido estrito com o crime de sonegação, em outros termos, uma infração tributária com uma infração penal, ALBERTO NOGUEIRA entende que:

> Não há como confundir *sonegação de tributos* com "crime de sonegação fiscal". Aquele se adstringe à única hipótese possível: falta de recolhimento de tributo, e, como tal, é uma típica *norma penal em branco*.
>
> O "crime de sonegação fiscal", porém, engendra preceito bem mais amplo, compreendendo não apenas a pura e simples falta de recolhimento do crédito tributário, como também situações outras a saber: prestar informação falsa, inserir elementos inexatos, omitir rendimentos ou operações, alterar faturas e quaisquer documentos relativos a operações mercantis com o propósito de fraudar a Fazenda Pública, fornecer ou omitir documentos graciosos e outras hipóteses (Lei nº 4.729, de 14 de julho de 1965) [7].

b) *Natureza civilista* – A doutrina entende que atribuir ao ilícito tributário uma "sanção de natureza civil" é simplesmente opor-se a classificá-lo como de natureza penal. Os adeptos dessa corrente admitem que as sanções de infrações tributárias não procuram reprimir, tem como objetivo a reparação ou ressarcimento de danos.

c) *Natureza administrativa* – De origem alemã, os estudos referentes à existência de um Direito Penal Administrativo ou Direito Administrativo Penal classificam as infrações tributárias como de natureza administrativa. Por atentar contra as rendas do Estado, entendem os partidários

---

[6] VILLEGAS. Héctor B. **Curso de Direito Tributário.** Tradução de Roque Antonio Carraza. São Paulo: Revistas dos Tribunais, 1980. p. 63.

[7] NOGUEIRA, Alberto. Parecer publicado na Revista de Direito Administrativo. v. 1. Rio de Janeiro: Fundação Getúlio Vargas, 1972. p. 331.

dessa corrente que o ilícito tributário deverá se submeter a um sistema punitivo especial, de natureza mais branda que a do sistema punitivo penal que tutela bens mais elevados, como a vida e a liberdade, dentre outros.

Outras correntes despontam dentre as majoritárias acima citadas, como, por exemplo, a que atribui ao ilícito tributário natureza autônoma, fundamentada na apregoada autonomia do Direito Tributário.

Há dois critérios básicos utilizados para distinguir as infrações tributárias: 1°) o que identifica é o órgão competente para aplicar a pena; 2°) o que analisa a natureza da pena imputada. Não obstante, tais critérios enfrentam críticas da doutrina, que a chamam de reducionistas.[8] Entendendo que se trata de simplificação, com a justificativa de maior didatismo, adota-se como conclusão o entendimento de BERNARDO RIBEIRO DE MORAES, que prefere concluir que o único critério seguro para se atribuir uma natureza jurídica do ilícito tributário é o que observa o tipo de sanção cominada à infração: penal, administrativa ou civil.

A partir dessa premissa, o citado autor assinala três tipos de sanções:

a) *Natureza civil* – O infrator é condenado a ressarcir o dano causado, por exemplo, sendo obrigado a pagar uma multa moratória.

ZELMO DENARI E PAULO JOSÉ DA COSTA JÚNIOR definem sanções civis como "as que preordenam à restauração do equilíbrio patrimonial rompido pela ocorrência de um fato ilícito"[9]. Afirmam os autores que as sanções civis constituem obrigações pecuniárias que objetivam reparar o dano do inadimplemento da obrigação autônoma[10], por isso que se diz que possuem caráter acessório.

Como exemplos de sanções de natureza civil merecem referências as multas moratórias, juros de mora, acréscimos, correção monetária.

b) *Natureza administrativa* – O infrator é submetido a sanção de caráter repressivo, podendo ser-lhe aplicada multa fiscal proporcional ao valor do tributo ou uma apreensão de bens ou suspensão de atividade empresarial. Como se depreende, nesse âmbito, as penas podem ter natureza pecuniária ou não, dependendo do caso concreto.

---

[8] ANDRADE FILHO, Edmar Oliveira. **Infrações e sanções tributárias.** São Paulo: Dialética. 2003. *passim.*

[9] COSTA JR., Paulo José da, DENARI, Zelmo. **Infrações tributárias e delitos fiscais.** 4. ed. São Paulo: Saraiva, 2000. p. 71.

[10] Idem.

c) *Natureza penal* – O infrator deve submeter-se a penas privativas de liberdade, restritivas de direitos e multas, próprias do Direito Penal. Relevante refletir sobre a distinção realizada por ZELMO DENARI E PAULO JOSÉ DA COSTA JÚNIOR entre ilícito fiscal e delito fiscal. Assim se manifestam os autores:

> [...] as sanções nos permitem identificar, com clareza, o critério distintivo entre os dois institutos. De fato, enquanto os ilícitos fiscais são punidos com sanções objetivas, de natureza patrimonial, podendo afetar a atividade industrial, comercial ou profissional do infrator, os delitos fiscais são punidos com sanções subjetivas, no mais das vezes privativas de liberdade.[11]

Além desses três tipos de sanções, classificadas segundo a natureza do preceito violado, ZELMO DENARI E PAULO JOSÉ DA COSTA JÚNIOR, acrescentam a de natureza tributária. E esclarecem que:

> No que tange às sanções tributárias, devemos a Dino Jarach o ensinamento de que na ordem jurídica tributária convivem dois tipos de normas: normas de direito material, de natureza substantiva e que disciplinam a criação do tributo e as relações jurídicas dela decorrentes, tais como fato gerador, alíquota, base de cálculo; e normas de direito formal, de natureza instrumental e que regulam os deveres fiscais dos contribuintes, bem como a atividade administrativa acessória do cumprimento daquelas relações.
>
> Partindo desse pressuposto, devemos considerar que a conduta fiscal do contribuinte tanto pode violar normas tributárias de natureza substantiva quanto instrumental, circunstância esta que nos permite aludir às sanções materiais, bem como a sanções formais.
>
> [...] De fato, enquanto as infrações materiais correspondentes à falta de recolhimento do imposto são **penalizadas com multas que variam de 30 a 100%** do valor do imposto, as infrações materiais relativas ao crédito do imposto prevêem **multas que variam de 70 a 200% do valor do crédito indevido** (grifos nossos – sanções de natureza tributária)[12].

---

[11] COSTA JR., Paulo José da, DENARI, Zelmo. **Infrações tributárias e delitos fiscais.** 4. ed. São Paulo: Saraiva, 2000. p. 82.
[12] Idem. p.78.

Além da imposição coercitiva de penalidades pecuniárias, como referido, é de praxe o Fisco recorrer a outros mecanismos para coibir a prática de ilícito tributário, como a apreensão de mercadorias.

Todavia, este mecanismo de apreensão de mercadorias não poderá ser utilizado para a cobrança de tributos, já que o verbete 323 da Súmula do STF dispõe ser inadmissível a apreensão de mercadorias como meio coercitivo para o pagamento de tributos e, ainda, Administração Pública deve usar a execução fiscal para a cobrança de seus créditos. Assim foi o entendimento fixado pela Segunda Turma do STF:

> AGRAVO REGIMENTAL NO RECURSO EXTRAORDINÁRIO COM AGRAVO. TRIBUTÁRIO. APREENSÃO DE MERCADORIA. DECRETO 24.569/97. TRANSPORTE DESACOMPANHADO DE DOCUMENTAÇÃO A COMPROVAR O RECOLHIMENTO ANTECIPADO DE TRIBUTO. QUESTÕES ASSENTADAS NO ACÓRDÃO RECORRIDO COM BASE NAS PROVAS E EM NORMAS INFRACONSTITUCIONAIS. SÚMULA 279 DO STF. OFENSA INDIRETA À CONSTITUIÇÃO. FORMA OBLÍQUA DE COBRANÇA DE DÉBITO FISCAL. INCONSTITUCIONALIDADE. SÚMULAS 70, 323 E 547 DO STF. QUESTÃO DIVERSA DA ANALISADA NA ADI 395/SP. PROPRIEDADE DA MERCADORIA APREENDIDA NÃO CONTESTADA. AGRAVO REGIMENTAL A QUE SE NEGA PROVIMENTO. I – Para se chegar à conclusão contrária à adotada pelo Tribunal de origem, em relação à apreensão ter se dado pela falta de comprovação do pagamento do tributo, faz-se necessário o exame do conjunto fático-probatório dos autos, bem como a análise de normas infraconstitucionais, o que é inviável por meio do extraordinário, nos termos da Súmula 279 do STF ou porque a afronta à Constituição, se ocorrente, seria indireta. II – A orientação deste Tribunal, manifestada nas Súmulas 70, 323 e 547, é no **sentido de repelir formas oblíquas de cobrança de débitos fiscais que constituam ofensa à garantia constitucional do livre exercício de trabalho, ofício, profissão e de qualquer atividade econômica, tendo em vista o fato de o Fisco possuir meio próprio para cobrança de seus créditos, qual seja, a execução fiscal.** III – Na ADI 395/SP, Rel. Min. Cármen Lúcia, foi declarada a constitucionalidade de dispositivo que permite a apreensão de mercadorias desacompanhadas de documentação fiscal idônea, mas que, por outro lado, limita essa retenção até a comprovação da legitimidade de sua posse pelo proprietário. Situação diversa da analisada nos autos, em que se pretende, por meio da retenção, o recolhimento do tributo devido. IV – No caso dos autos, a identificação do

proprietário da mercadoria é certa e, pelo que se extrai dos autos, a regularização da documentação se resolve pela comprovação do recolhimento do tributo devido, requisito que não pode ser obtido por meio da apreensão do bem em questão. V - Agravo regimental a que se nega provimento. [...] - grifos nossos[13].

Quando o sujeito passivo da relação jurídica tributária não efetua o pagamento do tributo no prazo legal deverá arcar com o pagamento da multa moratória, pelo atraso no pagamento deste tributo, e quando descumpre obrigações tributárias acessórias receberá como sanção uma multa punitiva, sendo a última multa de natureza tributária.

As sanções gerais da ordem jurídica tributária são de diversas naturezas: civil, administrativa, penal e tributária, conforme exposto no quadro a seguir:

SANÇÕES GERAIS DA ORDEM JURÍDICA TRIBUTÁRIA:	Natureza Civil	Natureza Administrativa	Natureza Penal	Natureza Tributária
Espécies:	Multa moratória, juros de mora, acréscimos e correção monetária	Multa fiscal - pecuniária Apreensão de bens, suspensão de atividade empresarial	Penas privativas de liberdade, restritivas de direitos e multa	Multa punitiva

1.2. Objetividade do injusto tributário (CTN, artigo 136)

O aspecto da apuração da responsabilidade do agente que cometeu infração tributária constitui o que se denomina *objetividade do injusto tributário*. A descrição deste aspecto do injusto é apresentada no artigo 136 do CTN. Ali, ao contrário do que estabelece o Direito Penal, como regra geral, não importará a intenção do agente. E menos ainda importará se o agente conseguiu ou não alcançar o seu intento:

> Artigo 136. Salvo disposição de lei em contrário, a responsabilidade por infrações da legislação tributária independe da intenção do agente ou do responsável e da efetividade, natureza e extensão dos efeitos do ato.

---

[13] STF. AG. REG. no Recurso Extraordinário com Agravo nº 753929. Relator Min. Ricardo Lewandowski, 18/03/2014.

Ao aderir à teoria da objetividade da infração fiscal, o CTN passa a desconsiderar o elemento subjetivo do injusto, isto é, a existência ou não de culpa ou dolo. Pouco importa, também, se a ação ou omissão do agente causou prejuízos para a Fazenda Pública.[14]

Exemplo prático da aplicação da regra de objetividade do injusto tributário é a decisão do TJERJ, em acórdão cuja ementa consta transcrita abaixo. O caso concreto trata do contribuinte em mora com o recolhimento do ISS. Este alega, em sua defesa, a existência de aspectos negociais, como justificativa para o atraso no recolhimento do tributo e, portanto, a nulidade de cobrança de multa moratória. A sentença desconsiderou os argumentos do contribuinte, mantendo a penalidade imposta.

> Direito Tributário. ISS. Recolhimento extemporâneo. Auto de Infração exigindo o pagamento da multa moratória. Ação declaratória de inexistência de relação jurídica tributária. Sentença de improcedência do pedido. Recurso desprovido. **O recolhimento do ISS se faz em estrita obediência à legislação de regência, sendo irrelevantes os aspectos meramente negociais da prestação de serviço. Recolhido o tributo além do prazo estabelecido pela Lei Municipal, cabe ao fisco exigir, por via de lançamento de ofício, o pagamento da multa moratória.** Descrevendo esse lançamento, com precisão, a infração tributária ocorrida, e indicando os dispositivos legais violados, não há falar em nulidade.[15] (grifos nossos).

Conforme se depreende do exemplo citado, a regra geral do CTN, constante do artigo 136, descreve a *infração objetiva*, em que a vontade do infrator é irrelevante na aplicação da penalidade. Qualquer que seja a intenção do agente, ou os motivos para o não cumprimento da obrigação tributária, estará configurado o ilícito.

A regra geral de objetividade do injusto tributário, constante do referido artigo, muitas vezes, fica superada em leis que fazem o ilícito tributário se aproximar do ilícito penal. A penalização mais severa do dolo tributário deve estar necessariamente estabelecida em lei, conforme estabelece o texto inicial do artigo 136 do CTN. É esta redação que fundamenta a fle-

---

[14] TORRES, Ricardo Lobo. **Curso de Direito Financeiro e Tributário**. 11.ed. Rio de Janeiro: Renovar. p. 266.
[15] TJRJ. APELACAO CÍVEL nº Processo: 2002.001.14121. Relator Des. Nametala Machado Jorge, 19/02/2003.

xibilização da objetividade como regra geral. A legislação do imposto de renda, por exemplo, aplica penalidades pecuniárias mais pesadas quando se constata ou presume a intenção maliciosa do agente.

O sucesso do agente em concluir o ato ilícito e os seus efeitos, nos termos do referido artigo, também são desprezados. É bastante que o ato do agente acarrete risco para o Erário para que aquele seja penalizado com as sanções legais. *Contrario sensu*, entretanto, a jurisprudência, tem cancelado multas, em situações em que se comprovou a boa-fé do contribuinte faltoso[16].

RICARDO LOBO TORRES chama a atenção para *temperamentos* da teoria da objetividade da infração fiscal. Segundo o autor, o próprio CTN chega a ser conflitante na dicção do artigo 112:

> A lei tributária que define infrações, ou lhes comina penalidades, interpreta-se da maneira mais favorável ao acusado, em caso de dúvida quanto: I – à capitulação legal do fato; II – à natureza ou às circunstâncias materiais do fato, ou à natureza ou extensão dos seus efeitos[17]; [...]

O teor do artigo 112 consolida o brocardo jurídico *in dubio pro reo* ao estabelecer regra determinante de "interpretação mais favorável" ao agente infrator. Trata-se de interpretação *in bonam partem*, em que havendo mais de uma possibilidade de decisão, opta-se pela que acarretar a penalidade menos severa ao contribuinte.

1.3. Responsabilidade (CTN, artigo 137)

A responsabilidade tributária por infrações fiscais é atribuída pelo CTN ao contribuinte ou ao co-responsável. Entretanto, em determinadas cir-

---

[16] Ver: STJ. AgRg no Recurso Especial nº 1129805/PR, Relator Min. Denise Arruda, 13/05/2011: PROCESSUAL CIVIL E TRIBUTÁRIO. AGRAVO REGIMENTAL NO RECURSO ESPECIAL. EMBARGOS À EXECUÇÃO FISCAL. **ICMS. ARTIGO 108, IV, DO CTN. APLICAÇÃO DA EQUIDADE PARA EXCLUSÃO DE MULTA. RECONHECIMENTO POR PARTE DO ÓRGÃO JULGADOR A QUO DA BOA-FÉ DO CONTRIBUINTE E DA AUSÊNCIA DE DOLO NA CONDUTA. APLICAÇÃO DOS PRINCÍPIOS DA PROPORCIONALIDADE E DA BOA-FÉ.** REVISÃO DO JULGAMENTO. IMPOSSIBILIDADE. REEXAME DO CONTEXTO FÁTICO-PROBATÓRIO. PRECEDENTES. INCIDÊNCIA DAS SÚMULAS 7 E 83 DO STJ" [...] – grifos nossos.

[17] TORRES, Ricardo Lobo. **Curso de Direito Financeiro e Tributário.** 11.ed. Rio de Janeiro: Renovar, 2004. p. 266.

cunstâncias, que o Código enumera de forma taxativa nos arts. 134 e 135, tais responsabilidades se estendem a terceiros. Nos casos enumerados, trata-se de responsabilidade pessoal por transferência de obrigação em relação a tributos.

Em situações especiais, em que o fator pessoalidade está presente, a responsabilidade pelo ilícito tributário será atribuída exclusivamente ao agente que cometeu a infração.

O agente ao praticar os ilícitos enumerados no artigo 137 do CTN, ou comete ato revestido de dolo específico ou ato contra a pessoa daquele que lhe deu a representação. Nos casos expressos no artigo 137 do CTN a responsabilidade pelo ilícito é exclusiva do agente, não envolvendo o contribuinte ou outro sujeito passivo da obrigação tributária.

O artigo 137 estabelece três hipóteses de responsabilidade por multas. A primeira é o caso em que o ilícito tributário também constitui um crime ou uma contravenção penal. Aqui cabe uma ressalva ao que foi afirmado no parágrafo anterior quanto à isenção de responsabilidade do contribuinte: este responderá fiscalmente se o agente, agindo sob seu mandato, praticou as infrações no exercício regular de administração, mandato, função, cargo ou emprego, ou no cumprimento de ordem expressa emitida por quem detinha a capacidade de ordená-la. ALIOMAR BALEEIRO justifica a atribuição de responsabilidade ao contribuinte afirmando que "poder-se-á dizer que concorre culpa *in eligendo* ou *in vigilando* do contribuinte, por ter elegido mal seu representante ou o não ter fiscalizado."[18]

A segunda hipótese está no inciso II do artigo 137, CTN, quando responsabiliza somente o agente, ao caracterizar que este agiu com dolo específico, característico do ilícito tributário. O inciso III constitui a terceira hipótese de atribuição de responsabilidade por multa, quando o CTN decide não punir o contribuinte por este ser uma vítima de falta cometida por preposto.

2. Sanções Tributárias
2.1. Conceito

Para coibir a prática de alguma infração tributária, sejam ilícitos ou delitos fiscais, a legislação prevê sanções. É neste sentido o ensinamento de HUGO DE BRITO MACHADO:

---

[18] BALEEIRO, Aliomar. **Direito Tributário Brasileiro.** 11.ed. Rio de Janeiro: Forense, 2008. p. 762.

Sanção é o meio de que se vale a ordem jurídica para desestimular o comportamento ilícito. Pode limitar-se a compelir o responsável pela inobservância da norma ao cumprimento de seu dever, e pode consistir num castigo, numa penalidade a este cominada.

A sanção de execução é sanção destinada a obter do responsável pela inobservância da norma o adimplemento de seu dever. A penalidade, por seu turno, pode ser pessoal ou patrimonial. No âmbito da tributação as penalidades pessoais podem ser consideradas obsoletas e inadequadas. São elas as restrições de direitos e as interdições de atividades[19].

O mesmo autor esclarece que a "finalidade da sanção é atribuir eficácia à norma jurídica, seja desestimulando a não prestação (sanção castigo), seja utilizando a força para que se efetive a prestação (execução forçada)..."[20].

A sanção tributária, portanto, terá como finalidade atribuir eficácia a uma norma jurídica tributária, somente aplicável em decorrência da prática de ilícito fiscal, punido, como salientou ZELMO DENARI, com sanções objetivas de natureza patrimonial.

2.2. Princípio da legalidade

LUIZ EMYGDIO FRANCO DA ROSA JÚNIOR observa que "a infração à legislação tributária gera uma sanção pela inobservância da norma jurídica, visando a manter a integridade da ordem jurídica"[21]. Isto significa que qualquer infração, para ser punível, deverá ser precedida de legislação sancionadora. A observação constitui o princípio da legalidade[22], constante do artigo 5º, inciso XXXIX, da Constituição Federal de 1988.

---

[19] MACHADO. Hugo de Brito. **Curso de Direito Tributário.** 15. ed. São Paulo: Malheiros: 1999. p. 375.
[20] MACHADO. Hugo de Brito. (coord). **Sanções administrativas tributárias.** São Paulo: Dialética: 2004. p. 161.
[21] ROSA JÚNIOR. Luiz Emygdio Franco da. **Direito Financeiro e Direito Tributário.** 16. ed. Rio de Janeiro: Renovar. 2001, p.685.
[22] Hugo de Brito Machado afirma ser o princípio da legalidade é um princípio fundamental do Direito, base para a fixação de penalidades: "tendo em vista os direitos e garantias fundamentais do cidadão, preconizamos que no Direito Sancionador sejam observados princípios fundamentais, tais como legalidade, isonomia, propor a proporcionalidade, razoabilidade e sobretudo o princípio do devido processo legal que se destina a garantir a efetividade de todos os princípios jurídicos". *Ibidem*, p. 190.

Segundo EDMAR OLIVEIRA DE ANDRADE FILHO[23] "o princípio da legalidade repele a imposição de deveres ou obrigações que não estejam previstos em lei ou em diploma normativo com força de lei". Depreende-se do exposto, que apenas a lei, em sentido formal e material, será capaz de criar sanções e definir infrações tributárias.

Questão que se lança é a de saber se o intérprete poderá utilizar a analogia para a imposição de sanções. A resposta é negativa, já que o artigo 108, § 1º, do CTN, veda ao intérprete recorrer à analogia para exigir tributo não previsto em lei, e com muito mais razão proíbe a aplicação de sanções.

2.3. Classificação

Não há unanimidade na doutrina quanto à classificação das sanções. Segundo RICARDO LOBO TORRES[24], durante muito tempo prevaleceu a distinção entre sanções de natureza penal, tributária e moratória. Para o referido autor, partindo do pressuposto de que as sanções em matéria tributária são sempre de natureza penal, a melhor classificação das sanções é a bipartida em sanções não-pecuniárias e penalidades pecuniárias.

Como na classificação de qualquer instituto jurídico é fundamental escolher um parâmetro de distinção, optou-se por adotar a "pecuniaridade da sanção" como elemento distintivo, visto ser esta opção de classificação a mais didática.

As sanções não-pecuniárias subdividem-se em privação de liberdade, restrição de direitos e perdimento de bens. Já as penalidades pecuniárias são de natureza civil, subdivididas em multas fixas, multas proporcionais e acréscimos moratórios.

Outra classificação que não descarta a anterior foi trazida pela obra coordenada por HUGO DE BRITO MACHADO:

> [...] preconizamos sejam as sanções tributárias classificadas em duas categorias, a saber, as sanções patrimoniais e as sanções pessoais.
>
> As sanções patrimoniais são as multas e, excepcionalmente, a perda de mercadoria.

---

[23] ANDRADE FILHO. Edmar Oliveira. **Infrações e Sanções Tributárias.** São Paulo: Dialética, 2003. p. 78.
[24] TORRES, Ricardo Lobo. **Curso de Direito Financeiro e Tributário.** 11.ed. Rio de Janeiro: Renovar, 2004. p. 330.

As sanções pessoais são as penas prisionais e de prestação de serviços à comunidade[25].

Ante o exposto, pode-se inferir que as sanções não-pecuniárias são de natureza personalíssima e as pecuniárias de natureza patrimonial.

3. Sanções Penais
3.1. Sanções penais *Lato sensu*.
As sanções penais *Lato sensu* são também denominadas de sanções não pecuniárias, de natureza subjetiva. São elas: a privação de liberdade, a restrição de direitos e o perdimento de bens.

3.1.1. Privação de liberdade
As penas de privação de liberdade são a reclusão e a detenção, e somente o magistrado as pode aplicar. Estão estabelecidas no Código Penal ou em legislação penal extravagante.

Com a CRFB/88 deixou de existir a prisão administrativa por dívidas, conforme estabelece o artigo 5º, inciso LXI, exceto no caso de pensão alimentícia.

3.1.2. Restrição de direitos
No Direito Brasileiro persistem algumas espécies de penalidades de restrição de direitos, como por exemplo a proibição de exercer certas funções ou profissões, a interdição de estabelecimento, aplicadas aos contribuintes em débito com a Fazenda Pública.

Por outro lado, outras restrições de direitos constituem práticas coercitivas vedadas pelo ordenamento jurídico. Como exemplo de restrição de direito proibida tem-se o disposto no verbete nº 70 da Súmula do STF, que determina expressamente ser "inadmissível a interdição de estabelecimento como meio coercitivo para cobrança de tributo".

3.1.3. Perdimento de bens
Esta sanção é muito comum no ordenamento jurídico brasileiro. A própria CRFB/88 admite em seu artigo 5º, inciso XLVI, *b*, a perda de bens,

---

[25] MACHADO. Coordenador Hugo de Brito. **Sanções Administrativas Tributárias.** São Paulo: Dialética: 2004. p. 189.

podendo ser passível de ser executada em face dos sucessores até o limite do valor do patrimônio transferido.

A pena de perdimento de bens vem sendo mitigada pela aplicação do princípio da boa-fé[26], como ilustram as ementas dos acórdãos abaixo:

> PROCESSUAL CIVIL E TRIBUTÁRIO. AGRAVO REGIMENTAL. IMPORTAÇÃO DE VEÍCULO. MERCADORIA APREENDIDA. ADQUIRENTE DE BOA-FÉ. PENA DE PERDIMENTO. INAPLICABILIDADE. PRECEDENTES[27].
>
> TRIBUTÁRIO. MERCADORIA IMPORTADA. AQUISIÇÃO NO MERCADO INTERNO. EXIBIÇÃO DE NOTA FISCAL. PENA DE PERDIMENTO. INAPLICABILIDADE. A AQUISIÇÃO DE MERCADORIA IMPORTADA, NO MERCADO INTERNO, COM A EXIBIÇÃO DE NOTA FISCAL FORNECIDA POR FIRMA REGULARMENTE ESTABELECIDA, NÃO AUTORIZA A APLICAÇÃO DA PENA DE PERDIMENTO. CABE AO FISCO PRODUZIR PROVA EM CONTRÁRIO[28].

3.2. Competência para legislar

É da competência exclusiva da União legislar sobre matéria de Direito Penal, conforme dispõe o artigo 22, inciso I da CRFB/88. Assim, as sanções

---

[26] Outras ementas no mesmo sentido: STJ. AGA nº 423062-PR. Relator Min. José Delgado, 04/04/2002: TRIBUTÁRIO E PROCESSUAL CIVIL. AGRAVO REGIMENTAL. EXISTÊNCIA DE ERRO MATERIAL NO TOCANTE À COMPROVAÇÃO DO DISSÍDIO JURISPRUDENCIAL. IMPORTAÇÃO. MERCADORIA APREENDIDA, SENDO DECLARADO SEU PERDIMENTO. ADQUIRENTE DE BOA-FÉ. EMPRESA ALIENANTE QUE ESTAVA REGULARMENTE ESTABELECIDA. PRECEDENTES.
STJ. Recurso Especial nº 345577-PR. Relator Min. José Delgado, 05/02/2002: TRIBUTÁRIO. MERCADORIA IMPORTADA IRREGULARMENTE. AQUISIÇÃO NO MERCADO INTERNO POR TERCEIRO DE BOA-FÉ. EMISSÃO DE NOTA FISCAL. PENA DE PERDIMENTO. INAPLICABILIDADE.
E, também, nos seguintes Recursos Especiais: RESP 315553-PR, RESP 94980-DF (RSTJ 97/146); RESP 102146-DF, RESP 90437-DF, RESP 81544-DF; RESP 79764-DF (RDR 7/177), RESP 63539-DF; RESP 15073-DF (RSTJ 63/230, LEXSTJ 65/85); RESP 119305-RS, RESP 85064-RS, RESP 34325-RS; RESP 111127-RS, RESP 109710-PR (RSTJ 98/179); RESP 86068-SC, RESP 33036-PR, RESP 34961-RS, RESP 15085-DF.

[27] STJ: Agravo Regimental no Agravo de Instrumento nº 1169855/SP. Relator Min. José Benedito Gonçalves, 01/12/2009. Agravo Regimental no Agravo de Instrumento nº 493350/RJ. Relator Min. José Delgado, 13/10/2003.

[28] STJ. Agravo Regimental no Agravo Regimental no RESP nº 976365/PE. Relator Min. Napoleão Nunes Maia Filho, 16/12/2013. Recurso Especial nº 121311-RS. Relator Min. HÉLIO MOSIMANN, 17/03/1997.

penais *lato sensu* de natureza tributária são obrigatoriamente estabelecidas pela União.

4. Sanções Administrativas
4.1. Sanções administrativas *Lato sensu*
As sanções administrativas *Lato sensu* são de caráter repressivo (item 4.1.1), referem-se às penalidades pecuniárias, apreensão de bens ou até mesmo suspensão de atividade empresarial. A aplicação dessas sanções administrativas dependerá da análise do caso concreto.

4.2. Competência para legislar
O mesmo ente da Federação que tiver competência para instituir o tributo será o mesmo que terá competência para legislar sobre sanção administrativa. Conforme a seguinte ementa do acórdão do STF:

> AÇÃO DIRETA DE INCONSTITUCIONALIDADE. LEI ESTADUAL 194/94. CÓDIGO TRIBUTÁRIO ESTADUAL. IMPOSTO SOBRE PROPRIEDADE DE VEÍCULOS AUTOMOTORES. NÃO-PAGAMENTO. CONSEQÜÊNCIA. COMPETÊNCIA ESTADUAL. Código Tributário estadual. Imposto sobre Propriedade de Veículos Automotores – IPVA. Não-pagamento. Consequência: impossibilidade de renovar a licença de trânsito. Ofensa à competência privativa da União Federal para legislar sobre transporte e trânsito de veículos. Alegação improcedente. **Sanção administrativa em virtude do inadimplemento do pagamento do IPVA. Matéria afeta à competência dos Estados-membros.** Ação Direta de Inconstitucionalidade julgada improcedente[29](grifos nossos)[30].

Além disso, não se pode deixar de citar que a competência para aplicação de sanções de natureza patrimonial é das autoridades da Adminis-

---

[29] STF. Ação Declaratória de Inconstitucionalidade nº 1654/ AP. Relator Min. Maurício Corrêa, 03/03/2004.

[30] Apesar de, absurdamente, em sede de repercussão geral (ARE 743480 RG / MG – MINAS GERAIS. Relator Min. Gilmar Mendes, 10,10,2013) o STF ter se manifestado no seguinte sentido: "Tributário. Processo legislativo. Iniciativa de lei. 2. Reserva de iniciativa em matéria tributária. Inexistência. 3. Lei municipal que revoga tributo. Iniciativa parlamentar. Constitucionalidade. 4. Iniciativa geral. **Inexiste, no atual texto constitucional, previsão de iniciativa exclusiva do Chefe do Executivo em matéria tributária.** 5. Repercussão geral reconhecida. 6. Recurso provido. Reafirmação de jurisprudência" (grifos nossos).

tração Tributária, exceto as decorrentes de execução fiscal, que serão de competência do Poder Judiciário.

5. Sanções Civis

As sanções civis, como mencionado são as que "preordenam à restauração do equilíbrio patrimonial rompido pela ocorrência de um fato ilícito", sendo prestações de natureza acessória. Não se pode aplicar multa sem a existência de fato ou ato jurídico relevante, ou melhor, sem ocorrer o fato gerador de tributo ou de obrigação acessória.

5.1. Espécies de Sanções Civis

As espécies de sanções civis são: multas fixas, multas proporcionais, multas moratórias, acréscimos, correção monetária e juros de mora.

5.1.1. Multas fixas

As multas fixas aplicam-se aos casos de prática de infrações pelo descumprimento de obrigações acessórias. O valor dessas multas é estabelecido com base num referencial compatível com a unidade fiscal da União, Estados-membros e Distrito Federal (UFIR, UFERJ, UNIF, UFESP[31] etc.).

---

[31] STF. Agravo de Instrumento nº 404915/SP. Relator Min. Celso de Mello, 18/12/2002. O STF (AI 404915/SP) julgou a legalidade da instituição de índice, própria de atualização monetária dos débitos tributários estaduais (UFESP).
"A controvérsia constitucional suscitada na presente causa consiste em saber se o Estado-membro, com fundamento na autonomia jurídica de que se acha investido, pode, ou não, instituir, em sua legislação, índice próprio de atualização monetária dos débitos tributários estaduais (UFESP, no caso), pois – consoante tem sido sustentado pelos contribuintes – somente à União Federal competiria estabelecer, em caráter oficial, nos termos do que prescreve a Constituição da República (artigo 22, VI, c/c o artigo 48, XIII), os índices de aferição da desvalorização da moeda. O Plenário do Supremo Tribunal Federal, ao decidir essa questão, reconheceu a possibilidade constitucional de o Estado-membro, com apoio na regra de competência inscrita no artigo 24, I, da Carta Política, fixar índices de correção monetária de seus créditos tributários, desde que a legislação estadual não supere os limites decorrentes da aplicação dos índices de atualização estabelecidos, para os mesmos fins, pela União Federal: "São Paulo. UFESP. Índices fixados por lei local para correção monetária. Alegada ofensa ao artigo 22, II e IV, da Constituição Federal . Entendimento assentado pelo STF no sentido da incompetência das unidades federadas para a fixação de índices de correção monetária de créditos fiscais em percentuais superiores aos fixados pela União para o mesmo fim. Ilegitimidade da execução fiscal embargada no que houver excedido, no tempo, os índices federais. Recurso parcialmente provido". (grifos nossos).

5.1.2. Multas proporcionais

As multas proporcionais incidem sobre descumprimento de obrigações principais.

O valor da multa é determinado com base em um percentual aplicado ou sobre o montante do imposto que deixou de ser pago, ou sobre determinada base de cálculo.

Geralmente a lei faculta à autoridade administrativa escolher entre o percentual mínimo e máximo, fixados em lei, de acordo com a gravidade do ato cometido pelo contribuinte.

5.1.3. Multas moratórias ou multas de mora

Multas moratórias, ou de mora, são sanções legais de natureza pecuniária, exigidas pela falta de pagamento do tributo no prazo devido. A mora origina-se do direito das obrigações e aplica-se a todas as hipóteses de obrigação de fazer, em especial, às obrigações de pagar, como é o caso da obrigação tributária. O contribuinte que deixa passar o prazo legal para pagamento do tributo encontra-se em mora.

Segundo ZELMO DENARI "as multas de mora são aplicadas em razão da violação do direito subjetivo de crédito da Fazenda Pública, pois decorrem do inadimplemento da respectiva obrigação tributária"[32] devida pelo sujeito passivo da relação jurídica tributária.

O citado autor aponta outra particularidade das multas moratórias: por serem acessórias, dispensam procedimento constitutivo autônomo, já que decorrem da obrigação tributária principal. Assim, perecendo esta última, elas se extinguem[33].

5.1.3.1. Acréscimos, correção monetária e juros de mora

Os acréscimos da dívida ativa são conceituados por ZELMO DENARI como sanções civis que "desempenham função eminentemente reparatória dos custos administrativos relacionados com a inscrição dos débitos fiscais".[34] Não deve o Fisco arcar com tais custos, sob pena de toda a sociedade repartir este ônus. No Estado do Rio de Janeiro o Regulamento do ICMS prevê

---

[32] COSTA JR., Paulo José da, DENARI, Zelmo. **Infrações tributárias e delitos fiscais.** 4. ed. São Paulo: Saraiva, 2000. p. 73.
[33] Idem.
[34] Ibidem. p.74.

a possibilidade de cobranças de acréscimos[35], como nos Regulamentos do ICMS de outras unidades da Federação.

O sujeito passivo inadimplente deve efetuar o pagamento da correção monetária para recompor o valor do tributo devido, sob pena de violação do princípio da isonomia, já que outros contribuintes efetuaram o pagamento no prazo estabelecido.

Em relação aos juros de mora ou juros moratórios, são devidos pela privação do uso do capital de alguém. Segundo LEANDRO PAULSEN, quando esta privação for lícita incidem os juros compensatórios "(caso do mútuo, em que o mutuário restitui o capital no prazo estabelecido no contrato)", quando for ilícita, incidirão os juros de mora[36], como ocorre no caso em que o contribuinte deixa de pagar o tributo no prazo estabelecido em lei, já que ele está com um valor que não lhe pertence, usufruindo da forma que entende conveniente. Em consequência, deverá sujeitar-se ao pagamento de juros de mora.

O § 1º do artigo 161 do CTN estabelece que "se a lei não dispuser de modo diverso, os juros de mora serão calculados à taxa de 1% (um por cento) ao mês".

Quanto à polêmica de os juros poderem superar ou não 12% ao ano, a EC nº 40/2003 já disciplinou de forma positiva. LEANDRO PAULSEN se manifestou da seguinte forma sobre o assunto:

> Não tinha cabimento a invocação do limite constitucional de 12% previsto no artigo 192, § 3º, da CF, já revogado pela EC nº 40/2003. Isso porque a norma constitucional dizia respeito à concessão de crédito no âmbito do Sistema Financeiro Nacional, conforme se depreendia do seu texto e do capítulo em que se insere. Além disso, havia jurisprudência pacífica no sentido de que a norma limitadora da taxa de juros reais, insculpida no artigo 192, § 3º, da Constituição, não era auto-aplicável consolidando-se no enunciado da Súmula 648 do STF: "A norma do § 3º do artigo 192 da Constituição, revogada pela EC 40/2003, que limitava a taxa de juros reais de 12% ao ano, tinha sua aplicabilidade condicionada à edição de lei complementar"[37].

---

[35] Decreto nº 30.363 de 27 de dezembro de 2001, que alterou o Regulamento aprovado pelo Decreto nº 27.427, de 17/11/2000 (RICMS/2000).
[36] PAULSEN, Leandro. **Direito Tributário:** Constituição e Código Tributário à luz da Doutrina e Jurisprudência. 6. ed. Porto Alegre: Livraria do Advogado, 2004. p.1080.
[37] Idem. p. 1086.

Caso não existissem estes acréscimos, correção monetária e juros moratórios, o sujeito passivo acabaria considerando mais vantajoso pagar seus tributos e penalidades pecuniárias sempre após o vencimento, já que não sofreria nenhuma sanção.

5.1.3.2. Multas moratórias e punitivas

A lei não faz distinções entre a natureza jurídica das multas moratórias e das multas punitivas[38]. As multas moratórias anteriormente tratadas no item 5.1.3 têm natureza civil, já que, quando não for efetuado o pagamento do tributo (obrigação tributária principal) na data estabelecida pelo Fisco, o contribuinte deverá arcar também com o pagamento de juros e correção monetária [39].

Todavia, a jurisprudência faz esta distinção no sentido de que a multa moratória é a decorrente da mora do sujeito passivo da relação jurídica tributária em não cumprir com sua obrigação, seja principal ou acessória. Já a multa pecuniária é a devida pelo fato ou ato ilícito que o contribuinte ou responsável praticou, visando coibir a prática de nova infração tributária[40].

---

[38] Como se observa na decisão monocrática: STJ: AG 493365, Relator Min. Luiz Fux, DJ 11.06.2003.
[39] STJ. Recurso Especial nº 503.697-MG. Relator Min. Luiz Fux, 26/08/2003: A decisão do STJ abaixo está neste sentido:
"PROCESSUAL CIVIL E TRIBUTÁRIO. RECURSO ESPECIAL. ADMISSIBILIDADE. MATÉRIA DE ÍNDOLE CONSTITUCIONAL. CPMF. ATRASO NO PAGAMENTO AO ABRIGO DE DECISÃO JUDICIAL. POSTERIOR CASSAÇÃO. EFEITOS. CORREÇÃO MONETÁRIA E JUROS DE MORA DEVIDOS. MULTA.
1. Matéria de índole constitucional não trafega na via do Recurso Especial.
2. O provimento liminar, seja em sede de Mandado de Segurança, seja por via de antecipação de tutela, decorre sempre de um juízo provisório, passível de alteração a qualquer tempo, quer pelo próprio juiz prolator da decisão, quer pelo Tribunal ao qual encontra-se vinculado. A parte que o requer fica sujeita à sua cassação, devendo arcar com os consectários decorrentes do atraso ocasionado pelo deferimento da medida.
3. A correção monetária nada acrescenta ao valor da moeda, adaptando-a à realidade e evitando a corrosão do valor pelos efeitos da inflação. Os juros moratórios, por serem remuneratórios do capital, também são devidos ante a cassação do provimento judicial provisório.
4. Recurso Especial conhecido em parte, e, nesta parte, provido".
[40] STF. Agravo de Instrumento nº 180483 / RS. Relator Min. SYDNEY SANCHES, 25/06/1999: A ementa da decisão monocrática do STF mostra esta diferença:
DECISÃO: [...] **No Direito Tributário encontramos comumente a figura da chamada multa de mora. O contribuinte incide em multa de mora quando não paga ou vai pagar**

5.1.3.3. Natureza administrativa da multa moratória

Nos verbetes nºs 191 e 192 o Supremo Tribunal Federal[41] distinguia penalidade de natureza moratória e penal; hoje seu entendimento é o de que a multa moratória é de natureza administrativa nos casos de falência (verbete nº 565 da Súmula do STF[42]).

É importante frisar que quando se diz que a multa tem natureza administrativa, significa que deve ser aplicada pela Administração Pública. No

o imposto fora do prazo marcado e a lei tenha assim sancionado esse atraso. Incide então em um acréscimo. Essa multa de mora, entretanto, não tem o caráter de punição, mas antes o de indenização pelo atraso do pagamento. Quem está em mora, nada mais é que um devedor em atraso de pagamento. A multa de mora ocorre especialmente nos impostos de lançamento direto e lançamento misto ou por declaração, em que o fisco, tendo concluído o lançamento, remete notificação com prazo para o pagamento. Se o contribuinte não paga no prazo incorre em um acréscimo: seu ato constitui uma mora e não uma infração, pois o tributo já está lançado, não há risco fiscal, a falta de pagamento dará, nesse caso ensejo à execução e não ao auto de infração. No caso, porém, dos impostos de autolançamento ou lançamento por homologação, como são os casos do IPI e do ICMS, é preciso distinguir duas situações: se o contribuinte atrasa o recolhimento do imposto e antes de qualquer procedimento fiscal ele procura a repartição para recolher o imposto em atraso, a legislação prevê a possibilidade de ele recolher o imposto com atraso. Aqui, entretanto, impostos com um acréscimo moratório escalonado de acordo estamos dentro da possibilidade da auto denúncia de infração que exclui a penalidade e permite a cobrança de juros moratórios (CTN, artigo 138). Neste caso dos impostos autolançados, a falta de recolhimento nos prazos marcados constitui infração fiscal, porque embora sujeito a ulterior homologação, o quantum devido já existe e a falta de seu recolhimento aos cofres públicos põe em risco o pagamento. Por isso, se não recolhido, nem espontaneamente sanada a falta, essa omissão constituirá infração sujeita a multa punitiva e não apenas moratória porque não houve sequer lançamento." 8. Assim, é de se concluir que a questão, como afirmado, foi resolvida à luz dos dispositivos infraconstitucionais, o que torna a quaestio carente de uma questão constitucional pura, a acessar a via derradeira. 9. Inexiste, por decorrência, ofensa direta à Carta Magna, sendo de se improver, assim, o agravo de instrumento em comento." 2. Adotando a exposição, a fundamentação e a conclusão do parecer do Ministério Público Federal, nego seguimento ao presente Agravo (arts. 21, § 1º, do R.I.S.T.F., 38 da Lei nº 8.038, de 28.05.1990, e 557 do Código de Processo Civil). 3. Publique-se. Intimem-se" (grifos nossos).

[41] Verbete 191 e 192, respectivamente: "inclui-se no crédito habilitado em falência a multa fiscal simplesmente moratória" e "não se inclui no crédito habilitado em falência a multa fiscal com efeito de pena administrativa".

[42] Verbete 565: "A multa fiscal moratória constitui pena administrativa, não se incluindo no crédito habilitado em falência".

entanto, os efeitos dessa multa em relação ao contribuinte ou outro sujeito passivo tem natureza civil, como em relação a qualquer tributo.

6. Penalidades Tributárias
6.1. Efeitos: Repressivo. Intimidatório. Preventivo

Foi analisado (subitem 4.1) que do ilícito tributário surge a necessidade de se determinar, no caso concreto, a sanção respectiva, que reforça a obediência ao ordenamento jurídico.

E o que o legislador pretende ao estabelecer uma sanção, ou seja, quais os efeitos que uma sanção deverá provocar no infrator para que ele não cometa ilícitos tributários e não reincida?

As respostas a estas perguntas começam ao se perceber que as normas jurídicas tributárias não chegam a evitar transgressões, pois para isso existem as sanções como meio para coibir de forma repressiva, intimidatória ou preventiva que pessoas físicas ou jurídicas pratiquem os ilícitos tributários.

O efeito repressivo da sanção está em impor ao infrator, pelo ilícito praticado, um castigo ou uma pena[43], um sofrimento ou uma reprovação por meio de sanções denominadas repressivas, aflitivas ou punitivas.

---

[43] Bernardo Ribeiro de Moraes ensina que "[...] a pena se apresenta como uma das espécies do gênero sanção. O conceito de pena, portanto, é menos amplo que o de sanção (toda pena constitui uma sanção mas nem toda sanção, necessariamente, é uma pena". Para entender melhor o exposto o referido autor traz o contexto da sanção tributária da seguinte forma: "A infração tributária, como qualquer infração, prejudica a sociedade, pois qualquer violação da ordem jurídica lhe causa dano. Todavia, é a Fazenda Pública (da União, dos Estados ou dos Municípios) que se apresenta portadora desse interesse coletivo. Esta Fazenda Pública, titular de direitos de crédito, recebe do ordenamento jurídico diversos instrumentos (sanções) que procuram evitar a violação da legalidade tributária. Em linhas gerais, podemos lembrar as diversas sanções: a) execução fiscal, que tem por objeto a obtenção coercitiva da prestação devida pelo contribuinte e que não foi realizada de forma espontânea. A Fazenda Pública tem o direito de obter, em procedimento executivo, o crédito tributário não satisfeito; b) ônus moratórios. Tratando-se de prestações pecuniárias não satisfeitas no devido tempo, a Fazenda Pública pode recuperar-se do dano patrimonial, derivado da impontualidade do devedor, exigindo ônus moratórios (juros de mora e correção monetária); c) **pena. Esta, onde encontramos a multa fiscal, terá por finalidade, além de reprimir ou punir o infrator, intimidar o contribuinte para que a conduta ilícita não se reitere ou não chegue a produzir-se. A pena visa a defesa da norma jurídica.** Esta penalidade pode ser imposta tanto em razão do não cumprimento da obrigação tributária principal (falta de pagamento de tributo no prazo do vencimento), como em razão do não cumprimento da obrigação tributária acessória (não apresentação de livros fiscais, não emissão de documentos fiscais,

Os efeitos intimidatório e preventivo visam a prevenir, preservar, defender e resguardar a ordem jurídica, importante para que todos possam viver de forma harmônica em sociedade.

6.2. Limites. Qualitativo (penalidade pecuniária. Direito de defesa administrativa e judicial). Quantitativo (não-confiscatoriedade, CF/88 – artigo150 IV). Exclusão da antijuridicidade. Estado de necessidade. Exclusão de punibilidade, CTN, artigo 100, parágrafo único

6.2.1. Limite qualitativo da multa moratória

Para a Fazenda Pública é irrelevante, como afirma RAFAEL BIELSA "saber se houve ou não intenção de demorar e dificultar o funcionamento da Administração no ato da demora de pagar as contribuições na época fixada."[44] Mesmo a hipótese de não pagamento da dívida tributária por impossibilidade material constitui o contribuinte em mora.

A multa de mora guarda similaridade com a cláusula penal ou multa contratual (*stipulatio poenae*) estabelecida em contratos privados. Como obrigação acessória representativa do ônus imposto ao devedor impontual, estipulada de forma arbitrária e fictícia, a multa de mora não tem relação econômica alguma com o interesse da Fazenda Pública em ver satisfeitos os seus créditos decorrentes dos lançamentos dos tributos.

Fundamentado nos princípios constitucionais do devido processo legal e do direito ao contraditório, o contribuinte encontra no contencioso tributário o meio de buscar dirimir eventual controvérsia que possa ter com o Fisco, a propósito da existência, das características ou do montante da obrigação tributária, aqui incluídas as acessórias, como as multas moratórias. A característica que marca o contencioso tributário é que este sempre é de iniciativa do contribuinte. Ao contribuinte cabe alegar o que entende ser seu direito.

O contribuinte dispõe de duas esferas de contestação, em que se desenrolarão dois diferentes tipos de processos: 1ª) o processo tributário administrativo; 2ª) o processo tributário judicial.

---

falta de inscrição, etc) – grifos nossos, *in* **Compêndio de Direito Tributário.** Rio de Janeiro: Forense, 1984. p. 694-685

[44] BIELSA, Rafael. **Estudios de derecho publico**, vol. II, Derecho Fiscal, Buenos Aires, Editorial Depalma, 1951. *Apud* Moraes, Bernardo Ribeiro de. **Compêndio de direito tributário.** Rio de Janeiro: Forense, 1984. p.708.

Na primeira esfera de recurso, a discussão da controvérsia ocorre perante a autoridade administrativa. O Decreto nº 70.235, de 06.03.1972 regula o processo administrativo tributário no âmbito dos tributos federais. Posteriormente, o Decreto foi modificado pela Lei nº 8.748, de 09/12/93, e pelo Decreto nº 2.191, de 03/04/97. Os Estados e Municípios, como entes federativos, possuem sua legislação específica[45].

No processo tributário judicial, segunda esfera de discussão de controvérsias, a iniciativa processual pode ser de qualquer das duas partes: do contribuinte ou do Fisco. Evidente que, no caso de inconformidade com sanções tributárias, tais como multas moratórias, a iniciativa sempre partirá do contribuinte, que apresentará sua pretensão de revisão do ato administrativo que o puniu. Discussão na esfera judicial se dá sob a égide da Lei nº 6.830, de 22.09.80, denominada Lei de Execução Fiscal (LEF).

6.2.2. Infração de natureza continuada

Um conceito similar ao de crime continuado oriundo do Direito Penal é o de infração fiscal de natureza continuada. A exemplo de seu análogo penal[46], a infração fiscal continuada é penalizada de forma mais gravosa do que a pena de crime isolado.

Para efeitos de definição, considera-se a sequência de várias infrações de mesma natureza, apuradas em única autuação, como de natureza con-

---

[45] ROSA JÚNIOR, Luiz Emygdio Franco da. **Manual de Direito Financeiro & Direito Tributário** – Jurisprudência atualizada. 15. ed. Rio de Janeiro: Renovar, 2001, p. 703.

[46] Como na seguinte ementa: STF. Agravo de Instrumento nº 227241 / PE. Relator Marco Aurélio, 23/11/1998: "DECISÃO COMÉRCIO – MERCADORIA – PREÇO SUPERIOR AO PERMITIDO – INFRAÇÃO ÚNICA – LEI DELEGADA Nº 4/62 – OBSERVÂNCIA – RE – MATÉRIA LEGAL – AGRAVO DESPROVIDO. 1. O recurso extraordinário cujo trânsito busca-se alcançar foi interposto, com alegada base na alínea "a" do permissivo constitucional, contra acórdão proferido pelo Tribunal Regional Federal da 5ª Região, assim sintetizado: ADMINISTRATIVO. SUNAB. AUTO DE INFRAÇÃO. EMPRESA QUE VENDIA MERCADORIA POR PREÇO SUPERIOR AO PERMITIDO. INFRINGÊNCIA AO ARTIGO 11, ALÍNEA "A" DA LEI DELEGADA Nº 04/62. AUTO DE INFRAÇÃO QUE CONSIDEROU A PRÁTICA DE INFRAÇÕES MÚLTIPLAS. IMPOSSIBILIDADE. APLICAÇÃO DO PRINCÍPIO DA UNICIDADE DA INFRAÇÃO. – Sendo a ação fiscal única na aplicação da pena pecuniária deve ser observado o artigo 11, alínea "a" da Lei Delegada nº 4/62 **que estabelece o princípio da infração continuada. Assim, mesmo sendo várias as infrações não se deve considerar cada infração como infração autônoma** [...] 3. Pelas razões supra, conheço do pedido formulado neste agravo, mas a ele nego acolhida. 4. Publique-se" (grifos nossos).

tinuada e, portanto, sujeita à imposição de multa singular, a ser fixada de acordo com a gravidade da infração cometida[47].

As regras do Código Penal podem ser aplicadas em infrações tributárias continuadas sempre que a lei tributária for omissa. De acordo com o artigo 71 do Código Penal, a pena aplicável em delitos continuados é a mais grave para o fato tipificado, acrescido de aumento de um sexto a dois terços. Conclui-se, portanto, que não se aplica às infrações tributárias continuadas a soma das penas individuais, vedação penal fundamentada pelo princípio da não-cumulatividade das penas, e que visa ao tratamento benigno do infrator.

6.2.3. Limite quantitativo da multa moratória

A natureza da multa moratória não é penal. Trata-se de ônus de natureza civil, cujo objetivo é o de reparar e/ou compensar a Fazenda Pública pela impontualidade no pagamento. Por constituir ônus *ex lege*, cujo objetivo é compensar o uso do dinheiro não recolhido aos cofres públicos, a multa de mora deve ser estabelecida dentro de parâmetros legais de cobrança. A exorbitância da multa de mora caracteriza o confisco, vedado pelo artigo150, IV da CRFB/88.

Na lição de Rui Barbosa Nogueira e Paulo Roberto Cabral Nogueira, "a transferência para o Fisco do total ou de parte do patrimônio do particular sem base legal constitui a figura a que se dá o *nomen juris* de confisco"[48].

O STF também firmou entendimento no sentido de que são confiscatórias as multas que ultrapassam o valor do débito principal e as multas fixadas em 100% ou mais do valor do tributo devido:

RECURSO EXTRAORDINÁRIO – ALEGADA VIOLAÇÃO AO PRECEITO INSCRITO NO ART. 150, INCISO IV, DA CONSTITUIÇÃO FEDE-

---

[47] Neste sentido já se manifestou o STJ: **INFRAÇÃO CONTINUADA. ADMINISTRATIVO. SUNAB. MULTA. LEI DELEGADA N. 04/62. INFRAÇÕES CONTINUADAS. I – FIRMOU-SE A JURISPRUDENCIA DESTA CORTE, NO SENTIDO DE QUE AS INFRAÇÕES DE UMA MESMA NATUREZA, APURADAS EM UMA ÚNICA AÇÃO FISCAL, DEVEM SER CONSIDERADAS COMO INFRAÇÃO CONTINUADA PARA APLICAÇÃO DA PENALIDADE CABIVEL.** PRECEDENTES. II – RECURSO A QUE SE NEGA PROVIMENTO. (STJ. Recurso Especial nº 74083 / PE. Relator Min. José de Jesus Filho, 25/10/1995).

[48] Nogueira, Ruy Barbosa e Nogueira, Paulo Roberto Cabral. **Direito tributário aplicado e comparado.** vol.2. Rio de Janeiro: Forense. 1977. p.150.

RAL – CARÁTER SUPOSTAMENTE CONFISCATÓRIO DA MULTA TRIBUTÁRIA COMINADA EM LEI – CONSIDERAÇÕES EM TORNO DA PROIBIÇÃO CONSTITUCIONAL DE CONFISCATORIEDADE DO TRIBUTO – CLÁUSULA VEDATÓRIA QUE TRADUZ LIMITAÇÃO MATERIAL AO EXERCÍCIO DA COMPETÊNCIA TRIBUTÁRIA E QUE TAMBÉM SE ESTENDE ÀS **MULTAS DE NATUREZA FISCAL – PRECEDENTES – INDETERMINAÇÃO CONCEITUAL DA NOÇÃO DE EFEITO CONFISCATÓRIO – DOUTRINA – PERCENTUAL DE 25% SOBRE O VALOR DA OPERAÇÃO – "QUANTUM" DA MULTA TRIBUTÁRIA QUE ULTRAPASSA, NO CASO, O VALOR DO DÉBITO PRINCIPAL – EFEITO CONFISCATÓRIO CONFIGURADO – OFENSA ÀS CLÁUSULAS CONSTITUCIONAIS QUE IMPÕEM AO PODER PÚBLICO O DEVER DE PROTEÇÃO À PROPRIEDADE PRIVADA, DE RESPEITO À LIBERDADE ECONÔMICA E PROFISSIONAL E DE OBSERVÂNCIA DO CRITÉRIO DA RAZOABILIDADE – AGRAVO IMPROVIDO.** (RE 754554 AgR, Relator(a): Min. CELSO DE MELLO, Segunda Turma, julgado em 22/10/2013, ACÓRDÃO ELETRÔNICO DJe-234 DIVULG 27-11-2013 PUBLIC 28-11-2013) – grifos nossos.

AGRAVO REGIMENTAL NO RECURSO EXTRAORDINÁRIO. MULTA FISCAL. CARÁTER CONFISCATÓRIO. VIOLAÇÃO AO ART. 150, IV, DA CONSTITUIÇÃO FEDERAL. AGRAVO IMPROVIDO. I – **Esta Corte firmou entendimento no sentido de que são confiscatórias as multas fixadas em 100% ou mais do valor do tributo devido.** Precedentes. II – Agravo regimental improvido. (RE 657372 AgR, Relator(a): Min. RICARDO LEWANDOWSKI, Segunda Turma, julgado em 28/05/2013, ACÓRDÃO ELETRÔNICO DJe-108 DIVULG 07-06-2013 PUBLIC 10-06-2013) – grifos nossos.

O posicionamento do STF sobre multa de mora de 100%, incidente sobre valores de ICM não recolhidos, hoje ICMS, aplicada pela Fazenda Pública do Estado de Minas Gerais, era que tal percentual configurava confisco[49], conforme se depreende da ementa transcrita a seguir:

---

[49] O STF continua julgando no mesmo sentido, considerando como parâmetro razoável a multa moratória de 20% (vinte por cento) do valor do tributo devido, inexistindo ofensa ao princípio da vedação ao confisco: AI 476568/SP, Relator Min. Sepúlveda Pertence, RE 239964/RS, Relatora Min. ELLEN GRACIE, RE 402902/MG, Relator Min. Nelson Jobim.

ICM. Redução de multa de feição confiscatória. **Tem o STF admitido a redução de multa moratória imposta com base em lei, quando assume ela, pelo seu montante desproporcionado, feição confiscatória.** Dissídio de jurisprudência não demonstrado. RECURSO EXTRAORDINARIO NAO CONHECIDO[50].

No mesmo sentido foi julgado pelo STF que a multa moratória pela falta de pagamento de IPI no prazo estabelecido no valor de 20% do imposto devido não se mostra abusiva e nem desarrazoada.

Quando o caso concreto se referir à multa de revalidação, esta multa terá o percentual de 50% do valor do imposto devido, conforme decisão do STF[51]:

DECISÃO: [...] "EMBARGOS À EXECUÇÃO FISCAL. ICMS. SALDO REMANESCENTE. PARCELAMENTO NÃO CUMPRIDO. MULTA DE REVALIDAÇÃO. **A multa de revalidação de 50% sobre o imposto devido, com o escopo de garantir a inteireza da ordem jurídica tributária, tem cunho punitivo e não confiscatório** (Lei nº 12.729/97), constituindo-se em penalidade pelo não recolhimento do imposto devido.' [...] Do exposto, forte no precedente acima mencionado, nego seguimento ao recurso (artigo 557, caput, do C.P.C.)." (RE 360.403, VELLOSO, DJU de 27.5.2003) "IPI. MULTA MORATÓRIA. ARTIGO 59. LEI 8.383/91. RAZOABILIDADE. **A multa moratória de 20% (vinte por cento) do valor do imposto devido, não se mostra abusiva ou desarrazoada, inexistindo ofensa aos princípios da capacidade contributiva e da vedação ao confisco.** Recurso extraordinário não conhecido". (RE 239.964, ELLEN, DJU de 09.05.2003) Nego seguimento ao RE. Publique-se (grifos nossos).

A legislação tributária irá definir o valor da multa, seja nos casos de multa moratória, como nos casos de multa punitiva. Assim tem entendimento o STJ[52].

---

[50] STF. Recurso Extraordinário nº 91707 / MG. Relator Min. Moreira Alves, 11/12/1979.
[51] STF. Recurso Extraordinário nº 402902 / MG. Relator Min. Nelson Jobim, 09/10/2003.
[52] Há entendimento no STF no mesmo sentido: Recurso Extraordinário nº 226836/MS. Relator Min. Nelson Jobim.

6.3. Extinção da punibilidade. CTN, artigos 156, IV e V, 180, 138 e 106

Os ilícitos tributários como condutas antijurídicas são puníveis. A legitimidade da aplicação de sanções ao agente encontra seu fundamento no princípio da legalidade, expresso no artigo 5°, XXXIX da Constituição Federal. Inexiste infração sem pena previamente cominada em lei.

A punibilidade, no entanto, em determinadas circunstâncias poderá ser extinta. Neste item serão discutidas as hipóteses de extinção da punibilidade nos ilícitos contra a ordem tributária.

6.3.1. Extinção da punibilidade pela extinção do crédito tributário (arts. 156, IV e V do CTN)

Nas circunstâncias em que a punibilidade decorreu da existência de crédito tributário, a extinção do último suprime o elemento material que sustentava a possibilidade de se aplicar uma sanção. Se a penalidade decorria de um crédito tributário e este deixou de existir, inexistirá também a razão da aplicação da pena.

Dentre as onze modalidades de extinção do crédito tributário, conforme estabelecidas no artigo156 do CTN, duas delas implicam diretamente na extinção da punibilidade por cometimento de ilícito tributário: a do inciso IV (extinção do crédito tributário por remissão) e a do inciso V (extinção do crédito tributário por decadência ou por prescrição).

"TRIBUTÁRIO. **FRAUDE.** NOTAS FISCAIS PARALELAS. PARCELAMENTO DE DÉBITO. REDUÇÃO DE MULTA. LEI Nº 8.218/91. APLICABILIDADE. INOCORRÊNCIA DE CONFISCO. TAXA SELIC. LEI Nº 9.065/95. INCIDÊNCIA.
1. Recurso Especial contra v. Acórdão que considerou legal a cobrança da multa fixada no percentual de 150% (cinto e cinqüenta por cento) e determinou a incidência da Taxa SELIC sobre os débitos objeto do parcelamento.
2. A aplicação da Taxa SELIC sobre débitos tributários objeto de parcelamento está prevista no artigo 13, da Lei nº 9.065, de 20/07/1995.
3. **É legal a cobrança de multa, reduzida do percentual de 300% (trezentos por cento) para 150% (cento e cinquenta por cento), ante a existência de fraude por meio de uso de notas fiscais paralelas, comprovada por documentos juntados aos autos. Inexiste na multa efeito de confisco, visto haver previsão legal (artigo 4º, II, da Lei nº 8.218/91).**
4. Não se aplica o artigo 920, do Código Civil, ao caso, porquanto a multa possui natureza própria, não lhe sendo aplicável as restrições impostas no âmbito do direito privado.
5. A exclusão da multa ou a sua redução somente ocorrem com suporte na legislação tributária.
6. Recurso não provido". (grifos nossos).

6.3.2. Extinção da punibilidade pela anistia (artigo180 do CTN)

ALIOMAR BALEEIRO, ao se referir à anistia, assim se expressa: "Aqui, o CTN tomou de empréstimo o milenar instituto político de clemência, esquecimento e concórdia, de que se serviu o Brasil com êxito para pôr termo a lutas fratricidas [...]"[53]. Ao contrário, da anistia política que não sofre limitações ou restrições, a anistia tributária é vedada nos atos qualificados como crimes ou contravenções e, também, naqueles atos que sem estarem tipificados como crimes ou contravenções foram praticados com dolo fraude ou simulação.

A anistia deve ser diferenciada da remissão, instituto com o qual não se confunde. A remissão pode dispensar a obrigação de pagamento de tributos. A anistia, na forma do artigo 180 do CTN, não dispensa o pagamento de tributos, mas apenas exclui as infrações cometidas antes da promulgação de lei que a estabeleceu. Aliás, este é um requisito para a concessão da anistia tributária: a existência de lei vigente a instituindo.

A anistia não visa a atenuar ou eliminar os efeitos decorrentes da obrigação tributária, que é o dever de pagar o tributo. Seu efeito é o de extinguir os efeitos que surgiram pela aplicação da norma sancionatória. É superveniente ao surgimento da penalidade no caso concreto. Assim, a eventual iniciativa de um legislador que viesse a criar uma lei concedendo "anistia" a infrações futuras seria tecnicamente errônea. Se tal lei revoga infrações futuras, não se trata de anistia, mas simplesmente de revogação de tipicidade de ilícito fiscal.

A competência para o estabelecimento de anistia fiscal é do respectivo Poder tributante. Conforme teor do artigo 97, VI do CTN, a anistia tributária ou fiscal constitui reserva legal, e como tal, deve estar estabelecida em lei.

6.3.3. Extinção da punibilidade pela denúncia espontânea da infração (artigo138 do CTN)

Numa figura similar ao arrependimento penal previsto no artigo 13 do Código Penal: "O agente que, voluntariamente, desiste da consumação do crime ou impede que o resultado se produza, só responde pelos atos já praticados", tem-se o denominado arrependimento fiscal.

---

[53] BALEEIRO, Aliomar. **Direito Tributário Brasileiro**. 11.ed. Rio de Janeiro: Forense, 2008. p. 955.

O arrependimento fiscal consiste na confissão espontânea da infração pelo contribuinte ou pelo responsável tributário, acompanhado do pagamento correspondente ao *quantum* devido de tributos e juros moratórios. Confessando, o agente desiste do proveito pecuniário que a infração poderia trazer.

No entanto, existe uma restrição para a eficácia do arrependimento fiscal: a confissão deve ser espontânea, isto é: ocorrer antes do início de qualquer procedimento administrativo ou medida tomada pela fiscalização e relacionada à infração, conforme estabelece o parágrafo único do artigo138 do CTN.

Questão controvertida é a que trata dos efeitos penais da infração fiscal. Estaria excluída, também, a punibilidade penal no caso da ocorrência da denúncia espontânea? HUGO DE BRITO MACHADO, sobre este assunto, assim se expressa:

> [...] a qualquer tempo antes de instaurada a ação fiscal contra o sujeito passivo da obrigação tributária, pode este se eximir da responsabilidade pelo cometimento de infrações fiscais, denunciando a infração cometida e pagando o tributo devido [...][54]
>
> Não é razoável, portanto, que estando o contribuinte isento de responsabilidade pelas infrações cometidas, reste sujeito a sanção penal, pelos mesmos fatos[55].

A norma do artigo 138 não teria a eficácia de proteger o Erário Público, caso ao excluir a sanção administrativa, mantivesse a sanção penal. A Lei n° 9.249, de 26/12/1995, em seu artigo 34, veio cristalizar tal entendimento, ao estabelecer o pagamento como excludente de punibilidade, nos crimes definidos na Lei n° 8.137, de 27 de dezembro de 1990.

Há, no entanto, outra situação que requer maiores elaborações doutrinárias para ficar resolvida: a extinção da punibilidade pela denúncia

---

[54] Neste mesmo sentido está a seguinte ementa: STF. Habeas Corpus nº 81929 / RJ. Relator Cezar Peluso, 16/12/2003: AÇÃO PENAL. Crime tributário. Tributo. Pagamento após o recebimento da denúncia. Extinção da punibilidade. Decretação. HC concedido de ofício para tal efeito. Aplicação retroativa do artigo 9º da Lei federal nº 10.684/03, cc. artigo 5º, XL, da CF, e artigo 61 do CPP. **O pagamento do tributo, a qualquer tempo, ainda que após o recebimento da denúncia, extingue a punibilidade do crime tributário** (grifos nossos).

[55] MACHADO, Hugo de Brito. **Estudos de direito penal tributário**. São Paulo: Editora Atlas. 2002, p. 237.

espontânea pressupõe o pagamento integral da dívida tributária antes do início da ação fiscal. Como ficaria, então, a situação do agente que procura o Fisco espontaneamente e propõe o parcelamento de seus débitos? A doutrina, assim como a jurisprudência, estão tendentes a considerar a ocorrência como arrependimento eficaz e, portanto, uma situação de exclusão de punibilidade. A adesão do contribuinte devedor ao programa do REFIS, com o parcelamento dos seus débitos tributários, exclui sua eventual punibilidade, em entendimento jurisprudencial pacífico[56].

Um aspecto do entendimento dos tribunais sobre a denuncia espontânea está expressa no julgamento do RESP N° 550.619 / SC. O Superior Tribunal de Justiça decidiu que se o contribuinte confessa espontaneamente perante o Fisco, e dispõe-se a efetivar o pagamento nas condições autorizadas pela lei, ou seja, de forma parcelada, deve ele receber o mesmo tratamento dispensado àquele que confessa e paga integralmente o débito. Exige-se apenas que a denúncia, em qualquer caso, não seja precedida de processo administrativo ou fiscalização tributária, porque isto retiraria do processo a espontaneidade, que é exatamente o que o legislador tributário privilegiou ao editar o artigo 138 do CTN[57].

---

[56] Neste sentido: STJ. RHC 13806/CE. Relator Min. Laurita Vaz; STJ. RESP 573711/RS. Relator Min. Felix Fischer; STJ. HC 16973 / PR, Relator Min. JORGE SCARTEZZINI. Ainda, o artigo 15 da Lei 9.964/2000 estabelece: "É suspensa a pretensão punitiva do Estado, referente aos crimes previstos nos arts. 1º e 2º da Lei no 8.137, de 27 de dezembro de 1990, e no artigo 95 da Lei no 8.212, de 24 de julho de 1991, durante o período em que a pessoa jurídica relacionada com o agente dos aludidos crimes estiver incluída no REFIS, desde que a inclusão no referido Programa tenha ocorrido antes do recebimento da denúncia criminal" (grifos nossos).

[57] STJ. Recurso Especial nº 550.619 / SC. Relator Min. João Otávio de Noronha, 22/06/2004: "TRIBUTÁRIO. RECURSO ESPECIAL. DENÚNCIA ESPONTÂNEA. PARCELAMENTO DE DÉBITO TRIBUTÁRIO. ARTIGO 138 DO CTN. MULTA MORATÓRIA. COMPENSAÇÃO COM TRIBUTO. IMPOSSIBILIDADE. PRECEDENTES.
1. Tenho por correto o entendimento adotado por esta Corte no sentido de que **a simples confissão de dívida acompanhada do pedido de parcelamento do débito não configura denúncia espontânea a dar ensejo à aplicação da regra ínsita no artigo 138 do CTN, de modo a eximir o contribuinte do pagamento de multa moratória.**
2. Incabível a compensação entre o suposto crédito de natureza não tributária (multa moratória) com débitos tributários, diante da natureza jurídica diversa desses institutos.
3. Recurso especial conhecido e provido". (grifos nossos).

6.3.3.1. Multa moratória e denúncia espontânea

Muito comum nos casos de denúncia espontânea da infração fiscal acompanhada do pagamento do tributo, obrigação tributária principal (artigo 113, § 1º, do CTN), quando o sujeito passivo efetua o pagamento do tributo devido antes de qualquer notificação do ente Federativo. Tanto as legislações da União, como as dos Estados, preveem a cobrança de multas, e a denúncia espontânea também deverá abrangê-las.

O pagamento do tributo deverá ser integral, pois caso contrário haverá a aplicação da multa moratória. E mesmo que o pagamento do débito seja integral, deverá ser efetuado no prazo estabelecido, senão a multa moratória persistirá, como bem esclarece a ementa do acórdão Ag Rg nos Edcl no RESP 576.941-RS, relatado pelo Min. Luiz Fux[58].

Somente será indevida a cobrança da multa moratória se demonstrar presente no caso concreto a configuração legal da denúncia espontânea, segundo a Min. Eliana Calmon no RESP 629.426[59].

---

[58] STJ. AgRg nos EDcl no Recurso Especial nº 576.941 – RS. Relator Min. Luiz Fux, 10/08/2004: "PROCESSUAL CIVIL. TRIBUTÁRIO. AGRAVO REGIMENTAL. RECURSO ESPECIAL. DENÚNCIA ESPONTÂNEA. CTN, ARTIGO 138. PAGAMENTO INTEGRAL DO DÉBITO. FORA DO PRAZO. IMPOSSIBILIDADE DE EXCLUSÃO DA MULTA MORATÓRIA.
1. "Não resta caracterizada a denúncia espontânea, com a conseqüente exclusão da multa moratória, nos casos de tributos sujeitos a lançamento por homologação declarados pelo contribuinte e recolhidos fora do prazo de vencimento." (RESP 624.772/DF)
2. "A configuração da "denúncia espontânea", como consagrada no artigo 138 do CTN não tem a elasticidade pretendida, deixando sem punição as infrações administrativas pelo atraso no cumprimento das obrigações fiscais. A extemporaneidade no pagamento do tributo é considerada como sendo o descumprimento, no prazo fixado pela norma, de uma atividade fiscal exigida do contribuinte. É regra de conduta formal que não se confunde com o não-pagamento do tributo, nem com as multas decorrentes por tal procedimento.
3. As responsabilidades acessórias autônomas, sem qualquer vínculo direto com a existência do fato gerador do tributo, não estão alcançadas pelo artigo 138 do CTN. Precedentes.
4. Não há denúncia espontânea quando o crédito tributário em favor da Fazenda Pública encontra-se devidamente constituído por autolançamento e é pago após o vencimento." (EDAG 568.515/MG)
5. Agravo regimental provido para afastar a aplicação do artigo 138, do CTN".
[59] STJ.Recurso Especial nº 629.426 – PR. Relatora Min. Eliana Calmon, 03/06/2004: TRIBUTÁRIO – TRIBUTO LANÇADO POR HOMOLOGAÇÃO – DÉBITO EM ATRASO – RECOLHIMENTO DO PRINCIPAL COM CORREÇÃO MONETÁRIA E JUROS DE MORA ANTES DE QUALQUER PROCEDIMENTO ADMINISTRATIVO – DENÚNCIA ESPONTÂNEA – ARTIGO 138 DO CTN – MULTA MORATÓRIA INDEVIDA.

Diferente não é o entendimento do STJ no tocante às obrigações acessórias (artigo 113, § 2º do CTN), sendo a mais comum a não-regularização dos livros comerciais[60].

Conclui-se que a denúncia espontânea abrange as multas moratórias e as punitivas, devendo ser considerada um benefício concedido pelo legislador ao contribuinte, sem restrições.

6.3.4. Extinção da punibilidade pela retroatividade benigna (artigo 106 do CTN)

O artigo 106 do CTN trata da aplicação da lei fiscal a atos ou fatos ocorridos antes de sua vigência. Isto ocorre em duas circunstâncias distintas: 1ª) quando a nova lei excluir a penalidade de lei anterior; 2ª) quando a nova lei cominar penalidade mais branda que a de lei anterior (*lex mitior*).

No texto do artigo 106, a nova lei assume a característica de lei interpretativa. Como tal há de ser retroativa por definição, afastando obscuridades e ambiguidades da lei anterior. A ressalva a ser imposta à nova lei é a vedação de criação de novos tributos, penalidades que expressamente não constavam da lei anterior sob interpretação. Reveste-se de inconstitucionalidade lei interpretativa que desobedeça a tais ditames.

---

1. Configura-se denúncia espontânea o recolhimento de tributo acrescido o valor principal de correção monetária e juros de mora antes de qualquer procedimento administrativo. Multa moratória indevida.
2. Prevalência da jurisprudência majoritária da Corte, apesar de recentes decisões da Primeira Turma em sentido contrário.
3. Recurso especial improvido.
[60] STF. Ag Rg no Recurso Especial nº 540.102 / ES. Relator Min. Francisco Falcão, 07/10/2004: A ementa sobre esta última obrigação acessória segue transcrita:
TRIBUTÁRIO. MANDADO DE SEGURANÇA. NÃO REGULARIZAÇÃO DOS LIVROS COMERCIAIS. OBRIGAÇÃO ACESSÓRIA AUTÔNOMA. DENÚNCIA ESPONTÂNEA. INOCORRÊNCIA. MULTA MORATÓRIA. CABIMENTO.
I – A jurisprudência desta Corte é assente no sentido de que é legal a exigência da multa moratória pelo descumprimento de obrigação acessória autônoma, no casos de não--regularização dos livros comerciais, visto que o instituto da denúncia espontânea não alberga a prática de ato puramente formal.
II – Precedentes: AGA nº 462.655 / PR, Rel. Min. LUIZ FUX, DJ de 24/02/2003, EREsp nº 246.295 / RS, Rel. Min. JOSÉ DELGADO, DJ de 20/08/2000 e Resp nº 246.302 / RS, Rel Min. FRANCIULLI NETTO, DJ de 30/10/2000.
III – Agravo regimental improvido. (grifos nossos).

O inciso I do artigo 106 do CTN atribui efeitos retroativos a qualquer lei "quando seja expressamente interpretativa", ressalvando, entretanto, a exclusão de penalidades que tenham resultado de má interpretação ou de controvérsia sobre os dispositivos interpretados pela nova lei.

A assim denominada *retroatividade benigna*, constante do inciso II do artigo 106 abrange os atos que ainda não fizeram coisa julgada. Três possibilidades decorrem do referido dispositivo.

A primeira é o caso de lei nova já não definir como infração fiscal determinado ato omissivo ou comissivo. Excluída a infração do corpo da nova lei, "apaga-se o passado", no dizer de ALIOMAR BALEEIRO[61]. O princípio da retroatividade da lei nova mais benigna, *in bonam partem*, reside no fato de que se a sociedade já não reprova um determinado fato, a punição deste já não tem mais sentido, perdendo a razão de existir. Neste sentido assenta-se o entendimento do Superior Tribunal de Justiça:

> TRIBUTÁRIO. RECURSO ESPECIAL. EMBARGOS À EXECUÇÃO FISCAL. ICMS. CREDITAMENTO. DISCUSSÃO ACERCA DA VALIDADE DE EXIGÊNCIA FISCAL QUE ATINGE A IDONEIDADE DA DOCUMENTAÇÃO FISCAL. MATÉRIA CONSTITUCIONAL. APLICAÇÃO RETROATIVA DE LEI BENÉFICA QUE EXCLUI HIPÓTESE DE INFRAÇÃO. ARTIGO 106, II, DO CTN. POSSIBILIDADE.
>
> [...] O Tribunal de origem, confirmando a sentença, com base no artigo 106, II, a, do CTN, excluiu, apenas, **a multa**, uma vez que a aludida exigência fiscal (de aposição do visto pelo posto fiscal), **cujo descumprimento ensejou a infração relativa ao creditamento indevido, foi revogada por ato normativo posterior.**
>
> [...] **A aplicação retroativa da lei benigna, no caso vertente, não encontra óbice na exceção prevista na parte final da alínea b do inciso II do artigo 106, II, a, do CTN, haja vista que não há notícia nos autos de que o creditamento efetuado pelo recorrente foi perpetrado mediante fraude, o que dispensa, inclusive, maiores digressões acerca de o ato praticado ter implicado, ou não, falta de pagamento de tributo, na medida em que tais pressupostos para a vedação da retroatividade são cumulativos.** (REsp 1286911/ SC, Relator Min. Benedito Gonçalves, DJ 22.05.2012) – grifos nossos.

---

[61] Baleeiro, Aliomar. **Direito Tributário Brasileiro**. 11.ed. Rio de Janeiro: Forense, 2008. p. 671.

A segunda possibilidade de retroatividade benigna pressupõe como requisito a inexistência de fraude, ou de omissão de pagamento do tributo exigido. Nessa opção aplica-se a lei mais favorável ao contribuinte.

A última possibilidade é a da aplicação da pena menos severa da lei nova em substituição da mais grave cominada pela lei vigente no tempo em que o ilícito fiscal foi cometido.

A redução da multa moratória tem sido admitida pelo STJ em diversos julgados, devendo ser aplicados os efeitos retroativos da lei mais benigna, como no caso concreto a seguir:

> PROCESSUAL CIVIL E TRIBUTÁRIO. RECURSO ESPECIAL. MULTA MORATÓRIA. REDUÇÃO. POSSIBILIDADE. RETROATIVIDADE DA LEI MAIS BENÉFICA. ARTIGO 106, II, "C", DO CÓDIGO TRIBUTÁRIO NACIONAL.
> 1. Esta Corte entende que são aplicáveis os efeitos retroativos de lei mais benéfica, quando ainda não definitivamente julgado o ato.
> 2. "A expressão 'ato não definitivamente julgado' constante do artigo 106, II, letra 'c', do Código Tributário Nacional alcança o âmbito administrativo e também o judicial; constitui, portanto, ato não definitivamente julgado o lançamento fiscal impugnado por meio de embargos do devedor em execução fiscal" (EDREsp 181.878/RS, Rel.Min. Ari Pargendler, DJU de 22.03.99).
> 3. Recurso especial provido.[62] (grifos nossos).

Uma derradeira ressalva deve ser feita: a retroatividade benigna alcança apenas as multas que sanciona transgressões e exclui as multas de caráter moratório. Em outras palavras, a mora não é apagada pela chegada de novas leis, mas o valor da multa pode ser reduzido, conforme já tratado acima.

7. Transferência ao sucessor e responsável

A sucessão é caracterizada pela transmissão de direitos e obrigações de um sujeito para outro, sem que tenha ocorrido a interrupção da relação jurídica. Não há discussão sobre o fato de que a responsabilidade tributária por sucessão se mantém quando há tributos incidentes sobre a relação

---

[62] STJ. Recurso Especial nº 613.688 / SP. Relator Min. Castro Meira, 16/08/2004. No mesmo sentido: STJ. Embargos de Declaração no Recurso Especial nº 332.468 / SP. Relator Min. Castro Meira, 21/06/2004. STJ.Recurso Especial nº 592.007 / RS. Relator Min. José Delgado, 22/03/2004.

jurídica transferida de uma pessoa para outra. O sucessor, seja por *mortis causa* ou *inter vivos*, responde pela dívida tributária da pessoa sucedida.

O que se discute é se além da responsabilidade pela dívida tributária, o sucessor também seria o responsável por eventuais multas fiscais pendentes. Neste caso, a questão a ser respondida é se ocorre ou não a transferência da multa fiscal aos sucessores do infrator. Entende-se que aqui o fundamento da resposta deve ser encontrado no princípio constitucional estatuído no artigo 5°, XLV da CF/88:

> Nenhuma pena passará da pessoa do condenado, podendo a obrigação de reparar o dano e a decretação do perdimento de bens ser, nos termos da lei, estendidas aos sucessores e contra eles executadas, até o limite do valor do patrimônio transferido.

Observa-se a intransmissibilidade das penalidades de natureza personalíssima. As demais penalidades são transmitidas aos sucessores. A multa moratória e os juros de mora, penalidades que possuem natureza civil, transmitem-se aos sucessores do infrator por não estarem ligadas a natureza pessoal do infrator[63]. Já as penalidades tributárias de natureza penal, em que estão presentes o dolo ou a culpa, seguem estritamente o *mandamus* constitucional, não passando da pessoa do infrator.

O STF ao se manifestar sobre a sucessão na responsabilidade pelo cumprimento da pena pecuniária punitiva firmou posição no sentido do afastamento da sucessão na responsabilidade por multas fiscais, justificando que a seção II do capítulo V do CTN, que trata da responsabilidade dos sucessores nos seus artigos 129 a 133, refere-se apenas a tributos, não incluindo as penalidades pecuniárias[64].

---

[63] "A grande questão doutrinária e jurisprudencial está na conclusão de se as multas fazem ou não parte do tributo. Esta conclusão é polêmica e já foi amplamente debatida nos tribunais. No Recurso Extraordinário n° 83.613-SP, o Min. Cordeiro Guerra sustentou que "Na expressão 'Créditos tributários'se incluem as multas sob pena de fraudar-se o direito do fisco à percepção de seus créditos legítimos em face da lei." Em outras ocasiões, os tribunais têm decidido que o vocábulo 'tributo' utilizado nos arts. 132 e 133 do CTN deve ser interpretado de acordo com o que ele designa ordinariamente. No Recurso Extraordinário nº 90.834, a 2ª turma assim decidiu: 'Tributo e Multa não se confundem, eis que esta tem o caráter de sanção, inexistente naquele.' "ANDRADE FILHO, Edmar Oliveira. **Infrações e Sanções Tributárias.** São Paulo: Dialética. 2003. p. 187-188.

[64] STF. Recurso Extraordinário nº 76.153 / SP. Relator Min. Aliomar Baleeiro, 30/11/1973: MULTA FISCAL PUNITIVA – IRRESPONSABILIDADE SOLIDARIA DO SUCESSOR

O artigo 132 do CTN trata da responsabilidade por sucessão da pessoa jurídica de direito privado resultante de fusão, transformação e incorporação, institutos definidos respectivamente nos artigos 1.119, 1.113 e 1.116, todos da Lei 10.406/2002 (Código Civil). Já o artigo 133 do CTN refere-se à responsabilidade, também por sucessão de pessoa jurídica de direito privado ou natural que adquirir fundo de comércio ou estabelecimento comercial.

Tanto o artigo 132, quanto o artigo 133 do CTN, trata da responsabilidade por tributos no caso de sucessão. O legislador, entretanto, não abordou nesses dispositivos a questão das sanções de forma expressa. Assim, conclui-se que o sucessor não deve responder por sanções aplicáveis ao sucedido infrator de normas tributárias, quando a natureza da sanção for pessoal (caso das multas punitivas[65]).

Recorrendo à jurisprudência, depreende-se que o STJ tem admitido que o sucessor é o responsável pelo tributo declarado e não pago no vencimento pela sucedida, incluindo-se o valor da multa moratória[66]. E no

---

– ARTIGO 133, DO CTN. 1. O ARTIGO 133 DO CTN RESPONSABILIDADE SOLIDARIAMENTE O SUCESSOR DO SUJEITO PASSIVO PELOS TRIBUTOS QUE ESTE NÃO PAGOU, MAS NÃO AUTORIZA A EXIGÊNCIA DE MULTAS PUNITIVAS, QUE SÃO DE RESPONSABILIDADE PESSOAL DO ANTECESSOR (CTN, ARTIGO 137. SÚMULA N 192). 3. PADROES QUE DECIDIRAM CASOS ANTERIORES AO CTN E EM ANTAGONISMO COM A POLITICA LEGISLATIVA DESTE NÃO DEMONSTRAM DISSIDIO COM INTERPRETAÇÃO DESSE DIPLOMA. (ARTIGO 305, DO REGIMENTO INTERNO DO SUPREMO TRIBUNAL FEDERAL).

[65] TRF4. 2ª T. Apelação Cível nº 224.020 / PR. Relator Juiz Sergio Renato Tejada Garcia, 04/11/1999: EXECUÇÃO FISCAL. MULTA PUNITIVA. SUCESSÃO. 1. **Os sucessores da empresa não respondem pela multa imposta com caráter punitivo.** 2. Precedente. 3. Apelação e remessa oficial improvidas. (grifos nossos). No mesmo sentido: TRF4. 2ª T. Apelação Cível, processo nº 9104031806/ SC. Relator Juiz Fabio Rosa, 16/03/1993: TRIBUTARIO. SUCESSÃO. CONSECTARIOS. PARCELAMENTO. MULTA SANCIONATORIA. 1. O SUCESSOR RESPONDE PELO DEBITO TRIBUTARIO (CTN, ARTIGOS 132 E 133). 2. CONSECTARIOS CALCULADOS NA FORMA DA LEI. 3. PARCELAMENTO: DISCRIÇÃO DO FISCO. 4. **MULTA PUNITIVA: POR ELA NÃO RESPONDE O SUCESSOR.** 5. APELAÇÃO PARCIALMENTE PROVIDA. (grifos nossos).

[66] STJ. Recurso Especial nº 432.049 / SC. Relator Min. José Delgado, 13/08/2002.No mesmo sentido: STJ. Recurso Especial nº 592.007 / RS. Relator Min. José Delgado, 16/12/2003: **TRIBUTÁRIO. EMPRESA INCORPORADORA. SUCESSÃO. RESPONSABILIDADE SOLIDÁRIA DO SUCESSOR. MULTA FISCAL (MORATÓRIA). APLICAÇÃO. ARTS. 132 E 133, DO CTN. PRECEDENTES.**

mesmo sentido vem se manifestando o Tribunal de Justiça do Estado do Rio de Janeiro[67].

A transmissão da responsabilidade pelo pagamento de multas aos responsáveis deve seguir o mesmo entendimento acima, quando foi tratado dos sucessores. O parágrafo único do artigo 134 do CTN: "O disposto neste artigo só se aplica, em matéria de penalidades, às de caráter moratório". Assim, os responsáveis elencados no *caput* do artigo 134 do CTN (os pais, pelos tributos devidos por seus filhos menores; os tutores e curadores, pelos tributos devidos por seus tutelados ou curatelados; os administradores de bens de terceiros, pelos tributos devidos por estes; o inventariante, pelos tributos devidos pelo espólio; o síndico e o comissário, pelos tributos devidos pela massa falida ou pelo concordatário; os tabeliães, escrivães e demais serventuários de ofício, pelos tributos devidos sobre atos praticados por eles, ou perante eles, em razão do seu ofício; os sócios, no caso de liquidação de sociedade de pessoas) somente responderão pelas multas de cará-

---

1. Recurso Especial interposto contra v. Acórdão segundo o qual não se aplicam os arts. 132 e 133, do CTN, tendo em vista que multa não é tributo, e, mesmo que se admita que multa moratória seja ressalvada desta inteligência, o que vem sendo admitido pelo STJ, *in casu* trata-se de multa exclusivamente punitiva, uma vez que constitui sanção pela não apresentação do livro diário geral.
2. **Os arts. 132 e 133, do CTN, impõem ao sucessor a responsabilidade integral tanto pelos eventuais tributos devidos quanto pela multa decorrente, seja ela de caráter moratório ou punitivo. A multa aplicada antes da sucessão se incorpora ao patrimônio do contribuinte, podendo ser exigida do sucessor, sendo que, em qualquer hipótese, o sucedido permanece como responsável. Portanto, é devida a multa, sem se fazer distinção se é de caráter moratório ou punitivo, visto ser ela imposição decorrente do não pagamento do tributo na época do vencimento.**
3. Na expressão "créditos tributários" estão incluídas as multas moratórias.
4. A empresa, quando chamada na qualidade de sucessora tributária, é responsável pelo tributo declarado pela sucedida e não pago no vencimento, incluindo-se o valor da multa moratória.
5. Precedentes das 1ª e 2ª Turmas desta Corte Superior e do colendo STF.
6. Recurso provido. (grifos nossos).

[67] O Tribunal de Justiça do Estado do Rio de Janeiro também se manifestou no mesmo sentido TJRJ. Apelação Cível nº 10.725/2004. Relator Des. Paulo Gustavo Horta, 01/06/2004: EMBARGOS À **EXECUÇÃO FISCAL – MULTAS** APLICADAS POR INFRAÇÃO AO MEIO AMBIENTE ACORDO. **Nos termos dos artigos 132 e 133 do Código Tributário Nacional não é necessária a extinção da pessoa jurídica para se caracterizar a sucessão e a responsabilidade pelo pagamento dos tributos, bastando que o sucessor mantenha as atividades do comerciante sucedido. Responsabilidade subsidiária do adquirente de fundo de comércio, mesmo que seja efetivada a título gratuito.** Recurso não provido. (grifos nossos).

ter moratório, decorrentes do inadimplemento da obrigação tributária. "A *contrario sensu*, não respondem pelas multas punitivas, aplicadas por infração à lei tributária. Por estas, respondem apenas seus partícipes diretos"[68].

8. Questões Controvertidas. Jurisprudência

Algumas questões controvertidas descritas no texto serão aqui sintetizadas, à guiza de conclusões.

1. Natureza jurídica das penalidades tributárias – Manifesta-se aqui uma confusão originada no próprio texto do CTN. Teriam as penalidades tributárias a mesma natureza jurídica dos tributos? O legislador visando proteger o crédito tributário, ao redigir o § 1º do artigo 113 do CTN, incluiu as penalidades tributárias no mesmo regime processual do tributo. No dispositivo, atribuiu às multas fiscais o mesmo regime processual do tributo. Com isto passou a ideia de que o tributo e multas se confundem, o que contradiz o artigo 3° do CTN.

2. Natureza jurídica das infrações tributárias – Três correntes majoritárias classificam as infrações tributárias. A corrente penalista classifica-as como sendo de natureza penal por violar um patrimônio (o do Estado). A corrente civilista entende que as consequências das infrações tributárias devem ser corrigidas pela reparação ou ressarcimento de danos, razão pela qual atribuem-lhes a natureza civil. A corrente administrativista, de origem alemã, classifica as infrações como sendo de natureza administrativa. Fundamentam sua posição na necessidade de se buscar, para este tipo de infrações, punições mais brandas que cominadas para as punições penais, que tutelam bens mais elevados, como por exemplo a vida.

Segundo alguns autores, a melhor forma de se classificar as infrações tributárias é observando o tipo de sanção que lhe é cominada: penal, civil ou administrativa. Teriam assim, as infrações tributárias naturezas distintas conforme sua penalização.

3. Teoria da objetividade da infração fiscal – Como regra geral, a responsabilidade do agente infrator é objetiva, sendo desconsiderados seus elementos

---

[68] COSTA JR., Paulo José da, DENARI, Zelmo. **Infrações tributárias e delitos fiscais.** 4. ed. São Paulo: Saraiva, 2000. p. 36.

subjetivos. Independente da existência de culpa ou dolo, ou da existência ou não de danos para o Erário, uma vez cometida a infração fiscal, o agente recebe a penalidade cominada em lei. Entretanto, há gradações em determinadas leis, especialmente as referentes ao imposto de renda, que atribuem penas mais graves quando concorre o dolo do agente. Os aspectos da boa-fé objetiva tem sido observados e, há na jurisprudência, ocorrências de afastamento de punição quando se comprova a boa-fé do agente.

4. Vedação de natureza confiscatória da multa fiscal – As penalidades tributárias não podem ter caráter de confisco. Com exceção de procedimentos administrativos de perdimento de bens decorrente de descaminho ou contrabando, é vedada a aplicação de punições que aumentem a riqueza do Estado às custas do empobrecimento do contribuinte.

5. O alcance da retroatividade benigna – Tal benefício alcança apenas as multas que sancionam transgressões, e exclui as multas de caráter moratório. A mora se mantém na presença de novas leis, pois pretende ressarcir o Estado pelo período em que o contribuinte ficou com os recursos que deveria recolher aos cofres públicos.

6. Hipóteses de extinção da punibilidade – Questão controversa é a extinção da punibilidade nos casos de parcelamento do débito. Entende, a jurisprudência que o parcelamento do débito realmente extingue a punibilidade, após o pagamento integral do débito. Outra hipótese é a da extinção da punibilidade por denuncia espontânea. O que se discute aqui são as condições consideradas para o que se considera espontaneidade: apenas assim se classificam as denúncias realizadas ocorridas antes de qualquer iniciativa do Fisco.

7. Responsabilidade de sucessores por penalidades decorrentes de ilícitos tributários – Os sucessores respondem por penalidades de natureza fiscal? A resposta a esta questão é dada após a divisão das penalidades em duas classes: penalidades de natureza personalíssima (multas punitivas) e não--personalíssimas (multas moratórias). Na primeira classe encontram-se as penalidades de natureza penal. Estas, pelo princípio constitucional que limita a pena à figura do condenado, não se transmitem aos sucessores. As demais, ao contrário, são de obrigação dos sucessores.

9. Doutrina De Leitura Obrigatória

ANDRADE FILHO, Edmar Oliveira. **Infrações e sanções tributárias**. São Paulo: Dialética, 2003.

COSTA JÚNIOR, Paulo José da. DENARI, Zelmo. **Infrações tributárias e delitos fiscais**. 4 .ed. São Paulo:Saraiva, 2000.

MACHADO, Hugo de Brito (coord.). **Sanções administrativas tributárias**. São Paulo: Dialética, 2004.

SOBRE OS AUTORES

André de Souza Carvalho
Advogado no Rio de Janeiro. Sócio de Veirano Advogados. Mestre em Direito Tributário pela Universidade Estácio de Sá e LL.M in International Taxation pela Wirtschaftsuniversität de Viena, Áustria.

Andre Gomes de Oliveira
Advogado no Rio de Janeiro, São Paulo e Brasília. Graduado em Direito pela Universidade do Estado do Rio de Janeiro – UERJ (1994). Pós-graduado em Direito de Empresas pela Pontifícia Universidade Católica – PUC / IAG – Master (1998). Mestrando em Direito Tributário pela Universidade Candido Mendes – UCAM. Secretário Geral da Associação Brasileira de Direito Financeiro (ABDF). Membro do Comitê Executivo da International Fiscal Association (IFA). Membro do "Practice Council" do "International Tax Program (ITA)" da New York University (NYU). Sócio responsável pelo Departamento Tributário do escritório Castro, Barros, Sobral, Gomes Advogados (CBSG). Artigos publicados no Brasil e no Exterior.

Antonio Henrique Correa da Silva
Juiz Federal, mestre em Direito Público pela UERJ, professor de Direito Tributário e Técnica de Sentença da Escola da Magistratura do estado do Rio de Janeiro – EMERJ.

Aurélio Pitanga Seixas Filho (*In Memorian*)
Foi professor titular de Direito Financeiro e Tributário da Universidade Federal Fluminense (Ap.) – Doutor em Direito Tributário pela Universidade Presbiteriana Mackenzie – Livre docente em Direito Financeiro e Tributário pela Universidade do Estado do Rio de Janeiro – Advogado.

Bernardo Motta Moreira
Advogado em Belo Horizonte; Mestre em Direito pela UFMG; Pós-Graduado em Direito Tributário pela PUC-Minas; Professor das Faculdades Milton Campos e do Centro Universitário UNA; Conselheiro Efetivo do Conselho de Contribuintes do Estado de Minas Gerais; Consultor jurídico da ALMG; Membro da Comissão de Direito Tributário da OAB/MG.

Carlos Guilherme Francovich Lugones
Possui graduação em Direito pela Pontifícia Universidade Católica do Rio de Janeiro (1990), graduação em História pela Pontifícia Universidade Católica do Rio de Janeiro (2009) e mestrado em Direito pela Pontifícia Universidade Católica do Rio de Janeiro (2001). Atualmente é juiz federal – Seção Judiciária do Rio de Janeiro e professor adjunto da Pontifícia Universidade Católica do Rio de Janeiro. Tem experiência na área de Direito, com ênfase em Direito Público.

Elizabete Rosa de Mello
Doutora em Direito pela Universidade Gama Filho, Mestre em Direito Público pela Universidade Estácio de Sá, Especialista em Direito Público e Direito Privado pela mesma Universidade e Escola da Magistratura do Estado do Rio de Janeiro (EMERJ), Graduada pela Universidade Estadual Paulista(UNESP). Atualmente é Professora das Disciplinas de Direito Tributário e Direito Administrativo II da Universidade Federal de Juiz de Fora(UFJF). Foi Advogada, Professora de Direito Financeiro e Tributário, Coordenadora Nacional dos Cursos de Pós-Graduação Lato sensu em Direito. Coordenadora de Pesquisa do Centro II – Acadepol, Professora Coordenadora do Curso de Pós-Graduação de Direito Público, Coordenadora das Disciplinas de Direito Financeiro e Tributário, todos na Universidade Estácio de Sá, Professora das Disciplinas de Legislação Tributário e Direito Tributário da Universidade Federal do Rio de Janeiro(UFRJ) e Assessora de Órgão Julgador no Tribunal de Justiça do Estado do Rio de Janeiro. Tem experiência na área de Educação, com ênfase em Métodos e Técnicas de Ensino e na área Jurídica, com consultoria jurídico-tributária e empresarial. Sócia fundadora do Instituto de Direito Tributário e Finanças Públicas de Juiz de Fora e Região.

Érico Teixeira Vinhosa Pinto
Juiz federal, aprovado em 1º lugar no IX concurso do TRF2.
Mestrando em Finanças Públicas e Direito Tributário pela UERJ Especialização em Direito Tributário – PUC Minas

Fabrício Fernandes de Castro

Juiz Federal. Ex-Juiz de Direito. Bacharel pela PUC. Cursos: EMERJ. Professor da Fundação Getúlio Vargas. Ex-Presidente da Associação dos Juízes Federais do Rio de Janeiro e Espírito Santo-AJUFERJES e Ex-vice-presidente da Associação dos Juízes Federais do Brasil – AJUFE.

Gustavo da Rocha Schmidt

Bacharel em Direito pela Pontifícia Universidade Católica do Rio de Janeiro (2000), Master of Laws pela New York University School of Law (2008) e Professor da FGV Direito Rio. É, ainda, sócio do escritório Schmidt, Lourenço & Kingston – Advogados Associados, Presidente do Centro Brasileiro de Mediação e Arbitragem – CBMA e Procurador do Município do Rio de Janeiro. Tem experiência nas mais diversas áreas do direito, com ênfase no direito constitucional, administrativo, arbitragem, mediação e no contencioso cível e empresarial. Foi Secretário-Chefe de Gabinete da Prefeitura da Cidade do Rio de Janeiro (2011/2014).

Marcus Abraham

Doutor em Direito Público pela Universidade do Estado do Rio de Janeiro – UERJ (2005), Mestre em Direito Tributário pela Universidade Candido Mendes (2000), MBA em Direito Empresarial pela EMERJ/CEE (1998), graduação em Administração pela Universidade Candido Mendes (1996) e graduação em Direito pela Universidade Candido Mendes (1992). Ex-Diretor da Associação Brasileira de Direito Financeiro (2006-2013). Foi Procurador da Fazenda Nacional (2000 – 2012) e atualmente é Desembargador Federal do Tribunal Regional Federal da 2ª Região. É Professor Adjunto de Direito Financeiro da Universidade do Estado do Rio de Janeiro (UERJ) desde 2006 e membro da Diretoria da Escola da Magistratura Regional Federal da 2ª Região (EMARF).

Maurício Pereira Faro

Advogado formado pela UERJ, Mestre em Direito pela UGF, Professor da FGV/RJ sócio de Barbosa Müssnich e Aragão, Presidente da Comissao Especial de Assuntos Tributários da OAB/RJ e ex Conselheiro Titular do CARF.

Paulo André Espírito Santo

Ex-Procurador do Estado do Rio de Janeiro. Atualmente, Juiz Titular da 20ª Vara Federal do Rio de Janeiro/RJ. Integrante da Comissão de Direito Constitucional da Escola Regional da Magistratura Federal da 2ª Região – EMARF.

Ex-Professor conferencista da EMERJ na área de Direito Constitucional.Ex-professor da extinta UniverCidade – 2002/2003 – (antiga Faculdade da Cidade) – unidade Humaitá – na cadeira de Direito Constitucional II – 4º período.

Ex-Professor de Direito Constitucional e Direito Econômico de cursos preparatórios para concurso no Rio de Janeiro (até 2009).Integrante das Bancas Examinadoras do 14º e 15º Concursos para Juiz Federal na 2ª Região.

Rodolfo Kronemberg Hartmann

Juiz Federal – RJ. Mestre em Direito pela UGF – RJ. Coordenador Adjunto de Processo Civil na EMERJ (2006-2013). Coordenador da Pós de Processo Civil na EMERJ. Examinador de Processo Civil para ingresso na EMERJ (2006-2011). Coordenador da comissão de Processo Civil na EMARF.Professor de disciplina (presencial e telepresencial) na Universidade Estácio de Sá e no PROAB. Professor de pós-graduação e palestrante em vários Estados.

Rodrigo Jacobina Botelho

Mestre em Direito Público, Faculdade de Direito da Universidade do Estado do Rio de Janeiro – UERJ (2003). Bacharel em Direito, Faculdade de Direito da Universidade do Estado do Rio de Janeiro – UERJ (1996).

É Professor na Escola da Magistratura do Estado do Rio de Janeiro – EMERJ. Curso de Pós-Graduação da Universidade Estácio de Sá – UNESA. Professor Contratado na Faculdade de Direito da Universidade do Estado do Rio de Janeiro. Professor da Faculdade de Direito da Universidade Candido Mendes – FDCM.

Membro da International Bar Association – IBA.Membro do Comitê Executivo da Laworld – Associação Internacional de Escritórios da Advocacia

Ronaldo Redenschi

Graduado pela Faculdade de Direito da Universidade do Estado do Rio de Janeiro – UERJ. Mestre em Direito Tributário pela Universidade Estácio de Sá – RJ. Professor de Direito Tributário da Escola de Magistratura do Estado do Rio de Janeiro – EMERJ.

ÍNDICE

NOTA DOS COORDENADORES ... 5
PREFÁCIO ... 7

Garantias e Privilégios do Crédito Tributário
    GUSTAVO DA ROCHA SCHMIDT ... 13

Administração Tributária
    GUSTAVO DA ROCHA SCHMIDT ... 95

Certidão Negativa de Débitos Tributários – Aspectos Relevantes
    RODRIGO JACOBINA BOTELHO ... 131

Dívida Ativa
    ÉRICO TEIXEIRA VINHOSA PINTO ... 151

Princípios do Procedimento Administrativo para o Controle
da Legalidade do Lançamento Tributário
    AURÉLIO PITANGA SEIXAS FILHO ... 173

Processo Administrativo Tributário I, II e III
    RONALDO REDENSCHI ... 195

Ação de Repetição de Indébito
    MAURÍCIO PEREIRA FARO / BERNARDO MOTTA MOREIRA ... 251

A Ação de Consignação Tributária
    PAULO ANDRÉ ESPIRITO SANTO   277

Mandado de Segurança em Matéria Tributária
    ANTONIO HENRIQUE CORREA DA SILVA   315

A Ação Anulatória de Lançamento Fiscal
    CARLOS GUILHERME FRANCOVICH LUGONES   355

Ação Declaratória de Inexistência de Relação Jurídica Tributária
    FABRÍCIO FERNANDES DE CASTRO   381

Execução Fiscal
    RODOLFO KRONEMBERG HARTMANN   393

O Planejamento Tributário
    MARCUS ABRAHAM   407

Planejamento Tributário Internacional
    ANDRÉ CARVALHO / ANDRÉ GOMES DE OLIVEIRA   463

Infrações, Sanções e Penalidades Tributárias
    ELIZABETE ROSA DE MELLO   543

SOBRE OS AUTORES   585
ÍNDICE   589